Wunsch · Schulz Elektromagnetische Felder

Elektromagnetische Felder

Prof. Dr.-Ing. habil. Gerhard Wunsch
Doz. Dr.-Ing. habil. Hans-Georg Schulz

2., bearbeitete Auflage

Verlag Technik Berlin

Die Deutsche Bibliothek – CIP-Einheitsaufnahme

Wunsch, Gerhard:
Elektromagnetische Felder / Gerhard Wunsch ; Hans-Georg Schulz. – 2., Bearb. Aufl. – Berlin : Verl. Technik, 1996
ISBN 3-341-01155-2
NE: Schulz, Hans-Georg:

ISBN 3-341-01155-2

2., bearbeitete Auflage

VT 2/5941-2
Printed in Germany
Gesamtherstellung: Druckhaus „Thomas Müntzer“ Bad Langensalza
Einbandgestaltung: huss GmbH Berlin

Vorwort zur 2. Auflage

Dieses Buch ist aus Vorlesungen über die Maxwellsche Theorie des elektromagnetischen Feldes für Studenten elektrotechnischer Grund- und Fachstudienrichtungen hervorgegangen. Es handelt sich vor allem um ein in die Grundideen und -begriffe einführendes Lehrbuch für Studenten elektrotechnischer Fachrichtungen an (Fach-)Hochschulen und Universitäten. Voraussetzung zum Studium des behandelten Stoffes sind gute Kenntnisse der höheren Analysis (in dem Umfang, wie sie in den ersten zwei Semestern an Technischen Hochschulen für Ingenieurstudenten geboten werden) und der physikalischen Grundgesetze der elektromagnetischen Vorgänge in elementarer Fassung.

In den ersten drei Abschnitten werden die einfachsten und wichtigsten mathematischen Grundlagen aus der Vektoranalysis, der Potentialtheorie und der Theorie partieller Differentialgleichungen zusammengestellt. Da erfahrungsgemäß viele Verständnischwierigkeiten beim Studium der Maxwellschen Theorie auf eine unzureichende Vertrautheit mit den wichtigsten Begriffen der Vektoranalysis und der allgemeinen Theorie der Skalar- und Vektorfelder zurückzuführen sind, wurde diesen Problemen besondere Aufmerksamkeit geschenkt. Es hat wenig Sinn, in die mathematischen Gesetze des elektromagnetischen Feldes eindringen zu wollen, wenn solche grundlegenden Begriffe wie Linienintegral, Rotation, Laplace-Operator usw. durch Überdenken, Üben und Gewöhnung nicht ausreichend erfaßt und verstanden werden.

Zahlreich eingefügte einfache Beispiele sollen zum leichteren Erfassen der Grundgedanken beitragen; am Ende jedes größeren Abschnitts sind Übungsaufgaben angegeben.

Erst die Abschnitte 4. bis 7. dieses Lehrbuchs führen in die eigentliche Theorie des elektromagnetischen Feldes ein. Dabei wird in bewährter Weise eine Einteilung der Felder in statische, stationäre, quasistationäre Felder vorgenommen. Bei dieser Reihenfolge kann jede Feldklasse in die darauffolgende eingebettet werden; die wichtigsten mathematischen Methoden können so zunächst an einfachen Feldformen erläutert und dann – nach entsprechender Modifikation – auch kompliziertere Feldformen übertragen werden.

Dieses Buch unterscheidet sich von anderen Darstellungen auch dadurch, daß die Randwertproblematik stärker als in einführenden Büchern üblich in den Mittelpunkt gestellt wird.

Dieser didaktischen Zielstellung entsprechend wurden die Eigenschaften (elektro-)statischer Felder relativ breit dargestellt. Die wichtigsten Begriffe und Methoden der Feldtheorie lassen sich bereits an diesen einfachen Feldern darlegen und sind in ähnlicher Form auf kompliziertere Felder übertragbar. Auf diese Weise wurde eine konsequente deduktive Darstellung zwar vermieden, dafür aber eine bessere Verständlichkeit erreicht. Die fixierte Ausbildungskonzeption dürfte damit nach Inhalt und Form erfüllt sein. Kompliziertere Zusammenhänge, die beim ersten Durcharbeiten des Buches ausgelassen werden können, sind mit einem $*$ versehen.

Wir danken allen Kollegen, die an der Abfassung dieses Bandes in dieser oder jener Weise Anteil haben, insbesondere Herrn Prof Dr. phil. *Mierdel*† und Herrn Prof. Dr.-Ing. *Lunze*, für manchen pädagogischen Ratschlag. Frau *Wendav* vom Verlag Technik danken wir für die mühevolle Kleinarbeit bei der Herausgabe der zweiten Auflage. Sie unterscheidet sich von der ersten vor allem durch die Beseitigung von Formulierungs- und Druckfehlern sowie textlichen Ergänzungen zur Verbesserung der Verständlichkeit.

Mustin/Dresden, Juli 1995

Gerhard Wunsch
Hans-Georg Schulz

Inhaltsverzeichnis

Schreibweise und Formelzeichen der wichtigsten Größen

Skalare:	kursiv, z. B. U, V
Vektoren:	kursiv, halbfett, z. B. $\boldsymbol{U}$ oder $\boldsymbol{a}$
	Einheitsvektor $\boldsymbol{U}^0$
	Betrag $\lvert\boldsymbol{U}\rvert = U$
	Vektorkoordinaten $U_\nu \quad (\nu = 1, 2, 3)$
	Basisvektoren $(\boldsymbol{e}_1, \boldsymbol{e}_2, \boldsymbol{e}_3)$
Tensoren:	grotesk, halbfett, z. B. $\mathbf{t}$
Komplexe Größen:	kursiv, unterstrichen, z. B. $\underline{U}, \underline{\dot{U}}$
	ruhender Zeiger $\underline{U} = U\,\mathrm{e}^{\mathrm{j}\varphi_u} = U_1 + \mathrm{j}U_2$
	rotierender Zeiger $\underline{U}\,\mathrm{e}^{\mathrm{j}\omega t}$
	konjugiert komplexe Größe $\underline{U}^*$
	Realteil $\mathrm{Re}\{\underline{U}\}$
	Imaginärteil $\mathrm{Im}\{\underline{U}\}$
Matrizen:	geradstehend, unterstrichen, z. B. $\underline{\mathrm{A}}$
	transponierte Matrix $\underline{\mathrm{A}}^{\mathrm{T}}$
	inverse Matrix $\underline{\mathrm{A}}^{-1}$

Felder

Skalarfeld:	$U(\boldsymbol{r})$ oder $U\,(x_1, x_2, x_3)$
Vektorfeld:	$\boldsymbol{U}(\boldsymbol{r})$ oder $\boldsymbol{U}\,(x_1, x_2, x_3)$
Koordinatensysteme:	$x_\nu \quad (\nu = 1, 2, 3)$ allgemeine Ortskoordinaten
	x, y, z kartesische Koordinaten
	ϱ, α, z (Kreis-) Zylinderkoordinaten
	r, ϑ, α Kugelkoordinaten
Raumkurve:	$\boldsymbol{r}(u), x_\nu(u) \quad (\nu = 1, 2, 3)$
Raumfläche:	$\boldsymbol{r}\,(u, v), x_\nu\,(u, v) \quad (\nu = 1, 2, 3)$
Räumlicher Bereich:	$\boldsymbol{r}\,(u, v, w), x_\nu\,(u, v, w) \quad (\nu = 1, 2, 3)$

Operationszeichen

Allgemeine Operationszeichen:	$*, \circ$
Vektorielles Produkt:	$\times$
Skalares Produkt von Vektoren:	$\cdot$
Nabla-Operator:	∇

Differentialoperatoren

Gradient:	grad, ∇
Divergenz:	div, $\nabla\cdot$
Rotation:	rot, $\nabla\times$
Laplace-Operator:	Δ (skalarer)
	$\boldsymbol{\mathit{\Delta}}$ (vektorieller)
	Δ^{-1} $(\boldsymbol{\mathit{\Delta}}^{-1})$ inverser

Laplace-Transformierte von $U(\mathbf{r}, t)$: $\mathrm{L}\,\{U\,(\mathbf{r},\,t)\} = \bar{U}\,(\mathbf{r},\,p)$

Laplace-Transformierte von $\mathbf{U}(\mathbf{r}, t)$: $\mathrm{L}\,\{\mathbf{U}\,(\mathbf{r},\,t)\} = \bar{\mathbf{U}}\,(\mathbf{r},\,p)$

Fourier-Transformierte von $U(x, y)$: $\mathrm{F}\,\{U\,(x,\,y)\} = \bar{U}\,(x,\,y)$

A	Fläche (Raumfläche), Konstante
A_n	Fourier-Koeffizient
a	Abmessung (Länge, Breite, Dicke)
a_n	Fourier-Koeffizient
B	räumlicher Bereich, Konstante
B_n	Fourier-Koeffizient
$\mathbf{B}$	Induktion
$\mathbf{B}_0$	Normierungswert der Induktion
$\mathbf{B}_N$, $\mathbf{B}_F$	Induktion des Nah- und Fernfeldes
b	Abmessung (Länge, Breite, Dicke)
b_n	Fourier-Koeffizient
C	Kapazität, Konstante
$C_{\mu\nu}$	Kapazitäten des n-Elektroden-Systems ($\nu \neq \mu$: $C_{\mu\nu} = c_{\mu\nu}$ Teilkapazität)
$C_{\mu\mu}$	Kapazitäten des n-Elektroden-Systems
$C_{\mu\infty}$	Eigenkapazitäten des n-Elektroden-Systems ($C_{\mu\infty} = c_{\mu\mu}$)
c	Abmessung (Länge, Breite, Dicke), Lichtgeschwindigkeit
c_0	Lichtgeschwindigkeit im Vakuum
$c_{\mu\nu}$	Kapazitätskoeffizienten $\nu \neq \mu$ Teilkapazität oder gegenseitige Kapazität $\nu = \mu$ Eigenkapazität
D	Konstante
$\mathbf{D}$	Verschiebungsflußdichte
d	Abmessung (Länge, Breite, Dicke), Abstand, Durchmesser
E	Konstante
$\mathbf{E}$	elektrische Feldstärke
$\mathbf{E}_h$	elektrische Feldstärke des homogenen Feldes
$\mathbf{E}_0$	Normierungswert der elektrischen Feldstärke
$\mathbf{E}_N$, $\mathbf{E}_F$	elektrische Feldstärke des Nah- und Fernfelds
$\mathbf{e}$, $\mathbf{e}_\nu$	Einheitsvektor, Basisvektor ($\nu = 1, 2, 3$)
F	Konstante, Wert des skalaren Flächenintegrals
$\underline{F}$	Funktionalmatrix
$F_1(x)$, $F_2(x)$	Funktion
$\mathbf{F}$	Kraft, Wert des vektoriellen Flächenintegrals
f	Frequenz
f_g	Grenzfrequenz
f_i	Funktion ($i = 1, 2, 3$)
$\mathbf{f}\,(\mathbf{f}_\mathrm{A})$	Kraftdichte des elektrischen bzw. magnetischen Feldes (Flächenkraftdichte)
G	Konstante
$G\,(\mathbf{r},\,\mathbf{r}_0)$, $\bar{G}\,(\mathbf{r},\,\mathbf{r}_0)$	Greensche Funktion
G_w, G_z	Gebiet der $\underline{w}$-, $\underline{z}$-Ebene (Original-, Bildbereich)
$\underline{g}$	Funktion (komplexe)

$g_{\mu\nu}$, $g_{\nu\nu}$	Kapazitätskoeffizient, metrische Koeffizienten ($\nu = 1, 2, 3$)
H	Konstante
$H(r, r_0)$	Ortsfunktion
$\boldsymbol{H}$	magnetische Feldstärke
h	Abstand, Funktion (komplexe), Abkürzung
h_ν	metrische Koeffizienten ($\nu = 1, 2, 3$)
I	elektrischer Strom, Punkteinströmung (Ergiebigkeit)
I_p	Energie- (Leistung-) Strom
I_R	Integralwert
i	elektrischer Strom (Momentanwert), Summationsindex
$\boldsymbol{i}$	Basisvektor
$J_n(x)$	Besselfunktion n-ter Ordnung
j	Summationsindex
j	imaginäre Einheit
$\boldsymbol{j}$	Basisvektor
K	Konstante
$K(\beta, k)$	elliptisches Integral
k	Konstante, Summationsindex
k_i	Separationskonstante ($i = 1, 2, 3$)
k_0	Wellenzahl
$\boldsymbol{k}$	Basisvektor
L	Länge, Wert des skalaren Linienintegrals, Induktivität
L_0	Bezugsinduktivität
$L_{\mu\nu}$	Induktivität (Gegeninduktivität $\mu \neq \nu$)
l	Länge, Dipollänge, Summationsindex
$\boldsymbol{M}$	Magnetisierung
m, $\boldsymbol{m}$	Summationsindex, Separationskonstante, magnetisches Moment
N	Blechanzahl
$N(\boldsymbol{r}, \boldsymbol{r}_0)$	Neumannsche Funktion
$N_n(x)$	Neumannsche Funktion n-ter Ordnung
n	Summationsindex, Separationskonstante
$\boldsymbol{n}$	Normalenvektor
P, P_m	Leistung, Mittelwert der Leistung
P	Raumpunkt
$\boldsymbol{P}$	Polarisation
$P_n(x)$, $(P_n^m(x))$	Legrendesches Polynom 1. Art, n-ter Ordnung (zugeordnete Legrendesche Funktion 1. Art)
$\boldsymbol{P}_D$	Dipolmoment des Punktdipols
$\boldsymbol{P}_O$	Dipolmoment des Hertzschen Dipols
$\boldsymbol{P}_n$	Moment n-ter Ordnung
p	Leistungsdichte
$\boldsymbol{p}$	Dipolmomentendichte
$\boldsymbol{p}_V$	Volumenmomentendichte
$\boldsymbol{p}_A$	Flächenmomentendichte
$\boldsymbol{p}(\boldsymbol{r}, \tau)$	Momentendichte des Hertzschen Vektors
$\boldsymbol{p}_0$	Momentendichte des Hertzschen Dipols
Q	Ladung, Punktladung
$Q_n(x)$, $(Q_n^m(x))$	Legendresches Polynom 2. Art, n-ter Ordnung (zugeordnete Legendresche Funktion 2. Art)
q	Ladung, Punktladung

$q\ (\boldsymbol{r}_0,\ \tau)$	Dipolladung des Hertzschen Dipols
R	Radius, Widerstand
$R_0,\ R_=$	Bezugswiderstände
R_S	Strahlungswiderstand
r	Ortskoordinate, Radius
$\boldsymbol{r}_B$	Bezugspunkt für das Potential (elektrisches, magnetisches)
$\boldsymbol{r},\ \boldsymbol{r}_0$	Ortsvektor (Aufpunkt, Ortsvariable)
$\boldsymbol{r}_A$	Ortsvariable auf dem Bereichsrand
S	Symbol für Raumkurve
S_σ	Oberflächenstromdichte
$\boldsymbol{S}$	Stromdichte
$\boldsymbol{S}_p$	Poyntingscher Vektor
s	Summationsindex
T	Relaxationszeit, Periodendauer, Abkürzung
t	Zeit
t'	Verzögerungszeit
$\boldsymbol{t}$	Tangentenvektor
t	Maxwellscher Spannungstensor
U	elektrische Spannung, Skalarpotential (allgemein)
$U_A,\ \boldsymbol{U}_A$	Feldwerte auf dem Bereichsrand (Randwerte)
$U_p,\ \boldsymbol{U}_p$	partikuläre Lösung
$U_{\mu\nu}$	Spannung zwischen den Elektroden μ und ν
$U_{\mu\mu},\ U_{\mu\infty}$	Spannung bezüglich eines Bezugspunktes
u	Parameter
V	Volumen, Wert des skalaren Volumenintegrals
	elektromagnetisches Skalarpotential, magnetisches Skalarpotential
V_{AB}	magnetischer Spannungsabfall
$\boldsymbol{V}$	Wert des vektoriellen Volumenintegrals
	Vektorpotential, elektromagnetisches Vektorpotential
$\boldsymbol{V}_N$	Newton-Vektorpotential
v	Geschwindigkeit, Ausbreitungsgeschwindigkeit, Parameter
W	Energie
$W_E,\ W_M,\ W_S$	Energie des elektrischen, magnetischen und Strömungsfeldes (Wärmeenergie)
w	Energiedichte, Windungszahl, Wirbellinie, Parameter
$w_E,\ w_M,\ w_S$	Energiedichte des elektrischen, magnetischen und Strömungsfelds
$\underline{w}$	komplexe Variable ($\underline{w} = u + \mathrm{j}v$)
$\boldsymbol{w}$	Wirbeldichte (allgemein)
x	Ortskoordinate, normierter Abstand, Normierungsgröße
y	Ortskoordinate
Z	Wellenwiderstand
Z_0	Wellenwiderstand des Vakuums
$\underline{Z}$	Widerstandoperator (Scheinwiderstand)
$Z_{\mu\nu}$	Übertragungswiderstände des n-Pols
z	Ortskoordinate
$\underline{z}$	komplexe Variable ($\underline{z} = x + \mathrm{j}y$)

α	Ortskoordinate, Separationskonstante, Winkel, allgemeines Feld
α_ν	normierter Winkel
β	Separationskonstante, Abkürzung ($\beta = \sqrt{\pi f \mu \varkappa}$), Winkel, allgemeines Feld
Γ	Gammafunktion
Γ_i	Abkürzung ($i = 1, 2, 3$)
γ	Separationskonstante, Winkel
Δ, $\varDelta$	Laplace-Operator, Deltagröße
δ	Dirac-Funktion, Eindringtiefe, Abweichung, kleine Größe
ε	Dielektrizitätskonstante, ε-Größe
ε_0, ε_r	elektrische Feldkonstante, relative Dielektrizitätskonstante
η	Restreihe, -glied
Θ	Durchflutung
ϑ	Ortskoordinate
$\varkappa$	Leitfähigkeit, Separationskonstante
λ	Linienladungsdichte, Wellenlänge, Randwertfunktion Summationsindex, Abkürzung ($\lambda = \sqrt{\pm j \omega \mu \varkappa}$)
μ	Permeabilität, Summationsindex, Abkürzung ($\mu = \cos\vartheta$)
μ_0, μ_r	magnetische Feldkonstante, relative Permeabilität
ν	Summationsindex
$\boldsymbol{\Pi}$	Hertzscher Vektor
$\boldsymbol{\Pi}_0$	Hertzscher Vektor des Hertzschen Dipols
ϱ	Ortskoordinate, Raumladungsdichte, spezifischer Widerstand, spezifisches Gewicht
σ	Flächenladungsdichte, (allgemeine) Stoffkonstante ($\sigma := \varkappa, \varepsilon, \mu$), Quelldichte (allgemein)
τ	Zeit, normierte Zeit ($\tau = \omega t$), Linienladungsdichte, Punktladung der Ebene
Φ	magnetischer Fluß, komplexe Funktion
$\Phi(\underline{z})$	komplexes elektrisches und magnetisches Potential
φ	Skalarpotential, (beliebiges) Skalarfeld, elektrisches Potential, Phasenwinkel (allgemein mit Index)
φ_B, $\varphi(\boldsymbol{r}_B)$	Bezugspotential
φ_Q, φ_N	Newton-Potential
φ_h	Potential des homogenen elektrischen Feldes
Ψ	Verschiebungsfluß, Windungsfluß, magnetisches Skalarpotential
Ψ_μ	Windungsfluß durch μ-te Schleife eines n-Schleifen-Systems
$\Psi_{\mu\nu}$	Verkopplungsfluß des μ-ten mit der ν-ten Schleife eines n-Schleifen-Systems
ψ	beliebiges Skalarfeld, Drehwinkel
$\psi(\boldsymbol{r}, \boldsymbol{r}_0)$	Ortsfunktion (1. und 2. Randwertproblem)
Ω	Raumwinkel
ω	Quelldichte (allgemein), Kreisfrequenz

1. Felder und Feldintegrale

In dem einführenden Kapitel werden die grundlegenden Begriffe Feldgrößen und Felder und ihre anschauliche Darstellung zur Beschreibung eines in einem räumlichen Bereich ablaufenden physikalischen Vorgangs eingeführt und beschrieben. Mathematische Eigenschaften der Feldgrößen ermöglichen eine Feldeinteilung nach physikalisch/mathematischen Gesichtspunkten. Eine qualitative Feldberechnung verlangt die Wahl eines geigneten Koordinatensystems. Grundlegende gemeinsame Eigenschaften allgemeiner krummliniger orthogonaler Koordinatensysteme werden in einem kurzen Abriß behandelt und zusammengestellt. Neben den Feldgrößen sind vielfach physikalische Größen zu berechnen, die aus Integralbeziehungen hervorgehen und unter dem Begriff Feldintegrale fallen. Neben ihrer koordinatenfreien Darstellung wird die koordinatenbezogene Berechnung wichtiger Feldintegrale der Elektrotechnik vorgenommen.

1.1. Skalar- und Vektorfelder

Bei der Berechnung (physikalischer) Felder liegt folgende Aufgabenstellung vor: Gegeben ist ein räumlicher Bereich B, der durch sein Volumen V und die V umhüllende Fläche A gekennzeichnet ist (Bild 1.1). In B läuft ein physikalischer Vorgang ab, der i. allg. vom Ort und von der Zeit abhängig ist. Von diesem Vorgang sind bestimmte Werte auf der Hüllfläche A (Rand von B) bekannt, die als *Randwerte* bezeichnet werden. Des weiteren sind in der Regel noch die Ursachen (Quellen) des physikalischen Vorganges in B gegeben. Gesucht wird die physikalisch-mathematische Beschreibung des Vorganges in Abhängigkeit vom Raumpunkt in B sowie der Zeit. Diese Art von Aufgaben werden als *Randwertprobleme* der Physik bezeichnet.
Aus der Aufgabenstellung geht hervor, daß zur Problemlösung
1. die Beschreibung des Vorganges durch geeignete physikalische Größen, den sogenannten *Feldgrößen*, und
2. die mathematische Fixierung eines Raumpunktes mit Hilfe eines *Koordinatensystems* notwendig sind.

Beide Teilprobleme sollen im folgenden behandelt werden.

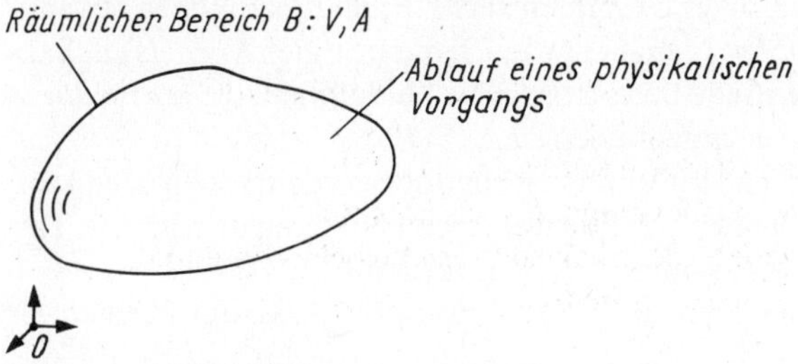

Bild 1.1. Grundproblem (Randwertproblem) der Feldtheorie
B räumlicher Bereich; V Volumen von B; A Hüllfläche (Rand) von B; 0 Koordinatensprung

1.1.1. Feldgrößen und Felder

Physikalische Feldgrößen. Die in der Physik und insbesondere in der elektromagnetischen Feldtheorie auftretenden physikalischen *Feldgrößen* (Potential, Feldstärke, Kraft usw.) werden eingeteilt nach der Anzahl der *Maßzahlen*, durch die sie bei gegebenen *Maßeinheiten* (und vorgegebenem Ort und vorgegebener Zeit) vollständig beschrieben sind. Man unterscheidet:
1. *skalare Feldgrößen U*, gegeben durch eine *Maßzahl* × *Einheit* (z. B. die Temperatur, das elektrische Potential oder die Dielektrizitätskonstante in isotropen Stoffen)
2. *vektorielle Feldgrößen* $\boldsymbol{U}$, gegeben durch drei skalare Feldgrößen (z. B. die Kraft oder die elektrische Feldstärke)
3. *tensorielle Feldgrößen* t, gegeben durch drei vektorielle Feldgrößen (z. B. die mechanische Flächenspannung oder die Permeabilität in anisotropen Stoffen).

Ist jedem Punkt P eines räumlichen Bereiches (in jedem Zeitpunkt) eine skalare Feldgröße zugeordnet, so liegt ein *Skalarfeld* vor. Analog spricht man von einem *Vektorfeld* bzw. *Tensorfeld*, wenn den Punkten P eines räumlichen Bereiches vektorielle bzw. tensorielle Feldgrößen zugeordnet sind.

Beispielsweise erzeugt eine Wärmequelle in ihrer Umgebung ein Temperaturfeld (an jedem Punkt des Raumes um die Quelle besteht eine gewisse Temperatur), das offenbar zu den Skalarfeldern zu zählen ist. Das um eine elektrische Ladung Q herum entstehende elektrische Feld $\boldsymbol{E}$ dagegen ist ein Vektorfeld (an jedem Punkt des Raumes existiert ein gewisser Vektor $\boldsymbol{E}_\nu$ der elektrischen Feldstärke; $\nu = 1, 2, 3, \ldots$, Bild 1.2a). Beispiele für Tensorfelder werden wir in den nachfolgenden Abschnitten in den Wirkungen elektrischer oder magnetischer Felder bei Anwesenheit inhomogener oder anisotroper Stoffe kennenlernen.
Skalare Feldgrößen werden durch große lateinische oder kleine griechische Buchstaben, z. B. $U, V, \ldots, \varepsilon, \mu, \ldots$, vektorielle Feldgrößen durch halbfette kursive Buchstaben ($\boldsymbol{U}, \boldsymbol{V}, \ldots, \boldsymbol{e}, \ldots$) bezeichnet. Tensorielle Feldgrößen werden zur Unterscheidung halbfett gesetzt, z. B. $\mathbf{t}, \ldots, \boldsymbol{\varepsilon}, \boldsymbol{\mu}, \ldots$

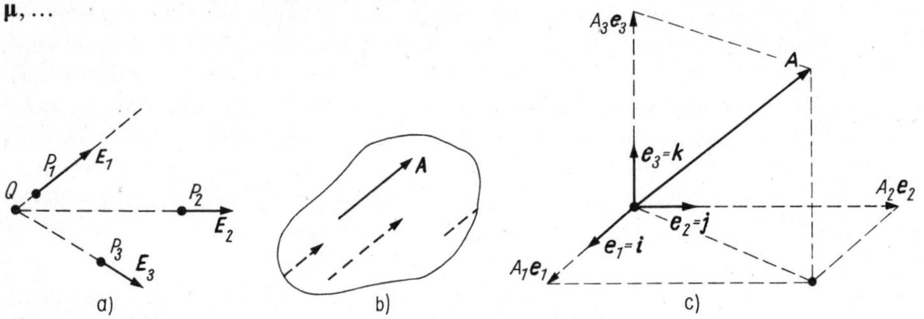

Bild 1.2. Vektoren
a) Vektor der elektrischen Feldstärke eines Punktladungsfeldes
b) geometrische Darstellung eines Vektors
c) Koordinatendarstellung eines Vektors

Skalare und Vektoren. Die skalaren Feldgrößen U (Zahlenwert × Einheit) können in bekannter Weise wie (reelle oder komplexe) *Zahlen* (genauer: wie Elemente eines *Körpers*) behandelt werden. Entsprechendes gilt für vektorielle bzw. tensorielle Feldgrößen, die als *Vektoren* bzw. *Tensoren* (über einem Skalarkörper A) aufzufassen sind.
Da in den Betrachtungen dieses Buches vor allem Vektoren benötigt werden, sollen in den folgenden Abschnitten zunächst einige einfache und für die weiteren Darlegungen wichtige Tatsachen im wesentlichen der *Vektoranalysis* zusammengestellt werden.
Wir erinnern zunächst an einige Grundbegriffe der *Vektoralgebra*, die wir im übrigen als bekannt voraussetzen.
Vektoren (über dem Körper der reellen Zahlen) werden geometrisch durch parallel zu sich selbst im (Anschauungs-)Raum verschiebbare gerichtete Strecken dargestellt (Bild 1.2b).
Für Vektoren $\boldsymbol{A}, \boldsymbol{B}, \boldsymbol{C}, \ldots$ sind gewisse *Verknüpfungen* definiert, die als Ergebnis wieder einen Vektor oder aber eine reelle Zahl liefern. Auf einen neuen Vektor führen die Operationen

α) *Addition* $\quad \boldsymbol{A} + \boldsymbol{B} = \boldsymbol{C}$

β) *Skalarmultiplikation* $\quad \lambda \boldsymbol{A} = \boldsymbol{B}$

γ) *Vektorprodukt* $\quad \boldsymbol{A} \times \boldsymbol{B} = \boldsymbol{C}$.

Dagegen entsteht eine reelle Zahl λ, wenn folgende Produkte gebildet werden:

δ) *Skalarprodukt* $\quad (\boldsymbol{AB}) = \boldsymbol{A} \cdot \boldsymbol{B} = \lambda$

ε) *Spatprodukt* $\quad (\boldsymbol{ABC}) = \boldsymbol{A} \cdot (\boldsymbol{B} \times \boldsymbol{C}) = \lambda$.

Letzteres stellt eine Kombination von Skalar- und Vektorproduktbildung dar. Der *Betrag* (die *Norm*, repräsentiert durch die Zeigerlänge)

$$|\boldsymbol{A}| = \sqrt{\boldsymbol{A} \cdot \boldsymbol{A}} \tag{1.1}$$

eines Vektors $\boldsymbol{A}$ ist immer eine positive reelle Größe, sofern nicht gerade $\boldsymbol{A} = 0$ der *Nullvektor* mit dem Betrag $|\boldsymbol{A}| = 0$ ist.
Der Vektor

$$\frac{\boldsymbol{A}}{|\boldsymbol{A}|} = \boldsymbol{A}^0 \tag{1.2}$$

hat den Betrag $|\boldsymbol{A}^0| = 1$ und heißt *Einheitsvektor* $\boldsymbol{A}^0$ in Richtung von $\boldsymbol{A}$ oder der $\boldsymbol{A}$ zugeordnete Einheitsvektor $\boldsymbol{A}^0$.
Die Operationseigenschaften und *Verknüpfungsgesetze* für die angeführten Vektoroperationen und deren geometrische Interpretation werden wir als bekannt ansehen; insbesondere erinnern wir an die Regel für das Spatprodukt

$$\boldsymbol{A} \cdot (\boldsymbol{B} \times \boldsymbol{C}) = (\boldsymbol{A} \times \boldsymbol{B}) \cdot \boldsymbol{C} = (\boldsymbol{ABC}) \tag{1.3a}$$

und an den *Entwicklungssatz*

$$\boldsymbol{A} \times (\boldsymbol{B} \times \boldsymbol{C}) = (\boldsymbol{A} \cdot \boldsymbol{C})\, \boldsymbol{B} - (\boldsymbol{A} \cdot \boldsymbol{B})\, \boldsymbol{C}. \tag{1.3b}$$

Als bekannt vorausgesetzt werden auch die Darstellungen eines Vektors $\boldsymbol{A}$ (vgl. Bild 1.2c) bezüglich einer *orthogonalen Basis* $(\boldsymbol{e}_1, \boldsymbol{e}_2, \boldsymbol{e}_3)$ ($\boldsymbol{e}_\nu$ *Basisvektoren* $(\nu = 1, 2, 3)$, $|\boldsymbol{e}_\nu| = 1$ und $(\boldsymbol{e}_1\boldsymbol{e}_2\boldsymbol{e}_3) = 1$)

$$\boldsymbol{A} = \boldsymbol{e}_1 A_1 + \boldsymbol{e}_2 A_2 + \boldsymbol{e}_3 A_3 = \sum_{\nu=1}^{3} \boldsymbol{e}_\nu A_\nu \tag{1.4a}$$

bzw. die einfachere und übersichtlichere Matrizenschreibweise

$$\boldsymbol{A} = (A_1, A_2, A_3) \begin{pmatrix} \boldsymbol{e}_1 \\ \boldsymbol{e}_2 \\ \boldsymbol{e}_3 \end{pmatrix} = \underline{\mathrm{a}}^{\mathrm{T}} \underline{\boldsymbol{e}}, \qquad \underline{\mathrm{a}} = \begin{pmatrix} A_1 \\ A_2 \\ A_3 \end{pmatrix} \tag{1.4b}$$

mit der Zeilenmatrix (Zeilenvektor) $\underline{\mathrm{a}}^{\mathrm{T}} = (A_1, A_2, A_3)$

und der Spaltenmatrix (Spaltenvektor) $\underline{\boldsymbol{e}} = \begin{pmatrix} \boldsymbol{e}_1 \\ \boldsymbol{e}_2 \\ \boldsymbol{e}_3 \end{pmatrix}$.

(T kennzeichnet die transponierte Matrix.)
Bemerkung: In der Mathematik wird vielfach eine abkürzende Schreibweise eines Vektors $\boldsymbol{A}$ vereinbart, indem nur seine Koordinaten A_ν $(\nu = 1, 2, 3)$ in der Form

$$\boldsymbol{A} = (A_1, A_2, A_3) \quad \text{oder} \quad \boldsymbol{A} = \begin{pmatrix} A_1 \\ A_2 \\ A_3 \end{pmatrix}$$

angegeben werden. Das ist nur in einem vorher vereinbarten Koordinatensystem möglich, welches dann bei allen Rechnungen nicht verlassen werden darf. Da mathematisch gesehen in dieser Schreibweise der Vektor $\boldsymbol{A}$ nicht eindeutig beschrieben wird, ist diese Schreibweise nicht zu empfehlen, vor allem dann nicht, wenn in unterschiedlichen Basissystemen (Koordinatensystemen) gearbeitet werden muß.

Die Verknüpfungsgesetze der Vektoralgebra, in der Darstellung durch die Koordinaten eines Vektors, ergeben sich dann in der Form z. B. für

$$\boldsymbol{A} + \boldsymbol{B} = \sum_{\nu=1}^{3} A_\nu \boldsymbol{e}_\nu + \sum_{\nu=1}^{3} B_\nu \boldsymbol{e}_\nu = \sum_{\nu=1}^{3} (A_\nu + B_\nu)\, \boldsymbol{e}_\nu$$

oder

$$\lambda \boldsymbol{A} = \lambda \sum_{\nu=1}^{3} A_\nu \boldsymbol{e}_\nu = \sum_{\nu=1}^{3} (\lambda A_\nu)\, \boldsymbol{e}_\nu$$

bzw. in der Matrizenschreibweise

$$\boldsymbol{A} + \boldsymbol{B} = \underline{\mathrm{a}}^{\mathrm{T}}\underline{\boldsymbol{e}} + \underline{\mathrm{b}}^{\mathrm{T}}\underline{\boldsymbol{e}} = (\underline{\mathrm{a}}^{\mathrm{T}} + \underline{\mathrm{b}}^{\mathrm{T}})\,\underline{\boldsymbol{e}} = (A_1 + B_1, A_2 + B_2, A_3 + B_3)\begin{pmatrix}\boldsymbol{e}_1\\ \boldsymbol{e}_2\\ \boldsymbol{e}_3\end{pmatrix}$$

oder

$$\lambda\boldsymbol{A} = \lambda\underline{\mathrm{a}}^{\mathrm{T}}\underline{\boldsymbol{e}} = \lambda\,(A_1, A_2, A_3)\begin{pmatrix}\boldsymbol{e}_1\\ \boldsymbol{e}_2\\ \boldsymbol{e}_3\end{pmatrix} = (\lambda A_1, \lambda A_2, \lambda A_3)\begin{pmatrix}\boldsymbol{e}_1\\ \boldsymbol{e}_2\\ \boldsymbol{e}_3\end{pmatrix}.$$

Komplexe Feldgrößen. Neben den vorstehend betrachteten reellen Skalaren und Vektoren mit reellen Vektorkoordinaten (Vektoren über dem Körper der reellen Zahlen) ist es mitunter erforderlich, auch komplexe Skalare und Vektoren mit komplexen Vektorkoordinaten $\underline{A}_\nu$ (Vektoren über dem Körper der komplexen Zahlen) zu betrachten. Solche komplexen Feldgrößen kennzeichnen wir durch Unterstreichung, z. B. erhält ein *komplexer Vektor* das Symbol

$$\underline{\boldsymbol{A}} = \underline{A}_1\boldsymbol{e}_1 + \underline{A}_2\boldsymbol{e}_2 + \underline{A}_3\boldsymbol{e}_3. \tag{1.5a}$$

Der zu $\underline{\boldsymbol{A}}$ *konjugiert komplexe Vektor* lautet dann ($\underline{A}_\nu^*$ ist konjugiert komplex zu $\underline{A}_\nu$)

$$\underline{\boldsymbol{A}}^* = \underline{A}_1^*\boldsymbol{e}_1 + \underline{A}_2^*\boldsymbol{e}_2 + \underline{A}_3^*\boldsymbol{e}_3. \tag{1.5b}$$

Als *Skalarprodukt* von $\underline{\boldsymbol{A}}$ und $\underline{\boldsymbol{B}}$ definiert man nun

$$(\underline{\boldsymbol{A}}\,\underline{\boldsymbol{B}}) = \underline{\boldsymbol{A}} \cdot \underline{\boldsymbol{B}}^* = \underline{\lambda} \quad (= \text{komplexe Zahl})$$

und somit als *Norm* (Betrag) des komplexen Vektors

$$|\underline{\boldsymbol{A}}| = \sqrt{\underline{\boldsymbol{A}} \cdot \underline{\boldsymbol{A}}^*} = \lambda \quad (= \text{reelle Zahl} \geqq 0). \tag{1.5c}$$

In diesen Definitionen sind die vorstehend gegebenen als Sonderfall enthalten.
Als *Realteil* von $\underline{\boldsymbol{A}}$ bezeichnen wir den Ausdruck

$$\boldsymbol{A} = \mathrm{Re}\,\{\underline{\boldsymbol{A}}\} = \sum_{\nu=1}^{3} \mathrm{Re}\,\{\underline{A}_\nu\}\,\boldsymbol{e}_\nu. \tag{1.5d}$$

Alle anderen Operationen werden unverändert übertragen.

Wir betrachten hierzu noch folgendes Beispiel. Gegeben seien (in kartesischen Koordinaten $\boldsymbol{e}_1 = \boldsymbol{i}$, $\boldsymbol{e}_2 = \boldsymbol{j}$, $\boldsymbol{e}_3 = \boldsymbol{k}$) die Vektoren

$$\underline{\boldsymbol{A}} = \boldsymbol{i}3 + \boldsymbol{j}2 - \boldsymbol{k}4$$
$$\underline{\boldsymbol{B}} = \boldsymbol{i}2\mathrm{j} + \boldsymbol{j}\,(3 - 2\mathrm{j}).$$

Dann ist

1. $\underline{\boldsymbol{A}} + \underline{\boldsymbol{B}} = \boldsymbol{i}\,(3 + 2\mathrm{j}) + \boldsymbol{j}\,(5 - 2\mathrm{j}) - \boldsymbol{k}4$
2. $3\underline{\boldsymbol{A}} = \boldsymbol{i}9 + \boldsymbol{j}6 - \boldsymbol{k}12$
3. $\underline{\boldsymbol{A}} \times \underline{\boldsymbol{B}} = \begin{vmatrix}\boldsymbol{i} & \boldsymbol{j} & \boldsymbol{k}\\ 3 & 2 & -4\\ 2\mathrm{j} & 3-2\mathrm{j} & 0\end{vmatrix} = \boldsymbol{i}4\,(3 - 2\mathrm{j}) - \boldsymbol{j}8\mathrm{j} + \boldsymbol{k}\,(9 - 10\mathrm{j})$
4. $(\underline{\boldsymbol{A}}\,\underline{\boldsymbol{B}}^*) = \underline{\boldsymbol{A}} \cdot \underline{\boldsymbol{B}}^* = -6\mathrm{j} + 6 + 4\mathrm{j} = 6 - 2\mathrm{j}$
5. $(\underline{\boldsymbol{A}}\,\underline{\boldsymbol{B}}\,\underline{\boldsymbol{B}}^*) = \begin{vmatrix}3 & 2 & -4\\ 2\mathrm{j} & 3-2\mathrm{j} & 0\\ -2\mathrm{j} & 3+2\mathrm{j} & 0\end{vmatrix} = -4 \cdot 2\mathrm{j}\begin{vmatrix}1 & 3-2\mathrm{j}\\ -1 & 3+2\mathrm{j}\end{vmatrix} = -8\mathrm{j}\,(3 + 2\mathrm{j} + 3 - 2\mathrm{j}) = -48\mathrm{j}$
6. $|\underline{\boldsymbol{B}}| = \sqrt{\underline{\boldsymbol{B}} \cdot \underline{\boldsymbol{B}}^*} = \sqrt{4 + 13} = \sqrt{17}$

7. $$\boldsymbol{A} = \mathrm{Re}\,\{\underline{\boldsymbol{A}}\} = \underline{\boldsymbol{A}} = \boldsymbol{i}3 + \boldsymbol{j}2 - \boldsymbol{k}4$$

$$\boldsymbol{A}^\circ = \frac{\boldsymbol{A}}{|\boldsymbol{A}|} = \frac{\boldsymbol{i}3 + \boldsymbol{j}2 - \boldsymbol{k}4}{\sqrt{29}} = \boldsymbol{i}\frac{3}{\sqrt{29}} + \boldsymbol{j}\frac{2}{\sqrt{29}} - \boldsymbol{k}\frac{4}{\sqrt{29}}.$$

8. $$\boldsymbol{B} \neq \mathrm{Re}\,\{\underline{\boldsymbol{B}}\} = \boldsymbol{j}3.$$

Beim Rechnen mit komplexen Vektoren $\underline{\boldsymbol{A}}$ ist darauf zu achten, daß der Einheitsvektor $\boldsymbol{j}$ nicht mit der imaginären Einheit $\mathrm{j} = \sqrt{-1}$ verwechselt wird.

Feld- und Ortsvektoren. Man unterscheidet aus physikalischen Gründen zwischen einem

1. *Feldvektor*, der durch einen dem Raumpunkt P zugeordneten Zeiger dargestellt wird, und einem
2. *Ortsvektor*, der durch einen dem Bezugspunkt 0 des Raumes (Koordinatenursprung des Koordinatensystems) zugeordneten Zeiger $\boldsymbol{r}$ repräsentiert wird (Bild 1.3).

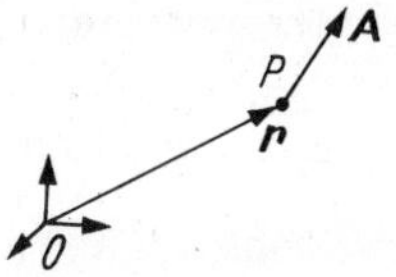

Bild 1.3
Orts- und Feldvektor

Feldvektoren werden mit großen Buchstaben, der Ortsvektor aber stets durch den Buchstaben $\boldsymbol{r}$ bezeichnet. Der Ortsvektor fixiert einen bestimmten, an der Zeigerspitze liegenden Punkt P des Raumes und hat damit eine rein geometrische Bedeutung. Dagegen stellen Feldvektoren immer physikalische Feldgrößen dar.

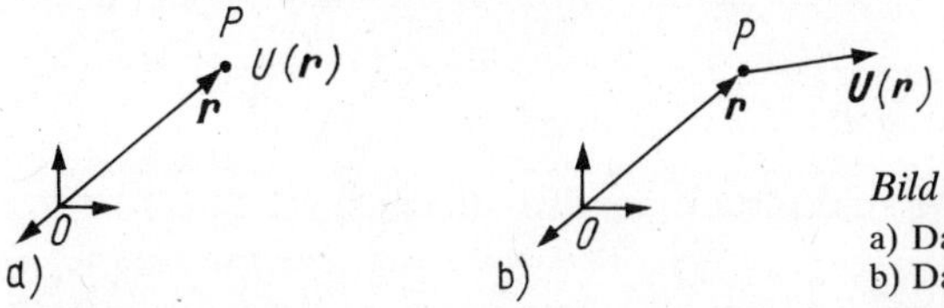

Bild 1.4. Skalar- und Vektorfeld
a) Darstellung eines Skalarfeldes
b) Darstellung eines Vektorfeldes

In der Darstellung eines *Skalarfeldes* ist damit jedem durch den Ortsvektor $\boldsymbol{r}$ fixierten Raumpunkt P eine benannte reelle (oder komplexe) Zahl U zugeordnet: U ist eine Funktion des durch $\boldsymbol{r}$ bestimmten Ortes P oder – wie man kürzer sagt – des Ortsvektors $\boldsymbol{r}$, in Zeichen (vgl. Bild 1.4a)

$$U = U(\boldsymbol{r}). \tag{1.6a}$$

Handelt es sich um ein *Vektorfeld*, so entspricht jedem Ortsvektor $\boldsymbol{r}$ ein (an der Spitze von $\boldsymbol{r}$ abgetragener) Feldvektor $\boldsymbol{U}$: Der Feldvektor $\boldsymbol{U}$ ist eine Funktion des Ortsvektors $\boldsymbol{r}$, in Zeichen (vgl. Bild 1.4b)

$$\boldsymbol{U} = \boldsymbol{U}(\boldsymbol{r}). \tag{1.6b}$$

Am festen Ort $\boldsymbol{r}$ können $U(\boldsymbol{r})$ und $\boldsymbol{U}(\boldsymbol{r})$ noch von der Zeit t abhängen. Wir schreiben dann

$$U = U(\boldsymbol{r}, t) \quad \text{bzw.} \quad \boldsymbol{U} = \boldsymbol{U}(\boldsymbol{r}, t) \tag{1.7}$$

und nennen solche Felder *nichtstationäre* Felder. Die von der Zeit t unabhängigen Felder heißen dann auch genauer *stationäre* Felder.

In einem wichtigen Sonderfall sind die Feldgrößen *sinusförmig* von der Zeit abhängig:

$$\begin{aligned} U &= U(\boldsymbol{r}) \cos(\omega t + \varphi(\boldsymbol{r})) \\ &= \mathrm{Re}\,\{U(\boldsymbol{r})\, \mathrm{e}^{\mathrm{j}\varphi(\boldsymbol{r})}\, \mathrm{e}^{\mathrm{j}\omega t}\} \end{aligned} \quad \text{bzw.}$$

$$\begin{aligned} \boldsymbol{U} &= \boldsymbol{U}(\boldsymbol{r}) \cos(\omega t + \varphi(\boldsymbol{r})) \\ &= \mathrm{Re}\,\{\boldsymbol{U}(\boldsymbol{r})\, \mathrm{e}^{\mathrm{j}\varphi(\boldsymbol{r})}\, \mathrm{e}^{\mathrm{j}\omega t}\}. \end{aligned}$$

Wir setzen dann

$$U(\boldsymbol{r})\ e^{j\varphi(\boldsymbol{r})} = \underline{U}(\boldsymbol{r}) \quad \text{bzw.} \quad \boldsymbol{U}(\boldsymbol{r})\ e^{j\varphi(\boldsymbol{r})} = \underline{\boldsymbol{U}}(\boldsymbol{r}) \tag{1.8}$$

und erhalten damit die Schreibweise

$$U = \mathrm{Re}\ \{\underline{U}\ e^{j\omega t}\} \quad \text{bzw.} \quad \boldsymbol{U} = \mathrm{Re}\ \{\underline{\boldsymbol{U}}\ e^{j\omega t}\}. \tag{1.9}$$

$\underline{U}$ und $\underline{\boldsymbol{U}}$ sind die nur vom Ort $\boldsymbol{r}$ abhängigen *komplexen Amplituden* der Felder U und $\boldsymbol{U}$. $\varphi(\boldsymbol{r})$ heißt *Nullphase*; sie ist ebenfalls vom Ort abhängig. Nur die *Kreisfrequenz* ω ist unabhängig von $\boldsymbol{r}$ und t.
In den bekannten kartesischen Koordinaten wird jeder Ortsvektor $\boldsymbol{r}$ durch den Ausdruck

$$\boldsymbol{r} = \boldsymbol{i}x + \boldsymbol{j}y + \boldsymbol{k}z \tag{1.10}$$

dargestellt. Da $\boldsymbol{i}, \boldsymbol{j}$ und $\boldsymbol{k}$ feste Vektoren sind, entspricht jedem $\boldsymbol{r}$ ein geordnetes Zahlentripel (x, y, z) und umgekehrt. Diese Zuordnung ist offenbar sogar eindeutig:

$$\boldsymbol{r} \leftrightarrow (x, y, z).$$

Ein Skalarfeld ist deshalb gegeben durch eine beliebige Funktion der drei Variablen x, y, z, z. B. (Potential einer Punktladung)

$$U(\boldsymbol{r}) = U\ (x, y, z) = \varphi\ (x, y, z) = Q/4\pi\varepsilon\ \sqrt{x^2 + y^2 + z^2}$$

$$U(\boldsymbol{r}) = U\ (x, y, z) = (x^2 + e^z) \cosh xy \quad \text{usw.}$$

Ein Vektorfeld $\boldsymbol{U}(\boldsymbol{r})$ in kartesischen Koordinaten erhält man mittels dreier Skalarfelder in der Form $\boldsymbol{i}U_x\ (\boldsymbol{r}) + \boldsymbol{j}U_y\ (\boldsymbol{r}) + \boldsymbol{k}U_z\ (\boldsymbol{r})$ oder

$$\boldsymbol{U}(\boldsymbol{r}) = \boldsymbol{U}\ (x, y, z) = \boldsymbol{i}U_x\ (x, y, z) + \boldsymbol{j}U_y\ (x, y, z) + \boldsymbol{k}U_z\ (x, y, z).$$

Ein Vektorfeld ist hiermit z. B. (magnetische Feldstärke eines Stromfadens; vgl. S. 47)

$$\boldsymbol{U}(\boldsymbol{r}) = \boldsymbol{U}\ (x, y, z) = \frac{(-\boldsymbol{i}y + \boldsymbol{j}x)\ I}{2\pi\ (x^2 + y^2)}.$$

Dieses Feld ist stationär. Ein nichtstationäres Feld wäre dann beispielsweise

$$\boldsymbol{U}\ (\boldsymbol{r}, t) = \boldsymbol{U}\ (x, y, z, t) = \boldsymbol{i}3xyt^2 + \boldsymbol{j}4tx.$$

Von besonderem Interesse sind nichtstationäre Skalar- oder Vektorfelder des Typs (1.8), z. B.

$$\begin{aligned} U\ (\boldsymbol{r}, t) = U\ (x, y, z, t) &= (x^2 + y^2)\ z \cos\ [\omega t + \varphi\ (x, y, z)] \\ &= \mathrm{Re}\ \{(x^2 + y^2)\ z\ e^{j(\omega t + \varphi)}\} \\ &= \mathrm{Re}\ \{\underline{U}\ e^{j\omega t}\} \end{aligned}$$

mit $\underline{U} = (x^2 + y^2)\, z\, e^{j\varphi}$ und z. B. $\tan \varphi = (3x + z/y)$.

Skalar- und Vektorfelder können aber auch in anderen Koordinatensystemen dargestellt sein (z. B. in Zylinder- oder Kugelkoordinaten). Ausführlicher auf die analytische Darstellung von Skalar- und Vektorfeldern in beliebigen Koordinaten gehen wir im Abschn. 1.1.2. ein.

Zusammenfassung. Feldgrößen sind einem Raumpunkt P in einem räumlichen Bereich B zugeordnete physikalische Größen. Nach den mathematischen Eigenschaften der Feldgrößen unterscheidet man

skalare physikalische Feldgrößen, kurz *Skalare*
vektorielle physikalische Feldgrößen, kurz *Vektoren*
tensorielle physikalische Feldgrößen, kurz *Tensoren* (vgl. Abschn. 1.1.1. f).

Zur eindeutigen Kennzeichnung von physikalischen Feldgrößen sind die Angabe von reellen Zahlen und einer physikalischen Einheit notwendig.

Die Gesamtheit der den Raumpunkten P eines räumlichen B Bereiches zugeordneten Feldgrößen bezeichnet man als Feld und unterscheidet zwischen Skalar-, Vektor- und Tensorfeldern.
In kartesischen Koordinaten ist jeder Punkt P des Raumes in eineindeutiger Weise durch ein Zahlentripel (x, y, z) oder durch den Ortsvektor

$$\boldsymbol{r} = \boldsymbol{i}x + \boldsymbol{j}y + \boldsymbol{k}z$$

fixiert:

$$P \leftrightarrow \boldsymbol{r} \leftrightarrow (x, y, z).$$

Jede Abbildung (Funktion)

$$P \to U \quad \text{bzw.} \quad \boldsymbol{r} \to U \quad \text{bzw.} \quad (x, y, z) \to U$$

der Punkte P $(\boldsymbol{r}, (x, y, z))$ des Raumes in die Menge der reellen Zahlen U bildet ein stationäres Skalarfeld

$$U = U(P) = U(\boldsymbol{r}) = U(x, y, z).$$

Werden einem Raumpunkt P gleichzeitig drei Skalarfelder (in kartesischen Koordinaten) zugeordnet, in Zeichen

$$P \to \begin{pmatrix} U_x \\ U_y \\ U_z \end{pmatrix} \quad \text{oder} \quad P \to (U_x, U_y, U_z),$$

so sind mögliche Schreibweisen

$$\begin{aligned} \boldsymbol{U} &= \boldsymbol{i}U_x + \boldsymbol{j}U_y + \boldsymbol{k}U_z \\ &= \boldsymbol{i}U_x(P) + \boldsymbol{j}U_y(P) + \boldsymbol{k}U_z(P) \\ &= \boldsymbol{i}U_x(\boldsymbol{r}) + \boldsymbol{j}U_y(\boldsymbol{r}) + \boldsymbol{k}U_z(\boldsymbol{r}) \\ &= \boldsymbol{i}U_x(x, y, z) + \boldsymbol{j}U_y(x, y, z) + \boldsymbol{k}U_z(x, y, z) \end{aligned}$$

eine Abbildung der Raumpunkte in die Menge der Vektoren:

$$P \to \boldsymbol{U}, \qquad \boldsymbol{r} \to \boldsymbol{U}, \qquad (x, y, z) \to \boldsymbol{U}.$$

Jede solche Abbildung stellt ein stationäres Vektorfeld dar:

$$\boldsymbol{U} = \boldsymbol{U}(P) = \boldsymbol{U}(\boldsymbol{r}) = \boldsymbol{U}(x, y, z).$$

Außer vom Ort können die Felder noch von der Zeit abhängen (nichtstationäre Felder):

$$U = U(\boldsymbol{r}, t), \qquad \boldsymbol{U} = \boldsymbol{U}(\boldsymbol{r}, t).$$

Speziell kann gelten

$$U = U(\boldsymbol{r}, t) = \mathrm{Re}\,\{\underline{U}(\boldsymbol{r}) \cdot f(t)\}, \qquad \underline{U}(\boldsymbol{r}) = U(\boldsymbol{r})\,\mathrm{e}^{\mathrm{j}\varphi(\boldsymbol{r})}$$

$$\boldsymbol{U} = \boldsymbol{U}(\boldsymbol{r}, t) = \mathrm{Re}\,\{\underline{\boldsymbol{U}}(\boldsymbol{r}) \cdot f(t)\}, \qquad \underline{\boldsymbol{U}}(\boldsymbol{r}) = \boldsymbol{U}(\boldsymbol{r})\,\mathrm{e}^{\mathrm{j}\varphi(\boldsymbol{r})}$$

mit

$$f(t) = \mathrm{e}^{\mathrm{j}\omega t} \quad (\omega = \text{konst.}).$$

Bemerkung: Um die physikalischen Belange bei der Berechnung physikalischer Felder besser zum Ausdruck zu bringen, werden die Symbole der physikalischen Größen auch zur Kennzeichnung des Feldes (Funktion) verwendet und definitionsgemäß geschrieben:

Skalarfeld:	Funktion	U
	Funktionswert	$U(\boldsymbol{r}) = U(x_1, x_2, x_3)$
Vektorfeld:	Funktion	$\boldsymbol{U} = (U_1, U_2, U_3)$
	Funktionswert	$\boldsymbol{U}(\boldsymbol{r}) = \boldsymbol{U}(x_1, x_2, x_3)$.

Aus Vereinfachungsgründen verzichtet man in der Feldtheorie, wo physikalische Gründe im Vordergrund stehen, oft auf die symbolische Unterscheidung zwischen der Funktion U bzw. $\boldsymbol{U}$ und dem Funktionswert $U(\boldsymbol{r})$ bzw. $\boldsymbol{U}(\boldsymbol{r})$ und setzt $U = U(\boldsymbol{r}) = U(x_1, x_2, x_3)$ bzw. $\boldsymbol{U} = \boldsymbol{U}(\boldsymbol{r}) = \boldsymbol{U}(x_1, x_2, x_3)$.

Tensorfelder. Man kann auch jedem (in $\boldsymbol{r}$ abgetragenen) Feldvektor $\boldsymbol{U}$ einen weiteren Feldvektor $\boldsymbol{V}$ zuordnen, in Zeichen $\boldsymbol{V} = f_r(\boldsymbol{U})$. Diese Zuordnung schreibt man i. allg. zweckmäßiger in der Form

$$\boldsymbol{V} = \mathrm{t} \cdot \boldsymbol{U}, \qquad \mathrm{t} = \mathrm{t}(\boldsymbol{r}). \tag{1.11a}$$

Ist nun dieses am Ort $\boldsymbol{r}$ bestehende Zuordnungsgesetz (Funktion) t *linear*, d. h., ist mit den reellen (oder komplexen) Zahlen λ_1, λ_2

$$\mathrm{t} \cdot (\lambda_1 \boldsymbol{U}_1 + \lambda_2 \boldsymbol{U}_2) = \lambda_1 (\mathrm{t} \cdot \boldsymbol{U}_1) + \lambda_2 (\mathrm{t} \cdot \boldsymbol{U}_2), \tag{1.11b}$$

so heißt t eine *lineare Vektorfunktion* oder ein *Tensor* (2. Stufe). Dieser Tensor ist i. allg. selbst eine Funktion des Ortes $\boldsymbol{r}$ (und auch möglicherweise der Zeit), weshalb man genauer und besser auch von einem *Feldtensor* $\mathrm{t}(\boldsymbol{r})$ spricht. Die Gesamtheit aller (Feld-) Tensoren des Raumes bildet dann das *Tensorfeld* $\mathrm{t}(\boldsymbol{r})$ (vgl. Bild 1.5).

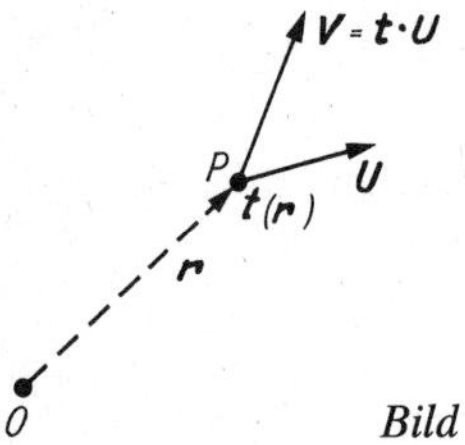

Bild 1.5. Darstellung eines Tensorfeldes

Bei der in (1.11) angegebenen Schreibweise einer linearen Vektorfunktion spricht man auch von einer *Multiplikation* zwischen einem Tensor und einem Vektor; man sagt: *Durch Multiplikation des Tensors* t *mit dem Vektor* $\boldsymbol{U}$ *entsteht der Vektor* $\boldsymbol{V}$.

Eine spezielle Klasse von Tensoren läßt sich auch mit Hilfe des Vektorprodukts darstellen, z. B.

$$\boldsymbol{V} = \mathrm{t} \cdot \boldsymbol{U} = \boldsymbol{r} \times \boldsymbol{U}. \tag{1.12}$$

Auch hier wird ersichtlich bei gegebenem $\boldsymbol{r}$ jedem $\boldsymbol{U}$ in $\boldsymbol{r}$ ein bestimmtes $\boldsymbol{V}$ in $\boldsymbol{r}$ zugeordnet. Man rechnet leicht nach, daß das Zuordnungsgesetz t in (1.12) außerdem alle Eigenschaften aus (1.11) besitzt:

$$\begin{aligned}
\mathrm{t} \cdot (\lambda_1 \boldsymbol{U}_1 + \lambda_2 \boldsymbol{U}_2) &= \boldsymbol{r} \times (\lambda_1 \boldsymbol{U}_1 + \lambda_2 \boldsymbol{U}_2) \\
&= \boldsymbol{r} \times (\lambda_1 \boldsymbol{U}_1) + \boldsymbol{r} \times (\lambda_2 \boldsymbol{U}_2) \\
&= \lambda_1 (\boldsymbol{r} \times \boldsymbol{U}_1) + \lambda_2 (\boldsymbol{r} \times \boldsymbol{U}_2) \\
&= \lambda_1 (\boldsymbol{r} \cdot \boldsymbol{U}_1) + \lambda_2 (\boldsymbol{r} \cdot \boldsymbol{U}_2).
\end{aligned}$$

Ein anderes Beispiel für ein Tensorfeld ist die Vektorfunktion t in

$$\boldsymbol{V} = \mathrm{t} \cdot \boldsymbol{U} = (\boldsymbol{r a U})(\boldsymbol{r} + \boldsymbol{b}) \quad (\boldsymbol{a}, \boldsymbol{b} = \text{feste Vektoren}).$$

Im Abschn. 3.1.1. werden wir auf ein mit dem Tensorbegriff beschreibbares physikalisches Problem eingehen.

1.1.2. Koordinatensysteme

Unter Benutzung von Zeigern als geometrisches Abbild der Vektoren vermitteln die vorstehenden Überlegungen eine anschauliche Vorstellung von dem Inhalt des Begriffs „Vektorfeld" („Skalarfeld", „Tensorfeld"). Es handelt sich nun darum, diesen Begriff in die Sprache der Arithmetik und Analysis zu übersetzen. Wir knüpfen dabei an die Bemerkungen im Abschn. 1.1.1. d an.

Zunächst betrachten wir die arithmetische Beschreibung des Raumes, die durch ein Koordinatensystem erfolgt. Hierbei muß von der Forderung der Praxis ausgegangen werden, daß zur Lösung praktischer Probleme eine Auswahl von Koordinatensystemen zur Verfügung stehen muß.

Ortskoordinaten. Zur Fixierung eines Raumpunktes wird der ganze Raum $B = B_\infty$ (B_∞ = unendlich ausgedehnter Raum) auf ein Koordinatensystem bezogen. Zur Kennzeichnung der gemeinsamen Grundeigenschaften der Koordinatensysteme wollen wir von den als bekannt vorausgesetzten einfachsten Koordinatensystemen – dem kartesischen Koordinatensystem sowie dem Kreiszylinder- und Kugelkoordinatensystem – ausgehen und uns auf diese beziehen. So wird offensichtlich ein Raumpunkt P bezüglich eines frei wählbaren Bezugspunktes „0" in B_∞, dem Ursprung des Koordinatensystems, durch die Angabe von drei reellen Zahlenwerten x_ν aus einem Wertebereich $I_\nu \subset \mathbb{R}$ $(\nu = 1, 2, 3)$ in Form eines geordneten Tripels (x_1, x_2, x_3) eindeutig festgelegt. Für die genannten Grundkoordinatensysteme wird P wie folgt gekennzeichnet:

kartesisches Koordinatensystem (c): (x, y, z)
Kreiszylinderkoordinatensystem (z): (ϱ, α, z)
Kugelkoordinatensystem (k): (r, ϑ, α)

(vgl. Bild 1.6). Die Symbole (c), (z) und (k) sollen im weiteren abkürzende Bezeichnungen für diese Koordinatensysteme sein.
Die geometrische Bedeutung dieser Wertetripel ist aus Bild 1.6 zu entnehmen.

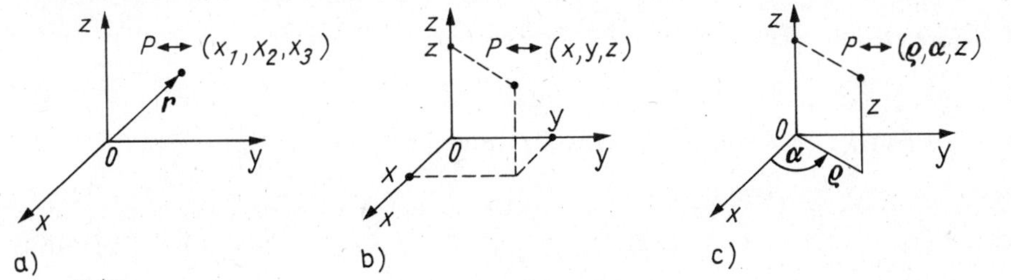

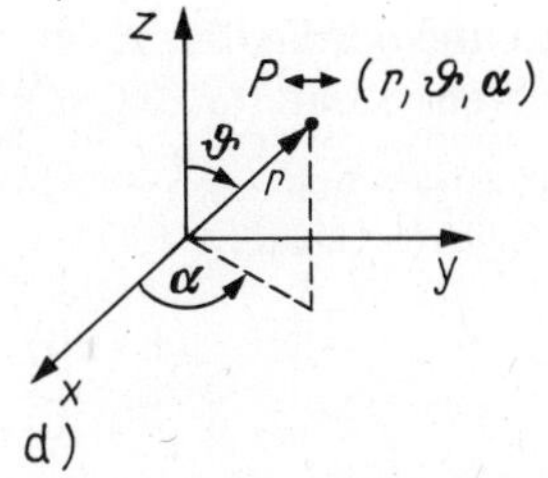

Bild 1.6. Ortskoordinaten
a) allgemeine Ortskoordinaten
b) kartesische Ortskoordinaten
c) Kreiszylinderortskoordinaten
d) Kugelortskoordinaten

Man bezeichnet die Zahlenwerte x_ν $(\nu = 1, 2, 3)$ als die *Ortskoordinaten des Raumpunktes P*. Alle Raumpunkte werden durch die Tripel (x_1, x_2, x_3) eines Koordinatensystems erfaßt, mithin durch die Menge

$$D_k = \{(x_1, x_2, x_3) \mid (x_1, x_2, x_3) \in \mathbb{R}^3 \wedge x_\nu \in I_\nu \subset \mathbb{R} \quad (\nu = 1, 2, 3)\}. \tag{1.13}$$

Für die drei Grundkoordinatensysteme gibt Tafel 1.1 eine Übersicht.

Aus physikalischer Sicht sind die Ortskoordinaten dimensionsbehaftete bzw. dimensionslose Größen, z. B. haben die Ortskoordinaten x, y, z und r die Dimension einer Länge und α sowie ϑ die eines Winkels. Beispiele für dimensionslose Ortskoordinaten werden wir im Zusammenhang mit der Erzeugung von Koordinatensystemen noch kennenlernen.

Tafel 1.1. Ortskoordinaten und Wertebereich des kartesischen, Kreiszylinder- und Kugelkoordinatensystems

		Ortskoordinaten			Wertebereiche		
Koordinatensystem		x_1	x_2	x_3	I_1	I_2	I_3
Kartesische Koordinaten	(c)	x	y	z	$(-\infty, \infty)$	$(-\infty, \infty)$	$(-\infty, \infty)$
Kreiszylinderkoordinaten	(z)	ϱ	α	z	$[0, \infty)$	$[0, 2\pi)$	$(-\infty, \infty)$
Kugelkoordinaten	(k)	r	ϑ	α	$[0, \infty)$	$[0, \pi)$	$[0, 2\pi)$

Die Zuordnung von P – auch des Ortsvektors $\boldsymbol{r}$ – zu den Ortskoordinaten (x_1, x_2, x_3) ist umkehrbar eindeutig: $P \leftrightarrow (x_1, x_2, x_3)$. Für die Beispiele gilt also

$$P \leftrightarrow (x, y, z), \qquad P \leftrightarrow (\varrho, \alpha, z), \qquad P \leftrightarrow (r, \vartheta, \alpha) \tag{1.14a}$$

und somit auch

$$(x, y, z) \leftrightarrow (\varrho, \alpha, z) \leftrightarrow (r, \vartheta, \alpha). \tag{1.14b}$$

Beispielsweise geben folgende Tripel ein und denselben Punkt an:

$$(x, y, z) = (0, 1, 0), \qquad (\varrho, \alpha, z) = \left(1, \frac{\pi}{2}, 0\right), \qquad (r, \vartheta, \alpha) = \left(1, \frac{\pi}{2}, \frac{\pi}{2}\right).$$

Umrechnung von Ortskoordinaten. Aufgrund der umkehrbar eindeutigen Zuordnung der Ortskoordinaten sind sie umrechenbar. Das ist immer dann notwendig, wenn bei der Feldberechnung das Koordinatensystem gewechselt werden muß. Sind x_ν $(\nu = 1, 2, 3)$ die Ortskoordinaten eines gegebenen Koordinatensystems D_k, x'_ν die des neuen, unbekannten Koordinatensystems $D_{k'}$, so ist der funktionelle Zusammenhang zwischen den Ortskoordinaten gegeben durch eine Abbildung

$$f\colon D_k \to D_{k'}, \qquad \boldsymbol{f}(\boldsymbol{x}) = \boldsymbol{x}' \tag{1.15}$$

mit

$$\boldsymbol{f} = (f_1, f_2, f_3), \qquad \boldsymbol{x} = (x_1, x_2, x_3) \in D_k \quad \text{und} \quad \boldsymbol{x}' = (x'_1, x'_2, x'_3) \in D_{k'}.$$

Daraus folgt

$$x'_\nu = f_\nu(x_1, x_2, x_3) \qquad (\nu = 1, 2, 3), \tag{1.16a}$$

wobei f_ν stetige Funktionen auf D_k und die x'_ν i. allg. von allen drei Ortskoordinaten x_ν abhängig sind. Ist insbesondere $D_{k'}$ durch das kartesische Koordinatensystem $((x'_1, x'_2, x'_3) = (x, y, z))$ gegeben, so folgt

$$\begin{aligned} x &= f_1(x_1, x_2, x_3) = x\,(x_1, x_2, x_3) \\ y &= f_2(x_1, x_2, x_3) = y\,(x_1, x_2, x_3) \\ z &= f_3(x_1, x_2, x_3) = z\,(x_1, x_2, x_3). \end{aligned} \tag{1.16b}$$

Diese Gleichungen werden als *Transformationsgleichungen der Ortskoordinaten* bezeichnet. Die rechtsseitige Schreibweise von (1.16b) ist eine übliche Darstellung zur Kennzeichnung der funktionellen Abhängigkeit.

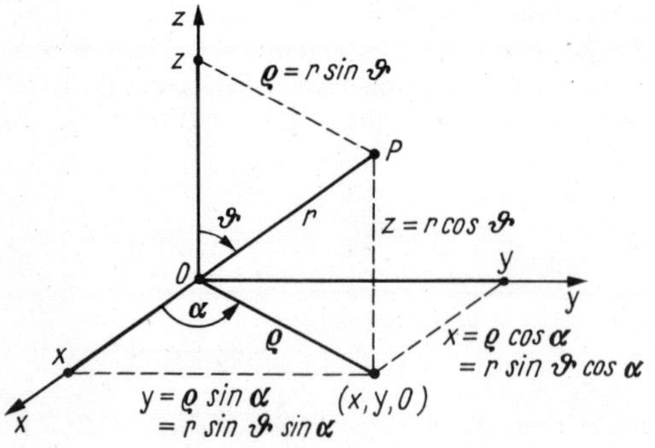

Bild 1.7. Geometrischer Zusammenhang der Ortskoordinaten der drei Grundkoordinatensysteme

Speziell gilt mit Bild 1.7 für den Zusammenhang von x, y, z mit den Zylinderortskoordinaten $(x_1, x_2, x_3) = (\varrho, \alpha, z)$ $(x_1 = \varrho, x_2 = \alpha, x_3 = z)$

$$\begin{aligned} x &= \varrho \cos \alpha = x(\varrho, \alpha) \\ y &= \varrho \sin \alpha = y(\varrho, \alpha) \qquad (\varrho \geqq 0,\ 0 \leqq \alpha < 2\pi,\ -\infty < z < \infty) \\ z &= z \end{aligned} \tag{1.17a}$$

und für Kugelkoordinaten $(x_1, x_2, x_3) = (r, \vartheta, \alpha)$ $(x_1 = r, x_2 = \vartheta, x_3 = \alpha)$

$$\begin{aligned} x &= r \sin \vartheta \cos \alpha = x(r, \vartheta, \alpha) \\ y &= r \sin \vartheta \sin \alpha = y(r, \vartheta, \alpha) \qquad (r \geqq 0,\ 0 \leqq \vartheta \leqq \pi,\ 0 \leqq \alpha < 2\pi) \\ z &= r \cos \vartheta = z(r, \vartheta), \end{aligned} \tag{1.17b}$$

der aus den geometrischen Beziehungen der Darstellung im genannten Bild sofort ersichtlich ist.
Die Einbettung des kartesischen Koordinatensystems in das Zylinder- und Kugelkoordinatensystem ist durch die Festlegung der Ortskoordinaten (ϱ, α, z) bzw. (r, ϑ, α) nach Bild 1.6 gegeben.
Ersichtlich sind x, y und z nicht unbedingt von allen drei Ortskoordinaten des zweiten Koordinatensystems abhängig.

Tafel 1.2. Transformationsgleichungen des kartesischen, Kreiszylinder- und Kugelkoordinatensystems

Kartesische Koordinaten (c)	Kreiszylinder-koordinaten (z)	Kugel-koordinaten (k)
$x = x$	$\varrho \cos \alpha$	$r \sin \vartheta \cos \alpha$
$y = y$	$\varrho \sin \alpha$	$r \sin \vartheta \sin \alpha$
$z = z$	z	$r \cos \vartheta$

In Tafel 1.2 sind die Transformationsgleichungen nach (1.16b) für die drei Grundkoordinatensysteme ((1.17a), (1.17b)) zusammengefaßt.
Die wechselseitige Darstellung der Ortskoordinaten der drei Grundkoordinatensysteme ist aus Tafel 4.1 des Anhangs zu entnehmen.

Ortskoordinatenlinien. Gegeben seien die Ortskoordinaten x_ν $(\nu = 1, 2, 3)$ eines Koordinatensystems D_k. Wird $x_\nu \in I_\nu$ in seinen durch den Wertebereich I_ν gegebenen Grenzen variiert, so beschreibt der Ortsvektor $\boldsymbol{r} = \boldsymbol{r}(x_\nu)$ eine i. allg. gekrümmte Raumkurve (Bild 1.8), die als *Ortskoordinatenlinie* – kurz Koordinatenlinie – bezeichnet wird. Sie wird in Richtung der Zunahme von x_ν orientiert.
Mit $\boldsymbol{t}_\nu$ $(\nu = 1, 2, 3)$ wird der Tangentenvektor im Punkt P an die Ortskoordinatenlinie x_ν bezeichnet und mit $\boldsymbol{t}_\nu^0$ der zugehörige Einheitsvektor. Im Zusammenhang mit Koordinatensystemen wird $\boldsymbol{t}_\nu^0 = \boldsymbol{e}_\nu$ gesetzt und $\boldsymbol{e}_\nu$ *Basisvektor* in P genannt. Das geordnete Tripel $(\boldsymbol{e}_1, \boldsymbol{e}_2, \boldsymbol{e}_3)$ heißt *Basis* des Koordinatensystems, wobei die Basisvektoren so angeordnet sein sollen, daß sie ein Rechtssystem bilden. Man spricht von sogenannten rechtsorientierten allgemeinen *krummlinigen Koordinatensystemen*.
Gilt für das Spatprodukt der Basisvektoren $(\boldsymbol{e}_1 \boldsymbol{e}_2 \boldsymbol{e}_3) = 1$, so heißen diese speziellen Koordinatensysteme *orthogonale Koordinatensysteme*. Die Basisvektoren stehen in diesem Fall paarweise senkrecht aufeinander.
Im Bild 1.8 sind die Ortskoordinatenlinien x_ν und die Basisvektoren $\boldsymbol{e}_\nu$ $(\nu = 1, 2, 3)$ eines allgemeinen krummlinigen Koordinatensystems und die der drei Grundkoordinatensysteme ((c), (z), (k)), die zur Gruppe der orthogonalen Koordinatensysteme gehören, dargestellt.

Will man spezielle Koordinatenlinien auszeichnen, so kann man z.B. schreiben (x_1, a, b), worin a und b feste Werte sind. Eine Sonderstellung nehmen die Grundkoordinatenlinien $(x_1, 0, 0)$, $(0, x_2, 0)$ und $(0, 0, x_3)$ ein. Sie gehen durch den Ursprung $P = (0, 0, 0)$ des Koordinatensystems. Im kartesischen Koordinatensystem werden sie als Koordinatenachsen (kurz *x-*, *y-*, *z-Achse*) bezeichnet. Allerdings können diese speziellen Koordinatenlinien auch zu Punkten entarten, ohne daß deshalb bei geeigneten Festsetzungen die umkehrbare Eindeutigkeit der Zuordnung $P \leftrightarrow (x_1, x_2, x_3)$ gestört wird. Zum Beispiel sind für Kreiszylinderkoordinaten nur $(\varrho, 0, 0)$ und $(0, 0, z)$ wirklich Linien; $(0, \alpha, 0)$ entartet zu dem Punkt $(0, 0, 0)$. Zur Aufrechterhaltung der Eindeutigkeit (oder umkehrbaren Eindeutigkeit) zwischen den Raumpunkten P und den Zahlentripeln (ϱ, α, z) sind dann alle Tripel $(0, \alpha, 0)$ mit $(0, 0, 0)$ zu identifizieren.

Analoges gilt für Kugelkoordinaten, bei denen nur $(r, 0, 0)$ wirklich eine Linie darstellt.

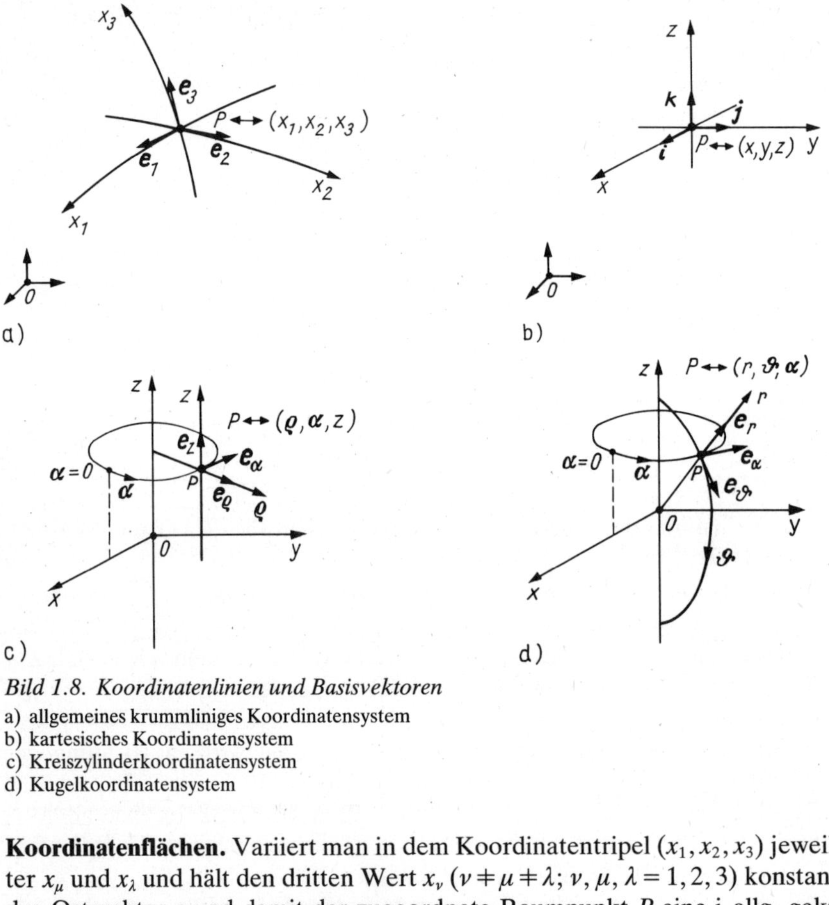

Bild 1.8. Koordinatenlinien und Basisvektoren

a) allgemeines krummliniges Koordinatensystem
b) kartesisches Koordinatensystem
c) Kreiszylinderkoordinatensystem
d) Kugelkoordinatensystem

Koordinatenflächen. Variiert man in dem Koordinatentripel (x_1, x_2, x_3) jeweils zwei Parameter x_μ und x_λ und hält den dritten Wert x_ν $(\nu \neq \mu \neq \lambda;\ \nu, \mu, \lambda = 1, 2, 3)$ konstant, so beschreibt der Ortsvektor $\boldsymbol{r}$ und damit der zugeordnete Raumpunkt P eine i. allg. gekrümmte Raumfläche. Sie wird als *Koordinatenfläche* A_{x_μ, x_ν} (oder $A_{\mu\lambda}$) oder (x_μ, x_λ)-Koordinatenfläche bezeichnet. Da auf ihr der dritte Parameterwert x_ν konstant ist, wird auch A_{x_ν} (A_ν) als Flächenbezeichnung gewählt. Jeder Koordinatenfläche A_ν ist damit umkehrbar eindeutig ein reeller Zahlenwert x_ν (Flächenparameter) zugeordnet, in Zeichen

$$A_\nu \leftrightarrow x_\nu \quad (\nu = 1, 2, 3). \tag{1.18}$$

Bild 1.9 veranschaulicht das System von Koordinatenflächen für ein allgemeines krummliniges Koordinatensystem sowie für die drei Grundkoordinatensysteme.

Die von den durch den Koordinatenursprung gehenden Koordinatenlinien aufgespannten Grund-Koordinatenflächen sind gegeben durch $(x_1, x_2, 0)$, $(x_1, 0, x_3)$ und $(0, x_2, x_3)$. Auch hier ist zu verzeichnen, daß diese speziellen Koordinatenflächen zu Linien oder Punkten entarten, was aus Bild 1.9 z.B. für $(0,\ \alpha,\ z)$ (z-Achse) oder $(0,\ \vartheta,\ \alpha)$ (Koordinatenursprung) sofort ersichtlich ist.

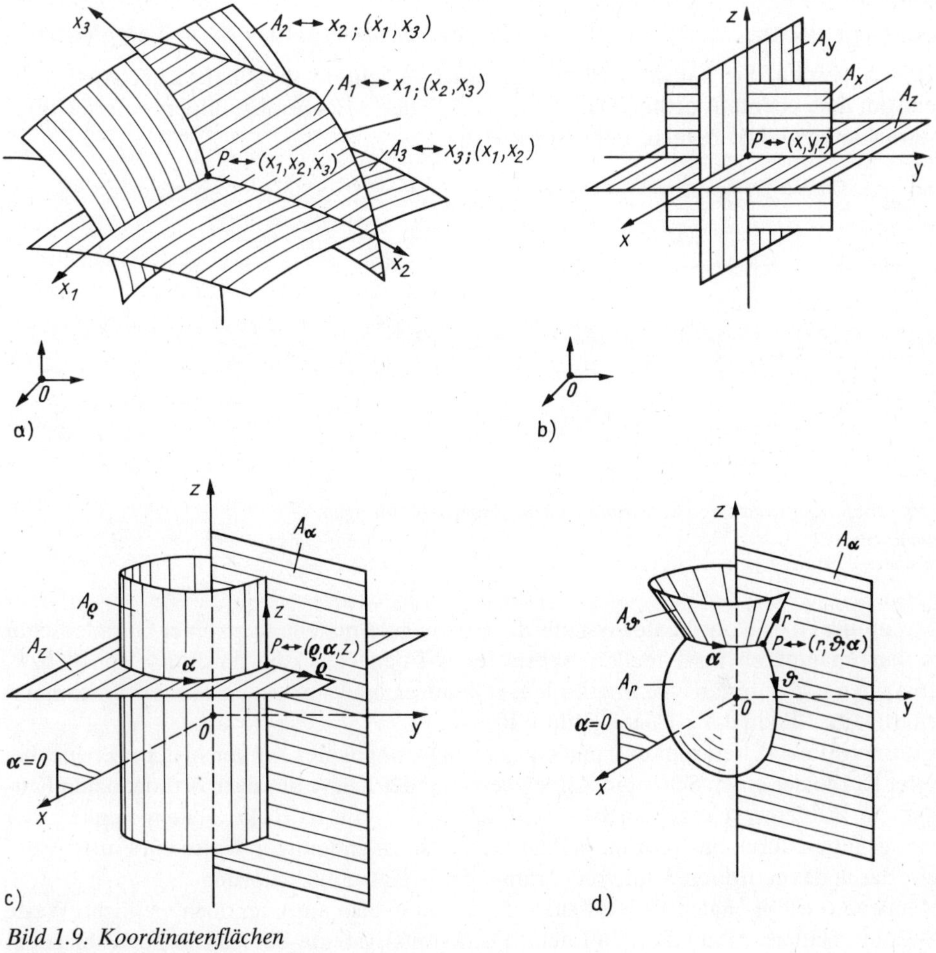

Bild 1.9. Koordinatenflächen
a) allgemeines krummliniges Koordinatensystem
b) kartesisches Koordinatensystem
c) Kreiszylinderkoordinatensystem
d) Kugelkoordinatensystem

Aus Bild 1.9a geht weiterhin hervor:

1. Die Schnittlinie zweier Koordinatenflächen A_{x_μ} und A_{x_λ} ist die Ortskoordinatenlinie x_ν.
2. Der gemeinsame Punkt aller drei Koordinatenflächen fixiert den Raumpunkt P, so daß die umkehrbar eindeutige Zuordnung gilt

$$(x_1,\ x_2,\ x_3) \leftrightarrow (A_{x_1},\ A_{x_2},\ A_{x_3}). \qquad (1.19)$$

Erzeugung von Koordinatensystemen. Die in der Feldtheorie aufgeworfenen Probleme sind i. allg. nur bei Einführung geeigneter Koordinatensysteme lösbar. Es ist deshalb von großer Bedeutung, allgemeine Methoden zur Konstruktion von Koordinatensystemen zu kennen. Die Betrachtungen sollen auf orthogonale Systeme beschränkt bleiben.

Als eine besonders brauchbare und wirksame Methode sei nur die konforme Abbildung erwähnt, deren Grundgedanke in folgendem besteht: Ist $\underline{z} = f(\underline{w})$ $(\underline{z} = x + \mathrm{j}y)$ eine Funktion der komplexen Veränderlichen $\underline{w} = u + \mathrm{j}v$, so sind Real- ($x$) und Imaginärteil ($y$) von $\underline{z}$ Funktionen der Parameter u und v. Diese Abhängigkeit soll durch

$$\begin{aligned} x &= x\,(u,\, v) \\ y &= y\,(u,\, v) \end{aligned} \tag{1.20}$$

beschrieben werden. Sie hat die wichtige Eigenschaft, eine orthogonale Kurvenschar der $\underline{w}$-Ebene auf eine ebenfalls orthogonale Kurvenschar der $\underline{z}$-Ebene abzubilden, sofern $f(\underline{w})$ in dem betrachteten Gebiet regulär und $f'(\underline{w}) \neq 0$ ist.

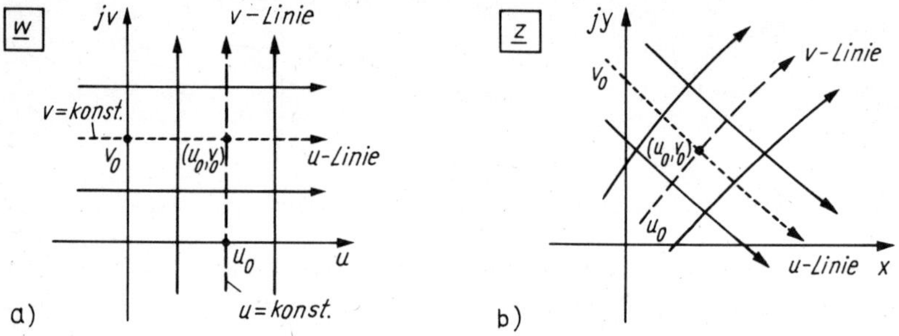

Bild 1.10. Abbildung eines Gitternetzes mittels konformer Abbildungen
a) Originalebene
b) Bildebene

Zur Gewinnung eines Koordinatensystems der Ebene geht man nun von einer Geradenschar parallel zur imaginären bzw. reellen Achse der $\underline{w}$-Ebene aus, die durch u = konst. bzw. v = konst., den sogenannten v- bzw. u-Linien, gekennzeichnet sind (quadratisches Gitternetz) und ermittelt ihr Bild in der $\underline{z}$-Ebene (Bild 1.10).
Das Gitternetz der $\underline{w}$-Ebene liefert damit ein System orthogonaler Kurven in der $\underline{z}$-Ebene, bei dem jeder Kurve der einen Schar ein Zahlenwert u, jeder Kurve der dazu orthogonalen Kurvenschar ein Zahlenwert v zugeordnet ist. Oder anders ausgedrückt: Jedem Punkt $\underline{z}$ der $\underline{z}$-Ebene, gegeben durch das geordnete Paar (x, y), ist in eindeutiger Weise ein Punkt $\underline{w}$ der $\underline{w}$-Ebene durch das geordnete Paar von Parameterwerten (u, v) zugeordnet.
Aus gegebenen orthogonalen Kurvenscharen kann man also auf unendlich vielfache Weise mittels einer regulären Funktion $f(\underline{w})$ neue Orthogonalsysteme der Ebene herleiten, d.h. orthogonale Koordinatensysteme der Ebene erzeugen. Hierzu wird festgelegt:

1. Die reelle Achse mit $\mathrm{Re}\,\{\underline{z}\} = x\,(u, v)$ der $\underline{z}$-Ebene wird zur x-Achse,
2. die imaginäre Achse mit $\mathrm{Im}\,\{\underline{z}\} = y\,(u, v)$ der $\underline{z}$-Ebene wird zur y-Achse

des ebenen kartesischen Koordinatensystems erklärt, so daß gilt

$$\begin{aligned} x &= \mathrm{Re}\,\{\underline{z}\} = x\,(u,\, v) \\ y &= \mathrm{Im}\,\{\underline{z}\} = y\,(u,\, v)\,. \end{aligned} \tag{1.21}$$

Von dem ebenen Koordinatensystem soll nun auf das räumliche Koordinatensystem übergegangen werden. Man gewinnt dieses aus der Darstellung $\underline{z} = f(\underline{w})$ für u = konst. und v = konst. in der $\underline{z}$-Ebene, indem man senkrecht zur Gaußschen Ebene durch den Ursprung die dritte Raumkoordinatenachse des räumlichen kartesischen Koordinatensystems einführt und

1. die $\underline{z}$-Ebene in Richtung der eingeführten dritten Koordinatenachse parallel zu sich selber verschiebt (Translation),

2. die $\underline{z}$-Halb-Ebene um die reelle bzw. imaginäre Achse (i. allg. Symmetrieachsen) im Sinne einer Rechtsschraube dreht.

Die dabei entstehenden Koordinatensysteme werden als

a) *allgemeine Zylinderkoordinatensysteme* (Fall 1),
b) *Rotationskoordinatensysteme* (Fall 2)

bezeichnet.

Um die Grundeigenschaften eines Koordinatensystems zu erhalten, sind weitere Festlegungen notwendig. Sie lauten:

1. *Allgemeine Zylinderkoordinatensysteme*

Es werden folgende Vereinbarungen getroffen (s. Bild 1.11):

a) Die reelle Achse $x\ (u, v)$ der $\underline{z}$-Ebene wird zur (räumlichen) x-Achse,
b) die imaginäre Achse $y\ (u, v)$ der $\underline{z}$-Ebene zur (räumlichen) y-Achse und
c) die eingeführte dritte Achse zur (räumlichen) z-Achse
des kartesischen Koordinatensystems erklärt (s. Bild 1.11) und
d) als Ortskoordinaten

$$(x_1, x_2, x_3) = (u, v, z), \tag{1.22}$$

d. h. $x_1 = u$, $x_2 = v$, $x_3 = z$ festgelegt, wobei der Nullpunkt der Gaußschen Zahlenebene gleichzeitig Ursprung des entstehenden Koordinatensystems wird.

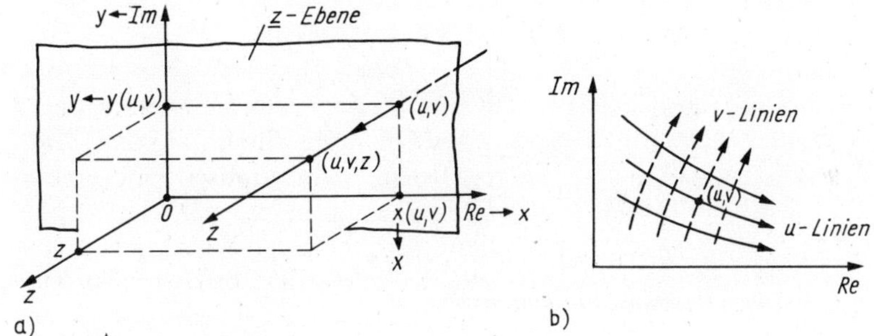

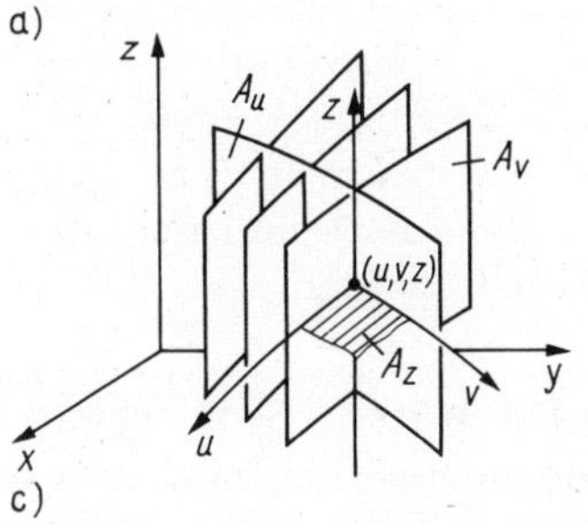

Bild 1.11
Erzeugung von allgemeinen Zylinderkoordinatensystemen
a) Zuordnung der Ortskoordinaten
b) orthogonales Gitternetz in der Bildebene
c) allgemeines Zylinderkoordinatensystem

Im Bild 1.11 a sind diese Festlegungen veranschaulicht.

Aufgrund der Festlegungen lautet das Transformationsgleichungssystem (1.16 b) für das allgemeine Zylinderkoordinatensystem:

$$\begin{aligned} x &= x\ (u, v) \\ y &= y\ (u, v) \\ z &= z. \end{aligned} \tag{1.23}$$

2. *Rotationskoordinatensysteme*

Unabhängig davon, um welche Achse die $\underline{z}$-(Halb-)Ebene gedreht wird, wird festgelegt:

a) Die Drehachse (reelle oder imaginäre Achse) der $\underline{z}$-Ebene wird die (räumliche) z-Achse,
b) die zweite (imaginäre oder reelle) Achse der $\underline{z}$-Ebene wird die (räumliche) x-Achse,
c) die zugeordnete dritte (räumliche) Achse wird zur (räumlichen) y-Achse (im Sinne eines Rechtssystems)
   des kartesischen Koordinatensystems.
d) Neben den Parametern u und v wird der Drehwinkel ψ $(0 \leqq \psi < 2\pi)$ als dritte Ortskoordinate eingeführt:

$$(x_1, x_2, x_3) = (u, v, \psi). \tag{1.24}$$

Im Bild 1.12 sind diese Festlegungen veranschaulicht.

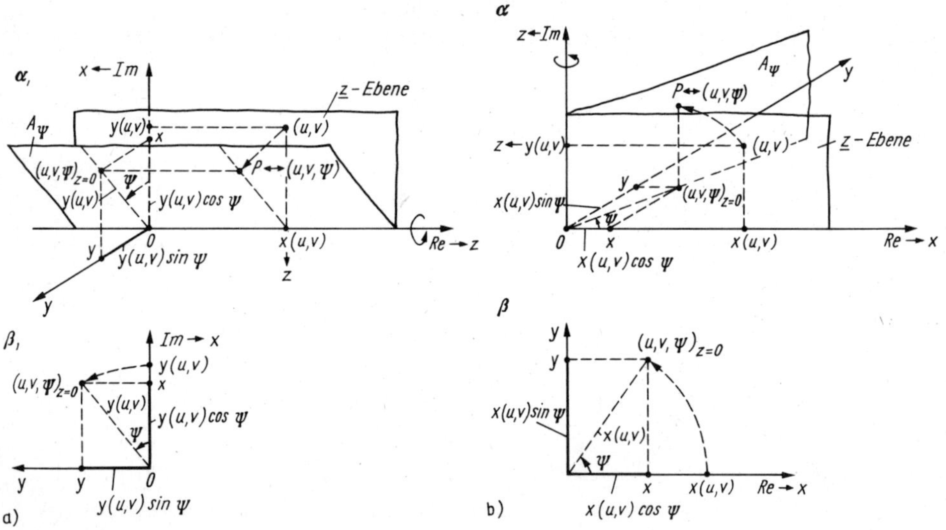

Bild 1.12. Erzeugung von allgemeinen Rotationskoordinatensystemen
a) Rotation um die imaginäre Achse
   α) Koordinatenzuordnung
   β) geometrischer Zusammenhang – Transformationsgleichungen
b) Rotation um die reelle Achse
   α) Koordinatenzuordnung
   β) geometrischer Zusammenhang – Transformationsgleichungen

Die Transformationsgleichungen (1.16b) ergeben sich in beiden Fällen aus der Senkrechtprojektion von $P \leftrightarrow (u, v, \psi)$ auf die kartesischen Koordinatenachsen. Aus Bild 1.12a bzw. b erkennt man, daß der der z-Achse zugeordnete Wert der Gaußschen Zahlenebene erhalten bleibt ($x(u, v)$ bzw. $y(u, v)$), während der zweite Wert ($y(u, v)$ bzw. $x(u, v)$) in die x- und y-Komponente zu zerlegen ist. Aus der Projektionsdarstellung in die x, y-Ebene (Bild 1.12b) sind dann unmittelbar die Transformationsgleichungen zu entnehmen:

α) bei Rotation um die reelle Achse

$$\begin{aligned} x &= y(u, v) \cos \psi \\ y &= y(u, v) \sin \psi \\ z &= x(u, v) \end{aligned} \tag{1.25}$$

β) bei Rotation um die imaginäre Achse

$$\begin{aligned} x &= x\,(u,\, v)\cos\psi \\ y &= x\,(u,\, v)\sin\psi \\ z &= y\,(u,\, v). \end{aligned} \tag{1.26}$$

Die vorstehend betrachteten Zylinder- und Kugelkoordinaten sind dann offenbar als Sonderfall in den beiden zuletzt genannten Koordinatenklassen enthalten.

Geht man nämlich aus von der überall in der $\underline{w}$-Ebene regulären und von Null verschiedenen Funktion

$$\underline{z} = e^{\underline{w}} = e^{u+jv} = e^u\, e^{jv} = e^u\,(\cos v + j\sin v) = x + jy,$$

so erhält man durch Vergleich der Real- und Imaginärteile die Abbildung

$$\begin{aligned} x &= x\,(u,\, v) = e^u\cos v \qquad (-\infty < u < +\infty) \\ y &= y\,(u,\, v) = e^u\sin v \qquad (0 \leqq v < 2\pi). \end{aligned}$$

Das entsprechend (1.23) daraus herleitbare Zylinderkoordinatensystem hat die Transformationsgleichungen

$$\begin{aligned} x &= e^u\cos v \\ y &= e^u\sin v \\ z &= z. \end{aligned}$$

Die zugehörigen Rotationskoordinatensysteme lauten nach (1.26) bzw. (1.25)

$$\begin{aligned} x &= e^u\cos v\cos\psi \\ y &= e^u\cos v\sin\psi \qquad \text{(Rotation um } y\text{-Achse)} \\ z &= e^u\sin v \end{aligned}$$

bzw.

$$\begin{aligned} x &= e^u\sin v\cos\psi \\ y &= e^u\sin v\sin\psi \qquad \text{(Rotation um } x\text{-Achse)} \\ z &= e^u\cos v. \end{aligned}$$

Setzt man noch im obigen Transformationssystem für Zylinderkoordinaten

$$\begin{aligned} e^u &= \varrho \qquad (0 \leqq \varrho < \infty) \\ v &= \alpha \qquad (0 \leqq \alpha < 2\pi), \end{aligned}$$

so erhält man das Gleichungssystem (1.17a) für Zylinderkoordinaten. Andererseits folgt aus dem letzten Transformationssystem mit

$$\begin{aligned} e^u &= r \qquad (0 \leqq r < \infty) \\ v &= \vartheta \qquad (0 \leqq \vartheta < \pi) \\ \psi &= \alpha \qquad (0 \leqq \alpha < 2\pi) \end{aligned}$$

das Gleichungssystem (1.17b).

Die Methode der konformen Abbildung ist aber nicht die einzige bekannte Methode zur Konstruktion orthogonaler Koordinatensysteme. Weitere Systeme wurden durch das Studium allgemeiner (Koordinaten-) Flächen 4. Grades *(Cykliden)* und durch die *Methode der Inversion* (Spiegelung von Koordinatensystemen an Kugelflächen) gefunden.
Für ein genaueres Studium aber verweisen wir hier auf die unter [1] und [2] genannten Bücher.

Beispiel
Die vorstehend skizzierte Methode soll am Beispiel der konformen Abbildung

$$\underline{z} = f(\underline{w}) = a\coth\frac{\underline{w}}{2} \tag{1.27a}$$

noch genauer erläutert werden.

Mit $\underline{z} = x + jy$, $\underline{w} = u + jv$ sowie dem Additionstheorem für coth 1/2 $(u + jv)$ ergibt sich für (1.27a)

$$x + jy = a\,\frac{\sinh u - j\sin v}{\cosh u - \cos v} \tag{1.27b}$$

und durch Seitenvergleich

$$x = a\,\frac{\sinh u}{\cosh u - \cos v}, \qquad y = -a\,\frac{\sin v}{\cosh u - \cos v}. \tag{1.28}$$

Die Auflösung von (1.27a) nach $\underline{w}$ ergibt andererseits

$$\underline{w} = \ln\frac{\underline{z} + a}{\underline{z} - a} \tag{1.29a}$$

und bei Zerlegung der rechten Seite über die Exponentialform in Real- und Imaginärteil

$$u + jv = \ln\frac{|\underline{z} + a|}{|\underline{z} - a|} + j\,(\alpha_1 - \alpha_2) \tag{1.29b}$$

mit

$$\begin{aligned} \alpha_1 &= \arg(\underline{z} + a), & \tan\alpha_1 &= \frac{y}{x + a},\\ \alpha_2 &= \arg(\underline{z} - a), & \tan\alpha_2 &= \frac{y}{x - a}. \end{aligned} \tag{1.30}$$

Wiederum folgt durch Seitenvergleich aus (1.29b)

$$u = \ln\frac{|\underline{z} + a|}{|\underline{z} - a|}, \qquad v = \alpha_1 - \alpha_2. \tag{1.31}$$

Die geometrische Interpretation des Arguments des natürlichen Logarithmus von (1.29a) ist durch Bild 1.13 gegeben. a und $-a$ sind zwei Festpunkte auf der reellen Achse der $\underline{z}$-Ebene; $\underline{z} + a$ und $\underline{z} - a$ sind Zeiger, die $-a$ bzw. a mit $\underline{z}$ verbinden, und α_1 bzw. α_2 sind die Winkel, die die Zeiger mit der positiven reellen Achse bilden.

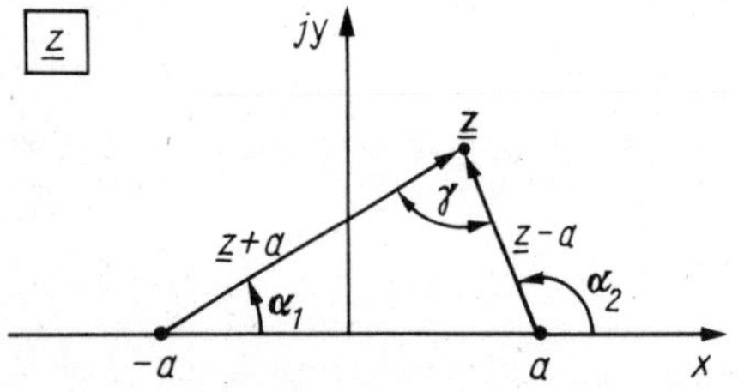

Bild 1.13. Konforme Abbildung $\underline{z} = a\coth\underline{w}/2$ *bzw.* $\underline{w} = \ln\frac{\underline{z} + a}{\underline{z} - a}$

Der Winkel γ, den $\underline{z} + a$ und $\underline{z} - a$ einschließen, ergibt sich nach Bild 1.13 zu

$$\gamma = 180° - \alpha_1 - (180° - \alpha_2) = \alpha_2 - \alpha_1 = -v, \tag{1.32}$$

ist also gleich dem negativen Parameterwert v.
Aus (1.31) folgt nun als Bild der Geraden u = konst. bzw. v = konst.

$$u = \text{konst.:}\quad \frac{|\underline{z} + a|}{|\underline{z} - a|} = \text{konst.}, \qquad v = \text{konst.:}\quad \alpha_1 - \alpha_2 = \text{konst.} \tag{1.33}$$

Die erste Bedingung (u = konst.) führt auf den Satz des *Apollonius*; demnach ist der geometrische Ort von $\underline{z}$ ein Kreis, dessen Mittelpunkt auf der reellen Achse liegt und der die kleinere Seite des Dreiecks mit den Eckpunkten $-a$, $\underline{z}$ und a einschließt (hier die Seite $\overline{\underline{z}a}$).
Bedingung 2 (v = konst.) führt auf den Peripheriewinkelsatz, wonach der geometrische Ort $\underline{z}$ für konstanten Peripheriewinkel $\gamma(= -v)$ auf einem Kreis liegt, dessen Mittelpunkt auf der Mittelsenkrechten (imaginäre Achse) der gegenüberliegenden Dreiecksseite ($\overline{-aa}$) liegt und durch beide Festpunkte $-a$ und a geht.
Die Kreisgleichung beider Kreisscharen soll im folgenden aufgestellt werden.

a) $u = \text{konst.}$
Aus (1.31a) folgt

$$e^u = \frac{|\underline{z} + a|}{|\underline{z} - a|}$$

oder

$$|\underline{z} - a|\, e^u = |\underline{z} + a|$$

bzw. mit $\underline{z} = x + jy$ und Ausführung der Betragsbildung

$$[(x-a)^2 + y^2]\, e^{2u} = (x+a)^2 + y^2$$
$$(x^2 + a^2)(e^{2u} - 1) - 2xa\,(e^{2u} + 1) + y^2\,(e^{2u} - 1) = 0,$$

wenn die ersichtliche Ordnung der Glieder vorgenommen wird. Nach Division durch $(e^{2u} - 1)$ und Beachtung von $(e^{2u} + 1) : (e^{2u} - 1) = (e^u + e^{-u}) : (e^u - e^{-u}) = \coth u$ folgt

$$(x^2 - 2xa \coth u) + y^2 = -a^2$$
$$(x - a \coth u)^2 + y^2 = a^2 (\coth^2 u - 1), \tag{1.34a}$$

wenn das quadratische Glied $(a \coth u)^2$ ergänzt wird.
Aus der Kreisgleichung (1.34a) ergeben sich

Lage des Mittelpunktes: $M_u\,(a \coth u, 0)$

Radius: $R_u = a\sqrt{\coth^2 u - 1} = \dfrac{a}{|\sinh u|}$ (1.34b)

Parameterintervall: $I_u = (-\infty, \infty)$.

b) $v = \text{konst.}$
Aus (1.31b) folgt durch Bildung von $\tan(\alpha_1 - \alpha_2)$, Beachtung des zugehörigen Additionstheorems sowie $\tan\alpha_1$ und $\tan\alpha_2$ nach (1.30)

$$\tan v = \tan(\alpha_1 - \alpha_2) = \frac{\tan\alpha_1 - \tan\alpha_2}{1 + \tan\alpha_1 \tan\alpha_2} = -\frac{2ay}{x^2 - a^2 + y^2}.$$

Die weitere Umformung der äußeren Seiten ergibt

$$x^2 + (y^2 + 2ya \cot v) = a^2$$
$$x^2 + (y + a \cot v)^2 = a^2 (1 + \cot^2 v). \tag{1.35a}$$

Aus der Kreisgleichung (1.35a) ergeben sich für die Geraden $v = \text{konst.}$ als Kenngrößen des Kreises

Lage des Mittelpunktes: $M_v\,(0, -a \cot v)$

Radius: $R_v = a\sqrt{1 + \cot^2 v} = \dfrac{a}{|\sin v|}$ (1.35b)

Parameterintervall: $I_v = [-\pi, \pi]$.

Der Abstand Kreismittelpunkt zu den Festpunkten $\pm a$ ergibt sich zu

$$\sqrt{(a \cot v)^2 + a^2} = a\sqrt{1 + \cot^2 v} = R_v,$$

d.h., alle Kreise für $v = \text{konst.}$ gehen durch die beiden Festpunkte $\pm a$.
Einige spezielle Geradenabbildungen sollen noch getrennt angegeben werden:

$u = 0$: $\underline{z}|_{u=0} = a \coth j\, v/2 = -ja \cot v/2$
Die imaginäre Achse der $\underline{w}$-Ebene wird auf die imaginäre Achse der $\underline{z}$-Ebene abgebildet.

$u = \pm\infty$: $\underline{z}|_{u=\pm\infty} = \pm a$
Abbildung erfolgt in die beiden Festpunkte $\pm a$.

$v = 0$: $\underline{z}|_{v=0} = a \coth u/2$
Die reelle Achse der $\underline{w}$-Ebene wird auf die reelle Achse der $\underline{z}$-Ebene für $|x| \geqq a$ abgebildet ($|\coth u/2| \geqq 1$).

$v = \pm\pi$: $\underline{z}_{v=\pm\pi} = a\dfrac{\sinh u}{\cosh u + 1}$
Die Intervallgrenzen von v werden auf die reelle Achse der $\underline{z}$-Ebene im Bereich $|x| \leqq a$ abgebildet.
Die Mehrdeutigkeit wird durch Einfügen eines Verzweigungsschnitts beseitigt.

$v = \pm\pi/2$: $M_v(0, 0), R_v = a$
Die Abbildung dieser Geraden erfolgt auf den Kreis mit dem Mittelpunkt im Koordinatenursprung.

Die Diskussion der konformen Abbildung ist mit der Klärung der Parameterzuordnung abzuschließen. Aus (1.28) folgt unmittelbar:

$x > 0$ für $u > 0$ (Abbildung der rechten $\underline{w}$- auf die rechte $\underline{z}$-Halbebene)
$x < 0$ für $u < 0$ (Abbildung der linken $\underline{w}$- auf die linke $\underline{z}$-Halbebene)
$y > 0$ für $v < 0$ (Abbildung der unteren $\underline{w}$- auf die obere $\underline{z}$-Halbebene)
$y < 0$ für $v > 0$ (Abbildung der oberen $\underline{w}$- auf die untere $\underline{z}$-Halbebene).

Damit sind die Kreise für v = konst. in zwei Kreisbögen unterteilt mit der Parameterzuordnung $\pm |v|$. Im Bild 1.14 sind die Bildkurven für einige ausgewählte Geraden der $\underline{w}$-Ebene dargestellt.

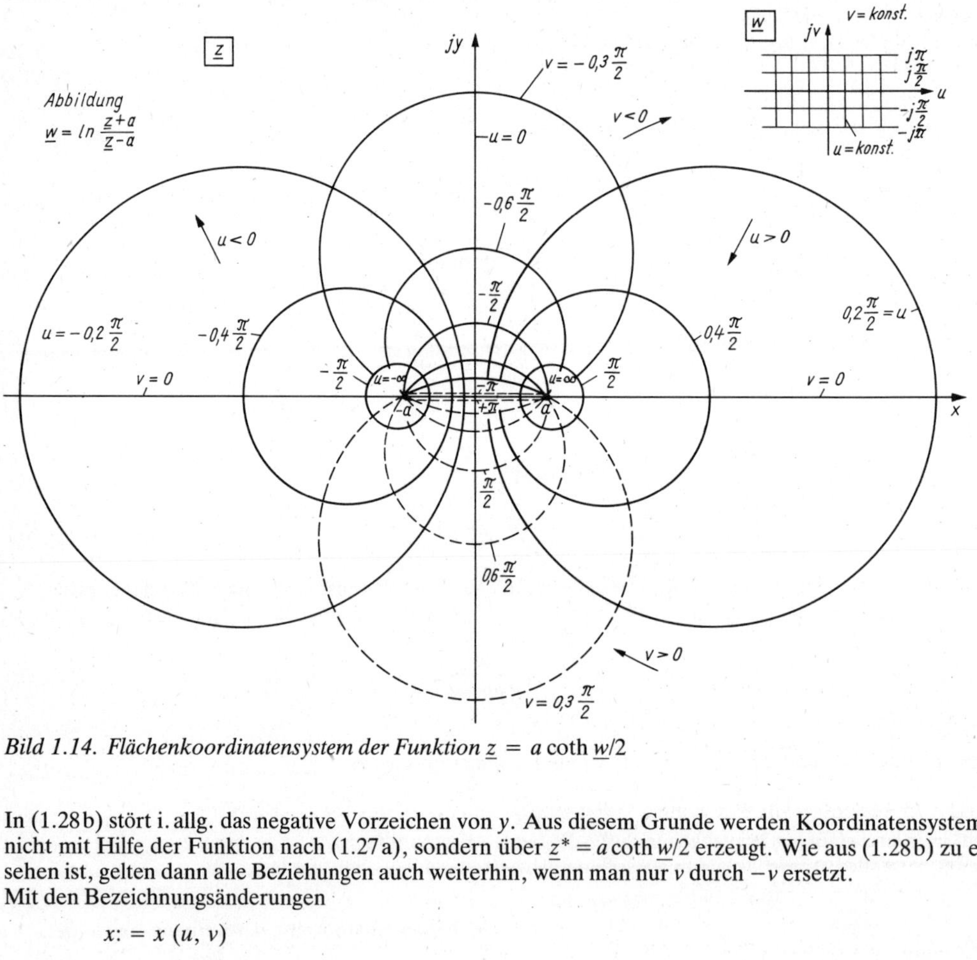

Bild 1.14. Flächenkoordinatensystem der Funktion $\underline{z} = a \coth \underline{w}/2$

In (1.28b) stört i. allg. das negative Vorzeichen von y. Aus diesem Grunde werden Koordinatensysteme nicht mit Hilfe der Funktion nach (1.27a), sondern über $\underline{z}^* = a \coth \underline{w}/2$ erzeugt. Wie aus (1.28b) zu ersehen ist, gelten dann alle Beziehungen auch weiterhin, wenn man nur v durch $-v$ ersetzt.
Mit den Bezeichnungsänderungen

$$x := x\,(u, v)$$

$$y := y\,(u, v)$$

$$v := -v$$

folgen nun die Transformationsgleichungen (nach (1.23)) des *Bizylinderkoordinatensystems* mit den Bizylinderkoordinaten (u, v, z)

$$x = a\,\frac{\sinh u}{\cosh u - \cos v}, \qquad y = a\,\frac{\sin v}{\cosh u - \cos v}, \qquad z = z \tag{1.36}$$

$$I_u = (-\infty, \infty), \qquad I_v = \left(-\frac{\pi}{2}, \frac{\pi}{2}\right), \qquad I_z = (-\infty, \infty),$$

sowie (*Rotationskoordinatensysteme* nach (1.25) und (1.26)) des *Toruskoordinatensystems* mit den Toruskoordinaten (u, v, ψ)

$$x = a\,\frac{\sinh u}{\cosh u - \cos v}\cos\psi, \qquad y = a\,\frac{\sinh u}{\cosh u - \cos v}\sin\psi, \qquad z = a\,\frac{\sin v}{\cosh u - \cos v}$$

$$I_u = [0, \infty), \qquad I_v = (-\pi, \pi), \qquad I_\psi = [0, 2\pi) \tag{1.37}$$

(bei Rotation um die imaginäre Achse) und des *bisphärischen Koordinatensystems* mit den bisphärischen Koordinaten (u, v, ψ)

$$x = a\,\frac{\sin v}{\cosh u - \cos v}\cos\psi, \qquad y = a\,\frac{\sin v}{\cosh u - \cos v}\sin\psi, \qquad z = a\,\frac{\sinh u}{\cosh u - \cos v}$$

$$I_u = (-\infty, \infty), \qquad I_v = [0, \pi), \qquad I_\psi = [0, 2\pi) \tag{1.38}$$

(bei Rotation um die reelle Achse).
Die drei Koordinatensysteme sind im Bild 1.15 dargestellt.

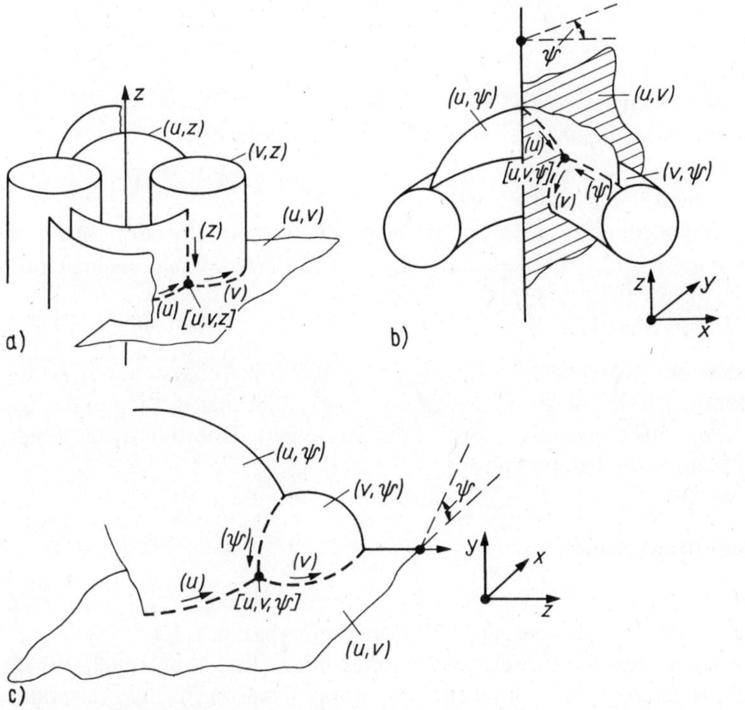

Bild 1.15. Zylinder- und Rotationskoordinatensystem aus der Funktion $\underline{z}^* = a \coth \underline{w}/2$
a) Bizylinderkoordinatensystem
b) Toruskoordinatensystem
c) bisphärisches Koordinatensystem

Spezielle Koordinatensysteme. In analoger Weise erhält man beliebige Zylinder- und Rotationskoordinatensysteme. Erwähnt seien noch konforme Abbildungen, die zu einfachen Koordinatensystemen führen:

$\underline{z} = a \cosh \underline{w}$ elliptische Koordinatensysteme
$\underline{z} = 1/2\ \underline{w}^2$ parabolische Koordinatensysteme
$\underline{z} = \sqrt{2\underline{w}}$ hyperbolische Koordinatensysteme.

In Tafel A.2 sind die Kenngrößen der einfachsten Koordinatensysteme in einer Übersicht zusammengestellt.

Zusammenfassung. Zur Fixierung eines Raumpunktes *P* wird der ganze Raum auf ein Koordinatensystem bezogen.
Jedes Koordinatensystem besteht aus einem Netz von drei Scharen (zueinander orthogonaler)

i. allg. nicht ebener Koordinatenflächen $A_\nu(A_{\mu\lambda})$ ($\nu \neq \mu \neq \lambda$; ν, μ, $\lambda = 1, 2, 3$), die durch Flächengleichungen mathematisch beschrieben werden können.
Je zwei Koordinatenflächen A_ν, A_μ ergeben als Schnittlinie die Ortskoordinatenlinie x_λ; je drei Koordinatenflächen legen den Raumpunkt P durch die drei Ortskoordinaten x_ν ($\nu = 1, 2, 3$) fest.
Die Zuordnung Raumpunkt P, Koordinatenflächen A_ν und Ortskoordinaten x_ν ($\nu = 1, 2, 3$) ist bis auf Ausnahmepunkte umkehrbar eindeutig

$$P \leftrightarrow (A_1, A_2, A_3), \qquad P \leftrightarrow (x_1, x_2, x_3), \qquad (x_1, x_2, x_3) \leftrightarrow (A_1, A_2, A_3).$$

Je nach dem verwendeten Koordinatensystem können die Raumpunkte P auf verschiedenartige Weise in – von Ausnahmepunkten abgesehen – eineindeutiger Weise auf geordnete Zahlentripel (x_1, x_2, x_3) abgebildet werden.
Die Ortskoordinaten x_1, x_2 und x_3 werden in den einzelnen Koordinatensystemen wie folgt bezeichnet:

a) beliebiges Koordinatensystem x_1, x_2, x_3
b) kartesisches Koordinatensystem x, y, z
c) Kreiszylinderkoordinatensystem ϱ, α, z
d) Kugelkoordinatensystem r, ϑ, α
e) Zylinderkoordinatensystem u, v, z
f) Rotationskoordinatensystem u, v, ψ.

Im allgemeinen ist jede Ortskoordinate x'_ν ($\nu = 1, 2, 3$) des einen Systems eine (stetige) Funktion aller Ortskoordinaten x_ν ($\nu = 1, 2, 3$) eines anderen Systems (Transformationsgleichungen):

$$x'_\nu = f_\nu(x_1, x_2, x_3) \qquad (\nu = 1, 2, 3).$$

Die wichtigsten Methoden zur Konstruktion orthogonaler Koordinatensysteme sind der Funktionentheorie entnommen. Mittels konformer Abbildung erhält man orthogonale Koordinatensysteme der Ebene, aus denen man durch Translation bzw. Rotation orthogonale Koordinatensysteme des Raumes gewinnen kann.

1.1.3. Orts- und Tangentenvektor

Ortsvektor. Man kann die kartesischen Ortskoordinaten x, y, z eines Punktes P als kartesische Vektorkoordinaten des zugehörigen *Ortsvektors* $\boldsymbol{r}$ auffassen (vgl. Abschn. 1.1.1.).
Trägt man in bekannter Weise auf den Grund-Koordinatenlinien (Koordinatenachsen) im Ursprung die Einheitsvektoren $\boldsymbol{i}, \boldsymbol{j}$ und $\boldsymbol{k}$ ab, dann gilt für den vom Ursprung nach P weisenden Ortsvektor (Bild 1.16)

$$\boldsymbol{r} = \boldsymbol{i}x + \boldsymbol{j}y + \boldsymbol{k}z. \tag{1.39a}$$

Für beliebige krummlinige Ortskoordinaten x_1, x_2, x_3 folgt mit (1.16) aus (1.39a)

$$\boxed{\begin{aligned} \boldsymbol{r} &= \boldsymbol{i}x\,(x_1, x_2, x_3) + \boldsymbol{j}y\,(x_1, x_2, x_3) + \boldsymbol{k}z\,(x_1, x_2, x_3) \\ &= \boldsymbol{r}\,(x_1, x_2, x_3) \end{aligned}} \tag{1.39b}$$

und speziell für Zylinder- und Kugelkoordinaten

$$\boldsymbol{r} = \boldsymbol{i}\varrho \cos\alpha + \boldsymbol{j}\varrho \sin\alpha + \boldsymbol{k}z = \boldsymbol{r}\,(\varrho, \alpha, z) \tag{1.39c}$$

bzw.

$$\boldsymbol{r} = \boldsymbol{i}r \sin\vartheta \cos\alpha + \boldsymbol{j}r \sin\vartheta \sin\alpha + \boldsymbol{k}r \cos\vartheta = \boldsymbol{r}\,(r, \vartheta, \alpha), \tag{1.39d}$$

wenn noch (1.17) berücksichtigt wird.

Der Unterschied zwischen Orts- und Vektorkoordinaten muß beachtet werden. Zum Beispiel in (1.39c) sind $\varrho\cos\alpha$, $\varrho\sin\alpha$ und z die Vektorkoordinaten von $\boldsymbol{r}$, die ihrerseits durch die Ortskoordinaten ϱ, α und z ausgedrückt sind. Es werden hier also kartesische Vektorkoordinaten durch Zylinder-Ortskoordinaten beschrieben.

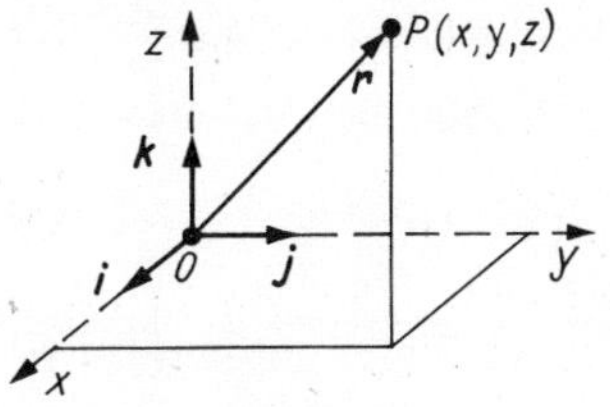

Bild 1.16. Ortsvektor

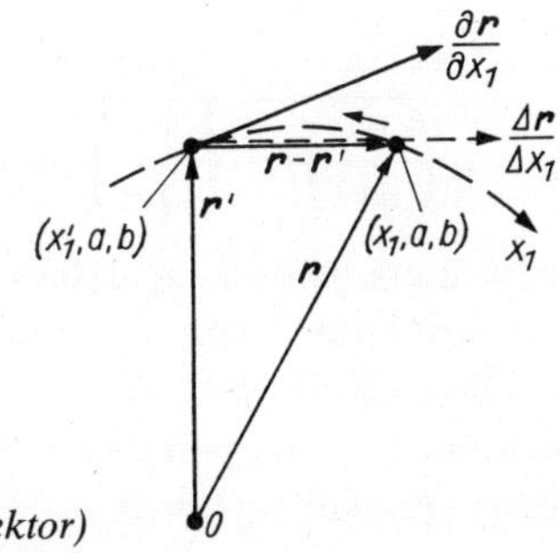

Bild 1.17. Sekanten- und Tangentenvektor (Basisvektor)

Tangenten- und Basisvektor. Aus der geometrischen Anschauung entnimmt man, daß an jeder Stelle der Koordinatenlinie x_ν eine Tangente und damit ein (im Berührungspunkt abgetragener) in die Richtung der Ortskoordinate x_ν orientierter Tangentenvektor existiert (Bild 1.8). Ein solcher auf die Länge 1 normierter Tangentenvektor *(Tangenten-Einheitsvektor)* ist gegeben durch den Ausdruck

$$\boldsymbol{e}_\nu = \left(\frac{\partial \boldsymbol{r}}{\partial x_\nu}\right)^0 = \frac{1}{h_\nu}\frac{\partial \boldsymbol{r}}{\partial x_\nu}; \qquad h_\nu = \left|\frac{\partial \boldsymbol{r}}{\partial x_\nu}\right| \qquad (\nu = 1, 2, 3) \tag{1.40}$$

und wurde bereits im Abschn. 1.1.2.c als Basisvektor des Koordinatensystems (x_1, x_2, x_3) eingeführt und bezeichnet.

Daß es sich bei den in (1.24) angegebenen Vektoren $\boldsymbol{e}_1$, $\boldsymbol{e}_2$ und $\boldsymbol{e}_3$ tatsächlich um Tangenten-Einheitsvektoren handelt, geht z. B. für $\boldsymbol{e}_1$ aus der Betrachtung des „Grenzwerts" *(Grenzvektors)*

$$\lim_{x_1 \to x_1'} \frac{\boldsymbol{r} - \boldsymbol{r}'}{x_1 - x_1'} = \lim_{\Delta x_1 \to 0} \frac{\Delta \boldsymbol{r}}{\Delta x_1} = \left.\frac{\partial \boldsymbol{r}}{\partial x_1}\right|_{[x_1', a, b]} \qquad \begin{pmatrix} \Delta \boldsymbol{r} = \boldsymbol{r} - \boldsymbol{r}' \\ \Delta x_1 = x_1 - x_1' \end{pmatrix} \tag{1.41a}$$

hervor. Man entnimmt mit Hilfe von Bild 1.17 die Anschauung, daß der *Sekantenvektor* $\Delta\boldsymbol{r}/\Delta x_1$ für $\Delta x_1 \to 0$ gegen den Tangentenvektor $\partial\boldsymbol{r}/\partial x_1$ strebt. Unter Beachtung von (1.22) erhält man hierfür den analytischen Ausdruck

$$\frac{\partial \boldsymbol{r}}{\partial x_\nu} = \boldsymbol{i}\frac{\partial x}{\partial x_\nu} + \boldsymbol{j}\frac{\partial y}{\partial x_\nu} + \boldsymbol{k}\frac{\partial z}{\partial x_\nu} \qquad (\nu = 1, 2, 3), \tag{1.41b}$$

worin x, y und z nach Vorgabe des Koordinatensystems bekannte Funktionen von x_1, x_2 und x_3 gemäß (1.15) bzw. (1.16) sind.

Für orthogonale Koordinatensysteme gilt, daß die Tangentenvektoren der orthogonalen Koordinatenlinien aufeinander senkrecht stehen. Somit gilt die wichtige Beziehung $(\nu = 1, 2, 3)$

$$\boldsymbol{e}_\nu h_\nu \boldsymbol{e}_\mu h_\mu = \frac{\partial \boldsymbol{r}}{\partial x_\nu} \cdot \frac{\partial \boldsymbol{r}}{\partial x_\mu} = \left(\frac{\partial x}{\partial x_\nu}\frac{\partial x}{\partial x_\mu} + \frac{\partial y}{\partial x_\nu}\frac{\partial y}{\partial x_\mu} + \frac{\partial z}{\partial x_\nu}\frac{\partial z}{\partial x_\mu}\right) = \begin{cases} 0 & \text{für } \nu \neq \mu \\ h_\nu^2 & \text{für } \nu = \mu, \end{cases} \tag{1.42a}$$

sofern man noch (1.40) berücksichtigt. Die sich für $\nu = \mu$ ergebenden Ausdrücke heißen *metrische Koeffizienten* h_ν^2 $(\nu = 1, 2, 3)$ des betrachteten Koordinatensystems. Man schreibt dafür auch kurz $h_\nu^2 = g_{\nu\nu}$ $(\nu = 1, 2, 3)$:

$$\boxed{h_\nu^2 = g_{\nu\nu} = \left|\frac{\partial \boldsymbol{r}}{\partial x_\nu}\right|^2 = \left(\frac{\partial x}{\partial x_\nu}\right)^2 + \left(\frac{\partial y}{\partial x_\nu}\right)^2 + \left(\frac{\partial z}{\partial x_\nu}\right)^2} \tag{1.42b}$$

oder

$$h_\nu = \sqrt{g_{\nu\nu}} = \sqrt{\left(\frac{\partial x}{\partial x_\nu}\right)^2 + \left(\frac{\partial y}{\partial x_\nu}\right)^2 + \left(\frac{\partial z}{\partial x_\nu}\right)^2}\,. \tag{1.42c}$$

Wir wollen noch besonders bemerken, daß die Tangenten-Einheitsvektoren $\boldsymbol{e}_\nu$ $(\nu = 1, 2, 3)$ nach vorstehendem selbst Funktionen des Ortes sind: $\boldsymbol{e}_\nu = \boldsymbol{e}_\nu(\boldsymbol{r})$ (abgesehen von dem Sonderfall $\boldsymbol{e}_1 = \boldsymbol{i}$, $\boldsymbol{e}_2 = \boldsymbol{j}$, $\boldsymbol{e}_3 = \boldsymbol{k}$).

Metrische Koeffizienten. Die viel benötigten Koeffizienten des Gleichungssystems (1.41b) bilden die transponierte *Funktionalmatrix*

$$\underline{\mathrm{F}}^{\mathrm{T}} = \left(\frac{\partial\,(x, y, z)}{\partial\,(x_1, x_2, x_3)}\right)^{\mathrm{T}} = \begin{pmatrix} \dfrac{\partial x}{\partial x_1} & \dfrac{\partial y}{\partial x_1} & \dfrac{\partial z}{\partial x_1} \\[2ex] \dfrac{\partial x}{\partial x_2} & \dfrac{\partial y}{\partial x_2} & \dfrac{\partial z}{\partial x_2} \\[2ex] \dfrac{\partial x}{\partial x_3} & \dfrac{\partial y}{\partial x_3} & \dfrac{\partial z}{\partial x_3} \end{pmatrix} \tag{1.43}$$

der Transformationsgleichungen (1.16). Gleichzeitig ist die Summe der ins Quadrat erhobenen Elemente der ν-ten Zeile dieser Matrix der metrische Koeffizient h_ν^2 $(\nu = 1, 2, 3)$. Beispielsweise erhält man für Zylinderkoordinaten gemäß (1.17a)

$$\left(\frac{\partial\,(x, y, z)}{\partial\,(\varrho, \alpha, z)}\right)^{\mathrm{T}} = \begin{pmatrix} \dfrac{\partial x}{\partial \varrho} & \dfrac{\partial y}{\partial \varrho} & \dfrac{\partial z}{\partial \varrho} \\[2ex] \dfrac{\partial x}{\partial \alpha} & \dfrac{\partial y}{\partial \alpha} & \dfrac{\partial z}{\partial \alpha} \\[2ex] \dfrac{\partial x}{\partial z} & \dfrac{\partial y}{\partial z} & \dfrac{\partial z}{\partial z} \end{pmatrix} = \begin{pmatrix} \cos\alpha & \sin\alpha & 0 \\ -\varrho\sin\alpha & \varrho\cos\alpha & 0 \\ 0 & 0 & 1 \end{pmatrix}. \tag{1.44}$$

Daraus folgt mit (1.42b) für die metrischen Koeffizienten dieses Koordinatensystems $(x_1 = \varrho$, $x_2 = \alpha$, $x_3 = z)$

$$h_1^2 = h_\varrho^2 = 1, \qquad h_2^2 = h_\alpha^2 = \varrho^2, \qquad h_3^2 = h_z^2 = 1. \tag{1.45}$$

Tafel 1.3. Metrische Koeffizienten des kartesischen, Kreiszylinder- und Kugelkoordinatensystems

		$h_1 = \sqrt{g_{11}}$	$h_2 = \sqrt{g_{22}}$	$h_3 = \sqrt{g_{33}}$	$h = h_1 h_2 h_3$
Kartesische Koordinaten	(c)	1	1	1	1
Kreiszylinderkoordinaten	(z)	1	ϱ	1	ϱ
Kugelkoordinaten	(k)	1	r	$r \sin\vartheta$	$r^2 \sin\vartheta$

In analoger Weise errechnet man die metrischen Koeffizienten aus den entsprechenden Transformationsgleichungen (1.16) ganz beliebiger Koordinatensysteme. Die Ergebnisse für die drei Grundkoordinatensysteme seien nachstehend in Tafel 1.3 zusammengestellt:
In der Übersicht Tafel A.2 (Anhang) sind die Werte $g_{\nu\nu}$ für weitere einfache Koordinatensysteme zusammengestellt.
Die metrischen Koeffizienten $h_\nu^2 = g_{\nu\nu}$ sind i. allg. selbst Funktionen der Ortskoordinaten x_1, x_2 und x_3. *In* (allgemeinen) *Zylinderkoordinaten ist* – wie leicht nachzurechnen – *stets* $h_1 = h_2$ und $h_3 = 1$.

Koordinatenelemente. Die metrischen Koeffizienten h_ν ($\nu = 1, 2, 3$) treten in allen mathematischen Beziehungen der Feldtheorie auf. Der Grund dafür ist in der Tatsache zu sehen, daß diese Koeffizienten maßgebend für den Abstand zweier Punkte z. B. entlang einer Koordinatenlinie x_ν sind. Nach (1.41a) ist

$$\frac{\Delta \boldsymbol{r}}{\Delta x_\nu} = \frac{\partial \boldsymbol{r}}{\partial x_\nu} + \varepsilon \quad \text{mit} \quad \varepsilon \to 0 \quad \text{für} \quad \Delta x_\nu \to 0.$$

Daraus folgt für den Betrag der Änderung

$$\frac{|\Delta \boldsymbol{r}|}{\Delta x_\nu} = \left|\frac{\partial \boldsymbol{r}}{\partial x_\nu} + \varepsilon\right| = \left|\frac{\partial \boldsymbol{r}}{\partial x_\nu}\right| + \varepsilon = h_\nu + \varepsilon \quad \text{mit} \quad \varepsilon \to 0 \quad \text{für} \quad \Delta x_\nu \to 0.$$

Durch Multiplikation mit Δx_ν folgt daraus

$$|\Delta \boldsymbol{r}| = (h_\nu + \varepsilon)\, \Delta x_\nu.$$

Der Abstand $|\Delta \boldsymbol{r}|$ zweier Punkte x_ν und $x_\nu + \Delta x_\nu$ auf der x_ν-Koordinatenlinie beträgt also für kleine Δx_ν bzw. $\Delta \boldsymbol{r}$ (für $\varepsilon \ll h_\nu$) ungefähr

$$|\Delta \boldsymbol{r}| \approx h_\nu \Delta x_\nu \tag{1.46}$$

und exakt offenbar

$$d_\nu = |\Delta \boldsymbol{r}|_{x_\nu} = \int_{x_\nu}^{x_\nu + \Delta x_\nu} h_\nu\,(x_1, x_2, x_3)\, \mathrm{d}x_\nu \tag{1.47}$$

und nicht etwa Δx_ν (!). Der Index x_ν bei $|\Delta \boldsymbol{r}|$ ist an dieser Stelle notwendig, um den Abstand auf der x_ν-Koordinatenlinie zu charakterisieren. Nur wenn $h_\nu = 1$ ist, ist obiges Integral mit Δx_ν identisch. Im Bild 1.18a sind die Verhältnisse veranschaulicht.
Zwei beliebige Punkte (x_1, x_2, x_3) und $(x_1 + \Delta x_1, x_2 + \Delta x_2, x_3 + \Delta x_3)$ haben dann den Abstand (s. Bild 1.18a)

$$d = |\Delta \boldsymbol{r}| = \sqrt{|\Delta \boldsymbol{r}|_{x_1}^2 + |\Delta \boldsymbol{r}|_{x_2}^2 + |\Delta \boldsymbol{r}|_{x_3}^2}.$$

Beispielsweise erhält man für Kugelkoordinaten als Abstand d_3 der Punkte $(r, \vartheta, 0)$ und (r, ϑ, α) auf der α-Koordinatenlinie nach (1.46) ($\nu = 3$) in Übereinstimmung mit Bild 1.8d und h_3 nach Tafel 1.3

$$d_3 = \int_0^\alpha h_3\,(r, \vartheta, \alpha')\, \mathrm{d}\alpha' = \int_0^\alpha r \sin \vartheta\, \mathrm{d}\alpha' = \alpha r \sin \vartheta$$

und nicht etwa α (d_3 ist ein Kreisbogen auf dem Kreis mit dem Radius $\varrho = r \sin \vartheta$).
Vorstehende Ergebnisse sollen nun für differentiell kleine Änderungen ($\Delta x_\nu \to \mathrm{d}x_\nu$) notiert und dabei ihr vektorieller Charakter beachtet werden.

Vektorielles Koordinatenlinienelement. Ist $\boldsymbol{r}_\nu$ der Ortsvektor, der die Koordinatenlinie x_ν beschreibt, so ist eine differentielle Verschiebung von $\boldsymbol{r}_\nu$ durch

$$\mathrm{d}\boldsymbol{r}_\nu = \frac{\partial \boldsymbol{r}_\nu}{\partial x_\nu}\, \mathrm{d}x_\nu = \boldsymbol{e}_\nu h_\nu\, \mathrm{d}x_\nu \tag{1.48}$$

gegeben, wobei (1.40) beachtet wurde. $\mathrm{d}\boldsymbol{r}_\nu$ ist ein kleines vektorielles Wegelement auf der Koordinatenlinie x_ν vom Betrag $|\mathrm{d}\boldsymbol{r}_\nu| = h_\nu\,\mathrm{d}x_\nu$ (vgl. (1.46) und Bild 1.18a).
Die vektorielle Zusammensetzung der Änderung entlang aller drei Koordinatenlinien ergibt die vektorielle Änderung $\mathrm{d}\boldsymbol{r}$ des Ortsvektors $\boldsymbol{r}$ bei Verschiebung vom Punkt (x_1, x_2, x_3) nach $(x_1 + \mathrm{d}x_1, x_2 + \mathrm{d}x_2, x_3 + \mathrm{d}x_3)$

$$\mathrm{d}\boldsymbol{r} = \sum_{\nu=1}^{3} \frac{\partial \boldsymbol{r}}{\partial x_\nu}\,\mathrm{d}x_\nu = \sum_{\nu=1}^{3} \boldsymbol{e}_\nu h_\nu\,\mathrm{d}x_\nu, \tag{1.49}$$

was im Bild 1.18d veranschaulicht ist.

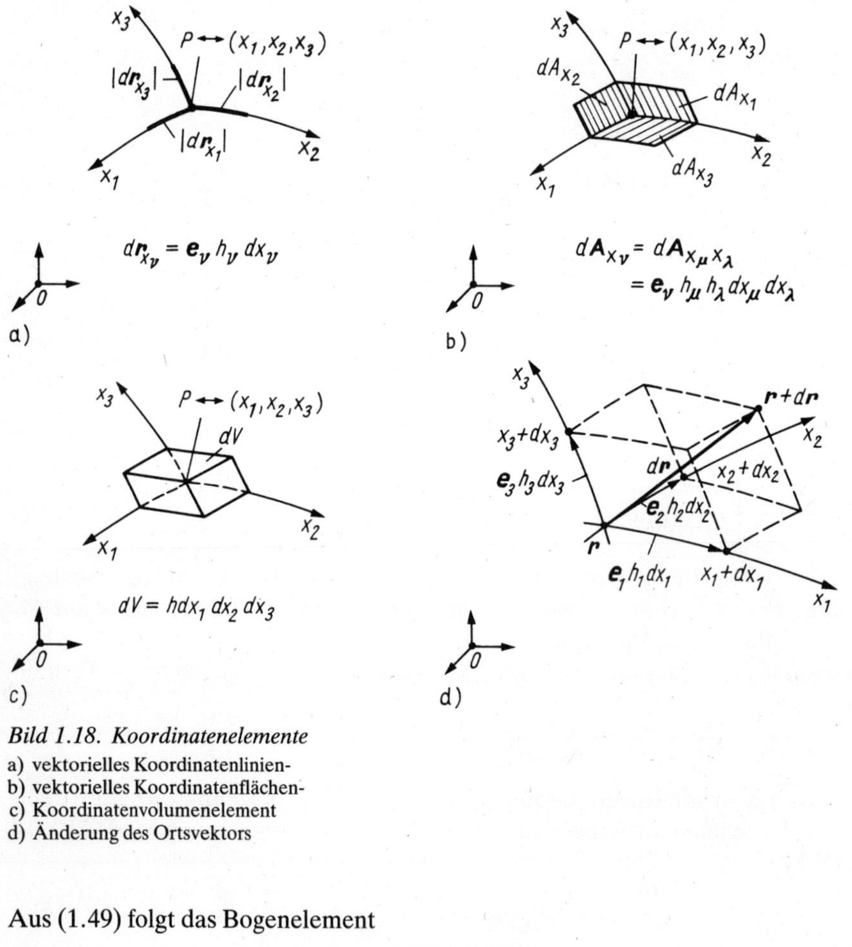

Bild 1.18. Koordinatenelemente
a) vektorielles Koordinatenlinien-
b) vektorielles Koordinatenflächen-
c) Koordinatenvolumenelement
d) Änderung des Ortsvektors

Aus (1.49) folgt das Bogenelement

$$\mathrm{d}s = |\mathrm{d}\boldsymbol{r}| = \sqrt{\mathrm{d}\boldsymbol{r}\cdot\mathrm{d}\boldsymbol{r}} = \sqrt{\sum_{\nu=1}^{3} (h_\nu\,\mathrm{d}x_\nu)^2}. \tag{1.50}$$

Vektorielles Koordinatenflächenelement. Mit der Darstellung und der Symbolik des Bildes 1.18b folgt für das schraffierte Flächengebiet unter Beachtung von (1.48)

$$\mathrm{d}\boldsymbol{A}_{x_\nu} = \mathrm{d}\boldsymbol{A}_{x_\mu x_\lambda} = \mathrm{d}\boldsymbol{r}_{x_\mu} \times \mathrm{d}\boldsymbol{r}_{x_\lambda} = (\boldsymbol{e}_\mu \times \boldsymbol{e}_\lambda)\,h_\mu h_\lambda\,\mathrm{d}x_\mu\,\mathrm{d}x_\lambda = \boldsymbol{e}_\nu h_\mu h_\lambda\,\mathrm{d}x_\mu\,\mathrm{d}x_\lambda. \tag{1.51}$$

Hierbei bildet (ν, μ, λ) ein Rechtssystem, und für die Indizes gelten die Bedingungen und Werte $\nu \neq \mu \neq \lambda$ sowie $\nu, \mu, \lambda = 1, 2, 3$. Die Indizes sind zyklisch zu vertauschen.

Koordinatenvolumenelement. Es ist das Spatprodukt der drei Vektoren $d\boldsymbol{r}_\nu$ ($\nu = 1, 2, 3$) nach (1.48) zu bilden:

$$dV = (d\boldsymbol{r}_1\, d\boldsymbol{r}_2\, d\boldsymbol{r}_3) = \left(\frac{\partial \boldsymbol{r}}{\partial x_1}\,\frac{\partial \boldsymbol{r}}{\partial x_2}\,\frac{\partial \boldsymbol{r}}{\partial x_3}\right) dx_1\, dx_2\, dx_3 = (\boldsymbol{e}_1\boldsymbol{e}_2\boldsymbol{e}_3)\, h_1h_2h_3\, dx_1\, dx_2\, dx_3$$

$$= h\, dx_1\, dx_2\, dx_3, \tag{1.52}$$

wobei gesetzt wurde

$$h = h_1h_2h_3 \tag{1.53}$$

und für orthogonale Koordinatensysteme $(\boldsymbol{e}_1\boldsymbol{e}_2\boldsymbol{e}_3) = 1$ ist (Bild 1.18c).
Aus den Gleichungen (1.48) bis (1.52) erkennt man, daß die Werte h_ν die Metrik des Raumes eines Koordinatensystems bestimmen und daher als die metrischen Koeffizienten bezeichnet werden.

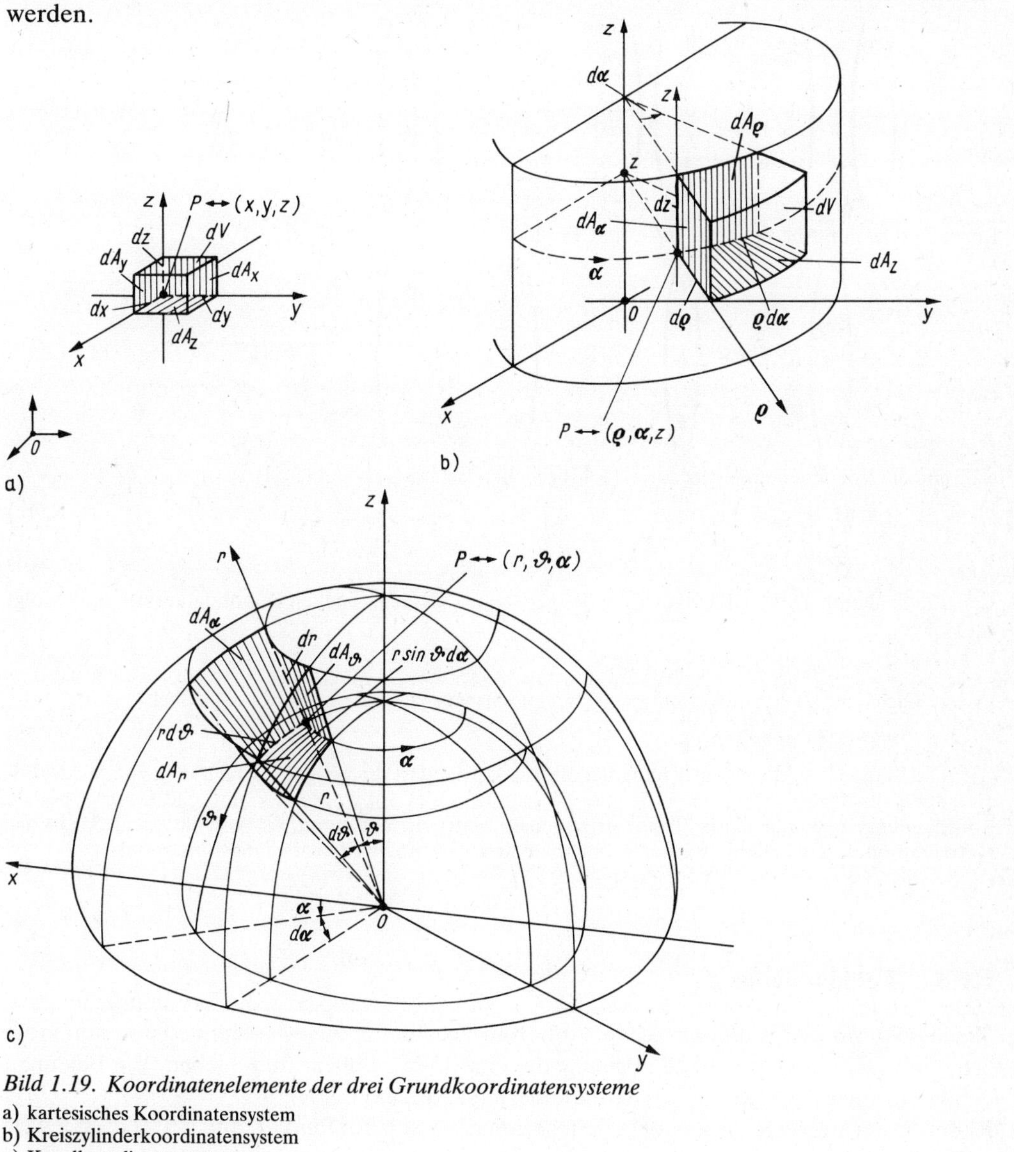

Bild 1.19. Koordinatenelemente der drei Grundkoordinatensysteme

a) kartesisches Koordinatensystem
b) Kreiszylinderkoordinatensystem
c) Kugelkoordinatensystem

In Tafel A.1 sind für die angeführten Koordinatensysteme die metrischen Koeffizienten in Spalte 6 angegeben.

Tafel A.4 des Anhangs enthält eine Zusammenstellung der Koordinatenelemente für das kartesische Koordinatensystem sowie das Zylinder- und Kugelkoordinatensystem, und Bild 1.19 stellt sie anschaulich dar.

Änderung des Koordinatensystems. Die Lösung eines Feldproblems erfordert häufig einen Wechsel des Koordinatensystems, was das Umrechnen der Basisvektoren notwendig macht:

Die Basisvektoren $\boldsymbol{e}_{\nu|2}$ ($\nu = 1, 2, 3$) eines zweiten Koordinatensystems sollen in Abhängigkeit von den Basisvektoren $\boldsymbol{e}_{\nu|1}$ ($\nu = 1, 2, 3$) eines ersten Koordinatensystems dargestellt werden. Ausgangsgleichungen sind (1.40) und (1.41 b). Hiernach gilt

$$\boldsymbol{e}_\nu = \frac{1}{h_\nu}\frac{\partial \boldsymbol{r}}{\partial x_\nu} = \frac{1}{h_\nu}\left(\boldsymbol{i}\frac{\partial x}{\partial x_\nu} + \boldsymbol{j}\frac{\partial y}{\partial x_\nu} + \boldsymbol{k}\frac{\partial z}{\partial x_\nu}\right) \qquad (\nu = 1, 2, 3). \tag{1.54a}$$

Das ist ein Gleichungssystem mit drei Gleichungen, das in Matrizenschreibweise lautet:

$$\begin{pmatrix} \boldsymbol{e}_1 \\ \boldsymbol{e}_2 \\ \boldsymbol{e}_3 \end{pmatrix} = \begin{pmatrix} \frac{1}{h_1} & 0 & 0 \\ 0 & \frac{1}{h_2} & 0 \\ 0 & 0 & \frac{1}{h_3} \end{pmatrix} \begin{pmatrix} \frac{\partial x}{\partial x_1} & \frac{\partial y}{\partial x_1} & \frac{\partial z}{\partial x_1} \\ \frac{\partial x}{\partial x_2} & \frac{\partial y}{\partial x_2} & \frac{\partial z}{\partial x_2} \\ \frac{\partial x}{\partial x_3} & \frac{\partial y}{\partial x_3} & \frac{\partial z}{\partial x_3} \end{pmatrix} \begin{pmatrix} \boldsymbol{i} \\ \boldsymbol{j} \\ \boldsymbol{k} \end{pmatrix}. \tag{1.54b}$$

Es sollen folgende Abkürzungen eingeführt werden:

$$\underline{\boldsymbol{e}} = \begin{pmatrix} \boldsymbol{e}_1 \\ \boldsymbol{e}_2 \\ \boldsymbol{e}_3 \end{pmatrix}, \quad \underline{\boldsymbol{e}}_c = \begin{pmatrix} \boldsymbol{i} \\ \boldsymbol{j} \\ \boldsymbol{k} \end{pmatrix}, \quad \underline{\mathrm{H}}^{-1} = \begin{pmatrix} \frac{1}{h_1} & 0 & 0 \\ 0 & \frac{1}{h_2} & 0 \\ 0 & 0 & \frac{1}{h_3} \end{pmatrix}, \quad \underline{\mathrm{T}} = \underline{\mathrm{H}}^{-1}\underline{\mathrm{F}}^{\mathrm{T}}, \tag{1.55}$$

während die Koeffizientenmatrix durch (1.43) gegeben ist. Damit lautet (1.54):

$$\underline{\boldsymbol{e}} = \underline{\mathrm{H}}^{-1}\underline{\mathrm{F}}^{\mathrm{T}}\underline{\boldsymbol{e}}_c = \underline{\mathrm{T}}\,\underline{\boldsymbol{e}}_c \tag{1.54c}$$

mit

$$\underline{\mathrm{T}} = \underline{\mathrm{H}}^{-1}\underline{\mathrm{F}}^{\mathrm{T}}. \tag{1.54d}$$

Ist $\underline{\boldsymbol{e}}_1$ die Spaltenmatrix der Basisvektoren des gegebenen, $\underline{\boldsymbol{e}}_2$ die des neuen Koordinatensystems, so folgt aus (1.54c)

$$\underline{\boldsymbol{e}}_1 = \underline{\mathrm{T}}_1\underline{\boldsymbol{e}}_c, \qquad \underline{\boldsymbol{e}}_2 = \underline{\mathrm{T}}_2\underline{\boldsymbol{e}}_c.$$

Erstere Gleichung nach $\underline{\boldsymbol{e}}_c$ aufgelöst ($\underline{\boldsymbol{e}}_c = \underline{\mathrm{T}}_1^{-1}\underline{\boldsymbol{e}}_1$) und in zweite eingesetzt, ergibt schließlich

$$\underline{\boldsymbol{e}}_2 = \underline{\mathrm{T}}_2\underline{\mathrm{T}}_1^{-1}\underline{\boldsymbol{e}}_1 = \underline{\mathrm{T}}_2\underline{\mathrm{T}}_1^{\mathrm{T}}\underline{\boldsymbol{e}}_1. \tag{1.56}$$

(1.56) stellt die Umrechnungsgleichung der Basisvektoren dar, die bei der Umrechnung von Vektorfeldern ebenfalls benötigt wird. In der letzten Gleichung von (1.56) wurde beachtet, daß für orthogonale Koordinatensysteme die Matrix $\underline{\mathrm{T}}$ eine orthogonale Matrix ist und somit $\underline{\mathrm{T}}^{-1} = \underline{\mathrm{T}}^{\mathrm{T}}$ gilt. In (1.56) ist das Matrizenprodukt $\underline{\mathrm{T}}_2\underline{\mathrm{T}}_1^{\mathrm{T}}$ ebenfalls eine Orthogonalmatrix (zweimalige lineare Transformation).

1.1.4. Felddarstellung

Skalarfeld. Mit den mathematischen Vorbereitungen der letzten Abschnitte ist es nun möglich, eine präzise mathematische Fassung der einzelnen Feldbegriffe zu geben. Wir beginnen mit den einfachsten Feldern, den Skalarfeldern (s. Abschn. 1.1.1.).

Ist der Raum auf ein Koordinatensystem bezogen, so ist jeder Punkt P bzw. jeder nach P weisende Ortsvektor $\boldsymbol{r}$ des Raumes durch ein Zahlentripel (x_1, x_2, x_3) fixiert. Ordnet man nun jedem dieser Zahlentripel einen Zahlenwert U zu, bildet man also die *(Orts-) Funktion*

$$U = U(x_1, x_2, x_3) \tag{1.57}$$

von drei Ortskoordinaten x_1, x_2 und x_3, so entsteht ein (stationäres) *Skalarfeld*, das kürzer auch mit $U(\boldsymbol{r})$ oder $U(P)$ notiert wird.
Zur geometrischen Veranschaulichung von Skalarfeldern führt man *Niveauflächen (Äquipotentialflächen)* ein. Man versteht darunter Raumflächen, deren Flächenpunkten der gleiche Wert U zugeordnet ist (Bild 1.20). Die Differenz ΔU der U-Werte zweier benachbarter Niveauflächen hat überall den gleichen Wert.

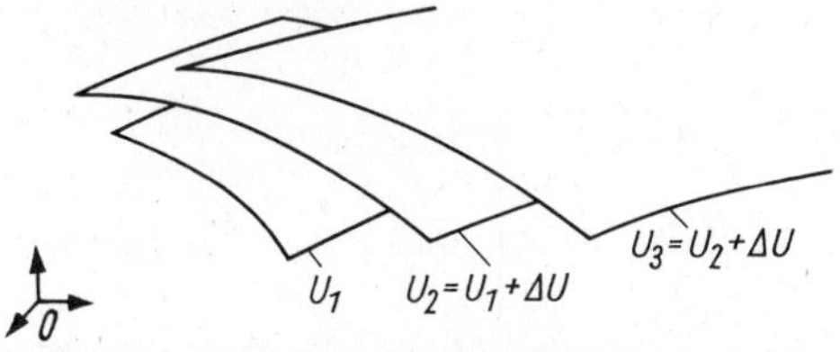

Bild 1.20
Niveauflächen eines Skalarfeldes

Vektorfeld. Nicht so einfach ist ein Vektorfeld mathematisch zu beschreiben. Um jedem Punkt (x_1, x_2, x_3) des Raumes einen Vektor zuordnen zu können, benötigen wir irgendwie drei allein durch das gewählte Koordinatensystem bestimmte, nicht in einer Ebene liegende und in (x_1, x_2, x_3) abgetragene *Basisvektoren*. Als solche Vektoren wählt man zweckmäßig die Tangenten-Einheitsvektoren $\boldsymbol{e}_1$, $\boldsymbol{e}_2$ und $\boldsymbol{e}_3$ des gegebenen Koordinatensystems (Bild 1.8a). Mit Hilfe von drei Skalarfeldern $U_\nu(x_1, x_2, x_3)$ $(\nu = 1, 2, 3)$ wird dann vermöge

$$\boldsymbol{U} = U_1(x_1, x_2, x_3)\,\boldsymbol{e}_1 + U_2(x_1, x_2, x_3)\,\boldsymbol{e}_2 + U_3(x_1, x_2, x_3)\,\boldsymbol{e}_3 \tag{1.58}$$

jedem Raumpunkt (x_1, x_2, x_3) bzw. jedem Ortsvektor $\boldsymbol{r}$ ein Vektor $\boldsymbol{U}$ zugeordnet und damit ein allgemeines (stationäres) *Vektorfeld* konstruiert. Statt (1.58) schreibt man auch oft kürzer

$$\boldsymbol{U} = U_1(\boldsymbol{r})\,\boldsymbol{e}_1 + U_2(\boldsymbol{r})\,\boldsymbol{e}_2 + U_3(\boldsymbol{r})\,\boldsymbol{e}_3 \quad \text{oder} \quad \boldsymbol{U} = U_1\boldsymbol{e}_1 + U_2\boldsymbol{e}_2 + U_3\boldsymbol{e}_3$$

oder auch nur

$$\boldsymbol{U} = \boldsymbol{U}(\boldsymbol{r}) = \boldsymbol{U}(x_1, x_2, x_3).$$

Sind die Felder nichtstationär, so schreiben wir statt (1.57) $U = U(x_1, x_2, x_3, t)$. Entsprechendes gilt für (1.58). Ein Skalarfeld ist beispielsweise (vgl. S. 20)

$$U(x_1, x_2, x_3) = 3x_1^2 + \cosh x_2x_3, \qquad U(r, \vartheta, \alpha) = \frac{Q}{4\pi\varepsilon r}$$

und ein Vektorfeld

$$\boldsymbol{U}(x_1, x_2, x_3) = \boldsymbol{e}_1(x_1 + x_3) + \boldsymbol{e}_2 x_1^2 + \boldsymbol{e}_3\,\mathrm{e}^{x_2}, \qquad \boldsymbol{U}(\varrho, \alpha, z) = \boldsymbol{e}_\alpha \frac{I}{2\pi\varrho}.$$

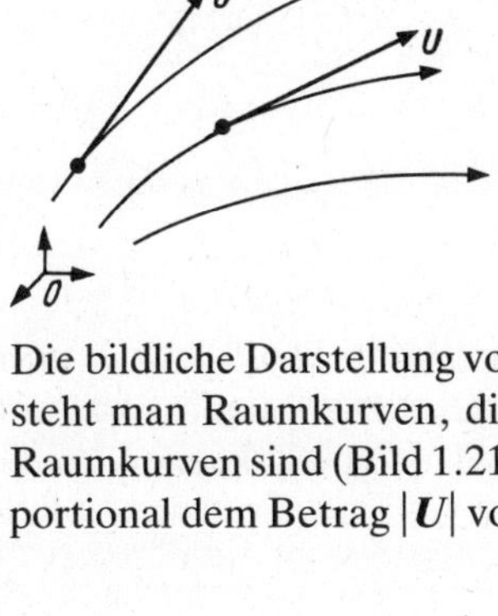

Bild 1.21
Feldlinien eines Vektorfeldes

Die bildliche Darstellung von Vektorfeldern geschieht mit Hilfe von *Feldlinien*. Darunter versteht man Raumkurven, die so konstruiert sind, daß die Feldvektoren $\boldsymbol{U}$ Tangenten dieser Raumkurven sind (Bild 1.21) und außerdem die Liniendichte (reziproker Linienabstand) proportional dem Betrag $|\boldsymbol{U}|$ von $\boldsymbol{U}$ ist.

Quellen- und Wirbelfelder. Die Vektorfelder der Feldtheorie werden eingeteilt in

α) reine *Quellenfelder (wirbelfreie Felder)*,

β) reine *Wirbelfelder (quellenfreie Felder)* und

γ) zusammengesetzte Felder (Wirbelfelder).

In einem reinen Quellenfeld haben alle Feldlinien einen Anfangspunkt *(Quellpunkt q)* und einen Endpunkt *(Versiegepunkt s)*, die auch ins Unendliche wandern können (Bild 1.22a). Liegt speziell nur ein einziger Quellpunkt q (oder Versiegepunkt s) im Endlichen, dann sprechen wir von einem *Zentralfeld.* Typisches Beispiel eines solchen Feldes ist das elektrische Feld einer homogenen kugelförmigen Ladung Q (Bild 1.22b).

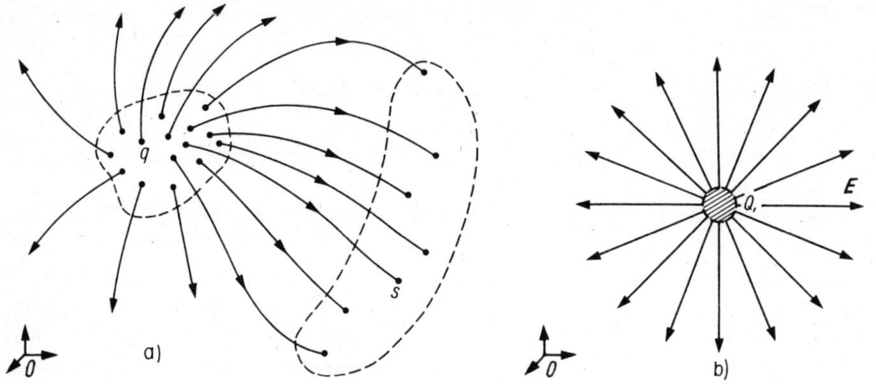

Bild 1.22. Veranschaulichung eines Quellenfeldes
a) allgemeines Quellenfeld
b) Zentralfeld

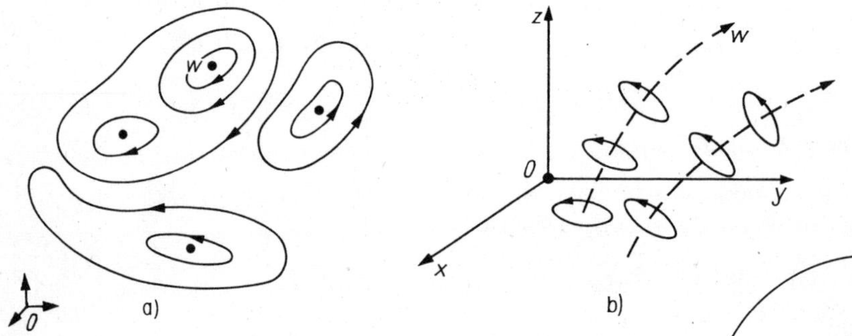

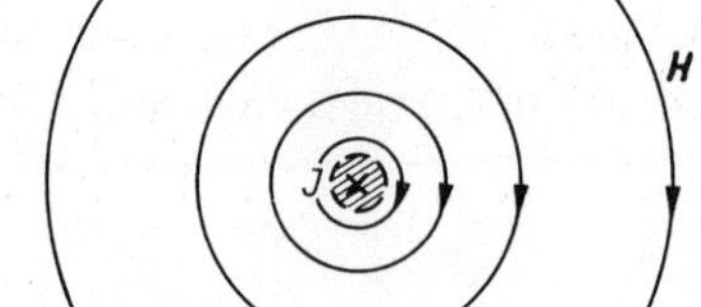

Bild 1.23. Veranschaulichung eines Wirbelfeldes
a) allgemeines Wirbelfeld
b) Wirbellinien eines Wirbelfeldes
c) Ringfeld

In einem reinen Wirbelfeld sind alle Feldlinien im Endlichen oder Unendlichen in sich geschlossen (sie besitzen weder Anfangs- noch Endpunkt, Bild 1.23a). Die Raumpunkte, um die sich die Feldlinien eines Wirbelfelds zusammenziehen, bilden eine (geschlossene) Raumkurve w, die man als *Wirbelfaden* bezeichnet (Bild 1.23b).

Im Sonderfall besitzt ein Wirbelfeld nur einen einzigen Wirbelfaden, der außerdem eine Gerade bildet. Ein solches Wirbelfeld wollen wir *Ringfeld* nennen. Ein typisches Beispiel eines Ringfelds ist das Magnetfeld eines geraden linienhaften elektrischen Stromes I (Bild 1.23c). Ein zusammengesetztes Feld besteht aus einer Überlagerung von (reinen) Quellen- und Wirbelfeldern.

Die vorstehenden, an die bildliche Darstellung von Vektorfeldern durch Feldlinien anknüpfenden Begriffe sind nicht als streng gefaßte Definitionen zu werten. Eine mathematische Präzisierung der Begriffe „Quellenfeld" und „Wirbelfeld" werden wir später geben. Diese Präzisierung wird aber so erfolgen, daß sie allen wesentlichen Seiten der physikalischen und geometrischen Bedeutung dieser Begriffe Rechnung trägt.

Bei stationären Feldern sind die Feldlinienbilder keine Funktionen der Zeit. Liegt Nichtstationarität vor, so ändern sich die Feldbilder im Verlauf der Zeit (Felder mit bewegten Feldlinien).

Schreibweise. Wenn über das verwendete Koordinatensystem nichts Näheres ausgesagt wird, schreiben wir für die zugehörigen Basisvektoren $\boldsymbol{e}_1$, $\boldsymbol{e}_2$ und $\boldsymbol{e}_3$. Die Basisvektoren spezieller Koordinatensysteme erhalten die entsprechenden Ortskoordinaten als Index, z. B.

Zylinderkoordinaten $\boldsymbol{e}_\varrho,\ \boldsymbol{e}_\alpha,\ \boldsymbol{e}_z$

Kugelkoordinaten $\boldsymbol{e}_r,\ \boldsymbol{e}_\vartheta,\ \boldsymbol{e}_\alpha.$

Bei Zugrundelegung von kartesischen Koordinaten schreiben wir statt $\boldsymbol{e}_x, \boldsymbol{e}_y, \boldsymbol{e}_z$ kürzer $\boldsymbol{i}, \boldsymbol{j}, \boldsymbol{k}$. Die Vektorkoordinaten werden entsprechend indiziert. Während im allgemeinen Fall beliebiger orthogonaler Koordinaten die in (1.58) angegebene Schreibweise Verwendung findet, werden wir bei *kartesischen Koordinaten*

$$\boldsymbol{U} = U_x\boldsymbol{i} + U_y\boldsymbol{j} + U_z\boldsymbol{k}, \tag{1.59a}$$

bei *Zylinderkoordinaten*

$$\boldsymbol{U} = U_\varrho\boldsymbol{e}_\varrho + U_\alpha\boldsymbol{e}_\alpha + U_z\boldsymbol{e}_z \tag{1.59b}$$

und bei Verwendung von *Kugelkoordinaten*

$$\boldsymbol{U} = U_r\boldsymbol{e}_r + U_\vartheta\boldsymbol{e}_\vartheta + U_\alpha\boldsymbol{e}_\alpha \tag{1.59c}$$

schreiben usw. Entsprechend verfährt man bei der Indizierung der metrischen Koeffizienten.

Koordinatendarstellung. Ist das Koordinatensystem bzw. die Basis $(\boldsymbol{e}_1, \boldsymbol{e}_2, \boldsymbol{e}_3)$ vorgegeben, so ist jeder Vektor bereits durch seine Vektorkoordinaten U_1, U_2 und U_3 bestimmt. Man faßt diese Koordinaten dann auch kürzer in einer Spaltenmatrix zusammen, schreibt also

$$U = \begin{pmatrix} U_1 \\ U_2 \\ U_3 \end{pmatrix}, \qquad U_\nu = U_\nu\,(x_1, x_2, x_3) \qquad (\nu = 1, 2, 3) \tag{1.60a}$$

und nennt U die *Koordinatendarstellung* des Vektors $\boldsymbol{U}$ bezüglich der Basis $(\boldsymbol{e}_1, \boldsymbol{e}_2, \boldsymbol{e}_3)$. Zu ein und demselben Vektor gibt es dann mehrere (unendlich viele) Koordinatendarstellungen U. Handelt es sich speziell um den Ortsvektor $\boldsymbol{r}$, so schreiben wir zuweilen

$$r = \begin{pmatrix} x \\ y \\ z \end{pmatrix} \quad \text{bzw.} \quad P = (x_1, x_2, x_3). \tag{1.60b}$$

Komplexe Vektoren $\underline{\boldsymbol{U}}$ werden dargestellt durch

$$\underline{\boldsymbol{U}} = \begin{pmatrix} \underline{U}_1 \\ \underline{U}_2 \\ \underline{U}_3 \end{pmatrix}. \tag{1.60c}$$

Spezielle Felder. Es kann vorkommen, daß die betrachteten (Skalar- oder Vektor-) Felder in dem jeweils zugrunde gelegten Koordinatensystem nicht von allen Ortskoordinaten x_1, x_2, x_3 abhängen. Liegt nur eine Abhängigkeit von zwei Ortskoordinaten vor, so sagen wir, das betrachtete Feld sei bezüglich des eingeführten Koordinatensystems *zweidimensional*. Analog sind *eindimensionale* Felder erklärt. Im einfachsten Fall können die Felder (bezüglich des verwendeten Koordinatensystems) von allen Ortskoordinaten unabhängig sein. Dann spricht man von *homogenen* Feldern. Alle übrigen Felder heißen dann auch *inhomogen* (bezüglich des Koordinatensystems).

In besonderen Fällen, auf die wir noch genauer zu sprechen kommen, können zweidimensionale (reelle) Felder $U(x_1, x_2)$ bzw. $\boldsymbol{U}(x_1, x_2)$ auch als Realteil *komplexer Felder* einer *komplexen Ortskoordinate* aufgefaßt werden. Im Fall kartesischer Koordinaten gilt dann z. B.

$$U(x, y) = \mathrm{Re}\,\{\underline{U}(\underline{z})\}; \qquad \underline{z} = x + \mathrm{j}y$$

bzw.

$$\begin{aligned} \boldsymbol{U}(x, y) &= \boldsymbol{i}U_x(x, y) + \boldsymbol{j}U_y(x, y) + \boldsymbol{k}U_z(x, y) \\ &= \boldsymbol{i}\,\mathrm{Re}\,\{\underline{U}_x(\underline{z})\} + \boldsymbol{j}\,\mathrm{Re}\,\{\underline{U}_y(\underline{z})\} + \boldsymbol{k}\,\mathrm{Re}\,\{\underline{U}_z(\underline{z})\} \\ &= \mathrm{Re}\,\{\boldsymbol{i}\underline{U}_x(\underline{z}) + \boldsymbol{j}\underline{U}_z(\underline{z}) + \boldsymbol{k}\underline{U}_z(\underline{z})\} \\ &= \mathrm{Re}\,\{\underline{\boldsymbol{U}}(\underline{z})\}. \end{aligned} \tag{1.61}$$

Diese Auffassung zweidimensionaler Felder kann in vielen Fällen zu wesentlichen Vereinfachungen in den Berechnungsmethoden von Feldern führen. Felder, die in bezug auf ein Zylinderkoordinatensystem dadurch zweidimensional werden, daß sie von der Ortskoordinate z unabhängig sind, heißen *ebene Felder*.

Als Beispiel nennen wir die Skalarfelder

$$U(x, y) = x^2 - y^2 \quad \text{und} \quad U(x, y) = \ln \frac{1}{\sqrt{x^2 + y^2}}.$$

Im ersten Fall kann man setzen

$$U(x, y) = \mathrm{Re}\,\{\underline{z}^2\}, \quad \text{da} \quad \mathrm{Re}\,\{\underline{z}^2\} = \mathrm{Re}\,\{x^2 - y^2 - \mathrm{j}2xy\} = x^2 - y^2 \quad \text{ist,}$$

im zweiten

$$U(x, y) = \mathrm{Re}\left\{\ln \frac{1}{\underline{z}}\right\}, \quad \text{da} \quad \mathrm{Re}\left\{\frac{1}{\underline{z}}\right\} = \mathrm{Re}\left\{\frac{1}{|\underline{z}|}\,\mathrm{e}^{-\mathrm{j}\arg \underline{z}}\right\} = \frac{1}{|\underline{z}|} = \frac{1}{\sqrt{x^2 + y^2}}$$

ist.

Bei speziellen Problemen wählt man das Koordinatensystem möglichst so, daß die zu beschreibenden Felder nur von einer oder zwei Ortskoordinaten abhängen.

Ist z. B. das Potential φ einer Punktladung Q zu beschreiben, so wählt man ein Kugelkoordinatensystem und legt die Ladung Q in den Koordinatenursprung. Dann lautet der analytische Ausdruck für φ einfach

$$\varphi = \varphi(r, \vartheta, \alpha) = \frac{Q}{4\pi\varepsilon r}.$$

In kartesischen Koordinaten hätte man komplizierter $\left(r = |\boldsymbol{r}| = \sqrt{x^2 + y^2 + z^2}\right)$

$$\varphi = \varphi(x, y, z) = \frac{Q}{4\pi\varepsilon\sqrt{x^2 + y^2 + z^2}}$$

zu schreiben.

Das Magnetfeld $\boldsymbol{H}$ eines geradlinigen Stromfadens mit der Stromstärke I wird in Zylinderkoordinaten durch

$$\boldsymbol{H} = \boldsymbol{H}(\varrho, \alpha, z) = \boldsymbol{e}_\alpha \frac{I}{2\pi\varrho}$$

beschrieben, wenn die z-Achse in den Stromfaden gelegt wird. Umständlicher gilt in kartesischen Koordinaten mit (1.54a) und (1.17a) sowie h_α nach Tafel 1.3

$$\boldsymbol{H} = \left(\boldsymbol{i}\frac{1}{\mathrm{h}_\alpha}\frac{\partial x}{\partial \alpha} + \boldsymbol{j}\frac{1}{h_\alpha}\frac{\partial y}{\partial \alpha} + \boldsymbol{k}\frac{1}{h_\alpha}\frac{\partial z}{\partial \alpha}\right)\frac{I}{2\pi\varrho}$$

$$= \left(\boldsymbol{i}\frac{1}{\varrho}(-\varrho\sin\alpha) + \boldsymbol{j}\frac{1}{\varrho}\varrho\cos\alpha + \boldsymbol{k}\frac{1}{\varrho}\cdot 0\right)\frac{I}{2\pi\varrho}$$

$$= \frac{(-\boldsymbol{i}\sin\alpha + \boldsymbol{j}\cos\alpha)\,I}{2\pi\varrho}.$$

Mit $\sin\alpha = y/\varrho$ und $\cos\alpha = x/\varrho$ (vgl. (1.17a)) ist schließlich weniger einfach im Formelaufbau

$$\boldsymbol{H} = \boldsymbol{H}(x, y, z) = \frac{(-\boldsymbol{i}y + \boldsymbol{j}x)\,I}{2\pi\varrho^2} = \frac{(-\boldsymbol{i}y + \boldsymbol{j}x)\,I}{2\pi(x^2 + y^2)}.$$

Umrechnung von Vektorfeldern. Wie vorstehendes Beispiel des Magnetfeldes eines geraden Stromfadens zeigt, ist die Darstellung von $\boldsymbol{H}$ in Zylinderkoordinaten die einfachste und übersichtlichste Form. Man sagt, das Zylinderkoordinatensystem sei ein dem Problem angepaßtes Koordinatensystem.

Bei der Lösung von Feldproblemen besteht aus diesem Grund und vielfältigen weiteren Gründen die Notwendigkeit, das Koordinatensystem zu wechseln. Das erfordert die Umrechnung gegebener Felder. Während hierzu bei Skalarfeldern die Ortskoordinaten durch die Ortskoordinaten des neuen Koordinatensystems (über Transformationsgleichungen (1.16a) bzw. (1.16b)) zu ersetzen sind, erfordert die Umrechnung von Vektorfeldern zusätzlich die Substitution der Basisvektoren. Das geschieht wie folgt:

Ein Vektor $\boldsymbol{U}$ ist invariant bezüglich einer Änderung des Koordinatensystems, nicht aber die Koordinaten von $\boldsymbol{U}$.

Es sei das Vektorfeld $\boldsymbol{U}$ in einem Koordinatensystem 1

$$\boldsymbol{U} = \boldsymbol{U}(x_1, x_2, x_3) = \underline{\mathrm{u}}_1^{\mathrm{T}}\underline{\boldsymbol{e}}_1$$

(Matrizenschreibweise nach (1.4b), der Index 1 kennzeichnet das Koordinatensystem) mit der Basis $(\boldsymbol{e}_1, \boldsymbol{e}_2, \boldsymbol{e}_3)$ und den Ortskoordinaten (x_1, x_2, x_3) gegeben, das in ein Koordinatensystem 2

$$\boldsymbol{U} = \boldsymbol{U}(x_1^*, x_2^*, x_3^*) = \underline{\mathrm{u}}_2^{\mathrm{T}}\underline{\boldsymbol{e}}_2$$

mit der Basis $(\boldsymbol{e}_1^*, \boldsymbol{e}_2^*, \boldsymbol{e}_3^*)$ und den Ortskoordinaten (x_1^*, x_2^*, x_3^*) umgerechnet werden soll. Hierzu ist $\underline{\boldsymbol{e}}_1$ in der ersten Gleichung von $\boldsymbol{U}$ durch $\underline{\boldsymbol{e}}_2$ mit Hilfe der Transformationsgleichung (1.56) der Basisvektoren, die nach $\underline{\boldsymbol{e}}_1$ aufgelöst $\underline{\boldsymbol{e}}_1 = \underline{\mathrm{T}}_1\underline{\mathrm{T}}_2^{\mathrm{T}}\underline{\boldsymbol{e}}_2$ ergibt, zu ersetzen, was auf

$$\boldsymbol{U} = \underline{\mathrm{u}}_1^{\mathrm{T}}\underline{\mathrm{T}}_1\underline{\mathrm{T}}_2^{\mathrm{T}}\underline{\boldsymbol{e}}_2 = \underline{\mathrm{u}}_2^{\mathrm{T}}\underline{\boldsymbol{e}}_2 \tag{1.62a}$$

mit

$$\underline{\mathrm{u}}_2^{\mathrm{T}} = \underline{\mathrm{u}}_1^{\mathrm{T}}\underline{\mathrm{T}}_1\underline{\mathrm{T}}_2^{\mathrm{T}}, \tag{1.62b}$$

die Koordinatenmatrix von $\boldsymbol{U}$ im neuen Koordinatensystem, führt. In (1.62b) sind die Ortskoordinaten x_ν durch x_ν^* ($\nu = 1, 2, 3$) zu ersetzen, um die Transformation zu vervollständigen.

Bemerkung: In bestimmten Fällen erweist sich die Substitution der Ortskoordinaten x_ν durch x_ν^* nicht als sinnvoll, und man wird sie aus Zweckmäßigkeitsgründen auch nicht durchführen, was aber nicht bedeutet, daß kein Wechsel des Koordinatensystems vorgenommen wurde. Dieses ist durch die Basisvektoren eindeutig gekennzeichnet.

Zusammenfassung. An jeder Stelle des Raumes (x_1, x_2, x_3) läßt sich nach (1.39) ein Dreibein (drei senkrecht aufeinander stehende Einheitsvektoren) von Basisvektoren $(\boldsymbol{e}_1, \boldsymbol{e}_2, \boldsymbol{e}_3)$ angeben ($|\boldsymbol{e}_\nu| = 1$, $(\boldsymbol{e}_1\boldsymbol{e}_2\boldsymbol{e}_3) = 1$, (Bild 1.8a)), das den Raumpunkt P begleitet.
Die metrischen Koeffizienten $h_\nu = |\partial \boldsymbol{r}/\partial x_\nu|$ nach (1.42) des Koordinatensystems mit den Ortskoordinaten (x_1, x_2, x_3) sind maßgebend für die geometrische Struktur des Raumes, die durch die Koordinatenelemente – vektorielles Kurven- und Flächen- sowie Volumenelement – beschrieben werden. h_ν ist dabei ein Maß für den Abstand zweier Punkte auf der Koordinatenlinie x_ν.
Die Basisvektoren $\boldsymbol{e}_\nu$ und die metrischen Koeffizienten h_ν $(\nu = 1, 2, 3)$ eines Koordinatensystems, gegeben durch die Ortskoordinaten (x_1, x_2, x_3), sind i. allg. stetige Funktionen aller drei Ortskoordinaten.
Skalar- und Vektorfelder lassen sich geometrisch veranschaulichen. Skalarfelder werden durch Niveauflächen (Flächen mit konstanten Feldwerten), Vektorfelder durch Feldlinien veranschaulicht. Die Tangenten dieser Feldlinien geben die Richtung, die reziproken Abstände die Stärke des Feldes an.
Die Grundtypen der Vektorfelder sind

1. die Quellenfelder (Felder mit nichtgeschlossenen Feldlinien) und
2. die Wirbelfelder (Felder mit geschlossenen Feldlinien).

Die Feldlinien der Wirbelfelder ziehen sich um (geschlossene) Wirbelfäden zusammen.

Aufgaben zum Abschnitt 1.1.

1.1.–1 Welche geometrische Bedeutung hat das Produkt $(\boldsymbol{r}_1\boldsymbol{r}_2\boldsymbol{r}_3)$?

1.1.–2 a) Man berechne $\boldsymbol{a} \times \boldsymbol{b}$ für die Vektoren

$$\boldsymbol{a} = \boldsymbol{i}a_x + \boldsymbol{j}a_y + \boldsymbol{k}a_z; \qquad \boldsymbol{b} = \boldsymbol{i}b_x + \boldsymbol{j}b_y + \boldsymbol{k}b_z.$$

b) Was erhält man für $|\boldsymbol{a} \times \boldsymbol{b}|$ und c) $(\boldsymbol{a} \times \boldsymbol{b})^0$?

1.1.–3 Warum ist in $\underline{z} = f(\underline{w}) = x(u, v) + \mathrm{j}y(u, v)$ die Abbildung

$$x = x\,(u, v), \qquad y = \,(u, v)$$

nicht mehr winkeltreu an einer Stelle, wo $f'(\underline{w}) = 0$ ist?

1.1.–4 Wie lautet die Auflösung der Transformationsgleichungen (1.17b) für die Kugelkoordinaten nach r, ϑ und α?

1.1.–5 Man zeige, welche Koordinatensysteme aus der Abbildung

$$\underline{z} = \frac{1}{2}\,\underline{w}^2$$

abgeleitet werden können.

1.1.–6 Wie lauten die Gleichungen der zu

$$\underline{z} = a \cosh \underline{w} \qquad (0 \leqq u < \infty,\ 0 \leqq v < 2\pi)$$

gehörenden Koordinatensysteme (Zylinderkoordinaten, Rotationskoordinaten)?

1.1.–7 Wie lauten die Tangentenvektoren des Kugelkoordinatensystems? Man bestätige die Aussage in (1.42a) für dieses Koordinatensystem.

1.1.–8 Berechne die Funktionalmatrix $\underline{\mathrm{F}}$ (1.43) sowie die Transformationsmatrix $\underline{\mathrm{T}} = \underline{\mathrm{H}}^{-1}\underline{\mathrm{F}}^{\mathrm{T}}$ (1.54d) für die drei Grundkoordinatensysteme!

1.1.–9 Welche metrischen Koeffizienten gehören
a) zum Kugelkoordinatensystem,
b) zum Rotationskoordinatensystem (Rotation um y-Achse),
c) zum *Bizylinderkoordinatensystem* des Beispiels im Abschn. 1.1.2.e?

1.1.–10 Man zeige, daß die Transformationsmatrix $\underline{\mathrm{T}}$ nach (1.54d) für orthogonale Koordinatensysteme eine orthogonale Matrix ist.

1.1.–11 a) Die Basisvektoren für Zylinderkoordinaten sind durch die kartesischen Basisvektoren $\boldsymbol{i}, \boldsymbol{j}, \boldsymbol{k}$ auszudrücken.

b) Was ergibt sich für den Zusammenhang der Basisvektoren für Zylinder- und Kugelkoordinaten?

1.1.–12 Wie lautet das Transformationsgesetz für die Basisvektoren bei Koordinatenänderung?

1.1.–13 Wie lautet das Transformationsgesetz für die Vektorkoordinaten bei Koordinatenänderung?

1.1.–14 Gegeben ist bezüglich des Kugelkoordinatensystems das Vektorfeld

$$\boldsymbol{U}(\boldsymbol{r}) = \boldsymbol{U}(r, \vartheta, \alpha) = a\,(\boldsymbol{e}_r \sin\vartheta\cos\alpha + \boldsymbol{e}_\vartheta \cos\vartheta\cos\alpha - \boldsymbol{e}_\alpha \sin\alpha) \quad (a = \text{konst.}).$$

Rechne das Feld in das kartesische Koordinatensystem um!

1.1.–15 Wie lauten die mathematischen Ausdrücke für die Zentral- und Ringfelder?

1.1.–16 Gegeben sind folgende elektrische Anordnungen im unendlich ausgedehnten Gebiet B:

1. Punktladung Q (B Dielektrikum mit Dielektrizitätskonstante ε),
2. unendlich lange, gerade Linienladung der Linienladungsdichte λ = konst. (B Dielektrikum mit Dielektrizitätskonstante ε),
3. Punkteinströmung der Ergiebigkeit I (B leitfähiges Gebiet mit der Leitfähigkeit $\varkappa$ = konst.),
4. unendlich langer, linienhafter gerader Leiter, der vom Strom I durchflossen wird (B magnetischer Stoff mit Permeabilität μ = konst.).

a) Berechne in einem zweckmäßig gewählten Koordinatensystem die elektrische bzw. magnetische Feldstärke $\boldsymbol{E}$ bzw. $\boldsymbol{H}$ der vier Anordnungen und gib an, welche Koordinaten der Vektoren existieren und von welchen Ortskoordinaten sie abhängig sind!

b) Für die Anordnungen 1 und 4 sind die Ergebnisse in den drei Grundkoordinatensystemen (kartesisches, Kreiszylinder-, Kugelkoordinatensystem) darzustellen!
Hinweis: Die Feldumrechnung ist rechnerisch bzw. rechnerisch/grafisch vorzunehmen.

c) Stelle die Vektorfelder der vier Anordnungen durch Feldlinien anschaulich dar!

1.2. Feldintegrale

Die Bildung von Linien-, Flächen- und Volumenintegralen sind bei der Berechnung elektromagnetischer Felder eine oft gestellte Aufgabe. Zum Beispiel führt die Berechnung der Spannung zwischen zwei Raumpunkten entlang eines vorgegebenen Weges S bei gegebenem Feldstärkefeld $\boldsymbol{E}$ auf das Linienintegral

$$U_{12} = \int_{(S)} \boldsymbol{E} \cdot \mathrm{d}\boldsymbol{r}.$$

Zur Berechnung des Stromes I durch eine Fläche A bei gegebenem Stromdichtefeld $\boldsymbol{S}$ ist das Flächenintegral

$$I = \int_{(A)} \boldsymbol{S} \cdot \mathrm{d}\boldsymbol{A}$$

auszuwerten, oder ein Volumenintegral ist zu berechnen, wenn z.B. die Ladung Q eines räumlichen Bereiches B mit dem Volumen V aus der Raumladungsdichte ϱ zu bestimmen ist:

$$Q = \int_{(V)} \varrho\, \mathrm{d}V.$$

Integrale dieser Art werden allgemein als *Feldintegrale* bezeichnet, deren Lösung wir uns in diesem Abschnitt zuwenden wollen. Hierbei erweist sich die *Parameterdarstellung* der Feldintegrale als die zweckmäßigste Form, was die Beschreibung von Raumkurven, -flächen und räumlichen Bereichen, der Skalar- und Vektorfelder sowie der differentiellen Elemente von Raumkurven, -flächen und räumlichen Bereichen in der Parameterform erforderlich macht. Im folgenden werden nach dem angegebenen Schema die wichtigsten Feldintegrale behandelt.

1.2.1. Linienintegrale

Raumkurve. Nach (1.39) ist der Ortsvektor $\boldsymbol{r}$ eine Funktion der Ortskoordinaten x_ν ($\nu = 1, 2, 3$) eines gegebenen Koordinatensystems. Werden die Ortskoordinaten x_ν Funktionen eines reellen Parameters u (unabhängige Veränderliche) aus einem Intervall $I_u = [u_A, u_B]$ (u_A Anfangs-, u_B Endwert), in Zeichen

$$\boxed{x_\nu = x_\nu(u) = f_\nu(u)} \qquad (\nu = 1, 2, 3,\ u_A \leqq u \leqq u_B), \tag{1.63}$$

so wird der Ortsvektor $\boldsymbol{r}$ selbst eine Funktion dieses Parameters, und die Spitze des $\boldsymbol{r}$ darstellenden Zeigers beschreibt im Raum eine Kurve, die symbolisch mit S bezeichnet werden soll (Bild 1.24a). Die Funktionen x_ν sollen hierbei genügend oft stetig differenzierbar sein. Man spricht von der *Parameterdarstellung* einer Raumkurve S, deren Vektordarstellung mit (1.39) unter Beachtung von (1.63) somit lautet:

$$\begin{aligned}\boldsymbol{r} = \boldsymbol{r}(u) &= \boldsymbol{i}x\,[x_1(u), x_2(u), x_3(u)] + \boldsymbol{j}y\,[x_1(u), x_2(u), x_3(u)]\\ &\quad + \boldsymbol{k}z\,[x_1(u), x_2(u), x_3(u)].\end{aligned} \tag{1.64}$$

Jeder feste Wert $u = u_\nu$ bestimmt dann in (1.64) einen festen Punkt $\boldsymbol{r}_\nu = \boldsymbol{r}(u_\nu)$ auf der Raumkurve $\boldsymbol{r} = \boldsymbol{r}(u)$. Ferner sind die Koordinatenlinien als Sonderfall in den Raumkurven enthalten. Zum Beispiel ist

$$x_1(u) = u, \qquad x_2(u) = K_1, \qquad x_3(u) = K_2$$

die Koordinatenlinie (u, K_1, K_2) bzw. (x_1, K_1, K_2), wenn man statt u wieder x_1 schreibt

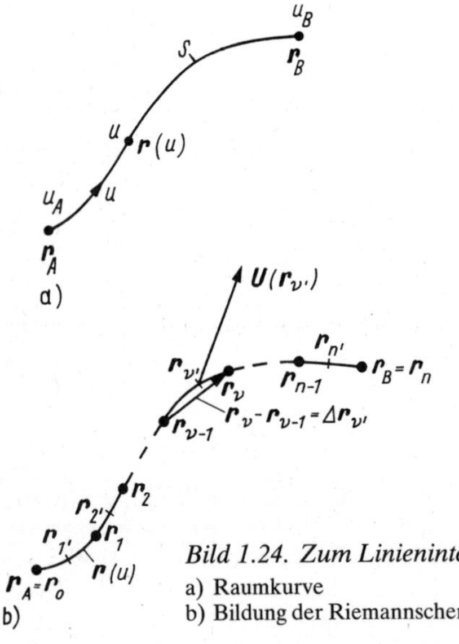

Bild 1.24. Zum Linienintegral
a) Raumkurve
b) Bildung der Riemannschen Summe

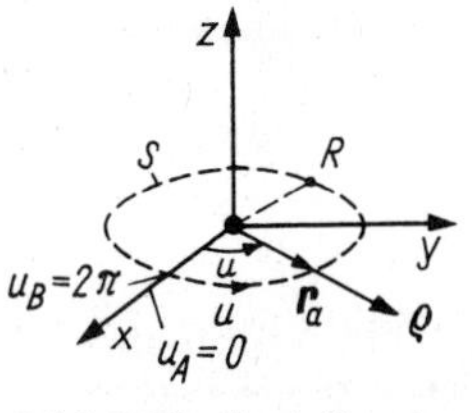

Bild 1.25. Kreisförmige Raumkurve

Als Beispiel betrachten wir eine kreisförmige Raumkurve S in der Koordinatenfläche A_z für $z = 0$ mit dem Radius R und dem Mittelpunkt im Koordinatenursprung (Bild 1.25).
In kartesischen Koordinaten wird S durch das Gleichungssystem

$$\begin{aligned} x_1 &= x = x(u) = R \cos u \\ x_2 &= y = y(u) = R \sin u \qquad (0 \leqq u \leqq 2\pi) \\ x_3 &= z = 0 \end{aligned}$$

beschrieben. Als Parameter u wurde der Winkel gewählt, der der Zylinderortskoordinate $x_2 = \alpha$ entspricht.

Werden Zylinderkoordinaten verwendet, so entnimmt man aus der Anschauung für den gleichen Kreis die Parameterdarstellung

$$x_1 = \varrho = \varrho(u) = R$$
$$x_2 = \alpha = \alpha(u) = u \qquad (0 \leqq u \leqq 2\pi)$$
$$x_3 = z = 0,$$

die man natürlich auch aus der ersten Darstellung durch formale Rechnung ermittelt; denn aus (1.17a) folgt

$$\varrho = \sqrt{x^2 + y^2} = \sqrt{R^2 (\cos^2 u + \sin^2 u)} = R$$
$$\alpha = \arctan \frac{y}{x} = \arctan (\tan u) = u$$
$$z = 0.$$

Schreibt man anstelle der Kreisgleichungen in Zylinderkoordinaten

$$\varrho = R$$
$$\alpha = u \qquad (k = \text{konst.}, 0 \leqq u \leqq 2\pi)$$
$$z = ku,$$

so entsteht eine *Schraubenlinie* (Bild 1.26a), die sich noch spiralförmig erweitert, wenn man allgemeiner

$$\varrho = R_0 + k_1 u \qquad (k_1 = \text{konst.})$$
$$\alpha = u$$
$$z = ku$$

schreibt (Bild 1.26b).
In ähnlicher Weise kann man beliebig komplizierte Raumkurven mathematisch fixieren.

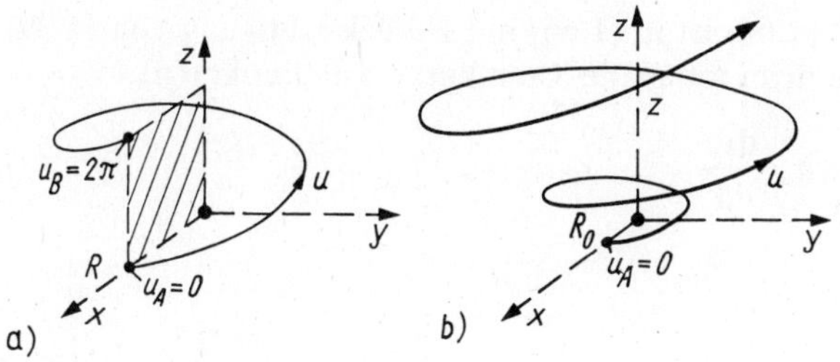

Bild 1.26. Schraubenlinie
a) einfache Schraubenlinie
b) spiralförmige Schraubenlinie

Skalares Linienintegral. In einem gewissen räumlichen Bereich B seien gegeben ein Vektorfeld $\boldsymbol{U} = \boldsymbol{U}(\boldsymbol{r})$ und eine Raumkurve $\boldsymbol{r} = \boldsymbol{r}(u)$ mit dem Anfangspunkt $\boldsymbol{r}_A = \boldsymbol{r}(u_A) = \boldsymbol{r}_0$ und dem Endpunkt $\boldsymbol{r}_B = \boldsymbol{r}(u_B) = \boldsymbol{r}_n$ (Bild 1.24b).
Wir unterteilen die Raumkurve $\boldsymbol{r}(u)$ durch $n - 1$ Teilungspunkte $\boldsymbol{r}_\nu = \boldsymbol{r}(u_\nu)$ in n Kurvenstücke. Ferner erhält jedes Kurvenstück zwischen $\boldsymbol{r}_{\nu-1}$ und $\boldsymbol{r}_\nu$ einen weiteren Zwischenpunkt $\boldsymbol{r}_{\nu'} = \boldsymbol{r}(u_{\nu'})$ (Bild 1.24). Bildet man dann die Summe

$$L_n = \sum_{\nu'=1}^{n} \boldsymbol{U}(\boldsymbol{r}_{\nu'}) \cdot \Delta\boldsymbol{r}_{\nu'}; \qquad \Delta\boldsymbol{r}_{\nu'} = \boldsymbol{r}_\nu - \boldsymbol{r}_{\nu-1}, \tag{1.65a}$$

so strebt sie bei immer feiner werdender Unterteilung der Raumkurve in kleine Kurvenstücke, also für $n \to \infty$ und $|\Delta\boldsymbol{r}_{\nu'}| \to 0$ gegen einen Grenzwert L. Berücksichtigt man, daß man setzen darf (es sei eineindeutige Zuordnung $u \leftrightarrow \boldsymbol{r}$ angenommen)

$$\frac{\boldsymbol{r}_\nu - \boldsymbol{r}_{\nu-1}}{u_\nu - u_{\nu-1}} = \frac{\Delta\boldsymbol{r}_{\nu'}}{\Delta u_{\nu'}} = \left(\frac{\mathrm{d}\boldsymbol{r}}{\mathrm{d}u} + \varepsilon_{\nu'}\right)_{u=u_{\nu'}} \qquad \begin{pmatrix} \Delta\boldsymbol{r}_{\nu'} = \boldsymbol{r}_\nu - \boldsymbol{r}_{\nu-1} \\ \Delta u_{\nu'} = u_\nu - u_{\nu-1} \end{pmatrix}, \tag{1.65b}$$

worin der nicht näher bestimmte Hilfsvektor $\varepsilon_{\nu'}$ für $|u_\nu - u_{\nu-1}| \to 0$ $(u_{\nu-1} \leqq u_{\nu'} \leqq u_\nu)$ gegen den Nullvektor 0 strebt, so erhält man mit (1.65 a) und (1.65 b)

$$L = \lim_{n\to\infty} L_n = \lim_{n\to\infty} \sum_{\nu'=1}^{n} \boldsymbol{U}(\boldsymbol{r}_{\nu'}) \cdot \Delta \boldsymbol{r}_{\nu'} = \lim_{n\to\infty} \sum_{\nu'=1}^{n} \boldsymbol{U}(\boldsymbol{r}_{\nu'}) \cdot \left[\frac{\mathrm{d}\boldsymbol{r}}{\mathrm{d}u} + \varepsilon_{\nu'}\right]_{u=u_{\nu'}} \Delta u_{\nu'}$$

oder

$$\boxed{L = \int_{(S)} \boldsymbol{U}(\boldsymbol{r}) \cdot \mathrm{d}\boldsymbol{r} = \int_{u_A}^{u_B} \boldsymbol{U}(\boldsymbol{r}) \cdot \frac{\mathrm{d}\boldsymbol{r}}{\mathrm{d}u}\, \mathrm{d}u.} \tag{1.66 a}$$

Dieser Grenzwert (1.66) heißt skalares Linienintegral der Feldfunktion $\boldsymbol{U}(\boldsymbol{r})$ längs des Weges S (der Raumkurve $\boldsymbol{r}(u)$). Im letzten Integral in (1.66) ist natürlich immer $\boldsymbol{r} = \boldsymbol{r}(u)$ zu setzen. Oft ist das Linienintegral (1.66 a) auf einem geschlossenen Weg zu bilden. Dann schreibt man für das Ringintegral

$$L = \oint_{(S)} \boldsymbol{U}(\boldsymbol{r}) \cdot \mathrm{d}\boldsymbol{r} = \oint_{(u)} \boldsymbol{U}(\boldsymbol{r}) \cdot \frac{\mathrm{d}\boldsymbol{r}}{\mathrm{d}u}\, \mathrm{d}u. \tag{1.66 b}$$

Die in (1.66) angegebenen zwei Schreibweisen des Linienintegrals (Grenzwerts) L nehmen keinerlei Bezug auf ein Koordinatensystem und sind vor allem geeignet, die inhaltliche, geometrisch-physikalische Bedeutung dieses Begriffs zu symbolisieren, indem sie daran erinnern, daß L in (1.66) eine „immer weiter durchgeführte Verfeinerung" einer real vorstellbaren endlichen Summe gemäß (1.65 a) und Bild 1.24 darstellt. Zur wirklichen Berechnung des Integrals (1.66) aber müssen stets Koordinaten eingeführt werden, wodurch L in (1.66) in gewöhnliche Integrale zerfällt, wie sich im nachfolgenden Abschnitt noch zeigen wird.

Koordinatendarstellung. Entsprechend (1.64) ist in (1.66) mit Berücksichtigung von (1.39) $[\boldsymbol{r} = \boldsymbol{r}(x_1, x_2, x_3),\ x_\nu = x_\nu(u)]$ der Tangentenvektor an die Raumkurve S im Punkt $\boldsymbol{r}(u)$

$$\frac{\mathrm{d}\boldsymbol{r}}{\mathrm{d}u} = \sum_{\mu=1}^{3} \frac{\partial \boldsymbol{r}}{\partial x_\mu} \frac{\mathrm{d}x_\mu}{\mathrm{d}u} = \sum_{\mu=1}^{3} \boldsymbol{e}_\mu h_\mu \frac{\mathrm{d}x_\mu}{\mathrm{d}u}$$

oder

$$\mathrm{d}\boldsymbol{r} = \left(\sum_{\mu=1}^{n} \boldsymbol{e}_\mu h_\mu \frac{\mathrm{d}x_\mu}{\mathrm{d}u}\right) \mathrm{d}u. \tag{1.67}$$

Setzen wir noch

$$\boldsymbol{U} = \sum_{\nu=1}^{3} \boldsymbol{e}_\nu U_\nu, \tag{1.68}$$

so lautet (1.66) zusammen mit (1.67) und (1.68)

$$L = \int_{u_A}^{u_B} \left(\sum_{\nu=1}^{3} \boldsymbol{e}_\nu U_\nu\right) \cdot \left(\sum_{\mu=1}^{3} \boldsymbol{e}_\mu h_\mu \frac{\mathrm{d}x_\mu}{\mathrm{d}u}\right) \mathrm{d}u$$

$$= \int_{u_A}^{u_B} \sum_{\nu,\mu=1}^{3} U_\nu\, (\boldsymbol{e}_\nu \cdot \boldsymbol{e}_\mu)\, h_\mu \frac{\mathrm{d}x_\mu}{\mathrm{d}u}\, \mathrm{d}u$$

oder

$$\boxed{L = \int_{u_A}^{u_B} \left(\sum_{\nu=1}^{3} U_\nu h_\nu \frac{\mathrm{d}x_\nu}{\mathrm{d}u}\right) \mathrm{d}u,} \tag{1.69}$$

wenn man

$$e_\nu \cdot e_\mu = \begin{cases} 1 & \text{für} \quad \nu = \mu \\ 0 & \text{für} \quad \nu \neq \mu \end{cases}$$

(s. a. (1.42 a)) bei der Bildung des Skalarprodukts berücksichtigt.
Zu beachten ist, daß natürlich die in den Funktionen U_ν und h_ν des Integranden in (1.69) auftretenden Ortskoordinaten x_ν überall durch $x_\nu(u)$ zu ersetzen sind.
Speziell in kartesischen Ortskoordinaten ist wegen $h_1 = h_2 = h_3 = 1$ und $x_1 = x, x_2 = y, x_3 = z$

$$L = \int_{u_A}^{u_B} \left(U_x \frac{\mathrm{d}x}{\mathrm{d}u} + U_y \frac{\mathrm{d}y}{\mathrm{d}u} + U_z \frac{\mathrm{d}z}{\mathrm{d}u} \right) \mathrm{d}u. \tag{1.70a}$$

Dagegen z. B. für Zylinderkoordinaten folgt mit (1.17 a) und Tafel 1.3 aus dem allgemeinen Linienintegral (1.69)

$$L = \int_{u_A}^{u_B} \left(U_\varrho \frac{\mathrm{d}\varrho}{\mathrm{d}u} + U_\alpha \varrho \frac{\mathrm{d}\alpha}{\mathrm{d}u} + U_z \frac{\mathrm{d}z}{\mathrm{d}u} \right) \mathrm{d}u. \tag{1.70b}$$

Beispiel. In kartesischen Koordinaten sei in normierter Form gegeben ein elektrisches Feld $\boldsymbol{E}$ in Koordinatendarstellung durch

$$\boldsymbol{E} = \begin{pmatrix} E_x \\ E_y \\ E_z \end{pmatrix} = \begin{pmatrix} 2x \\ 3xy \\ -z^2 \end{pmatrix}.$$

Der Integrationsweg $\boldsymbol{r}(u) = \underline{S}$ sei durch

$$\boldsymbol{r} = \begin{pmatrix} x \\ y \\ z \end{pmatrix} = \begin{pmatrix} 3 \\ 2u + 3 \\ u \end{pmatrix} \qquad (0 \leqq u \leqq 1)$$

festgelegt.
Die *elektrische Spannung* U_{12} zwischen den Endpunkten dieses Weges ist dann das skalare Linienintegral über das elektrische Feld $\boldsymbol{E}$ längs des gegebenen Weges. Mit (1.70 a) gilt also

$$U_{12} = \int_{(s)} \boldsymbol{E} \cdot \mathrm{d}\boldsymbol{r} = \int_{u=0}^{1} (0 + 2 \cdot 9\,(2u + 3) - u^2)\, \mathrm{d}u,$$

wenn man beachtet, daß im vorliegenden Beispiel zu setzen ist:

$$E_x = 2x = 2 \cdot 3, \qquad E_y = 3xy = 3 \cdot 3\,(2u + 3), \qquad E_z = -z^2 = -u^2$$

$$\frac{\mathrm{d}x}{\mathrm{d}u} = 0, \qquad \frac{\mathrm{d}y}{\mathrm{d}u} = 2, \qquad \frac{\mathrm{d}z}{\mathrm{d}u} = 1.$$

Die Ausrechnung dieses (gewöhnlichen) Integrals ergibt, wie leicht nachzurechnen,

$$U_{12} = \int_0^1 (36u + 54 - u^2)\, \mathrm{d}u = 71\,\frac{2}{3}.$$

Vektorielles Linienintegral. Neben dem oben betrachteten skalaren Linienintegral spielt in der elektromagnetischen Feldtheorie noch das *vektorielle Linienintegral*

$$\boxed{\boldsymbol{L} = \int_{\boldsymbol{r}(u)} \boldsymbol{U}(\boldsymbol{r}) \times \mathrm{d}\boldsymbol{r} = \int_{u_A}^{u_B} \boldsymbol{U}(\boldsymbol{r}) \times \frac{\mathrm{d}\boldsymbol{r}}{\mathrm{d}u}\, \mathrm{d}u} \tag{1.71}$$

eine Rolle. Analog (1.65 a) ist es der Grenzvektor der Vektorsumme

$$\boldsymbol{L}_n = \sum_{\nu'=1}^{n} \boldsymbol{U}(\boldsymbol{r}_{\nu'}) \times \Delta \boldsymbol{r}_{\nu'}$$

für $n \to \infty$ und $|\Delta \boldsymbol{r}_{\nu'}| \to 0$ (vgl. hierzu auch Bild 1.24).

Mit den in (1.67) und (1.68) angegebenen Ausdrücken geht (1.71) analog zu (1.69) in

$$\boldsymbol{L} = \int_{u_A}^{u_B} \left(\sum_{\nu=1}^{3} \boldsymbol{e}_\nu U_\nu\right) \times \left(\sum_{\mu=1}^{3} \boldsymbol{e}_\mu h_\mu \frac{\mathrm{d}x_\mu}{\mathrm{d}u}\right) \mathrm{d}u$$

$$= \int_{u_A}^{u_B} \sum_{\nu,\mu=1}^{3} U_\nu \left(\boldsymbol{e}_\nu \times \boldsymbol{e}_\mu\right) h_\mu \frac{\mathrm{d}x_\nu}{\mathrm{d}u} \mathrm{d}u$$

oder

$$\boxed{\boldsymbol{L} = \int_{u_A}^{u_B} \begin{vmatrix} \boldsymbol{e}_1 & \boldsymbol{e}_2 & \boldsymbol{e}_3 \\ U_1 & U_2 & U_3 \\ h_1 \dfrac{\mathrm{d}x_1}{\mathrm{d}u} & h_2 \dfrac{\mathrm{d}x_2}{\mathrm{d}u} & h_3 \dfrac{\mathrm{d}x_3}{\mathrm{d}u} \end{vmatrix} \mathrm{d}u} \tag{1.72}$$

über, wenn man

$$\boldsymbol{e}_\nu \times \boldsymbol{e}_\mu = \begin{cases} 0 & \text{für } \nu = \mu \\ \boldsymbol{e}_\lambda & \text{für } \nu \neq \mu \end{cases} \quad (\nu, \mu, \lambda = 1, 2, 3;\ \nu, \mu, \neq \lambda)$$

und die Zuordnung von $\boldsymbol{e}_\nu$, $\boldsymbol{e}_\mu$ sowie $\boldsymbol{e}_\lambda$ im Sinne eines Rechtsdreibeins beachtet.
Dieses Ergebnis erhält man auch unmittelbar aus (1.71), da das Kreuzprodukt der beiden Vektoren $\boldsymbol{U}(\boldsymbol{r})$ und $\mathrm{d}\boldsymbol{r}/\mathrm{d}u$ in die in (1.72) ersichtliche Determinantendarstellung angegeben werden kann.
Multiplizieren wir nun $\boldsymbol{L}$ nacheinander mit $\boldsymbol{i}$, $\boldsymbol{j}$ und $\boldsymbol{k}$, so folgt mit den aus (1.24) entstehenden Beziehungen

$$\boldsymbol{i} \cdot \boldsymbol{e}_\nu = \frac{1}{h_\nu} \frac{\partial x}{\partial x_\nu}, \qquad \boldsymbol{j} \cdot \boldsymbol{e}_\nu = \frac{1}{h_\nu} \frac{\partial y}{\partial x_\nu}, \qquad \boldsymbol{k} \cdot \boldsymbol{e}_\nu = \frac{1}{h_\nu} \frac{\partial z}{\partial x_\nu} \tag{1.73}$$

unmittelbar aus (1.72), z. B.

$$\boldsymbol{i} \cdot \boldsymbol{L} = L_x = \int_{u_A}^{u_B} \begin{vmatrix} \dfrac{1}{h_1} \dfrac{\partial x}{\partial x_1} & \dfrac{1}{h_2} \dfrac{\partial x}{\partial x_2} & \dfrac{1}{h_3} \dfrac{\partial x}{\partial x_3} \\ U_1 & U_2 & U_3 \\ h_1 \dfrac{\mathrm{d}x_1}{\mathrm{d}u} & h_2 \dfrac{\mathrm{d}x_2}{\mathrm{d}u} & h_3 \dfrac{\mathrm{d}x_3}{\mathrm{d}u} \end{vmatrix} \mathrm{d}u. \tag{1.74}$$

Entsprechend bildet man $\boldsymbol{j} \cdot \boldsymbol{L} = L_y$ und $\boldsymbol{k} \cdot \boldsymbol{L} = L_z$, wobei im Integral (1.74) anstelle von $\partial x/\partial x_\nu$ nur $\partial y/\partial x_\nu$ bzw. $\partial z/\partial x_\nu$ $(\nu = 1, 2, 3)$ tritt. Insgesamt ist dann

$$\boldsymbol{L} = \boldsymbol{i}\,(\boldsymbol{i} \cdot \boldsymbol{L}) + \boldsymbol{j}\,(\boldsymbol{j} \cdot \boldsymbol{L}) + \boldsymbol{k}\,(\boldsymbol{k} \cdot \boldsymbol{L})$$

$$= \boldsymbol{i}L_x + \boldsymbol{j}L_y + \boldsymbol{k}L_z. \tag{1.75}$$

Im allgemeinen sind in (1.72) die Vektoren $\boldsymbol{e}_1$, $\boldsymbol{e}_2$ und $\boldsymbol{e}_3$ Funktionen von u, so daß nur (1.74) in Verbindung mit (1.75) den konstanten Einheitsvektoren $\boldsymbol{i}$, $\boldsymbol{j}$ und $\boldsymbol{k}$ zur Berechnung des Integrals (1.71) brauchbar ist. Lediglich im Fall kartesischer Ortskoordinaten gehen (1.71) und (1.72) in

$$\boldsymbol{L} = \int_{u_A}^{u_B} \begin{vmatrix} \boldsymbol{i} & \boldsymbol{j} & \boldsymbol{k} \\ U_x & U_y & U_z \\ \dfrac{\mathrm{d}x}{\mathrm{d}u} & \dfrac{\mathrm{d}y}{\mathrm{d}u} & \dfrac{\mathrm{d}z}{\mathrm{d}u} \end{vmatrix} \mathrm{d}u \tag{1.76}$$

über [vgl. hierzu auch die Bemerkungen im Zusammenhang mit (1.70a)].

Das vektorielle Linienintegral wird beispielsweise benötigt, wenn man das magnetische Feld eines linienhaften elektrischen Stromes berechnen will; darauf wird an späterer Stelle zurückzukommen sein.

1.2.2. Flächenintegral

Raumfläche. Ist in (1.63) die Ortskoordinate x_ν eine Funktion von zwei Parametern u und v, in Zeichen

$$\boxed{x_\nu = x_\nu\,(u,\,v) = f_\nu(u,\,v)} \qquad \begin{pmatrix} u_A \leqq u \leqq u_B \\ v_A \leqq v \leqq v_B \\ \nu = 1,\,2,\,3 \end{pmatrix}, \tag{1.77}$$

dann beschreibt der Ortsvektor $\boldsymbol{r}$ zusammen mit (1.116b) eine Raumfläche A (Bild 1.27) mit der *Vektordarstellung*

$$\begin{aligned} \boldsymbol{r}\,(u,\,v) = \boldsymbol{i}x\,&[x_1\,(u,\,v),\,x_2\,(u,\,v),\,x_3\,(u,\,v)] \\ +\,\boldsymbol{j}y\,&[x_1\,(u,\,v),\,x_2\,(u,\,v),\,x_3\,(u,\,v)] \\ +\,\boldsymbol{k}z\,&[x_1\,(u,\,v),\,x_2\,(u,\,v),\,x_3\,(u,\,v)]\,. \end{aligned} \tag{1.78}$$

Das Gleichungssystem der x_ν $(\nu = 1, 2, 3)$ in (1.77) heißt *Parameterdarstellung* der Raumfläche A. Wird in (1.78) nur u variiert ($v = v_0 =$ konst.), so entsteht entsprechend (1.64) die im Bild 1.27 veranschaulichte, auf der Raumfläche $r\,(u,\,v)$ liegende Raumkurve $\boldsymbol{r}\,(u,\,v_0)$. Eine solche auf A liegende Kurve nennen wir weiterhin kurz *Flächenkurve* oder u-Linie. Sie wird in Richtung der Zunahme des Parameters (positiv) orientiert.
Ebenso erzeugt eine alleinige Veränderung von v ($u = u_0 =$ konst.) die weitere Flächenkurve $\boldsymbol{r}\,(u_0,\,v)$ (v-Linie), die mit der $\boldsymbol{r}\,(u,\,v_0)$-Flächenkurve den Schnittpunkt $\boldsymbol{r}_{00} = \boldsymbol{r}\,(u_0,\,v_0)$ gemeinsam hat (Bild 1.27). Der Schnittwinkel der beiden Flächenkurven braucht dabei natürlich nicht 90° zu betragen wie bei den (hier verwendeten) Koordinatenlinien. Die Koordinatenflächen sind in den allgemeinen Raumflächen (1.78) ebenfalls enthalten, und zwar z.B. die (x_1, x_2, K)-Koordinatenfläche als Sonderfall

$$x_1 = u, \qquad x_2 = v, \qquad x_3 = K$$

der Gleichungen (1.77).

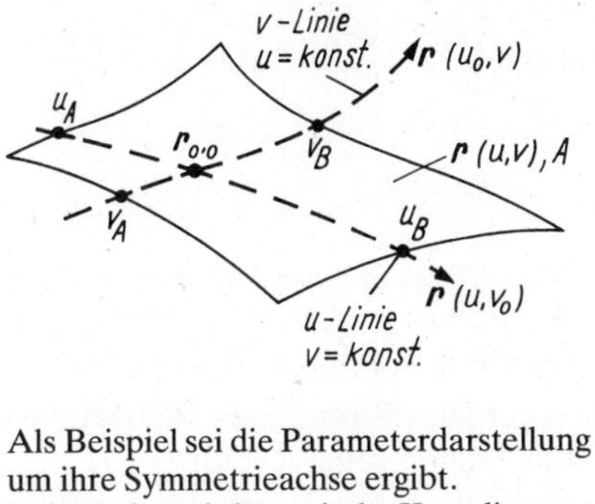

Bild 1.27. Raumfläche

Als Beispiel sei die Parameterdarstellung einer Fläche zu ermitteln, die sich durch Rotation einer Parabel um ihre Symmetrieachse ergibt.
Verwenden wir kartesische Koordinaten, so ist

$$\begin{aligned} x_1 &= x = x\,(u,\,v) = k\,\sqrt{u}\cos v \\ x_2 &= y = y\,(u,\,v) = k\,\sqrt{u}\sin v \\ x_3 &= z = z\,(u,\,v) = u \end{aligned}$$

die verlangte Parameterdarstellung, wenn die z-Achse als Rotationsachse (mit $z = 0$ als tiefsten Flächenpunkt) genommen wird; denn ist $u =$ konst., so entstehen Kreise um die z-Achse mit dem Mittelpunkt $u = z$ und dem Radius $R = k\sqrt{u}$. Mit $z = u$ ist dann $R = k\sqrt{z}$ oder

$$z = \frac{1}{k^2} R^2,$$

d. h., der Mittelpunkt des Kreises mit dem Radius R liegt in der Höhe $z = 1/k^2 R^2$. Damit ist mit dem obigen Gleichungssystem in der Tat die Parameterdarstellung der verlangten Rotationsfläche gefunden.
Aus dem Vorstehenden geht nun leicht hervor, daß die Parameterdarstellung einer beliebigen Rotationsfläche (mit der z-Achse als Rotationsachse) durch

$$\begin{aligned} x_1 &= x = f(u)\cos v \\ x_2 &= y = f(u)\sin v \qquad (0 \leqq v < 2\pi) \\ x_3 &= z = u \end{aligned}$$

gegeben ist. In Zylinderkoordinaten lautet diese Fläche einfacher

$$\begin{aligned} x_1 &= \varrho = f(u) \\ x_2 &= \alpha = v \\ x_3 &= z = u. \end{aligned}$$

Hierin ist $f(u) > 0$ eine beliebige Funktion des Parameters u.
Man erkennt nun auch leicht, daß z. B.

$$\begin{aligned} \varrho &= 2f(u)\left(1 - \frac{1}{2}\cos^2 v\right) \qquad (0 \leqq u \leqq u_0) \\ \alpha &= v \qquad\qquad\qquad\qquad\quad (0 \leqq v \leqq 2\pi) \\ z &= u \end{aligned}$$

eine Fläche ist, die aus einer Rotationsfläche durch eine Streckung quer zur Rotationsachse hervorgeht. In analoger Weise lassen sich beliebige Flächen in beliebigen orthogonalen Koordinatensystemen angeben.

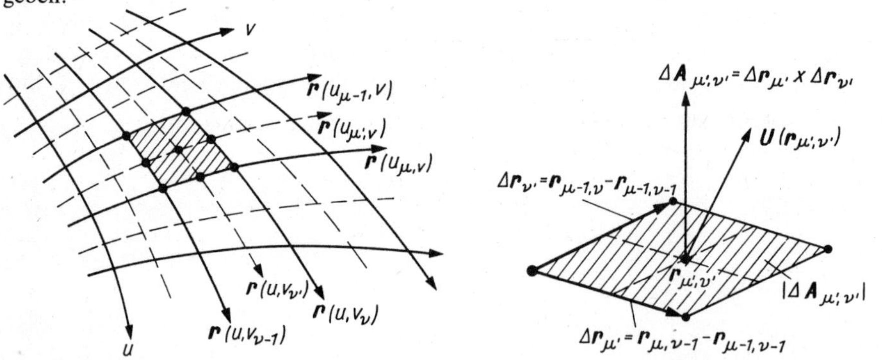

Bild 1.28. Zum Flächenintegral
a) Flächenkurvenschar
b) Flächenelement – Bildung der Riemannschen Summe

Skalares Flächenintegral. Analog Abschn. 1.2.1. wählen wir auf der Raumfläche $\boldsymbol{r}(u, v)$ ein gitterförmig angeordnetes System von $(n-1)$ Flächenkurven $\boldsymbol{r}(u, v_\nu)$ und $(m-1)$ Flächenkurven $\boldsymbol{r}(u_\mu, v)$ ($\mu = 1, \ldots, m-1$; $\nu = 1, \ldots, n-1$), wobei Flächenkurven $\boldsymbol{r}(u_0, v) = \boldsymbol{r}(u_A, v)$, $\boldsymbol{r}(u_m, v) = \boldsymbol{r}(u_B, v)$ sowie $\boldsymbol{r}(u, v_0) = \boldsymbol{r}(u, v_A)$, $\boldsymbol{r}(u, v_n) = \boldsymbol{r}(u, v_B)$ die festen Ränder dieser Fläche sind). Durch dieses Flächenkurvensystem wird die gesamte Fläche in $m \cdot n$ Flächenstücke mit den vier Eckpunkten $\boldsymbol{r}_{s,t} = \boldsymbol{r}(u_s, v_t)$ ($s = \mu - 1, \mu$; $t = \nu - 1, \nu$; Bild 1.28) zerlegt. In dieses System von Flächenkurven legen wir ein zweites, gleichartiges System, bestehend aus den Flächenkurven $\boldsymbol{r}(u, v_{\nu'})$ und $\boldsymbol{r}(u_{\mu'}, v)$ ($\nu' = 1, \ldots, n$; $\mu' = 1, \ldots, m$; im Bild 1.28 gestrichelt gezeichnet). Das mit den Differenzen $\Delta \boldsymbol{r}_{\mu'} = \boldsymbol{r}_{\mu,\nu-1} - \boldsymbol{r}_{\mu-1,\nu-1}$ und $\Delta \boldsymbol{r}_{\nu'} = \boldsymbol{r}_{\mu-1,\nu} - \boldsymbol{r}_{\mu-1,\nu-1}$ gebildete Vektorprodukt

$$\Delta \boldsymbol{r}_{\mu'} \times \Delta \boldsymbol{r}_{\nu'} = \Delta \boldsymbol{A}_{\mu',\nu'} \tag{1.79}$$

gibt dem Betrage nach den Flächeninhalt[1]) der von den Vektoren $\Delta \boldsymbol{r}_{\mu'}$ und $\Delta \boldsymbol{r}_{\nu'}$ aufgespannten Fläche $|\Delta \boldsymbol{A}_{\mu',\nu'}|$ an.

Ist nun die gesamte Raumfläche $\boldsymbol{r}(u, v)$ in ein Vektorfeld $\boldsymbol{U}(\boldsymbol{r})$ eingebettet, dann kann man den Summenausdruck (vgl. Bild 1.28)

$$F_{m,n} = \sum_{\mu'=1}^{m} \sum_{\nu'=1}^{n} \boldsymbol{U}(\boldsymbol{r}_{\mu',\nu'}) \cdot \Delta \boldsymbol{A}_{\mu',\nu'} \tag{1.80}$$

bilden, der bei zunehmender Verfeinerung des Flächenkurvensystems, also für $m, n \to \infty$ und $|\Delta \boldsymbol{r}_{\mu'}|$, $|\Delta \boldsymbol{r}_{\nu'}| \to 0$, gegen einen Grenzwert F strebt. Man schreibt mit Berücksichtigung von (1.79) und (1.65b)

$$F = \lim_{m,n\to\infty} F_{m,n} = \lim_{m,n\to\infty} \sum_{\mu'=1}^{m} \sum_{\nu'=1}^{n} \boldsymbol{U}(\boldsymbol{r}_{\mu',\nu'}) \cdot \Delta \boldsymbol{A}_{\mu',\nu'}$$

$$= \lim_{m,n\to\infty} \sum_{\mu'=1}^{m} \sum_{\nu'=1}^{n} \boldsymbol{U}(\boldsymbol{r}_{\mu',\nu'}) \cdot \left[\left(\frac{\partial \boldsymbol{r}}{\partial u} + \varepsilon_{\mu'} \right)_{\substack{u=u_{\mu'}\\ v=v_{\nu'}}} \times \left(\frac{\partial \boldsymbol{r}}{\partial v} + \varepsilon_{\nu'} \right)_{\substack{u=u_{\mu'}\\ v=v_{\nu'}}} \right] \Delta u_{\mu'} \Delta v_{\nu'}$$

oder

$$F = \int_{(A)} \boldsymbol{U}(\boldsymbol{r}) \cdot \mathrm{d}\boldsymbol{A}$$

$$= \int_{u_A}^{u_B} \int_{v_A}^{v_B} \boldsymbol{U}(\boldsymbol{r}) \cdot \left(\frac{\partial \boldsymbol{r}}{\partial u} \times \frac{\partial \boldsymbol{r}}{\partial v} \right) \mathrm{d}u \, \mathrm{d}v = \int_{u_A}^{u_B} \int_{v_A}^{v_B} \left(\boldsymbol{U}(\boldsymbol{r}) \, \frac{\partial \boldsymbol{r}}{\partial u} \, \frac{\partial \boldsymbol{r}}{\partial v} \right) \mathrm{d}u \, \mathrm{d}v. \tag{1.81a}$$

Das zuletzt notierte Integral ergibt sich aus der Formel für das Spatprodukt im Abschn. 1.1.1. Die Ableitungen $\partial \boldsymbol{r}/\partial u$ und $\partial \boldsymbol{r}/\partial v$ sind die Tangentenvektoren an die u- bzw. v-Flächenkurve. Abkürzend werden wir dafür auch die für partielle Ableitungen übliche Abkürzung $\boldsymbol{r}_u$ bzw. $\boldsymbol{r}_v$ verwenden. Man nennt das in (1.81a) angegebene Integral das *skalare Flächenintegral* der Feldfunktion $\boldsymbol{U}(\boldsymbol{r})$ über die Fläche $\boldsymbol{r} = \boldsymbol{r}(u, v)$ oder auch den *Vektorfluß* von $\boldsymbol{U}(\boldsymbol{r})$ durch A, da das Integral ein Maß für die Anzahl der durch A hindurchtretenden Feldlinien ist.

Ist die Fläche $\boldsymbol{r}(u, v)$ geschlossen, handelt es sich also um eine *Hüllfläche*, dann werden die Integralzeichen in (1.81a) mit einem Kreis versehen, z. B.

$$F = \oint_{(A)} \boldsymbol{U}(\boldsymbol{r}) \cdot \mathrm{d}\boldsymbol{A}. \tag{1.81b}$$

Koordinatendarstellung. Wie das Linienintegral kann auch das Flächenintegral nur bei Einführung von Koordinaten berechnet werden. Setzen wir analog zu (1.67)

$$\begin{aligned} \frac{\partial \boldsymbol{r}}{\partial u} &= \sum_{\mu=1}^{3} \frac{\partial \boldsymbol{r}}{\partial x_\mu} \cdot \frac{\partial x_\mu}{\partial u} = \sum_{\mu=1}^{3} \boldsymbol{e}_\mu h_\mu \frac{\partial x_\mu}{\partial u} \\ \frac{\partial \boldsymbol{r}}{\partial v} &= \sum_{\nu=1}^{3} \frac{\partial \boldsymbol{r}}{\partial x_\nu} \frac{\partial x_\nu}{\partial v} = \sum_{\nu=1}^{3} \boldsymbol{e}_\nu h_\nu \frac{\partial x_\nu}{\partial v}, \end{aligned} \tag{1.82}$$

[1]) Das vektorielle Flächenelement ist durch die orientierte u- und v-Linie im Sinne einer Rechtsschraube vorgegeben.

so erhält man mit (1.68) nach der Determinantenformel für das Spatprodukt für (1.81 a) in beliebigen orthogonalen Koordinaten

$$F = \int_{u_A}^{u_B} \int_{v_A}^{v_B} \begin{vmatrix} U_1 & U_2 & U_3 \\ h_1 \dfrac{\partial x_1}{\partial u} & h_2 \dfrac{\partial x_2}{\partial u} & h_3 \dfrac{\partial x_3}{\partial u} \\ h_1 \dfrac{\partial x_1}{\partial v} & h_2 \dfrac{\partial x_2}{\partial v} & h_3 \dfrac{\partial x_3}{\partial v} \end{vmatrix} du\, dv. \tag{1.83}$$

Aus dieser allgemeinen Koordinatendarstellung des Flächenintegrals (1.81 a) kann man durch entsprechende Spezialisierung der Ortskoordinaten x_1, x_2 und x_3 und der metrischen Koeffizienten h_1, h_2 und h_3 leicht die Integranden für jedes gewünschte Koordinatensystem herleiten.

Es sei nochmals darauf hingewiesen, daß in (1.83) i. allg. U_ν, x_ν und h_ν Funktionen der Parameter (u, v) sind und diese Abhängigkeit für alle Elemente der Determinante zu berücksichtigen ist.

Beispiel. Durchdringt ein Magnetfeld mit der *Induktion* $\boldsymbol{B}$ eine offene Raumfläche A, so ist das skalare Flächenintegral

$$\Phi = \int_{(A)} \boldsymbol{B} \cdot \mathrm{d}\boldsymbol{A}$$

der durch A hindurchtretende *Magnetfluß* Φ.

Als Beispiel sei gegeben in kartesischen Koordinaten das Magnetfeld $\boldsymbol{B}$ durch

$$\boldsymbol{B} = \begin{pmatrix} B_x \\ B_y \\ B_z \end{pmatrix} = \begin{pmatrix} 2x \\ 3xy \\ -y \end{pmatrix}$$

und die Raumfläche A durch

$$\boldsymbol{r} = \begin{pmatrix} x \\ y \\ z \end{pmatrix} = \begin{pmatrix} uv \\ u^2 v \\ -2 \end{pmatrix} \qquad \begin{pmatrix} 0 \leqq u \leqq 1 \\ 0 \leqq v \leqq 2 \end{pmatrix}.$$

Dann ist entsprechend (1.83) speziell in kartesischen Koordinaten

$$\Phi = \int_{u=0}^{1} \int_{v=0}^{2} \begin{vmatrix} B_x & B_y & B_z \\ \dfrac{\partial x}{\partial u} & \dfrac{\partial y}{\partial u} & \dfrac{\partial z}{\partial u} \\ \dfrac{\partial x}{\partial v} & \dfrac{\partial y}{\partial v} & \dfrac{\partial z}{\partial v} \end{vmatrix} du\, dv = \int_{u=0}^{2} \int_{v=0}^{2} \begin{vmatrix} 2uv & 3u^3v^2 & -u^2v \\ v & 2uv & 0 \\ u & u^2 & 0 \end{vmatrix} du\, dv$$

$$= \int_{u=0}^{1} \int_{v=0}^{2} -u^2v\,(u^2v - 2u^2v)\, du\, dv = \int_{u=0}^{1} u^4\, du \cdot \int_{v=0}^{2} v^2\, dv = \frac{8}{15}.$$

Ist z. B. $\underline{B}$ in $\mathrm{V \cdot s \cdot m^{-2}}$, $\underline{r}$ in m gegeben, so erhält man Φ in V · s.

Raumwinkel. Auf ein skalares Flächenintegral wird man geführt bei der Aufgabe, den *Raumwinkel* einer Fläche A bezüglich eines Punktes P zu bestimmen. Man versteht darunter die Fläche Ω, die bei der *Zentralprojektion* von A auf die Einheitskugel (Kugel mit Radius $R_0 = 1$) um den Raumpunkt P entsteht (Bild 1.29 a).

Die Projektionsfläche Ω berechnet sich wie folgt, wobei die Flächennormale $\boldsymbol{n}$ im Punkt $\boldsymbol{r}_0$ der Fläche A durch die Orientierung des Randes S von A im Sinne einer Rechtsschraube festgelegt wird (s. Bild 1.29 a):

Soll für kleine Flächenelemente ΔA die (Zentral-) Projektion auf die Einheitskugel ermittelt werden, so muß beachtet werden, daß nur der senkrecht zum Abstand $\boldsymbol{r}_0 - \boldsymbol{r}$ stehende Flächenanteil $\Delta A \cos \alpha$ ($\alpha = \sphericalangle \Delta \boldsymbol{A}, \boldsymbol{r}_0 - \boldsymbol{r}$) zur Projektion beiträgt. Nach Bild 1.29a gilt somit

$$\frac{\Delta A \cos \alpha}{\Delta \Omega} = \frac{R^2}{1^2} \quad \text{oder} \quad \Delta \Omega = \frac{\Delta A \cos \alpha}{R^2}, \qquad (R = |\boldsymbol{r}_0 - \boldsymbol{r}|),$$

also für die ganze Fläche offenbar das Integral

$$\Omega = \int_{(A)} \frac{\cos \alpha}{R^2} \, \mathrm{d}A \qquad (-4\pi \leqq \Omega \leqq 4\pi).$$

Wird der Integrand mit $R = |\boldsymbol{r}_0 - \boldsymbol{r}|$ erweitert, kann der Zähler des Integrals $R \cos \alpha \, \mathrm{d}A = (\boldsymbol{r}_0 - \boldsymbol{r}) \cdot \mathrm{d}\boldsymbol{A}$ als Skalarprodukt der beiden Vektoren $\boldsymbol{r}_0 - \boldsymbol{r}$ und $\mathrm{d}\boldsymbol{A}$ geschrieben werden, so daß sich ergibt

$$\boxed{\Omega = \int_{(A)} \frac{R \cos \alpha}{R^3} \, \mathrm{d}A = \int_{(A)} \frac{(\boldsymbol{r}_0 - \boldsymbol{r}) \cdot \mathrm{d}\boldsymbol{A}_0}{|\boldsymbol{r}_0 - \boldsymbol{r}|^3} = \Omega(\boldsymbol{r}),} \qquad (1.84)$$

wenn P in den Aufpunkt $\boldsymbol{r}$, das Flächenelement ΔA in den Integrationspunkt $\boldsymbol{r}_0$ gelegt wird (Bild 1.29b). Der Raumwinkel einer Fläche liegt offenbar stets zwischen -4π und 4π.

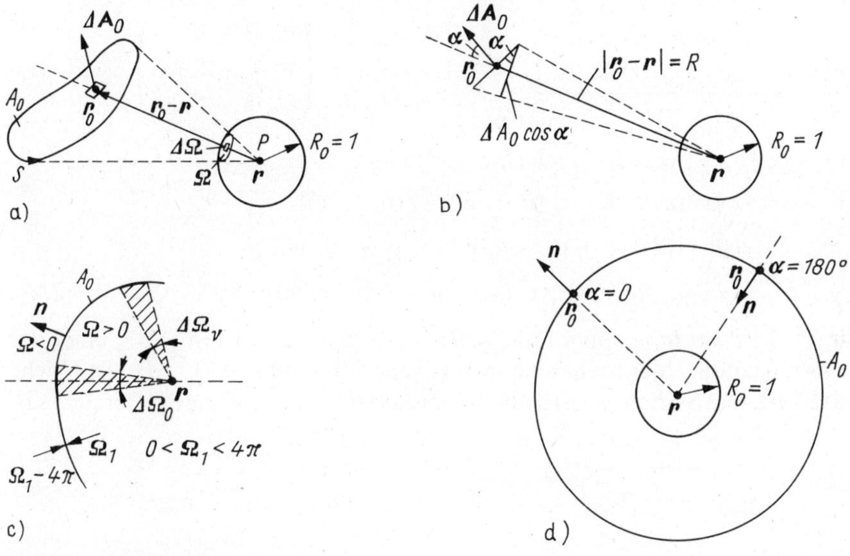

Bild 1.29. Raumwinkel

a) Raumwinkel und Zentralprojektion
b) Zentralprojektion eines Flächenelements
c) Wertebereich des Raumwinkels
d) Raumwinkel beim Durchgang des Aufpunktes durch die Fläche

Die Grenzwerte $\pm 4\pi$ des Wertebereichs von Ω ergeben sich sofort, wenn A eine geschlossene Fläche ist, die den Aufpunkt $P \leftrightarrow \boldsymbol{r}$ einschließt (Bild 1.29c). Der Wert $\Omega = +4\pi$ ergibt sich dann, wenn die Flächennormale $\boldsymbol{n}$ auf A nach außen und $\Omega = -4\pi$, wenn $\boldsymbol{n}$ nach innen zeigt Bild 129d. Entsprechend der Festlegungen im Bild 1.29a ist $\Omega > 0$, wenn der Winkel α (Winkel zwischen $\boldsymbol{r}_0 - \boldsymbol{r}$ und $\mathrm{d}\,\boldsymbol{A}(\boldsymbol{n})$) $< 90°$ ist, d. h. $\boldsymbol{n}$ vom Aufpunkt $P \leftrightarrow \boldsymbol{r}$ wegzeigt, und $\Omega < 0$, wenn $\boldsymbol{n}$ auf den Aufpunkt zuzeigt ($\alpha > 90°$).

Beim Durchgang durch die Fläche in Richtung der Flächennormalen nimmt Ω von positiven Werten aus um 4π ab (vgl. Bild 1.29c).

Vektorielles Flächenintegral. Neben dem skalaren Flächenintegral (1.81) interessiert oft noch das *vektorielle Flächenintegral*

$$\boxed{\boldsymbol{F} = \int_{(A)} \boldsymbol{U}(\boldsymbol{r}) \times \mathrm{d}\boldsymbol{A} = \int_{u_A}^{u_B} \int_{v_A}^{v_B} \boldsymbol{U}(\boldsymbol{r}) \times \left(\frac{\partial \boldsymbol{r}}{\partial u} \times \frac{\partial \boldsymbol{r}}{\partial v}\right) \mathrm{d}u\, \mathrm{d}v,} \tag{1.85}$$

dessen inhaltlich-geometrische Bedeutung aus der angegebenen Schreibweise leicht zu erkennen ist, da es nach vorstehendem klar ist, aus welchem ursprünglich gebildeten Summenausdruck es hervorgegangen ist (vgl. hierzu auch Bild 1.28). Die Koordinatendarstellung dieses Integrals findet man ähnlich wie die des Integrals im Abschn. 1.2.1c; das Ergebnis der Ausrechnung kann der Leser leicht selbst finden.
Das vektorielle Flächenintegral findet vor allem Anwendung in der Theorie der Wirbelfelder.

1.2.3. Volumenintegral

Räumlicher Bereich. Um in orthogonalen krummlinigen Koordinaten einen beliebigen räumlichen Bereich B (Volumen V, Hüllfläche A) zu fixieren, muß im allgemeinen Fall jede Ortskoordinate x_ν $(\nu = 1, 2, 3)$ als eine Funktion von drei Parametern u, v und w beschrieben werden:

$$\boxed{x_\nu = x_\nu\,(u, v, w) = f_\nu(u, v, w)} \quad (\nu = 1, 2, 3), \qquad \begin{pmatrix} u_A \leqq u \leqq u_B \\ v_A \leqq v \leqq v_B \\ w_A \leqq w \leqq w_B \end{pmatrix}. \tag{1.86}$$

Analog (1.78) ist dann (für gewisse Intervalle für u, v und w)

$$\begin{aligned} \boldsymbol{r}\,(u, v, w) = {} & \boldsymbol{i}x\,[x_1\,(u, v, w), x_2\,(u, v, w), x_3\,(u, v, w)] \\ & + \boldsymbol{j}y\,[x_1\,(u, v, w), x_2\,(u, v, w), x_3\,(u, v, w)] \\ & + \boldsymbol{k}z\,[x_1\,(u, v, w), x_2\,(u, v, w), x_3\,(u, v, w)] \end{aligned} \tag{1.87}$$

die allgemeinste *Vektordarstellung* eines räumlichen Bereiches B. Wird in (1.87) einer der drei Parameter festgehalten, so entsteht eine in V liegende Raumfläche A, z. B. die Fläche $\boldsymbol{r}(u, v, w_0)$ im Bild 1.30. Das System (1.86) heißt wieder *Parameterdarstellung* des Bereiches B.

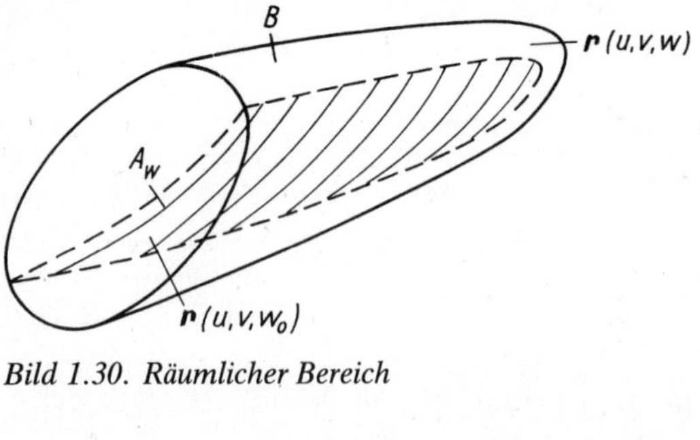

Bild 1.30. Räumlicher Bereich

Als Beispiel sei ein kugelförmiger Bereich mit dem Radius R betrachtet, dessen Mittelpunkt im Koordinatenursprung liegt. In Kugelkoordinaten findet man die einfache Darstellung

$$\begin{aligned} x_1 &= r = r\,(u, v, w) = u && (0 \leqq u \leqq R) \\ x_2 &= \vartheta = \vartheta\,(u, v, w) = v && (0 \leqq v \leqq \pi) \\ x_3 &= \alpha = \alpha\,(u, v, w) = w && (0 \leqq w < 2\pi). \end{aligned}$$

Setzen wir dagegen z. B.

$$x_1 = r = u \cos^2 v$$
$$x_2 = \vartheta = v$$
$$x_3 = \alpha = w$$

oder allgemeiner

$$x_1 = r = u\,f(v) \qquad (f(v) > 0)$$
$$x_2 = \vartheta = v$$
$$x_3 = \alpha = w,$$

so erhalten wir die Parameterdarstellung eines beliebigen rotationsförmigen Raumbereiches in Kugelkoordinaten mit der z-Achse als Rotationsachse. In Zylinderkoordinaten stellt sich ein rotationsförmiger Raum durch

$$x_1 = \varrho = u \cdot f(w) \qquad (0 \leqq u \leqq u_0)$$
$$x_2 = \alpha = v \qquad (0 \leqq v < 2\pi)$$
$$x_3 = z = w \qquad (0 \leqq w \leqq w_0)$$

dar, wenn die z-Achse wieder die Rotationsachse bildet. Variiert im letzten Gleichungssystem u nur in einem Intervall der Art $0 < u_0 \leqq u \leqq u_1$, so entsteht ein rotationsförmiger Hohlkörper.
Als letztes Beispiel sei noch der räumliche Bereich angegeben, der von der im Abschn. 1.2.2. a angegebenen gestreckten Rotationsfläche

$$\varrho = 2\,f(u)\,(1 - \tfrac{1}{2}\cos^2 v), \qquad \alpha = v, \qquad z = u,$$

eingeschlossen wird. Bei Verwendung von Zylinderkoordinaten erhält man

$$x_1 = \varrho = 2u\,f(w)\,[1 - \tfrac{1}{2}\cos^2 v]$$
$$x_2 = \alpha = v$$
$$x_3 = z = w.$$

Volumenintegral. So wie im Bild 1.28 die Raumfläche mit einem Netz von Parameterkurven überdeckt und in kleine Flächenstücke unterteilt wurde, kann der räumliche Bereich B mit einem System von Parameterflächen $\boldsymbol{r}\ (u_\mu,\ v,\ w)$, $\boldsymbol{r}\ (u,\ v_\nu,\ w)$ und $\boldsymbol{r}\ (u,\ v,\ w_\sigma)$ $(\mu = 1, 2, \ldots, m-1; \nu = 1, 2, \ldots, n-1; \sigma = 1, 2, \ldots, p-1)$ in kleine räumliche Bereiche unterteilt werden (Bild 1.31 a, b). Das Volumen eines Bereiches ist dann um so genauer gleich

$$\Delta V_{\mu',\nu',\sigma'} = (\Delta\boldsymbol{r}_{\mu'} \times \Delta\boldsymbol{r}_{\nu'}) \cdot \Delta\boldsymbol{r}_{\sigma'} = (\Delta\boldsymbol{r}_{\mu'}\Delta\boldsymbol{r}_{\nu'}\Delta\boldsymbol{r}_{\sigma'}), \tag{1.88}$$

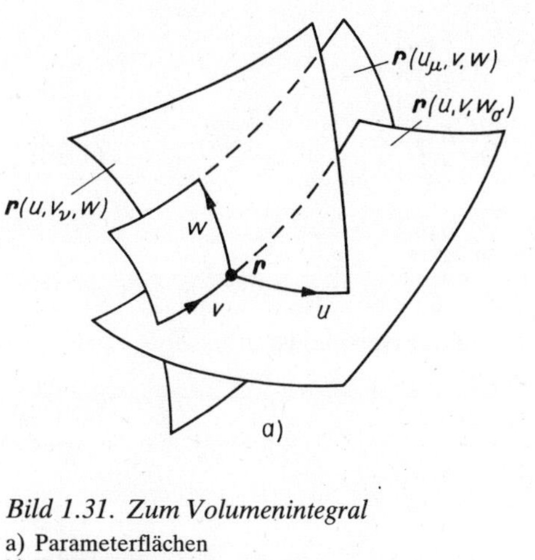

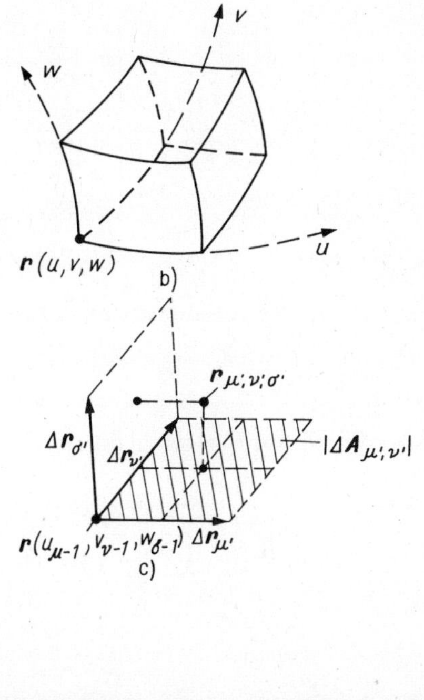

Bild 1.31. Zum Volumenintegral

a) Parameterflächen
b) Volumenelement
c) Beschreibung des räumlichen Elementarbereiches – Bildung der Riemannschen Summe

je feiner die räumliche Unterteilung von B gewählt wird. Die Vektoren $\Delta \boldsymbol{r}_{\mu'}$, $\Delta \boldsymbol{r}_{\nu'}$ und $\Delta \boldsymbol{r}_{\sigma'}$ haben hierbei die gleiche Bedeutung wie im Bild 1.28 (Vgl. Bild 1.31c).
Ist dem Raum B noch ein Vektorfeld $\boldsymbol{U}(\boldsymbol{r})$ zugeordnet, so kann man z. B. die Vektorsumme (vgl. Bild 1.31)

$$\begin{aligned} \boldsymbol{V}_{m,n,p} &= \sum_{\mu'=1}^{m} \sum_{\nu'=1}^{n} \sum_{\sigma'=1}^{p} \boldsymbol{U}(\boldsymbol{r}_{\mu',\nu',\sigma'})\, \Delta V_{\mu',\nu',\sigma'} \\ &= \sum_{\mu'=1}^{m} \sum_{\nu'=1}^{n} \sum_{\sigma'=1}^{p} \boldsymbol{U}(\boldsymbol{r}_{\mu',\nu',\sigma'}) \left(\left(\frac{\partial \boldsymbol{r}}{\partial u} + \boldsymbol{\varepsilon}_{\mu'} \right) \left(\frac{\partial \boldsymbol{r}}{\partial v} + \boldsymbol{\varepsilon}_{\nu'} \right) \left(\frac{\partial \boldsymbol{r}}{\partial w} + \boldsymbol{\varepsilon}_{\sigma'} \right) \right) \\ &\quad \times \Delta u_{\mu'} \Delta v_{\nu'} \Delta w_{\sigma'} \end{aligned}$$

betrachten, die bei zunehmender Verfeinerung der Raumunterteilung in kleine Bereiche $\Delta V_{\mu',\nu',\sigma'}$ $(m, n, p \to \infty;\ |\Delta \boldsymbol{r}_{\mu'}|, |\Delta \boldsymbol{r}_{\nu'}|, |\Delta \boldsymbol{r}_{\sigma'}| \to 0)$ gegen einen Grenzvektor $\boldsymbol{V}$ strebt, den man natürlicherweise in der Form

$$\boldsymbol{V} = \int_{\boldsymbol{r}(u,v,w)} \boldsymbol{U}(\boldsymbol{r})\, \mathrm{d}V = \int_{u_A}^{u_B} \int_{v_A}^{v_B} \int_{w_A}^{w_B} \boldsymbol{U}(\boldsymbol{r}) \left(\frac{\partial \boldsymbol{r}}{\partial u} \frac{\partial \boldsymbol{r}}{\partial v} \frac{\partial \boldsymbol{r}}{\partial w} \right) \mathrm{d}u\, \mathrm{d}v\, \mathrm{d}w \tag{1.89}$$

schreibt. $\boldsymbol{V}$ ist das *Volumenintegral* der Feldfunktion $\boldsymbol{U}(\boldsymbol{r})$ über den Bereich.
Bei gegebener skalaren Feldfunktion $U(\boldsymbol{r})$ ist in (1.89) $\boldsymbol{U}(\boldsymbol{r})$ durch $U(\boldsymbol{r})$ zu ersetzen. Das Ergebnis dieses Volumenintegrals ist dann ein skalarer Wert ϑ (siehe nachfolgendes Beispiel).

Koordinatendarstellung. Sicherlich kann man für $\boldsymbol{V}$ in (1.89) schreiben:

$$\boldsymbol{V} = \int_{u_A}^{u_B} \int_{v_A}^{v_B} \int_{w_A}^{w_B} \left(\sum_{\nu=1}^{3} \boldsymbol{e}_\nu U_\nu \right) D\, \mathrm{d}u\, \mathrm{d}v\, \mathrm{d}w. \tag{1.90a}$$

Darin ist entsprechend (1.82) und (1.89)

$$D = \left(\frac{\partial \boldsymbol{r}}{\partial u} \frac{\partial \boldsymbol{r}}{\partial v} \frac{\partial \boldsymbol{r}}{\partial w} \right) = \begin{vmatrix} h_1 \dfrac{\partial x_1}{\partial u} & h_2 \dfrac{\partial x_2}{\partial u} & h_3 \dfrac{\partial x_3}{\partial u} \\ h_1 \dfrac{\partial x_1}{\partial v} & h_2 \dfrac{\partial x_2}{\partial v} & h_3 \dfrac{\partial x_3}{\partial v} \\ h_1 \dfrac{\partial x_1}{\partial w} & h_2 \dfrac{\partial x_2}{\partial w} & h_3 \dfrac{\partial x_3}{\partial w} \end{vmatrix}. \tag{1.90b}$$

Die weitere Rechnung verläuft wie im Abschn. 1.2.1.e. Zum Beispiel ist in

$$\boldsymbol{V} = \boldsymbol{i} V_x + \boldsymbol{j} V_y + \boldsymbol{k} V_z \tag{1.91a}$$

die V_x-Koordinate von $\boldsymbol{V}$ gegeben durch (vgl.(1.71))

$$V_x = \boldsymbol{i} \cdot \boldsymbol{V} = \int_{u_A}^{u_B} \int_{v_A}^{v_B} \int_{w_A}^{w_B} \left(\sum_{\nu=1}^{3} \frac{1}{h_\nu} \frac{\partial x}{\partial x_\nu} U_\nu \right) D\, \mathrm{d}u\, \mathrm{d}v\, \mathrm{d}w. \tag{1.91b}$$

Beispiel. Als Beispiel sei die gesamte Ladung $Q = \int \varrho' \, \mathrm{d}V$ eines räumlichen Bereiches zu berechnen, dessen Parameterdarstellung durch die im Abschn. 1.2.3. a angeführten Gleichungen

$$\begin{aligned} x_1 &= \varrho = 2u\,(1 + w^2)\,(1 - \tfrac{1}{2}\cos^2 v), & f(w) &= 1 + w^2 \\ x_2 &= \alpha = v & &\begin{pmatrix} 0 \leqq u \leqq u_0,\ 0 \leqq v \leqq 2\pi \\ 0 \leqq w \leqq w_0 \end{pmatrix} \\ x_3 &= z = w \end{aligned}$$

gegeben ist. Die Ladungsdichte $\varrho' = \varrho'(\varrho, \alpha, z)$ genüge in diesem Bereich der Gleichung

$$\varrho'(\varrho, \alpha, z) = \varrho_0' \frac{z}{\varrho} \qquad (\varrho_0' = \text{konst.}).$$

Der interessierende Raumbereich ist in Zylinderkoordinaten (ϱ, α, z) gegeben, also ist nach Abschn. 1.1.3.

$$h_1 = 1, \qquad h_2 = \varrho, \qquad h_3 = 1.$$

Ferner ist mit (1.93a)

$$\begin{aligned} \frac{\partial x_1}{\partial u} &= 2\,(1 + w^2)\left(1 - \frac{1}{2}\cos^2 v\right), & \frac{\partial x_2}{\partial u} &= \frac{\partial x_3}{\partial u} = 0 \\ \frac{\partial x_1}{\partial v} &= 2u\,(1 + w^2)\cos v \sin v, & \frac{\partial x_2}{\partial v} &= 1, \quad \frac{\partial x_3}{\partial v} = 0 \\ \frac{\partial x_1}{\partial w} &= 4u\left(1 - \frac{1}{2}\cos^2 v\right) w, & \frac{\partial x_2}{\partial w} &= 0, \quad \frac{\partial x_3}{\partial w} = 1. \end{aligned}$$

Als *Volumenelement* erhält man mit (1.93a)

$$\mathrm{d}V = \begin{vmatrix} \dfrac{\partial x_1}{\partial u} & 0 & 0 \\ \dfrac{\partial x_1}{\partial v} & \varrho & 0 \\ \dfrac{\partial x_1}{\partial w} & 0 & 1 \end{vmatrix} \mathrm{d}u\, \mathrm{d}v\, \mathrm{d}w = \frac{\partial x_1}{\partial u} \varrho \, \mathrm{d}u\, \mathrm{d}v\, \mathrm{d}w.$$

Daraus folgt

$$\begin{aligned} Q = \int \varrho' \, \mathrm{d}V &= \varrho_0' \int_0^{u_0} \int_0^{2\pi} \int_0^{w_0} \frac{z}{\varrho} \frac{\partial x_1}{\partial u} \varrho \, \mathrm{d}u\, \mathrm{d}v\, \mathrm{d}w \\ &= \varrho_0' \int_0^{u_0} \int_0^{2\pi} \int_0^{w_0} 2w\,(1 + w^2)\left(1 - \frac{1}{2}\cos^2 v\right) \mathrm{d}u\, \mathrm{d}v\, \mathrm{d}w \\ &= 2\varrho_0' \int_0^{u_0} \mathrm{d}u \cdot \int_0^{2\pi} \left(1 - \frac{1}{2}\cos^2 v\right) \mathrm{d}v \cdot \int_0^{w_0} w\,(1 + w^2)\, \mathrm{d}w \\ &= \frac{3}{2} \pi \varrho_0' u_0 w_0^2 \left(1 + \frac{1}{2} w_0^2\right). \end{aligned}$$

Zusammenfassung. Neben den im vorstehenden betrachteten Integralen in Vektorfeldern lassen sich natürlich auch Linien-, Flächen- und Volumenintegrale in Skalarfeldern bilden. Nach den für Vektorfelder gegebenen Beispielen macht es keine Schwierigkeiten, diese Integrale in Koordinaten zu formulieren (vgl. Aufgabe 1.2.–7). Zusammengefaßt spielen dann in der Feldtheorie vor allem folgende Integrale eine wichtige Rolle:

Vektorfeld	Skalarfeld	Tensorfeld	
$\int \boldsymbol{U}(\boldsymbol{r}) \begin{cases} *\mathrm{d}\boldsymbol{r} \\ *\mathrm{d}\boldsymbol{A} \\ \mathrm{d}V \end{cases}$	$\int U(\boldsymbol{r}) \begin{cases} \mathrm{d}\boldsymbol{r} \\ \mathrm{d}\boldsymbol{A} \\ \mathrm{d}V \end{cases}$	$\int \mathrm{t}(\boldsymbol{r}) \begin{cases} \cdot\, \mathrm{d}\boldsymbol{r} \\ \cdot\, \mathrm{d}\boldsymbol{A} \end{cases}$	(1.92)

In dieser verallgemeinerten Darstellung bedeutet das Operationszeichen $*$ eines der Zeichen $\cdot$ und $\times$ (Skalar- und Vektorprodukt). Die noch möglichen Integrale

$$\int \begin{Bmatrix} \boldsymbol{U}(\boldsymbol{r}) \\ U(\boldsymbol{r}) \end{Bmatrix} \begin{Bmatrix} \mathrm{d}r \\ \mathrm{d}A \end{Bmatrix} \quad (\mathrm{d}r = |\mathrm{d}\boldsymbol{r}|,\ \mathrm{d}A = |\mathrm{d}\boldsymbol{A}|)$$

sind weniger von Bedeutung.

Um diese Integrale in Koordinaten formulieren zu können, müssen vor allem die Ausdrücke für das *Linienelement* d$\boldsymbol{r}$, das *Flächenelement* d$\boldsymbol{A}$ und das *Volumenelement* dV bekannt sein. Aus den bisher durchgeführten Rechnungen ergibt sich zusammengefaßt:

$$\mathrm{d}\boldsymbol{r} = \frac{\mathrm{d}\boldsymbol{r}}{\mathrm{d}u}\,\mathrm{d}u = \sum_{\nu=1}^{3} \boldsymbol{e}_\nu h_\nu \frac{\mathrm{d}x_\nu}{\mathrm{d}u}\,\mathrm{d}u \qquad (= \mathrm{d}\boldsymbol{r}_{(u)})$$

$$\mathrm{d}\boldsymbol{A} = \left(\frac{\partial \boldsymbol{r}}{\partial u} \times \frac{\partial \boldsymbol{r}}{\partial v}\right) \mathrm{d}u\,\mathrm{d}v = \begin{vmatrix} \boldsymbol{e}_1 & \boldsymbol{e}_2 & \boldsymbol{e}_3 \\ h_1 \dfrac{\partial x_1}{\partial u} & h_2 \dfrac{\partial x_2}{\partial u} & h_3 \dfrac{\partial x_3}{\partial u} \\ h_1 \dfrac{\partial x_1}{\partial v} & h_2 \dfrac{\partial x_2}{\partial v} & h_3 \dfrac{\partial x_3}{\partial v} \end{vmatrix} \mathrm{d}u\,\mathrm{d}v \qquad (= \mathrm{d}\boldsymbol{A}_{(u,v)})$$

(1.93a)

$$\mathrm{d}V = \left(\frac{\partial \boldsymbol{r}}{\partial u}\,\frac{\partial \boldsymbol{r}}{\partial v}\,\frac{\partial \boldsymbol{r}}{\partial w}\right) \mathrm{d}u\,\mathrm{d}v\,\mathrm{d}w = \begin{vmatrix} h_1 \dfrac{\partial x_1}{\partial u} & h_2 \dfrac{\partial x_2}{\partial u} & h_3 \dfrac{\partial x_3}{\partial u} \\ h_1 \dfrac{\partial x_1}{\partial v} & h_2 \dfrac{\partial x_2}{\partial v} & h_3 \dfrac{\partial x_3}{\partial v} \\ h_1 \dfrac{\partial x_1}{\partial w} & h_2 \dfrac{\partial x_2}{\partial w} & h_3 \dfrac{\partial x_3}{\partial w} \end{vmatrix} \mathrm{d}u\,\mathrm{d}v\,\mathrm{d}w.$$

Man verifiziert leicht, daß auch die Schreibweise

$$\mathrm{d}\boldsymbol{r} = \boldsymbol{t}\,|\mathrm{d}\boldsymbol{r}|, \qquad \boldsymbol{t} = \left(\frac{\mathrm{d}\boldsymbol{r}}{\mathrm{d}u}\right)^0, \qquad |\mathrm{d}\boldsymbol{r}| = \left|\frac{\mathrm{d}\boldsymbol{r}}{\mathrm{d}u}\right| \mathrm{d}u \tag{1.93b}$$

bzw.

$$\mathrm{d}\boldsymbol{A} = \boldsymbol{n}\,|\mathrm{d}\boldsymbol{A}|, \qquad \boldsymbol{n} = \left(\frac{\partial \boldsymbol{r}}{\partial u} \times \frac{\partial \boldsymbol{r}}{\partial v}\right)^0, \qquad |\mathrm{d}\boldsymbol{A}| = \left|\frac{\partial \boldsymbol{r}}{\partial u} \times \frac{\partial \boldsymbol{r}}{\partial v}\right| \mathrm{d}u\,\mathrm{d}v$$

$$\mathrm{d}V = \mathrm{d}\boldsymbol{A}_{(u,v)} \cdot \mathrm{d}\boldsymbol{r}_{(w)} = \mathrm{d}\boldsymbol{A}_{(v,w)} \cdot \mathrm{d}\boldsymbol{r}_{(u)} = \mathrm{d}\boldsymbol{A}_{(w,u)} \cdot \mathrm{d}\boldsymbol{r}_{(v)}$$

zulässig ist. Hierbei ist $\boldsymbol{t}$ der *Tangenten-Einheitsvektor* und $\boldsymbol{n}$ die *Flächennormale* (Bild 1.32). In (1.93) sind die Koordinatenelemente (s. auch Tafel 1.4) als Sonderfall enthalten.

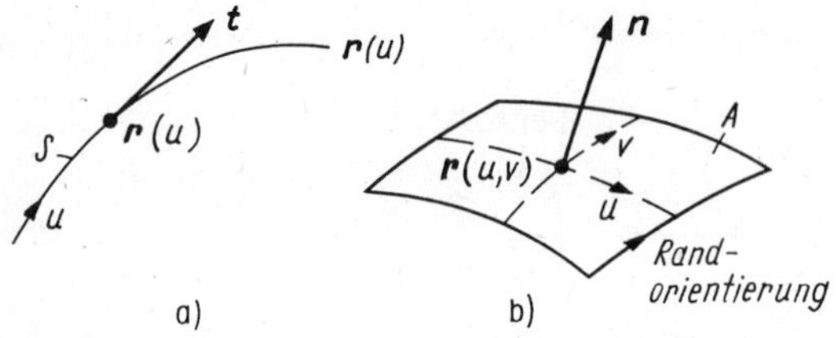

Bild 1.32
Tangentenvektor und Flächennormale
a) Tangentenvektor an Raum- oder Flächenkurve
b) Flächennormale

Speziell kann also $\mathrm{d}\boldsymbol{r}$ ein Linienelement auf der Koordinatenlinie x_ν ($x_\nu = u$), $\mathrm{d}\boldsymbol{A}$ ein Flächenelement auf der Koordinatenfläche (x_μ, x_ν) $(x_\mu = u,\ x_\nu = v;\ \nu \neq \mu)$ und $\mathrm{d}V$ ein von Koordinatenflächen begrenztes Volumenelement sein $(x_1 = u, x_2 = v, x_3 = w)$. Dann folgt aus (1.93a) durch Spezialisierung

$$\begin{aligned}
&\mathrm{d}\boldsymbol{r}\colon && \mathrm{d}\boldsymbol{r}_{(x_\nu)} = \boldsymbol{e}_\nu h_\nu \,\mathrm{d}u = \boldsymbol{e}_\nu h_\nu \,\mathrm{d}x_\nu \qquad (\nu = 1, 2, 3)\\
&\mathrm{d}\boldsymbol{A}\colon && \begin{cases} \mathrm{d}\boldsymbol{A}_{(x_1,x_2)} = (\boldsymbol{e}_1 \times \boldsymbol{e}_2)\, h_1 h_2 \,\mathrm{d}u \,\mathrm{d}v = \boldsymbol{e}_3 h_1 h_2 \,\mathrm{d}x_1 \,\mathrm{d}x_2 \\ \mathrm{d}\boldsymbol{A}_{(x_1,x_3)} = (\boldsymbol{e}_1 \times \boldsymbol{e}_3)\, h_1 h_3 \,\mathrm{d}u \,\mathrm{d}v = -\boldsymbol{e}_2 h_1 h_3 \,\mathrm{d}x_1 \,\mathrm{d}x_2 \\ \mathrm{d}\boldsymbol{A}_{(x_2,x_3)} = (\boldsymbol{e}_2 \times \boldsymbol{e}_3)\, h_2 h_3 \,\mathrm{d}u \,\mathrm{d}v = \boldsymbol{e}_1 h_2 h_3 \,\mathrm{d}x_2 \,\mathrm{d}x_3 \end{cases}\\
&\mathrm{d}V\colon && \mathrm{d}V = h_1 h_2 h_3 \,\mathrm{d}u \,\mathrm{d}v \,\mathrm{d}w = h_1 h_2 h_3 \,\mathrm{d}x_1 \,\mathrm{d}x_2 \,\mathrm{d}x_3\\
& && \quad = |\mathrm{d}\boldsymbol{A}_{(x_1,x_2)}|\,|\mathrm{d}\boldsymbol{r}_{(x_3)}| = |\mathrm{d}\boldsymbol{A}_{(x_2,x_3)}|\,|\mathrm{d}\boldsymbol{r}_{(x_1)}| = |\mathrm{d}\boldsymbol{A}_{(x_3,x_1)}|\,|\mathrm{d}\boldsymbol{r}_{(x_2)}|.
\end{aligned} \tag{1.93c}$$

Wie man erkennt, bedeutet hierbei z.B. $\mathrm{d}\boldsymbol{r}_{(x_1)}$ das Linienelement auf der (x_1)-Koordinatenlinie, $\mathrm{d}\boldsymbol{A}_{(x_1,x_2)}$ das Flächenelement auf der (x_1, x_2)-Koordinatenfläche usw. (vgl. auch Bild 1.9a).

Aufgaben zum Abschnitt 1.2.

1.2.–1 Wie lautet das skalare Linienintegral (1.69) in Kugelkoordinaten?

1.2.–2 Man berechne das skalare Linienintegral über das Feld

$$\boldsymbol{U}(\boldsymbol{r}) = \boldsymbol{e}_r 2r \sin\vartheta$$

entlang dem Wege $r = 2u,\ \vartheta = u^2,\ \alpha = 0 \quad (0 \leqq u \leqq 3)$
und auf dem Kreis $r = 1,\ \alpha = 0$.

1.2.–3 a) Im Ursprung des Zylinderkoordinatensystems befindet sich die Ladung Q. Man berechne das Linienintegral der elektrischen Feldstärke $\boldsymbol{E}$ entlang der Schraubenlinie

$$\begin{cases} \varrho = R \\ \alpha = u \\ z = au \end{cases} \quad \text{oder} \quad \begin{cases} x = R\cos\alpha \\ y = R\sin\alpha \\ z = a\alpha \end{cases} \quad (0 \leqq u \leqq 2\pi).$$

b) Man überzeuge sich, daß dieses Integral nicht vom Weg abhängig ist und z.B. auf dem Weg

$$x = 0$$
$$y = R$$
$$z = au$$

den gleichen Wert ergibt.

1.2.–4 Wie lautet das Flächenintegral (1.83) in Zylinderkoordinaten?

1.2.–5 Man formuliere das Integral (1.84) für den Raumwinkel in beliebigen Koordinaten.

1.2.–6 Man berechne $\int \boldsymbol{U}\mathrm{d}V$ für $\boldsymbol{U} = \boldsymbol{i}3x + \boldsymbol{j}5y$ für einen kugelförmigen Bereich mit dem Radius $r = R$ und dem Ursprung des Koordinatensystems als Mittelpunkt.

1.2.–7 Man formuliere in allgemeinen Koordinaten die Integrale

$$\int U\,\mathrm{d}\boldsymbol{r}, \qquad \int U\,\mathrm{d}\boldsymbol{A} \quad \text{und} \quad \int U\,\mathrm{d}V.$$

1.2.–8 Man gebe $\mathrm{d}\boldsymbol{A}$ und $\mathrm{d}V$ für Kugelkoordinaten an. Wie lautet $\mathrm{d}\boldsymbol{A}$, ausgedrückt durch den Raumwinkel?

2. Theorie der Felder

Physikalische Felder besitzen charakteristische Eigenschaften (Anstieg/Gefälle eines Skalarfeldes, Quellen und/oder Wirbel eines Vektorfeldes), die mathematisch zu erfassen sind. Die hieraus resultierenden Feldgrößen sind die Differentialoperatoren Gradient, Divergenz und Rotation, die in diesem Kapitel als koordinatenfreie Grenzwerte definiert und auf die Koordinantenschreibweise umgeformt werden. Mit diesen Feldbegriffen und ihren Eigenschaften werden Zusammenhänge hergestellt, die durch den skalaren und vektoriellen Laplace-Operator sowie den Integralsätzen von Gauß, Stokes und Green gegeben sind. Gleichzeitig wird die Anwendung der Differentialoperatoren – in Form der formalen Nabla-Rechnung – auf zusammengesetzte Felder gezeigt.

2.1. Differentialoperatoren und Integralsätze I

Bei der Formulierung der allgemeinen Gesetze des elektromagnetischen Feldes werden bestimmte mathematische (Feld-) Begriffe benötigt, mit denen wir uns nun bekannt machen wollen. Es handelt sich hierbei um bestimmte mathematische Operationen (Feldoperationen), mit denen man aus gegebenen Feldern neue Felder (des gleichen oder eines anderen Typs) herleitet.
Sie stehen im Zusammenhang mit Grundeigenschaften der Skalar- und Vektorfelder, die durch Änderung der Feldgrößen bei Verschiebung des Aufpunktes und der Existenz und Stärke von Quellen und Wirbeln von Vektorfeldern gegeben sind. Diese Feldeigenschaften beziehen sich auf das Verhalten der Felder in einem Raumpunkt, so daß Feldgrößen zu ihrer mathematischen Beschreibung notwendig sind, und führen auf die Differentialoperatoren Gradient, Divergenz und Rotation.

2.1.1. Skalares Feld. Gradient

Gradient. Die einfachste Feldoperation ist die Bildung des *Gradientenfeldes* aus einem Skalarfeld $U(\boldsymbol{r})$, wodurch die Feldänderung (Steigung, Gefälle) von $U(\boldsymbol{r})$ beschrieben werden soll. Diese Operation ist allgemein (ohne Bezugnahme auf ein Koordinatensystem) definiert durch den räumlichen Limesausdruck

$$\operatorname{grad} U = \lim_{\Delta V \to 0} \frac{1}{\Delta V} \oint_{(\Delta A)} U \, \mathrm{d}\boldsymbol{A} . \tag{2.1}$$

Hierbei ist ΔV das Volumen, das von der Hüllfläche ΔA eingeschlossen wird und in dem der Aufpunkt $\boldsymbol{r}$ eingebettet ist (Bild 2.1).

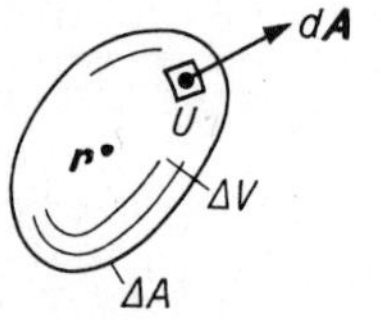

Bild 2.1
Zur Definition des Gradienten

Bereits aus der Anschauung erkennt man, daß das Hüllenintegral $\oint_{(\Delta A)} U \, \mathrm{d}\boldsymbol{A}$ aufgrund der Orientierung des Flächenelements $\mathrm{d}\boldsymbol{A}$ auf einen (vektoriellen) Wert führt, der in Richtung der stärksten Zunahme des Skalarfeldes weist. Die Grenzwertbildung ändert an dieser Aussage nichts, so daß mit (2.1) ein Maß für die maximale Feldänderung von $U(\boldsymbol{r})$ im Raumpunkt $\boldsymbol{r}$ gefunden wird.
Wir zeigen nun, daß der Ausdruck rechts in (2.1) in der Tat einen wohldefinierten Sinn hat und in der Grenze gegen einen bestimmten *Grenzvektor* $\boldsymbol{U} = \operatorname{grad} U$ strebt.
Da die Bildung des Grenzwertes (2.1) unabhängig von der Gestalt des Volumenelements ΔV ist, wird für ΔV ein Koordinatenvolumenelement eines beliebigen krummlinigen Koordinatensystems mit den Ortskoordinaten (x_1, x_2, x_3) gewählt und die Rechnung in diesem durchgeführt.

Entsprechend Bild 2.2 in Verbindung mit (1.93c) ergibt sich für das Integral (2.1) über die schraffierten Flächen

$$\int_{(x_1,x_2)} U\,\mathrm{d}\boldsymbol{A} = \int_{x_1}^{x_1+\Delta x_1}\int_{x_2}^{x_2+\Delta x_2} \{[U\boldsymbol{e}_3 h_1 h_2]_{x_3+\Delta x_3} - [U\boldsymbol{e}_3 h_1 h_2]_{x_3}\}\,\mathrm{d}x_1\,\mathrm{d}x_2$$

$$= \Delta x_3 \int_{x_1}^{x_1+\Delta x_1}\int_{x_2}^{x_2+\Delta x_2} \frac{[U\boldsymbol{e}_3 h_1 h_2]_{x_3+\Delta x_3} - [U\boldsymbol{e}_3 h_1 h_2]_{x_3}}{\Delta x_3}\,\mathrm{d}x_1\,\mathrm{d}x_2$$

$$= \Delta x_3 \int_{x_1}^{x_1+\Delta x_1}\int_{x_2}^{x_2+\Delta x_2} \left[\left(\frac{\partial\,(U\boldsymbol{e}_3 h_1 h_2)}{\partial x_3}\right) + \boldsymbol{\varepsilon}_3\right]_{x_3}\mathrm{d}x_1\,\mathrm{d}x_2.$$

Dabei heißt $(\ldots)_{x_3}$ bzw. $(\ldots)_{x_3+\Delta x_3}$, daß die Funktionswerte auf der Fläche $x_3 = \text{konst.}$ bzw. $x_3 + \Delta x_3 = \text{konst.}$ zu bilden sind.

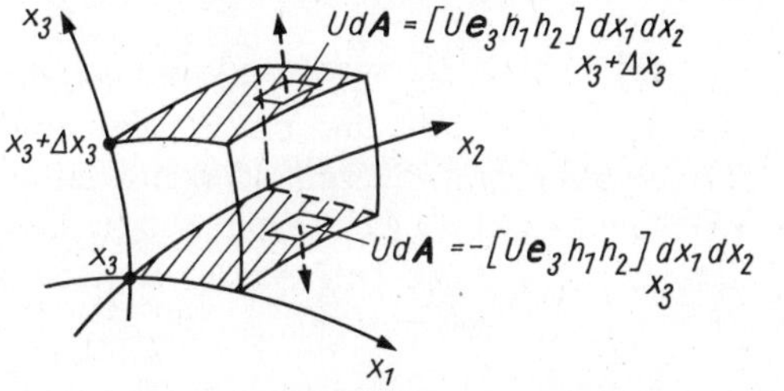

Bild 2.2. Von Koordinatenflächen gebildeter räumlicher Elementarbereich

Im letzten Integral ist offenbar $\boldsymbol{\varepsilon}_3$ ein kleiner Vektor, der für $\Delta x_3 \to 0$ verschwindet; denn für $\Delta x_3 \to 0$ müssen partieller Differenzenquotient und partielle Ableitung übereinstimmen.
Wir setzen

$$\left(\frac{\partial\,(U\boldsymbol{e}_3 h_1 h_2)}{\partial x_3}\right)_{x_3} = \left(\frac{\partial\,(U\boldsymbol{e}_3 h_1 h_2)}{\partial x_3}\right)_{x_1,x_2,x_3} + \boldsymbol{\varepsilon}_{1,2}$$

mit $\boldsymbol{\varepsilon}_{1,2} \to 0$ für $\Delta x_1 \to 0$ und $\Delta x_2 \to 0$. Dann ergibt sich weiter

$$\int_{(x_1,x_2)} U\,\mathrm{d}\boldsymbol{A} = \left[\left(\frac{\partial\,(U\boldsymbol{e}_3 h_1 h_2)}{\partial x_3}\right)_{x_1,x_2,x_3} + \boldsymbol{\varepsilon}_3'\right]\Delta x_1 \Delta x_2 \Delta x_3, \tag{2.2}$$

worin $\boldsymbol{\varepsilon}_3' \to 0$ strebt für $\Delta x_1 \to 0$, $\Delta x_2 \to 0$ und $\Delta x_3 \to 0$.
Die analog gebildeten Integrale für die beiden anderen Flächenpaare im Bild 2.2 ergeben sich durch entsprechende Indexvertauschung in (2.2). Insgesamt findet man

$$\oint_{(\Delta A)} U\,\mathrm{d}\boldsymbol{A} = \int_{(x_2,x_3)} U\,\mathrm{d}\boldsymbol{A} + \int_{(x_1,x_3)} U\,\mathrm{d}\boldsymbol{A} + \int_{(x_1,x_2)} U\,\mathrm{d}\boldsymbol{A}$$

$$= \left[\frac{\partial\,(U\boldsymbol{e}_1 h_2 h_3)}{\partial x_1} + \frac{\partial\,(U\boldsymbol{e}_2 h_1 h_3)}{\partial x_2} + \frac{\partial\,(U\boldsymbol{e}_3 h_1 h_2)}{\partial x_3} + \boldsymbol{\varepsilon}\right]\Delta x_1 \Delta x_2 \Delta x_3.$$

Dividieren wir auf beiden Seiten noch durch (vgl. (1.93c))

$$\Delta V = \int_{x_1}^{x_1+\Delta x_1}\int_{x_2}^{x_2+\Delta x_2}\int_{x_3}^{x_3+\Delta x_3} h_1 h_2 h_3\,\mathrm{d}x_1\,\mathrm{d}x_2\,\mathrm{d}x_3$$

$$= \iiint_{x_\nu}^{x_\nu+\Delta x_\nu} [(h_1 h_2 h_3)_{x_1,x_2,x_3} + \varepsilon_1]\,\mathrm{d}x_1\,\mathrm{d}x_2\,\mathrm{d}x_3$$

$$= [(h_1 h_2 h_3)_{x_1,x_2,x_3} + \varepsilon_2]\,\Delta x_1 \Delta x_2 \Delta x_3 \qquad (\varepsilon_2 \to 0 \text{ für } \Delta x_\nu \to 0,\ \nu = 1, 2, 3),$$

so folgt mit $h_1 h_2 h_3 = h$ (s. auch Tafel 1.3)

$$\operatorname{grad} U = \lim_{\Delta V \to 0} \frac{1}{\Delta V} \int_{(\Delta A)} U \, d\boldsymbol{A}$$

$$= \frac{1}{h_1 h_2 h_3} \left[\frac{\partial (U \boldsymbol{e}_1 h_2 h_3)}{\partial x_1} + \frac{\partial (U \boldsymbol{e}_2 h_1 h_3)}{\partial x_2} + \frac{\partial (U \boldsymbol{e}_3 h_1 h_2)}{\partial x_3} \right]$$

oder

$$\boxed{\operatorname{grad} U = \frac{1}{h} \sum_{\nu=1}^{3} \frac{\partial}{\partial x_\nu} \left(\frac{h}{h_\nu} \boldsymbol{e}_\nu U \right),} \tag{2.3a}$$

wenn man beachtet, daß hierbei auch alle unbestimmten ε-Größen verschwinden. Dieser Ausdruck läßt sich noch vereinfachen. Nach der Produktregel gilt

$$\frac{1}{h} \sum_{\nu=1}^{3} \frac{\partial}{\partial x_\nu} \left(\frac{h}{h_\nu} \boldsymbol{e}_\nu U \right) = \frac{1}{h} \sum_{\nu=1}^{3} \frac{\partial}{\partial x_\nu} \left(\frac{h}{h_\nu} \boldsymbol{e}_\nu \right) U + \frac{1}{h} \sum_{\nu=1}^{3} \frac{h}{h_\nu} \boldsymbol{e}_\nu \frac{\partial U}{\partial x_\nu},$$

wobei der erste Summand auf der rechten Seite verschwindet. Somit ist einfacher

$$\boxed{\operatorname{grad} U = \sum_{\nu=1}^{3} \boldsymbol{e}_\nu \frac{1}{h_\nu} \frac{\partial U}{\partial x_\nu}.} \tag{2.3b}$$

Nach (1.39) gilt nämlich unter Beachtung von $\boldsymbol{e}_\lambda = \boldsymbol{e}_\nu \times \boldsymbol{e}_\mu$ sowie von (1.40) für $\boldsymbol{e}_\nu h_\nu$

$$\sum_{\nu=1}^{3} \frac{\partial}{\partial x_\nu} \left(\frac{h}{h_\nu} \boldsymbol{e}_\nu \right) = \frac{\partial (\boldsymbol{e}_1 h_2 h_3)}{\partial x_1} + \frac{\partial (\boldsymbol{e}_2 h_1 h_3)}{\partial x_2} + \frac{\partial (\boldsymbol{e}_3 h_1 h_2)}{\partial x_3}$$

$$= \frac{\partial}{\partial x_1} \left(\frac{\partial \boldsymbol{r}}{\partial x_2} \times \frac{\partial \boldsymbol{r}}{\partial x_3} \right) - \frac{\partial}{\partial x_2} \left(\frac{\partial \boldsymbol{r}}{\partial x_1} \times \frac{\partial \boldsymbol{r}}{\partial x_3} \right) + \frac{\partial}{\partial x_3} \left(\frac{\partial \boldsymbol{r}}{\partial x_1} \times \frac{\partial \boldsymbol{r}}{\partial x_2} \right)$$

$$= \left(\frac{\partial^2 \boldsymbol{r}}{\partial x_1 \partial x_2} \times \frac{\partial \boldsymbol{r}}{\partial x_3} \right) + \left(\frac{\partial \boldsymbol{r}}{\partial x_2} \times \frac{\partial^2 \boldsymbol{r}}{\partial x_1 \partial x_3} \right) - \left(\frac{\partial^2 \boldsymbol{r}}{\partial x_2 \partial x_1} \times \frac{\partial \boldsymbol{r}}{\partial x_3} \right)$$

$$- \left(\frac{\partial \boldsymbol{r}}{\partial x_1} \times \frac{\partial^2 \boldsymbol{r}}{\partial x_2 \partial x_3} \right) + \left(\frac{\partial^2 \boldsymbol{r}}{\partial x_3 \partial x_1} \times \frac{\partial \boldsymbol{r}}{\partial x_2} \right) + \left(\frac{\partial \boldsymbol{r}}{\partial x_1} \times \frac{\partial^2 \boldsymbol{r}}{\partial x_3 \partial x_2} \right) = 0. \tag{2.4}$$

Aus (2.3) wird noch deutlich, daß durch die in (2.1) definierte „räumliche Differentiation" aus einem Skalarfeld ein Vektorfeld hergeleitet wird. Die Vektoren grad U dieses Vektorfeldes heißen *Gradienten* des Skalarfeldes $U(\boldsymbol{r})$.

Dieses Ergebnis kann auch nicht von der Gestalt des Bereiches ΔV abhängen, da man durch Wahl geeigneter Koordinaten ΔV jede gewünschte Form verleihen kann. *Der erhaltene Grenzvektor* grad $U(\boldsymbol{r})$ *in* (2.1) *ist also unabhängig davon, in welcher Weise* ΔV *sich auf einen Punkt zusammenzieht*; man sagt, der Operator grad U sei invariant bezüglich eines Koordinatensystems.

Der in (2.3) angegebene Ausdruck gilt für beliebige orthogonale krummlinige Koordinaten; *durch Wahl entsprechender metrischer Koeffizienten kann man daraus den Gradienten für jedes interessierende Koordinatensystem herleiten.* In kartesischen Koordinaten z. B. erhält man mit $h_1 = h_2 = h_3 = 1$; $x_1 = x$, $x_2 = y$, $x_3 = z$; $\boldsymbol{e}_1 = \boldsymbol{i}$, $\boldsymbol{e}_2 = \boldsymbol{j}$, $\boldsymbol{e}_3 = \boldsymbol{k}$

$$\boxed{\operatorname{grad} U = \boldsymbol{i} \frac{\partial U}{\partial x} + \boldsymbol{j} \frac{\partial U}{\partial y} + \boldsymbol{k} \frac{\partial U}{\partial z}.} \tag{2.5}$$

Eigenschaften des Gradienten. Der Gradient eines Skalarfeldes $U(\boldsymbol{r})$ besitzt zwei wichtige Eigenschaften, die nun besprochen werden sollen. Wir wollen sie erst anführen und anschließend beweisen.

Eigenschaft 1: Der Gradient grad U eines Skalarfeldes $U(\boldsymbol{r})$ ist ein Vektor, der auf der Niveaufläche des Feldes senkrecht steht und in Richtung der Fläche mit dem höheren Niveau weist (Bild 2.3).

Eigenschaft 2: Die Feldänderung $\mathrm{d}U = U(\boldsymbol{r} + \mathrm{d}\boldsymbol{r}) - U(\boldsymbol{r})$ *des Skalarfeldes $U(\boldsymbol{r})$ bei einer Ortsänderung* $\mathrm{d}\boldsymbol{r}$ *am Ort* $\boldsymbol{r}$ *berechnet sich zu*

$$\boxed{\mathrm{d}U = \operatorname{grad} U \cdot \mathrm{d}\boldsymbol{r}.} \tag{2.6}$$

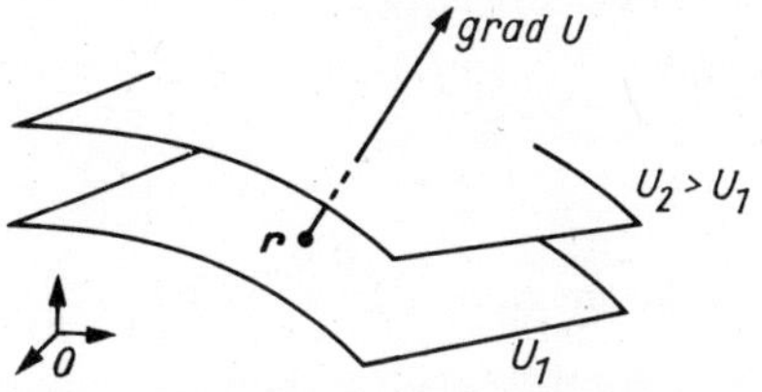

Bild 2.3. Gradient eines Skalarfeldes

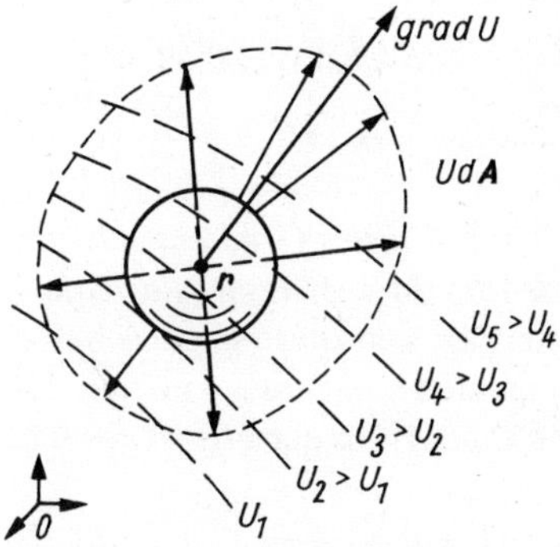

Bild 2.4. Richtung des Gradienten

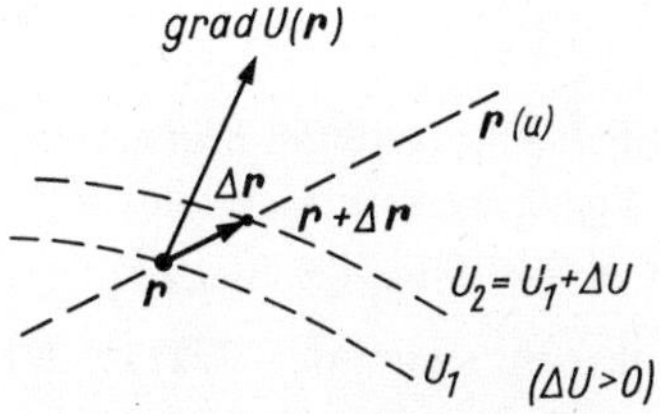

Bild 2.5. Gradient und Ortsänderung

Wir wollen (2.6) zuerst herleiten und nehmen hierzu an, daß durch $\boldsymbol{r}$ eine Raumkurve $\boldsymbol{r}(u)$ geht (Bild 2.5), in deren Richtung die Ortsänderung um $\mathrm{d}\boldsymbol{r}$ erfolgt. Dann ist $U(\boldsymbol{r}) = U(x_1(u), x_2(u), x_3(u))$, und es kann das totale Differential von $U(\boldsymbol{r})$ gebildet werden:

$$\mathrm{d}U = \left(\sum_{\nu=1}^{3} \frac{\partial U}{\partial x_\nu} \cdot \frac{\mathrm{d}x_\nu}{\mathrm{d}u}\right) \mathrm{d}u = \left(\frac{\partial U}{\partial x_1}\frac{\mathrm{d}x_1}{\mathrm{d}u} + \frac{\partial U}{\partial x_2}\frac{\mathrm{d}x_2}{\mathrm{d}u} + \frac{\partial U}{\partial x_3}\frac{\mathrm{d}x_3}{\mathrm{d}u}\right) \mathrm{d}u.$$

Erweitert man das allgemeine Summenglied mit h_ν und beachtet, daß der Summenausdruck als Skalarprodukt zweier Vektoren dargestellt werden kann, so folgt

$$\mathrm{d}U = \left(\sum_{\nu=1}^{3} \frac{1}{h_\nu}\frac{\partial U}{\partial x_\nu} h_\nu \frac{\mathrm{d}x_\nu}{\mathrm{d}u}\right) \mathrm{d}u = \left(\sum_{\nu=1}^{3} \boldsymbol{e}_\nu \frac{1}{h_\nu}\frac{\partial U}{\partial x_\nu}\right) \cdot \left(\sum_{\mu=1}^{3} \boldsymbol{e}_\mu h_\mu \frac{\mathrm{d}x_\mu}{\mathrm{d}u}\right) \mathrm{d}u = \operatorname{grad} U \cdot \mathrm{d}\boldsymbol{r},$$

da nach (2.3b) der erste Vektor grad U und der zweite Vektor nach (1.67) der Tangentenvektor an die Raumkurve $\boldsymbol{r}(u)$ ist und, multipliziert mit der Parameteränderung $\mathrm{d}u$, die Ortsänderung $\mathrm{d}\boldsymbol{r}$ darstellt, womit sich dann (2.6) ergibt.

Setzt man $\mathrm{d}\boldsymbol{r} = \boldsymbol{t}\,\mathrm{d}r$ mit $\boldsymbol{t} = (\mathrm{d}\boldsymbol{r}/\mathrm{d}u)^0$ (Tangenteneinheitsvektor an die Raumkurve $\boldsymbol{r}(u)$ im Raumpunkt $\boldsymbol{r}$), so schreibt man (2.6) auch in der Form

$$\frac{\mathrm{d}U}{\mathrm{d}r} = \operatorname{grad} U \cdot \boldsymbol{t} \qquad \left(\boldsymbol{t} = \left(\frac{\mathrm{d}\boldsymbol{r}}{\mathrm{d}u}\right)^0\right) \tag{2.7a}$$

und bezeichnet diesen Ausdruck als *Richtungsableitung* des Skalarfeldes $U(\boldsymbol{r})$. Ist $\boldsymbol{t}$ schließlich noch identisch mit dem Normalenvektor $\boldsymbol{n}$ einer Fläche A, also $\boldsymbol{t} = \boldsymbol{n}$, so schreibt man

$$\frac{\mathrm{d}U}{\mathrm{d}n} = \operatorname{grad} U \cdot \boldsymbol{n} \tag{2.7b}$$

und bezeichnet diesen Ausdruck als die *Normalenableitung* des Feldes $U(\boldsymbol{r})$. Allgemein ist also die Richtungsableitung die Senkrechtprojektion des Vektors grad U in Richtung des Vektors $\boldsymbol{t}$ bzw. der Normalen $\boldsymbol{n}$.

Wenden wir uns der ersten Eigenschaft zu. Nach (2.6) ist

$$\mathrm{d}U = \operatorname{grad} U \cdot \mathrm{d}\boldsymbol{r} = |\operatorname{grad} U|\, |\mathrm{d}\boldsymbol{r}| \cos(\sphericalangle \operatorname{grad} U, \mathrm{d}\boldsymbol{r}).$$

Hieraus folgt: Liegt der Aufpunkt $\boldsymbol{r}$ auf einer Niveaufläche $U(\boldsymbol{r}) = \text{konst.}$ und erfolgt die Ortsänderung $\mathrm{d}\boldsymbol{r}$ tangential zu dieser Fläche, so ist die Feldänderung $\mathrm{d}U = 0$, und es gilt $\operatorname{grad} U \cdot \mathrm{d}\boldsymbol{r} = 0$, was für $\operatorname{grad} U \neq 0$ nur möglich ist, wenn der Vektor grad U senkrecht auf der Niveaufläche steht. Eine Änderung $\mathrm{d}\boldsymbol{r} = \boldsymbol{n}\,\mathrm{d}r$ senkrecht zur Niveaufläche in Richtung der Feldzunahme ($\mathrm{d}U > 0$) verlangt $\cos(\sphericalangle \operatorname{grad} U, \mathrm{d}\boldsymbol{r}) > 0$ bzw. $\sphericalangle(\operatorname{grad} U, \mathrm{d}\boldsymbol{r}) = 0°$, d.h., grad U zeigt in Richtung der Feldzunahme. In diesem Fall gilt

$$\frac{\mathrm{d}U}{\mathrm{d}n} = \pm\, |\operatorname{grad} U|,$$

in Worten: *Der Betrag des Gradienten ist ein Maß für die größte Steigung* ($\mathrm{d}U/\mathrm{d}n > 0$) *bzw. das größte Gefälle* ($\mathrm{d}U/\mathrm{d}n < 0$) *des Skalarfeldes* $U(\boldsymbol{r})$.

Anschaulich ergibt sich diese Eigenschaft auch aus der Definitionsgleichung (2.1) des Gradienten, was anhand von Bild 2.4 nochmals erläutert werden soll. Um das zu zeigen, schreiben wir (2.1) für kleine ΔV in der Form ($\varepsilon \to 0$ für $\Delta V \to 0$)

$$\operatorname{grad} U + \varepsilon = \frac{1}{\Delta V} \int_{(\Delta A)} U\, \mathrm{d}\boldsymbol{A}. \tag{2.8}$$

Ist die Hüllfläche ΔA in (2.8) eine Kugelfläche, so ist anschaulich klar, daß die Flächenelemente $\mathrm{d}\boldsymbol{A}$, die im Bereich der höheren U-Werte liegen, auch zu größeren Beträgen der Vektoren $U\mathrm{d}\boldsymbol{A}$ führen (Bild 2.4). Die Resultierende aller $U\mathrm{d}\boldsymbol{A}$-Vektoren, also die „Summe $\oint_{(\Delta A)} U\, \mathrm{d}\boldsymbol{A}$“ in (2.8), ist deshalb ein auf den Niveauflächen senkrecht stehender Vektor, der von Flächen niedrigen zu Flächen höheren Niveaus zeigt. Nach (2.8) nimmt der Vektor grad U dieselben Eigenschaften an, da ΔV ein Skalar ist und ε ein Vektor, dessen Betrag durch ΔV einen beliebig kleinen Wert annehmen kann.

1. Integralsatz von Gauß. Es sei V das Volumen eines beliebigen räumlichen Bereiches B mit der Hüllfläche A. Durch eine hinreichend dicht gewählte dreiparametrige Schar von Koordinatenflächen wird dieser Bereich in kleine „Würfel“ ΔV_ν entsprechend Bild 2.6 zerlegt (die unvollständigen Würfel am Rande des Bereiches lassen wir außer Betracht). Bilden wir dann über jeden dieser im Innern des Bereiches V liegenden Würfel das Oberflächenintegral $\oint_{\Delta A_\nu} U\mathrm{d}\boldsymbol{A}$, so ergibt die Summe (vgl. Bild 2.6)

$$\sum_{(\nu)} \oint_{\Delta A_\nu} U\, \mathrm{d}\boldsymbol{A} = \oint_{A'} U\, \mathrm{d}\boldsymbol{A} \tag{2.9}$$

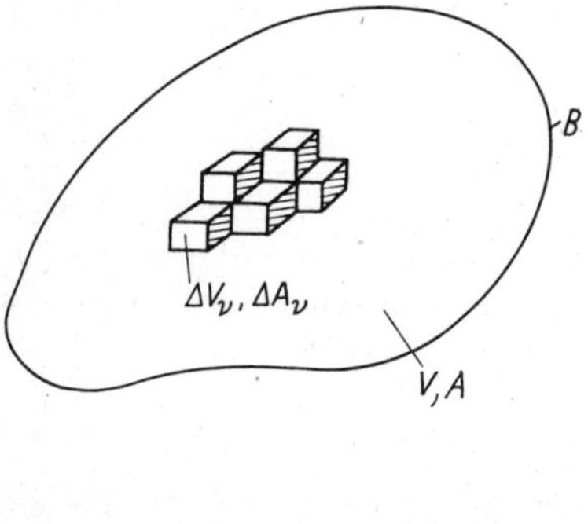

Bild 2.6
Zur Veranschaulichung des 1. Integralsatzes von Gauß

aller dieser Integrale ein Oberflächenintegral über die äußeren, der Berandungsfläche A von V zugewandten Flächen des „Würfelkomplexes", da sich die Integrale über die inneren Flächen paarweise aufheben (Bild 2.7).

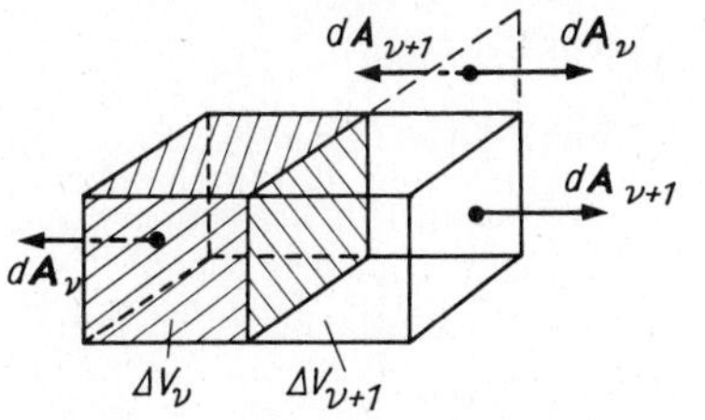

Bild 2.7. Zum 1. Integralsatz von Gauß

Ist A' die gesamte Außenfläche des Würfelkomplexes in V, so gilt nach (2.9) und (2.8)

$$\oint_{A'} U\,\mathrm{d}\boldsymbol{A} = \sum_{(\nu)} \oint_{\Delta A_\nu} U\,\mathrm{d}\boldsymbol{A} = \sum_{(\nu)} \left(\frac{1}{\Delta V_\nu} \oint_{\Delta A_\nu} U\,\mathrm{d}\boldsymbol{A} \right) \Delta V_\nu$$

$$= \sum_{(\nu)} [\operatorname{grad} U(\boldsymbol{r}_\nu) + \varepsilon_\nu]\, \Delta V_\nu,$$

wobei mit (2.8) und $\Delta V_\nu \to 0$ auch $\varepsilon_\nu \to 0$ geht.

Mit zunehmender Verfeinerung der Unterteilung des räumlichen Bereiches V ist nach Abschnitt 1.2.3. in der Grenze

$$\boxed{\oint_{(A)} U\,\mathrm{d}\boldsymbol{A} = \int_{(V)} \operatorname{grad} U\,\mathrm{d}V.} \tag{2.10a}$$

Diese Beziehung bezeichnet man als 1. Integralsatz von *Gauß*. In dieser Integralbeziehung zwischen einem Flächen- und einem Volumenintegral ist A die Oberfläche und V das Volumen des gegebenen räumlichen Bereiches B, in dem das Skalarfeld U auftritt.

Die sehr wichtige Aussage dieser Formel ist klar: *Im Skalarfeld kann das Flächenintegral über eine geschlossene Fläche A ersetzt werden durch ein Volumenintegral des zu U gehörenden Gradientenfeldes* grad *U über den von A eingeschlossenen räumlichen Bereich.*

Aus ihrer Ableitung geht hervor, daß die Beziehung (2.10a) zunächst nur richtig sein kann, wenn grad U überall in B existiert, U also dort überall (stetige) partielle Ableitungen besitzt.

Jedenfalls muß also $U(\boldsymbol{r})$ im Bereich B „hinreichend geglättet" verlaufen. Wenn diese Bedingung nicht erfüllt ist, wie z. B. bei dem Feld $U(\boldsymbol{r}) = A_1 + (1/|\boldsymbol{r}|)\,A_2$ an der Stelle $\boldsymbol{r} = 0$, müssen für (2.10a) zusätzliche Überlegungen geführt werden (vgl. Abschn. 2.2.2.).

Wesentlich ist auch, daß der Bereich B nicht einfach zusammenhängend zu sein braucht. Zum Beispiel ist der von einer Kugelfläche eingeschlossene räumliche Bereich *einfach zusammenhängend* (eine Begrenzungsfläche), der im Bild 2.8a angegebene Bereich aber *dreifach zusammenhängend* (drei Begrenzungsflächen). Für einen *n-fach zusammenhängenden* Be-

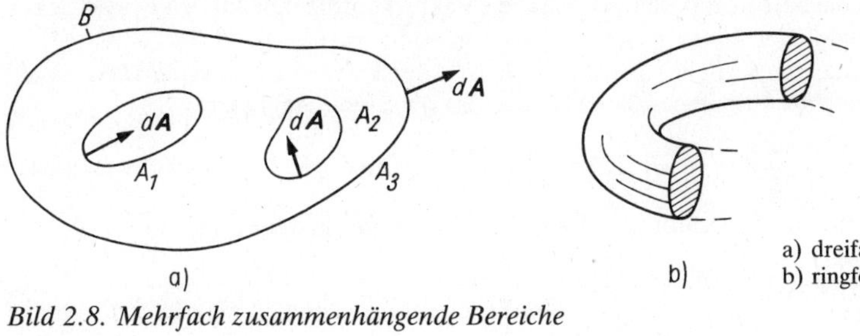

a) dreifach zusammenhängender Bereich
b) ringförmiger Bereich

Bild 2.8. Mehrfach zusammenhängende Bereiche

reich gilt dann (vgl. Bild 2.8a)

$$\sum_{\nu=1}^{n} \oint_{(A_\nu)} U \, \mathrm{d}\boldsymbol{A} = \int_{(V)} \operatorname{grad} U \, \mathrm{d}V. \tag{2.10b}$$

Wir bestätigen den Gaußschen Integralsatz (2.10a) an dem Beispiel des Skalarfelds

$$U = U(r, \vartheta, \alpha) = U_0 \, \mathrm{e}^{-r} \vartheta$$

für einen kugelförmigen Bereich mit dem Radius R und dem Koordinatenursprung als Mittelpunkt. In Kugelkoordinaten ist mit (1.93) (Tabelle 1.3) und $x_1 = r$, $x_2 = \vartheta$, $x_3 = \alpha$

$$\begin{aligned} \mathrm{d}\boldsymbol{A} = \mathrm{d}\boldsymbol{A}_{(x_2, x_3)} &= \mathrm{d}\boldsymbol{A}_{(\vartheta, \alpha)} \\ &= \boldsymbol{e}_r h_2 h_3 \, \mathrm{d}\vartheta \, \mathrm{d}\alpha \\ &= \boldsymbol{e}_r r^2 \sin \vartheta \, \mathrm{d}\vartheta \, \mathrm{d}\alpha \end{aligned}$$

und

$$\mathrm{d}V = h_1 h_2 h_3 \, \mathrm{d}r \, \mathrm{d}\vartheta \, \mathrm{d}\alpha = r^2 \sin \vartheta \, \mathrm{d}r \, \mathrm{d}\vartheta \, \mathrm{d}\alpha.$$

Mit Berücksichtigung der Unabhängigkeit des U-Feldes von α ist ferner nach (2.3b)

$$\operatorname{grad} U = \boldsymbol{e}_r \frac{\partial U}{\partial r} + \boldsymbol{e}_\vartheta \frac{1}{r} \frac{\partial U}{\partial \vartheta} = -\boldsymbol{e}_r U_0 \, \mathrm{e}^{-r} \vartheta + \boldsymbol{e}_\vartheta \frac{1}{r} U_0 \, \mathrm{e}^{-r}.$$

Somit ist

$$\boldsymbol{V} = \oint_{(A)} U \, \mathrm{d}\boldsymbol{A} = U_0 \int_0^\pi \int_0^{2\pi} \mathrm{e}^{-r} \vartheta \boldsymbol{e}_r r^2 \sin \vartheta \Big|_{r=R} \mathrm{d}\vartheta \, \mathrm{d}\alpha = U_0 \, \mathrm{e}^{-R} R^2 \int_0^\pi \int_0^{2\pi} \boldsymbol{e}_r \vartheta \sin \vartheta \, \mathrm{d}\vartheta \, \mathrm{d}\alpha$$

und

$$\boldsymbol{V} = \int_{(V)} \operatorname{grad} U \, \mathrm{d}V = -U_0 \int_0^R \int_0^\pi \int_0^{2\pi} \mathrm{e}^{-r} \left(\boldsymbol{e}_r \vartheta - \frac{1}{r} \boldsymbol{e}_\vartheta \right) r^2 \sin \vartheta \, \mathrm{d}r \, \mathrm{d}\vartheta \, \mathrm{d}\alpha.$$

Setzen wir $\oint_{(A)} U \, \mathrm{d}\boldsymbol{A} = V_x \boldsymbol{i} + V_y \boldsymbol{j} + V_z \boldsymbol{k}$, so ist mit (1.73) und (1.17b)

$$\begin{aligned} V_z = \boldsymbol{k} \oint_{(A)} U \, \mathrm{d}\boldsymbol{A} &= U_0 \, \mathrm{e}^{-R} R^2 \int_0^\pi \int_0^{2\pi} \boldsymbol{k} \cdot \boldsymbol{e}_r \vartheta \sin \vartheta \, \mathrm{d}\vartheta \, \mathrm{d}\alpha \\ &= U_0 \, \mathrm{e}^{-R} R^2 \int_0^\pi \int_0^{2\pi} \frac{\partial z}{\partial r} \vartheta \sin \vartheta \, \mathrm{d}\vartheta \, \mathrm{d}\alpha \\ &= U_0 \, \mathrm{e}^{-R} R^2 \int_0^\pi \vartheta \sin \vartheta \cos \vartheta \, \mathrm{d}\vartheta \int_0^{2\pi} \mathrm{d}\alpha = -\frac{\pi^2}{2} U_0 \, \mathrm{e}^{-R} R^2 \end{aligned}$$

und

$$\begin{aligned} \boldsymbol{k} \int_{(V)} \operatorname{grad} U \, \mathrm{d}V &= -U_0 \int_0^R \int_0^\pi \int_0^{2\pi} \mathrm{e}^{-r} \left(\frac{\partial z}{\partial r} \vartheta - \frac{1}{r} \frac{\partial z}{\partial \vartheta} \right) r^2 \sin \vartheta \, \mathrm{d}r \, \mathrm{d}\vartheta \, \mathrm{d}\alpha \\ &= -U_0 \int_0^R \mathrm{e}^{-r} r^2 \, dr \cdot \int_0^\pi \sin^2 \vartheta \, \mathrm{d}\vartheta \cdot \int_0^{2\pi} \mathrm{d}\alpha = -\frac{\pi^2}{2} U_0 \, \mathrm{e}^{-R} R^2. \end{aligned}$$

Entsprechend zeigt man, daß die beiden anderen kartesischen Vektorkoordinaten auf den beiden Seiten des Integralsatzes identisch sind.

Taylor-Entwicklung. Wir betrachten in beliebigen Koordinaten die skalare Feldfunktion $U(x_1, x_2, x_3) = U(\boldsymbol{r})$. Die *Taylor-Entwicklung* für $U(x_1 + \Delta x_1, x_2 + \Delta x_2, x_3 + \Delta x_3) = U(\boldsymbol{r} + \Delta \boldsymbol{r})$ liefert

$$U(\boldsymbol{r} + \Delta \boldsymbol{r}) = \sum_{\nu=0}^{3} \frac{1}{\nu!} \left(\sum_{\mu=1}^{3} \Delta x_\mu \frac{\partial}{\partial x_\mu} \right)^{(\nu)} U(\boldsymbol{r}). \tag{2.11}$$

Schreibt man den skalaren Differentialoperator der obigen inneren Summe in der Form

$$\sum_{\lambda=1}^{3} \Delta x_\mu \frac{\partial}{\partial x_\mu} = \left(\sum_{\mu=1}^{3} \boldsymbol{e}_\mu h_\mu \Delta x_\mu \right) \cdot \left(\sum_{\lambda=1}^{3} \boldsymbol{e}_\lambda \frac{1}{h_\lambda} \frac{\partial}{\partial x_\lambda} \right) = \Delta \boldsymbol{r} \cdot \operatorname{grad}, \tag{2.12}$$

so kann man für (2.11) auch formal setzen

$$U(\boldsymbol{r} + \Delta\boldsymbol{r}) = \sum_{\nu=0}^{\infty} \frac{1}{\nu!} (\Delta\boldsymbol{r} \cdot \text{grad})^{(\nu)} U(\boldsymbol{r}). \tag{2.13}$$

Die Bedeutung des symbolischen Ausdrucks $(\Delta\boldsymbol{r} \cdot \text{grad})^{(\nu)} U(\boldsymbol{r})$ ergibt sich aus der Bedeutung des entsprechenden Ausdrucks in (2.11). Wegen

$$\sum_{\mu=1}^{3} \left(\Delta x_\mu \frac{\partial}{\partial x_\mu}\right)^{(\nu)} U(\boldsymbol{r}) = \sum_{\mu_1=1}^{3} \sum_{\mu_2=1}^{3} \dots \sum_{\mu_\nu=1}^{3} \Delta x_{\mu_1} \Delta x_{\mu_2} \dots \Delta x_{\mu_\nu} \frac{\partial^{(\mu_1+\mu_2+\dots+\mu_\nu)}}{\partial x_{\mu_1} \partial x_{\mu_2} \dots \partial x_{\mu_\nu}}$$

und (2.12) ist

$$\begin{aligned}(\Delta\boldsymbol{r} \cdot \text{grad})^{(\nu)} U(\boldsymbol{r}) &= (\Delta\boldsymbol{r} \cdot \text{grad})\,(\Delta\boldsymbol{r} \cdot \text{grad}) \dots (\Delta\boldsymbol{r} \cdot \text{grad})\, U(\boldsymbol{r}) \\ &= \dots \text{grad}\, \{\Delta\boldsymbol{r} \cdot \text{grad}\, [\Delta\boldsymbol{r} \cdot \text{grad}\, U(\boldsymbol{r})]\}.\end{aligned}$$

Der Anfang der Taylor-Entwicklung des Feldes $U(\boldsymbol{r})$ um den Feldpunkt $\boldsymbol{r}$ lautet also:

$$U(\boldsymbol{r} + \Delta\boldsymbol{r}) = U(\boldsymbol{r}) + \Delta\boldsymbol{r} \cdot \text{grad}\, U(\boldsymbol{r}) + \frac{1}{2} \Delta\boldsymbol{r} \cdot \text{grad}\, [\Delta\boldsymbol{r} \cdot \text{grad}\, U(\boldsymbol{r})] + \dots$$

2.1.2. Vektorfeld. Divergenz

Divergenz. Durch eine (2.1) entsprechende Grenzwertbildung kann man aus einem Vektorfeld $\boldsymbol{U}$ ein Skalarfeld herleiten. Dieses Skalarfeld heißt das zu $\boldsymbol{U}$ gehörende *Quellen-* oder *Divergenzfeld*, in Zeichen

$$\boxed{\text{div}\, \boldsymbol{U} = \lim_{\Delta V \to 0} \frac{1}{\Delta V} \oint_{(\Delta A)} \boldsymbol{U} \cdot \text{d}\boldsymbol{A}.} \tag{2.14}$$

Das in (2.14) auftretende Hüllenintegral ist das nach Abschn. 1.2.2. gedeutete Flußintegral des Vektorfeldes $\boldsymbol{U}(\boldsymbol{r})$ und damit ein (gesuchtes) Maß für die Quelleneigenschaften des Feldes im Volumen ΔV bzw. nach Grenzwertbildung im Raumpunkt $\boldsymbol{r}$.

Wir haben wieder nachzuweisen, daß die auf $\boldsymbol{U}(\boldsymbol{r})$ anzuwendende Rechenvorschrift (2.14) tatsächlich ein Skalarfeld liefert. Dazu sind nur ein paar Modifikationen der im letzten Abschnitt ausführlicher dargelegten Gedanken vonnöten.

Im Bild 2.2 gilt mit $\boldsymbol{U} = \sum_{\nu=1}^{3} \boldsymbol{e}_\nu U_\nu$ und den Beziehungen in (1.93c) auf der (x_1, x_2)-Koordinatenfläche

$$\begin{aligned}\boldsymbol{U} \cdot \text{d}\boldsymbol{A} &= \pm\, [U_3 h_1 h_2]_{x_3}\, \text{d}x_1\, \text{d}x_2 \\ &= \pm\, [\boldsymbol{U} \cdot \boldsymbol{e}_3 h_1 h_2]_{x_3}\, \text{d}x_1\, \text{d}x_2.\end{aligned} \tag{2.15}$$

Diesen Ausdruck erhält man auch formal aus dem entsprechenden für $U\,\text{d}\boldsymbol{A}$ aus Abschn. 2.1.1., indem man dort $U\boldsymbol{e}_3$ durch $\boldsymbol{U} \cdot \boldsymbol{e}_3 = U_3$ ersetzt. Ebenso erhält man deshalb alle hier durchzuführenden Rechenschritte zum Beweis von (2.14), indem man in den Ableitungen (2.1) bis (2.3) die genannten Substitutionen mit entsprechendem Index ausführt. Es ergibt sich somit entsprechend (2.3)

$$\begin{aligned}\text{div}\, \boldsymbol{U} &= \lim_{\Delta V \to 0} \frac{1}{\Delta V} \oint_{(\Delta A)} \boldsymbol{U} \cdot \text{d}\boldsymbol{A} \\ &= \frac{1}{h_1 h_2 h_3} \left[\frac{\partial\, (U_1 h_2 h_3)}{\partial x_1} + \frac{\partial\, (U_2 h_1 h_3)}{\partial x_2} + \frac{\partial\, (U_3 h_1 h_2)}{\partial x_3}\right]\end{aligned} \tag{2.16a}$$

oder

$$\boxed{\text{div}\, \boldsymbol{U} = \frac{1}{h} \sum_{\nu=1}^{3} \frac{\partial}{\partial x_\nu} \left(\frac{h}{h_\nu} U_\nu\right).} \tag{2.16b}$$

Speziell für kartesische Koordinaten erhält man wieder einfacher

$$\boxed{\operatorname{div} \boldsymbol{U} = \frac{\partial U_x}{\partial x} + \frac{\partial U_y}{\partial y} + \frac{\partial U_z}{\partial z}.} \tag{2.16c}$$

Eigenschaften der Divergenz. Wir führen sie erst an und werden anschließend noch einige genauere Aussagen machen:
Die Divergenz div $\boldsymbol{U}$ eines Vektorfeldes $\boldsymbol{U}(\boldsymbol{r})$ ist ein Maß für die „Quellenstärke" von $\boldsymbol{U}(\boldsymbol{r})$ im Raumpunkt $\boldsymbol{r}$ (ein Maß für die Zahl der in der Volumeneinheit entstehenden oder endenden Feldlinien).
Diese wesentlichste Eigenschaft von div $\boldsymbol{U}$ läßt sich sofort erkennen, schreibt man (2.14) in der äquivalenten Form (vgl. (2.8))

$$\operatorname{div} \boldsymbol{U} + \varepsilon = \frac{1}{\Delta V} \oint_{(\Delta V)} \boldsymbol{U} \cdot \mathrm{d}\boldsymbol{A} \qquad (\varepsilon \to 0 \text{ für } \Delta V \to 0). \tag{2.17}$$

Sicherlich ist $\oint \boldsymbol{U} \cdot \mathrm{d}\boldsymbol{A} = 0$ in einem homogenen Feld (s. Abschn. 1.1.4.). Allgemeiner verschwindet $\oint \boldsymbol{U} \cdot \mathrm{d}\boldsymbol{A}$ und damit wegen (2.17) auch div $\boldsymbol{U}$, wenn der in die Kugel mit dem Volumen ΔV eintretende Vektorfluß gleich dem heraustretenden Vektorfluß ist. Ist das aber nicht der Fall, gibt es also Feldlinien, die im Innern der Kugel K beginnen oder enden (gibt es in K *Quellen* oder *Senken*), so ist $\oint \boldsymbol{U} \cdot \mathrm{d}\boldsymbol{A} \neq 0$ und damit div $\boldsymbol{U} \neq 0$ (Bild 2.9). Die Divergenz ist damit ein Maß für die „Quellendichte" des Feldes $\boldsymbol{U}(\boldsymbol{r})$ an der Stelle $\boldsymbol{r}$.

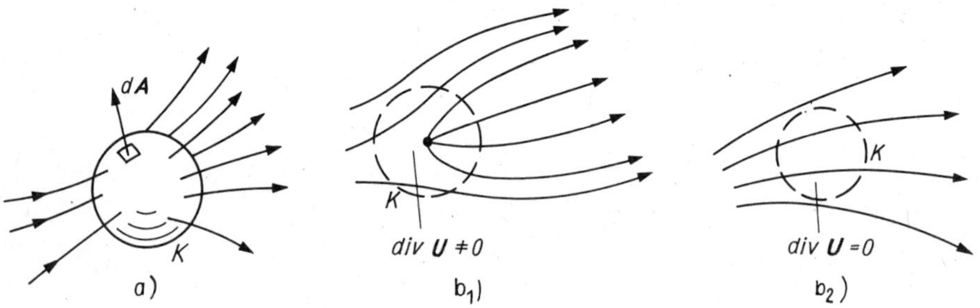

Bild 2.9. Zur Veranschaulichung der Divergenz
a) Divergenz und Quellstärke
b_1) Bereich mit nichtverschwindender Quellstärke
b_2) Bereich mit verschwindender Quellstärke

Man sagt
div $\boldsymbol{U} > 0$: Das Vektorfeld $\boldsymbol{U}(\boldsymbol{r})$ besitzt am Ort $\boldsymbol{r}$ eine *Quelle* (Bild 2.9a und b_1).
div $\boldsymbol{U} < 0$: Das Vektorfeld $\boldsymbol{U}(\boldsymbol{r})$ besitzt am Ort $\boldsymbol{r}$ eine *Senke* („negative" Quelle).
div $\boldsymbol{U} = 0$: Das Vektorfeld $\boldsymbol{U}(\boldsymbol{r})$ ist am Ort $\boldsymbol{r}$ *quellenfrei* (Bild 2.9b_2).

Letztere Aussage wird mathematisch wie folgt präzisiert:
Ein Vektorfeld $\boldsymbol{U}(\boldsymbol{r})$ heißt am Ort $\boldsymbol{r}$ quellenfrei genau dann, wenn in $\boldsymbol{r}$ gilt div $\boldsymbol{U} = 0$.
Oder:

Ein Vektorfeld $\boldsymbol{U}(\boldsymbol{r})$ heißt quellenfrei in B genau dann, wenn in allen Raumpunkten $\boldsymbol{r}$ des räumlichen Bereiches B div $\boldsymbol{U} = 0$ *gilt.*

Die Divergenz div $\boldsymbol{U}$ ist ein skalarer Wert. Damit wird einem Vektorfeld $\boldsymbol{U}(\boldsymbol{r})$ durch Divergenzbildung ein Skalarfeld div $\boldsymbol{U}$ zugeordnet.

Beispiele. Wir wollen den Divergenzbegriff auf eine *Raumladung* mit der Ladungsdichte $\varrho(\boldsymbol{r})$ und der Gesamtladung $Q = \oint \varrho \cdot \mathrm{d}V$ anwenden. Aus dem *Grundgesetz der Elektrostatik*

$$Q = \int_{(V)} \varrho \cdot \mathrm{d}V = \oint_{(A)} \boldsymbol{D} \cdot \mathrm{d}\boldsymbol{A},$$

worin Q die von A eingeschlossene Ladung bezeichnet, folgt nach Division mit V und Grenzwertbildung ($V \to 0$)

$$\lim_{V\to 0} \frac{1}{V} \oint_{(A)} \boldsymbol{D} \cdot \mathrm{d}\boldsymbol{A} = \operatorname{div} \boldsymbol{D} = \lim_{V\to 0} \frac{1}{V} \int_{(V)} \varrho \cdot \mathrm{d}V = \varrho. \tag{2.18}$$

In Worten: *Die Divergenz des Vektorfeldes der Verschiebungsdichte* $\boldsymbol{D}$ *ist an jedem Ort gleich der Raumladungsdichte* ϱ (die Ladungen sind die Quellen und Senken der $\boldsymbol{D}$-Feldlinien). Anders ist es bei magnetischen Feldern. Wegen des *Grundgesetzes der Magnetostatik*

$$\oint_{(A)} \boldsymbol{B} \cdot \mathrm{d}\boldsymbol{A} = 0 \tag{2.19a}$$

ist auch an jeder Stelle des Feldes

$$\operatorname{div} \boldsymbol{B} = 0. \tag{2.19b}$$

Das Feld der magnetischen Induktion ist hiernach überall quellenfrei (senkenfrei).

2. Integralsatz von Gauß. Die gleichen Überlegungen wie im Abschn. 2.1.1. c führen zu einem wichtigen Zusammenhang zwischen Flächen- und Volumenintegralen in Vektorfeldern, nämlich zu dem *2. Integralsatz von Gauß* (vgl. Bild 2.10)

$$\boxed{\oint_{(A)} \boldsymbol{U} \cdot \mathrm{d}\boldsymbol{A} = \int_{(V)} \operatorname{div} \boldsymbol{U}\, \mathrm{d}V.} \tag{2.20}$$

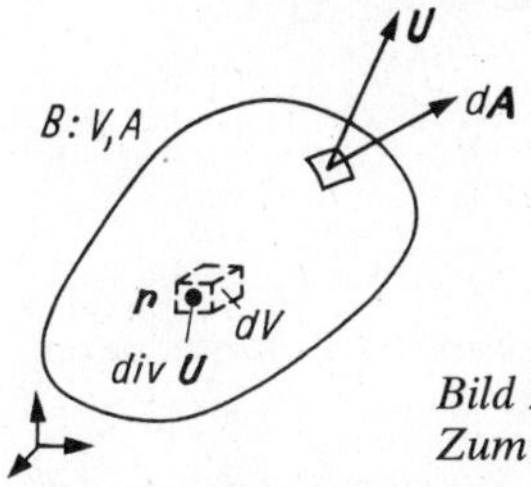

Bild 2.10
Zum 2. Integralsatz von Gauß

Wie in allen anderen Fällen ist A die Oberfläche des räumlichen Bereiches B mit dem Volumen V. *Nach (2.20) ist in einem Vektorfeld* $\boldsymbol{U}$ *das skalare Flächenintegral über eine geschlossene Fläche gleich dem Volumenintegral des zugeordneten Skalarfeldes* div $\boldsymbol{U}$ *über das von A eingeschlossene Volumen.*

Auch in (2.20) braucht der räumliche Bereich nicht einfach zusammenhängend zu sein. Wesentlich aber ist wieder, daß $\boldsymbol{U}$ „genügend stetig" ist, was z. B. der Fall ist, wenn die in (2.20) auftretenden Integranden in den jeweiligen Integrationsbereichen stetig sind.

Sind die auftretenden Felder in bezug auf ein gewähltes Koordinatensystem nur von zwei Raumkoordinaten abhängig (zweidimensionale Felder), so läßt sich der vorstehende Integralsatz wie folgt spezialisieren: Es sei z. B. $\boldsymbol{U}$ unabhängig von x_3, und in dem verwendeten Koordinatensystem seien h_1, h_2 und h_3 ebenfalls keine Funktionen von x_3 (was z. B. für alle Rotations- und Zylinderkoordinatensysteme der Fall ist). Dann ist

$$\int_{(V)} \operatorname{div} \boldsymbol{U}\, \mathrm{d}V = \iiint \operatorname{div} \boldsymbol{U}\, |\mathrm{d}\boldsymbol{A}_{(x_1,x_2)}|\, h_3\, \mathrm{d}x_3 = \Delta x_3 \iint h_3 \operatorname{div} \boldsymbol{U}\, \mathrm{d}A, \qquad (|\mathrm{d}\boldsymbol{A}_{(x_1,x_2)}| = \mathrm{d}A), \tag{2.21}$$

wenn der betrachtete räumliche Bereich B von zwei (x_1, x_2)-Koordinatenflächen und einer aus (x_3)-Koordinatenlinien gebildeten (Mantel-) Fläche begrenzt wird (Bild 2.11). Andererseits erhält man für die linke Seite von (2.20)

$$\oint_{(A)} \boldsymbol{U} \cdot \mathrm{d}\boldsymbol{A} = \int_{(M)} \boldsymbol{U} \cdot \boldsymbol{n}\, \mathrm{d}A + \int_{(x_3, x_3+\Delta x_3)} \boldsymbol{U} \cdot \mathrm{d}\boldsymbol{A}_{(x_1,x_2)} = \int_{(M)} \boldsymbol{U} \cdot \boldsymbol{n}\, \mathrm{d}A$$

$$= \iint_{(M)} \boldsymbol{U} \cdot \boldsymbol{n} \left| \frac{\partial \boldsymbol{r}}{\partial u} \times \frac{\partial \boldsymbol{r}}{\partial x_3} \right| \mathrm{d}u\, \mathrm{d}x_3 = \iint_{(M)} h_3 \boldsymbol{U} \cdot \boldsymbol{n} \left| \frac{\partial \boldsymbol{r}}{\partial u} \right| |\boldsymbol{e}_3|\, \mathrm{d}u\, \mathrm{d}x_3$$

$$= \iint_{(M)} h_3 \boldsymbol{U} \cdot \boldsymbol{n}\, \mathrm{d}r\, \mathrm{d}x_3,$$

wenn man berücksichtigt, daß sich die zwei Integrale über die (x_1, x_2)-Koordinatenflächen wegen der Unabhängigkeit des Vektors $\boldsymbol{U}$ von x_3 gegenseitig aufheben (Bild 2.11). Ist auch $\boldsymbol{U} \cdot \boldsymbol{n}$ von x_3 unabhängig, so folgt

$$\oint_{(A)} \boldsymbol{U} \cdot \mathrm{d}\boldsymbol{A} = \Delta x_3 \int_{(S)} h_3 \boldsymbol{U} \cdot \boldsymbol{n}\, \mathrm{d}r,$$

und wegen (2.20) und (2.21) der spezielle 2. Integralsatz von *Gauß*

$$\int_{(S)} h_3 \boldsymbol{U} \cdot \boldsymbol{n}\, \mathrm{d}r = \int_{(A)} h_3 \operatorname{div} \boldsymbol{U}\, \mathrm{d}A. \tag{2.22a}$$

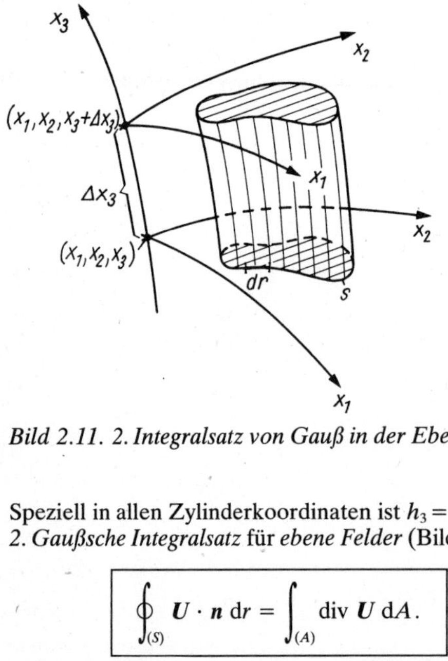

Bild 2.11. 2. Integralsatz von Gauß in der Ebene

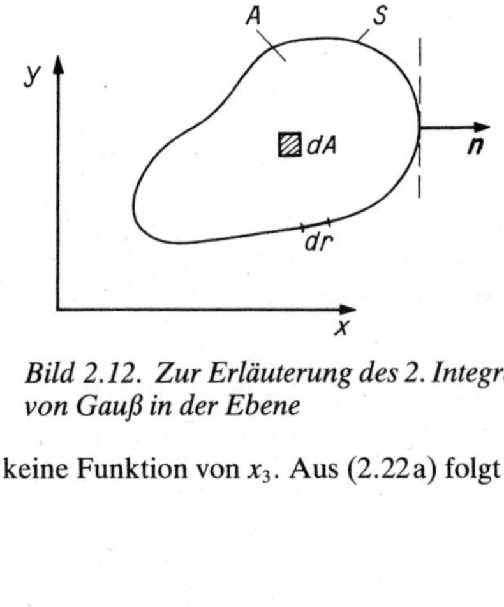

Bild 2.12. Zur Erläuterung des 2. Integralsatzes von Gauß in der Ebene

Speziell in allen Zylinderkoordinaten ist $h_3 = 1$ und $\boldsymbol{n}$ keine Funktion von x_3. Aus (2.22a) folgt dann der *2. Gaußsche Integralsatz* für *ebene Felder* (Bild 2.12)

$$\boxed{\oint_{(S)} \boldsymbol{U} \cdot \boldsymbol{n}\, \mathrm{d}r = \int_{(A)} \operatorname{div} \boldsymbol{U}\, \mathrm{d}A.} \tag{2.22b}$$

Taylor-Entwicklung. Analog (2.11) kann eine Reihenentwicklung des Vektorfeldes $\boldsymbol{U}(\boldsymbol{r})$ in der Umgebung des Feldpunktes $\boldsymbol{r}$ angegeben werden:

$$\boldsymbol{U}(\boldsymbol{r} + \Delta\boldsymbol{r}) = \sum_{\nu=0}^{\infty} \frac{1}{\nu!} \left(\sum_{\mu=1}^{3} \Delta x_\mu \frac{\partial}{\partial x_\mu} \right)^{(\nu)} \boldsymbol{U}(\boldsymbol{r}) = \boldsymbol{U}(\boldsymbol{r}) + \left(\sum_{\mu=1}^{3} \Delta x_\mu \frac{\partial}{\partial x_\mu} \right)^{(\nu)} \boldsymbol{U}(\boldsymbol{r}) + \dots$$

$$= \boldsymbol{U}(\boldsymbol{r}) + \left[\left(\sum_{\mu=1}^{3} \boldsymbol{e}_\mu h_\mu \Delta x_\mu \right) \cdot \left(\sum_{\lambda=1}^{3} \boldsymbol{e}_\lambda \frac{1}{h_\lambda} \frac{\partial}{\partial x_\lambda} \right) \right]^{(\nu)} \boldsymbol{U}(\boldsymbol{r}) + \dots$$

$$= \boldsymbol{U}(\boldsymbol{r}) + (\Delta\boldsymbol{r} \cdot \operatorname{grad})\, \boldsymbol{U}(\boldsymbol{r}) + \dots$$

Den Ausdruck $(\Delta\boldsymbol{r} \cdot \operatorname{grad})\, \boldsymbol{U}(\boldsymbol{r})$[1]) schreibt man auch symbolisch in der Form

$$(\Delta\boldsymbol{r} \cdot \operatorname{grad})\, \boldsymbol{U}(\boldsymbol{r}) = \Delta\boldsymbol{r} \cdot (\operatorname{grad} \boldsymbol{U}(\boldsymbol{r}))$$

und nennt grad $\boldsymbol{U}$ den *Vektorgradienten* von $\boldsymbol{U}$. Ersichtlich ist grad $\boldsymbol{U}$ ein Tensor (2. Stufe). Die vollständige Entwicklung kann dann wieder mit

$$(\Delta \boldsymbol{r} \cdot \text{grad})^{(\nu)}\, \boldsymbol{U} = (\Delta \boldsymbol{r} \cdot \text{grad})\, (\Delta \boldsymbol{r} \cdot \text{grad}) \ldots (\Delta \boldsymbol{r} \cdot \text{grad})\, \boldsymbol{U}(\boldsymbol{r}) \\ \ldots \{(\Delta \boldsymbol{r} \cdot \text{grad})\, [(\Delta \boldsymbol{r} \cdot \text{grad})\, \boldsymbol{U}(\boldsymbol{r})]\} \tag{2.23}$$

in der Form

$$\boldsymbol{U}(\boldsymbol{r} + \Delta \boldsymbol{r}) = \sum_{\nu=0}^{\infty} \frac{1}{\nu!} (\Delta \boldsymbol{r} \cdot \text{grad})^{(\nu)}\, \boldsymbol{U}(\boldsymbol{r})$$

notiert werden.

2.1.3. Vektorfeld. Rotation

Rotation. Aus einem gegebenen Vektorfeld $\boldsymbol{U}$ kann man ein neues Vektorfeld, und zwar das zu $\boldsymbol{U}$ gehörende *Wirbel-* oder *Rotationsfeld*, herleiten. Dieses Feld erhält die Bezeichnung rot $\boldsymbol{U}$, und es ist definiert durch

$$\boxed{\text{rot}\, \boldsymbol{U} = \lim_{\Delta V \to 0} \frac{1}{\Delta V} \oint_{(\Delta A)} \mathrm{d}\boldsymbol{A} \times \boldsymbol{U}.} \tag{2.24}$$

Das Vektorfeld rot $\boldsymbol{U}$ steht im Zusammenhang mit den Wirbeleigenschaften des Vektorfeldes $\boldsymbol{U}(\boldsymbol{r})$.

Daß diese räumliche Grenzwertbildung wirklich zu einem neuen Vektorfeld führt, ist leicht zu zeigen.

Auf den im Bild 2.2 schraffierten Flächenstücken ist mit $\boldsymbol{U} = \sum_{\nu=1}^{3} \boldsymbol{e}_\nu U_\nu$ und (1.93c)

$$\mathrm{d}\boldsymbol{A} \times \boldsymbol{U} = \pm\, [(\boldsymbol{e}_2 U_1 - \boldsymbol{e}_1 U_2)\, h_1 h_2]_{x_3}\, \mathrm{d}x_1\, \mathrm{d}x_2 \\ = \pm\, [\boldsymbol{e}_3 h_1 h_2 \times \boldsymbol{U}]_{x_3}\, \mathrm{d}x_1\, \mathrm{d}x_2, \tag{2.25}$$

da $\boldsymbol{e}_3 \times \boldsymbol{U} = \boldsymbol{e}_2 U_1 - \boldsymbol{e}_1 U_2$ ergibt.

Ersetzt man hierin $\boldsymbol{e}_3 \times \boldsymbol{U}$ formal durch $\boldsymbol{e}_3 \cdot \boldsymbol{U}$, so erhält man einen Ausdruck wie in (2.15). Berücksichtigt man auch die zwei restlichen Flächenpaare, so findet man durch entsprechende Umschreibung von (2.16) die Beziehung

$$\text{rot}\, \boldsymbol{U} = \lim_{\Delta V \to 0} \frac{1}{\Delta V} \oint_{(A)} \mathrm{d}\boldsymbol{A} \times \boldsymbol{U} \\ = \frac{1}{h_1 h_2 h_3} \left[\frac{\partial (\boldsymbol{e}_3 U_2 - \boldsymbol{e}_2 U_3)\, h_2 h_3}{\partial x_1} + \frac{\partial (\boldsymbol{e}_1 U_3 - \boldsymbol{e}_3 U_1)\, h_1 h_3}{\partial x_2} \right. \\ \left. + \frac{\partial (\boldsymbol{e}_2 U_1 - \boldsymbol{e}_1 U_2)\, h_1 h_2}{\partial x_3} \right]$$

oder

$$\boxed{\text{rot}\, \boldsymbol{U} = \frac{1}{h} \sum_{\nu=1}^{3} \frac{\partial}{\partial x_\nu} \left(\frac{h}{h_\nu} \boldsymbol{e}_\nu \times \boldsymbol{U} \right) = \frac{1}{h_1 h_2 h_3} \begin{vmatrix} \boldsymbol{e}_1 h_1 & \boldsymbol{e}_2 h_2 & \boldsymbol{e}_3 h_3 \\ \dfrac{\partial}{\partial x_1} & \dfrac{\partial}{\partial x_2} & \dfrac{\partial}{\partial x_3} \\ U_1 h_1 & U_2 h_2 & U_3 h_3 \end{vmatrix}.} \tag{2.26a}$$

Bei der Verwendung der „symbolischen" Determinantendarstellung (2.26) zur Berechnung der Rotation ist zu beachten, daß sich die Bildung der partiellen Ableitung $\partial/\partial x_\nu$ („Elemente"

[1]) Zum Operator ($\Delta \boldsymbol{r} \cdot$ grad) s. Abschn. 2.2.2.

der zweiten Zeile) nur auf die Elemente der dritten Determinantenzeile bezieht. Um Fehlrechnungen zu vermeiden, sollte man bei Auflösung der Determinante die Elemente der ersten Zeile deshalb grundsätzlich vor die Ableitungen schreiben.
Der für kartesische Koordinaten ($x_1 = x$, $x_2 = y$, $x_3 = z$, $h_\nu = 1$) gültige Ausdruck kann aus (2.26a) unmittelbar abgelesen werden. Er lautet:

$$\operatorname{rot} \boldsymbol{U} = \begin{vmatrix} \boldsymbol{i} & \boldsymbol{j} & \boldsymbol{k} \\ \dfrac{\partial}{\partial x} & \dfrac{\partial}{\partial y} & \dfrac{\partial}{\partial z} \\ U_x & U_y & U_z \end{vmatrix} . \tag{2.26b}$$

Der Determinantenausdruck in (2.26a) ergibt sich, wenn man beachtet, daß beispielsweise gilt

$$\begin{aligned} \frac{\partial\, (\boldsymbol{e}_3 U_2 h_2 h_3)}{\partial x_1} &= \boldsymbol{e}_3 h_3 \frac{\partial\, (U_2 h_2)}{\partial x_1} + \frac{\partial\, (\boldsymbol{e}_3 h_3)}{\partial x_1} U_2 h_2 \\ &= \boldsymbol{e}_3 h_3 \frac{\partial\, (U_2 h_2)}{\partial x_1} + \frac{\partial^2 \boldsymbol{r}}{\partial x_3\, \partial x_1} U_2 h_2 , \end{aligned} \tag{2.27}$$

wobei noch (1.93c) berücksichtigt wurde. Schreibt man analog (2.27) alle sechs Summanden aus der runden Klammer in (2.26a) auf, so findet man, daß sich alle zweiten partiellen Ableitungen von $\boldsymbol{r}$ nach den Ortskoordinaten wegheben. Die übrigbleibenden Glieder können formal zu der (symbolischen) Determinante in (2.26) zusammengestellt werden.

Eigenschaften der Rotation. Die Grundeigenschaften der Rotation lauten:
1. *Die Rotation* rot $\boldsymbol{U}$ *eines Vektorfeldes* $\boldsymbol{U}(\boldsymbol{r})$ *ist ein Vektor in Richtung der Tangente einer Wirbellinie w am Ort* $\boldsymbol{r}$.
2. *Der Betrag der Rotation* |rot $\boldsymbol{U}$| *ist ein Maß für die „Wirbelstärke" des Feldes.*

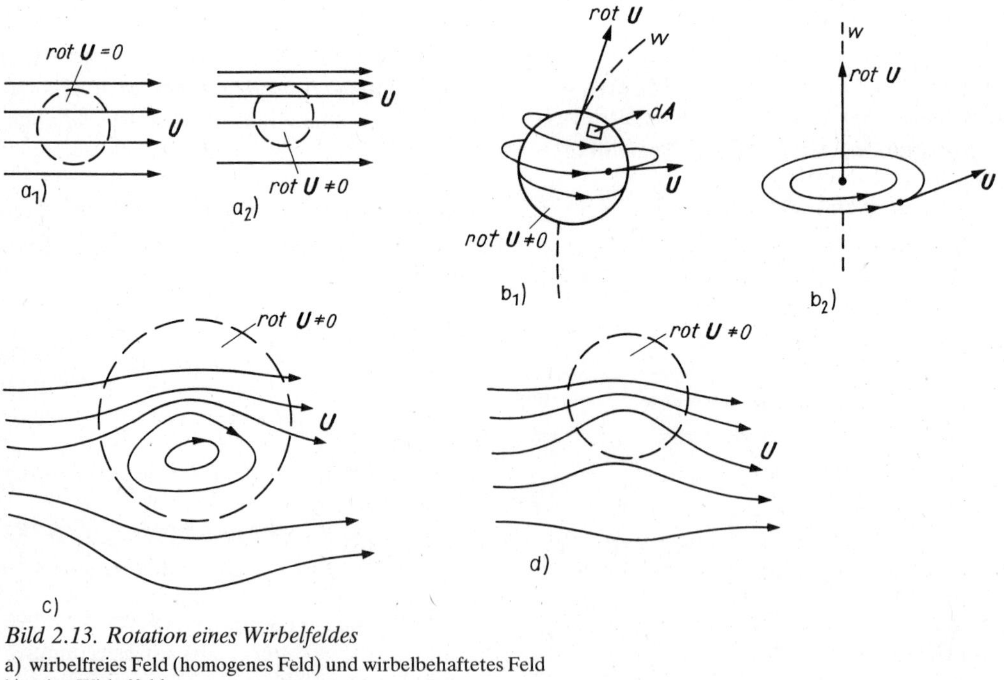

Bild 2.13. Rotation eines Wirbelfeldes
a) wirbelfreies Feld (homogenes Feld) und wirbelbehaftetes Feld
b) reine Wirbelfelder
c) wirbelbehaftetes Feld mit geschlossenen Feldlinien
d) wirbelbehaftetes Feld ohne geschlossene Feldlinien

Die Grundeigenschaften können wieder aus der allgemeinen Integraldefinition gefolgert werden. Es gilt mit (2.24)

$$\operatorname{rot} \boldsymbol{U} + \varepsilon = \frac{1}{\Delta V} \oint_{(\Delta A)} \mathrm{d}\boldsymbol{A} \times \boldsymbol{U} \tag{2.28}$$

mit $\varepsilon \to 0$ für $\Delta V \to 0$.

Den Betrachtungen anhand der Feldbilder von Bild 2.13 soll ein kugelförmiger Bereich K mit der Hüllfläche A_k zugrunde gelegt werden. Für das homogene Feld (Bild 2.13 a_1) ist ersichtlich nach (2.28) $\oint_{(A_k)} \mathrm{d}\boldsymbol{A} \times \mathrm{d}\boldsymbol{U} = 0$ und damit auch rot $\boldsymbol{U}$ in K; denn auf der gesamten Hüllfläche können paarweise Flächenelemente angegeben werden, für die die Vektoren $\mathrm{d}\boldsymbol{A} \times \boldsymbol{U}$ betragsmäßig gleich, aber entgegengesetzt gerichtet sind. Das Hüllenintegral und die Rotation nehmen demzufolge den Wert Null an.

Dies trifft für das inhomogene Feld nach Bild 2.13 a_2 nicht zu, und es ist rot $\boldsymbol{U} \neq 0$ in K.

Gibt es in sich geschlossene Feldlinien (Wirbelfeld, Bild 2.13b), so kann in diesem Bereich sicherlich rot $\boldsymbol{U} \neq 0$ sein, da $\oint_{(A_k)} \mathrm{d}\boldsymbol{A} \times \boldsymbol{U}$ nicht mehr zu verschwinden braucht, was aus der Anschauung unmittelbar einzusehen ist. Es verbleibt ein resultierender Vektor, der sich als Tangentenvektor an die Wirbellinie w (s. auch Abschn. 1.1.4.) des Vektorfeldes $\boldsymbol{U}(r)$ ergibt und durch die Grenzwertbildung die Eigenschaft einer Dichtegröße (Feldgröße) erhält. Deshalb wird rot $\boldsymbol{U}$ auch als *Wirbel* des Vektorfeldes $\boldsymbol{U}(r)$ bezeichnet, und $|\operatorname{rot} \boldsymbol{U}|$ ist ein Maß für die Stärke (Intensität) des Wirbels. Die Zuordnung von $\boldsymbol{U}$ und rot $\boldsymbol{U}$ erfolgt im Sinne einer Rechtsschraube. Dabei ist aber zu beachten, daß es nicht unbedingt zur Ausbildung von im Endlichen geschlossenen Feldlinien kommen muß, damit rot $\boldsymbol{U} \neq 0$ ist. Es genügt bereits eine Feldverzerrung des im Bild 2.13d dargestellten Typs, um Bereiche zu schaffen, in denen $\oint_{(\Delta A)} \mathrm{d}\boldsymbol{A} \times \boldsymbol{U}$ und damit rot $\boldsymbol{U}$ nicht mehr den Wert Null ergibt.

Vorstehender Sachverhalt wird nun mathematisch wie folgt präzisiert:

Ein Vektorfeld $\boldsymbol{U}(\boldsymbol{r})$ heißt am Ort $\boldsymbol{r}$ wirbelfrei genau dann, wenn in $\boldsymbol{r}$ gilt rot $\boldsymbol{U}(\boldsymbol{r}) = 0$.

Oder:

Ein Vektorfeld $\boldsymbol{U}(\boldsymbol{r})$ heißt wirbelfrei in einem räumlichen Bereich B genau dann, wenn für alle $\boldsymbol{r}$ aus B rot $\boldsymbol{U} = 0$ *gilt.*

Durch die Rotationsbildung wird jedem Vektorfeld $\boldsymbol{U}(\boldsymbol{r})$ ein Vektorfeld rot $\boldsymbol{U}$ zugeordnet.

3. Integralsatz von Gauß. Die in (2.28) angegebene Relation kann wieder leicht zu einem Integralsatz, dem *3. Integralsatz von Gauß*, erweitert werden:

$$\boxed{\oint_{(A)} \mathrm{d}\boldsymbol{A} \times \boldsymbol{U} = \int_{(V)} \operatorname{rot} \boldsymbol{U} \, \mathrm{d}V.} \tag{2.29}$$

Nach diesem Satz ist – bis auf das Vorzeichen – *das vektorielle Flächenintegral des Vektorfeldes $\boldsymbol{U}$ über eine geschlossene Fläche A gleich dem Volumenintegral des zugehörigen Rotationsfeldes* rot $\boldsymbol{U}$ *über das von A eingeschlossene Volumen.* Die allgemeinen Überlegungen, die diesen Satz zur Folge haben, sind den bei der Ableitung des 1. Integralsatzes von *Gauß* benutzten völlig analog. Wieder handelt es sich bei der Relation (2.29) um einen Zusammenhang zwischen Oberflächen- und Volumenintegralen in Vektorfeldern.

Beispiele. Wir betrachten nun noch einige Beispiele zu dem Stoff der letzten drei Abschnitte. Gegeben seien die Felder

$$U(x, y, z) = 4xy + \mathrm{e}^{ax}$$

$$\boldsymbol{U}(\varrho, \alpha, z) = \boldsymbol{e}_\varrho \sin a\varrho \cdot \cos \alpha .$$

Damit ist

$$\operatorname{grad} U = \boldsymbol{i}\,\frac{\partial U}{\partial x} + \boldsymbol{j}\,\frac{\partial U}{\partial y} + \boldsymbol{k}\,\frac{\partial U}{\partial z} = \boldsymbol{i}\,(4y + a\,e^{ax}) + \boldsymbol{j}4x$$

$$\operatorname{div} \boldsymbol{U} = \frac{1}{\varrho}\,\frac{\partial\,(\varrho U_\varrho)}{\partial \varrho} + \frac{1}{\varrho}\,\frac{\partial U_\alpha}{\partial \alpha} + \frac{\partial U_z}{\partial z} = \frac{1}{\varrho}\,\frac{\partial}{\partial \varrho}(\varrho U_\varrho) = \frac{1}{\varrho}\,\frac{\partial}{\partial \varrho}(\varrho \sin a\varrho \cdot \cos\alpha)$$

$$= \frac{1}{\varrho}\cos\alpha\,[\varrho a \cos a\varrho + \sin a\varrho]$$

$$\operatorname{rot} \boldsymbol{U} = \frac{1}{\varrho}\begin{vmatrix} \boldsymbol{e}_\varrho & \boldsymbol{e}_\alpha \varrho & \boldsymbol{e}_z \\ \dfrac{\partial}{\partial \varrho} & \dfrac{\partial}{\partial \alpha} & \dfrac{\partial}{\partial z} \\ U_\varrho & 0 & 0 \end{vmatrix}$$

$$= \frac{1}{\varrho}\left[\boldsymbol{e}_\alpha \varrho\,\frac{\partial U_\varrho}{\partial z} - \boldsymbol{e}_z\,\frac{\partial U_\varrho}{\partial \alpha}\right] = \boldsymbol{e}_z\,\frac{1}{\varrho}\sin a\varrho \cdot \sin\alpha.$$

Schreiben wir $\boldsymbol{U}(\varrho, \alpha, z)$ auf kartesische Koordinaten um, so erhalten wir mit (1.54) und (1.17)

$$\boldsymbol{U}(x, y, z) = \left(\boldsymbol{i}\,\frac{\partial x}{\partial \varrho} + \boldsymbol{j}\,\frac{\partial y}{\partial \varrho} + \boldsymbol{k}\,\frac{\partial z}{\partial \varrho}\right)\sin a\varrho \cdot \cos\alpha$$

$$= (\boldsymbol{i}\cos\alpha + \boldsymbol{j}\sin\alpha)\sin a\varrho\cos\alpha$$

$$= \boldsymbol{i}\sin a\varrho \cdot \cos^2\alpha + \boldsymbol{j}\sin a\varrho\sin\alpha\cos\alpha$$

$$= \boldsymbol{i}\,\frac{x^2}{x^2+y^2}\sin a\sqrt{x^2+y^2} + \boldsymbol{j}\,\frac{xy}{x^2+y^2}\sin a\sqrt{x^2+y^2}.$$

Die Bildung der Rotation in kartesischen Koordinaten ist nun wesentlich aufwendiger. Man erhält

$$\operatorname{rot} \boldsymbol{U} = \begin{vmatrix} \boldsymbol{i} & \boldsymbol{j} & \boldsymbol{k} \\ \dfrac{\partial}{\partial x} & \dfrac{\partial}{\partial y} & \dfrac{\partial}{\partial z} \\ U_x & U_y & 0 \end{vmatrix}$$

$$= -\boldsymbol{i}\,\frac{\partial U_y}{\partial z} + \boldsymbol{j}\,\frac{\partial U_x}{\partial z} + \boldsymbol{k}\left(\frac{\partial U_y}{\partial x} - \frac{\partial U_x}{\partial y}\right) = \boldsymbol{k}\left(\frac{\partial U_y}{\partial x} - \frac{\partial U_x}{\partial y}\right)$$

$$= \boldsymbol{k}\left[\sin a\sqrt{x^2+y^2}\,\frac{(x^2+y^2)\,y - 2x^2y}{(x^2+y^2)^2} + \frac{xy}{x^2+y^2}\cos a\sqrt{x^2+y^2}\cdot\frac{2ax}{2\sqrt{x^2+y^2}}\right.$$

$$\left. - \sin a\sqrt{x^2+y^2}\,\frac{(-x^2)\,2y}{(x^2+y^2)^2} - \frac{x^2}{x^2+y^2}\cos a\sqrt{x^2+y^2}\cdot\frac{a2y}{2\sqrt{x^2+y^2}}\right]$$

$$= \boldsymbol{k}\sin a\sqrt{x^2+y^2}\cdot\frac{y}{x^2+y^2}.$$

Führt man nun wieder Zylinderkoordinaten ein, so ist in Übereinstimmung mit dem ersten Ergebnis

$$\operatorname{rot} \boldsymbol{U} = \boldsymbol{e}_z\,\frac{1}{\varrho}\sin a\varrho \cdot \sin\alpha.$$

Das Ergebnis hängt also, wie es sein muß, nicht davon ab, in welchem Koordinatensystem gerechnet wird (!).

Schließlich bilden wir noch

$$\operatorname{rot}(\operatorname{grad} U) = \begin{vmatrix} \boldsymbol{i} & \boldsymbol{j} & \boldsymbol{k} \\ \dfrac{\partial}{\partial x} & \dfrac{\partial}{\partial y} & \dfrac{\partial}{\partial z} \\ 4y + a\,e^{ax} & 4x & 0 \end{vmatrix} = \boldsymbol{i}\cdot 0 + \boldsymbol{j}\cdot 0 + \boldsymbol{k}\,(4-4) = 0$$

$$\operatorname{div}(\operatorname{rot} \boldsymbol{U}) = \frac{1}{\varrho}\left[\frac{\partial}{\partial z}(\varrho U_z)\right] = \frac{\partial}{\partial z}U_z = 0.$$

Es wird sich noch zeigen, daß die beiden letzten kombinierten Operationen nicht zufällig das Ergebnis Null ergeben.

2.1.4. Integralsätze von Stokes

1. Integralsatz von Stokes. Die Gaußschen Integralsätze vermitteln einen Zusammenhang zwischen Flächen- und Volumenintegralen. Eine zweite Gruppe von Integralsätzen, die *Stokesschen Integralsätze*, geben einen Zusammenhang zwischen Linien- und Flächenintegralen. Der *1. Integralsatz von Stokes* lautet:

$$\oint_{(S)} U \, d\mathbf{r} = \int_{(A)} d\mathbf{A} \times \operatorname{grad} U, \tag{2.30}$$

in Worten: *Das Linienintegral der skalaren Feldfunktion U entlang einer geschlossenen Kurve S ist identisch mit dem vektoriellen Flächenintegral des zugehörigen Gradientenfeldes* grad *U über eine beliebige in S eingespannte Fläche A.*

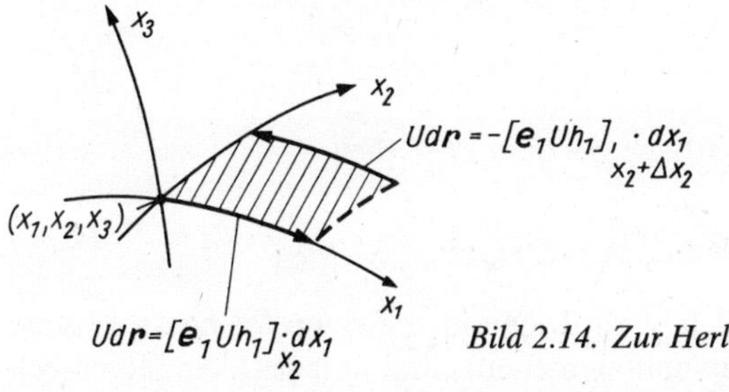

Bild 2.14. Zur Herleitung des 1. Integralsatzes von Stokes

Zum Beweis betrachten wir Bild 2.14. Auf einer x_1-Koordinatenlinie ist

$$U \, d\mathbf{r} = (\mathbf{e}_1 U h_1) \, dx_1. \tag{2.31 a}$$

Bilden wir das Integral über die dick ausgezogenen Koordinatenlinien, so erhalten wir

$$\begin{aligned}
\int_{(x_1)} U \, d\mathbf{r} &= \int_{x_1}^{x_1+\Delta x_1} \{[\mathbf{e}_1 U h_1]_{x_2} - [\mathbf{e}_1 U h_1]_{x_2+\Delta x_2}\} \, dx_1 \\
&= -\Delta x_2 \int_{x_1}^{x_1+\Delta x_1} \frac{[\mathbf{e}_1 U h_1]_{x_2+\Delta x_2} - [\mathbf{e}_1 U h_1]_{x_2}}{\Delta x_2} \, dx_1 \\
&= -\Delta x_2 \int_{x_1}^{x_1+\Delta x_1} \left[\left(\frac{\partial\, (\mathbf{e}_1 U h_1)}{\partial x_2}\right)_{x_2} + \boldsymbol{\varepsilon}_1\right] dx_1 \\
&= -\left[\left(\frac{\partial\, (\mathbf{e}_1 U h_1)}{\partial x_2}\right)_{x_1, x_2} + \boldsymbol{\varepsilon}'\right] \Delta x_1 \Delta x_2.
\end{aligned} \tag{2.31 b}$$

Durch Vertauschen der Indizes und des Vorzeichens erhält man das Integral über die beiden restlichen Wegstücke des rechteckförmigen Umlaufwegs. Insgesamt ist

$$\begin{aligned}
\oint_{(x_1, x_2)} U \, d\mathbf{r} &= \int_{(x_1)} U \, d\mathbf{r} + \int_{(x_2)} U \, d\mathbf{r} \\
&= \left(\frac{\partial\, (\mathbf{e}_2 U h_2)}{\partial x_1} - \frac{\partial\, (\mathbf{e}_1 U h_1)}{\partial x_2} + \boldsymbol{\varepsilon}\right) \Delta x_1 \Delta x_2.
\end{aligned} \tag{2.32}$$

Dabei sind alle $\boldsymbol{\varepsilon}$-Größen wieder nicht näher bestimmte (Vektor-) Größen, die dem Betrage nach verschwinden, wenn Δx_1 und Δx_2 gegen Null streben.

Der oben in der Klammer vorkommende Ausdruck läßt sich vereinfachen:

$$\frac{\partial\,(\boldsymbol{e}_2 U h_2)}{\partial x_1} - \frac{\partial\,(\boldsymbol{e}_1 U h_1)}{\partial x_2} = \boldsymbol{e}_2 h_2 \frac{\partial U}{\partial x_1} - \boldsymbol{e}_1 h_1 \frac{\partial U}{\partial x_2}. \tag{2.33}$$

Die zunächst noch auftretenden zwei weiteren Glieder $U[\partial\,(\boldsymbol{e}_2 h_2)]/\partial x_1$ und $U[\partial\,(\boldsymbol{e}_1 h_1)]/\partial x_2$ heben sich weg, da sie beide wegen (1.93c) mit $\partial^2 \boldsymbol{r}/(\partial x_1 \partial x_2)$ identisch sind.
Ein Vergleich mit (2.3) zeigt ferner, daß in (2.33) gilt

$$\boldsymbol{e}_2 h_2 \frac{\partial U}{\partial x_1} - \boldsymbol{e}_1 h_1 \frac{\partial U}{\partial x_2} = (\boldsymbol{e}_3 \times \operatorname{grad} U)\, h_1 h_2. \tag{2.34}$$

Anstelle von (2.32) darf also mit (2.33) und (2.34) gesetzt werden

$$\oint_{(x_1, x_2)} U\, \mathrm{d}\boldsymbol{r} = (\boldsymbol{e}_3 \times \operatorname{grad} U + \boldsymbol{\varepsilon}')\, h_1 h_2 \Delta x_1 \Delta x_2 \qquad \left(\boldsymbol{\varepsilon}' = \frac{\boldsymbol{\varepsilon}}{h_1 h_2}\right)$$

oder mit Beachtung von (1.93c) und der Umschreibung $\boldsymbol{\varepsilon}' = \boldsymbol{e}_3 \times \boldsymbol{\varepsilon}''$

$$\oint_{(x_1, x_2)} U\, \mathrm{d}\boldsymbol{r} = \Delta \boldsymbol{A}_{x_1, x_2} \times (\operatorname{grad} U + \boldsymbol{\varepsilon}'') \qquad (\boldsymbol{\varepsilon}'' \to 0 \text{ für } \Delta x_1, \Delta x_2 \to 0). \tag{2.35}$$

Für jede geschlossene Kurve S in der (x_1, x_2)-Ebene gilt dann sicherlich

$$\oint_{(S)} U\, \mathrm{d}\boldsymbol{r} = \int_{(A)} \mathrm{d}\boldsymbol{A} \times \operatorname{grad} U. \tag{2.36}$$

Man sieht die Richtigkeit dieser Beziehung leicht ein, wenn man die von S eingeschlossene (x_1, x_2)-Fläche mit einem System von Koordinatenlinien überzieht. Für jedes kleine Rechteck gilt dann mit (2.35)

$$\begin{aligned}\oint_{(S)} U\, \mathrm{d}\boldsymbol{r} &= [\boldsymbol{e}_3 \times (\operatorname{grad} U + \boldsymbol{\varepsilon}'')]\, \Delta A_{x_1, x_2} \\ &= \Delta \boldsymbol{A}_{x_1, x_2} \times (\operatorname{grad} U + \boldsymbol{\varepsilon}'') \qquad (\Delta \boldsymbol{A}_{x_1, x_2} = \boldsymbol{e}_3 \Delta A_{x_1, x_2}).\end{aligned} \tag{2.37}$$

Bei der Summation über alle Rechtecke aber bleibt auf der einen Seite nur das Linienintegral über die äußeren Rechteckränder stehen (die Integrale über die inneren Ränder heben sich gegenseitig auf). Bei zunehmender Verfeinerung der Unterteilung entsteht dann in der Grenze die Beziehung (2.36). Da man sich schließlich jede Fläche als (x_1, x_2)-Koordinatenfläche eines geeignet gewählten Koordinatensystems vorstellen kann, ist die Formel (2.30) bereits allgemein bewiesen.

2. Integralsatz von Stokes. Die eben durchgeführten Überlegungen lassen sich auf Vektorfelder übertragen. Dabei erhält man den *2. Integralsatz von Stokes*, in Zeichen

$$\boxed{\oint_{(S)} \boldsymbol{U} \cdot \mathrm{d}\boldsymbol{r} = \int_{(A)} \operatorname{rot} \boldsymbol{U} \cdot \mathrm{d}\boldsymbol{A}.} \tag{2.38}$$

*Hiernach ist das Linienintegral des Vektorfeldes **U** entlang einer geschlossenen Kurve S gleich dem Flächenintegral des Vektorfeldes* rot ***U*** *über eine in S eingespannte Fläche* (Bild 2.15).

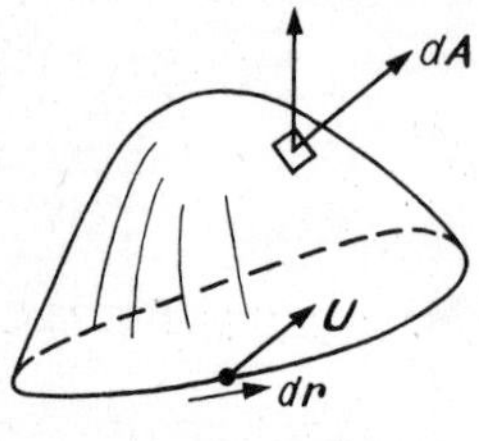

Bild 2.15
Zur Erläuterung des 2. Integralsatzes von Stokes

Die Ableitung dieser zweiten Stokesschen Formel geschieht nach dem Vorbild der ersten Formel. Anstelle von (2.31 a) tritt nun mit $\boldsymbol{U} = \sum_{\nu=1}^{3} \boldsymbol{e}_\nu U_\nu$

$$\boldsymbol{U} \cdot \mathrm{d}\boldsymbol{r} = (\boldsymbol{e}_1 \cdot \boldsymbol{U} h_1)\, \mathrm{d}x_1 = (U_1 h_1)\, \mathrm{d}x_1$$

und damit anstelle von (2.33) unter Beachtung von (2.26)

$$\frac{\partial\,(U_2 h_2)}{\partial x_1} - \frac{\partial\,(U_1 h_1)}{\partial x_2} = (\boldsymbol{e}_3 \cdot \operatorname{rot} \boldsymbol{U})\, h_1 h_2. \tag{2.39}$$

Damit findet man leicht in Parallele zu (2.36) die Formel

$$\oint_{(S)} \boldsymbol{U} \cdot \mathrm{d}\boldsymbol{r} = \int_{(A)} \boldsymbol{e}_3 \cdot \operatorname{rot} \boldsymbol{U}\, \mathrm{d}A_{x_1, x_2} = \int_{(A)} \operatorname{rot} \boldsymbol{U} \cdot \mathrm{d}\boldsymbol{A}_{x_1, x_2},$$

womit (2.38) im wesentlichen bewiesen ist.

Wir bestätigen den 2. Integralsatz von *Stokes* durch ein Beispiel.
Gegeben sei das Feld

$$\boldsymbol{U} = \boldsymbol{U}(r, \vartheta, \alpha) = \boldsymbol{e}_\alpha (1 - ar) \qquad (a = \text{konst.}).$$

Als Integrationsfläche wählen wir die Oberfläche einer Halbkugel oberhalb der Ebene $\vartheta = \pi/2$ mit dem Radius R. Mittelpunkt der Berandung dieser Fläche sei wieder der Koordinatenursprung. Dann ist in Kugelkoordinaten mit (1.93 c) und $x_1 = r$, $x_2 = \vartheta$, $x_3 = \alpha$

$$\oint_{(S)} \boldsymbol{U} \cdot \mathrm{d}\boldsymbol{r} = \oint_{(S)} \boldsymbol{e}_\alpha (1 - ar) \cdot \mathrm{d}\boldsymbol{r}_{(x_3)}$$

$$= \int_0^{2\pi} \boldsymbol{e}_\alpha (1 - ar) \cdot \boldsymbol{e}_\alpha h_3\, \mathrm{d}\alpha = \int_0^{2\pi} (1 - ar)\, r \sin\vartheta \Big|_{\vartheta = \pi/2,\ r = R} \mathrm{d}\alpha$$

$$= R\,(1 - aR)\, 2\pi.$$

Für die rechte Seite von (2.38) benötigen wir

$$\operatorname{rot} \boldsymbol{U} \cdot \mathrm{d}\boldsymbol{A} = \frac{1}{r^2 \sin\vartheta} \begin{vmatrix} \boldsymbol{e}_r & \boldsymbol{e}_\vartheta r & \boldsymbol{e}_\alpha r \sin\vartheta \\ \dfrac{\partial}{\partial r} & \dfrac{\partial}{\partial \vartheta} & \dfrac{\partial}{\partial \alpha} \\ 0 & 0 & (1 - ar)\, r \sin\vartheta \end{vmatrix} \cdot \boldsymbol{e}_r r^2 \sin\vartheta\, \mathrm{d}\vartheta\, \mathrm{d}\alpha$$

$$= \begin{vmatrix} 1 & 0 & 0 \\ \dfrac{\partial}{\partial r} & \dfrac{\partial}{\partial \vartheta} & \dfrac{\partial}{\partial \alpha} \\ 0 & 0 & (1 - ar)\, r \sin\vartheta \end{vmatrix} \mathrm{d}\vartheta \cdot \mathrm{d}\alpha$$

$$= (1 - ar)\, r \cos\vartheta\, \mathrm{d}\vartheta\, \mathrm{d}\alpha.$$

Damit erhalten wir wie oben

$$\int_{(A)} \operatorname{rot} \boldsymbol{U} \cdot \mathrm{d}\boldsymbol{A} = \int_0^{\pi/2} \int_0^{2\pi} (1 - ar)\, r \cos\vartheta \Big|_{r = R} \mathrm{d}\vartheta\, \mathrm{d}\alpha$$

$$= (1 - aR)\, R \int_0^{\pi/2} \cos\vartheta\, \mathrm{d}\vartheta \int_0^{2\pi} \mathrm{d}\alpha = (1 - aR)\, R 2\pi.$$

Zu dem gleichen Ergebnis kommt man, wenn man die Halbkugelfläche durch eine andere in den kreisförmigen Rand eingespannte Fläche ersetzt, z. B. durch die „abgeplattete" Halbkugelfläche

$$r = \frac{b + u^2}{b + (\pi/2)^2} R, \qquad \vartheta = u, \qquad \alpha = v.$$

Während der Ausdruck für rot $\boldsymbol{U}$ erhalten bleibt, ist für d$\boldsymbol{A}$ der entsprechend (1.93 a) zu bildende Ausdruck zu nehmen.

Anwendungen. Das (integrale) *Induktionsgesetz* der Elektrotechnik lautet bekanntlich:

$$\oint_{(S)} \boldsymbol{E} \cdot \mathrm{d}\boldsymbol{r} = -\int_{(A)} \frac{\partial \boldsymbol{B}}{\partial t} \cdot \mathrm{d}\boldsymbol{A}. \qquad (2.40)$$

$\oint \boldsymbol{E} \cdot \mathrm{d}\boldsymbol{r}$ ist die *Umlaufspannung* auf einem geschlossenen Weg S und $\int (\partial \boldsymbol{B}/\partial t)\, \mathrm{d}\boldsymbol{A}$ die *Flußänderung* durch eine in S eingespannte Fläche. Nach (2.38) kann die linke Seite von (2.40) ebenfalls auf ein Flächenintegral umgeformt werden. Man erhält für beliebige Flächen A

$$\int_{(A)} \operatorname{rot} \boldsymbol{E} \cdot \mathrm{d}\boldsymbol{A} = -\int_{(A)} \frac{\partial \boldsymbol{B}}{\partial t} \cdot \mathrm{d}\boldsymbol{A} \qquad (2.41\,\mathrm{A})$$

oder

$$\int_{(A)} \left(\operatorname{rot} \boldsymbol{E} + \frac{\partial \boldsymbol{B}}{\partial t}\right) \mathrm{d}\boldsymbol{A} = 0, \qquad (2.41\,\mathrm{b})$$

was allgemein nur für einen identisch verschwindenden Integranden möglich ist. Somit gilt an jeder Stelle des Raumes das *differentielle Induktionsgesetz*

$$\boxed{\operatorname{rot} \boldsymbol{E} = -\frac{\partial \boldsymbol{B}}{\partial t}.} \qquad (2.42)$$

Dieses Gesetz besagt: *An jedem Punkt* ***r*** *des Raumes ist der Wirbel der elektrischen Feldstärke* ***E*** *gleich der (negativen) zeitlichen Änderung der Induktion* ***B***.

Wir betrachten auch noch das *Durchflutungsgesetz*. Es lautet in integraler Form:

$$\oint_{(S)} \boldsymbol{H} \cdot \mathrm{d}\boldsymbol{r} = \int_{(A)} \left(\boldsymbol{S} + \frac{\partial \boldsymbol{D}}{\partial t}\right) \cdot \mathrm{d}\boldsymbol{A} \qquad (2.43)$$

$\oint \boldsymbol{H} \cdot \mathrm{d}\boldsymbol{r}$ ist hierbei die *magnetische Umlaufspannung* längs S, $\int \boldsymbol{S} \cdot \mathrm{d}\boldsymbol{A}$ der *Leitungsstrom* und $\int \partial \boldsymbol{D}/\partial t \cdot \mathrm{d}\boldsymbol{A}$ der *Verschiebungsstrom* durch eine beliebige in S eingespannte Fläche A.

Da (2.43) formal den gleichen Aufbau wie (2.40) besitzt, gilt offenbar das *differentielle Durchflutungsgesetz*

$$\boxed{\operatorname{rot} \boldsymbol{H} = \boldsymbol{S} + \frac{\partial \boldsymbol{D}}{\partial t},} \qquad (2.44)$$

in Worten: *Der Wirbel der magnetischen Feldstärke ist an jedem Punkt des Raumes gleich der Stromdichte des Gesamtstromes* (Leitungs- und Verschiebungsstrom).

Zusammenfassung. Für Skalar- bzw. Vektorfelder sind folgende Differentialoperatoren definiert:

$$\operatorname{grad} U = \lim_{\Delta V \to 0} \frac{1}{\Delta V} \oint_{(\Delta A)} U \, \mathrm{d}\boldsymbol{A}$$

$$\operatorname{div} \boldsymbol{U} = \lim_{\Delta V \to 0} \frac{1}{\Delta V} \oint_{(\Delta A)} \boldsymbol{U} \cdot \mathrm{d}\boldsymbol{A}$$

$$\operatorname{rot} \boldsymbol{U} = \lim_{\Delta V \to 0} \frac{1}{\Delta V} \oint_{(\Delta A)} \mathrm{d}\boldsymbol{A} \times \boldsymbol{U}.$$

Mit der Operation grad wird ein Skalarfeld in ein Vektorfeld, mit der Operation div ein Vektorfeld in ein Skalarfeld übergeführt. Die Operation rot ordnet einem gegebenen Vektorfeld $\boldsymbol{U}$ ein neues Vektorfeld rot $\boldsymbol{U}$ zu.

Es gelten folgende wichtige Integralsätze:

α) *Sätze von Gauß* (Umformung von Flächenintegralen in Volumenintegrale)

$$\oint_{(A)} U \, \mathrm{d}\boldsymbol{A} = \int_{(V)} \operatorname{grad} U \, \mathrm{d}V \qquad (1.\,\text{Satz})$$

$$\oint_{(A)} \boldsymbol{U} \cdot \mathrm{d}\boldsymbol{A} = \int_{(V)} \operatorname{div} \boldsymbol{U} \, \mathrm{d}V \qquad (2.\,\text{Satz})$$

$$\oint_{(A)} \mathrm{d}\boldsymbol{A} \times \boldsymbol{U} = \int_{(V)} \operatorname{rot} \boldsymbol{U} \, \mathrm{d}V \qquad (3.\,\text{Satz})$$

β) *Sätze von Stokes* (Umformung von Linienintegralen in Flächenintegrale)

$$\oint_{(S)} U \, \mathrm{d}\boldsymbol{r} = \int_{(A)} \mathrm{d}\boldsymbol{A} \times \operatorname{grad} U \qquad (1.\,\text{Satz})$$

$$\oint_{(S)} \boldsymbol{U} \cdot \mathrm{d}\boldsymbol{r} = \int_{(A)} \operatorname{rot} \boldsymbol{U} \cdot \mathrm{d}\boldsymbol{A} \qquad (2.\,\text{Satz})$$

3. Integralsatz von Stokes. Auch für das geschlossene vektorielle Linienintegral läßt sich ein äquivalentes Flächenintegral finden. Wie hier ohne Ableitung mitgeteilt sei, gilt der *3. Integralsatz von Stokes*

$$\oint_{(S)} \mathrm{d}\boldsymbol{r} \times \boldsymbol{U} = \int_{(A)} \operatorname{grad} \boldsymbol{U} \cdot \mathrm{d}\boldsymbol{A} - \int_{(A)} \operatorname{div} \boldsymbol{U} \, \mathrm{d}\boldsymbol{A} \qquad (2.45)$$

Aufgaben zum Abschnitt 2.1.

2.1.–1 Man formuliere den 1. Integralsatz von *Gauß* in Kugelkoordinaten.

2.1.–2 Für das Skalarfeld

$$U = r^2 \sin \vartheta \cos \alpha$$

ist der auf eine Kugelfläche mit dem Koordinatenursprung als Mittelpunkt angewandte 1. Integralsatz von *Gauß* zu bestätigen.

2.1.–3 Zu berechnen ist ($\boldsymbol{r}_0$ = fester Ort)

a) $\operatorname{grad} \dfrac{1}{|\boldsymbol{r} \cdot \boldsymbol{r}_0|}$; b) $\operatorname{grad} f(|\boldsymbol{r} - \boldsymbol{r}_0|)$, $\operatorname{grad} \dfrac{1}{|\boldsymbol{r} - \boldsymbol{r}_0|}$.

2.1.–4 Wie lautet grad U in Kugelkoordinaten und in Rotationskoordinaten?

2.1.–5 Wie lautet der 2. Integralsatz von *Gauß* in Kugelkoordinaten?

2.1.–6 a) Man formuliere div $\boldsymbol{U}$ in Zylinder- und Kugelkoordinaten.
b) Das Feld $\boldsymbol{U}(\boldsymbol{r})$ sei in $\boldsymbol{r}$ quellenfrei. Gilt dasselbe auch für $V(\boldsymbol{r}) \cdot \boldsymbol{U}(\boldsymbol{r})$, wenn $V(\boldsymbol{r})$ eine beliebige skalare Feldfunktion bezeichnet?

2.1.–7 Zu beweisen ist

a) $\displaystyle\oint_{(A)} \mathrm{d}\boldsymbol{A} \times \boldsymbol{E} = -\int_{(V)} \dot{\boldsymbol{B}} \, \mathrm{d}V \quad \left(\dot{\boldsymbol{B}} = \frac{\partial \boldsymbol{B}}{\partial t}\right)$

b) $\operatorname{rot} V\boldsymbol{U} = \mathrm{V} \operatorname{rot} \boldsymbol{U} + \operatorname{grad} \mathrm{V} \times \boldsymbol{U}$; c) $\operatorname{div} \operatorname{rot} \boldsymbol{U} = 0$.

2.1.–8 Zu berechnen sind die Integrale

a) $\displaystyle\oint_{(A)} \operatorname{rot} \boldsymbol{U} \cdot \mathrm{d}\boldsymbol{A}$; b) $\displaystyle\oint_{(A)} \operatorname{rot}_0 \frac{\boldsymbol{U}(\boldsymbol{r}_0)}{|\boldsymbol{r} - \boldsymbol{r}_0|} \, \mathrm{d}\boldsymbol{A}_0$.

2.1.–9 Es ist zu zeigen: Jedes nicht wirbelfreie Feld hat mindestens eine (im Endlichen oder Unendlichen) geschlossene Wirbellinie.

2.1.–10 Folgender Satz ist zu beweisen: In einem wirbelfreien Feld ist das Linienintegral $\int_{(S)} \boldsymbol{U} \cdot \mathrm{d}\boldsymbol{r}$ vom Weg unabhängig.

2.1.–11 Unter welchen Bedingungen haben die elektrischen Größen

$$\Psi = \int_{(A)} \boldsymbol{D} \cdot \mathrm{d}\boldsymbol{A}, \qquad \Phi = \int_{(A)} \boldsymbol{B} \cdot \mathrm{d}\boldsymbol{A}, \qquad U = \int_{(S)} \boldsymbol{E} \cdot \mathrm{d}\boldsymbol{r}, \qquad U_m = \int_{(S)} \boldsymbol{H} \cdot \mathrm{d}\boldsymbol{r}$$

eindeutig bestimmte Werte?

2.2. Differentialoperatoren und Integralsätze II

2.2.1. Nabla- und Laplace-Operator

Nabla-Operator. Schreibt man den Gradienten eines Skalarfeldes

$$\operatorname{grad} U = \frac{1}{h} \sum_{\nu=1}^{3} \frac{\partial}{\partial x_\nu} \left(\frac{h}{h_\nu} \boldsymbol{e}_\nu U \right) \tag{2.46a}$$

formal in der Form

$$\operatorname{grad} U = \left[\frac{1}{h} \sum_{\nu=1}^{3} \frac{\partial}{\partial x_\nu} \left(\frac{h}{h_\nu} \boldsymbol{e}_\nu \bigcirc \right) \right] U, \tag{2.46b}$$

so ist der Ausdruck für grad U in ein „Produkt" aus dem Feld U und eine auf dieses Feld U anzuwendende Rechenvorschrift (mathematische Operation, *Operator*) zerlegt. Man wählt für diese Rechenvorschrift abkürzend das Symbol ∇ *(Nabla-Operator)* und schreibt also symbolisch

$$\boxed{\nabla = \frac{1}{h} \sum_{\nu=1}^{3} \frac{\partial}{\partial x_\nu} \left(\frac{h}{h_\nu} \boldsymbol{e}_\nu \bigcirc \right),} \tag{2.47}$$

damit erhält man

$$\boxed{\operatorname{grad} U = \nabla U.} \tag{2.48}$$

Die durch das Nabla-Symbol (2.47) vorgeschriebene mathematische Operation ist auch die Vorschrift für die Bildung der Divergenz und Rotation, wie wir durch Vergleich mit (2.16b) und (2.26a) sofort erkennen können. Damit hat die Symbolik den Vorteil, alle drei Differentialoperationen einheitlich durch das ∇-Symbol darzustellen. Sie lauten nach Vergleich mit den angeführten Beziehungen zusammenfassend:

$$\boxed{\begin{aligned} \operatorname{grad} U &= \nabla(U) = \nabla U \\ \operatorname{div} \boldsymbol{U} &= \nabla(\cdot\, \boldsymbol{U}) = \nabla \cdot \boldsymbol{U} \\ \operatorname{rot} \boldsymbol{U} &= \nabla(\times\, \boldsymbol{U}) = \nabla \times \boldsymbol{U}. \end{aligned}} \tag{2.49}$$

Diese symbolische Darstellung der Differentialoperatoren div und rot ist natürlich so zu verstehen, daß in (2.47) an die durch einen Kreis gekennzeichnete „Leerstelle" das Symbol U, $\cdot\,\boldsymbol{U}$ bzw. $\times\,\boldsymbol{U}$ zu setzen ist. Die weitere Behandlung der so entstehenden eindeutigen Ausdrücke erfolgt dann nach den im vorstehenden im einzelnen festgelegten Rechenregeln der Vektorrechnung bzw. der Differentialrechnung.

Durch das Auftreten des Basisvektors $\boldsymbol{e}_\nu$ ($\nu = 1, 2, 3$) im ∇-Operator (2.47) erhält dieser vektoriellen Charakter. In vielen Rechnungen (s. auch Abschn. 2.2.2.) ist deshalb der Differentialoperator formal als Vektor anzusehen und als solcher zu behandeln(!).

Stellt man diese drei Grundoperationen der Vektoranalysis noch in geeigneter Schreibweise gegenüber, so ergibt sich eine bemerkenswerte Symmetrie:

$$\operatorname{grad} U = \lim_{V\to 0} \frac{1}{V} \oint_{(A)} \mathrm{d}\boldsymbol{A} \boxed{U} = \left[\frac{1}{h} \sum_{\nu=1}^{3} \frac{\partial}{\partial x_\nu} \left(\frac{h}{h_\nu} \boldsymbol{e}_\nu \circ\right)\right] \boxed{U} = \nabla \boxed{U}$$

$$\operatorname{div} \boldsymbol{U} = \lim_{V\to 0} \frac{1}{V} \oint_{(A)} \mathrm{d}\boldsymbol{A} \boxed{\cdot\, \boldsymbol{U}} = \left[\frac{1}{h} \sum_{\nu=1}^{3} \frac{\partial}{\partial x_\nu} \left(\frac{h}{h_\nu} \boldsymbol{e}_\nu \circ\right)\right] \boxed{\cdot\, \boldsymbol{U}} = \nabla \boxed{\cdot\, \boldsymbol{U}}$$

$$\operatorname{rot} \boldsymbol{U} = \lim_{V\to 0} \frac{1}{V} \oint_{(A)} \mathrm{d}\boldsymbol{A} \boxed{\times\, \boldsymbol{U}} = \left[\frac{1}{h} \sum_{\nu=1}^{3} \frac{\partial}{\partial x_\nu} \left(\frac{h}{h_\nu} \boldsymbol{e}_\nu \circ\right)\right] \boxed{\times\, \boldsymbol{U}} = \nabla \boxed{\times\, \boldsymbol{U}}. \tag{2.50a}$$

Wegen (2.4) besteht hierbei die Identität (die Produktregel der Differentialrechnung gilt auch für Vektoren, s. Aufgabe 2.2–5)

$$\left.\begin{matrix} \operatorname{grad} U \\ \operatorname{div} \boldsymbol{U} \\ \operatorname{rot} \boldsymbol{U} \end{matrix}\right\} = \frac{1}{h} \sum_{\nu=1}^{3} \frac{\partial}{\partial x_\nu} \left(\frac{h}{h_\nu} \boldsymbol{e}_\nu \left\{\begin{matrix} U \\ \cdot\, \boldsymbol{U} \\ \times\, \boldsymbol{U} \end{matrix}\right.\right) = \sum_{\nu=1}^{3} \frac{1}{h_\nu} \boldsymbol{e}_\nu \left\{\begin{matrix} \dfrac{\partial U}{\partial x_\nu} \\ \cdot\, \dfrac{\partial \boldsymbol{U}}{\partial x_\nu} \\ \times\, \dfrac{\partial \boldsymbol{U}}{\partial x_\nu} \end{matrix}\right. . \tag{2.50b}$$

Laplace-Operator. Die definierten und besprochenen Differentialoperatoren grad, div und rot kann man natürlich auch in den verschiedensten Kombinationen (Zusammensetzungen) anwenden. Für die Problemstellungen der Physik sind zwei zusammengesetzte Operationen von besonderer Wichtigkeit, und zwar die Operationen

$$\operatorname{div} \operatorname{grad} U = \nabla \cdot (\nabla U) = \nabla^2 U = \Delta U \tag{2.51a}$$

und

$$\operatorname{grad} \operatorname{div} \boldsymbol{U} - \operatorname{rot} \operatorname{rot} \boldsymbol{U} = \nabla (\nabla \cdot \boldsymbol{U}) - \nabla \times (\nabla \times \boldsymbol{U}) = \boldsymbol{\Delta} \boldsymbol{U}. \tag{2.51b}$$

Wie bereits angegeben, erhalten diese aus den Grundoperationen grad, div und rot kombinierten Feldoperationen die eigenen Operationssymbole Δ bzw. $\boldsymbol{\Delta}$. Diese Operationssymbole heißen *Laplace-Operatoren* oder *Deltaoperatoren*, und zwar ist Δ der *skalare*, $\boldsymbol{\Delta}$ der *vektorielle Laplace-Operator. Dabei ist aber zu beachten, daß Δ nur auf ein Skalarfeld U, $\boldsymbol{\Delta}$ nur auf ein Vektorfeld* $\boldsymbol{U}$ *angewandt werden darf.*[1])
(2.51 a) ist die symbolische Schreibweise des Laplace-Operators. Zu seiner Berechnung ist auf ein Koordinatensystem (x_1, x_2, x_3) überzugehen und ΔU in der Koordinatenschreibweise anzugeben. Setzen wir grad $U = \boldsymbol{U}$, verwenden die Koordinatendarstellung (2.16b) für div $\boldsymbol{U}$ und (2.3b) für $\boldsymbol{U} = \operatorname{grad} U$, so ergibt sich unmittelbar die Koordinatendarstellung des Laplace-Operators ΔU zu

$$\Delta U = \frac{1}{h} \sum_{\nu=1}^{3} \frac{\partial}{\partial x_\nu} \left(\frac{h}{h_\nu^2} \frac{\partial U}{\partial x_\nu}\right). \tag{2.52}$$

[1]) In der mathematischen und technischen Literatur wird in der Bezeichnung beider Operationen kein Unterschied gemacht und der Δ-Operator zur Kennzeichnung verwendet, also geschrieben ΔU und $\Delta \boldsymbol{U}$. Der Charakter des Feldes (Skalar-oder Vektorfeld) entscheidet deshalb darüber, welche Operation – (2.51 a) oder (2.51 b) – ausgeführt werden soll.

Für kartesische Koordinaten werden die Ausdrücke für die Laplace-Operatoren besonders einfach. Man erhält wegen $h = h_\nu = 1$ $(\nu = 1, 2, 3)$

$$\Delta U = \frac{\partial^2 U}{\partial x^2} + \frac{\partial^2 U}{\partial y^2} + \frac{\partial^2 U}{\partial z^2}. \tag{2.53a}$$

Für $\boldsymbol{\Delta U}$ errechnet man mit $\boldsymbol{U} = \boldsymbol{i}U_x + \boldsymbol{j}U_y + \boldsymbol{k}U_z$

$$\boxed{\boldsymbol{\Delta U} = \boldsymbol{i}\,\Delta U_x + \boldsymbol{j}\Delta U_y + \boldsymbol{k}\,\Delta U_z.} \tag{2.53b}$$

Den letzten Ausdruck findet man durch direkte Anwendung der $\boldsymbol{\Delta U}$ gemäß (2.51b) definierenden Feldoperation auf $\boldsymbol{U}$. Die allgemeine Darstellung der Operation $\boldsymbol{\Delta U}$ analog (2.52) in beliebigen Koordinaten führt auf einen relativ umfangreichen Ausdruck [2] (s. auch Abschn. 2.2.1. d).

Harmonische Funktion. Speziell kann in einem gewissen räumlichen Bereich B $\Delta U = 0$ gelten. Dann heißt U eine in *B harmonische Funktion* oder auch ein *Laplace-Feld* bzw. *harmonisches Skalarfeld*.

Ist in einem Zylinderkoordinatensystem mit den Ortskoordinaten (u, v, z) $U(\boldsymbol{r})$ nicht von z abhängig (ebene Felder), so gilt, wie leicht nachzurechnen ($h_1 = h_2$, $h_3 = 1$, s. Abschn. 1.1.2.),

$$\Delta U = \frac{1}{h_1^2}\left(\frac{\partial^2 U}{\partial u^2} + \frac{\partial^2 U}{\partial v^2}\right) \quad \text{bzw.} \quad \Delta U = \frac{\partial^2 U}{\partial x^2} + \frac{\partial^2 U}{\partial y^2} \quad \text{für} \quad u = x,\ v = y.$$

Eine solche zweidimensionale, $\Delta U = 0$ erfüllende skalare Feldfunktion kann stets auch als Realteil (oder Imaginärteil) *einer regulären Funktion $g(\underline{z})$ einer komplexen Veränderlichen $\underline{z} = f(\underline{w}) = f(u + \mathrm{j}v) = x(u, v) + \mathrm{j}y(u, v)$ bzw. $\underline{z} = x + \mathrm{j}y$ aufgefaßt werden*; denn es gilt allgemein: Aus $g[f(u + \mathrm{j}v)] = g[x(u, v) + \mathrm{j}y(u, v)] = U[x(u, v), y(u, v)] + \mathrm{j}V[x(u, v), y(u, v)]$ folgt

$$\frac{\partial^2 U}{\partial u^2} + \frac{\partial^2 U}{\partial v^2} = 0 \quad \text{bzw.} \quad \frac{\partial^2 U}{\partial x^2} + \frac{\partial^2 U}{\partial y^2} = 0 \quad \text{für} \quad u = x,\ v = y, \tag{2.54}$$

falls $g(\underline{z})$ in dem betrachteten Gebiet regulär ist [3]. Umgekehrt folgt aus (2.54) die Existenz einer regulären Funktion $g(\underline{z})$ mit $\mathrm{Re}\,\{g(f(\underline{w}))\} = U$ bzw. $\mathrm{Re}\,\{g(\underline{z})\} = U$. Die Begriffe „harmonische Funktion" und Real- bzw. Imaginärteil einer regulären Funktion einer komplexen Veränderlichen fallen also in der Ebene zusammen. Analog heißt $\boldsymbol{U}$ ein *harmonisches Vektorfeld*, wenn gilt $\boldsymbol{\Delta U} = 0$.

Als Beispiel betrachten wir die Funktion

$$\begin{aligned} g(\underline{z}) &= (1 + \underline{z})\,\mathrm{e}^{\underline{z}} \\ &= [(1 + x) + \mathrm{j}y]\,\mathrm{e}^x\,[\cos y + \mathrm{j}\sin y] \\ &= \mathrm{e}^x\,[(1 + x)\cos y - y\sin y] + \mathrm{j}\,\mathrm{e}^x\,[y\cos y + (1 + x)\sin y]. \end{aligned}$$

Der Realteil

$$U(x, y) = \mathrm{e}^x\,[(1 + x)\cos y - y\sin y]$$

ist eine harmonische Funktion der Ebene; denn es ist

$$\frac{\partial U}{\partial x} = \mathrm{e}^x\cos y + [(1 + x)\cos y - y\sin y]\,\mathrm{e}^x$$

und

$$\frac{\partial^2 U}{\partial x^2} = 2\,\mathrm{e}^x\cos y + [(1 + x)\cos y - y\sin y]\,\mathrm{e}^x.$$

Entsprechend folgt

$$\frac{\partial U}{\partial y} = -e^x\,[(1 + x)\sin y + y\cos y + \sin y]$$

$$\frac{\partial^2 U}{\partial y^2} = -2\,e^x\cos y - [(1 + x)\cos y - y\sin y]\,e^x$$

und somit

$$\frac{\partial^2 U}{\partial x^2} + \frac{\partial^2 U}{\partial y^2} = \Delta\,\mathrm{Re}\,\{(1 + \underline{z})\,e^{\underline{z}}\} = 0$$

für die in der ganzen $\underline{z}$-Ebene reguläre Funktion $g(\underline{z}) = (1 + \underline{z})\,e^{\underline{z}}$.
Werden durch

$$\begin{aligned} x &= x\,(u, v) = \mathrm{Re}\,\{f(\underline{w})\} \\ y &= y\,(u, v) = \mathrm{Im}\,\{f(\underline{w})\} \end{aligned} \qquad x\,(u, v) + \mathrm{j}\,y\,(u, v) = f(\underline{w}) = \underline{z}$$

krummlinige Koordinaten eingeführt, so ist wegen

$$\begin{aligned} U(x, y) &= \mathrm{Re}\,\{g(\underline{z})\} = \mathrm{Re}\,\{g(x + \mathrm{j}y)\} \\ &= \mathrm{Re}\,\{g\,[x\,(u, v) + \mathrm{j}y\,(u, v)]\} \\ &= \mathrm{Re}\,\{g\,[f(\underline{w})]\} = \mathrm{Re}\,\{h(\underline{w})\} = U_1\,(u, v) \end{aligned}$$

mit $f(\underline{w})$ und $g(\underline{z})$ auch $g\,[f(\underline{w})] = h(\underline{w})$ eine reguläre Funktion und somit wieder

$$\frac{\partial^2 U_1}{\partial u^2} + \frac{\partial^2 U_1}{\partial v^2} = 0.$$

Bezüglich der Berechnung von $g(\underline{z})$ aus $U\,(x, y)$ ($\Delta U = 0$) vgl. man z. B. das Lehrbuch [3].

Vektorieller Laplace-Operator. Ohne Beweis soll nachstehend noch der vektorielle Laplace-Operator in beliebigen orthogonalen Koordinaten angegeben werden:

$$\begin{aligned} \boldsymbol{\Delta U} = \boldsymbol{e}_1 &\left\{\frac{1}{h_1}\frac{\partial T}{\partial x_1} + \frac{h_1}{h}\left[\frac{\partial \Gamma_2}{\partial x_3} - \frac{\partial \Gamma_3}{\partial x_2}\right]\right\} \\ + \boldsymbol{e}_2 &\left\{\frac{1}{h_2}\frac{\partial T}{\partial x_2} + \frac{h_2}{h}\left[\frac{\partial \Gamma_3}{\partial x_1} - \frac{\partial \Gamma_1}{\partial x_3}\right]\right\} \\ + \boldsymbol{e}_3 &\left\{\frac{1}{h_3}\frac{\partial T}{\partial x_3} + \frac{h_3}{h}\left[\frac{\partial \Gamma_1}{\partial x_2} - \frac{\partial \Gamma_2}{\partial x_1}\right]\right\}. \end{aligned} \qquad (2.55\,\mathrm{a})$$

Darin ist

$$\begin{aligned} \Gamma_1 &= \frac{h_1^2}{h}\left\{\frac{\partial}{\partial x_2}(h_3U_3) - \frac{\partial}{\partial x_3}(h_2U_2)\right\} \\ \Gamma_2 &= \frac{h_2^2}{h}\left\{\frac{\partial}{\partial x_3}(h_1U_1) - \frac{\partial}{\partial x_1}(h_3U_3)\right\} \\ \Gamma_3 &= \frac{h_3^2}{h}\left\{\frac{\partial}{\partial x_1}(h_2U_2) - \frac{\partial}{\partial x_2}(h_1U_1)\right\} \end{aligned} \qquad (2.55\,\mathrm{b})$$

und

$$T = \frac{1}{h}\left\{\frac{\partial}{\partial x_1}\left[\frac{h}{h_1}U_1\right] + \frac{\partial}{\partial x_2}\left[\frac{h}{h_2}U_2\right] + \frac{\partial}{\partial x_3}\left[\frac{h}{h_3}U_3\right]\right\}. \qquad (2.55\,\mathrm{c})$$

Dieser Ausdruck geht in kartesischen Koordinaten ($h_\nu = 1$, $\nu = 1, 2, 3$) in (2.53b) über.

2.2.2. Rechenregeln

Allgemeine Grundregeln. Bei der Untersuchung von Feldern müssen die Operationen grad, div und rot oftmals von zusammengesetzten Feldern der Form $\alpha \bigcirc \beta$ ermittelt werden, wobei die Einzelfelder α und β vom Typ eines Skalar- und/oder eines Vektorfeldes sind und $\bigcirc$ eine erlaubte Operation (Addition, Skalarmultiplikation, Punkt- und Kreuzprodukt) sein muß. Das Ziel besteht dann darin, den Ausdruck $\nabla * (\alpha \bigcirc \beta)$ ($*$ ist eine definierte Operation: Skalarmultiplikation, Punkt-, Kreuzprodukt entsprechend der Bildung von grad, div oder rot) zu bilden und diesen so umzuformen, daß die ∇-*Operation* auf das Einzelfeld anzuwenden ist.

Für die Operationen $\bigcirc$ und $*$ kommen – wie schon angegeben – nur solche Kombinationen zwischen den Feldoperationen und Feldgrößen in Frage, die vorstehend definiert wurden. Beispielsweise wären $\nabla \cdot (U_1 + U_2)$ oder $\nabla \times (U_1 + U_2)$ solche sinnlose Kombinationen.

Additiv zusammengesetzte Felder $\alpha + \beta$. Aus der Struktur und den Eigenschaften des Operators ∇ *(linearer Differentialoperator)* folgt sofort die Regel

$$\nabla * (\alpha + \beta) = \nabla * \alpha + \nabla * \beta \tag{2.56}$$

(Differentiationsregel für Summen).

Multiplikativ zusammengesetzte Felder (Produktfelder) $\alpha \bigcirc \beta$. In diesem Fall ist $\nabla * (\alpha \bigcirc \beta)$ zu bilden, wobei die Operationen $*$ und $\bigcirc$ eine der drei möglichen und erlaubten Multiplikationen sind. An die Leerstelle $\bigcirc$ von (2.47) tritt der Ausdruck $*(\alpha \bigcirc \beta)$, so daß für (2.47) geschrieben werden kann

$$\nabla * (\alpha \bigcirc \beta) = \frac{1}{h} \sum_{\nu=1}^{3} \frac{\partial}{\partial x_\nu} \left(\frac{h}{h_\nu} \boldsymbol{e}_\nu * (\alpha \bigcirc \beta) \right).$$

Dieser Ausdruck kann mit Hilfe der allgemeinen Produktregel $\frac{\partial}{\partial x}(\alpha \bigcirc \beta) = \frac{\partial \alpha}{\partial x} \bigcirc \beta + \alpha \bigcirc \frac{\partial \beta}{\partial x}$ der Differentiation (für von einem reellen Parameter x abhängige Feldgröße) und des Distributivgesetzes der Operation $*$ bezüglich der Addition (soweit die entstehenden Ausdrücke erklärt sind) unter Beachtung von (2.4) wie folgt umgeformt werden:

$$\begin{aligned}\sum_{\nu=1}^{3} \frac{\partial}{\partial x_\nu} \left(\frac{h}{h_\nu} \boldsymbol{e}_\nu * (\alpha \bigcirc \beta) \right) &= \sum_{\nu=1}^{3} \left[\frac{\partial}{\partial x_\nu} \left(\frac{h}{h_\nu} \boldsymbol{e}_\nu \right) * (\alpha \bigcirc \beta) \right] + \sum_{\nu=1}^{3} \left[\frac{h}{h_\nu} \boldsymbol{e}_\nu * \frac{\partial}{\partial x_\nu} (\alpha \bigcirc \beta) \right] \\ &= \sum_{\nu=1}^{3} \left[\frac{h}{h_\nu} \boldsymbol{e}_\nu * \frac{\partial}{\partial x_\nu} (\alpha \bigcirc \beta) \right] \\ &= \sum_{\nu=1}^{3} \left[\frac{h}{h_\nu} \boldsymbol{e}_\nu * \left(\frac{\partial \alpha}{\partial x_\nu} \bigcirc \beta + \alpha \bigcirc \frac{\partial \beta}{\partial x_\nu} \right) \right] \\ &= \sum_{\nu=1}^{3} \left[\frac{h}{h_\nu} \boldsymbol{e}_\nu * \left(\frac{\partial \alpha}{\partial x_\nu} \bigcirc \beta \right) \right] + \sum_{\nu=1}^{3} \left[\frac{h}{h_\nu} \boldsymbol{e}_\nu * \left(\alpha \bigcirc \frac{\partial \beta}{\partial x_\nu} \right) \right].\end{aligned} \tag{2.57}$$

Den letzteren Ausdruck von (2.57) kann man so deuten:

$$\nabla * (\alpha \bigcirc \beta) = \nabla * (\alpha \bigcirc \beta)|_{\beta = \text{konst.}} + \nabla * (\alpha \bigcirc \beta)|_{\alpha = \text{konst.}}; \tag{2.58a}$$

demzufolge ist im ersten Glied der rechten Seite das Feld α zu differenzieren und das Feld β als konstant anzusehen, und im zweiten Glied haben α und β ihre Rolle zu vertauschen. Üblich ist es, das zu differenzierende Feld durch einen übergeordneten Pfeil zu kennzeichnen, so daß (2.58a) das Aussehen annimmt

$$\nabla * (\alpha \bigcirc \beta) = \nabla * (\overset{\downarrow}{\alpha} \bigcirc \beta) + \nabla * (\alpha \bigcirc \overset{\downarrow}{\beta}). \tag{2.58b}$$

Beachtet man den Vektorcharakter des ∇-Operators (2.47) und faßt ihn formal auch als solchen auf, so haben die in (2.58) auftretenden Summanden die Form

$$\text{Vektor} * (\alpha \bigcirc \beta) \tag{2.59}$$

mit dem entsprechend übergeordneten Pfeil, worin die Symbole $*$, $\bigcirc$, α und β die bereits genannten Bedeutungen haben; die $\bigcirc$-Operation hat den Vorrang gegenüber der $*$-Operation. Ist es möglich, diese Summanden so umzuformen, daß die $*$-Operation in Verbindung mit dem Vektor und der nichtkonstanten Feldfunktion den Vorrang hat, so kann die jeweils konstante Feldfunktion aus der Summe herausgenommen werden, z. B. könnte möglicherweise die erste Summe in (2.57) in der Form

$$\sum_{\nu=1}^{3} \left[\left(\frac{h}{h_\nu} \right) \boldsymbol{e}_\nu * \left(\frac{\partial \alpha}{\partial x_\nu} \right) \right] \bigcirc \beta = (\nabla * \alpha) \bigcirc \beta$$

geschrieben werden. Da die Ausdrücke in (2.59) ebenfalls die Form (2.58) haben, ist es Aufgabe der weiteren Rechnung, allein unter Beachtung der Regeln der Vektoralgebra die beiden Summanden in (2.57) so umzuformen (wobei ∇ als Vektor zu betrachten ist), daß nicht mehr die Operation $\bigcirc$ zwischen den Feldfunktionen α und β, sondern die Operation $*$ zwischen dem „Vektor" ∇ und der nichtkonstanten Feldfunktion den Vorrang hat.
Man spricht von der (formalen) Nabla-Rechnung.
Zur Umformung werden folgende Regeln der Vektoralgebra benötigt:

$$\begin{array}{lll} \text{Skalarmultiplikation} & \boldsymbol{A} * (a\boldsymbol{B}) = (a\boldsymbol{A}) * \boldsymbol{B} \quad (a = \text{konst.}) & \\ \text{Kreuzprodukt} & \boldsymbol{A} \times \boldsymbol{B} = -\boldsymbol{B} \times \boldsymbol{A} & \\ \text{Spatprodukt} & \boldsymbol{A} \cdot (\boldsymbol{B} \times \boldsymbol{C}) = (\boldsymbol{A} \times \boldsymbol{B}) \cdot \boldsymbol{C} & (2.60) \\ \text{Entwicklungssatz} & \boldsymbol{A} \times (\boldsymbol{B} \times \boldsymbol{C}) = (\boldsymbol{A} \cdot \boldsymbol{C})\, \boldsymbol{B} - (\boldsymbol{A} \cdot \boldsymbol{B})\, \boldsymbol{C}. & \end{array}$$

Nachstehend hierzu einige Beispiele.

Regeln für Produktfelder. Wir stellen nun einige oft gebrauchte Regeln der Vektoranalysis zusammen:

$$\begin{array}{lrcl} 1. & \operatorname{grad}(U_1 U_2) & = & U_1 \operatorname{grad} U_2 + U_2 \operatorname{grad} U_1 \\ 2. & \operatorname{div}(U\boldsymbol{U}) & = & \boldsymbol{U} \cdot \operatorname{grad} U + U \operatorname{div} \boldsymbol{U} \\ 3. & \operatorname{div}(\boldsymbol{U}_1 \times \boldsymbol{U}_2) & = & \boldsymbol{U}_2 \cdot \operatorname{rot} \boldsymbol{U}_1 - \boldsymbol{U}_1 \cdot \operatorname{rot} \boldsymbol{U}_2 \\ 4. & \operatorname{rot}(U\boldsymbol{U}) & = & U \operatorname{rot} \boldsymbol{U} - \boldsymbol{U} \times \operatorname{grad} U. \end{array} \qquad (2.61)$$

Ist U = konst., so darf ersichtlich U auf der linken Seite in 2. und 4. vor das betreffende Operationszeichen gezogen werden.

Für beliebige Skalar- bzw. Vektorfelder gilt ferner

$$\begin{array}{ll} 5. & \boxed{\begin{array}{r} \operatorname{rot} \operatorname{grad} U = 0 \\ \operatorname{div} \operatorname{rot} \boldsymbol{U} = 0, \end{array}} \\ 6. & \end{array} \qquad (2.62)$$

d. h.:
Ein Gradientenfeld grad U *ist stets wirbelfrei und ein Wirbelfeld* rot $\boldsymbol{U}$ *stets quellenfrei.*
Die Beweise ergeben sich mit Hilfe der *Nabla-Rechnung*, insbesondere mit der Regel (2.58a). Wird die Feldgröße, die in (2.58a) nicht als konstant angesehen wird, mit einem übergesetzten, senkrechten Pfeil gekennzeichnet (entsprechend (2.58b)), so erhält man z. B. für die ersten drei Formeln

$$\begin{aligned} \operatorname{grad}(U_1 U_2) &= \nabla (U_1 U_2) = \nabla (\overset{\downarrow}{U_1} U_2) + \nabla (U_1 \overset{\downarrow}{U_2}) \\ &= (\nabla U_1)\, U_2 + \nabla (\overset{\downarrow}{U_2} U_1) = (\nabla U_1)\, U_2 + (\nabla U_2)\, U_1 \\ \operatorname{div}(U\boldsymbol{U}) &= \nabla \cdot (U\boldsymbol{U}) = \nabla \cdot (\overset{\downarrow}{U}\boldsymbol{U}) + \nabla \cdot (U\overset{\downarrow}{\boldsymbol{U}}) \\ &= (\nabla U) \cdot \boldsymbol{U} + \nabla \cdot (\overset{\downarrow}{\boldsymbol{U}} U) = (\nabla U) \cdot \boldsymbol{U} + (\nabla \cdot \boldsymbol{U})\, U \\ \operatorname{div}(\boldsymbol{U}_1 \times \boldsymbol{U}_2) &= \nabla \cdot (\boldsymbol{U}_1 \times \boldsymbol{U}_2) = \nabla \cdot (\overset{\downarrow}{\boldsymbol{U}_1} \times \boldsymbol{U}_2) + \nabla \cdot (\boldsymbol{U}_1 \times \overset{\downarrow}{\boldsymbol{U}_2}) \\ &= (\nabla \times \boldsymbol{U}_1) \cdot \boldsymbol{U}_2 - \nabla \cdot (\overset{\downarrow}{\boldsymbol{U}_2} \times \boldsymbol{U}_1) \\ &= (\nabla \times \boldsymbol{U}_1) \cdot \boldsymbol{U}_2 - (\nabla \times \boldsymbol{U}_2) \cdot \boldsymbol{U}_1. \end{aligned}$$

In derselben Weise können auch zusammengesetzte Operationen behandelt werden. Zum Beispiel ist formal

$$\operatorname{rot} \operatorname{grad} U = \nabla \times (\nabla U) = (\nabla \times \nabla)\, U = 0,$$

da $\nabla \times \nabla$ ein Vektorprodukt zwischen „gleichgerichteten Vektoren" ist. Tatsächlich ist wegen (2.26) und (2.3b)

$$\text{rot grad } U = \frac{1}{h}\begin{vmatrix} \boldsymbol{e}_1 h_1 & \boldsymbol{e}_2 h_2 & \boldsymbol{e}_3 h_3 \\ \dfrac{\partial}{\partial x_1} & \dfrac{\partial}{\partial x_2} & \dfrac{\partial}{\partial x_3} \\ \dfrac{\partial U}{\partial x_1} & \dfrac{\partial U}{\partial x_2} & \dfrac{\partial U}{\partial x_3} \end{vmatrix} = 0.$$

Für die Operation div rot $\boldsymbol{U}$ unter 6. gilt

$$\nabla \cdot (\nabla \times \boldsymbol{U}) = (\nabla \times \nabla) \cdot \boldsymbol{U} = (\nabla \nabla \boldsymbol{U}) = 0.$$

Den vollständigen (nichtformalen) Beweis dieser Relation überlassen wir dem Leser.
Ferner sind oft nützlich die Regeln

7. $\text{grad } f(U) = f'(U) \text{ grad } U$
8. $\Delta\,(U_1 U_2) = U_1\,\Delta U_2 + U_2\,\Delta U_1 + 2 \text{ grad } U_1 \cdot \text{grad } U_2$
9. $\Delta f(U) = f'(U)\,\Delta U + f''(U)\,(\text{grad } U)^2$ (2.63)

10a. $\boldsymbol{\Delta}\,(U\boldsymbol{U}) = \boldsymbol{U}\,(\Delta U) \qquad (\boldsymbol{U} = \text{konst.})$

10b. $\Delta\,(\boldsymbol{U}_1 \cdot \boldsymbol{U}) = \boldsymbol{U} \cdot (\boldsymbol{\Delta U}_1) \qquad (\boldsymbol{U} = \text{konst.})$

10c. $\text{div}\,(\boldsymbol{U}V) = \boldsymbol{U} \text{ grad } V \qquad (\boldsymbol{U} = \text{konst.}).$

Formeln für den Ortsvektor. Ortsfunktionen mit $(\boldsymbol{r} - \boldsymbol{r}_0)$ bzw. $|\boldsymbol{r} - \boldsymbol{r}_0|$ als Variable (i. allg. $\boldsymbol{r}$ variabel, $\boldsymbol{r}_0$ fest) spielen in der Theorie der Felder eine wichtige Rolle. Einige Beziehungen sollen angegeben werden:

11. $\text{grad } |\boldsymbol{r} - \boldsymbol{r}_0| = (\boldsymbol{r} - \boldsymbol{r}_0)^0$

12. $\text{grad } \dfrac{1}{|\boldsymbol{r} - \boldsymbol{r}_0|} = -\dfrac{(\boldsymbol{r} - \boldsymbol{r}_0)}{|\boldsymbol{r} - \boldsymbol{r}_0|^3} \qquad (\boldsymbol{r} \neq \boldsymbol{r}_0)$ (2.64)

13. $\Delta\,|\boldsymbol{r} - \boldsymbol{r}_0| = \dfrac{2}{|\boldsymbol{r} - \boldsymbol{r}_0|} \qquad (\boldsymbol{r} \neq \boldsymbol{r}_0)$

14. $\boxed{\Delta \dfrac{1}{|\boldsymbol{r} - \boldsymbol{r}_0|} = 0; \qquad \Delta\left(\boldsymbol{a} \cdot \text{grad} \dfrac{1}{|\boldsymbol{r} - \boldsymbol{r}_0|}\right) = 0}$ (2.65)

$(\boldsymbol{r} \neq \boldsymbol{r}_0,\ \boldsymbol{a} = \text{konst. Vektor}).$

Die Beweise der angeführten Formeln 11. bis 14. sind als Übung für den Leser bestimmt. (Wir bemerken lediglich, daß die vorstehenden Formeln besonders einfach bei Einführung von Kugelkoordinaten bewiesen werden können.)
Werden die Differentialoperatoren bezüglich $\boldsymbol{r}_0$ ($\boldsymbol{r}$ fest) gebildet, erhalten die Operationssymbole den Index „0", also ∇_0 (grad_0, div_0, rot_0) bzw. Δ_0. Allgemein gilt dann

$$\begin{aligned} \text{grad } f(|\boldsymbol{r} - \boldsymbol{r}_0|) &= -\text{grad}_0 f(|\boldsymbol{r} - \boldsymbol{r}_0|) \\ \Delta f(|\boldsymbol{r} - \boldsymbol{r}_0|) &= \Delta_0 f(|\boldsymbol{r} - \boldsymbol{r}_0|), \end{aligned} \tag{2.66}$$

so daß sich in 11. und 12. das Vorzeichen umkehrt (einmalige Bildung der inneren Ableitung), in 13. und 14. jedoch erhalten bleibt (innere Ableitung ist zweimal zu bilden).
Eine wichtige Folgerung aus 14. ist die Integralrelation ($\boldsymbol{r}$ = fester Parameter, Bild 2.16)

$$\boxed{\Omega(\boldsymbol{r}) = \oint_{(A)} \text{grad}_0 \frac{1}{|\boldsymbol{r} - \boldsymbol{r}_0|}\, \mathrm{d}\boldsymbol{A}_0 = \begin{cases} -4\pi & \text{für } \boldsymbol{r} \text{ innerhalb } V \\ 0 & \text{für } \boldsymbol{r} \text{ außerhalb } V \end{cases}.} \tag{2.67}$$

Hier wie auch im weiteren soll der Index 0 darauf hinweisen, daß nach dem Ortsvektor $\boldsymbol{r}_0$ (und nicht nach $\boldsymbol{r}$) differenziert bzw. integriert wird.

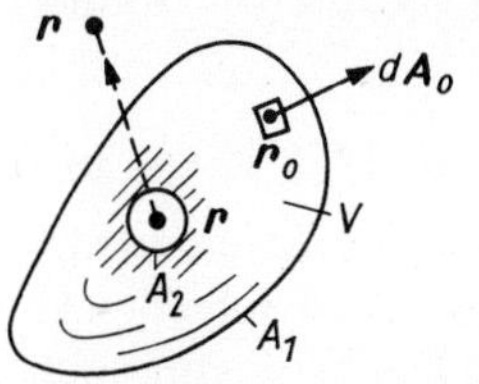

Bild 2.16
Zur Herleitung der Integralformel (2.67)

(2.67) wollen wir beweisen und gehen hierzu von der Beziehung (2.65–14) aus und integrieren über einen räumlichen Bereich B mit dem Volumen V bezüglich des variablen Ortsvektors $\boldsymbol{r}_0$ bei festgehaltenem Ortsvektor $\boldsymbol{r}$:

$$\int_{(V)} \Delta_0 \frac{1}{|\boldsymbol{r}-\boldsymbol{r}_0|}\,\mathrm{d}V_0 = 0 \qquad (\boldsymbol{r} \neq \boldsymbol{r}_0).$$

Die singuläre Stelle $\boldsymbol{r}$ wird durch einen kleinen kugelförmigen Bereich mit dem Mittelpunkt in $\boldsymbol{r}$ (Hüllfläche A_2, Flächenorientierung zum Aufpunkt $\boldsymbol{r}$ gerichtet (s. auch Bild 2.8)) aus dem Integrationsgebiet ausgespart. Mit der Definition des Laplace-Operators und Anwendung des 2. Satzes von *Gauß* läßt sich das vorstehende Integral für den entstandenen zweifach zusammenhängenden Bereich so schreiben:

$$\int_{(V)} \operatorname{div}\operatorname{grad}_0 \frac{1}{|\boldsymbol{r}-\boldsymbol{r}_0|}\,\mathrm{d}V_0 = \oint_{(A_1)} \operatorname{grad}_0 \frac{1}{|\boldsymbol{r}-\boldsymbol{r}_0|}\,\mathrm{d}\boldsymbol{A}_0 + \oint_{(A_2)} \operatorname{grad}_0 \frac{1}{|\boldsymbol{r}-\boldsymbol{r}_0|}\,\mathrm{d}\boldsymbol{A}_0 = 0.$$

Das Hüllenintegral über die Kugelfläche A_2 ergibt mit (2.64–12), (2.67) und unter Beachtung von (1.84) für den Raumwinkel $\Omega(\boldsymbol{r})$

$$\oint_{(A_2)} \operatorname{grad}_0 \frac{1}{|\boldsymbol{r}-\boldsymbol{r}_0|}\,\mathrm{d}\boldsymbol{A}_0 = \oint_{(A_2)} \frac{\boldsymbol{r}-\boldsymbol{r}_0}{|\boldsymbol{r}-\boldsymbol{r}_0|^3}\,\mathrm{d}\boldsymbol{A}_0 = \oint_{(A_2)} \frac{\boldsymbol{r}_0-\boldsymbol{r}}{|\boldsymbol{r}_0-\boldsymbol{r}|^3}\,\mathrm{d}\boldsymbol{A}_0 = \Omega(\boldsymbol{r}),$$

woraus für das Hüllenintegral über A_1 folgt

$$\oint_{(A_1)} \operatorname{grad}_0 \frac{1}{|\boldsymbol{r}-\boldsymbol{r}_0|}\,\mathrm{d}\boldsymbol{A}_0 = \Omega(\boldsymbol{r}) = \begin{cases} -4\pi & \text{für } \boldsymbol{r} \in B \\ 0 & \text{für } \boldsymbol{r} \notin B, \end{cases}$$

sich also (2.67) ergibt (s. auch Bild 1.29c zum Wertebereich des Raumwinkels). Die Beziehung bleibt auch richtig, wenn nach $\boldsymbol{r}$ differenziert und integriert wird.

δ-Funktion. Zum Aufbau der Feldtheorie benötigt man neben den gewöhnlichen, in einem räumlichen Gebiet überall beschränkten (und meistens auch stetigen oder differenzierbaren) Feldfunktionen auch nichtbeschränkte Feldfunktionen, wie z. B. die Feldfunktion $U(\boldsymbol{r}) = 1/|\boldsymbol{r}-\boldsymbol{r}_0|$. Um in wichtigen Fällen auch solche nichtbeschränkten Feldfunktionen in eine einheitlich aufgebaute Feldtheorie einbeziehen zu können (man beachte, daß die angegebenen Integralsätze von *Gauß* und *Stokes* für unbeschränkte Feldfunktionen i. allg. zunächst nicht gelten), führt man die sogenannte *δ-Funktion* ein, die allerdings einige ungewöhnliche Eigenschaften besitzt.

Zu ihrer Definition gehen wir aus von der Funktion (Bild 2.17)

$$U(\boldsymbol{r}-\boldsymbol{r}_0) = \delta_R(\boldsymbol{r}-\boldsymbol{r}_0) = \begin{cases} \dfrac{1}{V_R} & \text{für } |\boldsymbol{r}-\boldsymbol{r}_0| \leqq R \\ 0 & \text{für } |\boldsymbol{r}-\boldsymbol{r}_0| > R, \end{cases} \qquad (2.68\text{a})$$

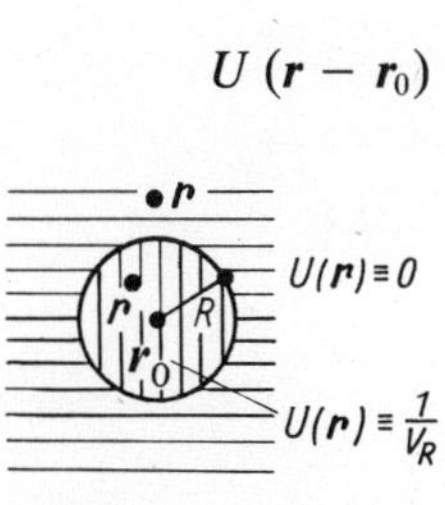

Bild 2.17
Zur Definition der δ-Funktion

wobei $\boldsymbol{r}_0$ ein (singulärer) Festpunkt und $\boldsymbol{r}$ der variable Ortsvektor ist. $V_R = (4\pi R^3)/3$ ist das Volumen einer Kugel K mit dem Radius R und dem Mittelpunkt in $\boldsymbol{r}_0$. δ_R nimmt also im Innern der Kugel K den konstanten Wert $1/V_R = 3/(4\pi R^3)$, außerhalb den Wert Null an. Die δ-Funktion ist nun wie folgt definiert:

$$\delta(\boldsymbol{r} - \boldsymbol{r}_0) = \lim_{R\to 0} \delta_R(\boldsymbol{r} - \boldsymbol{r}_0) = \begin{cases} \infty & \text{für} \quad \boldsymbol{r} = \boldsymbol{r}_0 \\ 0 & \text{für} \quad \boldsymbol{r} \neq \boldsymbol{r}_0. \end{cases} \tag{2.68b}$$

Ersichtlich hat $\delta(\boldsymbol{r} - \boldsymbol{r}_0)$ recht eigenartige Eigenschaften: Sie verschwindet in allen Feldpunkten außer dem Punkt $\boldsymbol{r} = \boldsymbol{r}_0$. Hier hat sie den „Funktionswert" $\delta(0) = \infty$. Um herauszufinden, wie sich diese „anormale" Funktion $\delta(\boldsymbol{r} - \boldsymbol{r}_0)$ bei Verknüpfungen mit anderen normalen (gewöhnlichen) Feldfunktionen verhält, ist es daher wichtig, $\delta(\boldsymbol{r} - \boldsymbol{r}_0)$ als Grenzwert von $\delta_R(\boldsymbol{r} - \boldsymbol{r}_0)$ aufzufassen.
Bei allen Rechenoperationen mit $\delta(\boldsymbol{r} - \boldsymbol{r}_0)$ muß man also $\delta(\boldsymbol{r} - \boldsymbol{r}_0)$ zunächst durch $\delta_R(\boldsymbol{r} - \boldsymbol{r}_0)$ ersetzen, danach die Operationen ausführen und erst zum Schluß den Grenzwert $R \to 0$ ausführen.
Leicht einzusehen ist die elementare Regel

$$\delta(\boldsymbol{r} - \boldsymbol{r}_0) = \delta(\boldsymbol{r}_0 - \boldsymbol{r}). \tag{2.68c}$$

Ein sehr wichtiges Beispiel für die eben erwähnte „Behandlungsregel" der δ-Funktion bildet das Integral ($\boldsymbol{r}_0$ = Integrationsvariable, $\boldsymbol{r}$ fest)

$$\boxed{I(\boldsymbol{r}) = \int_{(V)} \boldsymbol{U}(\boldsymbol{r}_0)\, \delta(\boldsymbol{r}_0 - \boldsymbol{r})\, \mathrm{d}V_0 = \begin{cases} \boldsymbol{U}(\boldsymbol{r}) & (\boldsymbol{r} \text{ innerhalb von } V) \\ 0 & (\boldsymbol{r} \text{ außerhalb von } V) \end{cases}.} \tag{2.69}$$

Zum Beweis betrachten wir für den Fall, daß $\boldsymbol{r}$ im Innern des räumlichen Bereiches V liegt, das Integral (K = Kugel mit Radius R um $\boldsymbol{r}$)

$$I_R = \int_{(V)} \boldsymbol{U}(\boldsymbol{r}_0)\, \delta_R(\boldsymbol{r}_0 - \boldsymbol{r})\, \mathrm{d}V_0 = \int_{(K)} \boldsymbol{U}(\boldsymbol{r}_0)\, \delta_R(\boldsymbol{r}_0 - \boldsymbol{r})\, \mathrm{d}V_0 = \int_{(K)} \boldsymbol{U}(\boldsymbol{r}_0)\, \frac{1}{V_R}\, \mathrm{d}V_0.$$

Wir setzen $\boldsymbol{U}(\boldsymbol{r}_0) = \boldsymbol{U}(\boldsymbol{r}) + \varepsilon(\boldsymbol{r}_0)$ mit $\varepsilon \to 0$ für $R \to 0$ und erhalten

$$I_R = \frac{\boldsymbol{U}(\boldsymbol{r})}{V_R} \int_{(K)} \mathrm{d}V_0 + \varepsilon' = \boldsymbol{U}(\boldsymbol{r}) + \varepsilon'$$

mit $\varepsilon' \to 0$ für $R \to 0$. Liegt $\boldsymbol{r}$ nicht im Innern des betrachteten Raumbereiches, so ist natürlich wegen $\delta_R = 0$ auch $I_R = 0$, womit alles bewiesen ist.
Sehr wichtig ist in diesem Zusammenhang auch die Beziehung (vgl. (2.65))

$$\boxed{\Delta_0 \frac{1}{|\boldsymbol{r} - \boldsymbol{r}_0|} = \Delta \frac{1}{|\boldsymbol{r} - \boldsymbol{r}_0|} = -4\pi\delta(\boldsymbol{r} - \boldsymbol{r}_0),} \tag{2.70}$$

die wir wie folgt beweisen (Bild 2.18). Die Definitionsgleichung des Laplace-Operators (2.51a) und der Divergenz (2.14) wird für die linke Seite von (2.70) eingesetzt:

$$\Delta_0 \frac{1}{|\boldsymbol{r} - \boldsymbol{r}_0|} = \operatorname{div} \operatorname{grad}_0 \frac{1}{|\boldsymbol{r} - \boldsymbol{r}_0|}$$

$$= \lim_{R\to 0} \frac{1}{V_R} \oint_{(A_k)} \operatorname{grad}_1 \frac{1}{|\boldsymbol{r} - \boldsymbol{r}_1|}\, \mathrm{d}\boldsymbol{A}_k \qquad (R = |\boldsymbol{r}_1 - \boldsymbol{r}_0|).$$

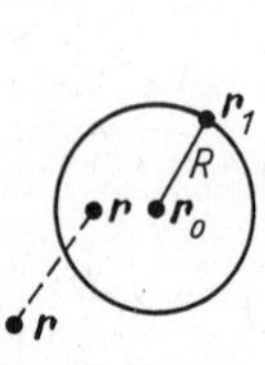

Bild 2.18. Zum Beweis der Gleichung (2.70)

Mit Formel (2.67) ist

$$\frac{1}{V_R}\int_{(A_1)} \operatorname{grad}_1 \frac{1}{|\boldsymbol{r}-\boldsymbol{r}_1|}\,\mathrm{d}\boldsymbol{A}_1 = \begin{cases} -4\pi\,\dfrac{1}{V_R} & (|\boldsymbol{r}-\boldsymbol{r}_0| \leqq R) \\ 0 & (|\boldsymbol{r}-\boldsymbol{r}_0| > R) \end{cases},$$

woraus mit (2.68 a) für $R \to 0$ die Beziehung (2.70) entsteht.
Analog ist die δ-Funktion in der Ebene und auf der Geraden definiert, z. B.

$$\delta(\boldsymbol{r}) = \lim_{R\to 0} \delta_R(\boldsymbol{r}), \qquad \delta_R(\boldsymbol{r}) = \frac{1}{A_R} \quad \text{für} \quad |\boldsymbol{r}| \leqq R \quad \text{und gleich 0 für } |\boldsymbol{r}| > R.$$

Hierbei ist A_R eine Kreisfläche mit dem Radius R [3].

Rechenregeln. Nicht immer erhält man bei Anwendung des Nabla-Operators ∇ auf ein Produkt von Feldfunktionen wieder Ausdrücke, in denen nur Produkte von Skalar- oder Vektorfeldern auftreten. Zum Beispiel ergibt die ∇-Rechnung auf rot $(\boldsymbol{U}\times\boldsymbol{V})$ angewendet folgendes Ergebnis:

$$\operatorname{rot}(\boldsymbol{U}\times\boldsymbol{V}) = \nabla\times(\boldsymbol{U}\times\boldsymbol{V}) = \nabla\times(\overset{\downarrow}{\boldsymbol{U}}\times\boldsymbol{V}) + \nabla\times(\boldsymbol{U}\times\overset{\downarrow}{\boldsymbol{V}}). \tag{2.71}$$

Bei Anwendung des Entwicklungssatzes (1.3 b) findet man für das erste Summenglied

$$\nabla\times(\overset{\downarrow}{\boldsymbol{U}}\times\boldsymbol{V}) = (\nabla\cdot\boldsymbol{V})\,\overset{\downarrow}{\boldsymbol{U}} - (\nabla\cdot\overset{\downarrow}{\boldsymbol{U}})\,\boldsymbol{V} = (\boldsymbol{V}\cdot\operatorname{grad})\,\boldsymbol{U} - \boldsymbol{V}\operatorname{div}\boldsymbol{U}.$$

Da ∇ auf $\boldsymbol{U}$ anzuwenden ist, darf man für $\nabla\cdot\boldsymbol{V}$ nicht div $\boldsymbol{V}$ schreiben (was nur Null ergeben würde, da $\boldsymbol{V}$ als konstanter Vektor zu behandeln ist). $\nabla\cdot\boldsymbol{V}$ ist nur das „Skalarprodukt zweier Vektoren", also z. B. in allgemeinen Koordinaten ist zu setzen

$$\nabla\cdot\boldsymbol{V} = \left(\sum_{\nu=1}^{3} \boldsymbol{e}_\nu \frac{\partial}{\partial x_\nu}\right)\cdot\left(\sum_{\mu=1}^{3} \boldsymbol{e}_\mu V_\mu\right) = \sum_{\mu=1}^{3} V_\mu \frac{\partial}{\partial x_\mu} = \boldsymbol{V}\cdot\nabla.$$

Daraus folgt dann

$$(\nabla\cdot\boldsymbol{V})\,\boldsymbol{U} = \sum_{\nu=1}^{3} V_\nu \frac{\partial \boldsymbol{U}}{\partial x_\nu}.$$

Analog berechnet man den Ausdruck $\nabla\times(\boldsymbol{U}\times\overset{\downarrow}{\boldsymbol{V}})$. Insgesamt erhält man

$$\operatorname{rot}(\boldsymbol{U}\times\boldsymbol{V}) = (\boldsymbol{V}\cdot\operatorname{grad})\,\boldsymbol{U} - (\boldsymbol{U}\cdot\operatorname{grad})\,\boldsymbol{V} + \boldsymbol{U}\operatorname{div}\boldsymbol{V} - \boldsymbol{V}\operatorname{div}\boldsymbol{U}. \tag{2.72}$$

Ähnlich bestätigt man

$$\operatorname{grad}(\boldsymbol{U}\cdot\boldsymbol{V}) = (\boldsymbol{U}\cdot\operatorname{grad})\,\boldsymbol{V} + (\boldsymbol{V}\cdot\operatorname{grad})\,\boldsymbol{U} + \boldsymbol{U}\times\operatorname{rot}\boldsymbol{V} + \boldsymbol{V}\times\operatorname{rot}\boldsymbol{U}. \tag{2.73}$$

2.2.3. Greensche Integralsätze

Stetige Feldfunktionen. In der Feldtheorie nehmen vor allem einige Folgerungen aus dem 2. Integralsatz von *Gauß* eine zentrale Stellung ein. Diese Folgerungen ergeben sich ebenfalls in Form von Integralsätzen, die man unter dem Namen „Greensche Integralsätze" zusammenzufassen pflegt.

Der erste dieser Integralsätze ergibt sich aus der Relation 2. im Abschn. 2.2.2. b. Mit $U = U_1$ und $\boldsymbol{U} = \sigma \operatorname{grad} U_2$ erhält man (σ = skalare Feldfunktion)

$$\operatorname{div}[U_1(\sigma\operatorname{grad} U_2)] = \sigma\operatorname{grad} U_1\cdot\operatorname{grad} U_2 + U_1\,\Delta(\sigma, U_2) \tag{2.74 a}$$

mit

$$\boxed{\operatorname{div}[\sigma\operatorname{grad} U] = \Delta(\sigma, U).} \tag{2.74 b}$$

Subtrahiert man hiervon eine zweite Relation, die aus (2.74) durch Indexvertauschung hervorgeht, also

$$\operatorname{div}(U_2\sigma\operatorname{grad} U_1) = \sigma\operatorname{grad} U_2\cdot\operatorname{grad} U_1 + U_2\,\Delta(\sigma, U_1),$$

so erhält man

$$\operatorname{div}(\sigma U_1 \operatorname{grad} U_2 - \sigma U_2 \operatorname{grad} U_1) = U_1 \Delta(\sigma, U_2) - U_2 \Delta(\sigma, U_1). \tag{2.75}$$

Der 2. Gaußsche Satz führt (2.74a) und (2.75) in folgende Integralsätze über:

1. Greenscher Integralsatz

$$\oint_{(A)} (\sigma U_1 \operatorname{grad} U_2)\, \mathrm{d}\boldsymbol{A} = \int_{(V)} [\sigma \operatorname{grad} U_1 \cdot \operatorname{grad} U_2 + U_1 \Delta(\sigma, U_2)]\, \mathrm{d}V \tag{2.76}$$

2. Greenscher Integralsatz

Speziell für $U_1 = U_2 = U$ folgt aus dem ersten Satz

$$\oint_{(A)} (\sigma U \operatorname{grad} U)\, \mathrm{d}\boldsymbol{A} = \int_{(V)} [\sigma (\operatorname{grad} U)^2 + U \Delta(\sigma, U)]\, \mathrm{d}V. \tag{2.77}$$

3. Greenscher Integralsatz

$$\oint_{(A)} (\sigma U_1 \operatorname{grad} U_2 - \sigma U_2 \operatorname{grad} U_1)\, \mathrm{d}\boldsymbol{A} = \int_{(V)} [U_1 \Delta(\sigma, U_2) - U_2 \Delta(\sigma, U_1)]\, \mathrm{d}V. \tag{2.78}$$

Für die Gültigkeit dieser Sätze ist die Stetigkeit aller Integranden im Integrationsgebiet wesentlich und eine Unstetigkeit besonders zu behandeln. Das Integrationsgebiet selbst braucht natürlich nicht einfach zusammenhängend zu sein (vgl. Abschn. 2.1.1.).

Geht man von dem Gaußschen Integralsatz (2.22b) für ebene Felder aus, so erhält man analog dem vorstehenden noch folgenden Satz:

3. Greenscher Integralsatz (2 dim.)

$$\oint_{(S)} \left(U_1 \frac{\partial U_2}{\partial n} - U_2 \frac{\partial U_1}{\partial n} \right) \mathrm{d}r = \int_{(A)} (U_1 \Delta U_2 - U_2 \Delta U_1)\, \mathrm{d}A \tag{2.79}$$

Dabei wurde statt $\boldsymbol{n} \cdot \operatorname{grad} U_{1,2}$ kürzer $\partial U_{1,2}/\partial n$ geschrieben; A ist die von der geschlossenen Kurve S eingeschlossene ebene Fläche (vgl. Bild 2.12). Die Herleitung dieser Formel soll dem Leser als Übung überlassen werden.

Unstetige Feldfunktionen. Wir kommen nun zu einem wichtigen Spezialfall des 3. Greenschen Integralsatzes. Er ergibt sich mit den speziellen Feldfunktionen

$$U_1 = \psi(\boldsymbol{r}, \boldsymbol{r}_0) = \frac{\psi_1(|\boldsymbol{r} - \boldsymbol{r}_0|)}{|\boldsymbol{r} - \boldsymbol{r}_0|} + \psi_2(\boldsymbol{r}, \boldsymbol{r}_0); \qquad (\psi_1(0) = 1) \tag{2.80}$$

$$U_2 = U,$$

worin ψ_1 irgendeine nur von $|\boldsymbol{r} - \boldsymbol{r}_0|$ abhängige skalare Feldfunktion mit der Bedingung $\psi_1(0) = 1$ und $\psi_2(\boldsymbol{r}, \boldsymbol{r}_0)$ eine in jeder Variablen harmonische Funktion bedeutet: $\Delta\psi_2 = 0$.

In (2.80) sind $\boldsymbol{r}$ und $\boldsymbol{r}_0$ zwei als variabel anzusehende Feldpunkte (Ortsvektoren), so daß $\psi(\boldsymbol{r}, \boldsymbol{r}_0)$ eine von zwei Ortsvektoren abhängige Feldfunktion darstellt. Für $\boldsymbol{r} = \boldsymbol{r}_0$ ist diese Funktion ersichtlich nicht stetig ($|\psi(\boldsymbol{r}, \boldsymbol{r}_0)| \to \infty$ für $\boldsymbol{r} \to \boldsymbol{r}_0$). Wir betrachten bei der Einsetzung von $\psi(\boldsymbol{r}, \boldsymbol{r}_0)$ in (2.78) $\boldsymbol{r}$ als festen Feldpunkt in B und $\boldsymbol{r}_0$ als Integrationsvariable. Dann ist mit Beachtung der vorstehenden Rechenregeln

$$\begin{aligned} \Delta_0(\sigma, U_1) &= \Delta_0(\sigma, \psi) \\ &= \sigma \Delta_0 \psi + \operatorname{grad} \sigma \cdot \operatorname{grad}_0 \psi \\ &= \sigma \Delta_0 \left(\frac{\psi_1(|\boldsymbol{r} - \boldsymbol{r}_0|)}{|\boldsymbol{r} - \boldsymbol{r}_0|} \right) + \operatorname{grad} \sigma \cdot \operatorname{grad}_0 \psi. \end{aligned} \tag{2.81}$$

Für den Spezialfall $\psi_1 = 1$ erhalten wir mit (2.70)

$$\Delta_0\,(\sigma,\,\psi) = -4\pi\sigma\delta\,(\boldsymbol{r}-\boldsymbol{r}_0) + \operatorname{grad}\sigma\cdot\operatorname{grad}_0\psi\,.$$

Nach Einsetzung dieses Ergebnisses in die 3. Greensche Formel erhält man unter Beachtung von (2.80)

$$\oint_{(A)} \sigma\,(\psi\operatorname{grad}U - U\operatorname{grad}_0\psi)\,\mathrm{d}\boldsymbol{A}_0$$

$$= \int_{(V)} [\psi\,\Delta\,(\sigma,\,U) + U4\pi\sigma\delta\,(\boldsymbol{r}-\boldsymbol{r}_0) - U\operatorname{grad}\sigma\cdot\operatorname{grad}_0\psi]\,\mathrm{d}V_0$$

$$= \int_{(V)} [\psi\,\Delta\,(\sigma,\,U) - U\operatorname{grad}\sigma\cdot\operatorname{grad}_0\psi]\,\mathrm{d}V_0 + U(\boldsymbol{r})\,4\pi\sigma\,(\boldsymbol{r}),$$

wobei (2.69) berücksichtigt wurde, die auch für Skalarfelder gilt.
Damit haben wir eine fundamentale Integraldarstellung des Skalarfeldes $U(\boldsymbol{r})$, den *4. Greenschen Integralsatz für Skalarfelder*

$$U(\boldsymbol{r}) = -\frac{1}{4\pi\sigma}\int_{(V)} [\psi\,\Delta\,(\sigma,\,U) - U\operatorname{grad}\sigma\cdot\operatorname{grad}_0\psi]\,\mathrm{d}V_0$$
$$+\frac{1}{4\pi\sigma}\oint_{(A)} \sigma\,(\psi\operatorname{grad}U - U\operatorname{grad}_0\psi)\,\mathrm{d}\boldsymbol{A}_0. \tag{2.82a}$$

Hierin sind – um es noch einmal zusammenzufassen – $U = U(\boldsymbol{r})$ und $\sigma = \sigma(\boldsymbol{r})$ beliebige skalare Feldfunktionen und

$$\boxed{\psi\,(\boldsymbol{r},\,\boldsymbol{r}_0) = \frac{1}{|\boldsymbol{r}-\boldsymbol{r}_0|} + \psi_2\,(\boldsymbol{r},\,\boldsymbol{r}_0); \qquad \Delta\psi_2\,(\boldsymbol{r},\,\boldsymbol{r}_0) = 0,} \tag{2.82b}$$

worin ψ_2 eine harmonische Funktion (hinsichtlich $\boldsymbol{r}$ und $\boldsymbol{r}_0$) bezeichnet: $\Delta\psi_2 = 0$. Ist noch speziell $\sigma =$ konst., so gilt einfacher die Felddarstellung

$$\boxed{U(\boldsymbol{r}) = -\frac{1}{4\pi}\int_{(V)} \psi\,\Delta U\,\mathrm{d}V_0 + \frac{1}{4\pi}\oint_{(A)} (\psi\operatorname{grad}U - U\operatorname{grad}_0\psi)\cdot\mathrm{d}\boldsymbol{A}_0} \tag{2.82c}$$

oder auch

$$\boxed{U(\boldsymbol{r}) = -\frac{1}{4\pi}\int_{(V)} \psi\,\Delta U\,\mathrm{d}V_0 + \frac{1}{4\pi}\oint_{(A)} \left(\psi\frac{\partial U}{\partial n} - U\frac{\partial_0\psi}{\partial n}\right)\mathrm{d}A_0,} \tag{2.82d}$$

wenn man noch $\mathrm{d}\boldsymbol{A} = \boldsymbol{n}\cdot\mathrm{d}A$ und $\boldsymbol{n}\cdot\operatorname{grad}_0 = \partial_0/\partial n$ schreibt. Der Index 0 bei Δ, grad, $\mathrm{d}V$, $\partial/\partial n$ und $\mathrm{d}\boldsymbol{A}$ soll wieder daran erinnern, daß die entsprechenden Operationen bezüglich des Ortsvektors $\boldsymbol{r}_0$ auszuführen sind. $\boldsymbol{r}$ ist der *Aufpunkt* des Feldes, der also für die Differentiation auf der rechten Seite von (2.82) als konstant anzusehen ist. Der mathematische Inhalt der 4. Greenschen Formel (2.82c) besteht darin, *daß die skalare Feldfunktion $U(\boldsymbol{r})$ im Innern des räumlichen Bereiches B ausgedrückt wird durch ΔU im Innern von B* (erstes Integral) *und durch U und $\boldsymbol{n}\cdot$* grad $U = \partial U/\partial n$ *auf der Oberfläche* (Begrenzung, *Rand*) *des Bereiches B* (zweites Integral). Entsprechendes gilt für die allgemeinere Formel (2.82a).
Die große theoretische Bedeutung dieses Zusammenhangs für die Feldtheorie wird aus den

weiteren Darlegungen noch genügend deutlich werden. Es sei an dieser Stelle schon darauf hingewiesen, daß die ganze Theorie wirbelfreier Felder (und ein großer Teil der Theorie allgemeiner, nichtwirbelfreier Felder) vor allem mit diesem Integralsatz in unmittelbarer Verbindung steht. In gewissem Sinne ist also der Integralsatz (2.82) die Fundamentalformel der Feldtheorie, was in den weiteren Betrachtungen noch klar werden wird.

In analoger Weise kann man, ausgehend von dem Gaußschen bzw. Greenschen Satz für ebene Felder (vgl. (2.79)), Greensche Sätze der Ebene herleiten. Die einzelnen Schritte der Rechnung wird der Leser mit dem vorstehenden als Vorbild leicht selbst herleiten können. Wir geben hier nur den *4. Greenschen Satz für die Ebene* an (σ = konst.):

$$U(\boldsymbol{r}) = -\frac{1}{2\pi}\int_{(A)} \psi\,\Delta U\,\mathrm{d}A_0 + \frac{1}{2\pi}\oint_{(S)}\left(\psi\frac{\partial U}{\partial n} - U\frac{\partial_0\psi}{\partial n}\right)\mathrm{d}r_0. \tag{2.83a}$$

Hierbei ist

$$\psi = \ln\frac{1}{|\boldsymbol{r}-\boldsymbol{r}_0|} + \psi_2(\boldsymbol{r}, \boldsymbol{r}_0) \tag{2.83b}$$

mit der harmonischen Funktion der Ebene ψ_2. $\partial U/\partial n$ und $\partial_0\psi/\partial n$ sind die Ableitungen von U und ψ in Richtung der Randnormalen (Bild 2.12). Für viele Rechnungen ist es aber vorteilhafter, in der Ebene die Theorie der Funktionen einer komplexen Veränderlichen heranzuziehen und die Formel (2.83a) entsprechend zu modifizieren (vgl. Abschn. 4.2.2.).

Wir bestätigen den wichtigen Integralsatz (2.82b) noch an einem Beispiel.

Es sei

$$U = U(r, \vartheta, \alpha) = b\,\mathrm{e}^{ar}.$$

Dann ist mit (2.55)

$$\Delta U = \frac{1}{r^2\sin\vartheta}\left[\frac{\partial}{\partial r}\left(r^2\sin\vartheta\frac{\partial U}{\partial r}\right)\right] = \frac{1}{r^2}\frac{\partial}{\partial r}\left(r^2\frac{\partial U}{\partial r}\right).$$

Es ist darin

$$\frac{\partial U}{\partial r} = ba\,\mathrm{e}^{ar}$$

und somit

$$\frac{\partial}{\partial r}\left(r^2\frac{\partial U}{\partial r}\right) = \frac{\partial}{\partial r}(r^2 ba\,\mathrm{e}^{ar}) = ab\,(r^2 a\,\mathrm{e}^{ar} + \mathrm{e}^{ar}2r).$$

Insgesamt erhält man

$$\Delta U = \frac{1}{r^2}\frac{\partial}{\partial r}\left(r^2\frac{\partial U}{\partial r}\right) = ab\left(a\,\mathrm{e}^{ar} + \frac{2\,\mathrm{e}^{ar}}{r}\right) = ab\,\mathrm{e}^{ar}\left(a + \frac{2}{r}\right).$$

Für die Rechnung benötigen wir noch grad U. Nach (2.3b) ist

$$\operatorname{grad} U = \boldsymbol{e}_r\frac{\partial U}{\partial r} = \boldsymbol{e}_r ba\,\mathrm{e}^{ar}.$$

Zu dem gleichen Ergebnis kommt man, wenn man ψ_2 nicht gleich Null setzt.

Die Beziehung (2.82c) lautet in Kugelkoordinaten mit $\psi_2 = 0$ und $\boldsymbol{r} = 0$, wenn außerdem über eine Kugelfläche (Radius R) um den Ursprung integriert wird,

$$\begin{aligned}
U(0) &= -\frac{1}{4\pi}\int_{(r)}\int_{(\vartheta)}\int_{(\alpha)}\frac{\Delta U}{|\boldsymbol{r}_0|}h\,\mathrm{d}r_0\,\mathrm{d}\vartheta_0\,\mathrm{d}\alpha_0\\
&\quad + \frac{1}{4\pi}\int_{(\vartheta)}\int_{(\alpha)}\left(\frac{\operatorname{grad} U}{|\boldsymbol{r}_0|} - U\operatorname{grad}\frac{1}{|\boldsymbol{r}_0|}\right)\boldsymbol{e}_r h_2 h_3\,\mathrm{d}\vartheta_0\,\mathrm{d}\alpha_0\\
&= -\frac{1}{4\pi}\int_{(r)}\int_{(\vartheta)}\int_{(\alpha)}\frac{ab\,\mathrm{e}^{ar_0}}{r_0}\left(a + \frac{2}{r_0}\right)r_0^2\sin\vartheta_0\,\mathrm{d}r_0\,\mathrm{d}\vartheta_0\,\mathrm{d}\alpha_0\\
&\quad + \frac{1}{4\pi}\int_{(\vartheta)}\int_{(\alpha)}\left(\frac{ba\,\mathrm{e}^{aR}}{R} + \frac{b\,\mathrm{e}^{aR}}{R^2}\right)R^2\sin\vartheta_0\,\mathrm{d}\vartheta_0\,\mathrm{d}\alpha_0
\end{aligned}$$

$$= -\frac{ab}{4\pi}\int_{\vartheta=0}^{\pi}\sin\vartheta_0\,\mathrm{d}\vartheta_0\int_{\alpha=0}^{2\pi}\mathrm{d}\alpha_0\int_{r=0}^{R}\mathrm{e}^{ar_0}(ar_0+2)\,\mathrm{d}r_0$$

$$+\frac{b}{4\pi}\mathrm{e}^{aR}(Ra+1)\int_{\vartheta=0}^{\pi}\sin\vartheta_0\,\mathrm{d}\vartheta_0\int_{\alpha=0}^{2\pi}\mathrm{d}\alpha_0\,.$$

Wird über eine Kugel um $\boldsymbol{r}=0$ mit dem Radius R integriert, so ist

$$U(0) = -\frac{ab}{4\pi}2\cdot 2\pi\,\mathrm{e}^{ar_0}\left(r_0+\frac{1}{a}\right)\Bigg|_0^R + \frac{b}{4\pi}\,\mathrm{e}^{aR}(Ra+1)\,2\cdot 2\pi = b.$$

Dieses Ergebnis ist in der Tat richtig, da ebenso

$$U(r,\vartheta,\alpha) = b\,\mathrm{e}^{ar}\big|_{r=0} = b$$

ergibt.

Greensche Integralsätze für Vektorfelder. Alle angegebenen Greenschen Sätze beziehen sich auf Skalarfelder. Für Vektorfelder können analoge Formeln hergeleitet werden.
Ersetzt man z.B. im Gaußschen Satz

$$\oint_{(A)}\boldsymbol{U}\cdot\mathrm{d}\boldsymbol{A} = \int_{(V)}\operatorname{div}\boldsymbol{U}\,\mathrm{d}V$$

$\boldsymbol{U}$ durch $\boldsymbol{U}\times\operatorname{rot}\boldsymbol{V}$, so erhält man mit Formel 3. im Abschn. 2.2.2.

$$\oint_{(A)}(\boldsymbol{U}\times\operatorname{rot}\boldsymbol{V})\cdot\mathrm{d}\boldsymbol{A} = \int_{(V)}(\operatorname{rot}\boldsymbol{V}\cdot\operatorname{rot}\boldsymbol{U} - \boldsymbol{U}\cdot\operatorname{rot}\operatorname{rot}\boldsymbol{V})\,\mathrm{d}V. \qquad (2.84\mathrm{a})$$

Vertauscht man $\boldsymbol{U}$ und $\boldsymbol{V}$ und subtrahiert, so entsteht in Analogie zu (2.78) der *3. Greensche Integralsatz für Vektorfelder*

$$\oint_{(A)}(\boldsymbol{U}\times\operatorname{rot}\boldsymbol{V} - \boldsymbol{V}\times\operatorname{rot}\boldsymbol{U})\cdot\mathrm{d}\boldsymbol{A} = \int_{(V)}(\boldsymbol{V}\cdot\operatorname{rot}\operatorname{rot}\boldsymbol{U} - \boldsymbol{U}\cdot\operatorname{rot}\operatorname{rot}\boldsymbol{V})\,\mathrm{d}V. \qquad (2.84\mathrm{b})$$

Für quellenfreie Felder ($\operatorname{div}\boldsymbol{U}=\operatorname{div}\boldsymbol{V}=0$) ist mit (2.51b) einfacher

$$\oint_{(A)}(\boldsymbol{U}\times\operatorname{rot}\boldsymbol{V} - \boldsymbol{V}\times\operatorname{rot}\boldsymbol{U})\cdot\mathrm{d}\boldsymbol{U} = \int_{(V)}(\boldsymbol{U}\cdot\boldsymbol{\Delta}\boldsymbol{V} - \boldsymbol{V}\cdot\boldsymbol{\Delta}\boldsymbol{U})\,\mathrm{d}V. \qquad (2.84\mathrm{c})$$

Auf ähnliche Weise lassen sich weitere Integralidentitäten ableiten.

Zusammenfassung. Die Differentialoperatoren grad, div und rot der Feldtheorie werden vielfach kombiniert angewendet. Die wichtigsten solcher Kombinationen sind der skalare und vektorielle Laplace-Operator

$$\operatorname{div}\operatorname{grad}U = \Delta U$$

$$\operatorname{grad}\operatorname{div}\boldsymbol{U} - \operatorname{rot}\operatorname{rot}\boldsymbol{U} = \boldsymbol{\Delta}\boldsymbol{U}.$$

Ist $\Delta U=0$ ($\boldsymbol{\Delta U}=0$), so heißt U($\boldsymbol{U}$) ein harmonisches Skalarfeld (harmonisches Vektorfeld).
Die harmonischen Skalarfelder der Ebene sind gegeben durch den Real- oder Imaginärteil regulärer Funktionen $f(\underline{z})$ einer komplexen Veränderlichen $\underline{z}$: $\Delta\operatorname{Re}\{f(\underline{z})\}=0$, $\Delta\operatorname{Im}\{f(\underline{z})\}=0$.
Im Raum ist für $\boldsymbol{r}\neq\boldsymbol{r}_0$

$$U(\boldsymbol{r}) = \frac{1}{|\boldsymbol{r}-\boldsymbol{r}_0|}$$

eine (Grund-) Lösung von $\Delta U=0$. Es gilt für alle $\boldsymbol{r}$

$$\Delta\frac{1}{|\boldsymbol{r}-\boldsymbol{r}_0|} = -4\pi\delta(\boldsymbol{r}-\boldsymbol{r}_0) = \begin{cases}0 & \text{für } \boldsymbol{r}\neq\boldsymbol{r}_0\\ \infty & \text{für } \boldsymbol{r}=\boldsymbol{r}_0.\end{cases}$$

Durch die Wahl besonderer Integranden gehen die Gaußschen Sätze in die Greenschen Sätze über. Insbesondere kann jedes Skalarfeld $U(\boldsymbol{r})$ im Innern des räumlichen Bereiches B durch

ΔU im Innern und U und grad U auf dem Rande des Bereiches ausgedrückt werden ($\psi_2 = 0$):

$$U(\boldsymbol{r}) = -\frac{1}{4\pi} \int_{(V)} \frac{\Delta U(\boldsymbol{r}_0)}{|\boldsymbol{r} - \boldsymbol{r}_0|} \, \mathrm{d}V_0$$

$$+ \frac{1}{4\pi} \oint_{(A)} \left(\frac{\mathrm{grad}_0\, U(\boldsymbol{r}_0)}{|\boldsymbol{r} - \boldsymbol{r}_0|} - U(\boldsymbol{r}_0)\, \mathrm{grad}_0 \frac{1}{|\boldsymbol{r} - \boldsymbol{r}_0|} \right) \mathrm{d}\boldsymbol{A}_0 .$$

Zur Funktion $1/|\boldsymbol{r} - \boldsymbol{r}_0|$ darf additiv ein harmonisches Skalarfeld $\psi_2(\boldsymbol{r}, \boldsymbol{r}_0)$ hinzugefügt werden. Tritt $\delta(\boldsymbol{r} - \boldsymbol{r}_0)$ unter einem Volumenintegral in der Form

$$U(\boldsymbol{r}_0)\, \delta(\boldsymbol{r} - \boldsymbol{r}_0) \quad \text{oder} \quad \boldsymbol{U}(\boldsymbol{r}_0)\, \delta(\boldsymbol{r} - \boldsymbol{r}_0)$$

auf, so ist, wenn $\boldsymbol{r}$ im Innern des Integrationsgebietes liegt,

$$\int_{(V)} U(\boldsymbol{r}_0)\, \delta(\boldsymbol{r} - \boldsymbol{r}_0)\, \mathrm{d}V_0 = U(\boldsymbol{r})$$

$$\int_{(V)} \boldsymbol{U}(\boldsymbol{r}_0)\, \delta(\boldsymbol{r} - \boldsymbol{r}_0)\, \mathrm{d}V_0 = \boldsymbol{U}(\boldsymbol{r}).$$

Aufgaben zum Abschnitt 2.2.

2.2.–1 Man beweise für kartesische Koordinaten die Formel

$$\Delta \boldsymbol{U} = \boldsymbol{i}\, \Delta U_x + \boldsymbol{j}\, \Delta U_y + \boldsymbol{k}\, \Delta U_z .$$

2.2.–2 $U(x, y, z) = x + y + z$ ist eine Lösung von $\Delta U = 0$ in kartesischen Koordinaten. Man überzeuge sich, daß dann $\overline{U}(\varrho, \alpha, z) = \varrho \cos \alpha + \varrho \sin \alpha + z$ eine Lösung von $\Delta U = 0$ in Zylinderkoordinaten ist.

2.2.–3 Beweise folgende Aussagen: Ist $g(\underline{z})$ eine im Gebiet G reguläre Funktion, so ist $\mathrm{Re}\,\{g(\underline{z})\} = \mathrm{Re}\,\{g\,(x + \mathrm{j}y)\} = U\,(x, y)$ eine Lösung von $\Delta U = 0$ in kartesischen Koordinaten und $\mathrm{Re}\,\{g\,[f(\underline{w})]\} = \mathrm{Re}\,\{g\,[f(u + \mathrm{j}v)]\} = U[x\,(u, v),\, y\,(u, v)]$ eine Lösung von $\Delta U = 0$ in allgemeinen Zylinderkoordinaten!

2.2.–4 Die Operation div grad U ist
a) in beliebigen Zylinderkoordinaten und
b) in beliebigen Rotationskoordinaten
zu formulieren.

2.2.–5 Die Vektoren $\boldsymbol{A}$ und $\boldsymbol{B}$ seien Funktionen des Parameters u: $\boldsymbol{A} = \boldsymbol{A}(u)$, $\boldsymbol{B} = \boldsymbol{B}(u)$. Man bestätige die Regeln:

$$\frac{\mathrm{d}}{\mathrm{d}u}(\boldsymbol{A} \cdot \boldsymbol{B}) = \frac{\mathrm{d}\boldsymbol{A}}{\mathrm{d}u} \cdot \boldsymbol{B} + \boldsymbol{A} \cdot \frac{\mathrm{d}\boldsymbol{B}}{\mathrm{d}u}$$

$$\frac{\mathrm{d}}{\mathrm{d}u}(\boldsymbol{A} \times \boldsymbol{B}) = \frac{\mathrm{d}\boldsymbol{A}}{\mathrm{d}u} \times \boldsymbol{B} + \boldsymbol{A} \times \frac{\mathrm{d}\boldsymbol{B}}{\mathrm{d}u}.$$

2.2.–6 Man bestätige die Formel

$$\boldsymbol{U} \cdot \mathrm{rot}\,[U\boldsymbol{U}] = \boldsymbol{U}U\, \mathrm{rot}\, \boldsymbol{U}$$

durch Nachrechnen in Koordinaten.

2.2.–7 Man zeige, daß gilt

$$\mathrm{rot}\,[f(|\boldsymbol{r} - \boldsymbol{r}_0|)\,(\boldsymbol{r} - \boldsymbol{r}_0)] = 0 .$$

2.2.–8 Man bestätige durch Rechnen in Koordinaten die Relation div rot $\boldsymbol{U} = 0$.

2.2.–9 Mit Hilfe der Nabla-Rechnung ist zu berechnen:
a) div $(\boldsymbol{U}_1 \times \boldsymbol{U}_2)$
b) rot $(\boldsymbol{U}_1 \times \boldsymbol{U}_2)$.
c) Was erhält man für $\Delta \dfrac{\psi\,(|\boldsymbol{r} - \boldsymbol{r}_0|)}{|\boldsymbol{r} - \boldsymbol{r}_0|}$ $\quad (\boldsymbol{r} \neq \boldsymbol{r}_0)$?

d) Wie lautet der Operator $\Delta\, f(|\boldsymbol{r}|)$ allgemein?

Was ergibt sich dann allgemein (auch für $|\boldsymbol{r}| = 0$) für $\Delta\, \frac{\psi(|\boldsymbol{r}|)}{|\boldsymbol{r}|}$?

2.2.–10 a) Man zeige, daß gilt $\operatorname{div} \boldsymbol{r} = 3$, $\operatorname{div}(\boldsymbol{a} \times \boldsymbol{r}) = 0$.
b) Was erhält man für $\operatorname{rot}(\boldsymbol{a} \times \boldsymbol{r})$ und für $\operatorname{grad}(\boldsymbol{a} \times \boldsymbol{r})$ $(\boldsymbol{a} = \text{konst.})$?

2.2.–11 Was erhält man allgemein für

$$\int_{(V)} \operatorname{div} \boldsymbol{U} \cdot \mathrm{d}V \qquad \left(A = \text{Kugelfläche mit } \boldsymbol{R} \to \infty,\ \boldsymbol{U} \approx \frac{K\boldsymbol{r}}{|\boldsymbol{r}|^3} \text{ für } |\boldsymbol{r}| \to \infty\right)$$

$$\oint_{(A)} \operatorname{grad} U \cdot \mathrm{d}\boldsymbol{A} \qquad (U = \text{harmonisch})?$$

2.2.–12 Folgende Formeln sind zu beweisen:

$\boldsymbol{\Delta} \operatorname{grad} \varphi = \operatorname{grad} \Delta\varphi$

$\boldsymbol{\Delta} \operatorname{rot} \boldsymbol{U} = -\operatorname{rot} \operatorname{rot} \operatorname{rot} \boldsymbol{U} = \operatorname{rot} \boldsymbol{\Delta U}$

$\operatorname{div} \boldsymbol{\Delta U} = \Delta \operatorname{div} \boldsymbol{U}$.

3. Elektromagnetische Felder

Auf der Grundlage der Maxwellschen Gleichungen in Differentialform werden in diesem Kapitel allgemeine Aussagen zu den Eigenschaften der elektromagnetischen Felder abgeleitet. Dies betrifft den Zusammenhang zwischen Strom und Ladung, das Verhalten der elektromagnetischen Feldgrößen an Grenzflächen sowie die Energiebilanz des elektromagnetischen Feldes. Die Betrachtungen führen auf die Kontinuitätsgleichung und Relaxationszeit, den Grenzflächeneigenschaften der elektromagnetischen Feldgrößen, dem Poyntingschen Satz sowie auf die Einteilung der elektromagnetischen Felder nach physikalischen bzw. mathematischen Gesichtspunkten.
Abgerundet wird das Kapitel durch die Theorie des wirbelfreien Feldes, in der die theoretischen Grundlagen des einfachsten physikalischen Feldes allgemein behandelt werden.

3.1. Allgemeine Grundeigenschaften

In diesem Abschnitt werden die Maxwellschen Gleichungen in der zur Berechnung elektromagnetischer Felder notwendigen differentiellen Form zusammengefaßt und aus ihnen allgemeine Grundeigenschaften abgeleitet. Das betrifft den Zusammenhang zwischen Strom und Ladung sowie die Energiebilanz des elektromagnetischen Feldes (Erhaltungsgesetze), das Verhalten von Ladung in Stoffen sowie der elektromagnetischen Feldgrößen an Grenzflächen und die Einteilung der elektromagnetischen Felder aus physikalischer und mathematischer Sicht.

3.1.1. Grundgleichungen, Stoffeigenschaften

Maxwellsche Gleichungen. Durch Umformung des Induktions- und des Durchflutungsgesetzes sowie der fundamentalen Gesetze $\oint \boldsymbol{D}\, \mathrm{d}\boldsymbol{A} = Q$ und $\oint \boldsymbol{B} \cdot \mathrm{d}\boldsymbol{A} = 0$ ergaben sich folgende *Grundgesetze des elektromagnetischen Feldes* (vgl. Abschnitte 2.1.2. und 2.1.4.):

1. Gleichungsgruppe

$$\begin{aligned} &(1) \quad \operatorname{rot} \boldsymbol{E} = -\frac{\partial \boldsymbol{B}}{\partial t} \\ &(2) \quad \operatorname{rot} \boldsymbol{H} = \boldsymbol{S} + \frac{\partial \boldsymbol{D}}{\partial t} \end{aligned} \tag{3.1a}$$

2. Gleichungsgruppe

$$\begin{aligned} &(3) \quad \operatorname{div} \boldsymbol{D} = \varrho \\ &(4) \quad \operatorname{div} \boldsymbol{B} = 0. \end{aligned} \tag{3.1b}$$

Zu diesen Gleichungen tritt noch (für isotrope Stoffe) hinzu:
3. Gleichungsgruppe:

$$\begin{aligned} &(5) \quad \boldsymbol{D} = \varepsilon \boldsymbol{E} \\ &(6) \quad \boldsymbol{B} = \mu \boldsymbol{H} \\ &(7) \quad \boldsymbol{S} = \varkappa \boldsymbol{E}. \end{aligned} \tag{3.1c}$$

Diese sieben Grundgesetze bilden die *Maxwellschen Gleichungen* des elektromagnetischen Feldes. In dieser differentiellen Form beschreiben (3.1) das Verhalten des elektromagnetischen Feldes in jedem Raumpunkt des Feldgebiets. Dabei sind alle elektrischen und magnetischen Feldvektoren $\boldsymbol{E}$, $\boldsymbol{D}$, $\boldsymbol{B}$, $\boldsymbol{H}$ und $\boldsymbol{S}$ und die Raumladungsdichte ϱ im allgemeinen Funktionen des Ortes und der Zeit. Wir werden aber annehmen, daß die Körper (Stoffe, Medien), in denen sich die elektromagnetischen Erscheinungen abspielen, sich (in bezug auf das gewählte Koordinatensystem) in Ruhe befinden, so daß die die physikalischen Eigenschaften der Stoffe charakterisierenden Größen ε, μ und $\varkappa$ keine Funktionen der Zeit sind *(Feldgleichungen in ruhender Materie)*. Im allgemeinen aber werden wir zur Vereinfachung der Theorie die stofflichen Träger der Felder als (zumindest bereichsweise) *homogen* und damit ε, μ und $\varkappa$ als ortsunabhängig ansehen; andernfalls sprechen wir von *inhomogenen* Stoffen.

Die drei Gleichungsgruppen werden auch als die Hauptgleichungen, Nebenbedingungen und Materialverknüpfungsgleichungen bezeichnet, wobei die ersten vier Gleichungen das Verhalten der elektromagnetischen Felder im wesentlichen bestimmen. Die beiden Hauptgleichungen sind das Induktions- und Durchflutungsgesetz, während die beiden Nebenbedingungsgleichungen Aussagen zu den Quelleneigenschaften des elektrischen (Verschiebungsdichte $\boldsymbol{D}$) bzw. magnetischen Feldes (Induktion $\boldsymbol{B}$) machen. In der differentiellen Form (3.1a, b) beinhalten sie:

1. Hauptgleichung – *Induktionsgesetz*

Der Wirbel der elektrischen Feldstärke $\mathbf{E}$ *in jedem Raumpunkt* $\mathbf{r}$ *des Feldgebietes B ist gleich der Abnahmegeschwindigkeit der Induktion* $\boldsymbol{B}$ *im selben Raumpunkt.*

2. Hauptgleichung – *Durchflutungsgesetz*

Der Wirbel der magnetischen Feldstärke $\boldsymbol{H}$ *in jedem Raumpunkt* $\mathbf{r}$ *des Feldgebietes B ist gleich der Gesamtstromdichte (Konvektions- + Verschiebungsstromdichte) im selben Raumpunkt.*

1. Nebenbedingung:

Die Quelldichte der Verschiebungsdichte $\mathbf{D}$ *in jedem Raumpunkt* $\mathbf{r}$ *des Feldgebietes B ist gleich der Raumladungsdichte* ϱ *im selben Raumpunkt.*

2. Nebenbedingung:

Die Quelldichte der Induktion in jedem Raumpunkt $\mathbf{r}$ *des Feldgebietes B ist stets gleich Null.*

Isotrope Stoffe. Die in (3.1c) auftretenden Stoffparameter ε, μ und $\varkappa$ *(Dielektrizitätskonstante, Permeabilität* und *Leitfähigkeit)* sind in den wichtigsten Stoffen im allgemeinsten Fall skalare Funktionen des Ortes und des betreffenden Feldes. In diesem Fall sprechen wir von *isotropen* Stoffen. In isotropen Stoffen sind also die Feldpaare ($\boldsymbol{B}$, $\boldsymbol{H}$), ($\boldsymbol{D}$, $\boldsymbol{E}$) und ($\boldsymbol{S}$, $\boldsymbol{E}$) immer Paare gleichgerichteter Vektoren. Beispielsweise kann im elektrischen Feld dann nur gelten

$$\varepsilon = \varepsilon\,(\boldsymbol{r}, \boldsymbol{E}). \tag{3.2}$$

Entsprechende Beziehungen können für μ und $\varkappa$ bestehen. Stoffe, deren Dielektrizitätskonstante bzw. Permeabilität von $\boldsymbol{E}$ bzw. $\boldsymbol{H}$ abhängt, heißen *ferroelektrisch* bzw. *ferromagnetisch* oder auch *nichtlinear*, andernfalls *linear*. Ist $\varkappa$ eine Funktion von $\boldsymbol{S}$, so heißt der betreffende Stoff (Leiter) nichtlinear, andernfalls wieder linear. Im einfachsten Fall sind die (isotropen) Stoffe linear (weder ferroelektrisch noch ferromagnetisch) und außerdem homogen. Solche Stoffe wollen wir *konstante* Stoffe nennen. Für solche Stoffe (isotrope, lineare und homogene Stoffe) sind die Skalare ε, μ und $\varkappa$ wirkliche (Stoff-) Konstanten.

Das Vakuum (und praktisch auch der lufterfüllte Raum) ist in diesem Sinne als konstanter Stoff anzusehen. Man schreibt in diesem wichtigen Sonderfall

$$\varepsilon = \varepsilon_0, \qquad \mu = \mu_0 \tag{3.3a}$$

und für beliebige konstante Stoffe auch

$$\varepsilon = \varepsilon_0\varepsilon_r, \qquad \mu = \mu\,\mu_r. \tag{3.3b}$$

Stoffe mit sehr kleinen $\varkappa$-Werten zählt man zu den *Nichtleitern*, andernfalls zu den *Leitern*. In einem *idealen Nichtleiter* ist $\varkappa = 0$, in einem *idealen Leiter* dagegen strebt $\varkappa$ über alle Grenzen ($\varkappa \to \infty$). Nach (3.1b, c) haben diese Idealisierungen folgende Konsequenzen ($|\boldsymbol{E}|$, $|\boldsymbol{S}|$ als beschränkt vorausgesetzt):

1. idealer Nichtleiter ($\varkappa = 0$)

$$S = 0 \tag{3.4a}$$

2. idealer Leiter ($\varkappa \to \infty$)

$$E = 0, \qquad D = 0, \qquad \varrho = 0. \tag{3.4b}$$

In einem idealen Nichtleiter gibt es keinen elektrischen Strom, in einem idealen Leiter kein elektrisches Feld und keine Ladung.

Anisotrope Stoffe. Im allgemeinsten Fall sind die Stoffe weder homogen noch linear und außerdem auch nicht isotrop, vielmehr ist der Zusammenhang z. B. zwischen $\boldsymbol{D}$ und $\boldsymbol{E}$ gegeben durch eine Vektorfunktion

$$\boldsymbol{D} = \boldsymbol{D}(\boldsymbol{r}, \boldsymbol{E}). \tag{3.5}$$

Solche Stoffe werden *anisotrop* (wegen der unterschiedlichen Richtungen von $\boldsymbol{D}$ und $\boldsymbol{E}$), *nichtlinear* (wegen der Abhängigkeit des Vektors $\boldsymbol{D}$ von $\boldsymbol{E}$) und *inhomogen* (wegen der Ortsabhängigkeit der Vektorfunktion) genannt. Am festen Ort $\boldsymbol{r}$ ist nach (3.5) jede Vektorkoordinate D_ν eine Funktion der drei Vektorkoordinaten E_μ:

$$D_\nu = D_\nu(E_1, E_2, E_3). \tag{3.6}$$

Entwickeln wir in eine Taylor-Reihe, so gilt

$$D_\nu = D_\nu(0, 0, 0) + \sum_{\mu=1}^{3} \frac{\partial D_\nu}{\partial E_\mu} E_\mu + \dots \qquad (\nu = 1, 2, 3)$$

oder (vgl. Abschn. 1.1.4.) in Matrizenschreibweise

$$\boldsymbol{D} \approx \boldsymbol{D}(0) + \boldsymbol{\varepsilon} \cdot \boldsymbol{E}.$$

Hierin ist $\boldsymbol{\varepsilon}$ die Matrix eines Tensors, der in Koordinaten durch $\left(\boldsymbol{D} = \sum_{\nu=1}^{3} \boldsymbol{e}_\nu D_\nu,\ \boldsymbol{E} = \sum_{\nu=1}^{3} \boldsymbol{e}_\nu E_\nu\right)$

$$\boldsymbol{\varepsilon} = \begin{pmatrix} \varepsilon_{11} & \varepsilon_{12} & \varepsilon_{13} \\ \varepsilon_{21} & \varepsilon_{22} & \varepsilon_{23} \\ \varepsilon_{31} & \varepsilon_{32} & \varepsilon_{33} \end{pmatrix}, \qquad \varepsilon_{\nu\mu} = \left(\frac{\partial D_\nu}{\partial E_\mu}\right)_{E_\mu = 0} \tag{3.7}$$

gegeben ist. Im allgemeinen ist die *Restverschiebung* $\boldsymbol{D}(0)$ gleich Null. Dann gilt einfacher

$$\boldsymbol{D} = \boldsymbol{\varepsilon} \boldsymbol{E}, \qquad \boldsymbol{D} = \begin{pmatrix} D_1 \\ D_2 \\ D_3 \end{pmatrix}, \qquad \boldsymbol{E} = \begin{pmatrix} E_1 \\ E_2 \\ E_3 \end{pmatrix}. \tag{3.8}$$

Analoges gilt für Magnet- und Strömungsfelder:

$$\boldsymbol{B} = \boldsymbol{\mu} \boldsymbol{H}, \qquad \boldsymbol{S} = \boldsymbol{\kappa} \boldsymbol{E}. \tag{3.9}$$

Da in (3.7) die $\varepsilon_{\nu\mu}$ keine Funktionen der Feldstärke $\boldsymbol{E}$ sind, *sind beliebige Stoffe hinsichtlich ihres elektrischen Verhaltens in erster Näherung* (wenn keine *Restfelder* auftreten) *immer lineare Stoffe, charakterisiert durch einen Tensor* $\boldsymbol{\varepsilon}$. Sind die $\varepsilon_{\nu\mu}$ keine Funktionen des Ortes, so liegt ein homogener, und gilt $\varepsilon_{\nu\mu} = 0$ für $\nu \neq \mu$ und $\varepsilon_{\nu\nu} = \varepsilon$, so liegt ein isotroper Stoff vor. Entsprechendes gilt für das magnetische und strömungsphysikalische Verhalten von Stoffen.

3.1.2. Strom und Ladung

Kontinuitätsgleichung. Wir werden im weiteren einige allgemeine Folgerungen aus dem System der Maxwellschen Gleichungen (3.1) allen speziellen Darlegungen der weiteren Abschnitte voranstellen.

Aus der zweiten Gleichung dieses Systems folgt mit div rot $\boldsymbol{H} = 0$ die Beziehung

$$\operatorname{div} \frac{\partial \boldsymbol{D}}{\partial t} + \operatorname{div} \boldsymbol{S} = 0. \tag{3.10}$$

Durch Änderung der Reihenfolge der Operationen div und $\partial/\partial t$ erhält man mit Beachtung der dritten Maxwellschen Gleichung die *Kontinuitätsgleichung*

$$\boxed{\frac{\partial \varrho}{\partial t} + \operatorname{div} \boldsymbol{S} = 0,} \tag{3.11a}$$

deren physikalische Aussage nach Anwendung des Gaußschen Satzes sehr deutlich wird:

$$\frac{\partial}{\partial t} \int_{(V)} \varrho \, \mathrm{d}V + \oint_{(A)} \boldsymbol{S} \cdot \mathrm{d}\boldsymbol{A} = 0. \tag{3.11b}$$

Man beachte, daß $\int_{(V)} \frac{\partial \varrho}{\partial t} \, \mathrm{d}V = \frac{\partial}{\partial t} \int_{(V)} \varrho \, \mathrm{d}V$ gesetzt werden darf, daß das Volumenintegral die im Volumen V vorhandene Ladung Q und daß das Flächenintegral der elektrische Strom I durch die Hüllfläche A von V ist, der nach außen positiv festgelegt ist. Die integrale Form der Kontinuitätsgleichung lautet mithin:

$$\boxed{I + \frac{\mathrm{d}Q}{\mathrm{d}t} = 0.} \tag{3.11c}$$

Die Beziehung (3.11c) hat folgende einleuchtende Aussage zum Inhalt:
Ändert sich in dem Volumen V die Ladung um dQ *in der Zeit* dt, *so fließt durch die Begrenzungsfläche A dieses Volumens der Leitungsstrom* $I = -(\mathrm{d}Q/\mathrm{d}t)$ (Zunahme positiver Ladungen bedeutet Ladungseinströmung, Abnahme bedeutet Ausströmung).
Im Innern eines abgeschlossenen Bereiches können also Ladungen weder entstehen noch verschwinden, ohne daß durch die Begrenzungsfläche dieses Bereiches ein entsprechender Leitungsstrom auftritt *(Satz von der Erhaltung der Ladung)*.

Relaxationszeit. Die Kontinuitätsgleichung beschreibt einen Zusammenhang zwischen Strom und Ladung unabhängig von den stofflichen Eigenschaften des Trägers, in dem sich die elektrischen Vorgänge abspielen. Ist aber über diese stofflichen Eigenschaften Näheres bekannt, so kann auch über den Zusammenhang von $\boldsymbol{S}$ und ϱ mehr ausgesagt werden.
In den folgenden Betrachtungen wird angenommen, daß $\varkappa$ und ε skalare Ortsfunktionen sind (lineare, isotrope Stoffe). Dann folgt aus (3.1c)

$$\boldsymbol{D} = \frac{\varepsilon}{\varkappa} \boldsymbol{S}$$

und daraus mit (3.1b) und (3.11a) sowie Beachtung von (2.61–2)

$$\varrho = \operatorname{div}\left(\frac{\varepsilon}{\varkappa} \boldsymbol{S}\right) = \operatorname{grad} \frac{\varepsilon}{\varkappa} \cdot \boldsymbol{S} + \frac{\varepsilon}{\varkappa} \operatorname{div} \boldsymbol{S}$$

$$= \boldsymbol{S} \cdot \operatorname{grad} \frac{\varepsilon}{\varkappa} - \frac{\varepsilon}{\varkappa} \frac{\partial \varrho}{\partial t}.$$

Nach einfacher Umordnung ist somit

$$\boxed{\frac{\partial \varrho}{\partial t} + \frac{\varkappa}{\varepsilon} \varrho = \frac{\varkappa}{\varepsilon} \boldsymbol{S} \cdot \operatorname{grad} \frac{\varepsilon}{\varkappa}.} \tag{3.12a}$$

Diese Differentialgleichung beschreibt den Zusammenhang zwischen ϱ und $\boldsymbol{S}$ in linearen isotropen Stoffen. Im Bildbereich der *Laplace-Transformation* erhält man ($\mathrm{L}\{\varrho\} = \bar{\varrho}$,

$L\{S\} = \bar{S}$)

$$p\bar{\varrho} - \varrho(0) + \frac{\varkappa}{\varepsilon}\bar{\varrho} = \frac{\varkappa}{\varepsilon}\bar{S}\cdot\operatorname{grad}\frac{\varepsilon}{\varkappa}$$

mit der Auflösung

$$\bar{\varrho}(\boldsymbol{r}, p) = \frac{(\varkappa/\varepsilon)\,\bar{\boldsymbol{S}}(\boldsymbol{r}, p)\cdot\operatorname{grad}(\varepsilon/\varkappa) + \varrho(\boldsymbol{r}, 0)}{p + (\varkappa/\varepsilon)}. \tag{3.12b}$$

Die Rücktransformation (mit *Faltungssatz*) ergibt die Lösung

$$\varrho(\boldsymbol{r}, t) = \left(\frac{\varkappa}{\varepsilon}\boldsymbol{S}\cdot\operatorname{grad}\frac{\varepsilon}{\varkappa}\right) * e^{-(\varkappa/\varepsilon)t} + \varrho(\boldsymbol{r}, 0)\, e^{-(\varkappa/\varepsilon)t}$$

$$= \frac{\varkappa}{\varepsilon}\operatorname{grad}\frac{\varepsilon}{\varkappa}\cdot\int_0^t \boldsymbol{S}(\boldsymbol{r}, t-\tau)\, e^{-(\varkappa/\varepsilon)\tau}\,d\tau + \varrho(\boldsymbol{r}, 0)\, e^{-(\varkappa/\varepsilon)t}. \tag{3.12c}$$

Ist $\boldsymbol{S}(\boldsymbol{r}, t)$ speziell sinusförmig von der Zeit abhängig, ist also

$$\boldsymbol{S}(\boldsymbol{r}, t) = \boldsymbol{S}(\boldsymbol{r})\cos(\omega t + \varphi) = \operatorname{Re}\{\boldsymbol{S}(\boldsymbol{r})\, e^{j\varphi}\, e^{j\omega t}\} = \operatorname{Re}\{\underline{\boldsymbol{S}}\, e^{j\omega t}\}$$

mit

$$\underline{\boldsymbol{S}} = \boldsymbol{S}(\boldsymbol{r})\, e^{j\varphi},$$

so gilt mit (3.12b) für $t \to \infty$ in beliebigen linearen isotropen Stoffen einfacher

$$\varrho(\boldsymbol{r}, t) = \operatorname{Re}\left\{\frac{\varkappa}{\varkappa + j\omega\varepsilon}\left(\underline{\boldsymbol{S}}\cdot\operatorname{grad}\frac{\varepsilon}{\varkappa}\right) e^{j\omega t}\right\} = \operatorname{Re}\{\underline{\varrho}\, e^{j\omega t}\}$$

mit

$$\underline{\varrho} = \left(\underline{\boldsymbol{S}}\cdot\operatorname{grad}\frac{\varepsilon}{\varkappa}\right)\frac{\varkappa}{\varkappa + j\omega\varepsilon}.$$

Die physikalische Interpretation der Lösung (3.12c) führt zu folgenden physikalischen Sachverhalten:

1. In linearen isotropen Stoffen mit konstantem Verhältnis von ε zu $\varkappa$ (z. B. in homogenen isotropen Stoffen) ist wegen $\operatorname{grad}\varepsilon/\varkappa = 0$

   $$\varrho(\boldsymbol{r}, t) = \varrho(\boldsymbol{r}, 0)\, e^{-(\varkappa/\varepsilon)t}, \tag{3.13}$$

   in Worten:
   Eine am Ort $\boldsymbol{r}$ *z. Z.* $t = 0$ (auf irgendeine Weise zustande gekommene) *von Null verschiedene Ladungsdichte* $\varrho(\boldsymbol{r}, 0)$ *muß mit dem Faktor* $\exp(-(\varkappa/\varepsilon)\,t)$ *gegen Null streben.*
   Die *Zeitkonstante* T dieser Ladungszerstreuung ergibt sich aus $\exp(-(\varkappa/\varepsilon)\,T) = \exp(-1)$ und beträgt

   $$\boxed{T = \frac{\varepsilon}{\varkappa}.} \tag{3.14}$$

   Diese Zeitkonstante wird als *Relaxationszeit* bezeichnet.

2. Ist in einem linearen, isotropen Stoff die Stromdichte $\boldsymbol{S}(\boldsymbol{r}, t)$ unabhängig von der Zeit, so gilt nach (3.12c) für $t \to \infty$

   $$\varrho(\boldsymbol{r}) = \boldsymbol{S}(\boldsymbol{r})\cdot\operatorname{grad}\frac{\varepsilon(\boldsymbol{r})}{\varkappa(\boldsymbol{r})}. \tag{3.15}$$

   Auch schon bei stationärer Strömung kann es hiernach in inhomogenen (linearen, isotropen) *Stoffen zur Ausbildung räumlich verteilter Ladungen kommen.*
   Diese Erscheinung nennt man *dielektrische Absorption*; sie ist von Bedeutung z. B. bei der Konstruktion von Hochspannungskondensatoren (Aufgabe 3.1.–4).

3.1.3. Bedingungen an Grenzflächen

Normalkomponenten. Die in der Technik auftretenden Einrichtungen sind i. allg. so konstruiert, daß sie ein System mit bereichsweise homogenen (Werk-) Stoffen bilden. An der *Grenzfläche* zwischen zwei verschiedenen Stoffen liegt dann eine flächenhaft ausgebildete Inhomogenität vor, für die bestimmte *Grenzbedingungen* gelten müssen, die wir nun ableiten wollen.

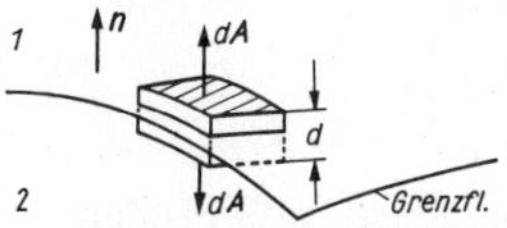

Bild 3.1. Zur Grenzbedingung an Grenzflächen (Normalkomponente)

Die Integralform der 4. Maxwellschen Gleichung ergibt, angewandt auf den im Bild 3.1 gezeigten Bereich,

$$\lim_{d\to 0} \oint_{(A)} \boldsymbol{B} \cdot \mathrm{d}\boldsymbol{A} = \int_{(A)} \boldsymbol{B}_1 \cdot \mathrm{d}\boldsymbol{A}_1 + \int_{(A)} \boldsymbol{B}_2 \cdot \mathrm{d}\boldsymbol{A}_2$$

$$= \int_{(A)} (\boldsymbol{B}_1 - \boldsymbol{B}_2) \cdot \boldsymbol{n} \, \mathrm{d}A = 0, \tag{3.16}$$

wenn man beachtet, daß $\mathrm{d}\boldsymbol{A}_1 = -\mathrm{d}\boldsymbol{A}_2 = \boldsymbol{n}\,\mathrm{d}A$ gesetzt werden darf und $\boldsymbol{n}$ die *Flächennormale* bezeichnet (s. Abschn. 1.2.3.). Da die in (3.16) auftretende Fläche ganz beliebig sein darf, kann das Integral nur verschwinden, wenn der Integrand verschwindet. An der Grenzfläche zwischen zwei verschiedenen Stoffen besteht also stets die Grenzbedingung

$$\boxed{(\boldsymbol{B}_1 - \boldsymbol{B}_2) \cdot \boldsymbol{n} = 0 \quad \text{oder} \quad B_{n_1} = B_{n_2},} \tag{3.17}$$

in Worten: *An der Grenzfläche zwischen zwei verschiedenen Stoffen ist die Normalkomponente $B_n = \boldsymbol{n} \cdot \boldsymbol{B}$ der Induktion $\boldsymbol{B}$ stetig.*
Wendet man in analoger Weise die Integralform der 3. Maxwellschen Gleichung auf eine Grenzfläche an, so findet man (vgl. Bild 3.1)

$$\lim_{d\to 0} \oint_{(A)} \boldsymbol{D} \cdot \mathrm{d}\boldsymbol{A} = \int_{(A)} (\boldsymbol{D}_1 - \boldsymbol{D}_2) \cdot \boldsymbol{n} \, \mathrm{d}A$$

$$= \int_{(V)} \varrho \, \mathrm{d}V = \int_{(V)} \mathrm{d}Q = \int_{(A)} \sigma \, \mathrm{d}A$$

oder

$$\int_{(A)} [(\boldsymbol{D}_1 - \boldsymbol{D}_2) \cdot \boldsymbol{n} - \sigma] \, \mathrm{d}A = 0.$$

Hierbei ist σ die *Flächenladungsdichte* $\mathrm{d}Q/\mathrm{d}A = \sigma$. Wie im vorstehenden folgt aus der letzten Beziehung

$$\boxed{(\boldsymbol{D}_1 - \boldsymbol{D}_2) \cdot \boldsymbol{n} = \sigma \quad \text{oder} \quad D_{n_1} = D_{n_2} + \sigma.} \tag{3.18}$$

Die Aussage dieser Beziehung ist nur eindeutig, wenn berücksichtigt wird, daß die Flächennormale $\boldsymbol{n}$ in Richtung des Stoffes mit dem Index 1 weist (Bild 3.1). Ist $\sigma = 0$, so gilt entsprechend (3.17):
Bei fehlender Grenzflächenladung σ bleibt die Normalkomponente $D_n = \boldsymbol{n} \cdot \boldsymbol{D}$ der Verschiebungsdichte $\boldsymbol{D}$ an Grenzflächen stetig.

Bemerkung: Da jedes Rotationsfeld nach (2.62–6) stets quellenfrei ist, folgt aus der 2. Maxwellschen Hauptgleichung (3.1a–2)

$$\operatorname{div}\left(\boldsymbol{S} + \frac{\partial \boldsymbol{D}}{\partial t}\right) = 0, \tag{3.19a}$$

d. h., die Gesamtstromdichte $\boldsymbol{S} + \partial\boldsymbol{D}/\partial t$ ist ein quellenfreies Feld. Bezüglich einer Grenzfläche – gekennzeichnet durch die Materialgrößen ε_1, $\varkappa_1$ und ε_2, $\varkappa_2$ – liegen damit die gleichen Verhältnisse wie für die Induktion $\boldsymbol{B}$ des Magnetfelds vor, und die Normalkomponenten des Feldes gehen stetig ineinander über.

$$\boxed{\left[\left(\boldsymbol{S}_1 + \frac{\partial \boldsymbol{D}_1}{\partial t}\right) - \left(\boldsymbol{S}_2 + \frac{\partial \boldsymbol{D}_2}{\partial t}\right)\right] \cdot \boldsymbol{n} = 0 \quad \text{oder} \quad S_{n1} + \frac{\partial D_{n1}}{\partial t} = S_{n2} + \frac{\partial D_{n2}}{\partial t}} \tag{3.19b}$$

Ist in der Grenzschicht die Raumladungsdichte, gegeben durch die Flächenladungsdichte σ, Null oder von der Zeit unabhängig, so folgt aus der Kontinuitätsgleichung (3.11a) $\operatorname{div}\boldsymbol{S} = 0$, was mit $\partial\boldsymbol{D}/\partial t = 0$ in vorstehender Gleichung identisch ist und

$$\boxed{S_{n1} = S_{n2}} \tag{3.19c}$$

folgen läßt, d. h. die Stetigkeitseigenschaft der Normalkomponente für die Leitungsstromdichte.

Tangentialkomponenten. Bedingungen für die tangentialen Feldkomponenten an den Grenzflächen liefern die in Integralform gefaßten ersten beiden Maxwellschen Gleichungen. Mit dem durch Bild 3.2 erklärten Integrationsweg findet man

$$\lim_{d\to 0} \oint_{(S)} \boldsymbol{E} \cdot \mathrm{d}\boldsymbol{r} = \int_{(S_1)} \boldsymbol{E}_1 \cdot \mathrm{d}\boldsymbol{r}_1 + \int_{(S_2)} \boldsymbol{E}_2 \cdot \mathrm{d}\boldsymbol{r}_2$$

$$= \int_{(S)} (\boldsymbol{E}_1 - \boldsymbol{E}_2) \cdot \boldsymbol{t}\, \mathrm{d}r = -\lim_{d\to 0} \int_{(A)} \dot{\boldsymbol{B}} \cdot \mathrm{d}\boldsymbol{A} = 0 \qquad \left(\dot{\boldsymbol{B}} = \frac{\partial \boldsymbol{B}}{\partial t}\right),$$

sofern man noch $\mathrm{d}\boldsymbol{r}_1 = -\mathrm{d}\boldsymbol{r}_2 = \boldsymbol{t}\,\mathrm{d}r$ setzt, worin $\boldsymbol{t}$ den *Tangenteneinheitsvektor* bezeichnet (s. Abschn. 1.2.3.). Bei endlichem $\boldsymbol{B}$ verschwindet für $d \to 0$ das Flächenintegral über $\boldsymbol{B}$, und man erhält

$$\boxed{(\boldsymbol{E}_1 - \boldsymbol{E}_2) \cdot \boldsymbol{t} = 0 \quad \text{oder} \quad E_{t_1} = E_{t_2},} \tag{3.20}$$

da das Linienintegral über $\boldsymbol{E}_1 - \boldsymbol{E}_2$ nur für beliebige Wege verschwinden kann, wenn der Integrand selbst verschwindet. Hieraus entnimmt man: *An einer Grenzfläche zwischen verschiedenen Stoffen bleibt die Tangentialkomponente der elektrischen Feldstärke stetig.*

Die gleichen Überlegungen führen unter Benutzung der 2. Maxwellschen Gleichung wegen

$$\lim_{d\to 0} \oint_{(S)} \boldsymbol{H} \cdot \mathrm{d}\boldsymbol{r} = \int_{(S)} (\boldsymbol{H}_1 - \boldsymbol{H}_2) \cdot \boldsymbol{t}\, \mathrm{d}r$$

$$= \lim_{d\to 0} \int_{(A)} (\dot{\boldsymbol{D}} + \boldsymbol{S})\, \mathrm{d}\boldsymbol{A}$$

$$= \lim_{d\to 0} \int_{(A)} \dot{\boldsymbol{D}}\, \mathrm{d}\boldsymbol{A} + \lim_{d\to 0} \int \mathrm{d}I$$

$$= 0 + \int S_\sigma\, \mathrm{d}r$$

zu der Bedingung

$$\int_{(S)} [(\boldsymbol{H}_1 - \boldsymbol{H}_2) \cdot \boldsymbol{t} - S_\sigma]\, \mathrm{d}r = 0$$

oder

$$\boxed{(\boldsymbol{H}_1 - \boldsymbol{H}_2) \cdot \boldsymbol{t} = S_\sigma \quad \text{oder} \quad H_{t_1} = H_{t_2} + S_\sigma,} \tag{3.21}$$

wenn man beachtet, daß auf der Grenzfläche möglicherweise ein *Flächenstrom* mit der *Flächenstromdichte* $\mathrm{d}I/\mathrm{d}r = S_\sigma$ auftritt. Somit gilt:
Bei verschwindenden Grenzflächenströmen ist die Tangentialkomponente der magnetischen Feldstärke an der Grenzfläche stetig.

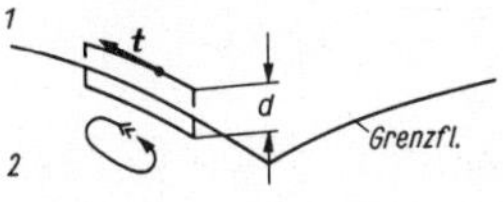

Bild 3.2. Zur Grenzbedingung an Grenzflächen (Tangentialkomponente)

3.1.4. Feldenergie

Poyntingscher Satz. Wir kommen nun zu einem wichtigen Satz über die Energiebilanz in elektromagnetischen Feldern.
Multipliziert man die 1. Maxwellsche Gleichung skalar mit $\boldsymbol{H}$ und die 2. mit $\boldsymbol{E}$, so ergibt eine anschließende Differenzbildung

$$\boldsymbol{E} \cdot \operatorname{rot} \boldsymbol{H} - \boldsymbol{H} \cdot \operatorname{rot} \boldsymbol{E} = \boldsymbol{S} \cdot \boldsymbol{E} + \boldsymbol{E} \cdot \frac{\partial \boldsymbol{D}}{\partial t} + \boldsymbol{H} \cdot \frac{\partial \boldsymbol{B}}{\partial t}. \tag{3.22a}$$

Die linke Seite ist mit div $(\boldsymbol{H} \times \boldsymbol{E})$ identisch. Setzt man daher

$$\boxed{\boldsymbol{E} \times \boldsymbol{H} = \boldsymbol{S}_p,} \tag{3.23}$$

so lautet (3.22a) einfacher

$$\boxed{\operatorname{div} \boldsymbol{S}_p + \boldsymbol{S} \cdot \boldsymbol{E} + \boldsymbol{E} \cdot \frac{\partial \boldsymbol{D}}{\partial t} + \boldsymbol{H} \cdot \frac{\partial \boldsymbol{B}}{\partial t} = 0.} \tag{3.22b}$$

Eine Analyse der Einheiten von $\boldsymbol{S}_p$ nach (3.23) und der Summanden von (3.22b) soll uns einen Einblick in die physikalischen Aussagen beider Beziehungen geben. So erhalten wir:

$$[\boldsymbol{S}_p] = [\boldsymbol{E} \times \boldsymbol{H}] = \frac{\mathrm{V}}{\mathrm{m}}\,\frac{\mathrm{A}}{\mathrm{m}} = \frac{\mathrm{W}}{\mathrm{m}^2} = \frac{\mathrm{W \cdot s}}{\mathrm{m}^2 \cdot \mathrm{s}}, \qquad [\operatorname{div} \boldsymbol{S}_p] = \frac{\mathrm{W}}{\mathrm{m}^3} = \frac{\mathrm{W \cdot s}}{\mathrm{m}^3 \cdot \mathrm{s}}$$

und beispielsweise aus (3.22b) für das dritte Glied (und ebenso für die weiteren Glieder)

$$\left[\boldsymbol{E}\,\frac{\partial \boldsymbol{D}}{\partial t}\right] = \frac{\mathrm{V}}{\mathrm{m}}\,\frac{\mathrm{A \cdot s}}{\mathrm{m}^2}\,\frac{1}{\mathrm{s}} = \frac{\mathrm{W}}{\mathrm{m}^3} = \frac{\mathrm{W \cdot s}}{\mathrm{m}^3 \cdot \mathrm{s}}.$$

Damit ergeben sich die Dimensionen einer Leistungsflächendichte für $\boldsymbol{S}_p$ bzw. Leistungsvolumendichte für die Glieder von (3.22b) oder auch Energie je Flächen- und Zeiteinheit für $\boldsymbol{S}_p$ als Kennzeichen einer *Energieströmung* durch eine Fläche bzw. Energie je Volumen- und Zeiteinheit, die vom elektromagnetischen Feld in einem Raumpunkt des Feldgebietes gespeichert ist. Hierbei bedeutet das Glied $\boldsymbol{E} \cdot \boldsymbol{S}$ in (3.22b) offensichtlich einen Verlust an elektrischer Energie, die in Wärmeenergie umgesetzt wird.
Die physikalische Deutung der Relation (3.22b) steht also im Zusammenhang mit den *Energiedichten* des elektromagnetischen Feldes:

Energiedichte des elektrischen Feldes

$$w_E = \int_0^{\boldsymbol{D}} \boldsymbol{E} \cdot \mathrm{d}\boldsymbol{D} = \int_0^t \boldsymbol{E} \cdot \frac{\partial \boldsymbol{D}}{\partial t}\,\mathrm{d}t \tag{3.24a}$$

Energiedichte des magnetischen Feldes

$$w_M = \int_0^{\boldsymbol{B}} \boldsymbol{H} \cdot \mathrm{d}\boldsymbol{B} = \int_0^t \boldsymbol{H} \cdot \frac{\partial \boldsymbol{B}}{\partial t}\,\mathrm{d}t \tag{3.24b}$$

Energiedichte des Strömungsfelds

$$w_S = \int_0^t \boldsymbol{S} \cdot \boldsymbol{E}\,\mathrm{d}t \tag{3.24c}$$

und schließlich die *Gesamtenergiedichte* w des elektromagnetischen Feldes

$$w = w_S + w_E + w_M. \tag{3.24d}$$

Ein Vergleich der Gleichungen (3.24a bis c) mit (3.23) zeigt nun, daß die Glieder von (3.22b) die Integranden von (3.24) sind und mithin durch die zeitliche Änderung der Energiedichten ausgedrückt werden können:

$$\boldsymbol{E} \cdot \boldsymbol{S} = \frac{\partial w_S}{\partial t}, \qquad \boldsymbol{E} \cdot \frac{\partial \boldsymbol{D}}{\partial t} = \frac{\partial w_E}{\partial t}, \qquad \boldsymbol{H} \cdot \frac{\partial \boldsymbol{B}}{\partial t} = \frac{\partial w_M}{\partial t}, \tag{3.25a}$$

die zusammengefaßt die gesamte zeitliche Änderung der Energiedichte

$$\frac{\partial w}{\partial t} = \frac{\partial}{\partial t}(w_S + w_E + w_M), \tag{3.25b}$$

d.h. die *Leistungsdichte* des elektromagnetischen Feldes in einem Volumenelement $\mathrm{d}V$, ergeben. Damit kann (3.22b) auch in der Form

$$\boxed{\operatorname{div} \boldsymbol{S}_p + \frac{\partial w}{\partial t} = 0} \tag{3.26a}$$

angegeben werden. Die Integration dieser Beziehung über einen räumlichen Bereich B (Volumen V, Hüllfläche A) führt unter Beachtung des 2. Integralsatzes von *Gauß* auf

$$\oint_{(A)} \boldsymbol{S}_p \cdot \mathrm{d}\boldsymbol{A} + \frac{\mathrm{d}}{\mathrm{d}t} \int_{(V)} w\,\mathrm{d}V = 0. \tag{3.26b}$$

Deutet man das Flächenintegral als Strom I_p des Energieflusses (Leistungsflusses) durch die Hüllfläche A

$$I_p = \oint_{(A)} \boldsymbol{S}_p \cdot \mathrm{d}\boldsymbol{A} \tag{3.26c}$$

und beachtet weiterhin, daß

$$W = \int_{(V)} w\,\mathrm{d}V = W_S + W_E + W_M \tag{3.26d}$$

die in B „gespeicherte" Gesamtenergie des elektromagnetischen Feldes ist, so erhält man schließlich die Integralform von (3.26a)

$$\boxed{I_p + \frac{\mathrm{d}W}{\mathrm{d}t} = 0.} \tag{3.26e}$$

Die Beziehung (3.26a, e) ist von gleicher mathematischer Form wie die Kontinuitätsgleichung (3.11), stellt den *Energieerhaltungssatz* des elektromagnetischen Feldes dar und sagt aus: *Ändert sich im Bereich B die gesamte darin enthaltene Energie W* (Energie des elektrischen Feldes W_E, des magnetischen Feldes W_M und Wärmeenergie des Strömungsfeldes W_S) *um* dW *in der Zeit* dt, *so tritt in diesem Zeitintervall durch die Begrenzung A der Energie-(Leistungs-) fluß* I_p.

Der Fluß I_p ist aufgrund des Satzes von der Erhaltung der Energie als *Energiefluß* durch die Begrenzungsflächen des Bereiches B zu deuten, und $\boldsymbol{S}_p = \boldsymbol{E} \times \boldsymbol{H}$ ist demzufolge der Vektor der *Energiestromdichte* (Leistungsstromdichte der Energieströmung) und heißt *Poyntingscher Vektor*.

Die Aussage in (3.22b) bzw. (3.26a) ist als *Poyntingscher Satz* in die Literatur eingegangen.

Energiedichte. In den weiteren Betrachtungen setzen wir zur Vereinfachung lineare isotrope Stoffe voraus. Nach (3.1) erhält man für die Energiedichten der einzelnen Felder entsprechend (3.24)

$$w_E = \varepsilon \int_0^{\boldsymbol{E}} \boldsymbol{E} \cdot \mathrm{d}\boldsymbol{E} = \frac{\varepsilon}{2} \boldsymbol{E}^2 \qquad w_S = \varkappa \int_0^t \boldsymbol{E}^2 \, \mathrm{d}t \qquad w_M = \mu \int_0^{\boldsymbol{H}} \boldsymbol{H} \cdot \mathrm{d}\boldsymbol{H} = \frac{\mu}{2} \boldsymbol{H}^2. \tag{3.27}$$

Diese Werte $w_E(\boldsymbol{r})$ und $w_M(\boldsymbol{r})$ sind nur Funktionen des Ortes $\boldsymbol{r}$ und nicht der Zeit, *d. h., die im Volumenelement* dV *gespeicherte Energie* d$W_{E,M} = w_{E,M}$ dV *ist unabhängig davon, nach welchem Zeitgesetz sich die Feldstärken des elektrischen und magnetischen Feldes von Null beginnend bis zu den Werten* $\boldsymbol{E}$ *und* $\boldsymbol{H}$ *ausbilden*. Die im Volumenelement dV enthaltene Wärmeenergie d$W = w_S$ dV *hängt vom Zeitgesetz* $\boldsymbol{E}$ $(\boldsymbol{r}, t)$ ab. Für sinusförmige Vorgänge $\boldsymbol{E} = \boldsymbol{E}(\boldsymbol{r}) \cos \omega t$ erhält man z. B. in einer *Periode T*

$$w_S = \frac{\varkappa \boldsymbol{E}^2}{\omega} \int_0^{2\pi} \cos^2 \omega t \, \mathrm{d}(\omega t) = \frac{\varkappa \boldsymbol{E}^2}{\omega} \pi = \frac{\boldsymbol{S} \cdot \boldsymbol{E}}{\omega} \pi \tag{3.28a}$$

und für die *mittlere Leistung* in einer Periode

$$\frac{w_S}{T} = \frac{w_S \omega}{2\pi} = \frac{\varkappa \boldsymbol{E}^2}{2} = \frac{1}{2} \boldsymbol{S} \cdot \boldsymbol{E}. \tag{3.28b}$$

Ist $\boldsymbol{E}$ von t unabhängig, so gilt mit (3.27)

$$w_S = \varkappa \boldsymbol{E}^2 t$$

oder

$$\frac{w_S}{t} = \boldsymbol{S} \cdot \boldsymbol{E}. \tag{3.28c}$$

3.1.5. Einteilung der Felder

Stationäre Felder. Man bezeichnet ein elektromagnetisches Feld als stationär, wenn alle sechs Feldgrößen $\boldsymbol{E}$, $\boldsymbol{H}$, $\boldsymbol{D}$, $\boldsymbol{B}$, $\boldsymbol{S}$ und ϱ keine Funktion der Zeit sind. Das ist bereits der Fall, wenn unter der Voraussetzung beschränkter Felder gilt:

$$\frac{\partial \boldsymbol{S}}{\partial t} = 0 \quad \text{für Stoffe mit} \quad \varkappa \neq 0 \qquad \frac{\partial \boldsymbol{D}}{\partial t} = 0 \quad \text{für Stoffe mit} \quad \varkappa = 0. \tag{3.29}$$

Nach den Maxwellschen Gleichungen ist dann auch

$$\frac{\partial \boldsymbol{E}}{\partial t} = 0 \quad \text{und} \quad \frac{\partial \varrho}{\partial t} = 0 \tag{3.30 a}$$

und weiter rot $\partial \boldsymbol{E}/\partial t = -\partial^2 \boldsymbol{B}/\partial t^2 = 0$ oder $\boldsymbol{B} = \boldsymbol{B}_1(\boldsymbol{r})\,t + \boldsymbol{B}_2(\boldsymbol{r})$. Ist, wie vorausgesetzt, $|\boldsymbol{B}| < B_0$, so muß $\boldsymbol{B}_1 = 0$ gelten und damit

$$\frac{\partial \boldsymbol{B}}{\partial t} = 0, \qquad \frac{\partial \boldsymbol{H}}{\partial t} = 0. \tag{3.30 b}$$

Die *Maxwellschen Gleichungen für stationäre Felder* lauten damit wie folgt:

$$\text{rot}\, \boldsymbol{E} = 0 \qquad \text{div}\, \boldsymbol{D} = \varrho \qquad \boldsymbol{D} = \varepsilon \boldsymbol{E} \tag{3.31 a}$$

$$\text{rot}\, \boldsymbol{H} = \boldsymbol{S} \qquad \text{div}\, \boldsymbol{B} = 0 \qquad \boldsymbol{B} = \mu \boldsymbol{H} \tag{3.31 b}$$

$$\boldsymbol{S} = \varkappa \boldsymbol{E}. \tag{3.31 c}$$

Die beiden Gleichungssysteme (3.31 a) und (3.31 b) sind nur über die Beziehung (3.31 c) miteinander verkoppelt.
Das Gleichungssystem (3.31 a) mit (3.31 c) beschreibt das stationäre elektrische und (3.31 b) das stationäre magnetische Feld. Um letzteres zu berechnen, ist aufgrund der Verkopplung u. U. erst die Berechnung des stationären elektrischen Feldes notwendig.
Einen Sonderfall der stationären Felder bilden die *statischen Felder*, bei denen auch $\boldsymbol{S} = 0$ ist. *Unter dieser Bedingung werden elektrische und magnetische Felder unabhängig voneinander* und zerfallen in

I. *elektrostatische Felder*
mit den Grundgleichungen

$$\varkappa = 0: \qquad \text{rot}\, \boldsymbol{E} = 0 \qquad \text{div}\, \boldsymbol{D} = \varrho \qquad \boldsymbol{D} = \varepsilon \boldsymbol{E} \tag{3.32 a}$$

$$\varkappa \neq 0: \qquad \boldsymbol{E} = 0 \qquad \boldsymbol{D} = 0 \qquad \varrho = 0 \tag{3.32 b}$$

und

II. *magnetostatische Felder*
mit den Grundgleichungen

$$\text{rot}\, \boldsymbol{H} = 0 \qquad \text{div}\, \boldsymbol{B} = 0 \qquad \boldsymbol{B} = \mu \boldsymbol{H}. \tag{3.33}$$

Hiermit liegen im Fall $\boldsymbol{S} = 0$ besonders einfache Feldverhältnisse vor.
(3.32 a) *stellt damit das Grundgleichungssystem für die Berechnung des elektrischen Feldes im Nichtleiter* (Dielektrikum) *dar*, wobei (3.32 b) aussagt, daß in einem leitfähigen Gebiet kein Feld existiert.

Nichtstationäre Felder. Die allgemeinsten *nichtstationären Felder* werden durch die vollständigen Maxwellschen Gleichungen (3.1) beschrieben. In Stoffen mit $\varkappa \neq 0$ aber ist i. allg. bei nicht zu schnellen zeitlichen Feldänderungen die Verschiebungsstromdichte $\partial \boldsymbol{D}/\partial t$ gegenüber der Leitungsstromdichte $\boldsymbol{S}$ vernachlässigbar klein. Diesen vor allem technisch wichtigen Sonderfall hebt man besonders hervor und nennt die durch die Idealisierung

$$\frac{\partial \boldsymbol{D}}{\partial t} = 0 \tag{3.34}$$

entstehenden Felder *quasistationär*. Die Grundgleichungen quasistationärer Felder lauten damit

$$\boxed{\begin{array}{lll} \operatorname{rot} \boldsymbol{E} = -\partial \boldsymbol{B}/\partial t & \operatorname{div} \boldsymbol{D} = \varrho & \boldsymbol{D} = \varepsilon \boldsymbol{E} \\ \operatorname{rot} \boldsymbol{H} = \boldsymbol{S} & \operatorname{div} \boldsymbol{B} = 0 & \boldsymbol{B} = \mu \boldsymbol{H} \\ & & \boldsymbol{S} = \varkappa \boldsymbol{E}. \end{array}} \qquad (3.35)$$

Sind in den Maxwellschen Gleichungen keine Vernachlässigungen möglich, dann bezeichnet man die Felder als *schnellveränderliche Felder*, deren Grundgleichungen mithin durch das vollständige Maxwellsche Gleichungssystem (3.1) gegeben sind.
Allerdings kann man auch hier einen praktisch wichtigen Sonderfall angeben, der in der Vernachlässigung der Leitungsstromdichte $\boldsymbol{S}$ gegenüber der Verschiebungsstromdichte $\partial \boldsymbol{D}/\partial t$ besteht (Wellenausbreitung im Nichtleiter).
Es ist offensichtlich, daß in der Reihenfolge

statische Felder
stationäre Felder
quasistationäre Felder
schnellveränderliche Felder

jeder der aufgeführten Feldtypen ein Spezialfall des darunterstehenden Feldtyps ist.

Wirbelfreie Felder. Vom Standpunkt der bei der Untersuchung von elektromagnetischen Feldern zur Anwendung kommenden mathematischen Methoden ist es zweckmäßig, die Felder in wirbelfreie und nichtwirbelfreie einzuteilen. In diesem Zusammenhang ist folgende Tatsache wesentlich:

Wirbelfreie Felder kann es – von Sonderfällen abgesehen – *nur geben, wenn das elektrische Feld* $\boldsymbol{E}$ *oder das magnetische Feld* $\boldsymbol{H}$ (oder beide Felder) *wirbelfrei ist.*
Ist beispielsweise das $\boldsymbol{E}$-Feld nicht wirbelfrei, so ist wegen

$$\operatorname{rot} \boldsymbol{D} = \operatorname{rot} \varepsilon \boldsymbol{E} = \varepsilon \operatorname{rot} \boldsymbol{E} - \boldsymbol{E} \times \operatorname{grad} \varepsilon$$

auch das $\boldsymbol{D}$-Feld nicht wirbelfrei, wenn man von dem speziellen Fall $\varepsilon \operatorname{rot} \boldsymbol{E} = \boldsymbol{E} \times \operatorname{grad} \varepsilon$ absieht. Entsprechendes gilt für die Felder $\boldsymbol{B}$ und $\boldsymbol{S}$. Es gibt also wirbelfreie Felder nur unter der Bedingung (vgl. (3.1. a))

$$\frac{\partial \boldsymbol{B}}{\partial t} = 0 \quad \text{oder} \quad \frac{\partial \boldsymbol{D}}{\partial t} + \boldsymbol{S} = 0. \qquad (3.36)$$

Somit sind folgende Felder wirbelfrei:

α) das statische elektrische und magnetische Feld,
β) das stationäre elektrische Feld und das stationäre magnetische Feld außerhalb der Strömung ($\boldsymbol{S} = 0$) und
γ) das quasistationäre Magnetfeld außerhalb der Strömung.

Einteilung. Entsprechend der vorstehend gegebenen Stoffauswahl wird im weiteren folgende naheliegende, nach entsprechenden Hauptabschnitten eingeteilte Stoffgliederung vorgenommen:

1. *elektrostatisches Feld*
2. *magnetostatisches Feld*
3. *stationäres elektrisches Feld (stationäres Strömungsfeld)*
4. *stationäres (und quasistationäres) Magnetfeld*
5. schnellveränderliches Feld *(Wellenfeld)*.

Es werden also die nach obiger Aufstellung in den Stoff aufzunehmenden statischen Felder in elektrische und magnetische Felder unterteilt. Da das stationäre elektrische Feld im

Nichtleiter ($\varkappa = 0$) nach (3.31) ein elektrostatisches Feld ist, ist bei den stationären elektrischen Feldern vor allem das Feld im Leiter interessant *(stationäres Strömungsfeld)*. Bei den quasistationären und stationären Magnetfeldern außerhalb der Strömung $\boldsymbol{S}$ interessiert technisch vor allem der Fall der Strömung in linienhaften Leitern.

Die Grundgleichungen der statischen Felder wurden bereits angegeben. Die Grundgleichungen des stationären elektrischen Feldes sind im Nichtleiter mit den Gleichungen des elektrostatischen Feldes identisch. Für Leiter ($\varkappa \neq 0$) erhält man aus (3.31) div rot $\boldsymbol{H} = \operatorname{div} \boldsymbol{S} = 0$. Damit bekommt man als *Grundgleichungen für das stationäre elektrische Feld*:

$$\operatorname{rot} \boldsymbol{E} = 0 \begin{cases} \nearrow \operatorname{div} \boldsymbol{D} = \varrho & \boldsymbol{D} = \varepsilon \boldsymbol{E} \quad (\varkappa = 0) \\ \searrow \operatorname{div} \boldsymbol{S} = 0 & \boldsymbol{S} = \varkappa \boldsymbol{E} \quad (\varkappa \neq 0). \end{cases} \tag{3.37}$$

Man kann zeigen, daß die restlichen Gleichungen für das Magnetfeld erfüllbar sind, wenn die Gleichungen (3.37) erfüllt sind. Die Grundgleichungen der quasistationären und stationären Magnetfelder für Bereiche mit $\boldsymbol{S} = 0$ sind identisch mit den Gleichungen der statischen Magnetfelder.

In der vorstehenden Klassifizierung wurden z. T. Felder mit formal identischen Grundgleichungen verschiedenen Stoffkomplexen zugeordnet. Dazu ist aber zu bemerken, daß in die Theorie und methodische Behandlung der einzelnen Feldarten die Bedingungen an den Begrenzungsflächen der zu untersuchenden räumlichen Bereiche wesentlich eingehen. Diese *Randbedingungen* aber sind bei den obengenannten Feldern bei übereinstimmenden Grundgleichungen verschieden, so daß die angeführte Stoffaufgliederung sich als gerechtfertigt erweisen wird.

Zusammenfassung. Alle elektromagnetischen Erscheinungen (in ruhender Materie) sind auf sieben Gleichungen zurückführbar (Maxwellsche Gleichungen der Elektrodynamik). Die Stoffe, in denen sich die Erscheinungen abspielen, werden eingeteilt in

1. isotrope und anisotrope Stoffe
2. lineare und nichtlineare Stoffe
3. homogene und nichthomogene Stoffe.

Alle sechs Feldgrößen ($\boldsymbol{E}, \boldsymbol{D}, \boldsymbol{H}, \boldsymbol{B}, \boldsymbol{S}$ und ϱ) sind voneinander abhängig, auch ϱ und $\boldsymbol{S}$. Nur bei zeitlicher Unabhängigkeit (stationäre Felder) und $\boldsymbol{S} = 0$ (statische Felder) sind $\boldsymbol{E}$, $\boldsymbol{D}$ und ϱ unabhängig von $\boldsymbol{B}$ und $\boldsymbol{H}$.

An den Grenzflächen (Unstetigkeitsflächen) zweier (homogener) Stoffe gilt:

α) Die Normalkomponenten von $\boldsymbol{B}$ und $\boldsymbol{D}$ (keine Flächenladung σ) sind stetig.

β) Die Tangentialkomponenten von $\boldsymbol{H}$ (keine Flächenströme) und $\boldsymbol{E}$ sind stetig.

Es gelten allgemein die Kontinuitätsgleichungen

$$\frac{\partial \varrho}{\partial t} + \operatorname{div} \boldsymbol{S} = 0, \qquad \boldsymbol{S} = \varrho \boldsymbol{v}$$

$$\frac{\partial w}{\partial t} + \operatorname{div} \boldsymbol{S}_p = 0, \qquad \boldsymbol{S}_p = \boldsymbol{E} \times \boldsymbol{H} \quad \text{(Poyntingscher Vektor)},$$

in Worten:

An jeder Stelle des Raumes ist (ohne Beachtung des Vorzeichens)

α) die Divergenz der Ladungsstromdichte gleich der Ladungsdichteänderung.

β) die Divergenz der Energiestromdichte gleich der Energiedichteänderung.

Im Innern homogener, isotroper Stoffe kann es keine elektrischen Ladungen geben. Aus $\varepsilon/\varkappa =$ konst. folgt $\varrho = 0$ oder

$$\varrho = \varrho_0 \, e^{-t/T}; \qquad T = \varepsilon/\varkappa = \text{Relaxationszeit}.$$

Feldeinteilung

Aus mathematischer Sicht erfolgt eine Einteilung der Felder in
a) wirbelfreie Felder (reine Quellenfelder)
b) quellenfreie Felder (reine Wirbelfelder)
c) Wirbelfelder (Felder mit Quellen und Wirbel)

sowie aus physikalischer Sicht in
1. stationäre Felder
   a) stationäre elektrische Felder
      α) elektrostatisches Feld ($\boldsymbol{S} = 0$)
      β) Strömungsfeld ($\boldsymbol{S} \neq 0$)
   b) stationäre magnetische Felder
      α) magnetostatisches Feld ($\boldsymbol{S} = 0$)
      β) Magnetfeld ($\boldsymbol{S} \neq 0$)
2. nichtstationäre Felder
   a) quasistationäres Feld
   b) schnellveränderliches Feld.

Aufgaben zum Abschnitt 3.1.

3.1.–1 Man zeige, daß die Maxwellschen Gleichungen für konstante Stoffe in der Form

$$\left.\begin{aligned} \operatorname{rot} \underline{\boldsymbol{Q}} + \mathrm{j}\sqrt{\mu\varepsilon}\,\underline{\boldsymbol{Q}} &= \mu\underline{\boldsymbol{S}} \\ \operatorname{div} \underline{\boldsymbol{Q}} &= \mathrm{j}\sqrt{\frac{\mu}{\varepsilon}}\,\underline{\varrho} \end{aligned}\right\} \underline{\boldsymbol{Q}} = \underline{\boldsymbol{B}} + \mathrm{j}\sqrt{\varepsilon\mu}\,\underline{\boldsymbol{E}}$$

geschrieben werden können.

3.1.–2 Unter welcher Bedingung ist

$\operatorname{div} \boldsymbol{H} = 0$?

3.1.–3 Man formuliere die Maxwellschen Gleichungen für rein sinusförmige Vorgänge.

3.1.–4 Ein Hochspannungskondensator besitze ein geschichtetes, verlustbehaftetes Dielektrikum (s. Bild 3.1.–4).

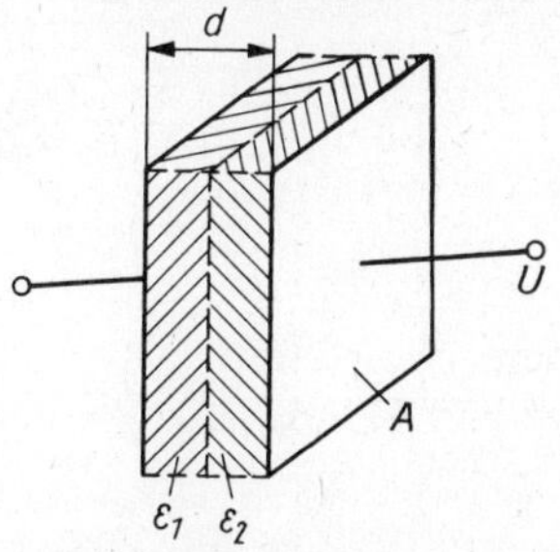

a) Wie groß ist die absorbierte Ladung, ausgedrückt durch U, A, d, ε_1, ε_2 (Gleichspannung; Schichtdicke = $d/2$)?

b) Was ergibt sich für die Zahlenwerte

$U = 2 \cdot 10^3$ V, $A = 10$ cm^2, $d = 5$ cm

$\varepsilon_1 = \varepsilon_0 \cdot \varepsilon_{1r}$, $\varepsilon_2 = \varepsilon_0 \cdot \varepsilon_{2r}$, $\varepsilon_{1r} = 50$, $\varepsilon_{2r} = 200$, $\varkappa_1 = \varkappa_2$?

3.1.–5 a) Welcher Zusammenhang besteht allgemein zwischen Strom und Ladung bei rein sinusförmigen Vorgängen (für $t \to \infty$)?

b) Was erhält man speziell in einem Stoff mit (Kugelkoordinaten!)

$$\frac{\varepsilon}{\varkappa} = \frac{Ar}{r_0}\,\mathrm{e}^{-r/r_0}, \qquad r = |\boldsymbol{r}|, \qquad A = \text{konst.}$$

bei der Stromdichteverteilung

$$\underline{\boldsymbol{S}} = \boldsymbol{e}_r \frac{\underline{S_0}}{r^2}\ ?$$

c) Bei welcher Frequenz ω beträgt die Phasenverschiebung zwischen $\underline{\varrho}$ und $\underline{\boldsymbol{S}}$ gerade 45°?

3.1.–6 a) Wie lauten die Grenzbedingungen für den Gesamtstrom $\boldsymbol{S} + \partial \boldsymbol{D}/\partial t$? (Normalkomponenten!)
b) Welche Grenzbedingungen gelten an der Grenze zu einem idealen Leiter?

3.1.–7 a) Man formuliere das Brechungsgesetz für die Feldlinien des magnetischen Feldes in Analogie zur Optik.
b) Was erhält man für das Verhältnis w_1/w_2 der Energiedichten, ausgedrückt durch die Brechungswinkel der Feldlinien?

3.1.–8 Der Poyntingsche Satz (3.22b) ist für rein sinusförmige Vorgänge zu formulieren.

3.1.–9 Die Entladung eines engen Plattenkondensators mit kreisrunden Platten ist unter dem Aspekt des Poyntingschen Satzes zu untersuchen.

3.2. Wirbelfreie Felder

3.2.1. Grundeigenschaften

Grundgleichungen. Aus dem letzten Abschnitt wird deutlich, daß alle im weiteren zu betrachtenden wirbelfreien Felder einem Grundgleichungssystem des Typs

$$\boxed{\operatorname{rot} \boldsymbol{U} = 0 \qquad \operatorname{div} \boldsymbol{W} = \omega \qquad \boldsymbol{W} = \sigma \boldsymbol{U}} \tag{3.38}$$

genügen. Hierin sind $\boldsymbol{U}$ und $\boldsymbol{W}$ zwei Vektorfelder, die über das gegebene stationäre Skalarfeld σ in der angegebenen Weise verknüpft sind. ω ist die als gegeben zu betrachtende Divergenz des $\boldsymbol{W}$-Feldes.

Um Wiederholungen zu vermeiden, werden wir zunächst die Grundeigenschaften der durch (3.38) beschriebenen Felder unabhängig von irgendwelchen physikalischen Interpretationen herleiten. Die so gewonnenen Ergebnisse können dann unmittelbar auf beliebige elektrische und magnetische Felder übertragen und somit als allgemeine Grundeigenschaften dieser Felder allen spezielleren Überlegungen vorangestellt werden.

Um das Verständnis zu erleichtern, kann man sich unter $\boldsymbol{U}$ das elektrische Feld $\boldsymbol{E}$, unter $\boldsymbol{W}$ die Verschiebungsdichte $\boldsymbol{D}$ und unter ω bzw. σ die Ladungsdichte ϱ bzw. die Dielektrizitätskonstante ε vorstellen.

Skalarpotential. Als Folgerung aus (3.38) ergibt sich mit Hilfe des Stokesschen Satzes für alle wirbelfreien Felder

$$\int_{(A)} \operatorname{rot} \boldsymbol{U} \cdot \mathrm{d}\boldsymbol{A} = \oint_{(S)} \boldsymbol{U}\, \mathrm{d}\boldsymbol{r} = 0 \tag{3.39}$$

oder – was nach Bild 3.3 dasselbe aussagt –

$$\int_{(S_1)} \boldsymbol{U}\, \mathrm{d}\boldsymbol{r} = \int_{(S_2)} \boldsymbol{U}\, \mathrm{d}\boldsymbol{r}, \tag{3.40}$$

in Worten:

Ist das Vektorfeld $\boldsymbol{U}$ *in dem Bereich B wirbelfrei, so ist dort das Linienintegral von* $\boldsymbol{U}$ *vom Weg unabhängig und nur eine Funktion der Endpunkte des Weges* S_1, S_2, *sofern sich in jeden in B geschlossenen Weg S eine Fläche A einspannen läßt, die ganz in einem wirbelfreien Gebiet liegt.* Solche Gebiete wollen wir kurz *zulässige Gebiete* nennen.

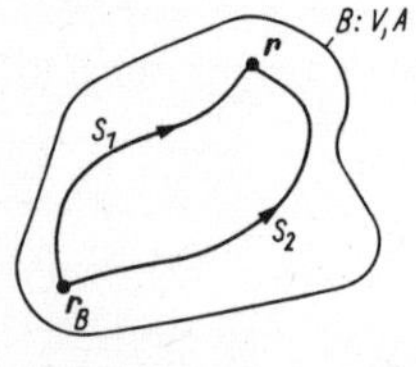

Bild 3.3
Linienintegral im wirbelfreien Feld

Diese im letzten Teil des Satzes ausgesprochene Bedingung ist wesentlich und eine Folge der Gültigkeitsbedingung des Stokesschen Satzes. Ein Bereich B, den man durch stetige Deformation eines kugelförmigen Bereiches K erhalten kann, ist im genannten Sinne sicher zulässig. Dagegen braucht z. B. in einem torusförmigen Bereich die Unabhängigkeit des Linienintegrals vom Weg nicht einzutreten (unzulässiger Bereich; s. Bild 2.8b).

Das magnetische Feld eines linienhaften, geraden Stromes z. B. hat nach dem Durchflutungsgesetz den Wert (Bild 3.4a)

$$\boldsymbol{H} = \boldsymbol{e}_\alpha \frac{I}{2\pi\varrho} \quad \text{mit} \quad \text{rot}\,\boldsymbol{H} = \frac{1}{\varrho}\,\boldsymbol{e}_\alpha \frac{\partial}{\partial\varrho}\left(\frac{I}{2\pi\varrho}\,\varrho\right) = \begin{cases} 0 & (\varrho \neq 0) \\ \boldsymbol{S} = \infty & (\varrho = 0), \end{cases}$$

wenn $\boldsymbol{H}$ in Zylinderkoordinaten notiert wird. Auf einer α-Koordinatenlinie gilt dann ($\mathrm{d}\boldsymbol{r} = (\partial \boldsymbol{r}/\partial x_2)\,\mathrm{d}x_2$, $\partial\boldsymbol{r}/\partial x_2 = \boldsymbol{e}_2 h_2$, $x_2 = \alpha$, $h_2 = h_\alpha = \varrho$)

$$\oint_{(S)} \boldsymbol{H}\cdot\mathrm{d}\boldsymbol{r} = \int_0^{2\pi} \boldsymbol{e}_\alpha \frac{I}{2\pi\varrho}\cdot\boldsymbol{e}_\alpha h_\alpha\,\mathrm{d}\alpha = \frac{I}{2\pi}\int_0^{2\pi}\mathrm{d}\alpha = I \neq 0,$$

wie es das Durchflutungsgesetz verlangt.

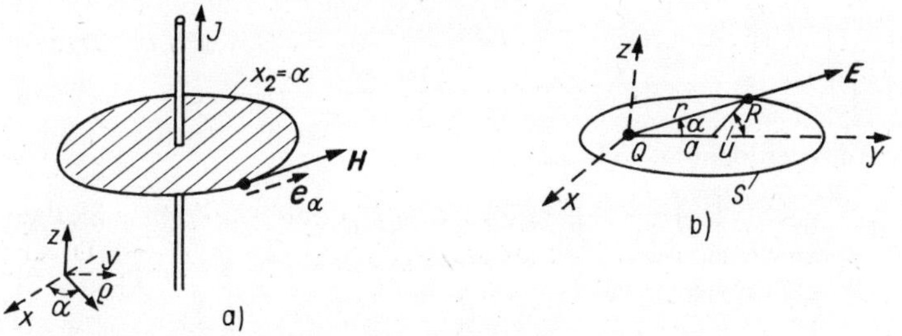

Bild 3.4. Zum 2. Stokesschen Satz

a) Magnetfeld eines geraden linienhaften Leiters
b) Feld einer Punktladung

Ist dagegen $\boldsymbol{E}$ das elektrische Feld einer Punktladung Q, so gilt (Bild 3.4b)

$$\boldsymbol{E} = \boldsymbol{e}_r \frac{Q}{4\pi\varepsilon r^2}, \qquad \text{rot}\,\boldsymbol{E} = \frac{1}{r^2 \sin\vartheta}\left[\boldsymbol{e}_\vartheta r \frac{\partial}{\partial\alpha}\left(\frac{Q}{4\pi\varepsilon r^2}\right) - \boldsymbol{e}_\alpha r \sin\vartheta \frac{\partial}{\partial\vartheta}\left(\frac{Q}{4\pi\varepsilon r^2}\right)\right] = 0,$$

wenn Kugelkoordinaten verwendet werden. Bilden wir das Linienintegral $\oint \boldsymbol{E}\cdot\mathrm{d}\boldsymbol{r}$ auf dem kreisförmigen Weg $r = r(u) = [a^2 + R^2 + 2aR\cos u]^{1/2}$, $\vartheta = \pi/2$, $\alpha = \alpha(u) = \arctan(R\sin u)/(a + R\cos u)$ $(0 \leqq u < 2\pi)$, so ist

$$\oint_{(S)} \boldsymbol{E}\cdot\mathrm{d}\boldsymbol{r} = \int_0^{2\pi} \boldsymbol{e}_r \frac{Q}{4\pi\varepsilon r^2}\cdot\left(\boldsymbol{e}_r h_r \frac{\mathrm{d}r}{\mathrm{d}u} + \boldsymbol{e}_\vartheta h_\vartheta \frac{\mathrm{d}\vartheta}{\mathrm{d}u} + \boldsymbol{e}_\alpha h_\alpha \frac{\mathrm{d}\alpha}{\mathrm{d}u}\right)\mathrm{d}u = \frac{Q}{4\pi\varepsilon}\int_0^{2\pi}\frac{1}{r^2}\frac{\mathrm{d}r}{\mathrm{d}u}\,\mathrm{d}u$$

$$= \frac{Q}{4\pi\varepsilon}\int_0^{2\pi}\frac{1}{r^2}\,\frac{-2aR\sin u}{2r}\,\mathrm{d}u = -\frac{Q}{4\pi\varepsilon}\int_0^{2\pi}\frac{aR\sin u\,\mathrm{d}u}{(a^2 + R^2 + 2aR\cos u)^{3/2}}$$

$$= -\frac{Q}{4\pi\varepsilon}\,\frac{1}{\sqrt{a^2 + R^2 + aR\cos u}}\Bigg|_0^{2\pi} = 0.$$

Im Gegensatz zum zweiten Beispiel ($\boldsymbol{E}$-Feld) kann man in den geschlossenen Weg des ersten Beispiels ($\boldsymbol{H}$-Feld) keine Fläche einspannen, so daß auf ihr überall rot $\boldsymbol{H} = 0$ ist (an der Stelle $\varrho = 0$ ist $|\text{rot}\,\boldsymbol{H}| = \infty$).

Ist aber das Linienintegral der Feldfunktion $\boldsymbol{U}$ in B wegunabhängig und nur eine Funktion der Endpunkte des Weges, so kann man es bei festgehaltenem Weganfang $\boldsymbol{r}_0$ als Funktion des Wegendes $\boldsymbol{r}$ betrachten, in Zeichen

$$U(\boldsymbol{r}) = \int_{\boldsymbol{r}_0}^{\boldsymbol{r}} \boldsymbol{U}(\boldsymbol{r}')\cdot\mathrm{d}\boldsymbol{r}'. \tag{3.41a}$$

Auf diese Weise wird jedem Feldpunkt $\boldsymbol{r}$ aus B ein skalarer Wert $U(\boldsymbol{r})$ zugeordnet. In das gegebene Vektorfeld $\boldsymbol{U}(\boldsymbol{r})$ hinein wird ein weiteres Feld, das skalare Feld $U(\boldsymbol{r})$, konstruiert. $U(\boldsymbol{r})$ heißt das *Skalarpotential* des Vektorfelds $\boldsymbol{U}(\boldsymbol{r})$. Im Zusammenhang mit physikalischen Problemen setzt man den Anfangspunkt $\boldsymbol{r}_0 = \boldsymbol{r}_B$ und bezeichnet $\boldsymbol{r}_B$ als den *Bezugspunkt* des

Skalarpotentials, ordnet diesem ein *Bezugspotential* $U(\boldsymbol{r}_B)$ zu und erweitert (3.41 a) zu

$$\boxed{U(\boldsymbol{r}) = \int_{\boldsymbol{r}_B}^{\boldsymbol{r}} \boldsymbol{U}(\boldsymbol{r}') \cdot \mathrm{d}\boldsymbol{r}' + U(\boldsymbol{r}_B).} \tag{3.41 b}$$

Damit wird eine vielfach notwendige, dem physikalischen Problem angepaßte Potentialzuordnung ermöglicht.
Im Fall des wirbelfreien elektrischen Feldes $\boldsymbol{E}$ ist dieses Skalarfeld das *elektrische Potential* $\varphi(\boldsymbol{r})$.
Von größter Bedeutung ist nun der
Satz 1: Jedes in einem (zulässigen) Bereich B wirbelfreie Vektorfeld $\boldsymbol{U}(\boldsymbol{r})$ *kann dort als Gradient eines Skalarfeldes* $U(\boldsymbol{r})$ *dargestellt werden:*

$$\boxed{\boldsymbol{U}(\boldsymbol{r}) = \operatorname{grad} U(\boldsymbol{r}).} \tag{3.42}$$

Der Beweis ergibt sich mit (3.41 a) aus der Identität (Bild 3.5)

$$\int_{\boldsymbol{r}_1}^{\boldsymbol{r}} \boldsymbol{U}(\boldsymbol{r}') \cdot \mathrm{d}\boldsymbol{r}' = \int_{\boldsymbol{r}_0}^{\boldsymbol{r}} \boldsymbol{U}(\boldsymbol{r}') \cdot \mathrm{d}\boldsymbol{r}' - \int_{\boldsymbol{r}_0}^{\boldsymbol{r}_1} \boldsymbol{U}(\boldsymbol{r}') \cdot \mathrm{d}\boldsymbol{r}' = U(\boldsymbol{r}) - U(\boldsymbol{r}_1). \tag{3.43}$$

$\boldsymbol{r}$, $\boldsymbol{r}_1$ und $\boldsymbol{r}_0$ sowie die zugehörigen Wegstücke liegen dabei ganz in B. Mit $\boldsymbol{U}(\boldsymbol{r}) = \boldsymbol{U}(\boldsymbol{r}_1) + \boldsymbol{\varepsilon}(\boldsymbol{r})$ erhalten wir weiter

$$\int_{\boldsymbol{r}_1}^{\boldsymbol{r}} \boldsymbol{U}(\boldsymbol{r}') \cdot \mathrm{d}\boldsymbol{r}' = [\boldsymbol{U}(\boldsymbol{r}_1) + \boldsymbol{\varepsilon}'] \cdot (\boldsymbol{r} - \boldsymbol{r}_1) \qquad (\boldsymbol{\varepsilon}' \to 0 \text{ für } |\boldsymbol{r} - \boldsymbol{r}_1| \to 0)$$

und hieraus nach Division mit $|\boldsymbol{r} - \boldsymbol{r}_1|$ zusammen mit (3.43)

$$\boldsymbol{U}(\boldsymbol{r}_1) \cdot \frac{\boldsymbol{r} - \boldsymbol{r}_1}{|\boldsymbol{r} - \boldsymbol{r}_1|} + \varepsilon_1 = \frac{U(\boldsymbol{r}) - U(\boldsymbol{r}_1)}{|\boldsymbol{r} - \boldsymbol{r}_1|}$$

mit $\varepsilon_1 \to 0$ für $|\boldsymbol{r} - \boldsymbol{r}_1| \to 0$. Wird der Grenzübergang durchgeführt ($\boldsymbol{r} \to \boldsymbol{r}_1$ und damit $U(\boldsymbol{r}) - U(\boldsymbol{r}_1) \to \mathrm{d}U$, $|\boldsymbol{r} - \boldsymbol{r}_1| \to \mathrm{d}r$), so folgt mit (2.7 a) bzw. (2.6) für die rechte Seite vorstehender Gleichung $\operatorname{grad} U \cdot (\boldsymbol{r} - \boldsymbol{r}_1)^\circ$ und somit

$$\boldsymbol{U}(\boldsymbol{r}_1) = \operatorname{grad} U(\boldsymbol{r}_1),$$

was zu zeigen war. Für $\boldsymbol{r}_1$ kann natürlich wieder $\boldsymbol{r}$ gesetzt werden.

Bild 3.5. Integrationsweg im wirbelfreien Gebiet

Als Beispiel sei betrachtet das Vektorfeld

$$\boldsymbol{U}(\boldsymbol{r}) = \boldsymbol{i}2y^3 + \boldsymbol{j}6xy^2 + \boldsymbol{k}.$$

Die Rotation dieses Feldes hat überall den Wert

$$\operatorname{rot} \boldsymbol{U} = \begin{vmatrix} \boldsymbol{i} & \boldsymbol{j} & \boldsymbol{k} \\ \dfrac{\partial}{\partial x} & \dfrac{\partial}{\partial y} & \dfrac{\partial}{\partial z} \\ 2y^3 & 6xy^2 & 1 \end{vmatrix} = \boldsymbol{i} \cdot 0 + \boldsymbol{j}\, 0 + \boldsymbol{k}\,(6y^2 - 6y^2) = 0.$$

Es ist damit wirbelfrei und muß als Gradient eines Skalarfeldes $U(\boldsymbol{r})$ darstellbar sein. Bis auf eine additive Konstante ist $U(\boldsymbol{r})$ durch (3.41 a) gegeben (vgl. Abschn. 1.2.1.):

$$U(\boldsymbol{r}) = \int_{\boldsymbol{r}_0}^{\boldsymbol{r}} \boldsymbol{U}(\boldsymbol{r}') \cdot \mathrm{d}\boldsymbol{r}' = \int_{(u)} \left(2y^3 \frac{\mathrm{d}x}{\mathrm{d}u} + 6xy^2 \frac{\mathrm{d}y}{\mathrm{d}u} + \frac{\mathrm{d}z}{\mathrm{d}u}\right) \mathrm{d}u.$$

Wir bilden dieses vom Weg unabhängige Integral von $\boldsymbol{r}_0$ nach $\boldsymbol{r}$ auf Parallelen zu den Koordinatenlinien (Bild 3.6)

1. Teilweg S_1: $x = u,\ y = y_0,\ z = z_0 \qquad (x_0 < u < x)$
2. Teilweg S_2: $x = x,\ y = u,\ z = z_0 \qquad (y_0 < u < y)$
3. Teilweg S_3: $x = x,\ y = y,\ z = u \qquad (z_0 < u < z)$.

Dann erhält man

$$\begin{aligned} U(\boldsymbol{r}) = U(x, y, z) &= \int_{x_0}^{x} 2y_0^3\, du + \int_{y_0}^{y} 6xu^2\, du + \int_{z_0}^{z} du \\ &= 2y_0^3 (x - x_0) + 6x \left(\frac{y^3}{3} - \frac{y_0^3}{3} \right) + (z - z_0) \\ &= 2xy^3 + z + (2y_0^3 x - 2y_0^3 x_0 - 2y_0^3 x - z_0) \\ &= 2xy^3 + z + K \qquad (K = -2y_0^3 x_0 - z_0). \end{aligned}$$

Dieses Skalarfeld ist in der Tat ein Potential von $\boldsymbol{U}(\boldsymbol{r})$; denn es ist

$$\operatorname{grad} U = \boldsymbol{i} \frac{\partial U}{\partial x} + \boldsymbol{j} \frac{\partial U}{\partial y} + \boldsymbol{k} \frac{\partial U}{\partial z} = \boldsymbol{i}\, 2y^3 + \boldsymbol{j}\, 6xy^2 + \boldsymbol{k} = \boldsymbol{U}(\boldsymbol{r}),$$

was zu zeigen war.

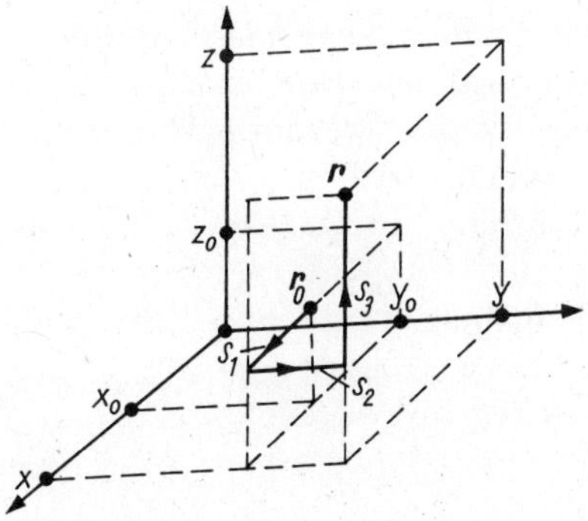

Bild 3.6
Integrationsweg

Eindeutigkeit. Jedes zu $\boldsymbol{U}(\boldsymbol{r})$ hinzubestimmte Skalarfeld $U(\boldsymbol{r})$, für das gilt grad $U(\boldsymbol{r}) = \boldsymbol{U}(\boldsymbol{r})$, heißt ein *Skalarpotential* oder kurz *Potential* des (wirbelfreien) Vektorfeldes $\boldsymbol{U}$. Das vermöge

$$U(\boldsymbol{r}) = \int_{\boldsymbol{r}_0}^{\boldsymbol{r}} \boldsymbol{U}(\boldsymbol{r}') \cdot d\boldsymbol{r}'$$

gebildete Skalarfeld ist also immer ein Skalarpotential von $\boldsymbol{U}(\boldsymbol{r})$. Gibt es außer $U(\boldsymbol{r})$ noch ein weiteres Skalarpotential $U_1(\boldsymbol{r})$, so unterscheidet sich U_1 wegen

$$\begin{aligned} \boldsymbol{U} - \boldsymbol{U}_1 &= \operatorname{grad} U(\boldsymbol{r}) - \operatorname{grad} U_1(\boldsymbol{r}) \\ &= \operatorname{grad}(U - U_1) = 0 \quad \text{oder} \quad U - U_1 = \text{konst.} \end{aligned}$$

nur durch ein konstantes Feld von $U(\boldsymbol{r})$.

Jedes Skalarpotential $U(\boldsymbol{r})$ eines wirbelfreien Vektorfeldes $\boldsymbol{U}$ ist also bis auf eine Konstante eindeutig durch $\boldsymbol{U}$ entsprechend (3.41 a) *gegeben.*

3.2.2. Potential wirbelfreier Felder

Poissonsche Differentialgleichung. Wir kommen nach dieser Vorbereitung zur Auflösung des Gleichungssystems (3.38). Gesucht sind alle wirbelfreien Vektorfelder $\boldsymbol{U}$, für die das Feld $\boldsymbol{W} = \sigma \boldsymbol{U}$ (σ gegeben) die gegebene Divergenz ω besitzt. Nach dem eben erhaltenen Ergebnis folgt aus der ersten Grundgleichung für wirbelfreie Felder entsprechend (3.38) $\boldsymbol{U} = \text{grad}\, U$, worin U ein gewisses, zunächst noch nicht bekanntes Skalarfeld (Potential) darstellt. Die beiden übrigen Gleichungen in (3.38) fordern für dieses Skalarfeld

$$\text{div}\, \boldsymbol{W} = \text{div}\, (\sigma \boldsymbol{U}) = \text{div}\, (\sigma\, \text{grad}\, U) = \Delta\, (\sigma, U) = \omega$$

oder

$$\boxed{\Delta\, (\sigma, U) = \sigma\, \Delta U + \text{grad}\, \sigma \cdot \text{grad}\, U = \omega.} \tag{3.44a}$$

Hierin sind σ und ω gegebene Skalarfelder, U ein zu bestimmendes Skalarfeld bzw. Potential. *Damit* $\boldsymbol{U}$ *den Bedingungen des Systems* (3.38) *genügt, ist also notwendig* (und, wie man leicht sieht, auch hinreichend), *daß das zu* $\boldsymbol{U}$ *gehörende Potential* U ($\boldsymbol{U} = \text{grad}\, U$) *die Differentialgleichung* (3.44a) *erfüllt.*

Ist σ in einem betrachteten Bereich konstant (linearer, isotroper, homogener Stoff), so ist $\text{grad}\, \sigma = 0$, und aus (3.44a) folgt

$$\boxed{\Delta U = \frac{\omega}{\sigma}.} \tag{3.44b}$$

Die Differentialgleichung (3.44) *ist die fundamentale Differentialgleichung aller wirbelfreien Felder* und wird vor allem in dem Sonderfall $\sigma = \text{konst.}$ als *Poissonsche Differentialgleichung* der wirbelfreien Vektorfelder bezeichnet. In diesem Sonderfall ist auch wegen $\text{div}\, \boldsymbol{W} = \sigma\, \text{div}\, \boldsymbol{U}$ die Aussage $\text{div}\, \boldsymbol{W} = \omega = 0$ mit $\text{div}\, \boldsymbol{U} = 0$ gleichbedeutend. Es ergibt sich:

Ist in konstanten Stoffen das Vektorfeld $\boldsymbol{U}$ *wirbel- und quellenfrei, so ist das Potential* U *dieses Feldes ein harmonisches Potential.*

Die Poissonsche Differentialgleichung geht unter dieser Bedingung in die *Laplacesche Differentialgleichung*

$$\boxed{\Delta U = 0} \tag{3.45}$$

über. Die Lösung des Gleichungssystems (3.38) ist damit zurückgeführt auf die Lösung der Gleichung (3.44) zusammen mit (3.42).

Als Bestätigung der Beziehung (3.44b) betrachten wir noch einmal das wirbelfreie Feld

$$\boldsymbol{U} = \boldsymbol{i}2y^3 + \boldsymbol{j}6xy^2 + \boldsymbol{k}$$

aus Abschn. 3.2.1. Die Divergenz dieses Feldes beträgt

$$\text{div}\, \boldsymbol{U} = \frac{\partial U_x}{\partial x} + \frac{\partial U_y}{\partial y} + \frac{\partial U_z}{\partial z} = 12xy.$$

Andererseits hatte sich als Potential von $\boldsymbol{U}$ ergeben

$$U = 2xy^3 + z + K.$$

Somit ist

$$\Delta U = \frac{\partial^2 U}{\partial x^2} + \frac{\partial^2 U}{\partial y^2} + \frac{\partial^2 U}{\partial z^2} = \frac{\partial}{\partial y}\,(6xy^2) = 12xy.$$

Tatsächlich ist damit $\text{div}\, \boldsymbol{U} = \Delta U$, wie in (3.44b) allgemein bewiesen wurde.

Eindeutigkeit. Von größter Bedeutung in allen Anwendungen ist die Frage nach der Lösungsmannigfaltigkeit bzw. nach der Eindeutigkeit der Lösung der Poissonschen Differentialgleichung.

Wir bemerken zunächst: Zwei (partikuläre) Lösungen U_1 und U_2 von (3.44a) unterscheiden sich höchstens durch eine Lösung der homogenen Gleichung $\Delta\, (\sigma, U) = 0$; denn aus $\Delta\, (\sigma, U_1) = 0$

und $\Delta(\sigma, U_2) = \omega$ folgt $\Delta(\sigma, U_1) - \Delta(\sigma, U_2) = \Delta(\sigma, U_1 - U_2) = 0$. Es ist also $U_1 - U_2 = U$ mit $\Delta(\sigma, U) = 0$. Im Fall $\sigma =$ konst. ist U ersichtlich sogar eine harmonische Funktion.
Es gibt also unendlich viele Lösungen der Gleichung (3.44a) und damit des Gleichungssystems (3.38). Um eine einzige auszusondern, muß man weitere Bedingungen stellen, die wir nun angeben wollen.
Wir nehmen wieder an, es gäbe zwei Lösungen U_1 und U_2 in (3.44a). Dann ist

$$\operatorname{div}(\sigma \operatorname{grad} U_1) - \operatorname{div}(\sigma \operatorname{grad} U_2) = 0$$

$$\operatorname{div}[\sigma \operatorname{grad}(U_1 - U_2)] = 0$$

und nach dem 2. Greenschen Integralsatz (2.77) mit $U = U_1 - U_2$ und $\Delta(\sigma_1, U_1 - U_2) = 0$

$$\oint_{(A)} [\sigma (U_1 - U_2) \operatorname{grad}(U_1 - U_2)] \cdot d\boldsymbol{A} = \int_{(V)} \sigma [\operatorname{grad}(U_1 - U_2)]^2 \, dV. \tag{3.46a}$$

Sind nun die Lösungen
a) U_1 und U_2 auf dem Rand des Bereiches (auf der Fläche A) identisch (Identität der Randpotentiale)
oder ist
b) $\boldsymbol{n} \cdot \operatorname{grad} U_1 = \boldsymbol{n} \cdot \operatorname{grad} U_2$ (Identität der Normalenableitungen),
so ist die linke Seite ($d\boldsymbol{A} = \boldsymbol{n} \cdot dA$, s. Abschn. 1.2.3.) von (3.46a)

$$\oint_{(A)} \{\sigma (U_1 - U_2) [\boldsymbol{n} \cdot \operatorname{grad}(U_1 - U_2)]\} \, dA$$

gleich Null und somit ($\sigma > 0$) auch

$$\int_{(V)} \sigma [\operatorname{grad}(U_1 - U_2)]^2 \, dV = 0. \tag{3.46b}$$

Da der Integrand in (3.46b) nicht negativ werden kann, kann das Integral über V nur verschwinden, wenn gilt $\operatorname{grad}(U_1 - U_2) = 0$ in B. Daraus folgt schließlich

$$U_1 = U_2 + \text{konst.} \tag{3.47}$$

im ganzen Bereich B mit dem Volumen V.
Im Fall identischer Potentiale (Fall a) muß sogar gelten $U_1 = U_2$, da andernfalls die zum Rand hin gebildeten Grenzwerte $\lim\limits_{\boldsymbol{r} \to \boldsymbol{r}_A} U_{1,2}(\boldsymbol{r})$, wobei $\boldsymbol{r}_A$ ein Punkt auf der Randfläche (Begrenzungsfläche) ist, nicht mit den Randwerten $U_1(\boldsymbol{r}_A) = U_2(\boldsymbol{r}_A) = U_A$ übereinstimmen könnten (vgl. Bild 3.7), was aber für die als stetig vorausgesetzten Funktionen erforderlich ist.

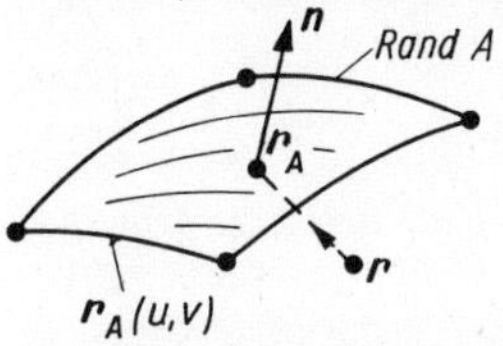

Bild 3.7
Zum Eindeutigkeitssatz

Aus diesen Überlegungen ergibt sich der folgende wichtige
Eindeutigkeitssatz: Ist $U(\boldsymbol{r})$ eine Lösung der Grundgleichung (3.44) *für wirbelfreie Vektorfelder* (Poissonsche Gleichung) *und nimmt $U(\boldsymbol{r})$ auf der geschlossenen Randfläche A mit $\boldsymbol{r}_A = \boldsymbol{r}(u, v)$*

1. *die Randwerte $U(\boldsymbol{r}_A)$ an, so ist $U(\boldsymbol{r})$ auch die einzige Lösung mit diesen Randwerten.*
2. *Besitzt andererseits* $\operatorname{grad} U(\boldsymbol{r}) = \boldsymbol{U}(\boldsymbol{r})$ *auf dem Rande A mit $\boldsymbol{r}_A = \boldsymbol{r}(u, v)$ die Randwerte $\boldsymbol{n} \cdot \operatorname{grad} U(\boldsymbol{r})|_{\boldsymbol{r}=\boldsymbol{r}_A} = (\partial U/\partial n)|_{\boldsymbol{r}=\boldsymbol{r}_A} = \boldsymbol{n} \cdot \boldsymbol{U}$, so unterscheidet sich jede weitere Lösung mit denselben Randwerten $\partial U/\partial n$ von $U(\boldsymbol{r})$ nur durch eine Konstante.*

Speziell ist $U(\boldsymbol{r})$ Lösung der Laplaceschen Gleichung. Da auch $U \equiv 0$ Lösung von $\Delta U = 0$ ist, gilt:
Ein harmonisches Skalarpotential, das auf dem Rande verschwindet, ist überall gleich Null.

Zusammenfassung. Die erhaltenen Ergebnisse fassen wir wie folgt zusammen:

1. *Zu jeder Lösung **U** des Systems* (3.38) *gibt es ein Potential U, so daß gilt* $\boldsymbol{U} = \operatorname{grad} U$.
2. *Genau dann ist ein Skalarfeld U Potential einer Lösung* $\boldsymbol{U}$, *wenn gilt* $\Delta(\sigma, U) = \omega$.
3. *Nimmt ein Potential U* (eine Lösung von $\Delta(\sigma, U) = \omega$) *auf dem Rande des Bereiches die Randwerte* U_A *bzw.* $\partial U/\partial n|_A$ *an, so ist U eindeutig bzw. bis auf eine Konstante eindeutig durch diese Randwerte bestimmt.*

Offen bleibt dabei die Frage, ob die Gleichung $\Delta(\sigma, U) = \omega$ für beliebig gegebene Bereiche und Randwerte immer eine Lösung besitzt. Nur soviel kann gesagt werden: *Wenn die Gleichung* $\Delta(\sigma, U) = \omega$ *für den gegebenen Bereich B mit den Randwerten* U_A *überhaupt eine Lösung besitzt, dann jedenfalls auch nur eine einzige. Entsprechendes gilt für die Randwerte* $(\partial U/\partial n)|_A$.

Die große praktische Bedeutung des Eindeutigkeitssatzes liegt darin, daß es unwesentlich ist, welche Lösungsmethode man zur Lösung von $\Delta(\sigma, U) = \omega$ verwendet. Wenn es gelingt, auf irgendeine Weise (z.B. durch ein „Probierverfahren" auf der Grundlage eines mathematisch nicht weiter legitimierten Lösungsansatzes) eine (partikuläre) Lösung von $\Delta(\sigma, U) = \omega$ zu finden, die die geforderten Randwerte annimmt, so ist damit die einzige Lösung des Problems gefunden. Es ist dann unwichtig, wie diese Lösung im einzelnen ermittelt wurde.

Wir betrachten hierzu die Aufgabe, die Lösung der Poissonschen Gleichung (in Kugelkoordinaten)

$$\Delta U(r) = \frac{1}{r}$$

für die Randwerte $U(r_1) = 2$ und $U(r_2) = 3$ zu finden ($r_2 > r_1$).
Nach Abschn. 2.2.2. c ist $\Delta\, 1/2r = 1/r$ und $\Delta((a/r) + b) = 0$. Somit gilt

$$\Delta\left(\frac{1}{2}r + \frac{a}{r} + b\right) = \frac{1}{r},$$

d.h., $U(r) = (1/2r + a/r + b)$ ist eine Lösung der obigen Gleichung. Zur Anpassung an die Randwerte setzen wir

$$\frac{1}{2}r_1 + \frac{a}{r_1} + b = 2$$

$$\frac{1}{2}r_2 + \frac{a}{r_2} + b = 3.$$

Daraus folgt

$$a = \frac{[(r_2 - r_1) - 2]\, r_1 r_2}{2\,(r_2 - r_1)}$$

$$b = \frac{(r_2 - r_1)\,[4 - (r_2 + r_1)] + 2r_2}{2\,(r_2 - r_1)}.$$

Setzen wir diese Werte für a und b in die gefundene Lösung $U(r) = 1/2r + a/r + b$ ein, so ist die erhaltene Funktion bereits die einzige Lösung des gestellten Problems; denn dieses $U(r)$ erfüllt für $r_1 < r < r_2$

a) die Gleichung $\Delta U(r) = 1/r$ und nimmt
b) für $r = r_1$ bzw. $r = r_2$ die gegebenen Randwerte $U(r_1) = 2$ und $U(r_2) = 3$ an.

3.2.3. Lösung der Poissonschen Gleichung

Partikuläre Lösung. Im letzten Abschnitt wurde die Lösung des Grundgleichungssystems (3.38) zurückgeführt auf die Lösung der Poissonschen Differentialgleichung

$$\boxed{\Delta(\sigma, U) = \omega \quad \text{bzw.} \quad \Delta U = \frac{\omega}{\sigma} \quad (\sigma = \text{konst.}).} \tag{3.48}$$

Es wurde geklärt, unter welchen Bedingungen die Lösung von (3.48) eindeutig ist. Offen blieb die Frage, wie diese Lösungen konstruktiv gefunden werden. Bei der Untersuchung der hiermit zusammenhängenden Fragen werden wir uns im weiteren auf den einfacheren Fall $\sigma =$ konst. beschränken.

Ist U eine Lösung von (3.48) im Bereich B, d.h., ist $\Delta U(\boldsymbol{r}) = \omega(\boldsymbol{r})/\sigma$ in B, und nimmt $U(\boldsymbol{r})$ auf dem Rande von B die Randwerte $U(\boldsymbol{r}_A)$ und $(\partial U/\partial n)|_{\boldsymbol{r}=\boldsymbol{r}_A}$ an, so ist $U(\boldsymbol{r})$ entsprechend (2.82c) (4. Integralsatz von *Green*) mit (2.82b) für $\psi_2(\boldsymbol{r}, \boldsymbol{r}_0) = 0$ im Innern von B darstellbar in der Form

$$U(\boldsymbol{r}) = -\frac{1}{4\pi\sigma}\int_{(V)}\frac{\omega(\boldsymbol{r}_0)\,\mathrm{d}V_0}{|\boldsymbol{r}-\boldsymbol{r}_0|} + \frac{1}{4\pi}\oint_{(A)}\left(\frac{\operatorname{grad}_0 U(\boldsymbol{r}_0)}{|\boldsymbol{r}-\boldsymbol{r}_0|} - U(\boldsymbol{r}_0)\operatorname{grad}_0\frac{1}{|\boldsymbol{r}-\boldsymbol{r}_0|}\right)\cdot \mathrm{d}\boldsymbol{A}_0. \tag{3.49}$$

Wenden wir auf (3.49) den Δ-Operator (bezüglich $\boldsymbol{r}$) an, so ergibt die linke Seite nach Voraussetzung ω/σ. Man erhält insgesamt mit (3.49) und (2.70), also

$$\Delta U(\boldsymbol{r}) = \frac{\omega(\boldsymbol{r})}{\sigma},$$

oder für die rechte Seite von (3.49) unter Beachtung der Vertauschbarkeit von Integration und Bildung der Δ-Operation

$$-\frac{1}{4\pi\sigma}\int_{(V)}\omega(\boldsymbol{r}_0)\,\Delta\frac{1}{|\boldsymbol{r}-\boldsymbol{r}_0|}\,\mathrm{d}V_0 + \Delta\left[\frac{1}{4\pi}\oint_{(A)}\left(\frac{\operatorname{grad}_0 U(\boldsymbol{r}_0)}{|\boldsymbol{r}-\boldsymbol{r}_0|} - U(\boldsymbol{r}_0)\operatorname{grad}_0\frac{1}{|\boldsymbol{r}-\boldsymbol{r}_0|}\right)\right]\cdot \mathrm{d}\boldsymbol{A}_0 = \frac{\omega(\boldsymbol{r})}{\sigma}.$$

Mit (2.70) und (2.69) erhält man nun für das vorstehende Volumenintegral

$$\frac{1}{4\pi\sigma}\int_{(V)}\omega(\boldsymbol{r}_0)\,\Delta\frac{1}{|\boldsymbol{r}-\boldsymbol{r}_0|}\,\mathrm{d}V_0 = \frac{1}{4\pi\sigma}\int_{(V)}\omega(\boldsymbol{r}_0)\,[-4\pi\delta(\boldsymbol{r}-\boldsymbol{r}_0)]\,\mathrm{d}V_0 = -\frac{1}{4\pi\sigma}\,\omega(\boldsymbol{r})\cdot 4\pi = -\frac{\omega(\boldsymbol{r})}{\sigma},$$

das in die Ausgangsgleichung eingesetzt für das Hüllenintegral die Bedingung folgen läßt:

$$\Delta\left[\frac{1}{4\pi}\oint_{(A)}\left(\frac{\operatorname{grad}_0 U(\boldsymbol{r}_0)}{|\boldsymbol{r}-\boldsymbol{r}_0|} - U(\boldsymbol{r}_0)\operatorname{grad}_0\frac{1}{|\boldsymbol{r}-\boldsymbol{r}_0|}\right)\right]\cdot \mathrm{d}\boldsymbol{A}_0 = 0.$$

Also gilt: *Das Volumenintegral (erstes Integral in* (3.49)) *ist eine* (partikuläre) *Lösung der Poissonschen Gleichung* $\Delta U = \omega/\sigma$, *das Oberflächenintegral* (*zweites Integral in* (3.49)) *eine Lösung der Laplaceschen Gleichung* $\Delta U = 0$. *Da die allgemeine Lösung von* $\Delta U = \omega/\sigma$ *sich immer additiv aus einer partikulären Lösung der inhomogenen* (vollständigen) *Gleichung und der allgemeinen Lösung der homogenen Gleichung zusammensetzt* (vgl. Abschn. 3.2.2. b), *gilt der*

Satz 2: Jede Lösung der Poissonschen Gleichung $\Delta U = \omega/\sigma$ *ist darstellbar in der Form*

$$\boxed{U(\boldsymbol{r}) = -\frac{1}{4\pi\sigma}\int_{(V)}\frac{\omega(\boldsymbol{r}_0)\,\mathrm{d}V_0}{|\boldsymbol{r}-\boldsymbol{r}_0|} + U_H(\boldsymbol{r}),} \tag{3.50}$$

worin $U_H(\boldsymbol{r})$ *eine harmonische Funktion bezeichnet.*

Die Ermittlung der partikulären Lösung erfolgt durch Integration über das Quellengebiet ($\omega(\boldsymbol{r}_0) \neq 0$), das i. allg. nicht mit dem Feldgebiet B (Volumen V) identisch ist. Insbesondere gehen in diesen Lösungsanteil vorgegebene Randwerte nicht ein.
Auf dem Rand des Bereiches nimmt $U(\boldsymbol{r})$ die Randwerte

$$U_A = U(\boldsymbol{r}_A) = -\frac{1}{4\pi\sigma}\int_{(V)} \frac{\omega(\boldsymbol{r}_0)\,\mathrm{d}V_0}{|\boldsymbol{r}_A - \boldsymbol{r}_0|} + U_H(\boldsymbol{r}_A)$$

an. Sind hier die Werte U'_A vorgegeben, d. h., soll auf dem Bereichsrand gelten

$$U'_A = -\frac{1}{4\pi\sigma}\int_{(V)} \frac{\omega(\boldsymbol{r}_0)\,\mathrm{d}V_0}{|\boldsymbol{r}_A - \boldsymbol{r}_0|} + U_H(\boldsymbol{r}_A), \tag{3.51}$$

so muß man die noch willkürliche harmonische Funktion $U_H(\boldsymbol{r})$ so bestimmen, daß (3.51) erfüllt ist. Es muß also dann noch eine in B harmonische Funktion $U_H(\boldsymbol{r})$ so gefunden werden, daß sie auf dem Rand von B die Randwerte

$$U_H(\boldsymbol{r}_A) = U'_A + \frac{1}{4\pi\sigma}\int_{(V)} \frac{\omega(\boldsymbol{r}_0)\,\mathrm{d}V_0}{|\boldsymbol{r}_A - \boldsymbol{r}_0|} \tag{3.52}$$

annimmt. Sofern es eine solche Funktion überhaupt gibt, ist sie eindeutig bestimmt (vgl. Eindeutigkeitssatz aus Abschn. 3.2.2.).
Entsprechendes gilt, wenn nicht $U(\boldsymbol{r}_A)$, sondern $\partial U/\partial n$ auf dem Rand vorgeschrieben ist.
Im folgenden werden weitere Lösungsdarstellungen angegeben.

Greensche und Neumannsche Funktion. Jede Funktion $U(\boldsymbol{r})$, die Lösung der Poissonschen Gleichung $\Delta U = \omega/\sigma$ ist, kann nach (2.82b) auch dargestellt werden in der Form (vgl. (3.54))

$$U(\boldsymbol{r}) = -\int_{(V)} \overline{\psi}(\boldsymbol{r}, \boldsymbol{r}_0)\,\omega(\boldsymbol{r}_0)\,\mathrm{d}V_0 + \sigma \oint_{(A)} (\overline{\psi}(\boldsymbol{r}, \boldsymbol{r}_0)\,\mathrm{grad}\,U(\boldsymbol{r}_0) - U(\boldsymbol{r}_0)\,\mathrm{grad}_0\,\overline{\psi}(\boldsymbol{r}, \boldsymbol{r}_0))\,\mathrm{d}\boldsymbol{A}_0. \tag{3.53}$$

Da in dieser Formel sowohl die Randwerte $U(\boldsymbol{r}_A)$ als auch die Randwerte $(\partial U/\partial n)|_{\boldsymbol{r}=\boldsymbol{r}_A} = \boldsymbol{n}\cdot\mathrm{grad}\,U(\boldsymbol{r})|_{\boldsymbol{r}=\boldsymbol{r}_A}$ von $U(\boldsymbol{r})$ auftreten, muß sie nach dem Eindeutigkeitssatz überbestimmt sein; bereits U oder $\partial U/\partial n$ allein müssen zusammen mit ω das Skalarfeld $U(\boldsymbol{r})$ eindeutig bzw. bis auf eine Konstante eindeutig festlegen.
Man kann nun durch geeignete Wahl der noch beliebigen Funktion ψ_2 in

$$\overline{\psi}(\boldsymbol{r}, \boldsymbol{r}_0) = \frac{1}{4\pi\sigma\,|\boldsymbol{r} - \boldsymbol{r}_0|} + \overline{\psi}_2(\boldsymbol{r}, \boldsymbol{r}_0) \tag{3.54}$$

tatsächlich U oder $\partial U/\partial n$ aus (3.53) eliminieren.
Folgende zwei Fälle werden unterschieden:

1. Die harmonische Funktion $\overline{\psi}_2(\boldsymbol{r}, \boldsymbol{r}_0)$ wird – sofern das überhaupt möglich ist – so gewählt, daß $\overline{\psi}(\boldsymbol{r}, \boldsymbol{r}_0)$ für alle auf dem Rand A des Bereiches B liegenden Werte $\boldsymbol{r}_0 = \boldsymbol{r}_A$ verschwindet ($\overline{\psi}_2(\boldsymbol{r}, \boldsymbol{r}_A) = -1/4\pi\sigma|\boldsymbol{r} - \boldsymbol{r}_A|$). *Dann heißt $\overline{\psi}(\boldsymbol{r}, \boldsymbol{r}_0) = G(\boldsymbol{r}, \boldsymbol{r}_0)$ die Greensche Funktion des Bereiches B. Es gilt mit* (3.53) *die Darstellung*

$$\boxed{U(\boldsymbol{r}) = -\int_{(V)} G(\boldsymbol{r}, \boldsymbol{r}_0)\,\omega(\boldsymbol{r}_0)\,\mathrm{d}V_0 - \sigma \oint_{(A)} U(\boldsymbol{r}_0)\,\mathrm{grad}_0\,G(\boldsymbol{r}, \boldsymbol{r}_0)\,\mathrm{d}\boldsymbol{A}_0.} \tag{3.55a}$$

2. Die harmonische Funktion $\overline{\psi}_2(\boldsymbol{r}, \boldsymbol{r}_0)$ wird – sofern das überhaupt möglich ist – so gewählt, daß $\partial\overline{\psi}/\partial n = \boldsymbol{n}\cdot\mathrm{grad}_0\,\overline{\psi}$ für alle auf der Randfläche A des Bereiches B liegenden Werte $\boldsymbol{r}_0 = \boldsymbol{r}_A$ gleich der Konstanten $K = -4\pi/A$ ist ($\partial_0\overline{\psi}_2/\partial n = -\boldsymbol{n}\cdot\mathrm{grad}_0\,(1/4\pi\sigma|\boldsymbol{r} - \boldsymbol{r}_A| - 1/\sigma A)$.

Dann heißt $\overline{\psi}(\boldsymbol{r}, \boldsymbol{r}_0) = N(\boldsymbol{r}, \boldsymbol{r}_0)$ *die Neumannsche Funktion des Bereiches B*. Es gilt mit (3.53) *die Darstellung*

$$U(\boldsymbol{r}) = -\int_{(V)} N(\boldsymbol{r}, \boldsymbol{r}_0)\,\omega(\boldsymbol{r}_0)\,\mathrm{d}V_0 + \sigma \oint_{(A)} N(\boldsymbol{r}, \boldsymbol{r}_0)\,\mathrm{grad}_0\,U(\boldsymbol{r}_0)\cdot\mathrm{d}\boldsymbol{A}_0 + K_1. \tag{3.55b}$$

Im Fall 2 verbietet der Gaußsche Satz die Wahl einer verschwindenden Konstanten K; denn wegen (vgl. Abschn. 2.2.2.)

$$\oint_{(A)} \boldsymbol{n}\cdot\mathrm{grad}_0\,\overline{\psi}\,\mathrm{d}A_0 = \oint_{(A)} \mathrm{grad}_0\,\overline{\psi}\cdot\mathrm{d}\boldsymbol{A}_0$$

$$= \frac{1}{4\pi\sigma}\oint_{(A)} \mathrm{grad}_0\,\frac{1}{|\boldsymbol{r}-\boldsymbol{r}_0|}\,\mathrm{d}\boldsymbol{A}_0 + \oint_{(A)} \mathrm{grad}_0\,\overline{\psi}_2\,\mathrm{d}\boldsymbol{A}_0$$

$$= -\frac{1}{\sigma} + KA$$

kann $\boldsymbol{n}\cdot\mathrm{grad}_0\,\overline{\psi}$ nicht gleich Null gewählt werden, sondern muß den Wert

$$K = \boldsymbol{n}\cdot\mathrm{grad}_0\,\overline{\psi}|_{r=r_A} = -\frac{1}{\sigma A} \qquad \left(A = \oint_{(A)} \mathrm{d}A_0\right)$$

erhalten.

Man beachte, *daß die Greensche Funktion* $G(\boldsymbol{r}, \boldsymbol{r}_0)$ *allein durch die geometrische Form des interessierenden Bereiches B bestimmt ist* (nicht von den in B auftretenden Feldern abhängt) und somit eine charakteristische Funktion des räumlichen Bereiches B ist. Entsprechendes gilt für die Neumannsche Funktion.

Wir fassen das Erhaltene zusammen in dem

Satz 3: Wenn für den Bereich B eine Greensche Funktion $G(\boldsymbol{r}, \boldsymbol{r}_0)$ (Neumannsche Funktion $N(\boldsymbol{r}, \boldsymbol{r}_0)$) *existiert und wenn es ein Skalarfeld* $U(\boldsymbol{r})$ *mit den Randwerten* $U(\boldsymbol{r}_A) = U_A$ (mit den Randwerten $(\partial U/\partial n)|_{r=r_A} = \boldsymbol{n}\cdot\mathrm{grad}\,U(\boldsymbol{r})|_{r=r_A}$) *gibt, so ist die Funktion* (3.55a) (die Funktion (3.55b)) *die einzige Lösung der Poissonschen Differentialgleichung mit den Randwerten* U_A (mit den Randwerten $(\partial U/\partial n)|_{r=r_A}$) *für das wirbelfreie Feld* $\boldsymbol{U}$ *mit der Divergenz* ω.

Differentialgleichung der Funktionen *G* und *N*. Setzen wir in (3.55a)

$$\omega(\boldsymbol{r}_0) = \mathrm{div}\,\boldsymbol{W}(\boldsymbol{r}_0) = \delta(\boldsymbol{r}_1 - \boldsymbol{r}_0),$$

und verlangen wir, daß $U(\boldsymbol{r}_0)$ auf dem Bereichsrand verschwindet, so ist mit (2.69)

$$U = U(\boldsymbol{r}, \boldsymbol{r}_1) = -\int_{(V)} G(\boldsymbol{r}, \boldsymbol{r}_0)\,\delta(\boldsymbol{r}_1 - \boldsymbol{r}_0)\,\mathrm{d}V_0$$

$$= -G(\boldsymbol{r}, \boldsymbol{r}_1)$$

und daher mit (3.54) und (2.70)

$$\Delta U(\boldsymbol{r}, \boldsymbol{r}_1) = -\Delta G(\boldsymbol{r}, \boldsymbol{r}_1)$$

$$= -\frac{1}{4\pi\sigma}\,\Delta\left(\frac{1}{|\boldsymbol{r}-\boldsymbol{r}_1|}\right)$$

$$= \frac{1}{4\pi\sigma}\,4\pi\delta(\boldsymbol{r}-\boldsymbol{r}_1)$$

$$= \frac{1}{\sigma}\,\delta(\boldsymbol{r}-\boldsymbol{r}_1).$$

Tafel 3.1. Greensche Funktionen des Raums ($\boldsymbol{r}$ und $\boldsymbol{r}_0$ liegen im nichtgestrichelten Gebiet; $\overline{G} = G\,4\pi\sigma$)

1. Unendlicher Raum	$\overline{G}(\boldsymbol{r}, \boldsymbol{r}_0) = \dfrac{1}{\lvert \boldsymbol{r} - \boldsymbol{r}_0 \rvert}$
2. Halbraum 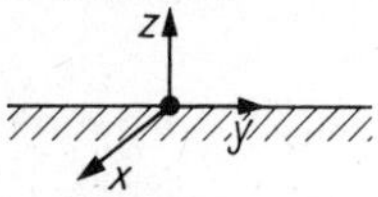	$\overline{G}(\boldsymbol{r}, \boldsymbol{r}_0) = \dfrac{1}{\lvert \boldsymbol{r} - \boldsymbol{r}_0 \rvert} - \dfrac{1}{\lvert \boldsymbol{r} - [\boldsymbol{r}_0 - 2(\boldsymbol{r}_0 \cdot \boldsymbol{k})\,\boldsymbol{k}] \rvert}$
3. Kugel 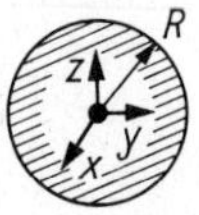	$\overline{G}(\boldsymbol{r}, \boldsymbol{r}_0) = \dfrac{1}{\lvert \boldsymbol{r} - \boldsymbol{r}_0 \rvert} - \dfrac{R}{\lvert \boldsymbol{r}_0 \rvert \left\lvert \boldsymbol{r} - \dfrac{R^2}{\lvert \boldsymbol{r}_0 \rvert}\, \boldsymbol{r}_0^0 \right\rvert}$
4. Raum zwischen zwei Ebenen 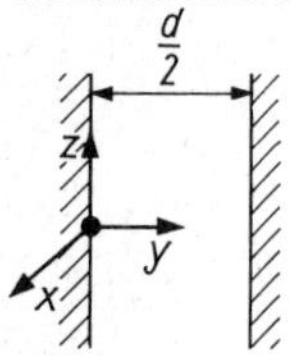	$\overline{G}(\boldsymbol{r}, \boldsymbol{r}_0) = \sum\limits_{n=-\infty}^{+\infty} \dfrac{1}{\lvert \boldsymbol{r} - (\boldsymbol{r}_0 + \boldsymbol{i} n d) \rvert} - \dfrac{1}{\lvert \boldsymbol{r} - [\boldsymbol{r}_0 + \boldsymbol{i}\,(nd - 2\boldsymbol{r}_0 \cdot \boldsymbol{i})] \rvert}$

Tafel 3.2. Komplexe Greensche Funktionen der Ebene ($\underline{z}$ und $\underline{z}_0$ liegen im nichtgestrichelten Gebiet)

1. Unendliche Ebene	$\underline{G}(\underline{z}, \underline{z}_0) = \ln \dfrac{1}{\underline{z} - \underline{z}_0}$
2. Halbebene 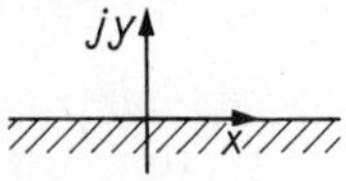	$\underline{G}(\underline{z}, \underline{z}_0) = \ln \dfrac{\underline{z} - \underline{z}_0^*}{\underline{z} - \underline{z}_0}$
3. Kreiszylinder 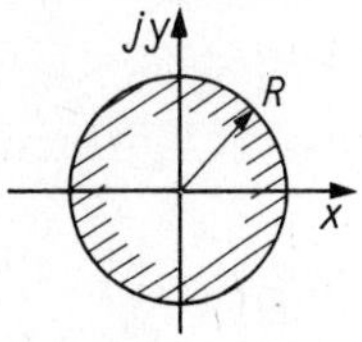	$\underline{G}(\underline{z}, \underline{z}_0) = \ln \dfrac{\underline{z}\,\underline{z}_0^* - R^2}{(\underline{z} - \underline{z}_0)\,R}$
4. Raum zwischen zwei Ebenen 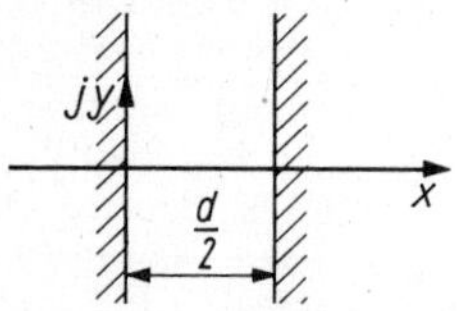	$\underline{G}(\underline{z}, \underline{z}_0) = \ln \dfrac{\sin(\underline{z} + \underline{z}_0^*)^{\pi/d}}{\sin(\underline{z} - \underline{z}_0)^{\pi/d}}$

Also gilt ($\boldsymbol{r}_1 = \boldsymbol{r}_0$)

$$\Delta G(\boldsymbol{r}, \boldsymbol{r}_0) = -\frac{1}{\sigma}\,\delta(\boldsymbol{r} - \boldsymbol{r}_0), \tag{3.56a}$$

d.h., die *Greensche Funktion* $G(\boldsymbol{r}, \boldsymbol{r}_0)$ *ist* (die eindeutig bestimmte) *Lösung der Poissonschen Gleichung* $\Delta G = -(1/\sigma)\,\delta(\boldsymbol{r} - \boldsymbol{r}_0)$ *für den Fall verschwindender Randwerte.*

Ebenso folgt

$$\boxed{\Delta N(\boldsymbol{r}, \boldsymbol{r}_0) = -\frac{1}{\sigma}\,\delta(\boldsymbol{r} - \boldsymbol{r}_0).} \tag{3.56}$$

Dabei ist nun $\boldsymbol{n} \cdot \operatorname{grad} N$ auf dem Rande gleich einer Konstanten.

Als Beispiel nennen wir die Greensche und Neumannsche Funktion des Halbraums $x \geqq 0$ (kartesische Koordinaten):

$$4\pi\sigma G(\boldsymbol{r}, \boldsymbol{r}_0) = \frac{1}{|\boldsymbol{r} - \boldsymbol{r}_0|} - \frac{1}{|\boldsymbol{r} - \boldsymbol{r}_0'|} \qquad \left(\psi_2 = -\frac{1}{|\boldsymbol{r} - \boldsymbol{r}_0'|}\right)$$

$$4\pi\sigma N(\boldsymbol{r}, \boldsymbol{r}_0) = \frac{1}{|\boldsymbol{r} - \boldsymbol{r}_0|} + \frac{1}{|\boldsymbol{r} - \boldsymbol{r}_0'|} \qquad \left(\psi_2 = +\frac{1}{|\boldsymbol{r} - \boldsymbol{r}_0'|}\right).$$

Dabei ist

$$\boldsymbol{r} = \boldsymbol{i}x + \boldsymbol{j}y + \boldsymbol{k}z$$

$$\boldsymbol{r}_0 = \boldsymbol{i}x_0 + \boldsymbol{j}y_0 + \boldsymbol{k}z_0 \qquad (x_0 > 0)$$

$$\boldsymbol{r}_0' = -\boldsymbol{i}x_0 + \boldsymbol{j}y_0 + \boldsymbol{k}z_0.$$

In der Tat sind G und N für $x > 0$ Lösungen der vorstehenden Poissonschen Differentialgleichungen, und es ist für $x = 0$ $[(y, z)$-Ebene$]$, also auf dem Bereichsrand des Halbraums $(x > 0)$,

$$4\pi\sigma G(\boldsymbol{r}, \boldsymbol{r}_0)|_{x=0} = \frac{1}{\sqrt{x_0^2 + (y - y_0)^2 + (z - z_0)^2}} - \frac{1}{\sqrt{x_0^2 + (y - y_0)^2 + (z - z_0)^2}} = 0$$

$$4\pi\sigma\boldsymbol{n} \cdot \operatorname{grad}_0 N(\boldsymbol{r}, \boldsymbol{r}_0)|_{x=0} = -\boldsymbol{i}\left(-\frac{(\boldsymbol{r} - \boldsymbol{r}_0)}{|\boldsymbol{r} - \boldsymbol{r}_0|^3} + \frac{(\boldsymbol{r} - \boldsymbol{r}_0)}{|\boldsymbol{r} - \boldsymbol{r}_0|^3}\right)_{x=0}$$

$$= \frac{x_0}{\sqrt{\ldots}} - \frac{x_0}{\sqrt{\ldots}} = 0.$$

Nach dem Eindeutigkeitssatz sind die angegebenen Funktionen die einzigen Lösungen von $\Delta G = -\delta/\sigma$ bzw. $\Delta N = -\delta/\sigma$ und damit die gesuchten Funktionen G und N des Halbraums.

Inverser Laplace-Operator. Nach (2.82c) braucht es sich in (3.50) natürlich nicht um eine Lösung von $\Delta U = \omega/\sigma$ zu handeln. Allgemein kann ein Skalarfeld $U(\boldsymbol{r})$ dargestellt werden durch $\Delta U(\boldsymbol{r})$ in der Form $(\psi_2 = 0)$

$$U(\boldsymbol{r}) = -\frac{1}{4\pi}\int_{(V)} \frac{\Delta U(\boldsymbol{r}_0)}{|\boldsymbol{r} - \boldsymbol{r}_0|}\,\mathrm{d}V_0 + U_H(\boldsymbol{r})$$

mit

$$\Delta U_H(\boldsymbol{r}) = 0.$$

Ist allgemein

$$\Delta U(\boldsymbol{r}) = \lambda(\boldsymbol{r}), \tag{3.57a}$$

so folgt

$$U(\boldsymbol{r}) = -\frac{1}{4\pi}\int_{(V)} \frac{\lambda(\boldsymbol{r}_0)}{|\boldsymbol{r} - \boldsymbol{r}_0|}\,\mathrm{d}V_0 + U_H(\boldsymbol{r}). \tag{3.57b}$$

Die auf der rechten Seite in (3.57b) stehende Integraloperation stellt bis auf das unbestimmt bleibende harmonische Potential $U_H(\boldsymbol{r})$ die *Umkehrung des Laplace-Operators* Δ dar. Wir schreiben daher statt (3.57 b) kürzer

$$U(\boldsymbol{r}) = \Delta^{-1}\lambda\,(\boldsymbol{r}) + U_H(\boldsymbol{r}) \tag{3.58a}$$

mit

$$\boxed{\Delta^{-1}\lambda\,(\boldsymbol{r}) = -\frac{1}{4\pi}\int_{(V)}\frac{\lambda(\boldsymbol{r}_0)}{|\boldsymbol{r}-\boldsymbol{r}_0|}\,\mathrm{d}V_0.} \tag{3.58b}$$

Führen wir in (3.58 a) noch (3.57 a) ein, so haben wir

$$\boxed{\Delta^{-1}\,(\Delta U) = U - U_H.} \tag{3.59}$$

Ist andererseits

$$\Delta^{-1}U = V, \tag{3.60}$$

so ist mit den Überlegungen im Abschn. 3.2.3. a

$$\Delta V = \Delta\left(-\frac{1}{4\pi}\int_{(V)}\frac{U(\boldsymbol{r}_0)}{|\boldsymbol{r}-\boldsymbol{r}_0|}\,\mathrm{d}V_0\right) = U(\boldsymbol{r}). \tag{3.61}$$

Mithin gilt nach den zwei letzten Beziehungen als Gegenstück zu (3.59)

$$\boxed{\Delta\,(\Delta^{-1}U) = U.} \tag{3.62}$$

Hiernach wird die Operation Δ^{-1} durch die Operation Δ vollständig aufgehoben, d. h., *der Laplace-Operator ist die Umkehrung zu der in* (3.58 b) *definierten Operation* Δ^{-1}.
Andererseits wird der Laplace-Operator Δ durch Δ^{-1} nur bis auf ein unbestimmt bleibendes harmonisches Skalarfeld U_H umgekehrt.
Den Operator

$$\Delta^{-1} = -\frac{1}{4\pi}\int_{(V)}\frac{\cdots}{|\boldsymbol{r}-\boldsymbol{r}_0|}\,\mathrm{d}V_0 \tag{3.63}$$

wollen wir als *inversen Laplace-Operator* bezeichnen.

3.2.4. Lösung der Laplaceschen Gleichung

Randwertaufgaben der Potentialtheorie. Die letzten Ausführungen unter Teilabschnitt „Greensche und Neumannsche Funktion" zeigen, daß die Lösung der Poissonschen Gleichung (3.44) im Gebiet B bei gegebenen Randwerten U_A bzw. Randwerten der Normalenableitung $(\partial U/\partial n)|_{r=r_A}$ auf die Bestimmung der Greenschen bzw. Neumannschen Funktion für B zurückgeführt werden kann. Diese Aufgabe verlangt nach Vorstehendem die Lösung der Laplaceschen Gleichung unter bestimmten Randbedingungen, und zwar die Berechnung einer harmonischen Funktion $4\pi\sigma\psi_2$, die auf dem Rande von B die Randwerte $-1/|\boldsymbol{r}-\boldsymbol{r}_A|$ bzw. deren Normalenableitung die Randwerte $-\boldsymbol{n}\cdot\mathrm{grad}_0\cdot(1/|\boldsymbol{r}-\boldsymbol{r}_0|)|_{r=r_A} - 4\pi/A$ annimmt.
Auch wenn man auf die Bestimmung der Greenschen bzw. Neumannschen Funktion des interessierenden Bereiches verzichtet, ist, wie unter Teilabschnitt „Partikuläre Lösung" dargelegt, die Aufgabe der Bildung einer harmonischen Funktion $\psi_2\,(\boldsymbol{r}, \boldsymbol{r}_0)$ mit vorgegebenen Randwerten nicht zu umgehen. In jedem Fall wird also eine in B harmonische Funktion $\psi_2\,(\boldsymbol{r}, \boldsymbol{r}_0)$ mit vorgegebenen Randwerten ψ_{2A} bzw. mit vorgegebenen Randwerten $(\partial_0\psi_2/\partial n)|_A$ gesucht (wobei es allerdings i. allg. einfacher ist, mit den speziellen Randwerten $1/|\boldsymbol{r}-\boldsymbol{r}_A|$

bzw. $\boldsymbol{n} \cdot \operatorname{grad}_0 (1/|\boldsymbol{r} - \boldsymbol{r}_A|)$ zu rechnen). Man hat es somit immer mit folgenden *Randwertproblemen der Potentialtheorie* zu tun:

1. *Randwertproblem der Potentialtheorie* (Dirichletsches Problem)
   Gesucht ist eine im Gebiet B harmonische Funktion $U(\boldsymbol{r})$, die bei Annäherung an den Rand von B vorgegebene Werte U_A annimmt (dieses Problem ist nach Abschn. 3.2.2. b – wenn überhaupt – eindeutig lösbar).
2. *Randwertproblem der Potentialtheorie* (Neumannsches Problem)
   Gesucht ist eine im Gebiet B harmonische Funktion $U(\boldsymbol{r})$, die bei Annäherung an den Rand von B eine vorgegebene Normalenableitung $(\partial U/\partial n)|_A$ besitzt (dieses Problem ist bis auf eine additive Konstante – wenn überhaupt – eindeutig lösbar).

Separation der Variablen. Die Lösung der Laplaceschen Gleichung unter gegebenen Randbedingungen (Lösung der Randwertprobleme) kann nach verschiedenen Methoden erfolgen. Eine der wichtigsten und leistungsfähigsten ist die Methode der *Separation der Variablen* in einem dem Problem angepaßten krummlinigen Koordinatensystem. Diese Methode läßt sich wie folgt grob umreißen:

I. *Der vorgegebene räumliche Bereich B und der Laplace-Operator Δ werden auf krummlinige Koordinaten bezogen, so daß die Koordinatenflächen zu Randflächen des Bereiches B werden.*
   Man wird versuchen, nach Möglichkeit ein Koordinatensystem so zu wählen, daß der Bereichsrand eine einzige Koordinatenfläche wird.
   Ist z. B. der Bereichsrand eine Kugeloberfläche, so wird man Kugelkoordinaten einführen, wobei dann eine gewisse Koordinatenfläche A_r (r = konst.) zum Bereichsrand wird.
   Wenn diese Forderung nicht oder nur schwer zu erfüllen ist, muß man versuchen, zur Vereinfachung der Rechnungen die Zahl der verschiedenen Koordinatenflächen, aus denen sich der Bereichsrand zusammensetzt, klein zu halten.

II. *Die partielle Differentialgleichung $\Delta U = 0$ wird durch den Produktansatz* (Separation der Variablen)

$$U(x_1, x_2, x_3) = U_1(x_1)\, U_2(x_2)\, U_3(x_3) \tag{3.64}$$

   in drei gewöhnliche lineare Differentialgleichungen (höchstens) 2. Ordnung zerlegt:

$$\Delta U = 0 \rightarrow \frac{\mathrm{d}^2 U_\nu}{\mathrm{d}x_\nu^2} + P_\nu(x_\nu) \frac{\mathrm{d}U_\nu}{\mathrm{d}x_\nu} + Q_\nu(x_\nu)\, U_\nu = 0 \qquad (\nu = 1, 2, 3). \tag{3.65}$$

   Die Zerlegung ist – evtl. mit dem gegenüber (3.64) etwas modifizierten Ansatz

$$U = \frac{U_1 U_2 U_3}{R(x_1, x_2, x_3)}, \tag{3.66}$$

   worin $R(x_1, x_2, x_3)$ geeignet gewählt werden muß – in sehr vielen wichtigen Koordinatensystemen immer durchführbar. Das Produkt $U_1(x_1)\, U_2(x_2)\, U_3(x_3)$ von drei Lösungen $U_1(x_1)$, $U_2(x_2)$ und $U_3(x_3)$ aus (3.65) ist dann immer eine Lösung von $\Delta U = 0$.

III. *Durch geeignete Wahl der unbestimmten Separations- und Integrationskonstanten wird die partikuläre Lösung $U_1(x_1)\, U_2(x_2)\, U_3(x_3)$ von $\Delta U = 0$ an die vorgeschriebenen Randbedingungen angepaßt.*

Bei dem Übergang von $\Delta U = 0$ auf die drei linearen Gleichungen (3.65) geht eine große Zahl unbestimmter Konstanten oder Funktionen in die Lösungen $U_\nu(x_\nu)$ ($\nu = 1, 2, 3$) ein. Wie diese Konstanten im einzelnen so bestimmt werden können, daß die gegebenen Randbedingungen erfüllt werden, soll zunächst an einem Beispiel näher erläutert werden.

3.2.5. Lösung in kartesischen Koordinaten

Separation. Sind die Funktionswerte des Skalarfeldes auf Ebenen vorgeschrieben, so wählen wir ein kartesisches Koordinatensystem. Die Laplacesche Gleichung $\Delta U = 0$ lautet dann

$$\frac{\partial^2 U}{\partial x^2} + \frac{\partial^2 U}{\partial y^2} + \frac{\partial^2 U}{\partial z^2} = 0. \tag{3.67}$$

Um eine Lösung von (3.67) zu erhalten, machen wir einen Lösungsansatz, und zwar nach (3.64) den *Produktansatz*

$$U = U_1(x)\, U_2(y)\, U_3(z). \tag{3.68}$$

Dann erhalten wir mit (3.67)

$$U_2 U_3 \frac{\mathrm{d}^2 U_1}{\mathrm{d}x^2} + U_1 U_3 \frac{\mathrm{d}^2 U_2}{\mathrm{d}y^2} + U_1 U_2 \frac{\mathrm{d}^2 U_3}{\mathrm{d}z^2} = 0$$

oder nach Division mit $U_1 U_2 U_3$

$$\frac{1}{U_1}\frac{\mathrm{d}^2 U_1}{\mathrm{d}x^2} + \frac{1}{U_2}\frac{\mathrm{d}^2 U_2}{\mathrm{d}y^2} + \frac{1}{U_3}\frac{\mathrm{d}^2 U_3}{\mathrm{d}z^2} = 0. \tag{3.69}$$

Jeder dieser drei Summanden ist nur eine Funktion einer einzigen Ortskoordinate, z. B. ist $(1/U_1)\,(\mathrm{d}^2 U_1/\mathrm{d}x^2)$ nur eine Funktion von x usw. Der Ausdruck (3.69) hat also die Gestalt

$$f_1(x) + f_2(y) + f_3(z) = 0,$$

woraus durch Differentiation nach x, y und z folgt

$$\frac{\mathrm{d}\, f_1(x)}{\mathrm{d}x} = 0, \qquad \frac{\mathrm{d}\, f_2(y)}{\mathrm{d}y} = 0, \qquad \frac{\mathrm{d}\, f_3(z)}{\mathrm{d}z} = 0,$$

d. h., es sind alle drei Summanden in (3.69) gleich einer Konstanten (oder jedenfalls einer nicht von x, y oder z abhängigen Funktion):

$$\begin{gathered} \frac{1}{U_1}\frac{\mathrm{d}^2 U_1}{\mathrm{d}x^2} = k_1 = -\alpha^2, \qquad \frac{1}{U_2}\frac{\mathrm{d}^2 U_2}{\mathrm{d}y^2} = k_2 = -\beta^2, \\ \frac{1}{U_3}\frac{\mathrm{d}^2 U_3}{\mathrm{d}z^2} = k_3 = \gamma^2; \qquad \gamma^2 = \alpha^2 + \beta^2. \end{gathered} \tag{3.70}$$

Da die Summe aller Konstanten den geforderten Wert Null ergeben muß, können nur zwei Konstanten (z. B. α^2 und β^2) frei gewählt werden; die dritte Konstante (im Beispiel γ^2) ist dann mitbestimmt.

Schreiben wir die obigen Gleichungen noch etwas um, so erhalten wir das System *gewöhnlicher Differentialgleichungen 2. Ordnung* (s. auch (3.65)):

$$\begin{aligned} &\frac{\mathrm{d}^2 U_1}{\mathrm{d}x^2} + \alpha^2 U_1 = 0 \\ &\frac{\mathrm{d}^2 U_2}{\mathrm{d}y^2} + \beta^2 U_2 = 0 \\ &\frac{\mathrm{d}^2 U_3}{\mathrm{d}z^2} - (\alpha^2 + \beta^2)\, U_3 = 0. \end{aligned} \tag{3.71}$$

mit den *allgemeinen Lösungen*

$$\begin{aligned} U_1 &= U_1(\alpha) = A_1 \sin \alpha x + A_2 \cos \alpha x = \operatorname{Im}\{\underline{A}\, e^{j\alpha x}\} \\ U_2 &= U_2(\beta) = B_1 \sin \beta y + B_2 \cos \beta y = \operatorname{Im}\{\underline{B}\, e^{j\beta y}\} \\ U_3 &= U_3(\alpha, \beta) = C_1 \sinh \sqrt{\alpha^2 + \beta^2}\, z + C_2 \cosh \sqrt{\alpha^2 + \beta^2}\, z \\ &= C_1' \, e^{\sqrt{\alpha^2+\beta^2}\, z} + C_2' \, e^{-\sqrt{\alpha^2+\beta^2}\, z}, \end{aligned} \tag{3.72}$$

wenn $\underline{A} = A_1 + jA_2$ und $\underline{B} = B_1 + jB_2$ gesetzt werden.
α, β und γ sind die sogenannten *Separationskonstanten* und A_ν, B_ν, C_ν, C_ν' $(\nu = 1, 2)$ sowie $\underline{A}$ und $\underline{B}$ *Integrationskonstanten*.
Die Festlegung der Konstanten k_ν $(\nu = 1, 2, 3)$ in (3.70) im Hinblick auf Vorzeichen und Betrag $(-\alpha^2, -\beta^2, +\gamma^2)$ ist willkürlich. Sie wird durch mathematische Zweckmäßigkeit (Quadratbildung) sowie durch die vorgesehene Randbedingung des Randwertproblems bestimmt. Jede andere Kombination führt auf Separationsgleichungen vom gleichen Typ, die sich u. U. nur durch das Vorzeichen des zweiten Gliedes der Separationsgleichungen unterscheiden. Als Folge davon vertauschen sich die Grundlösungen bezüglich der Ortskoordinaten x, y oder z. Welche Separationskonstante bzw. welche Grundlösungen in welcher Variablen zu verwenden sind, hängt bei Festlegung der Koordinatenachsen des Koordinatensystems von den Randwerten ab, die durch die Lösungsfunktionen (3.72) erfüllbar sein müssen.
Die ersten beiden Separationsgleichungen in (3.71) führen auf die trigonometrischen Funktionen Sinus und Cosinus als Grundlösungen, die – aufgrund der geometrischen Bedeutung von α – periodisch mit 2π sind. Die erforderliche Periodizität der Lösungen $U_1(x)$ und $U_2(y)$ verlangt für eindeutige und stetige Lösungen dann $\alpha^2 = m^2$ sowie $\beta^2 = n^2$ mit $m, n = 0, 1, 2, \ldots$ Ausnahmen bilden die Sonderfälle $\alpha = 0$ und $\beta = 0$ $(m = n = 0)$, die getrennt zu untersuchen sind. Ist eine der Separationskonstanten gleich Null, so ist die Lösungsfunktion eine lineare Funktion, z. B. trifft das für α zu, so ergibt sich $U_1(x) = A_1 x + A_2$.
Für jede Wahl der freien *Integrationskonstanten* A_ν, B_ν, C_ν, C_ν' $(\nu = 1, 2)$ bzw. $\underline{A}$, $\underline{B}$ und der *Separationskonstanten* α und β ist dann $U = U_1 U_2 U_3$ eine partikuläre Lösung der Laplaceschen Gleichung in (3.67).
Wir wollen weitere Lösungen von (3.67) konstruieren: Geben wir bei beliebigen Integrationskonstanten $A_{\mu\nu}$, $B_{\mu\nu}$, $C_{\mu\nu}$ $(\mu = 1, 2)$ den Separationskonstanten die festen Werte

$$\alpha = \alpha_\mu, \qquad \beta = \beta_\nu,$$

so ist mit

$$U(\alpha_\mu, \beta_\nu) = U_1(\alpha_\mu)\, U_2(\beta_\nu)\, U_3(\alpha_\mu, \beta_\nu) \tag{3.73}$$

aber auch die *Superpositionsreihe*

$$U(x, y, z) = \sum_{\mu=1}^{m} \sum_{\nu=1}^{n} K_{\mu\nu} U(\alpha_\mu, \beta_\nu), \tag{3.74}$$

worin m und n auch gegen Unendlich gehen können, eine Lösung von (3.67). Als Beispiel sei angeführt die Lösung $(A_{2\nu} = B_{2\nu} = C_{1\nu} = 0)$

$$U(x, y, z) = \sum_{\mu} \sum_{\nu} K_{\mu\nu} \sin \alpha_\mu x \cdot \sin \beta_\nu y \cdot \cosh \sqrt{\alpha_\mu^2 + \beta_\nu^2}\, z, \tag{3.75}$$

worin auch die beiden ersten Kreisfunktionen beliebig durch Kosinusfunktionen ersetzt und statt sinh auch cosh geschrieben werden könnte (vgl. (3.72)).
Man kann noch weitergehen und die diskreten Veränderlichen $K_{\mu\nu}$, α_μ und β_ν in (3.74) durch beliebige stetige Veränderliche $K(\sigma, \tau)$, $\alpha(\sigma)$ und $\beta(\tau)$ der Parameter σ und τ ersetzen, wobei

(3.74) in das *Superpositionsintegral*

$$U(x, y, z) = \int_{(\sigma)} \int_{(\tau)} K(\sigma, \tau)\, U[\alpha(\sigma), \beta(\tau)]\, d\sigma\, d\tau \tag{3.76}$$

übergeht, dann ebenfalls eine Lösung von (3.67) darstellt, wie man leicht nachrechnet. Beispielsweise wäre mit $\alpha(\sigma) = \sigma$ und $\beta(\tau) = \tau$ nach Vorstehendem speziell

$$U(x, y, z) = \int_{(\sigma)} \int_{(\tau)} K(\sigma, \tau) \sin(\sigma x) \sin(\tau y) \cosh\left(\sqrt{\sigma^2 + \tau^2}\, z\right) d\sigma\, d\tau \tag{3.77}$$

eine solche Integrallösung der Laplaceschen Gleichung.

Ersichtlich enthält dann eine auf die beschriebene Weise gewonnene Lösung von $\Delta U = 0$ eine praktisch beliebig große Zahl frei wählbarer Konstanten oder Funktionen, nämlich die Integrationskonstanten $K_{\mu\nu}$ bzw. *Integrationsfunktionen* $K(\sigma, \tau)$ und die Separationskonstanten α_μ, β_ν bzw. *Separationsfunktionen* $\alpha(\sigma), \beta(\tau)$.

Anpassung an die Randwerte. Die Funktion $U(x, y, z)$ habe vorgeschriebene Werte $U_A(x, y)$ in dem durch Bild 3.8 erklärten Rechteck in der (x,y)-Ebene $(z = 0)$.

Bezüglich der abgeschlossenen Berandung wollen wir später noch Bedingungen vorgeben. Außerhalb dieses Rechtecks kann die harmonische Funktion U beliebige Werte annehmen; hier wird keine Werteverteilung vorgegeben. Wir nehmen ferner zur Vereinfachung an, daß $U_A(x, y)$ eine ungerade Funktion bezüglich der beiden Symmetrielinien ist (Bild 3.8).

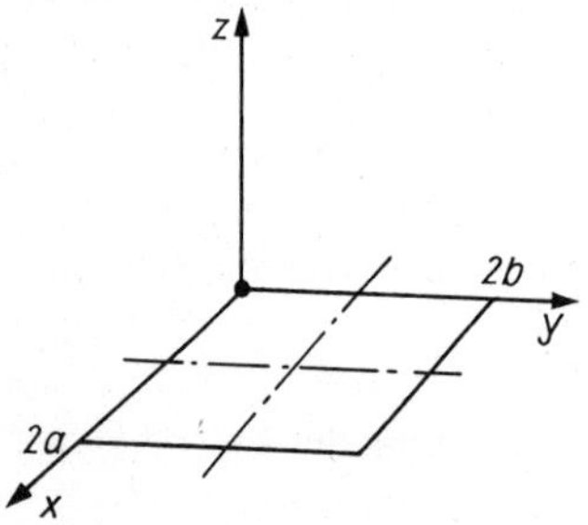

Bild 3.8. Anpassung an die Randwerte (Beispiel)

Diese gegebenen Randwerte $U_A(x, y)$ stellen wir nun als Summe von Funktionen dar, die sämtliche Lösungen von $\Delta U = 0$ für $z = 0$ sind. Solche Funktionen sind nach Vorstehendem Produkte aus zwei Kreisfunktionen der Ortskoordinaten x und y, also Funktionen des Typs $A \sin(\alpha x) \sin(\beta y)$, $A \sin(\alpha x) \cos(\beta y)$, $A \cos(\alpha x) \sin(\beta y)$ oder $A \cos(\alpha x) \cos(\beta y)$. Wir werden daher $U_A(x, y)$ bei festem y in eine *Fourier-Reihe* entwickeln und erhalten bei Beachtung der *Periodenlänge* $l_a = 2\pi/(2a) = \pi/a$

$$U_A(x, y) = \sum_{m=1}^{\infty} A_m(y) \sin\left(m \frac{\pi}{a} x\right);$$

$$A_m(y) = \frac{1}{a} \int_{(l_a)} U_A(x, y) \sin\left(m \frac{\pi}{a} x\right) dx.$$

Da U_A bezüglich der Stelle $x = a$ ungerade ist, treten keine Kosinusglieder auf. Die Entwicklungskoeffizienten $A_m = A_m(y)$ sind noch Funktionen von y (vgl. Bild 3.8). Wir setzen wieder

$$A_m(y) = \sum_{n=1}^{\infty} B_{m,n} \sin\left(n \frac{\pi}{b} y\right); \qquad B_{m,n} = \frac{1}{b} \int_{(l_b)} A_m(y) \sin\left(n \frac{\pi}{b} y\right) dy,$$

wobei wieder beachtet wurde, daß nun $l_b = \pi/b$ die Periodenlänge ist. Setzen wir die letzte Beziehung in die vorhergehende ein, so haben wir

$$U_A(x, y) = \sum_{m=1}^{\infty} \left(\sum_{n=1}^{\infty} B_{m,n} \sin \left(n \frac{\pi}{b} y \right) \right) \sin \left(m \frac{\pi}{a} x \right)$$

$$= \sum_{m=1}^{\infty} \sum_{n=1}^{\infty} B_{m,n} \sin \left(n \frac{\pi}{b} y \right) \sin \left(m \frac{\pi}{a} x \right). \tag{3.78}$$

Diese Doppelreihe stellt die gegebenen Randwerte im Bereich $0 < x < 2a$, $0 < y < 2b$ dar und ist außerdem Lösung von $\Delta U = 0$ für $z = 0$, da alle Summanden diese Eigenschaft haben (man vergleiche auch (3.75)). Daß durch (3.78) die vorgegebenen Randwerte periodisch über das gegebene Grundgebiet festgesetzt werden, ist unwesentlich, da nur in dem angegebenen Rechteckbereich Wertevorgaben vorliegen.
Diese auf dem Rechteck $(0 < x < 2a, 0 < y < 2b)$ definierte Randwertefunktion $U_A(x, y)$ wird nun so zu einer Funktion $U(x, y, z)$ oberhalb der (x, y)-Ebene ergänzt, daß

1. $U(x, y, z)$ Lösung von $\Delta U = 0$ ist,
2. $\lim_{z \to 0} U(x, y, z) = U(x, y, 0)$
   mit den vorgegebenen Randwerten auf dem Rechteck der (x,y)-Ebene übereinstimmt und
3. $\lim_{z \to \infty} U(x, y, z)$ verschwindet.

Nach den Ergebnissen in (3.74) und auch (3.75) ist

$$U(x, y, z) = \sum_{m=1}^{\infty} \sum_{n=1}^{\infty} B_{m,n} \sin \left(m \frac{\pi}{a} x \right) \sin \left(n \frac{\pi}{b} y \right) e^{-\pi \sqrt{(m/a)^2 + (n/b)^2}\, z} \tag{3.79}$$

eine Funktion mit diesen Eigenschaften und daher eine Lösung des Problems. Daß in diesem betrachteten Beispiel auch noch andere Lösungen möglich sind, liegt daran, daß nicht auf der ganzen Berandung des oberen Halbraums des (x, y, z)-Raums Randwerte vorgegeben wurden.
Sind auf der ganzen (x,y)-Ebene Randwerte $U_A(x, y)$ vorgegeben, so kann man sie durch ein *zweidimensionales Fourier-Integral* darstellen:

$$U_A(x, y) = \frac{1}{4\pi^2} \int_{-\infty}^{+\infty} \int_{-\infty}^{+\infty} K(\sigma, \tau)\, e^{j(\sigma x + \tau y)}\, d\sigma\, d\tau.$$

Dann ist mit $K(\sigma, \tau) = F\{U_A(x, y)\}$

$$U(x, y, z) = \frac{1}{4\pi^2} \int_{-\infty}^{+\infty} \int_{-\infty}^{+\infty} K(\sigma, \tau)\, e^{-\sqrt{\sigma^2 + \tau^2}\, z}\, e^{j(\sigma x + \tau y)}\, d\sigma\, d\tau \tag{3.80}$$

sicherlich eine (und damit die einzige) Funktion, die die vorgegebenen Randwerte auf der (x,y)-Ebene und im Unendlichen annimmt. Daß $U(x, y, z)$ auch harmonisch ist, folgt aus der Zerlegung von (3.80) in reelle Teilintegrale, die sämtlich Lösungen von $\Delta U = 0$ sind.
In analoger Weise geschieht die Lösung der Laplaceschen Gleichung unter bestimmten Randbedingungen auch in anderen (krummlinigen) Koordinatensystemen. Wir werden darauf von Fall zu Fall bei der Lösung bestimmter technischer Probleme genauer eingehen. Nachstehend erfolgen nur noch ein paar Bemerkungen und Ansätze zur Separation in Zylinder- und Kugelkoordinaten.

3.2.6. Lösung in Zylinder- und Kugelkoordinaten

Kreiszylinderkoordinaten. In Kreiszylinderkoordinaten erhalten wir mit (2.52) für den Laplace-Operator

$$\Delta U = \frac{1}{\varrho}\left[\frac{\partial}{\partial\varrho}\left(\varrho\,\frac{\partial U}{\partial\varrho}\right) + \frac{\partial}{\partial\alpha}\left(\frac{1}{\varrho}\,\frac{\partial U}{\partial\alpha}\right) + \frac{\partial}{\partial z}\left(\varrho\,\frac{\partial U}{\partial z}\right)\right]$$

oder für die Laplacesche Gleichung

$$\boxed{\frac{1}{\varrho}\,\frac{\partial}{\partial\varrho}\left(\varrho\,\frac{\partial U}{\partial\varrho}\right) + \frac{1}{\varrho^2}\,\frac{\partial^2 U}{\partial\alpha^2} + \frac{\partial^2 U}{\partial z^2} = 0.} \tag{3.81}$$

Der Ansatz

$$U(\varrho,\alpha,z) = U_1(\varrho)\,U_2(\alpha)\,U_3(z)$$

ergibt

$$\frac{\partial}{\partial\varrho}\left(\varrho\,\frac{\partial U}{\partial\varrho}\right) = U_2U_3\,\frac{\mathrm{d}}{\mathrm{d}\varrho}\left(\varrho\,\frac{\partial U_1}{\partial\varrho}\right)$$

$$\frac{\partial^2 U}{\partial\alpha^2} = U_1U_3\,\frac{\mathrm{d}^2U_2}{\mathrm{d}\alpha^2}$$

$$\frac{\partial^2 U}{\partial z^2} = U_1U_2\,\frac{\mathrm{d}^2U_3}{\mathrm{d}z^2}.$$

Somit erhalten wir mit (3.81)

$$U_2U_3\,\frac{1}{\varrho}\,\frac{\mathrm{d}}{\mathrm{d}\varrho}\left(\varrho\,\frac{\mathrm{d}U_1}{\mathrm{d}\varrho}\right) + \frac{1}{\varrho^2}\,U_1U_3\,\frac{\mathrm{d}^2U_2}{\mathrm{d}\alpha^2} + U_1U_2\,\frac{\mathrm{d}^2U_3}{\mathrm{d}z^2} = 0$$

und nach Division durch U

$$\frac{1}{U_1}\,\frac{1}{\varrho}\,\frac{\mathrm{d}}{\mathrm{d}\varrho}\left(\varrho\,\frac{\mathrm{d}U_1}{\mathrm{d}\varrho}\right) + \frac{1}{\varrho^2}\,\frac{1}{U_2}\,\frac{\mathrm{d}^2U_2}{\mathrm{d}\alpha^2} + \frac{1}{U_3}\,\frac{\mathrm{d}^2U_3}{\mathrm{d}z^2} = 0. \tag{3.82}$$

Die beiden ersten Summanden hängen nur von ϱ und α, der dritte Summand nur von z ab. Die obige Gleichung ist also vom Typ

$$f_1(\varrho,\alpha) + f_2(z) = 0,$$

woraus

$$\frac{\partial f_1(\varrho,\alpha)}{\partial\varrho} = 0, \qquad \frac{\partial f_1(\varrho,\alpha)}{\partial\alpha} = 0, \qquad \frac{\partial f_2(z)}{\partial z} = 0$$

folgt. Das ist aber nur möglich für $f_1 = k_1$, $f_2 = k_2$ $(k_1 + k_2 = 0)$. Damit erhalten wir aus (3.82)

$$\begin{aligned} \frac{1}{U_1}\,\frac{1}{\varrho}\,\frac{\mathrm{d}}{\mathrm{d}\varrho}\left(\varrho\,\frac{\mathrm{d}U_1}{\mathrm{d}\varrho}\right) + \frac{1}{\varrho^2}\,\frac{1}{U_2}\,\frac{\mathrm{d}^2U_2}{\mathrm{d}\alpha^2} &= k_1 = -\varkappa^2 \\ \frac{1}{U_3}\,\frac{\mathrm{d}^2U_3}{\mathrm{d}z^2} &= k_2 = \varkappa^2. \end{aligned} \tag{3.83}$$

Die erste Gleichung multiplizieren wir mit ϱ^2 und erhalten

$$\frac{1}{U_1}\,\varrho\,\frac{\mathrm{d}}{\mathrm{d}\varrho}\left(\varrho\,\frac{\mathrm{d}U_1}{\mathrm{d}\varrho}\right) + \varkappa^2\varrho^2 + \frac{1}{U_2}\,\frac{\mathrm{d}^2U_2}{\mathrm{d}\alpha^2} = 0.$$

Da die beiden ersten Summanden nur von ϱ, der letzte nur von α abhängt, findet man mit der eben benutzten Schlußweise

$$\frac{1}{U_1}\,\varrho\,\frac{\mathrm{d}}{\mathrm{d}\varrho}\left(\varrho\,\frac{\mathrm{d}U_1}{\mathrm{d}\varrho}\right) + \varkappa^2\varrho^2 = \frac{1}{U_1}\left(\varrho^2\,\frac{\mathrm{d}^2U_1}{\mathrm{d}\varrho^2} + \varrho\,\frac{\mathrm{d}U_1}{\mathrm{d}\varrho}\right) + \varkappa^2\varrho^2 = k_1' = m^2$$

$$\frac{1}{U_2}\,\frac{\mathrm{d}^2U_2}{\mathrm{d}\alpha} = k_2' = -m^2.$$

Zusammen mit (3.83) lauten damit die Separationsgleichungen

$$\boxed{\begin{aligned} &\text{a)}\ \frac{\mathrm{d}^2U_1}{\mathrm{d}\varrho^2} + \frac{1}{\varrho}\,\frac{\mathrm{d}U_1}{\mathrm{d}\varrho} + \left(\varkappa^2 - \frac{m^2}{\varrho^2}\right) U_1 = 0 \\ &\text{b)}\ \frac{\mathrm{d}^2U_2}{\mathrm{d}\alpha^2} + m^2U_2 = 0 \\ &\text{c)}\ \frac{\mathrm{d}^2U_3}{\mathrm{d}z^2} - \varkappa^2U_3 = 0. \end{aligned}} \tag{3.84}$$

Die Gleichung a heißt *Besselsche Differentialgleichung*, während die Gleichungen b und c vom Typ sind, die von (3.71) her schon bekannt sind.
$\varkappa$ und m sind die Separationskonstanten.
Die allgemeinen Lösungen der Gleichungen lauten mit A_ν, B_ν, C_ν ($\nu = 1, 2$) als Integrationskonstanten

$$\boxed{\begin{aligned} &\text{a)}\ U_1(\varrho) = A_1J_m\,(\varkappa\varrho) + A_2N_m\,(\varkappa\varrho) \\ &\text{b)}\ U_2(\alpha) = B_1\sin m\alpha + B_2\cos m\alpha \\ &\text{c)}\ U_3(z) = C_1\sinh\varkappa z + C_2\cosh\varkappa z. \end{aligned}} \tag{3.85}$$

Geht man wiederum von der Periodizität der Grundlösungen von $U_2(\alpha)$ aus, so ist die Separationskonstante durch $m = 0, 1, 2, \ldots$ gegeben. (Bezüglich der Anwendung spielen negative ganze Zahlen nur in Sonderfällen eine Rolle.)
Die erste Grundlösung der Besselschen Differentialgleichung (3.85 a) ist die *Besselsche Funktion m-ter Ordnung* $J_m(x)$ ($x = \varkappa\varrho$), die durch folgende Potenzreihe gegeben ist:

$$J_m(x) = \sum_{\nu=0}^{\infty} (-1)^\nu\,\frac{1}{\nu!\,\Gamma\,(m+\nu+1)}\left(\frac{x}{2}\right)^{m+2\nu}. \tag{3.86}$$

In dieser Reihe kann m auch nicht ganzzahlig und komplex sein. Nimmt man für diesen Fall den Bezeichnungswechsel $m := \underline{\lambda}$ ($\underline{\lambda}$ nicht ganzzahlig, komplex) vor, so ergibt sich als zweite Grundlösung der Besselschen Differentialgleichung für m reell und ganzzahlig

$$N_m(x) = \lim_{\underline{\lambda}\to m} \frac{J_{\underline{\lambda}}(x)\cos\underline{\lambda}\pi - J_{-\underline{\lambda}}(x)}{\sin\underline{\lambda}\pi} \tag{3.87}$$

die *Neumannsche Funktion m-ter Ordnung*.
Die in der Darstellung von $J_m(x)$ auftretende Gammafunktion ist definiert durch

$$\Gamma\,(\underline{k}+1) = \int_0^\infty \mathrm{e}^{-t}t^{\underline{k}}\,\mathrm{d}t \quad (\underline{k}\ \text{nicht ganzzahlig, komplex}), \tag{3.88 a}$$

die für $\underline{k}(m)$ ganzzahlig reell übergeht in

$$\Gamma\,(k+1) = k! \tag{3.88 b}$$

Die Besselschen Funktionen der niedrigsten *ganzzahligen Ordnung* lauten also (Bild 3.9):

$$J_0(x) = 1 - \frac{x^2}{4} + \frac{x^4}{64} - \frac{x^6}{2304} + \ldots$$

$$J_1(x) = \frac{x}{2} - \frac{x^3}{16} + \frac{x^5}{384} - \frac{x^7}{18432} + \ldots$$

Für die Neumannschen Funktionen N_0 und N_1 berechnet man ähnliche Potenzreihen.

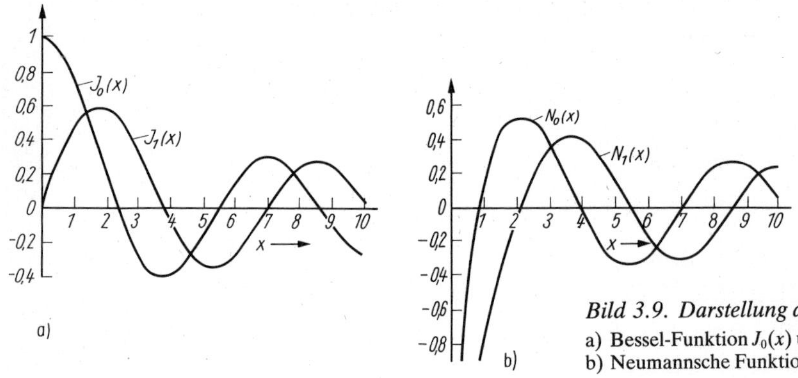

Bild 3.9. Darstellung der Bessel-Funktionen
a) Bessel-Funktion $J_0(x)$ und $J_1(x)$
b) Neumannsche Funktion $N_0(x)$ und $N_1(x)$

Die Verläufe von $J_0(x)$, $J_1(x)$ und $N_0(x)$, $N_1(x)$ sind im Bild 3.9 dargestellt. Während $J_0(x)$ für $x = 0$ beim Funktionswert $J_0(0) = 1$ beginnt, haben alle Verläufe $J_m(x)$ $(m \geqq 1)$ ihren Anfang im Koordinatenursprung. Für die Anwendung ist besonders die Eigenschaft $N_m(x) \to -\infty$ für $x \to 0$ und alle m zu beachten. Von wesentlicher Bedeutung ist auch der alternierende Verlauf beider Funktionen. Auf diese Eigenschaft und weitere wird im Anwendungsteil noch einzugehen sein. Aufgrund der großen Bedeutung der Bessel- und Neumannschen Funktionen im Zusammenhang mit der Lösung vieler physikalischer Probleme sind diese – einschließlich ihrer Nullstellen – (numerisch) tabelliert.

Auch hier sind Sonderfälle zu entscheiden. Wichtig sind:

1. $U(\varrho, \alpha, z)$ ist keine Funktion von z, d. h. $U_3(z) = \text{konst.}$, was durch $\varkappa = 0$ gegeben ist. Dann geht $U_1(\varrho)$ über in $U_1(\varrho) = A_1\varrho^m + A_2\varrho^{-m}$.
2. $U(\varrho, \alpha, z)$ ist keine Funktion von α, d. h. $U_2(\alpha) = \text{konst.}$, was durch $m = 0$ gegeben ist, womit sich ergibt $U_1(\varrho) = A_1 J_0(\varkappa\varrho) + A_2 N_0(\varkappa\varrho)$, also durch die Bessel- bzw. Neumannfunktion 0-ter Ordnung bestimmt wird.

Kugelkoordinaten. Stellt man ΔU in Kugelkoordinaten dar, so führt der Ansatz

$$U = U(r, \vartheta, \alpha) = U_1(r)\, U_2(\vartheta)\, U_3(\alpha)$$

in der gleichen Weise wie eben zu den Separationsgleichungen

$$\begin{aligned} &\text{a)}\quad \frac{d^2U_1}{dr^2} + \frac{2}{r}\frac{dU_1}{dr} - \frac{n(n+1)}{r^2}U_1 = 0 \\ &\text{b)}\quad \frac{d^2U_2}{d\vartheta^2} + \cot\vartheta\,\frac{dU_2}{d\vartheta} + \left[n(n+1) - \frac{m^2}{\sin^2\vartheta}\right]U_2 = 0 \\ &\text{c)}\quad \frac{d^2U_3}{d\alpha^2} + m^2U_3 = 0. \end{aligned} \qquad (3.89)$$

Gleichung a ist die *Eulersche* Gleichung, b heißt die *Legendresche Differentialgleichung*.

Die allgemeinen Lösungen lauten für *ganzzahlige* $n = 0, 1, 2, \ldots$

$$\boxed{\begin{aligned} U_1 &= A_1 r^n + A_2 r^{-(n+1)} \\ U_2 &= B_1 P_n^m (\cos\vartheta) + B_2 Q_n^m (\cos\vartheta) \\ U_3 &= C_1 \sin m\alpha + C_2 \cos m\alpha \end{aligned}} \qquad \begin{aligned} &(n = 0, 1, 2, \ldots) \\ &(m \leqq n) \\ &(m = 0, 1, 2, \ldots). \end{aligned} \tag{3.90}$$

Darin ist ($\cos\vartheta = \mu$)

$$P_n^m(\mu) = (-1)^m (1 - \mu^2)^{m/2} \frac{\mathrm{d}^m P_n(\mu)}{\mathrm{d}\mu^m} \tag{3.91a}$$

eine *zugeordnete Legendresche Funktion 1. Art*, m-ter Ordnung und

$$Q_n^m(\mu) = (-1)^m (1 - \mu^2)^{m/2} \frac{\mathrm{d}^m Q_n(\mu)}{\mathrm{d}\mu^m} \tag{3.91b}$$

eine *zugeordnete Legendresche Funktion 2. Art*, m-ter Ordnung. Die Funktionen ($m = 0$)

$$P_n^0(\mu) = P_n(\mu) = \frac{1}{2^n n!} \frac{\mathrm{d}^n [(\mu^2 - 1)^n]}{\mathrm{d}\mu^n} \tag{3.92a}$$

heißen *Legendresche Polynome* (Legendresche Funktionen 1. Art und n-ter Ordnung) und die Funktionen

$$Q_n^0(\mu) = Q_n(\mu) = \frac{1}{2} P_n(\mu) \log \frac{1 + \mu}{1 - \mu} - W_{n-1}(\mu) \tag{3.93a}$$

mit

$$W_{n-1}(\mu) = \sum_{\nu=1}^{n} \frac{1}{\nu} P_{\nu-1}(\mu)\, P_{n-\nu}(\mu) \tag{3.94}$$

Legendresche Funktion 2. Art, n-ter Ordnung. W_{n-1} ist ein bestimmtes Polynom in μ.
Die Funktionen niedrigster Ordnung der 1. Art lauten (Bild 3.10a)

$$\begin{aligned} P_0(\mu) &= 1 & P_3(\mu) &= \frac{1}{2}(5\mu^3 - 3\mu) \\ P_1(\mu) &= \mu & & \\ P_2(\mu) &= \frac{1}{2}(3\mu^2 - 1) & P_4(\mu) &= \frac{1}{8}(35\mu^4 - 30\mu^2 + 3). \end{aligned} \tag{3.92b}$$

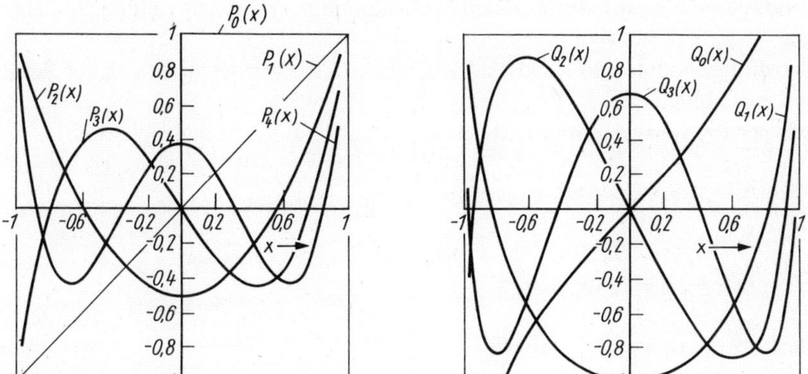

Bild 3.10. Darstellung einer Legendreschen Funktion

a) Legendresche Polynome $P_n(x)$

b) Legendresche Funktionen 2. Art $Q_n(x)$

Die Funktionen 2. Art (Bild 3.10b) werden durch folgende Reihen dargestellt:

$$\begin{aligned}
Q_0(\mu) &= \frac{1}{2} \ln \frac{1+\mu}{1-\mu} \\
Q_1(\mu) &= P_1(\mu)\, Q_0(\mu) - 1 \\
Q_2(\mu) &= P_2(\mu)\, Q_0(\mu) - \frac{3}{2}\mu \\
Q_3(\mu) &= P_3(\mu)\, Q_0(\mu) - \frac{5}{2}\mu^2 + \frac{2}{3} \\
Q_4(\mu) &= P_4(\mu)\, Q_0(\mu) - \frac{35}{8}\mu^3 + \frac{55}{24}\mu.
\end{aligned} \tag{3.93b}$$

Charakteristische Eigenschaften der Polynome $P_n(\mu)$ sind die Einschränkung des Wertebereichs auf das abgeschlossene Intervall $[-1, +1]$ sowie die Singularität von $Q_n(\mu)$ an den Definitionsbereichsgrenzen ± 1, d.h. für $\vartheta = 0$ und π.
Weitere Einzelheiten (komplexe Argumente, Anpassung an Randwerte) werden im Zusammenhang mit der Untersuchung spezieller Feldprobleme besprochen (s. auch [7]).

3.2.7. Zweidimensionale Felder

Zur Lösung zweidimensionaler Probleme ist auch nur die Lösung der zweidimensionalen Laplaceschen Gleichung $\Delta U = 0$ unter gewissen Randbedingungen erforderlich (z. B. bei der Bestimmung der Greenschen bzw. Neumannschen Funktion G bzw. N).
Diese Aufgabe bzw. die Lösung von $\Delta U = 0$ unter beliebigen Randbedingungen kann grundsätzlich nach den gleichen Methoden erfolgen, die auch bei dreidimensionalen Feldern zum Ziel führen.
Hinzu kommt aber eine neue und sehr leistungsfähige Methode, die bei dreidimensionalen Feldern – von einem Sonderfall abgesehen – nicht angewandt werden kann: *die Methode der konformen Abbildung*. Hierbei handelt es sich um eine allgemeine Methode der Variablentransformation, bei der die Lösung der Randwertprobleme für ein gegebenes Gebiet zurückgeführt wird auf die Lösung von Randwertproblemen für ein kreisförmiges Gebiet oder für eine Halbebene unter Benutzung der Theorie der Funktionen einer komplexen Veränderlichen.

Methode. Der Grundgedanke dieser Methode soll noch allgemein erläutert werden. Zunächst eine Vorbemerkung.
Ist $U = U(\boldsymbol{r})$ eine harmonische Funktion, so ist diese Eigenschaft natürlich nicht von der Wahl des Koordinatensystems abhängig.
Eine harmonische Funktion (dargestellt in kartesischen Koordinaten) ist beispielsweise

$$U(x, y, z) = x + y + z;$$

denn es ist offenbar

$$\Delta U = \frac{\partial^2 U}{\partial x^2} + \frac{\partial^2 U}{\partial y^2} + \frac{\partial^2 U}{\partial z^2} = 0.$$

Führen wir Zylinderkoordinaten ein, setzen wir also

$$\begin{aligned}
x &= x(\varrho, \alpha, z) = \varrho \cos \alpha \\
y &= y(\varrho, \alpha, z) = \varrho \sin \alpha \\
z &= z(\varrho, \alpha, z) = z,
\end{aligned} \tag{3.95}$$

so ist für $U(\varrho, \alpha, z) = \varrho \cos \alpha + \varrho \sin \alpha + z$ wieder

$$\Delta U = \frac{1}{\varrho} \frac{\partial}{\partial \varrho} \left(\varrho \frac{\partial U}{\partial \varrho} \right) + \frac{1}{\varrho^2} \frac{\partial^2 U}{\partial \alpha^2} + \frac{\partial^2 U}{\partial z^2} = 0,$$

da

$$\frac{1}{\varrho} \frac{\partial}{\partial \varrho} \left(\varrho \frac{\partial U}{\partial \varrho} \right) = \frac{1}{\varrho} \frac{\partial}{\partial \varrho} [\varrho (\cos \alpha + \sin \alpha)] = \frac{1}{\varrho} (\cos \alpha + \sin \alpha)$$

$$\frac{1}{\varrho^2} \frac{\partial^2 U}{\partial \alpha^2} = \frac{1}{\varrho^2} \frac{\partial}{\partial \alpha} (-\varrho \sin \alpha + \varrho \cos \alpha) = \frac{1}{\varrho} (-\cos \alpha - \sin \alpha)$$

und

$$\frac{\partial^2 U}{\partial z^2} = 0$$

ergibt. Bei der Abbildung bleibt nach Vereinbarung der Raum erhalten, nur sein Bezugssystem wird geändert.
Anders ist es natürlich, wenn durch

$$\begin{aligned} x &= x\,(u, v, w) \\ y &= y\,(u, v, w) \\ z &= z\,(u, v, w) \end{aligned} \tag{3.96}$$

neue Variable u, v, w eingeführt werden, *die ebenfalls als Ortskoordinaten eines kartesischen Koordinatensystems aufgefaßt werden*. Dann bleibt das Koordinatensystem erhalten, und der Raum wird verzerrt, und es ist

$$\frac{\partial^2 U}{\partial x^2} + \frac{\partial^2 U}{\partial y^2} + \frac{\partial^2 U}{\partial z^2} \neq \frac{\partial^2 U}{\partial u^2} + \frac{\partial^2 U}{\partial v^2} + \frac{\partial^2 U}{\partial w^2}$$

auch dann, wenn U zwei- oder eindimensional sein sollte. Lediglich in dem Sonderfall, *in dem in ebenen Feldern die Transformationsgleichungen* (3.96) *als Real- und Imaginärteil einer regulären Funktion* $f(\underline{w})$ $(f'(\underline{w}) \neq 0)$ *aufgefaßt werden können (konforme Abbildung), ist mit*

$$\frac{\partial^2 U}{\partial x^2} + \frac{\partial^2 U}{\partial y^2} = 0$$

und

$$\begin{aligned} x &= x\,(u, v) \\ y &= y\,(u, v) \end{aligned} \tag{3.97}$$

mit $\underline{z} = f(\underline{w}) = x\,(u, v) + \mathrm{j}y\,(u, v)$, $\underline{w} = u + \mathrm{j}v$ *und* $f'(\underline{w}) \neq 0$ *auch*

$$\frac{\partial^2 U}{\partial u^2} + \frac{\partial^2 U}{\partial v^2} = 0$$

und umgekehrt. Diese Eigenschaft konformer Abbildungen läßt sich nun zur Lösung von Randwertproblemen nutzen.

Konforme Abbildung. Durch (3.97) wird das ebene Gebiet G der kartesischen (x,y)-Ebene eineindeutig auf das ebene Gebiet G^* der kartesischen (u,v)-Ebene abgebildet. Es ist dann nach Vorstehendem mit

$$\Delta U\,(x, y) = 0$$

in G auch

$$\Delta U\,[x\,(u,\,v),\,y\,(u,\,v)] = \Delta U^*\,(u,\,v) = 0$$

in G^* und umgekehrt. Das Randwertproblem (Bild 3.11)

$$\Delta U\,(x,\,y) = 0 \quad \text{in}\; G$$

$$U\,(x_A,\,y_A) = U_A \quad \text{auf dem Rand von} \quad G\;(x = x_A,\,y = y_A)$$

kann dann ersetzt werden durch das Randwertproblem

$$\Delta U^*\,(u,\,v) = 0 \quad \text{in}\; G^*$$

$U(u_A, v_A) = U_A$ auf dem Rand von G^* ($u = u_A$, $v = v_A$, wobei gilt $x_A = x\,(u_A, v_A)$, $y_A = y\,(u_A, v_A)$), das u. U. leichter lösbar ist. Ist es gelöst, so ist

$$U^*\,(u,\,v) = U^*\,[u\,(x,\,y),\,v\,(x,\,y)] = U\,(x,\,y)$$

eine Lösung des ursprünglichen Problems. Die Funktionen

$$u = u\,(x,\,y)$$

$$v = v\,(x,\,y)$$

bilden die zu (3.97) inverse Transformation.

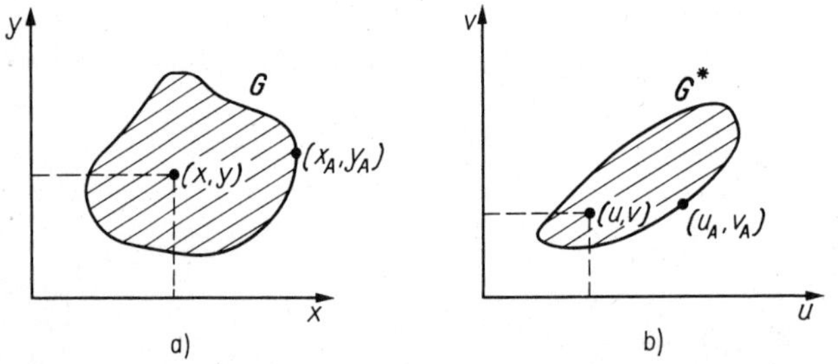

Bild 3.11
Randwertprobleme
im Zweidimensionalen
a) Originalebene $G_{\underline{w}}$
b) Bildebene $G_{\underline{z}}$

Ausführlicher werden wir später auf diese Problematik zurückkommen. Hier sei lediglich noch der Beweis der obenstehenden Behauptung nachgetragen.
Der Beweis ergibt sich so:
Es ist mit $U = U(x, y) = U[x(u, v), y(u, v)]$

$$\frac{\partial U}{\partial u} = \frac{\partial U}{\partial x}\frac{\partial x}{\partial u} + \frac{\partial U}{\partial y}\frac{\partial y}{\partial u}$$

$$\frac{\partial^2 U}{\partial u^2} = \frac{\partial U}{\partial x}\frac{\partial^2 x}{\partial u^2} + \frac{\partial x}{\partial u}\left(\frac{\partial^2 U}{\partial x^2}\frac{\partial x}{\partial u} + \frac{\partial^2 U}{\partial x\,\partial y}\frac{\partial y}{\partial u}\right) + \frac{\partial U}{\partial y}\frac{\partial^2 y}{\partial u^2} + \frac{\partial y}{\partial u}\left(\frac{\partial^2 U}{\partial y\,\partial x}\frac{\partial x}{\partial u} + \frac{\partial^2 U}{\partial y^2}\frac{\partial y}{\partial u}\right).$$

Ebenso erhält man

$$\frac{\partial^2 U}{\partial v^2} = \frac{\partial U}{\partial x}\frac{\partial^2 x}{\partial v^2} + \frac{\partial x}{\partial v}\left(\frac{\partial^2 U}{\partial x^2}\frac{\partial x}{\partial v} + \frac{\partial^2 U}{\partial x\,\partial y}\frac{\partial y}{\partial v}\right) + \frac{\partial U}{\partial y}\frac{\partial^2 y}{\partial v^2} + \frac{\partial y}{\partial v}\left(\frac{\partial^2 U}{\partial y\,\partial x}\frac{\partial x}{\partial v} + \frac{\partial^2 U}{\partial y^2}\frac{\partial y}{\partial v}\right).$$

Daraus folgt

$$\frac{\partial^2 U}{\partial u^2} + \frac{\partial^2 U}{\partial v^2} = \frac{\partial U}{\partial x}\left(\frac{\partial^2 x}{\partial u^2} + \frac{\partial^2 x}{\partial v^2}\right) + \frac{\partial U}{\partial y}\left(\frac{\partial^2 y}{\partial u^2} + \frac{\partial^2 y}{\partial v^2}\right)$$
$$+ \frac{\partial^2 U}{\partial y^2}\left[\left(\frac{\partial y}{\partial u}\right)^2 + \left(\frac{\partial y}{\partial v}\right)^2\right] + \frac{\partial^2 U}{\partial x^2}\left[\left(\frac{\partial x}{\partial u}\right)^2 + \left(\frac{\partial x}{\partial v}\right)^2\right]$$
$$+ 2\frac{\partial^2 U}{\partial x\,\partial y}\left(\frac{\partial x}{\partial u}\frac{\partial y}{\partial u} + \frac{\partial y}{\partial v}\frac{\partial x}{\partial v}\right). \tag{3.98}$$

Sind $x\,(u, v)$ und $y\,(u, v)$ Real- und Imaginärteil einer regulären Funktion, so ist

$$\frac{\partial x}{\partial u} = \frac{\partial y}{\partial v}, \qquad \frac{\partial x}{\partial v} = -\frac{\partial y}{\partial u} \quad \text{(Cauchy-Riemannsche Differentialgleichung)} \tag{3.99a}$$

$$\frac{\partial^2 x}{\partial u^2} + \frac{\partial^2 x}{\partial v^2} = 0, \qquad \frac{\partial^2 y}{\partial u^2} + \frac{\partial^2 y}{\partial v^2} = 0 \tag{3.99b}$$

und somit

$$\frac{\partial x}{\partial u}\,\frac{\partial y}{\partial u} = -\frac{\partial y}{\partial v}\,\frac{\partial x}{\partial v}.$$

Mit diesen Beziehungen folgt aus (3.98)

$$\frac{\partial^2 U}{\partial u^2} + \frac{\partial^2 U}{\partial v^2} = \left(\frac{\partial^2 U}{\partial x^2} + \frac{\partial^2 U}{\partial y^2}\right)\left[\left(\frac{\partial x}{\partial u}\right)^2 + \left(\frac{\partial y}{\partial u}\right)^2\right] = \left(\frac{\partial^2 U}{\partial x^2} + \frac{\partial^2 U}{\partial y^2}\right) |f'(\underline{w})|^2, \tag{3.100}$$

da

$$f'(\underline{w}) = \frac{\partial x}{\partial u} + \mathrm{j}\frac{\partial y}{\partial u}$$

gesetzt werden kann. Nach Voraussetzung ist $f'(\underline{w}) \neq 0$ und daher mit

$$\frac{\partial^2 U}{\partial x^2} + \frac{\partial^2 U}{\partial y^2} = 0$$

auch

$$\frac{\partial^2 U}{\partial u^2} + \frac{\partial^2 U}{\partial v^2} = 0$$

und umgekehrt.

Zusammenfassung. Die Lösung der Poissonschen Differentialgleichung

$$\Delta U = \frac{\omega}{\sigma} \tag{3.101}$$

kann nach verschiedenen Methoden erfolgen. Man unterscheidet zwei Hauptmethoden:

a) direkte Lösung von (3.101)

b) Zurückführung der Lösung von (3.101) auf die Lösung von

$$\Delta U\,(\boldsymbol{r}, \boldsymbol{r}_0) = -\frac{1}{\sigma}\,\delta\,(\boldsymbol{r} - \boldsymbol{r}_0) \tag{3.102}$$

mit den Randbedingungen $U = 0$ bzw. $\boldsymbol{n} \cdot \operatorname{grad} U = \text{konst}$.

Zu a)

Die allgemeine Lösung von (3.101) ist gleich der Summe aus einer partikulären Lösung U_p der vollständigen Gleichung $\Delta U = \omega/\sigma$ und einer harmonischen Funktion U_H (allgemeine Lösung von $\Delta U = 0$):

$$U(\boldsymbol{r}) = U_p(\boldsymbol{r}) + U_H(\boldsymbol{r})$$

Eine partikuläre Lösung findet man

1. durch Berechnung von

$$U_p = -\frac{1}{4\pi\sigma} \int \frac{\omega(\boldsymbol{r}_0)}{|\boldsymbol{r} - \boldsymbol{r}_0|}\, \mathrm{d}V_0$$

2. durch spezielle (Probier-) Ansätze.

Erfüllt die so gefundene partikuläre Lösung $U_p(\boldsymbol{r})$ die gegebenen Randbedingungen oder kann $U_p(\boldsymbol{r})$ durch geeignete Wahl freier Konstanten an die gegebenen Randbedingungen angepaßt werden, so ist die einzige Lösung des Problems gefunden.

Andernfalls ist zu U_p eine harmonische Funktion U_H so zu addieren, daß $U(\boldsymbol{r}) = U_p(\boldsymbol{r}) + U_H(\boldsymbol{r})$ auf dem Rand die gewünschten Eigenschaften annimmt. Das erfordert die Lösung des 1. oder 2. Randwertproblems der Potentialtheorie, je nachdem, ob $U(\boldsymbol{r})$ oder $\boldsymbol{n} \cdot \operatorname{grad} U(\boldsymbol{r})$ auf dem Bereichsrand vorgegeben sind.

Zu b)

Die allgemeine Lösung $U(\boldsymbol{r})$ von (3.102) besteht aus einer partikulären von

$$\Delta U = -(1/\sigma)\,\delta(\boldsymbol{r} - \boldsymbol{r}_0)$$

und einer additiv hinzugefügten harmonischen Funktion:

$$U(\boldsymbol{r}) = U_p(\boldsymbol{r}) + U_H(\boldsymbol{r}).$$

Eine partikuläre Lösung ist immer

$$U_p(\boldsymbol{r}) = \frac{1}{4\pi\sigma\,|\boldsymbol{r} - \boldsymbol{r}_0|}.$$

Weitere partikuläre Lösungen findet man durch spezielle (Probier-) Ansätze.

Erfüllen diese Lösungen U_p die gestellten Randbedingungen, so ist die Gleichung $\Delta U = -(1/\sigma)\,\delta(r - r_0)$ gelöst. Andernfalls bildet man mit einer harmonischen Funktion

$$U = U_p + U_H$$

und bestimmt U_H so, daß

α) U auf dem Rand verschwindet (Bestimmung der Greenschen Funktion $U = G$)

β) $\boldsymbol{n} \cdot \operatorname{grad} U$ auf dem Bereichsrand eine Konstante ist (Bestimmung der Neumannschen Funktion N).

Hierzu ist die Lösung des 1. bzw. 2. Randwertproblems der Potentialtheorie erforderlich.

Die Lösung von (3.101) ist dann gegeben durch die Integraldarstellung (3.55) bzw. (3.56).

Damit die Lösung $U = U_p + U_H$ an die gegebenen Randwerte U bzw. $\boldsymbol{n} \cdot \operatorname{grad} U$ angepaßt werden kann, ist es erforderlich, alle verwendeten Ausdrücke (Lösungen, Differentialgleichungen) auf geeignete krummlinige Koordinaten umzuschreiben.

Handelt es sich um ebene Probleme, so gibt es außer den genannten Methoden noch die Methode der konformen Abbildung, bei der die Lösung des Randwertproblems für ein gegebenes Gebiet G zurückgeführt wird auf ein Randwertproblem eines anderen Gebietes G^*.

Lösungsmethoden. Den beschriebenen allgemeinen Weg, die Lösung der Poissonschen Gleichung zurückzuführen auf das 1. oder 2. Randwertproblem der Potentialtheorie (Berechnung der Greenschen oder Neumannschen Funktion), wird man aber nur bei komplizierteren Aufgabenstellungen gehen. Bei einfacheren Problemstellungen empfiehlt es sich, die Poissonschen Differentialgleichungen direkt zu lösen, und zwar entweder durch geschickte Kombination einfachster Grundlösungen *(Elementarfeldüberlagerung, Spiegelungsmethode)*, durch *Variablentransformation* (Kelvin-Transformation, konforme Abbildung) oder durch Anwendung geeigneter *Funktionaltransformationen* (z.B. Fourier- oder Hankel-Transformation). Diese Methoden werden im folgenden nur grob skizziert oder kurz erwähnt, um zunächst einmal eine gewisse Übersicht zu geben. Eine genauere Darlegung geschieht zweckmäßig anhand von Beispielen, die aber erst später gegeben werden können. Diese Beispiele werden dann auch das erforderliche tiefere Verständnis der Berechnungsmethoden ermöglichen, das mit den nachstehenden kurzen Darlegungen nicht erreicht werden kann und soll.

1. Methode: Überlagerung von Elementarfeldern

Bei dieser Methode verschafft man sich zunächst eine Übersicht über die einfachsten Grundlösungen *(Elementarfelder)* von $\Delta U = \omega/\sigma$. Durch additive Überlagerung solcher Elementarfelder gelangt man zu komplizierten Feldern, die bei geeigneter Kombination gewisse einfache und leicht zu übersehende Niveauflächen besitzen, die als Randflächen räumlicher Bereiche aufgefaßt werden können.

Naturgemäß eignet sich diese Methode im wesentlichen nur zur Lösung von Randwertaufgaben für relativ einfache Randflächen mit konstantem Randpotential bzw. konstantem $\boldsymbol{n} \cdot \operatorname{grad} U$.

2. Methode: Spiegelungsmethode

Diese Methode ergibt sich durch eine geeignete Verallgemeinerung der ersten Methode für den Fall, daß auf stückweise ebenen, kreiszylinder- oder kugelförmigen Flächen verschwindende Werte U oder konstante Werte $\partial U/\partial n$ vorgegeben werden. Diese Methode ist insbesondere zur direkten elementaren Berechnung der Greenschen oder Neumannschen Funktion einfacher Bereiche geeignet.

3. Methode: Kelvin-Transformation (konforme Abbildung)

Hierbei handelt es sich um eine Methode, bei der durch eine Variablentransformation (*Spiegelung* des Feldes an Kugelflächen) ungelöste Randwertprobleme auf bereits gelöste zurückgeführt werden (bei zweidimensionalen Feldern verwendet man hierzu konforme Abbildungen).

4. Methode: Funktionaltransformation von $\Delta U = \omega/\sigma$

Eine Vereinfachung der Lösung von $\Delta U = \omega/\sigma$ kann oft dadurch herbeigeführt werden, daß man diese Gleichung einer *Integraltransformation* unterwirft und die Lösung im *Bildbereich* der Transformation vornimmt. Die vorgegebenen Randwerte werden dabei von selbst in die Lösung eingearbeitet.

Die Art der zur Lösung geeigneten Integraltransformation hängt von den verwendeten Koordinaten ab. Eine Vereinfachung des Problems kann bei den einfachsten Koordinatensystemen eintreten, z. B. durch folgende Transformation

kartesische Koordinaten:	*Laplace-Transformation* oder *Fourier-Transformation*
Zylinderkoordinaten bzw. Rotationskoordinaten:	*Hankel-Transformation*
Kugelkoordinaten:	*Legendre-Transformation*.

Aufgaben zum Abschnitt 3.2.

3.2.–1 Wie lautet das Skalarpotential des Vektorfeldes

$$\boldsymbol{U}(\boldsymbol{r}) = \boldsymbol{i}3y^2 + \boldsymbol{j}6xy + \boldsymbol{k}?$$

3.2.–2 Ist das Feld $\boldsymbol{U}(\boldsymbol{r}) = \boldsymbol{i}x^2 + \boldsymbol{j}y^2 - \boldsymbol{k}z$ wirbelfrei?

3.2.–3 Was erhält man für das Linienintegral $\oint \boldsymbol{U} \cdot \mathrm{d}\boldsymbol{r}$ auf einem kreisförmigen Weg in der (x,y)-Ebene um den Ursprung für die Felder aus Aufgaben 3.2.–1 und 3.2.–2?

3.2.–4 Man löse die Poissonsche Gleichung durch Fourier-Transformation in kartesischen Koordinaten. Wie kann diese Methode auf Zylinderkoordinaten übertragen werden?

3.2.–5 Zu beweisen ist: Eine Lösung von $\Delta U = 0$ ist eindeutig, wenn auf dem Rand des Lösungsbereiches $\partial U/\partial n + kU = h(\boldsymbol{r}_\mathrm{A})$ vorgeschrieben ist *(3. Randwertaufgabe der Potentialtheorie)*.

3.2.–6 Die Poissonsche Gleichung

$$\Delta U = \frac{a\,\mathrm{e}^{-|\boldsymbol{r}|}}{\sigma} \qquad (a,\ \sigma = \text{konst.})$$

ist für den unendlichen Raum mit der Randbedingung $U(\infty) = 0$ zu lösen. Wie lautet die Lösung, wenn sie für $\boldsymbol{r} \rightarrow 0$ endlich bleiben soll?

3.2.–7 Man separiere die Laplacesche Gleichung in Zylinderkoordinaten.

3.2.–8 Zu bestimmen ist eine harmonische Funktion des rechten Halbraums, die im Streifen $-a < x < +a$, $-\infty < z < +\infty$, $z = 0$ den Wert $U = U_1$ annimmt und sonst überall in der Ebene $y = 0$ und außerdem im Unendlichen verschwindet.

3.2.–9 Zu beweisen ist: $U(r) = K/r$ ist die einzige für $r \geqq r_0 > 0$ (in Kugelkoordinaten) nur von r abhängige harmonische Funktion, die im Unendlichen verschwindet.

4. Elektrostatik

In diesem Kapitel wird die Theorie der wirbelfreien Felder des Abschnitts 3.2 auf das einfachste elektromagnetische Feld – das elektrostatische Feld – angewandt. Im Vordergrund stehen die Feldberechnungsmethoden, die unter dem Gesichtspunkt vorgegebener Randwerte bzw. Grenzflächeneigenschaften zur Anwendung kommen.
Einen wichtigen Sonderfall stellen zweidimensionale Felder dar, die zusätzlich mit Hilfe komplexer Feldgrößen berechnet werden.
Zum Ablauf dieses Kapitels werden Energie und Kräfte unter statischen Bedingungen berechnet. In diesem Zusammenhang erfolgt als weitere Kenngröße des elektrostatischen Feldes die Einführung des Kapazitätsbegriffs.

4.1. Felder ohne Randbedingungen (Newton-Potentiale)

4.1.1. Feldgrößen

Grundgleichungen der Elektrostatik. Die fundamentalen Gleichungen der Elektrostatik sind entsprechend Abschn. 3.1.5., (3.32) gegeben durch die Maxwellschen Gleichungen

$$\begin{array}{llll} \mathrm{rot}\,\boldsymbol{E} = 0, & \mathrm{div}\,\boldsymbol{D} = \varrho, & \boldsymbol{D} = \varepsilon\boldsymbol{E} & \text{(idealer Nichtleiter)} \\ \boldsymbol{E} = 0, & \boldsymbol{D} = 0, & \varrho = 0 & \text{(ideale Leiter).} \end{array} \tag{4.1}$$

Hiernach bleibt vor allem das Feld im idealen Nichtleiter noch zu untersuchen, da nach (4.1) im idealen Leiter kein Feld existiert.
Aus (4.1) folgt nach der allgemeinen Theorie wirbelfreier Felder im Abschn. 3.2., (3.42) zunächst wegen rot $\boldsymbol{E} = 0$ (Wirbelfreiheit der elektrischen Feldstärke $\boldsymbol{E}$ (vgl. (3.38))

$$\boldsymbol{E} = -\mathrm{grad}\,\varphi, \tag{4.2}$$

d. h., das elektrische Feld ist – bis auf das Vorzeichen – als Gradient eines Skalarpotentials φ darstellbar, das mit dem elektrischen Potential – definiert über die Energie des elektrischen Feldes – identisch ist. Das negative Zeichen ist hier aus rein physikalischen Gründen notwendig, da nach Vereinbarung der Vektor der elektrischen Feldstärke in Richtung der Niveauflächen mit abnehmendem Potential φ und der Vektor grad φ in Richtung der Potentialzunahme weist; φ ist durch $\boldsymbol{E}$ bis auf ein konstantes Potential $\varphi_B = \varphi(\boldsymbol{r}_B)$ bestimmt.
Hierbei ist $\boldsymbol{r}_B$ der Bezugspunkt des Potentials φ und $\varphi_B = \varphi(\boldsymbol{r}_B)$ das in diesem Raumpunkt herrschende Potential, das als Bezugspotential bezeichnet werden soll (s. auch (3.41 a)).
Aus der Umkehrung (vgl. Abschn. 3.2.1., (3.41 a))

$$\begin{aligned} U_{r_B r} &= \int_{r_B}^{r} \boldsymbol{E} \cdot \mathrm{d}\boldsymbol{r} = -\int_{r_B}^{r} \mathrm{grad}\,\varphi \cdot \mathrm{d}\boldsymbol{r} \\ &= -\int_{r_B}^{r} \mathrm{d}\varphi = \varphi(\boldsymbol{r}_B) - \varphi(\boldsymbol{r}) \end{aligned} \tag{4.3}$$

wird auch deutlich, daß $\varphi(\boldsymbol{r})$ eine sehr einfache Bedeutung hat: $\varphi(\boldsymbol{r}) - \varphi(\boldsymbol{r}_B)$ ist die elektrische Spannung des allgemeinen Feldpunktes $\boldsymbol{r}$ gegen den festen Bezugspunkt $\boldsymbol{r}_B$. Das *Bezugspotential* $\varphi(\boldsymbol{r}_B)$ bleibt hierbei unbestimmt (und wird oft als verschwindend angenommen). Dann ist wegen (4.3) unabhängig vom Integrationsweg zwischen $\boldsymbol{r}$ und $\boldsymbol{r}_B$

$$\varphi(\boldsymbol{r}) = \int_{r}^{r_B} \boldsymbol{E} \cdot \mathrm{d}\boldsymbol{r} + \varphi_B \qquad \varphi_B = \varphi(\boldsymbol{r}_B) \tag{4.4a}$$

und speziell, wenn der Bezugspunkt im Unendlichen ($r_B \to \infty$) liegt,

$$\varphi(\boldsymbol{r}) = -\int_{\infty}^{\boldsymbol{r}} \boldsymbol{E} \cdot \mathrm{d}\boldsymbol{r}, \tag{4.4b}$$

wenn noch

$$\varphi(\infty) = \varphi(\boldsymbol{r}_B) = 0 \tag{4.4c}$$

gesetzt wird (vgl. hierzu Abschn. 4.1.1. b).

Nach Abschn. 3.2., (3.44a) und (4.1) genügt das elektrische Potential im idealen Nichtleiter der Differentialgleichung div (ε grad φ) = $-\varrho$; im Leiter gilt dagegen $\varphi = \varphi(\boldsymbol{r})$ = konst. Somit lautet die Poissonsche Differentialgleichung für ideale Nichtleiter:

$$\boxed{\Delta\,(\varepsilon, \varphi) = \operatorname{div}\,(\varepsilon \operatorname{grad} \varphi) = -\varrho} \tag{4.5a}$$

und speziell

$$\boxed{\Delta\varphi = -\frac{\varrho}{\varepsilon}} \tag{4.5b}$$

für räumliche Bereiche mit konstantem ε. (4.5) wird als *Poissonsche Differentialgleichung des elektrostatischen Feldes* bezeichnet. Ihrem Inhalt nach ist sie die fundamentale Differentialgleichung für beliebige elektrostatische Felder in linearen isotropen Stoffen bzw. in linearen isotropen und homogenen Stoffen.

Die allgemeine Lösung von (4.5b) lautet nach Abschn. 3.2.3., (3.50) (nach entsprechender Umschreibung der Symbole $\omega = \varrho$, $\sigma = \varepsilon$, $U_H = -\varphi_H$, $U = -\varphi$):

$$\boxed{\varphi(\boldsymbol{r}) = \varphi_Q(\boldsymbol{r}) + \varphi_H(\boldsymbol{r}) = \frac{1}{4\pi\varepsilon}\int_{(V)} \frac{\varrho(\boldsymbol{r}_0)\,\mathrm{d}V_0}{|\boldsymbol{r} - \boldsymbol{r}_0|} + \varphi_H(\boldsymbol{r}).} \tag{4.5c}$$

Daraus findet man nach (4.2) die elektrische Feldstärke $\boldsymbol{E} = -\operatorname{grad} \varphi$ und die Verschiebungsdichte $\boldsymbol{D} = \varepsilon \boldsymbol{E}$.

Der erste Summand φ_Q in (4.5c) ist das von der Raumladung

$$Q = \int_{(V)} \varrho\,\mathrm{d}V$$

mit der Dichte ϱ erzeugte *Newton-Potential* (oder *Coulomb-Potential*); $\varphi_H(\boldsymbol{r})$ ist ein harmonisches Potential ($\Delta\varphi_H(\boldsymbol{r}) = 0$), das durch die physikalischen Bedingungen am Rande des Lösungsbereichs B (Feldbereichs) eindeutig bestimmt ist.

Das Integral für φ_Q ist in den raumladungsfreien Bereichen von B ebenfalls harmonisch ($\Delta\varphi = 0$ für $\varrho = 0$; Bild 4.1).

Newton-Potentiale. Im einfachsten Fall ist B durch den unendlich ausgedehnten Raum $B = B_\infty$ gegeben; ε ist dort überall konstant und $\varrho \neq 0$ nur im Endlichen.

In diesem Fall lassen sich alle Ladungen im Innern einer hinreichend großen Kugel K mit dem Radius R um den Ursprung einschließen. Für alle Feldpunkte $\boldsymbol{r}$ weit außerhalb dieser Kugel ($|\boldsymbol{r}| \gg |\boldsymbol{r}_0|$) gilt dann um so genauer, je größer $|\boldsymbol{r}|$ gegen $|\boldsymbol{r}_0| < R$ ist, nach (4.5c)

$$\begin{aligned}\varphi(\boldsymbol{r}) = \varphi_Q(\boldsymbol{r}) + \varphi_H(\boldsymbol{r}) &\approx \frac{1}{4\pi\varepsilon\,|\boldsymbol{r}|}\int_{(K)} \varrho(\boldsymbol{r}_0)\,\mathrm{d}V_0 + \varphi_H(\boldsymbol{r})\\ &= \frac{1}{4\pi\varepsilon\,|\boldsymbol{r}|}\,Q + \varphi_H(\boldsymbol{r})\end{aligned}$$

mit

$$Q = \int_{(K)} \varrho(\boldsymbol{r}_0)\,\mathrm{d}V_0.$$

Für $|\boldsymbol{r}| \to \infty$ strebt also $\varphi_Q(\boldsymbol{r}) \to 0$. Die hier entsprechend (4.5c) auftretende harmonische Funktion $\varphi_H(\boldsymbol{r})$ muß also für $|\boldsymbol{r}| \to \infty$ ebenfalls verschwinden, wenn wir vereinbaren, daß $\varphi(\infty) = 0$ sein soll. Eine harmonische Funktion, die auf dem (unendlichen) Rand eines Bereichs B verschwindet, muß aber im ganzen Bereich verschwinden; denn $\varphi_H \equiv 0$ ist eine auf dem (unendlichen) Rand verschwindende harmonische Funktion und nach dem Eindeutigkeitssatz im Abschn. 3.2.2. bereits die einzige harmonische Funktion dieser Art.

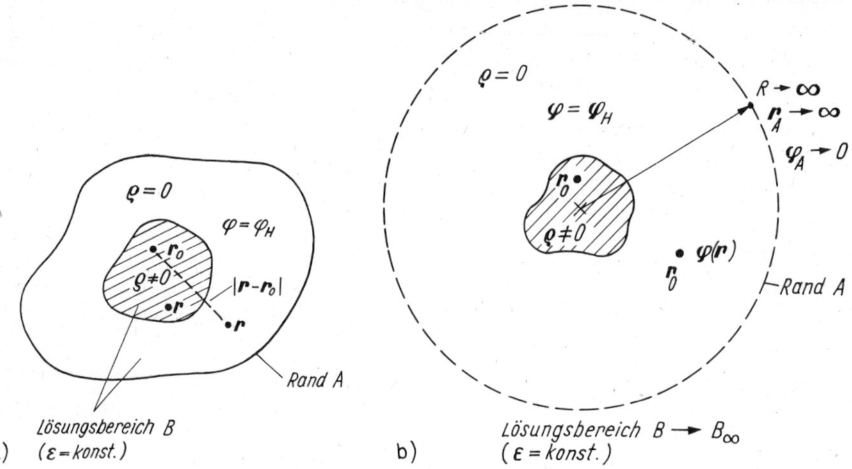

Bild 4.1. Zur Lösung der Poissonschen Gleichung
a) begrenzter räumlicher Bereich B
b) Übergang zum unbegrenzten räumlichen Bereich $B \to B_\infty$

Man erhält damit als Lösung der Poissonschen Differentialgleichung (4.5b) unter der Randbedingung $\varphi(\infty) = 0$

$$\boxed{\varphi(\boldsymbol{r}) = \varphi_Q(\boldsymbol{r}) = \frac{1}{4\pi\varepsilon}\int_{(V)} \frac{\varrho(\boldsymbol{r}_0)\,\mathrm{d}V_0}{|\boldsymbol{r}-\boldsymbol{r}_0|}} \qquad (\varphi(\infty) = 0). \tag{4.6a}$$

In (4.6a) ist über alle räumlichen Bereiche zu integrieren, in denen $\varrho(\boldsymbol{r})$ von Null verschieden ist. Entsprechend den in der Herleitung gemachten Voraussetzungen ist $\varphi(\boldsymbol{r})$ in (4.6) das elektrische Potential einer endlichen räumlichen Ladung Q mit der *Raumladungsdichte* $\varrho(\boldsymbol{r}) = \mathrm{d}Q/\mathrm{d}V$, die in ein im ganzen Raum konstanten Stoff mit der Dielektrizitätskonstanten ε eingebettet ist.

Durch diese Anordnung hervorgerufene Felder wollen wir als Felder ohne Randbedingungen (im Endlichen) bezeichnen.

Die Ladung Q kann unterschiedlich verteilt sein, so daß man für den Zähler $\mathrm{d}Q = \varrho(\boldsymbol{r}_0)\,\mathrm{d}V_0$ des Volumenintegrals in (4.6a) folgende Ansätze (aus Gründen der Zweckmäßigkeit) machen kann:

$$\begin{aligned}
&\text{volumenförmige Ladungsverteilung} && \mathrm{d}Q = \varrho(\boldsymbol{r}_0)\,\mathrm{d}V_0\\
&\text{flächenhafte Ladungsverteilung} && \mathrm{d}Q = \sigma(\boldsymbol{r}_0)\,\mathrm{d}A_0\\
&\text{linienhafte Ladungsverteilung} && \mathrm{d}Q = \lambda(\boldsymbol{r}_0)\,\mathrm{d}r_0\\
&\text{punktförmige Ladungsverteilung} && \mathrm{d}Q = Q\delta(\boldsymbol{r}_0-\boldsymbol{r}_Q)\,\mathrm{d}V_0
\end{aligned} \tag{4.6b}$$

mit der *Flächenladungsdichte* σ sowie der *Linienladungsdichte* λ.

Die Gleichungen (4.6b) haben gleichzeitig die Bedeutung einer Definitionsgleichung dieser Dichtegrößen, die auch wie folgt geschrieben werden können:

$$\varrho = \lim_{\Delta V \to 0} \frac{\Delta Q}{\Delta V} = \frac{\mathrm{d}Q}{\mathrm{d}V}, \qquad \sigma = \lim_{\Delta A \to 0} \frac{\Delta Q}{\Delta A} = \frac{\mathrm{d}Q}{\mathrm{d}A}, \qquad \lambda = \lim_{\Delta r \to 0} \frac{\Delta Q}{\Delta r} = \frac{\mathrm{d}Q}{\mathrm{d}r}.$$

Der Ausdruck $Q\delta(\boldsymbol{r}_0 - \boldsymbol{r}_Q) = \varrho(\boldsymbol{r}_0)$ ist die Raumladungsdichte einer Punktladung Q, die im Raumpunkt $\boldsymbol{r}_Q$ angeordnet ist.

Entsprechend der vorliegenden Ladungsverteilung reduziert sich das Volumen- (3fach-Integral) zu einem Flächen- (2fach-Integral) bzw. Linienintegral (1fach-Integral).

Berechnungsmöglichkeiten des Newton-Potentials (Übersicht). Die Methoden zur Berechnung des Potentials φ (und damit auch $\boldsymbol{E}$ und $\boldsymbol{D}$) für den hier zunächst betrachteten Fall (keine Randbedingungen im Endlichen) können in vier Gruppen eingeteilt werden:

1. Ermittlung des Feldes direkt aus den Maxwellschen Gleichungen (4.1), insbesondere aus der Integralform dieser Gleichungen (Satz von *Gauß*, Abschn. 4.1.2.)
   Diese Methode führt nur bei einfachsten Problemen (symmetrische Ladungsverteilungen) zum Ziel.
2. Direkte Berechnung des Newton-Integrals (4.6) (Abschn. 4.1.2.)
   Hier reduziert sich das physikalische Problem ganz auf ein Problem der Integralrechnung (Integration von Funktionen dreier Veränderlicher). Die entstehenden Integrale sind i. allg. nicht durch elementare Funktionen ausdrückbar, so daß sich besondere Integrationsmethoden (Reihenentwicklungen, numerische Integration) erforderlich machen.
3. Überlagerung der Teilpotentiale $\varphi_{Q\nu}$ isolierter Raumladungen Q_ν (Abschn. 4.1.3.)
   Die Integration des Integrals (4.6) vereinfacht sich naturgemäß, wenn es – bei nichtzusammenhängenden Raumladungen – in einzelne Teilintegrale mit anschließender Summation zerlegt werden kann. Auf die damit noch zusammenhängenden Grenzprozesse wird im Abschn. 4.1.3. eingegangen.
4. Reihenentwicklung des Newton-Integrals (Abschn. 4.1.4.)
   Eine merkliche Vereinfachung der Integration von (4.6) ergibt sich oft dadurch, daß $|\boldsymbol{r} - \boldsymbol{r}_0|^{-1}$ in eine Potenzreihe nach Potenzen von $|\boldsymbol{r}_0|/|\boldsymbol{r}|$ entwickelt wird, die auf die Legrendeschen Polynome führt (Abschn. 3.2.6.). Dabei wird $\varphi(\boldsymbol{r})$ als Summe elementarer Potentiale $\varphi_\nu(\boldsymbol{r})$ erhalten.

Im Abschnitt 4.1.5. wird ergänzend auf einige Methoden hingewiesen *(Kelvin-Transformation, Funktionalformationen)*, die in manchen Fällen die Lösung von Feldproblemen erleichtern können.

In den folgenden Abschnitten sollen die Felder einfacher Ladungsverteilungen nach vorstehend genannten Methoden als Beispiele berechnet werden.

4.1.2. Elementare Ladungsverteilungen

Kugel- und Punktladung (Methode 1). Sind für die gegebene Raumladung gewisse Symmetriebedingungen erfüllt, so kann die direkte Anwendung von (4.1) – nach Umschreibung in die Integralform –

$$\oint_{(S)} \boldsymbol{E} \cdot \mathrm{d}\boldsymbol{r} = 0, \qquad \oint_{(A)} \boldsymbol{D} \cdot \mathrm{d}\boldsymbol{A} = Q, \qquad \boldsymbol{D} = \varepsilon \boldsymbol{E} \tag{4.7}$$

oft sehr einfach zur Lösung führen.

Als Beispiel wird eine kugelförmige Raumladung mit der konstanten Dichte ϱ_0 und dem Radius R betrachtet (Bild 4.2. a).

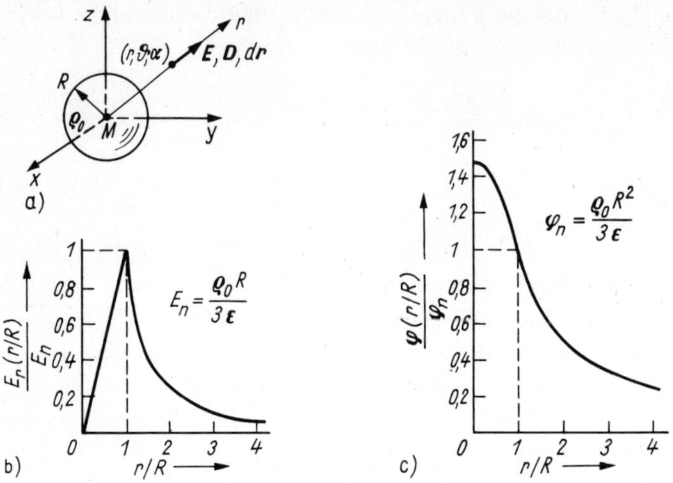

Bild 4.2. Kugelförmige Raumladung

a) Anordnung
b) normierter Verlauf der Feldstärke
c) normierter Verlauf des Potentials

Aufgrund der vorliegenden Symmetrie wird die Rechnung im Kugelkoordinatensystem (r, ϑ, α) durchgeführt und der Koordinatenursprung in den Mittelpunkt M des Raumladungsgebietes gelegt. Aus Symmetriegründen ist das Potential $\varphi = \varphi_Q$ nur von der Ortskoordinate r (Abstand vom Kugelmittelpunkt) abhängig; entsprechendes gilt für $|\boldsymbol{E}|$ und $|\boldsymbol{D}|$. Da $\boldsymbol{E}$ und $\boldsymbol{D}$ außerdem senkrecht auf jeder konzentrischen Kugelfläche (mit dem Mittelpunkt M) stehen, gilt also $\boldsymbol{E} = \boldsymbol{e}_r E_r(r)$ und $\boldsymbol{D} = \boldsymbol{e}_r D_r(r)$ mit E_r, $D_r =$ konst. für $r =$ konst. Mit $\mathrm{d}\boldsymbol{A} = \boldsymbol{e}_r \,\mathrm{d}A_r$ erhält man für das Gaußsche Gesetz nach (4.7) unter Berücksichtigung der Unstetigkeit von ϱ

$$\oint_{(A)} \boldsymbol{D} \cdot \mathrm{d}\boldsymbol{A} = \int_{(V)} \varrho \,\mathrm{d}V$$

$$D_r A_r = \varrho V(r)$$

$$D_r \cdot 4\pi r^2 = \begin{cases} \varrho_0 \dfrac{4}{3} \pi r^3 & \text{für} \quad r \leqq R \\ \varrho_0 \dfrac{4}{3} \pi R^3 & \text{für} \quad r > R \end{cases}$$

und hieraus, wenn $\boldsymbol{D} = \varepsilon \boldsymbol{E}$ beachtet wird,

$$D_r = \begin{cases} \dfrac{\varrho_0}{3} r \\ \dfrac{\varrho_0}{3} \dfrac{R^3}{r^2} \end{cases} \quad \text{bzw.} \quad E_r = \begin{cases} \dfrac{\varrho_0}{3\varepsilon} r & \text{für} \quad r \leqq R \\ \dfrac{\varrho_0}{3\varepsilon} \dfrac{R^3}{r^2} & \text{für} \quad r > R. \end{cases} \tag{4.8}$$

Das Potential ergibt sich mit (4.4b), wenn entlang der r-Koordinatenlinie vom Bezugspunkt $\boldsymbol{r}_B = \infty$ $(\varphi_B = 0)$ bis zum Aufpunkt $\boldsymbol{r}$ integriert wird. Auf diesem Weg beträgt das Wegelement $\mathrm{d}\boldsymbol{r} = \boldsymbol{e}_r \,\mathrm{d}r$, und man erhält

$$\varphi(r) = -\int_{r_B}^{r} \boldsymbol{E} \cdot \mathrm{d}\boldsymbol{r}$$

$$\varphi(r) = -\int_{\infty}^{r} E_r(r')\,\mathrm{d}r'$$

$$= \begin{cases} -\dfrac{\varrho_0}{3\varepsilon} R^3 \displaystyle\int_{\infty}^{R} \dfrac{\mathrm{d}r'}{r'^2} - \dfrac{\varrho_0}{3\varepsilon} \displaystyle\int_{R}^{r} r'\,\mathrm{d}r = \dfrac{\varrho_0 R^2}{2\varepsilon}\left[1 - \dfrac{1}{3}\left(\dfrac{r}{R}\right)^2\right] & \text{für } r \leqq R \\ -\dfrac{\varrho_0}{3\varepsilon} R^3 \displaystyle\int_{\infty}^{r} \dfrac{\mathrm{d}r'}{r'^2} = \dfrac{\varrho_0}{3\varepsilon}\dfrac{R^3}{r} & \text{für } r > R. \end{cases} \quad (4.9)$$

An der Stelle $r = R$ muß $\varphi(r)$ stetig verlaufen, d.h., es muß $\varphi\,(R-0) = \varphi\,(R+0)$ gelten. Diese Bedingung ist erfüllt.

Im Bild 4.2b und c sind die Verläufe E_r, D_r und φ normiert dargestellt.

Im Mittelpunkt der Kugel hat das Potential φ den Wert

$$\varphi(0) = \frac{\varrho_0 R^2}{2\varepsilon},$$

und an der Oberfläche erhält man

$$\varphi(R) = \frac{\varrho_0 R^2}{3\varepsilon}.$$

Somit ist immer

$$\frac{\varphi(0)}{\varphi(R)} = \frac{3}{2}.$$

In ähnlicher Weise kann auch $\varphi(\boldsymbol{r})$ noch elementar berechnet werden, wenn die Raumladungsdichte $\varrho(\boldsymbol{r})$ nur eine Funktion von r (und nicht von ϑ und α) ist.

Die Gesamtladung der Kugel hat die Größe

$$Q = \varrho_0 \frac{4}{3} \pi R^3.$$

Wird diese Gesamtladung Q konstant gehalten und der Radius R verkleinert, so wird die Ladung komprimiert, und die Dichte

$$\varrho_0 = \frac{3Q}{4\pi R^3} \quad (4.10\text{a})$$

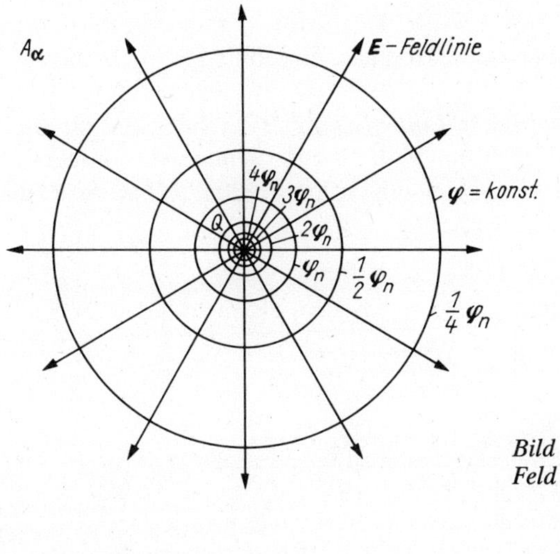

$$\varphi_n = \frac{Q}{4\pi\varepsilon R}$$

$$\varphi(r) = \varphi_n \frac{R}{r}$$

R wählbar

Bild 4.3
Feld einer Punktladung Q

nimmt zu. Für $R \to 0$ strebt $\varrho_0 \to \infty$ und Q gegen eine punktförmige Ladung. Für das äußere Potential φ_a gilt dann mit (4.8) und (4.10a) für beliebige R, insbesondere auch für $R \to 0$,

$$\varphi_a = \frac{\varrho_0}{3\varepsilon} \frac{R^3}{r} = \frac{Q}{4\pi\varepsilon r}. \tag{4.10b}$$

Hiernach ist das äußere Potential (Potential im ladungsfreien Bereich) einer Kugelladung gar nicht vom Radius der Ladung abhängig. Nach (4.10b) ist φ nur eine Funktion der Gesamtladung Q und des Abstands vom Kugelmittelpunkt.
φ_a in (4.10b) ist daher ebenso das Potential einer Punktladung Q für $r > 0$ wie das Potential einer kugelförmigen Ladung mit der Dichte (4.10a) für $r > R$.
Die Niveauflächen φ = const einer Punkt- bzw. Kugelladung sind Kugelflächen, deren Mittelpunkte mit dem der Ladung zusammenfallen (Bild 4.3). In der Koordinatenfläche A_α sind die Schnittlinien der Potentialflächen mit A_α dargestellt. Es sind Kreise mit der Ortskoordinate r als Radius. Als Normierungspotential wird $\varphi_n = \varphi(r = R)$ für ein frei festlegbares R gewählt. Dann ergibt sich $\varphi\left(\frac{r}{R}\right) = \varphi_n \frac{R}{r}$.
Die Potentialflächen ergeben sich als Rotationsflächen der Schnittlinien um eine durch Q gehende Rotationsachse.

Kugel- und Punktladung, Linienladung (Methode 2). Man prüft leicht nach, daß die Berechnung des Potentials einer Kugelladung mit Hilfe des Integrals (4.6) nicht so einfach zum Ziel führt.
In der Aufgabe 4.1.–1 dieses Abschnitts werden wir die Berechnung durchführen.
Lediglich der Grenzfall $R \to 0$ (Punktladung) kann mit (4.6) leichter behandelt werden.
Der Ladungsmittelpunkt liege jetzt in $\boldsymbol{r} = \boldsymbol{r}_Q$. Aus

$$\varphi(\boldsymbol{r}) = \frac{1}{4\pi\varepsilon} \int_{(V)} \frac{\varrho(\boldsymbol{r}_0)\, \mathrm{d}V_0}{|\boldsymbol{r} - \boldsymbol{r}_0|} \tag{4.11}$$

folgt dann für kleine Radien R der Kugelladung ($\boldsymbol{r}_0 \approx \boldsymbol{r}_Q$) mit

$$\frac{1}{|\boldsymbol{r} - \boldsymbol{r}_0|} \approx \frac{1}{|\boldsymbol{r} - \boldsymbol{r}_Q|} + \eta(\boldsymbol{r}_0)$$

offenbar

$$\varphi(\boldsymbol{r}) = \frac{1}{4\pi\varepsilon\, |\boldsymbol{r} - \boldsymbol{r}_Q|} \int_{(V)} \varrho(\boldsymbol{r}_0)\, \mathrm{d}V_0 + \eta'$$

oder für $R \to 0$

$$\boxed{\varphi(\boldsymbol{r}) = \frac{Q}{4\pi\varepsilon\, |\boldsymbol{r} - \boldsymbol{r}_Q|}.} \tag{4.12}$$

Dabei strebt η bzw. η' für $R \to 0$ gegen Null. Für $\boldsymbol{r}_Q = 0$ ist dieses Ergebnis mit (4.10b) identisch.
Anders verhält es sich z. B. mit dem Potential einer *Linienladung*. Hier führt die direkte Anwendung des *Newton-Integrals* (4.6) sehr einfach zum Ziel. Zur Berechnung des Integrals (4.6) muß in jedem Fall zunächst ein Koordinatensystem eingeführt werden. In kartesischen Koordinaten beispielsweise wäre wegen

$$|\boldsymbol{r} - \boldsymbol{r}_0| = \sqrt{(\boldsymbol{r} - \boldsymbol{r}_0) \cdot (\boldsymbol{r} - \boldsymbol{r}_0)} \tag{4.13}$$

und

$$\boldsymbol{r} - \boldsymbol{r}_0 = \boldsymbol{i}\,(x - x_0) + \boldsymbol{j}\,(y - y_0) + \boldsymbol{k}\,(z - z_0)$$

zu schreiben

$$\varphi\,(x, y, z) = \frac{1}{4\pi\varepsilon} \int_{(x_0)} \int_{(y_0)} \int_{(z_0)} \frac{\varrho\,(x_0, y_0, z_0)\, \mathrm{d}x_0\, \mathrm{d}y_0\, \mathrm{d}z_0}{\sqrt{(x - x_0)^2 + (y - y_0)^2 + (z - z_0)^2}}. \tag{4.14}$$

Von dieser Darstellung ausgehend, kann man mit Hilfe der Transformationsformel (1.16) für die Koordinaten das Integral (4.16) in beliebigen Koordinaten formulieren.
Als Beispiel betrachten wir das Potential der Linienladung der Länge 2a nach Bild 4.4.
Mit (4.14) oder (4.6a) zusammen mit (4.6b) sowie der Linienladungsdichte $\lambda(z_0)$ ($\boldsymbol{r}_0 = \boldsymbol{k} z_0$, $x_0 = y_0 = 0$) auf der z-Achse ergibt sich für das Potential im Raumpunkt (x, y, z)

$$\varphi\,(x, y, z) = \frac{1}{4\pi\varepsilon} \int_{-a}^{+a} \frac{\lambda(z_0)\, \mathrm{d}z_0}{\sqrt{x^2 + y^2 + (z - z_0)^2}}.$$

Ist im einfachsten Fall $\lambda(z_0) = \lambda_0 = \text{konst.}$, so folgt

$$\varphi\,(x, y, z) = \frac{\lambda_0}{4\pi\varepsilon} \ln \frac{z + a + \sqrt{x^2 + y^2 + (z + a)^2}}{z - a + \sqrt{x^2 + x^2 + (z - a)^2}} \tag{4.15a}$$

oder in Zylinderkoordinaten

$$\varphi\,(\varrho, z) = \frac{\lambda_0}{4\pi\varepsilon} \ln \frac{z + a + \sqrt{\varrho^2 + (z + a)^2}}{z - a + \sqrt{\varrho^2 + (z - a)^2}}. \tag{4.15b}$$

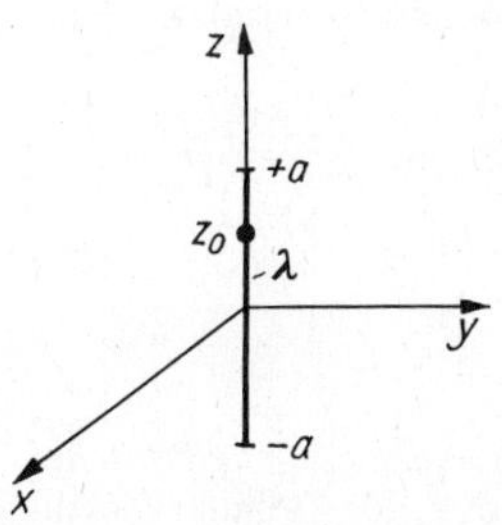

Bild 4.4. Endliche gerade Linienladung

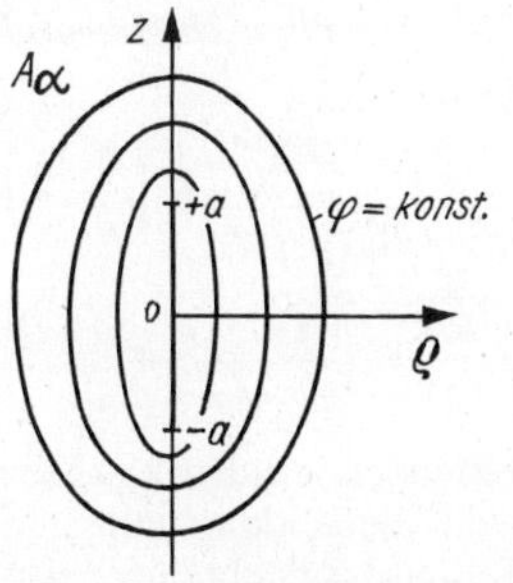

Bild 4.5. Niveauflächen der Linienladung

Die Niveauflächen des Potentials sind durch die Bedingung

$$\frac{z + a + \sqrt{\varrho^2 + (z + a)^2}}{z - a + \sqrt{\varrho^2 + (z - a)^2}} = k$$

gegeben und führen auf konfokale Ellipsen als Schnittlinien in der A_α-Koordinatenfläche mit den Brennpunkten $z = \pm a$ und der großen sowie kleinen Halbachse

$$A = a\,\frac{k + 1}{k - 1}, \qquad B = 2a\,\sqrt{k}\,\frac{k + 1}{k^2 - 1}. \tag{4.15c}$$

Die Niveauflächen sind Rotationsellipsoide, die durch Drehung um die z-Achse entstehen.

Ringladung.* Es sei noch das Potential einer kreisförmigen Linienladung in der Ebene $z = 0$ eines Zylinderkoordinatensystems betrachtet (Bild 4.6).
Das Linienelement lautet nach (1.93c)

$$\mathrm{d}\boldsymbol{r} = \mathrm{d}\boldsymbol{r}_{(2)} = \mathrm{d}\boldsymbol{r}_{(\alpha)} = \boldsymbol{e}_\alpha h_\alpha \,\mathrm{d}\alpha$$
$$|\mathrm{d}\boldsymbol{r}| = \mathrm{h}_\alpha \,\mathrm{d}\alpha = \varrho \,\mathrm{d}\alpha = \mathrm{d}r.$$

Für das Potential gilt damit bei konstanter Ladungsdichte $\tau = \tau_0$ und für $\varrho_0 = R_0$

$$\varphi\,(\varrho, \alpha, z) = \frac{\tau_0}{4\pi\varepsilon} \oint_{(S)} \frac{\mathrm{d}r_0}{|\boldsymbol{r} - \boldsymbol{r}_0|}$$
$$= \frac{\tau_0 R_0}{4\pi\varepsilon} \int_0^{2\pi} \frac{\mathrm{d}\alpha_0}{\sqrt{\varrho^2 + R_0^2 - 2\varrho R_0 \cos(\alpha - \alpha_0) + z^2}},$$

wenn noch $x = \varrho\cos\alpha$, $y = \varrho\sin\alpha$, $z = z$ eingeführt werden. Das erhaltene Integral läßt sich wie folgt umformen:

$$\varphi(\varrho, \alpha, z) = \frac{\tau_0 R_0}{4\pi\varepsilon} \frac{1}{\sqrt{(\varrho + R_0)^2 + z^2}} \, 2 \int_0^{\beta = (\pi/2)} \frac{2 \mathrm{d}\beta}{\sqrt{1 - k^2 \sin^2\beta}}.$$

Hierbei wird mit

$$\varrho^2 + R_0^2 = (\varrho + R_0)^2 - 2\varrho R_0$$

$$\alpha - \alpha_0 = \pi - 2\beta$$

und

$$1 + \cos(\alpha - \alpha_0) = 2\sin^2\beta$$

noch

$$k^2 = \frac{4\varrho R_0}{(\varrho + R_0)^2 + z^2} = k^2(\varrho, z) < 1$$

gesetzt. Ferner ist berücksichtigt worden, daß $\sin^2\beta$ eine gerade Funktion in β ist.
Das nun erhaltene Integral

$$K(\beta, k) = \int_0^{\beta} \frac{\mathrm{d}x}{\sqrt{1 - k^2 \sin^2 x}}$$

ist ein Grundintegral: das (tabellierte) *elliptische Integral 1. Gattung* $K(\beta, k)$. Für das Potential der Ringladung können wir daher setzen:

$$\varphi(\varrho, \alpha, z) = \frac{\tau_0 R_0}{4\pi\varepsilon} \frac{4}{\sqrt{(\varrho + R_0)^2 + z^2}} K\left(\frac{\pi}{2}, k\right)$$

$$= \frac{\tau_0}{2\pi\varepsilon} \sqrt{\frac{R_0}{\varrho}} \, K\left(\frac{\pi}{2}, k\right) \cdot k,$$

worin $k = k(\varrho, z)$ durch obenstehenden Ausdruck gegeben ist. $K((\pi/2), k)$ heißt *vollständiges elliptisches Integral 1. Gattung*. Bild 4.6b zeigt die Felddarstellung in der Koordinatenfläche A_α des Zylinderkoordinatensystems. Das räumliche Feldbild entsteht durch Rotation um die z-Achse.

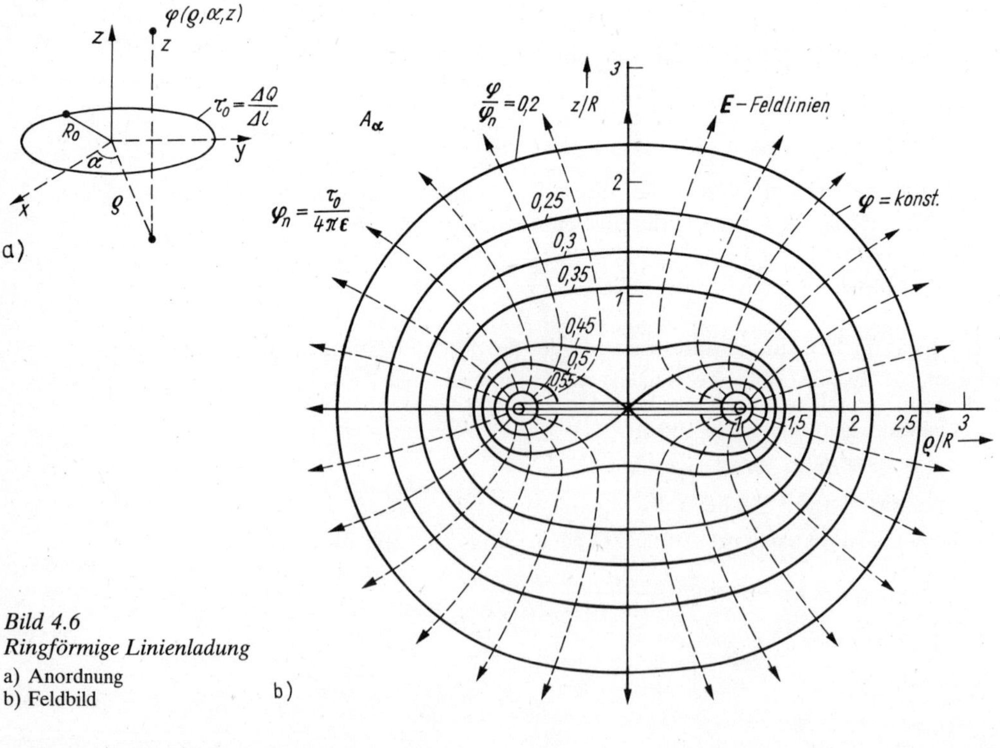

Bild 4.6
Ringförmige Linienladung
a) Anordnung
b) Feldbild

4.1.3. Überlagerung von Elementarfeldern (Methode 3)

Überblick. Eine weitere Methode zur Berechnung des Feldes gegebener Ladungsverteilungen resultiert direkt aus den Eigenschaften des Integrals (4.6).
Sind $\varrho_1(\boldsymbol{r}), \varrho_2(\boldsymbol{r}), \ldots, \varrho_n(\boldsymbol{r})$ die Dichten von n räumlich getrennten Ladungsverteilungen, so gilt offenbar mit (4.6)

$$\varphi(\boldsymbol{r}) = \sum_{\nu=1}^{n} \varphi_\nu(\boldsymbol{r}), \qquad \varphi_\nu(\boldsymbol{r}) = \frac{1}{4\pi\varepsilon} \int_{(V_\nu)} \frac{\varrho_\nu(\boldsymbol{r}_0)\,\mathrm{d}V_0}{|\boldsymbol{r} - \boldsymbol{r}_0|}. \tag{4.16a}$$

Die Potentiale räumlich getrennter Ladungen können gesondert berechnet und danach additiv überlagert werden. Allgemeiner kann man (unter gewissen Voraussetzungen) von der Summe zum Integral – das ja nur den Grenzfall einer Summation (Überlagerung) bildet – übergehen. Wenn z. B. $\mathrm{d}\varphi = \mathrm{d}\varphi(\boldsymbol{r}, \boldsymbol{r}_0)$ von einem Ortsparameter $\boldsymbol{r}_0$ abhängt, so ist mit $\mathrm{d}\varphi(\boldsymbol{r}, \boldsymbol{r}_0)$ auch (s. S. 160)

$$\varphi(\boldsymbol{r}) = \int_{(\varphi)} \mathrm{d}\varphi(\boldsymbol{r}, \boldsymbol{r}_0) = \int_{(V)} \frac{\mathrm{d}\varphi(\boldsymbol{r}, \boldsymbol{r}_0)}{\mathrm{d}V_0}\,\mathrm{d}V_0$$

ein Potential, also Lösungen einer Poissonschen bzw. Laplaceschen Gleichung.
Das einfachste Beispiel hierfür ist das Newton-Potential φ_Q in (4.6) selbst. Nach (4.11) ist

$$\mathrm{d}\varphi = \frac{\varrho\,\mathrm{d}V_0}{4\pi\varepsilon\,|\boldsymbol{r} - \boldsymbol{r}_0|}$$

das Potential der punktförmigen Ladung $\mathrm{d}Q = \varrho\,\mathrm{d}V_0$. Für ein ganzes „dicht gepacktes Paket“ punktförmiger Ladungen gilt dann die „Summe“

$$\varphi = \int_{(\varphi)} \mathrm{d}\varphi = \frac{1}{4\pi\varepsilon} \int_{(V)} \frac{\varrho\,\mathrm{d}V_0}{|\boldsymbol{r} - \boldsymbol{r}_0|}.$$

Auch durch andere Grenzfälle der Potentialüberlagerungen können aus gegebenen Potentialen neue abgeleitet werden. Eine der wichtigsten Methoden ist die Gradientenbildung.
Mit $\varphi(\boldsymbol{r})$ ist auch (vgl. Abschn. 2.1.1.)

$$\frac{\Delta\varphi\,(\boldsymbol{r})}{|\Delta\boldsymbol{r}|} = \frac{\varphi\,(\boldsymbol{r} + \Delta\boldsymbol{r}) - \varphi(\boldsymbol{r})}{|\Delta\boldsymbol{r}|} = \operatorname{grad}\varphi(\boldsymbol{r}) \cdot (\Delta\boldsymbol{r})^\circ + \varepsilon$$

und für $|\Delta\boldsymbol{r}| \to 0$ auch

$$\frac{\mathrm{d}\varphi}{|\mathrm{d}\boldsymbol{r}|} = \operatorname{grad}\varphi(\boldsymbol{r}) \cdot (\Delta\boldsymbol{r})^\circ \tag{4.16b}$$

die Lösung einer Poissonschen bzw. Laplaceschen Gleichung (s. S. 157).
Die Wiederholung der Operation (4.16b) führt auf die Potentialfolge $[(\Delta\boldsymbol{r})^\circ = \boldsymbol{a}]$:

$$\varphi_0 = \varphi, \qquad \varphi_1 = \boldsymbol{a} \cdot \operatorname{grad}\varphi, \qquad \varphi_2 = \boldsymbol{a} \cdot \operatorname{grad}(\boldsymbol{a} \cdot \operatorname{grad}\varphi),$$

$$\varphi_3 = \boldsymbol{a} \cdot \operatorname{grad}[\boldsymbol{a} \cdot \operatorname{grad}(\boldsymbol{a} \cdot \operatorname{grad}\varphi)], \ldots,$$

für die man auch kurz

$$\varphi, (\boldsymbol{a} \cdot \operatorname{grad})\,\varphi, \qquad (\boldsymbol{a} \cdot \operatorname{grad})^2\,\varphi, \qquad (\boldsymbol{a} \cdot \operatorname{grad})^3\,\varphi, \ldots$$

und allgemein

$$\varphi_\mathrm{n} = (\boldsymbol{a} \cdot \operatorname{grad})^n\,\varphi$$

schreibt (s. S. 157 und 160). Nachstehend werden hierzu einige Beispiele gegeben.

Feld zweier Punktladungen. Die einfachsten elektrischen Felder werden von Punktladungen und den einfachsten Kombinationen dieser elementaren Ladungsverteilungen erzeugt. Von der Struktur dieser Elementarfelder wollen wir uns anhand der zugehörigen Niveauflächen eine anschauliche Vorstellung verschaffen.

Das elektrische Feld einer einzelnen Punktladung hat nach (4.12) kugelförmige Niveauflächen. Bringt man zwei Punktladungen Q_1 und Q_2 im Abstand d voneinander an (Q_1 in $\boldsymbol{r}_{01}$, Q_2 in $\boldsymbol{r}_{02}$, Bild 4.7), so überlagern sich in $P(\boldsymbol{r})$ beide Potentialanteile φ_1 und φ_2, so daß mit (4.12)

$$\varphi(\boldsymbol{r}) = \varphi_1(\boldsymbol{r}) + \varphi_2(\boldsymbol{r}) = \frac{1}{4\pi\varepsilon}\left(\frac{Q_1}{|\boldsymbol{r}-\boldsymbol{r}_{01}|} + \frac{Q_2}{|\boldsymbol{r}-\boldsymbol{r}_{02}|}\right) = \frac{1}{4\pi\varepsilon}\left(\frac{Q_1}{r_1} + \frac{Q_2}{r_2}\right) \tag{4.17}$$

das Potential dieser Ladungsverteilung ist. Hierbei bedeuten $r_1 = |\boldsymbol{r}-\boldsymbol{r}_{01}|$ bzw. $r_2 = |\boldsymbol{r}-\boldsymbol{r}_{02}|$ die Abstände des Aufpunktes $\boldsymbol{r}$ zu den Punktladungen. In den einfachsten Fällen $Q_2 = Q_1 = Q$ und $Q_2 = -Q_1 = Q$ ergeben sich die in den Bildern 4.8a und 4.9a angegebenen Spuren der Niveauflächen. Das Potentialfeld ist rotationssymmetrisch (Zylindersymmetrie, Rechnung in Zylinderkoordinaten) bezüglich der Verbindungslinie von Q_1 und Q_2, die als z-Achse gewählt wird. Zweckmäßig legt man den Koordinatenursprung in die Mitte der Verbindungslinie von Q_1 und Q_2, so daß die Darstellung der Potentialflächen durch ihre Schnittlinien mit der Koordinatenfläche A_α erfolgt.

In unmittelbarer Umgebung der Punktladungen ($r_{1,2} \ll d$) sind die Niveauflächen (-linien) näherungsweise Kugelflächen (Kreise in A_α). Für sehr große Abstände $r_{1,2} \gg d$ nähert sich im ersten Fall die Niveaufläche wiederum einer Kugelfläche an, die beide Ladungen einschließt und wie eine Punktladung der Ladung $2Q$ im Koordinatenursprung wirkt. Im zweiten Fall bleiben getrennte Niveauflächen bestehen, die jeweils $+Q$ bzw. $-Q$ umschließen. Für gleichnamige Ladungen kommt es bei einem bestimmten Potential zur Berührung zweier Potentialflächen (hier im Koordinatenursprung) in Form eines Doppelpunktes. In diesem Raumpunkt ist die Feldstärke gleich Null. Das gilt auf der gesamten Symmetrieebene S (Koordinatenfläche A_z für $z = 0$). Im zweiten Fall hingegen ist S ebenfalls eine Symmetrieebene in Form einer Niveaufläche mit dem Potential $\varphi = 0$. Sie trennt den ganzen Raum in zwei Halbräume mit $\varphi > 0$ und $\varphi < 0$.

Bilder 4.8b bzw. 4.9b zeigen die Feldbilder beider Fälle für $|Q_1| \neq |Q_2|$. Der Aufbau der Niveauflächen und der Feldlinien ist etwas komplizierter, da nun Unsymmetrien auftreten. Auf Kosten der kleineren Ladung erweitert sich der Potentialbereich der größeren Ladung. Im ersten Fall kommt es dadurch zur Verschiebung des Neutralpunktes auf der z-Achse in Richtung zur kleineren Ladung, und die Ebene S geht in eine gekrümmte Raumfläche über. Die Symmetrieebene (Niveaufläche $\varphi = 0$) des zweiten Falles wird eine Kugelfläche (Kreis in der Ebene), die die kleinere Ladung einschließt. Der Mittelpunkt der Kugel liegt aus Symmetriegründen auf der z-Achse. Mithin ist im Sonderfall $Q_2 = -Q_1 = Q$ die Ebene S eine Kugelfläche mit dem Radius $R \to \infty$. Für große Abstände ($r_{1,2} \gg d$) muß es auch in diesem Fall zur Ausbildung einer gemeinsamen Niveaufläche kommen, was im Bild 4.9b nicht eingezeichnet ist, d. h. rechts von der (kleineren) Ladung Q_2 kommt es auf der Strecke $\overline{Q_1 Q_2}$, wie im 1. Fall, zur Ausbildung eines Neutralpunktes, der den Übergang von zwei getrennten zu einer die Ladung Q_1 und Q_2 einschließenden Niveaufläche. Für sehr große Abstände des Aufpunktes $\boldsymbol{r}$ von Q_1 und Q_2 wirkt die Anordnung wie eine resultierende Punktladung $Q_1 + Q_2$, die im Koordinatenursprung angeordnet ist.

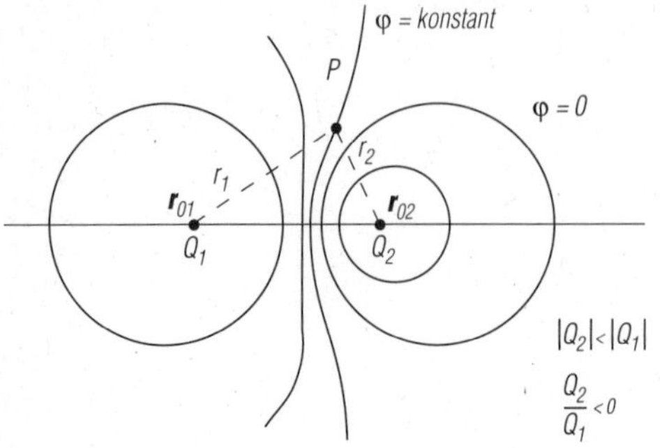

Bild 4.7
Niveauflächen zweier Punktladungen Q_1 in r_{01}, Q_2 in r_{02}, Abstand $\overline{Q_1 Q_2} = d$

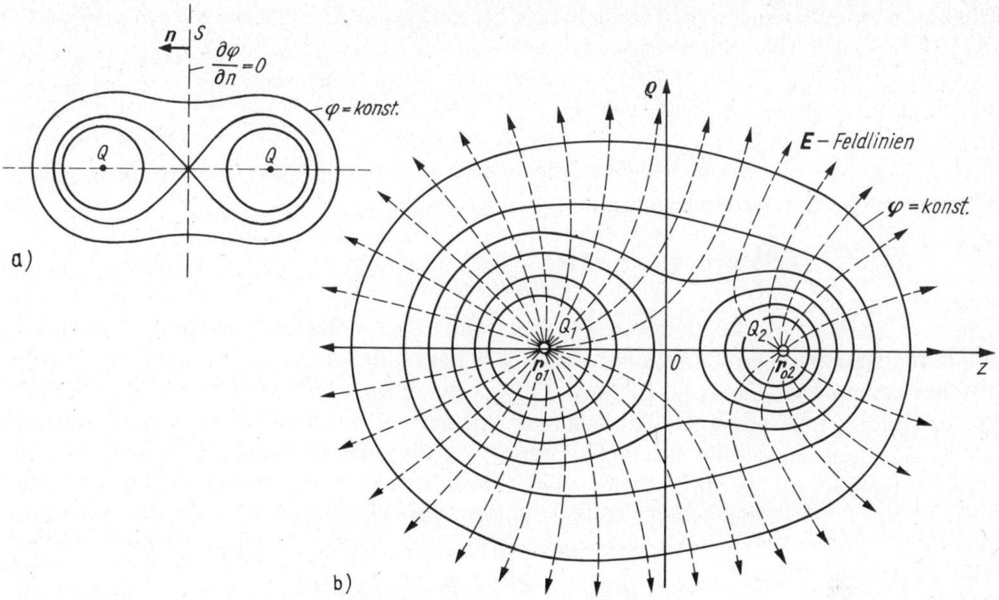

Bild 4.8. *Feld zweier gleichnamiger Punktladungen*
a) $Q_2 = Q_1 = Q$
b) $Q_2 < Q_1$

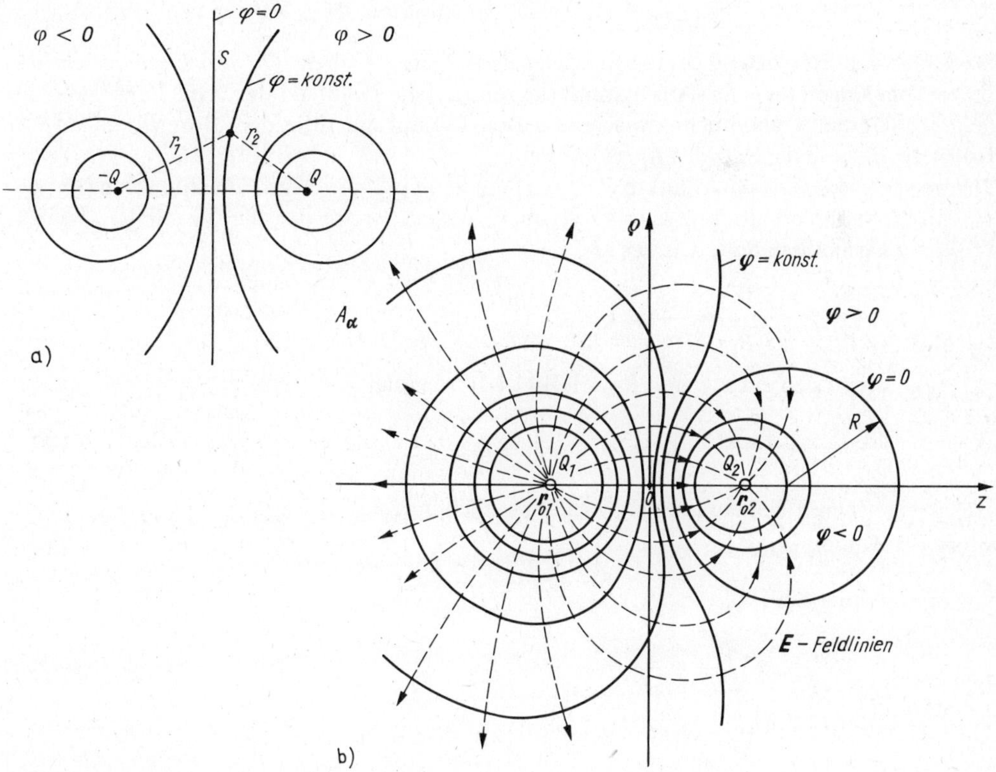

Bild 4.9. *Feld zweier ungleichnamiger Punktladungen*
a) $Q_2 = -Q_1 = Q$
b) $|Q_2| < |Q_1|$

Es soll die Potentialfläche $\varphi = 0$ für beliebige Q_1 und Q_2 genauer untersucht werden. So folgt aus (4.17) für $\varphi = 0$ die Bedingung

$$\frac{Q_1}{r_1} + \frac{Q_2}{r_2} = 0 \quad \text{bzw.} \quad \frac{r_1}{r_2} = -\frac{Q_1}{Q_2} = k = \text{konst.},$$

wobei die Konstante $k \geqq 1$ festgelegt werden soll.
Sind Q_2 und Q_1 nicht Ladungen gleichen Vorzeichens, so ist

$$k = \frac{r_1}{r_2} = \frac{|Q_1|}{|Q_2|} = \text{konst.} > 0 \tag{4.18}$$

eine von den Punkten einer (Niveau-) Fläche erfüllbare geometrische Bedingung. Aus der elementaren Geometrie *(Apollonischer Kreis)* ist bekannt, daß die der Bedingung (4.18) genügenden Raumpunkte für $|Q_1| \neq |Q_2|$ in der Ebene einen Kreis und daher im Raum eine Kugel bilden (Bild 4.7). Diese Kugel schließt immer, wie man leicht verifiziert, die dem Betrag nach kleinere Ladung ein. Es gibt also im Fall sign $Q_2 \neq$ sign Q_1 und $|Q_2| \neq |Q_1|$ stets eine kugelförmige Niveaufläche mit dem Potential $\varphi = 0$. (Diese Niveaufläche ist sogar die einzige kugelförmige Niveaufläche eines Punktladungspaars.)

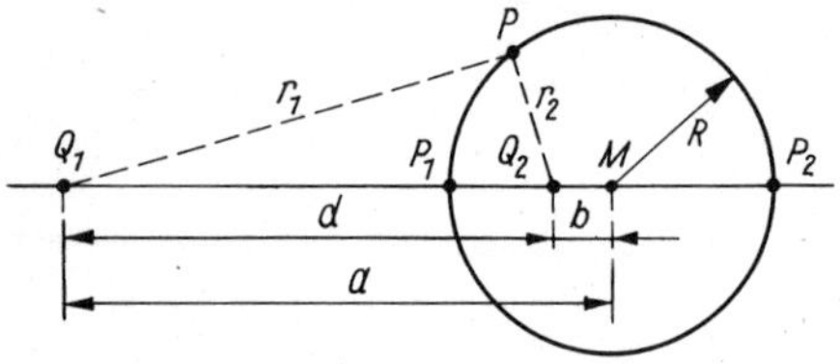

Bild 4.10
Zum Satz des Apollonios
Aus Symmetriegründen liegt der Mittelpunkt M dieser Kugelfläche auf der Verbindungslinie $\overline{Q_1Q_2}$ neben der kleineren Ladung Q_2, aber auf der von der größeren Ladung Q_1 abgewandelten Seite (Bild 4.10).

Nach Bild 4.10 ist a bzw. b der Abstand der Punktladung Q_1 bzw. Q_2 vom Kugelmittelpunkt M mit dem Kugelradius R. (Aus Symmetriegründen liegt M auf der durch die Punktladungen gelegten Geraden und nicht zwischen diesen Ladungen.) Mit den Bezeichnungen von Bild 4.10 sagt nun der Satz des *Apollonios* aus:
Der geometrische Ort aller Punkte P, deren Abstände (r_1, r_2) von zwei Festpunkten (Q_1, Q_2) ein konstantes Verhältnis $(r_1/r_2 = k)$ ergeben, ist ein Kreis, der die Verbindungsstrecke $\overline{Q_1Q_2} = d$ harmonisch teilt, d.h., es gilt

$$\frac{\overline{Q_1P_1}}{\overline{Q_2P_1}} = \frac{\overline{Q_1P_2}}{\overline{Q_2P_2}} = \frac{r_1}{r_2} = k. \tag{4.19a}$$

(4.19a) schreibt sich mit a, b und R nach Bild 4.10 wie folgt:

$$\frac{a-R}{R-b} = \frac{a+R}{R+b} = \frac{r_1}{r_2} = \frac{|Q_1|}{|Q_2|} = k. \tag{4.19b}$$

Aus dem mittleren Teil der obigen Verhältnisgleichung folgt

$$R^2 = ab \tag{4.20}$$

und hieraus mit (4.19)

$$k = \frac{|Q_1|}{|Q_2|} = \sqrt{\frac{a}{b}} = \frac{a}{R} = \frac{R}{b}. \tag{4.21a}$$

Für gegebenes d und $k\,(Q_1, Q_2)$ ist die Lage des Kugelmittelpunktes M durch a bzw. b und den Kugelradius R aus den Beziehungen von (4.21a) unter Beachtung von $d = a - b$ gegeben:

$$a = d\,\frac{k^2}{k^2-1}, \qquad b = d\,\frac{1}{k^2-1}, \qquad R = d\,\frac{k}{k^2-1}. \tag{4.21b}$$

Dipol. Bei dem nun zu betrachtenden Potential gehen wir von dem Potential zweier Punktladungen Q_P und $-Q_P$ entgegengesetzten Vorzeichens aus, die sich im Abstand $\Delta \boldsymbol{r}$ gegenüberstehen (Bild 4.11). Dann gilt für das Potential entsprechend (4.12), sofern sich Q_P im Nullpunkt des Koordinatensystems befindet (s. Bild 4.11), mit

$$\frac{1}{\sqrt{1+x}} \approx 1 - \frac{1}{2}x$$

die Beziehung

$$\begin{aligned}
\varphi(\boldsymbol{r}) &= \frac{Q_P}{4\pi\varepsilon}\left[\frac{1}{|\boldsymbol{r}|} - \frac{1}{|\boldsymbol{r}+\Delta\boldsymbol{r}|}\right] = \frac{Q_P}{4\pi\varepsilon\,|\boldsymbol{r}|}\left[1 - \frac{1}{\left|\frac{\boldsymbol{r}}{|\boldsymbol{r}|} + \frac{\Delta\boldsymbol{r}}{|\boldsymbol{r}|}\right|}\right] \\
&= \frac{Q_P}{4\pi\varepsilon\,|\boldsymbol{r}|}\left[1 - \frac{1}{\sqrt{1 + 2\frac{\boldsymbol{r}\cdot\Delta\boldsymbol{r}}{|\boldsymbol{r}|^2} + \frac{(\Delta\boldsymbol{r})^2}{|\boldsymbol{r}|^2}}}\right] \\
&= \frac{Q_P}{4\pi\varepsilon\,|\boldsymbol{r}|}\left[1 - \left(1 - \frac{\boldsymbol{r}\cdot\Delta\boldsymbol{r}}{|\boldsymbol{r}|^2} + \eta\right)\right] \\
&= \frac{Q_P}{4\pi\varepsilon\,|\boldsymbol{r}|}\,\frac{\boldsymbol{r}\cdot\Delta\boldsymbol{r}}{|\boldsymbol{r}|^2} - \eta\,\frac{Q_P}{4\pi\varepsilon\,|\boldsymbol{r}|}\,.
\end{aligned} \tag{4.22}$$

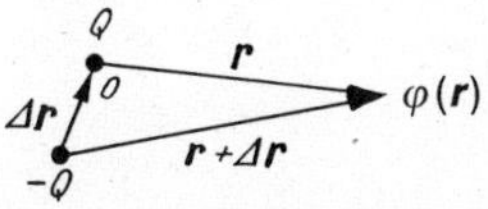

Bild 4.11. Zum Feld des Punktdipols

Darin strebt $\eta \to 0$ für $|\Delta\boldsymbol{r}| \to 0$. Also gilt

$$\varphi = \frac{(Q_P\Delta\boldsymbol{r})\cdot\boldsymbol{r}}{4\pi\varepsilon\,|\boldsymbol{r}|^3}(1+\delta), \tag{4.23}$$

worin δ eine gewisse, nicht näher bestimmte Größe (dargestellt durch eine unendliche Reihe) ist, die für $\Delta\boldsymbol{r} \to 0$ verschwindet. (Man beachte, daß das dritte Glied der Reihe (4.22) mit $|\Delta\boldsymbol{r}|^2$, das vierte mit $|\Delta\boldsymbol{r}|^3$ usw. verschwindet.)
Läßt man nun in (4.23) $\Delta\boldsymbol{r} \to 0$ und gleichzeitig $Q_P \to \infty$ streben, und zwar so, daß

$$Q_P\Delta\boldsymbol{r} = \boldsymbol{P}_D \tag{4.24}$$

ein konstanter Vektor bleibt, so gilt in (4.23)

$$\varphi_D = \lim_{\substack{\Delta r\to 0\\ Q_P\to\infty}} \varphi = \frac{\boldsymbol{P}_D\cdot\boldsymbol{r}}{4\pi\varepsilon\,|\boldsymbol{r}|^3} = -\frac{\boldsymbol{P}_D}{4\pi\varepsilon}\cdot\operatorname{grad}\frac{1}{|\boldsymbol{r}|}. \tag{4.25}$$

Das bei diesem Grenzprozeß entstehende ideale Gebilde nennt man *Dipol* und den Vektor $\boldsymbol{P}_D$ in (4.24) *Dipolmoment*. Offensichtlich kann auch ein Dipol mit dem Dipolmoment $\boldsymbol{P}_D = Q_P\Delta\boldsymbol{r}$ in der Realität nur näherungsweise existieren, und zwar als ein Paar ungleichnamiger Punktladungen Q_P und $-Q_P$, die sich im Abstand $\Delta\boldsymbol{r}$ zueinander befinden. Der Ort des Dipols ist in den Ursprung $\boldsymbol{r} = 0$ verlegt worden. Liegt der Dipol allgemeiner in $\boldsymbol{r} = \boldsymbol{r}_0 \neq 0$, so ist in (4.25) offenbar $\boldsymbol{r}$ durch $\boldsymbol{r} - \boldsymbol{r}_0$ zu ersetzen.

In Kugelkoordinaten erhält man für (4.25), wenn $\boldsymbol{P}_{\mathrm{D}}$ in Richtung der positiven z-Achse gelegt wird,

$$\varphi_{\mathrm{D}} = \frac{|\boldsymbol{P}_{\mathrm{D}}| \cos \vartheta}{4\pi\varepsilon r^2}.$$

Die zugehörige Niveauflächenschar zeigt Bild 4.12. Das Feld ist rotationssymmetrisch bezüglich der z-Achse.

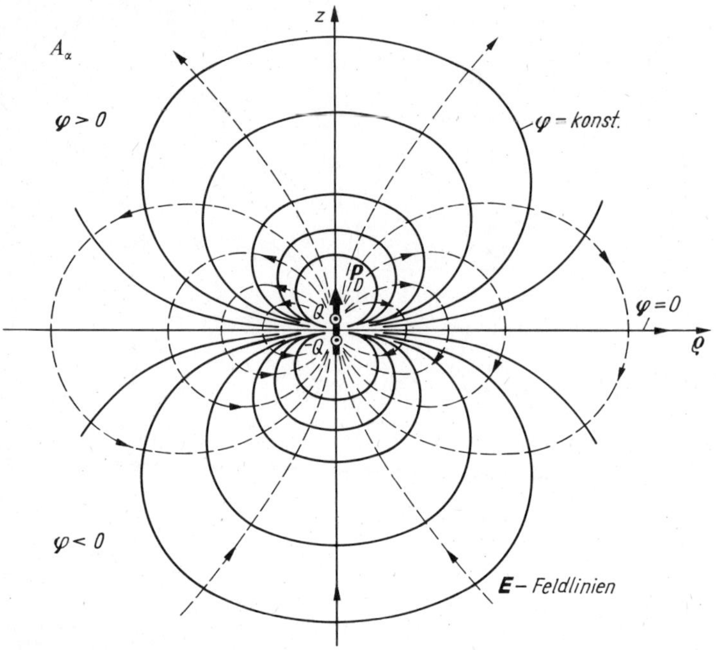

Bild 4.12. Feldbild des Punktdipols

Feld mehrerer Punktladungen. Kompliziertere Felder erhält man durch Überlagerung (Addition) von Feldern mehrerer Punktladungen. Ein für die Anwendungen in der Elektrostatik wichtiges Feld entsteht, wenn man das Feld zweier Punktladungspaare, die aus Ladungen unterschiedlichen Vorzeichens und Betragens bestehen und deren kugelförmige Niveauflächen $\varphi = 0$ gleichen Radius haben, so überlagert, daß diese Niveauflächen zusammenfallen. Speziell können diese vier Ladungen auf einer Geraden und symmetrisch zum Mittelpunkt der Kugel mit dem Potential $\varphi = 0$ liegen und auf dieser Geraden eine alternierende Werteverteilung bilden (Bild 4.13). Man sieht leicht ein, daß jetzt nicht nur die in Rede stehende kugelförmige Niveaufläche das Potential $\varphi = 0$ führt, sondern außerdem noch die Symmetrieebene dieser Ladungsverteilung, da die beiden äußeren und inneren Ladungen verschiedene Vorzeichen und gleichen Betrag aufweisen.

Diese Punktladungsanordnung läßt noch einen wichtigen Grenzfall zu.

Die im Innern der Kugel befindlichen Ladungen, die gleichen Betrag und entgegengesetztes Vorzeichen führen, sollen durch Annäherung und Betragszunahme in einen Dipol überge-

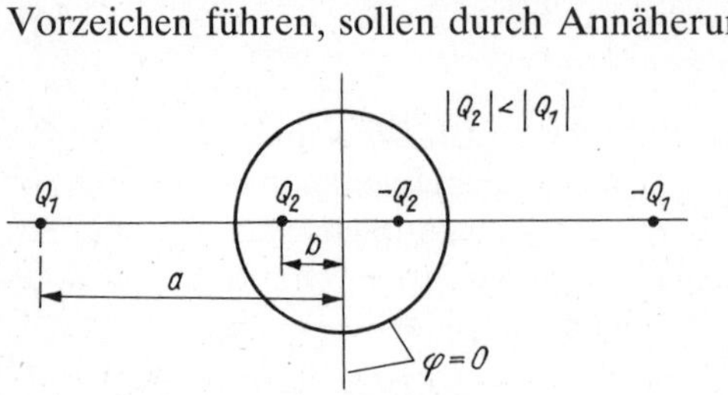

Bild 4.13
Zum Feldbild zweier Punktladungspaare

führt werden. Bei konstant gehaltenem Kugelradius der Niveaufläche $\varphi = 0$ müssen dann die äußeren Ladungen ins Unendliche nach links und rechts abwandern und dabei entsprechend den Bedingungen in (4.20) dem Betrag nach zunehmen. Aus der Anschauung entnimmt man bereits, daß das hierbei entstehende Feld in größerer Entfernung von der Kugelfläche mit $\varphi = 0$ homogen ist, während die Potentialflächen $\varphi = 0$ (Kugel und Ebene) erhalten bleiben. Im Bild 4.14 ist das insgesamt entstehende Feld veranschaulicht.

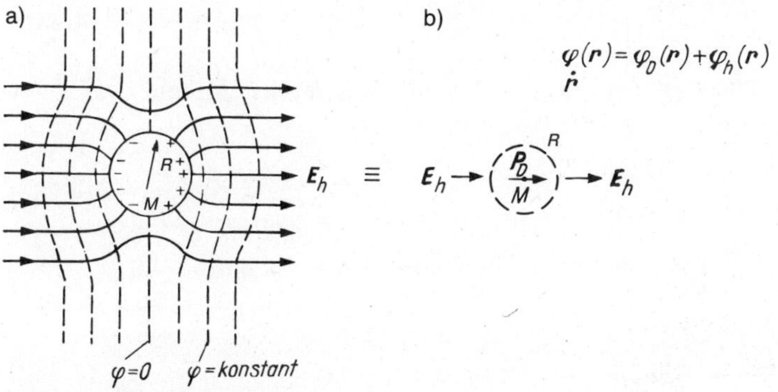

Bild 4.14. Kugelförmiger geerdeter Leiter im homogenen elektrischen Feld

Diese eben durchgeführten Überlegungen lassen sich rechnerisch bestätigen. Aus Bild 4.15 erhält man mit den dort erklärten Bezeichnungen für das Potential ($Q_1 > 0$)

$$\varphi = \frac{1}{4\pi\varepsilon}\left(\frac{|Q_1|}{r_1} - \frac{|Q_2|}{r_2} + \frac{|Q_2|}{r_2'} - \frac{|Q_1|}{r_1'}\right)$$

$$= \frac{1}{4\pi\varepsilon}\left[\frac{|Q_2|\,R}{b}\left(\frac{1}{r_1} - \frac{1}{r_1'}\right) - |Q_2|\left(\frac{1}{r_2} - \frac{1}{r_2'}\right)\right], \tag{4.26}$$

wenn noch (4.21 a) berücksichtigt wird. Nun ist unter Verwendung des Cosinussatzes (die Verbindungsgerade der Ladungen wird zur z-Achse erklärt und der Koordinatenursprung „0“ in M gelegt, Bild 4.15)

$$\frac{1}{r_2} = \frac{1}{r\sqrt{1 + (b/r)^2 + 2b/r\cos\vartheta}} = \frac{1}{r}\,(1 - b/r\cos\vartheta + \ldots).$$

Den gleichen Ausdruck bis auf das Vorzeichen von $\cos\vartheta$ erhält man für $1/r_2'$. Folglich ist

$$\frac{1}{r_2} - \frac{1}{r_2'} = -\frac{2b}{r^2}\cos\vartheta + \ldots$$

Analog erhält man mit Bild 4.15 und (4.20)

$$\frac{1}{r_1} - \frac{1}{r_1'} = -\frac{2r}{a^2}\cos\vartheta = -\frac{2rb^2}{R^4}\cos\vartheta + \ldots \tag{4.27}$$

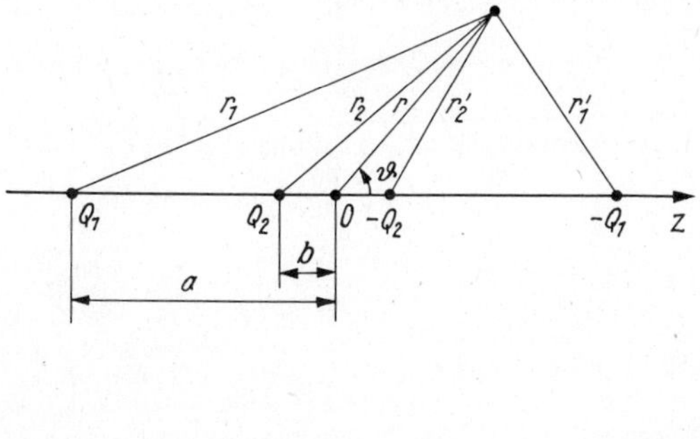

Bild 4.15
Zur Feldberechnung zweier Punktladungspaare

Setzt man diese beiden letzten Beziehungen in den vorstehenden Ausdruck (4.26) für φ ein, so ergibt sich in der Grenze für $b \to 0$ und $2b\,|Q_2| = P_\mathrm{D}$ in Kugelkoordinaten

$$\varphi = \frac{1}{4\pi\varepsilon}\left(\frac{P_\mathrm{D}}{r^2}\cos\vartheta - \frac{P_\mathrm{D} r}{R^3}\cos\vartheta\right) \qquad (r\cos\vartheta = z). \tag{4.28a}$$

Schreibt man die letzte Beziehung in Vektorform

$$\varphi = \frac{1}{4\pi\varepsilon}\left(\frac{\boldsymbol{r}\cdot\boldsymbol{P}_\mathrm{D}}{|\boldsymbol{r}|^3} - \frac{\boldsymbol{r}\cdot\boldsymbol{P}_\mathrm{D}}{R^3}\right), \tag{4.28b}$$

so erkennt man, daß φ durch Überlagerung zweier Elementarfelder entsteht, und zwar des *Dipolfeldes*

$$\varphi_\mathrm{D} = \frac{1}{4\pi\varepsilon}\,\frac{\boldsymbol{r}\cdot\boldsymbol{P}_\mathrm{D}}{|\boldsymbol{r}|^3} \tag{4.28c}$$

(vgl. (4.25), Dipolmoment $\boldsymbol{P}_\mathrm{D}$ im Koordinatenursprung „0“, Bild 4.15), und des *eindimensionalen Feldes*

$$\varphi_\mathrm{h} = -\frac{1}{4\pi\varepsilon}\,\frac{\boldsymbol{r}\cdot\boldsymbol{P}_\mathrm{D}}{R^3} = -\boldsymbol{r}\boldsymbol{E}_\mathrm{h} \tag{4.28d}$$

der *elektrischen Feldstärke*

$$\boldsymbol{E}_\mathrm{h} = -\operatorname{grad}\varphi_\mathrm{h} = \frac{1}{4\pi\varepsilon R^3}\operatorname{grad}(\boldsymbol{r}\cdot\boldsymbol{P}_\mathrm{D}) = \frac{1}{4\pi\varepsilon R^3}(\boldsymbol{P}_\mathrm{D}\cdot\operatorname{grad})\,\boldsymbol{r} = \frac{\boldsymbol{P}_\mathrm{D}}{4\pi\varepsilon R^3}. \tag{4.28e}$$

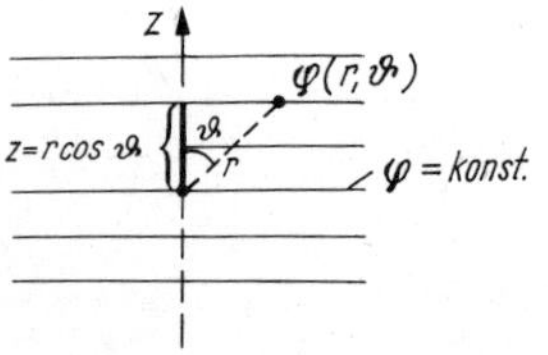

Bild 4.16
Feldbild des homogenen elektrischen Feldes

Im Bild 4.12 ist das Teilfeld φ_D bereits dargestellt worden. Bild 4.16 veranschaulicht φ_h. Das im Bild 4.14a gegebene Randwertproblem „Geerdeter ($\varphi = 0$), kugelförmiger Leiter (Radius R) in einem ursprünglich homogenen elektrischen Feld $\boldsymbol{E}$“ kann mithin auf zwei Elementarfelder (Felder ohne Randbedingungen)

- homogenes Feld der Feldstärke $\boldsymbol{E}_\mathrm{h}$ und
- Dipol mit dem Dipolmoment $\boldsymbol{P}_\mathrm{D}$ im Koordinatenursprung in Richtung von $\boldsymbol{E}_\mathrm{h}$

zurückgeführt werden (Bild 4.14b), wobei der Zusammenhang zwischen $\boldsymbol{E}_\mathrm{h}$ und $\boldsymbol{P}_\mathrm{D}$ durch (4.28e) gegeben ist.

Doppelschicht. So, wie Ladungen gleichmäßig mit einer gewissen Ladungsdichte $\varrho = \mathrm{d}Q/\mathrm{d}V$ über den Raum verteilt sein können, ist auch für Dipole eine solche stetige Raumverteilung denkbar und physikalisch möglich. Führt man auch hier eine räumliche *Momentendichte*

$$\lim_{\Delta V\to 0}\frac{\Delta\boldsymbol{P}}{\Delta V} = \boldsymbol{p}_\mathrm{V} \tag{4.29}$$

ein, worin $\Delta\boldsymbol{P}$ das resultierende Dipolmoment des Volumens ΔV ist, so erzeugt nach (4.25) die in ΔV enthaltene Dipolmenge in $\boldsymbol{r}$ das Potential

$$\Delta\varphi(\boldsymbol{r}) = \frac{\Delta\boldsymbol{P}\cdot(\boldsymbol{r}-\boldsymbol{r}_0)}{4\pi\varepsilon\,|\boldsymbol{r}-\boldsymbol{r}_0|^3} = \frac{\boldsymbol{p}_\mathrm{V}}{4\pi\varepsilon}\operatorname{grad}_0\frac{1}{|\boldsymbol{r}-\boldsymbol{r}_0|}\,\Delta V_0, \tag{4.30}$$

wenn $\boldsymbol{r}_0$ den Ort dieser Menge bezeichnet. Zur gesamten räumlichen Dipolverteilung gehört damit das Potential

$$\varphi(\boldsymbol{r}) = \frac{1}{4\pi\varepsilon} \int_{(V)} \boldsymbol{p}_V(\boldsymbol{r}_0) \operatorname{grad}_0 \frac{1}{|\boldsymbol{r} - \boldsymbol{r}_0|} \, dV_0. \tag{4.31}$$

Sind die Dipole nun stetig über eine Fläche verteilt ($d\boldsymbol{P} = \boldsymbol{p}_A \, dA_0$), so ist entsprechend

$$\varphi(\boldsymbol{r}) = \frac{1}{4\pi\varepsilon} \int_{(A)} \boldsymbol{p}_A(\boldsymbol{r}_0) \operatorname{grad}_0 \frac{1}{|\boldsymbol{r} - \boldsymbol{r}_0|} \, dA_0, \tag{4.32}$$

worin

$$\lim_{\Delta A \to 0} \frac{\Delta \boldsymbol{P}}{\Delta A} = \boldsymbol{p}_A \tag{4.33}$$

die *Momentendichte der Flächendipolverteilung* angibt.

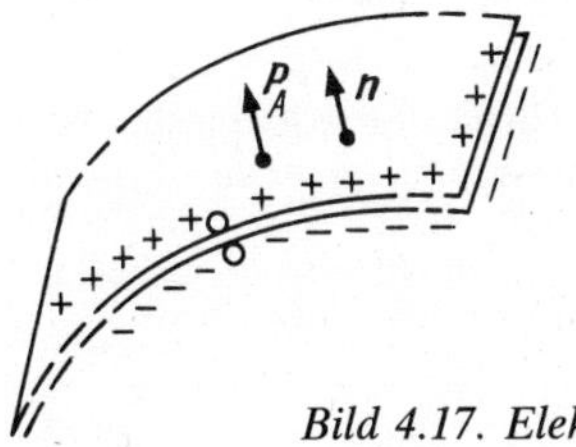

Bild 4.17. Elektrische Doppelschicht

Zeigt der Vektor $\boldsymbol{p}_A(\boldsymbol{r})$ speziell in Richtung der Flächennormalen, dann kann (Bild 4.17)

$$\boldsymbol{p}_A(\boldsymbol{r}) = |\boldsymbol{p}_A(\boldsymbol{r})| \, \boldsymbol{n} \tag{4.34}$$

gesetzt werden. In diesem wichtigsten, durch (4.34) gegebenen Fall spricht man von einer *Doppelschicht*. Ihr Potential lautet nach (4.32)

$$\varphi(\boldsymbol{r}) = \frac{1}{4\pi\varepsilon} \int_{(A)} |\boldsymbol{p}_A(\boldsymbol{r}_0)| \operatorname{grad}_0 \frac{1}{|\boldsymbol{r} - \boldsymbol{r}_0|} \cdot d\boldsymbol{A}_0 \tag{4.35}$$

und für $|\boldsymbol{p}_A| = \text{konst.}$

$$\varphi(\boldsymbol{r}) = \frac{|\boldsymbol{p}_A|}{4\pi\varepsilon} \int_{(A)} \operatorname{grad}_0 \frac{1}{|\boldsymbol{r} - \boldsymbol{r}_0|} \cdot d\boldsymbol{A}_0 = -\frac{|\boldsymbol{p}_A|}{4\pi\varepsilon} \, \Omega(\boldsymbol{r}), \tag{4.36}$$

worin nach (1.84) bzw. (2.67) $\Omega(\boldsymbol{r})$ den Raumwinkel bezeichnet, den die Fläche A bezüglich des Aufpunktes $\boldsymbol{r}$ bildet (Bild 4.18).

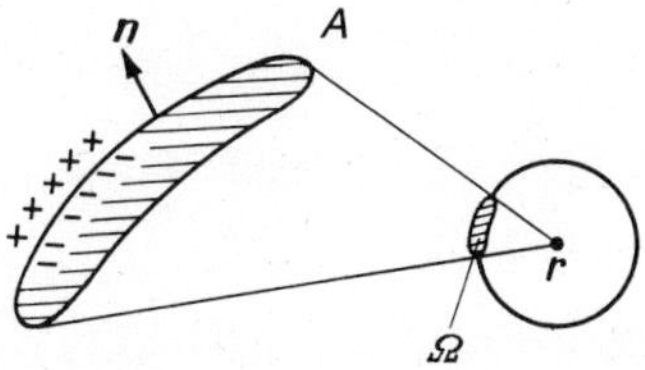

Bild 4.18. Raumwinkel und elektrische Doppelschicht

Im Sonderfall handelt es sich um eine *geschlossene konstante Doppelschicht*. Dann ist mit den durch Bild 4.19 gegebenen Erläuterungen – worin eine geschlossene Fläche als eine zunächst offene Fläche aufgefaßt wird, deren Rand sich langsam auf einen Punkt zusammenzieht – der Raumwinkel für innere Punkte gleich 4π und für äußere Punkte gleich Null. Somit ist jetzt (vgl. auch (2.67))

$$\varphi(\boldsymbol{r}) = \begin{cases} 0 & \text{für } \boldsymbol{r} \text{ außerhalb der Fläche} \\ -\dfrac{|\boldsymbol{p}_\mathrm{A}|}{\varepsilon} & \text{für } \boldsymbol{r} \text{ innerhalb der Fläche.} \end{cases} \tag{4.37}$$

Stetigkeitseigenschaften der Flächenpotentiale. Für die physikalische Deutung von Potentialverteilungen und auch für die Lösungsmethoden von Randwertaufgaben der Potentialtheorie ist es nützlich, das Verhalten der Flächenpotentiale $\varphi(\boldsymbol{r})$ beim Durchgang des Aufpunktes $\boldsymbol{r}$ durch die ladungsbehaftete Fläche zu kennen.

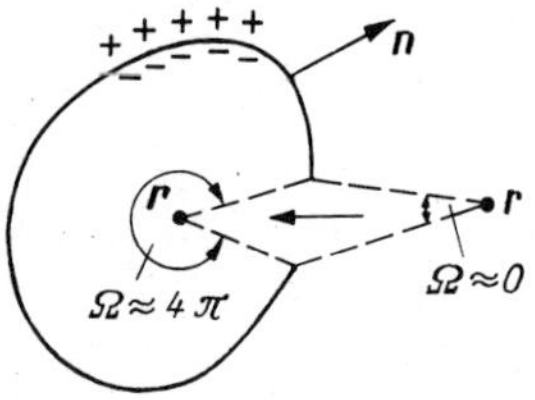

Bild 4.19
Raumwinkel der geschlossenen elektrischen Doppelschicht

Zunächst ist aus (4.37) ablesbar, daß das Potential der geschlossenen Doppelschicht im Bereich der Flächenpunkte unstetig verläuft: Beim Durchgang des Feldpunktes $\boldsymbol{r}$ durch A in Richtung der Flächennormalen springt φ von $-|\boldsymbol{p}_\mathrm{A}|/\varepsilon$ auf Null (φ nimmt um $|\boldsymbol{p}_\mathrm{A}|/\varepsilon$ zu). Da der Raumwinkel beim Durchgang durch eine beliebige (offene) Fläche in Normalenrichtung allgemein um 4π abnimmt (Bild 4.19), nimmt nach (4.37) das Potential hierbei um den Wert $|\boldsymbol{p}_\mathrm{A}|/\varepsilon$ zu (Bild 4.19). An einer Doppelschicht entsteht also allgemein ein Potentialsprung von $\Delta\varphi = |\boldsymbol{p}_\mathrm{A}|/\varepsilon$, in Zeichen

$$\varphi_1 = \varphi_2 - \frac{|\boldsymbol{p}_\mathrm{A}|}{\varepsilon}. \tag{4.38}$$

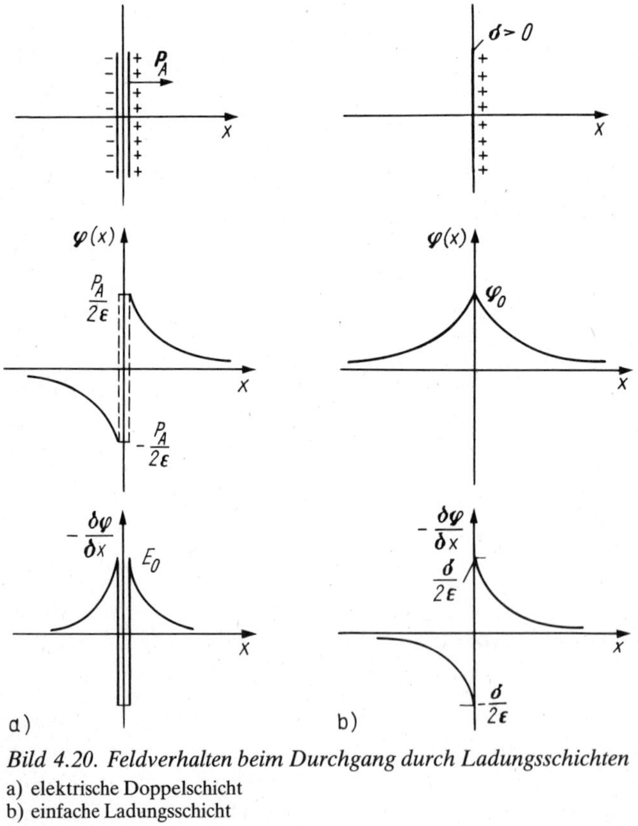

Bild 4.20. Feldverhalten beim Durchgang durch Ladungsschichten
a) elektrische Doppelschicht
b) einfache Ladungsschicht

Andererseits ist die Normalableitung von φ beim Flächendurchgang stetig; denn für die im Bild 3.1 gezeigte Fläche gilt

$$\lim_{d\to 0} \oint \operatorname{grad} \varphi \, \mathrm{d}\boldsymbol{A} = \int \operatorname{grad} \varphi_1 \, \mathrm{d}\boldsymbol{A}_1 + \int \operatorname{grad} \varphi_2 \, \mathrm{d}\boldsymbol{A}_2$$

$$= \int \boldsymbol{n} \, (\operatorname{grad} \varphi_1 - \operatorname{grad} \varphi_2) \, \mathrm{d}A_1$$

$$= \lim_{d\to 0} \int \Delta\varphi \, \mathrm{d}V = -\frac{1}{\varepsilon} \lim_{d\to 0} \int \varrho \, \mathrm{d}V = 0,$$

da die Gesamtladung im Innern des Bereiches (auf der Doppelschichtfläche) verschwindet. Wie im Abschn. 3.1.3. folgt hieraus

$$\boldsymbol{n} \cdot \operatorname{grad} \varphi_1 = \boldsymbol{n} \cdot \operatorname{grad} \varphi_2. \tag{4.39}$$

Ein anderes Verhalten zeigt die einfache Schicht (gewöhnliche Flächenladung, Bild 4.20b). Hier ist, wie man leicht verifiziert, das Potential beim Durchgang durch die Fläche stetig, während die Normalenableitung unstetig verläuft:

$$\boldsymbol{n} \cdot \operatorname{grad} \varphi_1 = \boldsymbol{n} \cdot \operatorname{grad} \varphi_2 - \frac{\sigma}{\varepsilon}. \tag{4.40}$$

Dabei ist σ wieder die Flächenladungsdichte.

4.1.4. Entwicklung nach Elementarfeldern (Methode 4)

Reihenentwicklung. Die Berechnung des Integrals (4.6) kann schon bei verhältnismäßig einfachen Ladungsverteilungen zu aufwendigen Rechnungen führen. In solchen Fällen ist es zweckmäßig, den Faktor $1/|\boldsymbol{r}-\boldsymbol{r}_0|$ des Integranden in eine Reihe leichter zu integrierender Summanden zu entwickeln.

Nach (4.13) kann man setzen

$$|\boldsymbol{r}-\boldsymbol{r}_0| = \sqrt{|\boldsymbol{r}|^2 - 2\boldsymbol{r}\boldsymbol{r}_0 + |\boldsymbol{r}_0|^2} = |\boldsymbol{r}| \sqrt{1 - 2uv + v^2} \tag{4.41a}$$

mit

$$u = \frac{\boldsymbol{r}\cdot\boldsymbol{r}_0}{|\boldsymbol{r}|\,|\boldsymbol{r}_0|}, \qquad v = \frac{|\boldsymbol{r}_0|}{|\boldsymbol{r}|}. \tag{4.41b}$$

Die Entwicklung von $\left(\sqrt{1-2uv+v^2}\right)^{-1}$ in eine Potenzreihe nach v liefert für $v<1$

$$\frac{|\boldsymbol{r}|}{|\boldsymbol{r}-\boldsymbol{r}_0|} = \frac{1}{\sqrt{1-2uv+v^2}} = \sum_{n=0}^{\infty} P_n(u)\, v^n, \tag{4.42}$$

worin die Ausdrücke $P_n(u)$ Polynome in

$$u = \frac{\boldsymbol{r}\cdot\boldsymbol{r}_0}{|\boldsymbol{r}|\,|\boldsymbol{r}_0|}$$

sind, die wir bereits als Legendresche Polynome im Abschn. 3.2.6. kennengelernt haben.

Mit den in (4.41) und (4.42) abgeleiteten Beziehungen kann nun (4.6) umgeschrieben werden. Man erhält, indem man (4.42) mit $\varrho(\boldsymbol{r}_0)/|\boldsymbol{r}|$ multipliziert und anschließend gliedweise integriert,

$$\boxed{\varphi(\boldsymbol{r}) = \sum_{n=0}^{\infty} \varphi_n(\boldsymbol{r})} \tag{4.43a}$$

mit

$$\varphi_n(\boldsymbol{r}) = \frac{1}{4\pi\varepsilon\,|\boldsymbol{r}|^{n+1}} \int_{(V)} P_n\left(\frac{\boldsymbol{r}\cdot\boldsymbol{r}_0}{|\boldsymbol{r}|\,|\boldsymbol{r}_0|}\right) |\boldsymbol{r}_0|^n\,\varrho(\boldsymbol{r}_0)\,\mathrm{d}V_0. \tag{4.43b}$$

Die Legendreschen Polynome $P_n(u)$ sind hierbei gegeben durch (3.92a) mit veränderter Variablenbezeichnung $\mu{:}=u$

$$P_n(u) = \frac{1\cdot 3\ldots(2n-1)}{n!}\left[u^n - \frac{n(n-1)}{2(2n-1)}u^{n-2} + \frac{n(n-1)(n-2)(n-3)}{2\cdot 4(2n-3)(2n-1)}u^{n-4} - \ldots\right]$$

$$= \frac{1}{2^n n!}\,\frac{\mathrm{d}^n[(u^2-1)^n]}{\mathrm{d}u^n}. \tag{4.44}$$

Die ersten Polynome sind durch (3.92b) gegeben und im Bild 4.21 nochmals grafisch dargestellt.

Die Reihenentwicklung (4.43) stellt eine Entwicklung des Potentials $\varphi(\boldsymbol{r})$ nach Teilpotentialen $\varphi_n(\boldsymbol{r})$ dar. Die ersten Potentiale dieser Entwicklung lauten:

$$\begin{aligned}
\varphi_0(\boldsymbol{r}) &= \frac{1}{4\pi\varepsilon\,|\boldsymbol{r}|}\int_{(V)} P_0\varrho\,\mathrm{d}V_0 = \frac{1}{4\pi\varepsilon\,|\boldsymbol{r}|}\int_{(V)} \varrho(\boldsymbol{r}_0)\,\mathrm{d}V_0 \\
\varphi_1(\boldsymbol{r}) &= \frac{1}{4\pi\varepsilon\,|\boldsymbol{r}|^2}\int_{(V)} P_1(\boldsymbol{r}_0)\varrho\,\mathrm{d}V_0 = \frac{\boldsymbol{r}}{4\pi\varepsilon\,|\boldsymbol{r}|^3}\cdot\int_{(V)} \boldsymbol{r}_0\varrho\,(\boldsymbol{r}_0)\,\mathrm{d}V_0 \\
\varphi_2(\boldsymbol{r}) &= \ldots
\end{aligned} \tag{4.45}$$

mit

$$P_n = P_n\left(\frac{\boldsymbol{r}\cdot\boldsymbol{r}_0}{|\boldsymbol{r}|\,|\boldsymbol{r}_0|}\right) = P_n\,[\cos\,(\boldsymbol{r},\,\boldsymbol{r}_0)].$$

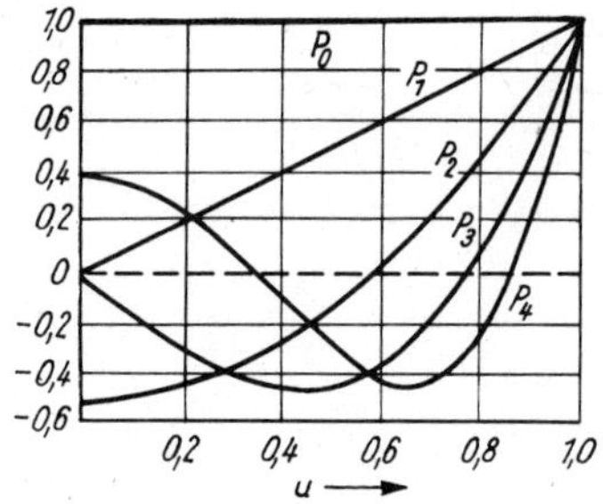

Bild 4.21. Legendresche Polynome

Setzen wir noch

$$\begin{aligned}
\int_{(V)} \varrho(\boldsymbol{r}_0)\,\mathrm{d}V_0 &= Q \\
\int_{(V)} \boldsymbol{r}_0\varrho(\boldsymbol{r}_0)\,\mathrm{d}V_0 &= \boldsymbol{P}_1,
\end{aligned} \tag{4.46}$$

so erhalten wir kürzer

$$\begin{aligned}
\varphi_0(\boldsymbol{r}) &= \frac{Q}{4\pi\varepsilon}\,\frac{1}{|\boldsymbol{r}|} \\
\varphi_1(\boldsymbol{r}) &= \frac{\boldsymbol{P}_1\cdot\boldsymbol{r}}{4\pi\varepsilon\,|\boldsymbol{r}|^3} = -\frac{\boldsymbol{P}_1}{4\pi\varepsilon}\cdot\operatorname{grad}\frac{1}{|\boldsymbol{r}|} \\
\varphi_2(\boldsymbol{r}) &= \ldots \\
&\vdots
\end{aligned} \tag{4.47}$$

Physikalische Deutung. Die φ_n in (4.43) lassen sich deuten. Es ist klar, welche physikalische Bedeutung $\varphi_0(\boldsymbol{r})$ in der Entwicklung (4.43) zugesprochen werden kann: $\varphi_0(\boldsymbol{r})$ ist das Potential, das entsteht, wenn die gesamte, räumlich verteilte Ladungsmenge punktförmig im Koordinatenursprung konzentriert wird. Die so entstehende Punktladung ist allerdings ein ideales Gebilde, das in der Natur nur näherungsweise realisiert werden kann.
Ein Vergleich von (4.25) mit (4.47) zeigt nun auch, welche physikalische Deutung dem Teilpotential φ_1 in der Entwicklung (4.47) beigelegt werden kann, nämlich die des Potentials eines im Koordinatenursprung befindlichen Dipols, dessen Dipolmoment $\boldsymbol{P}_\mathrm{D} = \boldsymbol{P}_1$ sich aus dem über die Raumladung erstreckten Integral $\int_{(V)} \varrho \boldsymbol{r}_0 \, \mathrm{d}V_0$, dem *Dipolmoment der Raumladung* bezüglich des gewählten Koordinatenursprungs, ergibt.
In analoger Weise läßt sich φ_2 als Potential eines *Quadrupols* (Kombination von vier Punktladungen) und allgemein $\varphi_n(\boldsymbol{r})$ als *Multipol* (Kombination von $2n$ Punktladungen) deuten.
Der Reihenentwicklung (4.43) kann man damit folgende allgemeine physikalische Deutung geben: Das Potential einer Raumladung (beliebige Verteilung elektrischer Ladungen im Raum) kann man näherungsweise berechnen, indem man diese in nullter Näherung durch eine Punktladung der Größe $Q = Q_\mathrm{P} = \int_{(V)} \varrho \, \mathrm{d}V$ bzw. in erster Näherung durch Kombination einer Punktladung Q_P mit einem Dipol mit dem Dipolmoment $\boldsymbol{P}_\mathrm{D} = \int \varrho \boldsymbol{r} \, \mathrm{d}V$ ersetzt usw. Alle Ladungskombinationen sind dabei im Koordinatenursprung anzubringen (Bild 4.22).

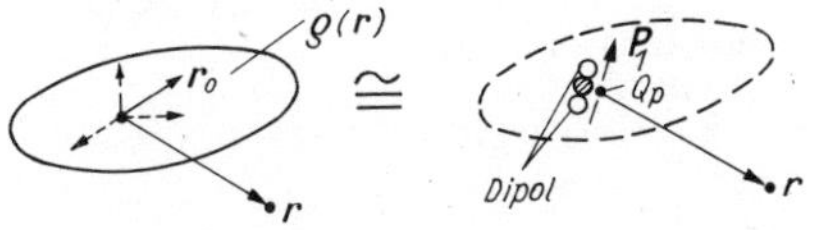

Bild 4.22
Zur Reihenentwicklung einer Raumladung

Um eine schnell konvergierende Reihe (4.43) zu erhalten, bringt man den Ursprung des zugrunde gelegten Koordinatensystems und damit die Ersatzmultipole im Innern der Raumladung an. (Man beachte, daß z.B. schon das Dipolmoment $\boldsymbol{P}_1$ einer Raumladung nur in bezug auf einen gegebenen Punkt – dem Koordinatenursprung – eindeutig ist.)
Verwendet man Kugelkoordinaten, so werden die zugehörigen Potentialausdrücke durch besonders einfache und leicht überschaubare Ausdrücke dargestellt:

$$\varphi_0 = \varphi_\mathrm{P}(r, \vartheta, \alpha) = \frac{Q}{4\pi\varepsilon r}$$

$$\varphi_1 = \varphi_\mathrm{D}(r, \vartheta, \alpha) = \frac{1}{4\pi\varepsilon} \frac{P_\mathrm{D} \cos\vartheta}{r^2}. \tag{4.48}$$

Das Dipolmoment $Q_\mathrm{P} \, \Delta\boldsymbol{r} = \boldsymbol{P}_\mathrm{D}$ $(P_\mathrm{D} = |\boldsymbol{P}_\mathrm{D}|)$ ist bei dieser Schreibweise ein Vektor in Richtung der positiven z-Achse.

Beispiel. Wir betrachten das Potential einer kreisförmigen Flächenladung mit der Ladungsverteilung

$$\sigma(\varrho, \alpha, z) = \sigma(\varrho, \alpha, 0) = \sigma_0 \varrho \sin\frac{1}{2}\alpha \quad \begin{pmatrix} 0 \leqq \varrho \leqq R \\ 0 \leqq \alpha < 2\pi \end{pmatrix}.$$

Mit Bild 4.23 ergibt sich ($\varrho \, \mathrm{d}V = \sigma \, \mathrm{d}A$)

$$Q_\mathrm{P} = \int_{(A)} \sigma \, \mathrm{d}A_0 = \sigma_0 \int_0^R \int_0^{2\pi} \varrho_0 \sin\left(\frac{1}{2}\alpha_0\right) \varrho_0 \, \mathrm{d}\varrho_0 \, \mathrm{d}\alpha_0 ,$$

wenn man beachtet, daß nach (1.93c)

$$\mathrm{d}\boldsymbol{A} = \mathrm{d}\boldsymbol{A}_{(x_1, x_2)} = \mathrm{d}\boldsymbol{A}_{(\varrho, \alpha)} = \boldsymbol{e}_z h_\varrho h_\alpha \, \mathrm{d}\varrho \, \mathrm{d}\alpha = \boldsymbol{e}_z \varrho \, \mathrm{d}\varrho \, \mathrm{d}\alpha$$

ist. Man erhält somit wegen

$$\mathrm{d}A_0 = |\mathrm{d}A_0| = \varrho_0 \, \mathrm{d}\varrho_0 \, \mathrm{d}\alpha_0$$

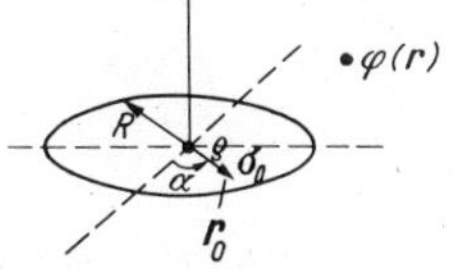

Bild 4.23. Ebene Flächenladung (Kreisflächenladung)

für

$$Q_P = \sigma_0 \int_0^R \varrho_0^2 \, d\varrho_0 \int_0^{2\pi} \sin \frac{1}{2} \alpha_0 \, d\alpha_0 = 4\sigma_0 \frac{R^3}{3}$$

und für ($\varrho \, dV_0 = \sigma \, dA_0$)

$$\begin{aligned} \boldsymbol{P}_1 &= \int_{(V)} \varrho_0 \boldsymbol{r}_0 \, dV_0 = \int_{(A)} \sigma \boldsymbol{r}_0 \, dA_0 = \sigma_0 \int_0^R \int_0^{2\pi} \varrho_0 \sin \frac{1}{2} \alpha_0 (\boldsymbol{i}\varrho_0 \cos \alpha_0 + \boldsymbol{j}\varrho_0 \sin \alpha_0) \varrho_0 \, d\varrho_0 \, d\alpha_0 \\ &= \boldsymbol{i}\sigma_0 \int_0^R \varrho_0^3 \, d\varrho_0 \int_0^{2\pi} \sin \frac{\alpha_0}{2} \cos \alpha_0 \, d\alpha_0 + \boldsymbol{j}\sigma_0 \int_0^R \varrho_0^3 \, d\varrho_0 \int_0^{2\pi} \sin \frac{\alpha_0}{2} \sin \alpha_0 \, d\alpha_0 \\ &= \boldsymbol{i}\sigma_0 \frac{R^4}{4} \left(-\frac{4}{3} \right) + \boldsymbol{j}\sigma_0 \frac{R^4}{4} \cdot 0 \\ &= -\boldsymbol{i}\sigma_0 \frac{R^4}{3}. \end{aligned}$$

Das von der kreisförmigen Flächenladung erzeugte Potential lautet damit näherungsweise:

$$\begin{aligned} \varphi \approx \varphi_0 + \varphi_1 &= \frac{1}{4\pi\varepsilon} \left[\frac{Q_P}{|\boldsymbol{r}|} + \frac{\boldsymbol{P}_1 \cdot \boldsymbol{r}}{|\boldsymbol{r}|^3} \right] = \frac{1}{3} \frac{\sigma_0 R^3}{4\pi\varepsilon |\boldsymbol{r}|} \left[4 - \frac{xR}{|\boldsymbol{r}|^2} \right] \\ &= \frac{\sigma_0 R^3}{12\pi\varepsilon \sqrt{\varrho^2 + z^2}} \left[4 - \frac{R\varrho \cos \alpha}{\varrho^2 + z^2} \right] \quad \text{(Zylinderkoordinaten)} \\ &= \frac{\sigma_0 R^3}{12\pi\varepsilon r} \left[4 - \frac{R}{r} \sin \vartheta \cos \alpha \right] \quad \text{(Kugelkoordinaten).} \end{aligned}$$

4.1.5. Ergänzungen*

Kelvin-Transformation. Ist (in Kugelkoordinaten) $\varphi(r, \vartheta, \alpha)$ ein Potential, so ist auch für jedes $R > 0$

$$\varphi_1(r', \vartheta, \alpha) = \frac{R}{r} \varphi \left(\frac{R^2}{r'}, \vartheta, \alpha \right) \tag{4.49}$$

mit

$$r = \frac{R^2}{r'} \tag{4.50}$$

ein Potential. Insbesondere ist φ_1 harmonisch, wenn das gleiche für φ gilt.
Man kann also durch eine gewisse Transformation der Ortsvariablen *(Kelvin-Transformation)* aus einem gegebenen harmonischen Potential ein weiteres ableiten. Die Richtigkeit dieser Behauptung kann wie folgt gezeigt werden:

$$\Delta\varphi_1 = \frac{\partial^2 \varphi_1}{\partial r'^2} + \frac{2}{r'} \frac{\partial \varphi_1}{\partial r'} + \frac{1}{r'^2} \frac{\partial^2 \varphi_1}{\partial \vartheta^2} + \frac{\cot \vartheta}{r'^2} \frac{\partial \varphi_1}{\partial \vartheta} + \frac{1}{r'^2 \sin^2 \vartheta} \frac{\partial^2 \varphi_1}{\partial \alpha^2}.$$

Darin ist mit (4.49) und (4.50)

$$\frac{\partial \varphi_1}{\partial r'} = \frac{R}{r'} \frac{\partial \varphi}{\partial r} \left(-\frac{R^2}{r'^2} \right) + \varphi \left(-\frac{R}{r'^2} \right) = -\frac{R^3}{r'^3} \frac{\partial \varphi}{\partial r} - \varphi \frac{R}{r'^2}$$

$$\begin{aligned} \frac{\partial^2 \varphi_1}{\partial r'^2} &= -\frac{R^3}{r'^3} \frac{\partial^2 \varphi}{\partial r^2} \left(-\frac{R^2}{r'^4} \right) - \frac{\partial \varphi}{\partial r} \left(-\frac{3R^3}{r'^4} \right) - \varphi \left(-\frac{2R}{r'^3} \right) - \frac{R}{r'^2} \frac{\partial \varphi}{\partial r} \left(-\frac{R^2}{r'^2} \right) \\ &= \frac{R^5}{r'^5} \frac{\partial^2 \varphi}{\partial r^2} + \frac{4R^3}{r'^4} \frac{\partial \varphi}{\partial r} + \frac{2R}{r'^3} \varphi. \end{aligned}$$

Damit gilt

$$\frac{\partial^2 \varphi_1}{\partial r'^2} + \frac{2}{r'} \frac{\partial \varphi_1}{\partial r'} = \frac{R^5}{r'^5} \left(\frac{\partial^2 \varphi}{\partial r^2} + \frac{2}{r} \frac{\partial \varphi}{\partial r} \right).$$

Da ϑ und α nicht transformiert werden, findet man leicht mit obigem Ergebnis

$$\Delta\varphi_1 = \frac{R^5}{r'^5}\,\Delta\varphi,$$

also $\Delta\varphi_1 = 0$ für $\Delta\varphi = 0$, was zu beweisen war.

Funktionaltransformation. Manchmal kann die Lösung der Poissonschen Gleichung unter Anwendung von *Integraltransformationen (Fourier-Transformation, Laplace-Transformation, Hankel-Transformation)* vorteilhaft gefunden werden.
Als Beispiel sei die *Laplace-Transformation* gewählt. Ist z. B. (im Zweidimensionalen)

$$\Delta\varphi = -\frac{\varrho}{\varepsilon} \quad \text{bzw.} \quad \frac{\partial^2\varphi}{\partial x^2} + \frac{\partial^2\varphi}{\partial y^2} = -\frac{\varrho\,(x, y)}{\varepsilon}$$

gegeben, so gilt im I. Quadranten der (x, y)-Ebene mit

$$\int_0^\infty \varphi\,(x, y)\,\mathrm{e}^{-px}\,\mathrm{d}x = \overline{\varphi}\,(p, y), \qquad \int_0^\infty \varrho\,(x, y)\,\mathrm{e}^{-px}\,\mathrm{d}x = \overline{\varrho}\,(p, y)$$

zunächst

$$\overline{\varphi}\,(p, y)\,p^2 + \frac{\partial^2}{\partial y^2}\,\overline{\varphi}\,(p, y) = -\frac{\overline{\varrho}\,(p, y)}{\varepsilon} \qquad (p = \sigma + \mathrm{j}\omega),$$

wenn die Randwerte $\varphi\,(0, y)$ als verschwindend vorausgesetzt werden.
Setzen wir analog

$$\int_0^\infty \overline{\varphi}\,(p, y)\,\mathrm{e}^{-qy}\,\mathrm{d}y = \overline{\overline{\varphi}}\,(p, q), \qquad \int_0^\infty \overline{\varrho}\,(p, y)\,\mathrm{e}^{-qy}\,\mathrm{d}y = \overline{\overline{\varrho}}\,(p, q) \qquad (q = \delta + \mathrm{j}\lambda),$$

so liefert eine zweite Transformation unter verschwindenden Anfangswerten

$$\overline{\overline{\varphi}}\,(p, q)\,p^2 + \overline{\overline{\varphi}}\,(p, q)\,q^2 = -\frac{\overline{\overline{\varrho}}\,(p, q)}{\varepsilon}.$$

Es ist also im Bildbereich der Transformation

$$\overline{\overline{\varphi}}\,(p, q) = -\frac{1}{p^2 + q^2}\,\frac{\overline{\overline{\varrho}}\,(p, q)}{\varepsilon}.$$

Daraus folgt

$$\varphi\,(x, y) = -\frac{1}{4\pi^2\varepsilon}\int_{\sigma-\mathrm{j}\infty}^{\sigma+\mathrm{j}\infty}\int_{\delta-\mathrm{j}\infty}^{\delta+\mathrm{j}\infty} \frac{\overline{\overline{\varrho}}\,(p, q)}{p^2 + q^2}\,\mathrm{e}^{px}\,x^{qy}\,\mathrm{d}p\,\mathrm{d}q.$$

Für die Rücktransformation von $\overline{\overline{\varphi}}\,(p, q)$ in den Originalbereich werden die in der Theorie der Laplace-Transformation entwickelten vielseitigen Methoden angewendet. Näher kann auf diese Lösungsmethode aber hier nicht eingegangen werden.

Zusammenfassung. Elektrostatische Felder werden durch ruhende Ladungen hervorgerufen. Das Feld ist ein reines Quellenfeld. Die Quellendichte der Verschiebungsflußdichte $\boldsymbol{D}$ ist gleich der Raumladungsdichte ϱ. Die elektrische Feldstärke $\boldsymbol{E}$ ist wirbelfrei und kann als Gradient eines Skalarpotentials φ (elektrisches Potential) dargestellt werden.
Das Skalarpotential φ ist Lösung der Poissonschen Gleichung (ε = konst.) für vorgegebene Randwerte (1. oder 2. bzw. gemischtes Randwertproblem der Potentialtheorie). Die wichtigste partikuläre Lösung der Poissonschen Gleichung ist das Newton-Potential.
Begrenzte Raumladungsbereiche (im Endlichen) im unendlich ausgedehnten Raum angeordnet, führt auf Felder, deren Randwerte verschwinden (Felder ohne Randbedingungen). Das Newton-Potential ist die einzige Lösung dieser Felder.
Wichtige Lösungsverfahren sind

- direkte Lösung der Maxwellschen Gleichung (Integralform) über das Gaußsche Gesetz
- direkte Berechnung des Newton-Potentials
- Rückführung auf Elementarfelder
- Entwicklung nach Teilpotentialen.

Aufgaben zum Abschnitt 4.1.

4.1.–1 Für die im Abschn. 4.1.2.a gegebene kugelförmige Raumladung (Raumladungsdichte $\varrho = \varrho_0 =$ konst., Radius R) ist das Potentialfeld $\varphi(\boldsymbol{r})$ über das Newton-Potential zu berechnen.

4.1.–2 Eine ebene Kreisscheibe (Radius R) trägt eine gleichmäßig verteilte Ladung der Flächenladungsdichte σ_0.
a) Berechne das Potential und die Feldstärke entlang der Symmetrieachse der Anordnung!
b) Was ergibt sich näherungsweise für φ und $\boldsymbol{E}$ nach a) für großen Abstand von der Scheibe?

4.1.–3 Ein geschlossener, in der Koordinatenfläche $z = 0$ liegender Ring (Radius R) aus dünnem Metalldraht trägt die Ladung Q. Berechne entlang der Symmetrieachse der Anordnung die Potential- und Feldstärkeverteilung und stelle die Verläufe normiert dar! Ermittle evtl. auftretende Extremwerte in diesen Verläufen!

4.1.–4 Zwei gleichnamige Punktladungen Q_1 und Q_2 sind im Abstand d angeordnet.
Bestimme die Lage des Neutralpunktes und untersuche die Eigenschaften des Berührungspunktes speziell für das Ladungsverhältnis $Q_1/Q_2 = k = 1$!

4.1.–5 Eine Metallkugel (Radius R), die
a) geerdet ist und
b) auf dem Potential φ_k liegt,
wird in ein ursprünglich homogenes Feld der Feldstärke $\boldsymbol{E}_h = \boldsymbol{k}E_h$ gebracht.
Berechne jeweils für beide Fälle
α) das Potentialfeld $\varphi(\boldsymbol{r})$
β) das Feldstärkefeld $\boldsymbol{E}(\boldsymbol{r})$
γ) die Ladung der Metallkugel
δ) Ort und Größe maximaler Feldstärke!
Die Rechnung ist in Kugelkoordinaten durchzuführen.

4.1.–6 Gegeben ist ein Plattenkondensator, der aus zwei kreisförmigen Elektroden besteht (Elektrodenradius R, Elektrodenabstand d) und die Ladung Q gespeichert hat.
Unter der Voraussetzung $d \ll R$ berechne das Potential und die Feldstärke des Streufelds auf der Achse der Anordnung!

4.1.–7 Gegeben ist eine auf der positiven z-Achse mit einem Ende im Ursprung angeordnete Linienladung der Länge a mit der konstanten Linienladungsdichte λ_0.
Berechne das Potential in der Koordinatenfläche A_z für $z = a$
a) über das Newton-Potential (exakte Lösung)
b) näherungsweise durch Ermittlung der ersten zwei Teilpotentiale!
c) Vergleiche beide Lösungen durch grafische Darstellung in Abhängigkeit von der Ortskoordinate ϱ!

4.2. Felder mit konstanten Randbedingungen

4.2.1. Spiegelungsmethode

Grundgedanke der Methode. In allgemeineren Fällen wird das elektrische Feld $\boldsymbol{E}$ einer Raumladung dadurch gestört, daß sich ε an Grenzflächen unstetig ändert, und insbesondere dadurch, daß sich metallische Leiter in der Nähe der Raumladung befinden (Bild 4.24).
An der (äußeren) Oberfläche des Leiters muß dann die Tangentialkomponente E_t der elektrischen Feldstärke verschwinden, da im Innern des Leiters $\boldsymbol{E} = 0$ gelten muß (Stetigkeit der Tangentialkomponente von $\boldsymbol{E}$, s. Abschn. 3.1.3.). Damit ist im Leiter einschließlich seiner

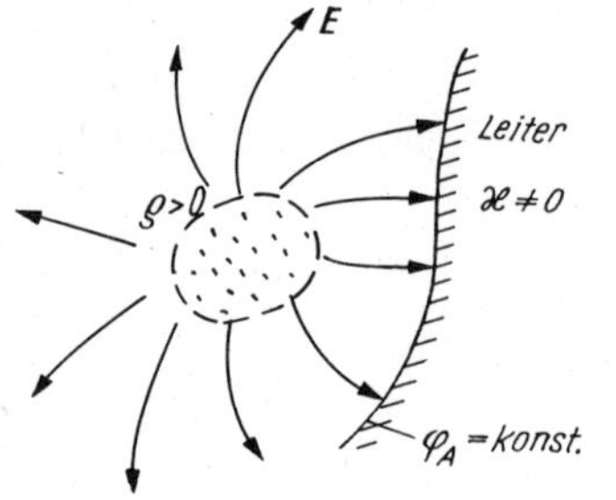

Bild 4.24
Felder mit leitender Berandung

Oberfläche $\varphi = \varphi_A =$ konst. Gibt es nur einen zusammenhängenden leitenden Bereichsrand, so kann ohne Einschränkung der Allgemeinheit $\varphi_A = 0$ angenommen werden.
Das Studium der Feldbilder einfacher Ladungsverteilungen im unendlichen homogenen Raum zeigt, unter welchen Bedingungen Niveauflächen mit dem Potential $\varphi =$ konst. (insbesondere $\varphi = 0$) auftreten und welche geometrische Gestalt diese Niveauflächen haben (Bild 4.25).

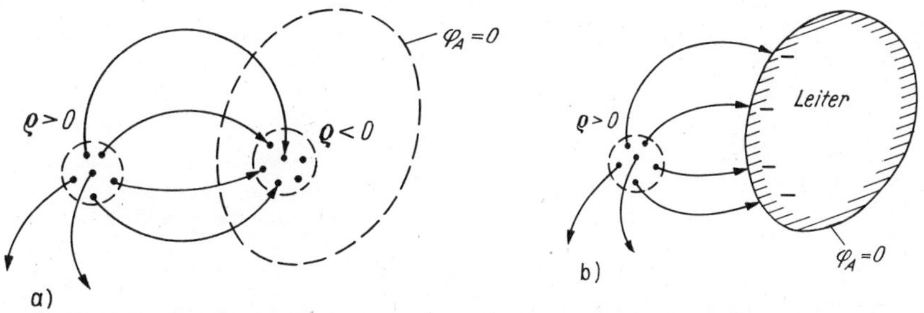

Bild 4.25. Zur Spiegelungsmethode
a) Raumladung mit Niveaufläche
b) Raumladung und Leiterelektrode

Wird diese Niveaufläche $\varphi_A = 0$ mit einer Metallfolie ausgelegt, so wird das Gesamtfeld nicht gestört. Die Folie nimmt das Potential $\varphi = \varphi_A = 0$ an und bildet an der äußeren Oberfläche im Beispiel des Bildes 4.25 negative, an der inneren Oberfläche positive Influenzladungen aus. Man kann die Ladungen im Innern der geschlossenen Niveaufläche $\varphi_A = 0$ sogar entfernen – dabei verschwinden auch die inneren Flächenladungen –, ohne daß das äußere Feld dadurch eine Störung erleidet (Bild 4.25 b). Rein mathematisch folgt die Richtigkeit dieser Überlegung aus der im Abschn. 3.2. festgestellten Tatsache, daß die Lösung der Poissonschen Gleichung eindeutig bestimmt ist, wenn auf dem Bereichsrand – hier die Leiteroberfläche und die unendlich weit entfernten Punkte des Raumes – das Potential $\varphi = \varphi_A$ vorgegeben ist.
Das Potential $\varphi(\boldsymbol{r})$ einer gegebenen Raumladung mit der Dichte $\varrho(\boldsymbol{r})$ bei Störung durch benachbarte Leiter kann man also finden, wenn es gelingt, eine zweite Raumladung (Spiegelladung) in dem homogenen unendlichen Raum so anzubringen, daß gerade dort die Niveaufläche $\varphi = 0$ entsteht, wo die Leiteroberfläche (mit dem Potential $\varphi_A = 0$) angebracht werden soll. Prinzipiell kann also die Berechnung von Feldern $\varphi(\boldsymbol{r})$ mit konstanten Randbedingungen $\varphi_A = 0$ auf die Berechnung von Ladungsfeldern ohne Randbedingungen im Endlichen (siehe Abschn. 4.1.) zurückgeführt werden. Hierzu werden im folgenden einige Beispiele gegeben.

Spiegelung von Punktladungen. Nicht so einfach wie in dem im Abschn. 4.1. betrachteten Fall gestaltet sich die Berechnung der elektrischen Felder vorgegebener Punktladungsverteilungen, wenn elektrisch leitende Grenzflächen existieren, an denen ein unstetiger Übergang von räumlichen Bereichen mit $\varkappa = 0$ auf Bereiche mit $\varkappa = \varkappa_1 \neq 0$ stattfindet (Einbettung von Leitern in Nichtleiter). Nach den in (4.1) angegebenen Grundgleichungen ist dann notwendigerweise in allen Bereichen mit $\varkappa \neq 0$ kein elektrisches Feld vorhanden, das Potential φ somit konstant.
Nur in dem speziellen Fall, daß alle Leitergrenzflächen aus Ebenen oder Kugeloberflächen (im zweidimensionalen Fall aus Geraden oder Kreisen) bestehen, kann das Feld von Punktladungen (und damit auch beliebiger Ladungsverteilungen) relativ leicht und elementar gefunden werden.
Die hier verwendete besondere Methode, die bereits allgemein erläuterte *Spiegelungsmethode*, gründet sich auf die im Abschn. 4.1.3. festgestellten Gesetzmäßigkeiten von Punktladungspaaren.

Zwei Ladungen $Q_1 = Q$ und $Q_2 = -Q$ verschiedenen Vorzeichens, aber gleichen Betrages erzeugen eine ebene Niveaufläche mit dem Potential $\varphi = 0$, die symmetrisch zum Ort dieser beiden Ladungen liegt. Man sagt, die Ladung $Q_2 = Q' = -Q$ sei die bezüglich der Ebene $\varphi = 0$ *gespiegelte Ladung* Q' und umgekehrt. Anders ausgedrückt: Spiegelt man eine Ladung Q an einer Ebene A, so nimmt diese Ebene das Potential $\varphi = 0$ an (Bild 4.26).

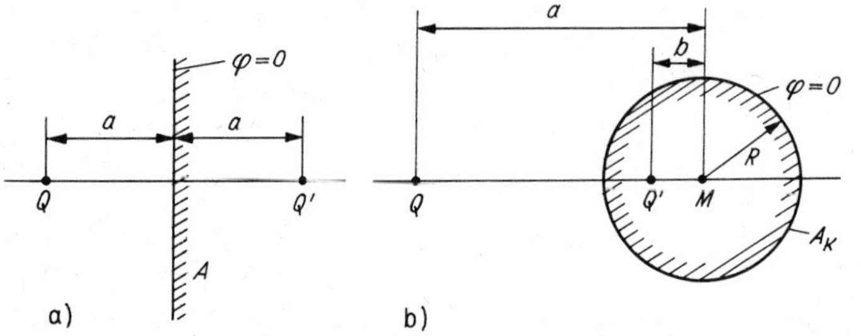

Bild 4.26
Spiegelung im Raum
a) ebene Grenzfläche
b) kugelförmige Grenzfläche

In gleicher Weise spricht man von zueinander spiegelbildlichen Ladungen $Q_1 = Q$ und $Q_2 = Q'$ bezüglich der kugelförmigen Niveaufläche $\varphi = 0$ im Fall $|Q_1| \neq |Q_2|$ (vgl. Bild 4.7). Man sagt wieder: Spiegelt man die Ladung Q an der Kugeloberfläche A_K der Kugel K, so nimmt A_K das Potential $\varphi = 0$ an (Bild 4.26). Bei dieser Spiegelung ist der Ort der Spiegelladung Q' durch

$$ab = R^2 \tag{4.51a}$$

und die Größe von Q' durch

$$Q' = -Q\,\frac{R}{a} \tag{4.51b}$$

gegeben (vgl. Bilder 4.10 und 4.26). Hierbei sind a und b die Abstände von Q_1 und Q_2 vom Kugelmittelpunkt und R der Kugelradius der Niveaufläche $\varphi = 0$.

Spiegelung an Ebene und Kugel. Die erwähnte Spiegelungsmethode zur Berechnung von elektrostatischen Feldern geht nun – zusammen mit dem eben dargelegten Sachverhalt – von dem Eindeutigkeitssatz für Potentialfelder aus (s. Abschn. 3.2.2.), wonach nur genau eine skalare Feldfunktion existiert, die

a) der Poissonschen Gleichung genügt und
b) auf festgelegten Begrenzungsflächen (Gebietsrand) vorgegebene Werte annimmt.

Wir betrachten folgendes Problem: Gegeben ist eine Punktladung Q im Punkt $\boldsymbol{r} = \boldsymbol{r}_0$, die sich vor einer auf das Potential $\varphi = 0$ gelegten (geerdeten) leitenden Ebene A befindet. Gesucht ist das von Q verursachte Potential $\varphi(\boldsymbol{r})$ im Raum vor dieser Ebene. Dieses Potential muß also genau zwei Bedingungen erfüllen: Es muß Lösung der Poissonschen Gleichung

$$\Delta\varphi = \frac{Q}{4\pi\varepsilon}\,\Delta\,\frac{1}{|\boldsymbol{r} - \boldsymbol{r}_0|} = -\,\frac{Q}{\varepsilon}\,\delta\,(\boldsymbol{r} - \boldsymbol{r}_0)$$

sein (vgl. (2.70) und (4.5b)) und bei Annäherung an die Ebene A verschwinden: $\varphi(\boldsymbol{r}) = 0$ für $\boldsymbol{r}$ auf A (Bild 4.27).

Diese zwei Bedingungen erfüllt aber das Feld, das – von Q aus gesehen – vor der Ebene A entsteht, wenn man Q an A spiegelt. Dieses Feld ist mit den Bezeichnungen im Bild 4.27 gegeben durch ($\boldsymbol{a}$ liegt in A)

$$\begin{aligned} \varphi(\boldsymbol{r}) &= \frac{1}{4\pi\varepsilon}\left(\frac{Q}{|\boldsymbol{r} - \boldsymbol{r}_0|} + \frac{Q'}{|\boldsymbol{r} - \boldsymbol{r}_0'|}\right) \quad (\boldsymbol{r} \in B) \\ Q' &= -Q\,, \quad \boldsymbol{r}_0' = \boldsymbol{r}_0 + [2\,(\boldsymbol{a} - \boldsymbol{r}_0)\cdot\boldsymbol{n}]\,\boldsymbol{n}\,. \end{aligned} \tag{4.52}$$

Offensichtlich ist mit Bild 4.27 $\varphi(\boldsymbol{r}) = 0$ auf A und in dem Q enthaltenden Halbraum (vgl. (2.70))

$$\begin{aligned}\Delta\varphi\,(\boldsymbol{r}) &= \frac{Q}{4\pi\varepsilon}\left(\Delta\,\frac{1}{|\boldsymbol{r}-\boldsymbol{r}_0|} - \Delta\,\frac{1}{|\boldsymbol{r}-\boldsymbol{r}_0'|}\right)\\ &= \frac{Q}{4\pi\varepsilon}\,(-4\pi\delta\,(\boldsymbol{r}-\boldsymbol{r}_0) - 0)\\ &= -\,\frac{Q}{\varepsilon}\,\delta\,(\boldsymbol{r}-\boldsymbol{r}_0),\end{aligned}$$

was zu zeigen war.

Handelt es sich um eine leitende Kugelfläche mit dem vorgegebenen Potential $\varphi = 0$, die sich im Feld einer Punktladung Q befindet, so führen genau die gleichen Überlegungen wie im Fall der leitenden Ebene dazu, daß das Feld außerhalb der Kugel mit dem von Q und seiner Spiegelladung Q' erzeugten identisch ist (Bild 4.28).

Mit den Bezeichnungen im Bild 4.28 gilt also im Außenraum der Kugel (entsprechendes gilt für eine Punktladung im Innern einer Kugel)

$$\begin{aligned}\varphi(\boldsymbol{r}) &= \frac{1}{4\pi\varepsilon}\left(\frac{Q}{|\boldsymbol{r}-\boldsymbol{r}_0|} + \frac{Q'}{|\boldsymbol{r}-\boldsymbol{r}_0'|}\right) \quad (\boldsymbol{r} \in \text{Außenraum}) \qquad (4.53)\\ Q' &= -Q\,\frac{R}{|\boldsymbol{r}_0-\boldsymbol{r}_\mathrm{M}|}\\ \boldsymbol{r}_0' &= \boldsymbol{r}_\mathrm{M} + \frac{R^2}{|\boldsymbol{r}_0-\boldsymbol{r}_\mathrm{M}|}\,(\boldsymbol{r}_0-\boldsymbol{r}_\mathrm{M})^\circ.\end{aligned}$$

Im Innern der Kugel gilt der Ausdruck (4.53) natürlich nicht mehr; denn dort ist – wie auf der Kugeloberfläche – $\varphi \equiv 0$.

Diese Methode der Ladungsspiegelung kann vielfältig variiert werden. Einige Hinweise sind durch Bild 4.29 gegeben.

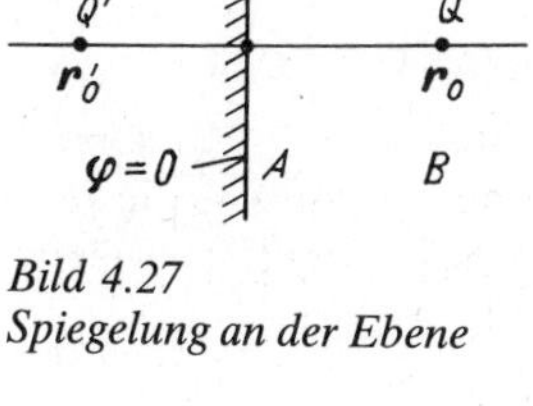

Bild 4.27
Spiegelung an der Ebene

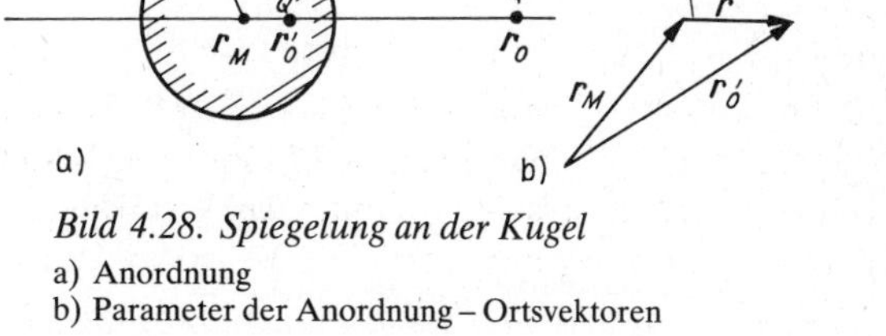

Bild 4.28. Spiegelung an der Kugel
a) Anordnung
b) Parameter der Anordnung – Ortsvektoren

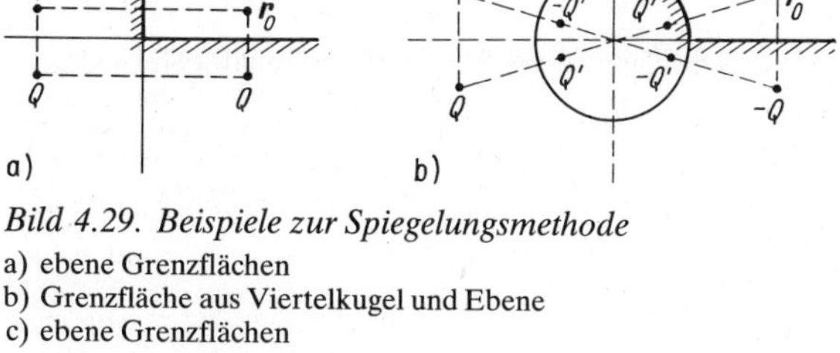

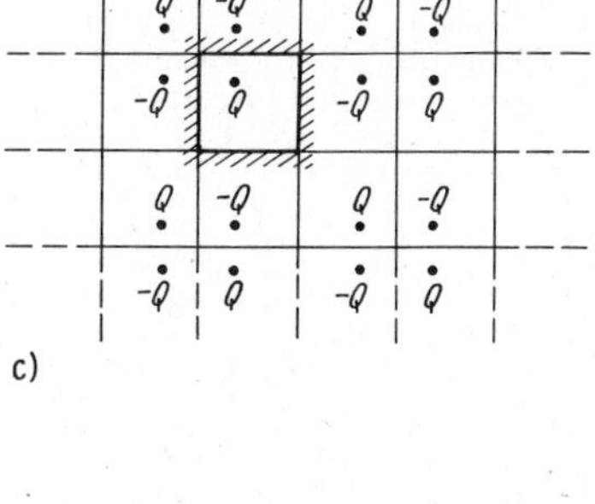

Bild 4.29. Beispiele zur Spiegelungsmethode
a) ebene Grenzflächen
b) Grenzfläche aus Viertelkugel und Ebene
c) ebene Grenzflächen

Mehrfachspiegelung. Diese Methode kann man auch bei komplizierteren Problemen anwenden, indem man zur *Mehrfachspiegelung* bzw. zu einer unendlichen Folge von Spiegelungen übergeht.
Wir betrachten hierzu das durch Bild 4.30a erklärte Problem (Punktladung gegenüber leitenden Kugeln mit Nullpotential) als Beispiel.
Zunächst wird Q z.B. an A_1 gespiegelt; dann führt A_1 das Potential $\varphi = 0$, nicht aber A_2. Die jetzt vorhandenen zwei Ladungen Q, Q_1' werden daher an A_2 gespiegelt, wodurch nun A_2 auf Nullpotential kommt. Da aber das Potential φ auf A_1 gestört ist, werden beide Ladungen aus dem Innern von A_2 nochmals an A_1 gespiegelt usw. (Bild 4.30b). Da die Punktladungen von Spiegelung zu Spiegelung kleiner werden (vgl. (4.51b)), konvergiert das Verfahren, so daß man nach endlich vielen Schritten (wenn die restlichen Ladungen wegen ihrer geringen Größe keinen wesentlichen Beitrag zum Gesamtpotential mehr liefern) das Spiegelungsverfahren abbrechen kann (vgl. (4.54)). Manchmal ist es sogar möglich, für die vollständig unendliche Reihe einen geschlossenen Ausdruck anzugeben (vgl. Abschn. 4.4.1.).
Es ist leicht einzusehen, daß man allgemeiner das Potential mehrerer Punktladungen, die sich gegenüber einem System von geerdeten Kugeln und Ebenen befinden, in gleicher Weise dadurch findet, daß man jede dieser Ladungen an dem Leitersystem mehrfach spiegelt. Sogar das Potential stetig verteilter Raumladungen kann auf diese Weise gefunden werden (siehe Abschn. 4.2.2.).

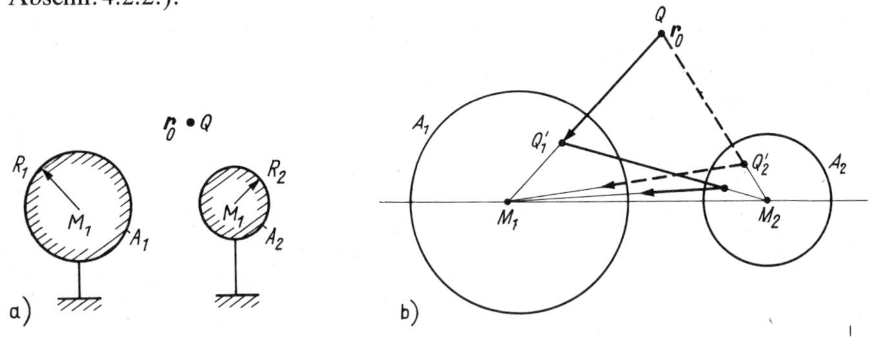

Bild 4.30. Mehrfachspiegelung
a) Elektrodenanordnung
b) Feldberechnung durch Mehrfachspiegelung

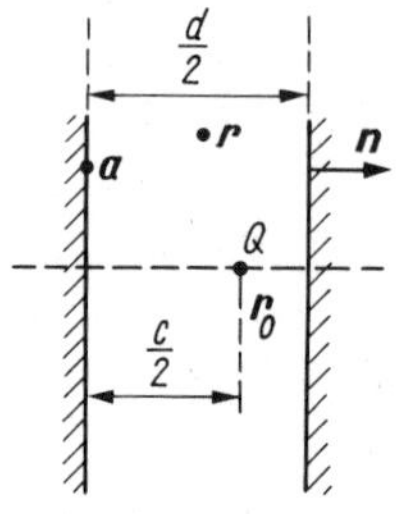

Bild 4.31. Beispiel zur Spiegelungsmethode

Die dargelegten Gedanken erläutern wir noch an einem Beispiel. Zu berechnen ist das Potential einer zwischen zwei geerdeten Platten angebrachten Punktladung Q (Bild 4.31).
Das Potential einer äquidistanten Ladungsfolge mit dem Abstand d beträgt mit den Bezeichnungen im Bild 4.31

$$\varphi(\boldsymbol{r}) = \frac{Q}{4\pi\varepsilon} \sum_{n=-\infty}^{+\infty} \frac{1}{|\boldsymbol{r} - (\boldsymbol{r}_0 + \boldsymbol{n}nd)|}.$$

Liegt Q an der Stelle $\boldsymbol{r} = \boldsymbol{r}_0$, so ergibt die Mehrfachspiegelung an beiden Leiterebenen mit der Normalen $\boldsymbol{n}$

$$\varphi(\boldsymbol{r}, \boldsymbol{r}_0) = \varphi(\boldsymbol{r}) - \varphi(\boldsymbol{r} - \boldsymbol{n}a)$$
$$= \frac{Q}{4\pi\varepsilon} \sum_{n=-\infty}^{+\infty} \left\{ \frac{1}{|\boldsymbol{r} - (\boldsymbol{r}_0 + \boldsymbol{n}nd)|} - \frac{1}{|\boldsymbol{r} - [\boldsymbol{r}_0 + \boldsymbol{n}(nd - a)]|} \right\}$$
$$c = 2(\boldsymbol{r}_0 - \boldsymbol{a}) \cdot \boldsymbol{n}. \tag{4.54}$$

Dieser Ausdruck stellt das gesuchte Potential dar.

4.2.2. Greensche Funktion

Physikalische Definition. Das Potential φ_Q der Punktladung Q hängt sehr einfach mit einem weiteren nützlichen Begriff der Feldtheorie zusammen, und zwar mit der *Greenschen Funktion* $G(\boldsymbol{r}, \boldsymbol{r}_0)$. Man versteht darunter allgemein und in Übereinstimmung mit Abschn. 3.2.3. das Potential einer Punktladung Q bezogen auf Q unter der Randbedingung $\varphi_A = 0$:

$$\boxed{G(\boldsymbol{r}, \boldsymbol{r}_0) = \frac{\varphi_Q(\boldsymbol{r})}{Q(\boldsymbol{r}_0)}.} \tag{4.55}$$

$\varphi_Q(\boldsymbol{r})$ ist das Potential im Raumpunkt $\boldsymbol{r}$, das von der im Punkt $\boldsymbol{r}_0$ befindlichen Punktladung $Q(\boldsymbol{r}_0)$ erzeugt wird (Bild 4.32). Offenbar ist $G(\boldsymbol{r}, \boldsymbol{r}_0)$ nur von ε und der geometrischen Form der Bereichsberandung (mit dem Potential $\varphi_A = 0$) abhängig.

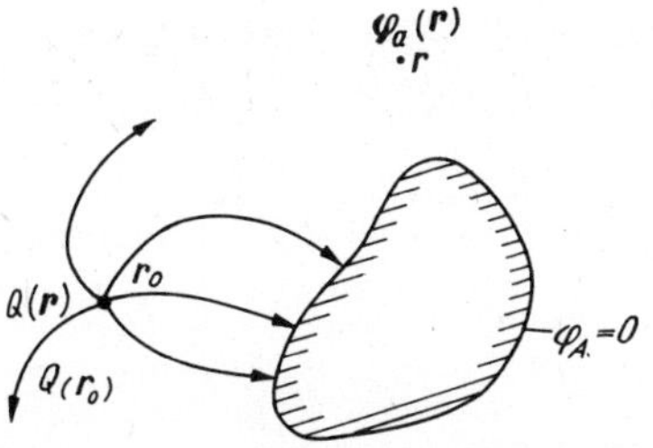

Bild 4.32. Punktladung und leitende Grenzfläche

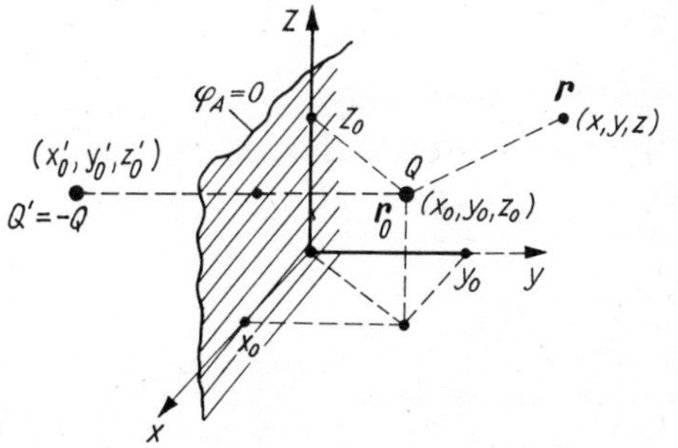

Bild 4.33. Zur Greenschen Funktion

Der unendliche Raum (mit $\varphi(\boldsymbol{r}) \to 0$ für $|\boldsymbol{r}| \to \infty$) hat hiernach die Greensche Funktion

$$G(\boldsymbol{r}, \boldsymbol{r}_0) = \frac{Q}{4\pi\varepsilon\,|\boldsymbol{r} - \boldsymbol{r}_0|} \cdot \frac{1}{Q} = \frac{1}{4\pi\varepsilon\,|\boldsymbol{r} - \boldsymbol{r}_0|}.$$

Auch die Greensche Funktion des Halbraums und der Kugel kann mit dem Ergebnis von Abschn. 4.2.1. leicht angegeben werden. Nach Abschn. 4.2.1. gilt z. B. für den rechten Halbraum (Bild 4.33) mit $\boldsymbol{a} = 0$ und $\boldsymbol{n} = \boldsymbol{j}$

$$\begin{aligned}G(\boldsymbol{r}, \boldsymbol{r}_0) &= \frac{1}{4\pi\varepsilon\,|\boldsymbol{r} - \boldsymbol{r}_0|} - \frac{1}{4\pi\varepsilon}\,\frac{1}{|\boldsymbol{r} - \boldsymbol{r}_0'|}\\ &= \frac{1}{4\pi\varepsilon\sqrt{(x - x_0)^2 + (y - y_0)^2 + (z - z_0)^2}}\\ &\quad - \frac{1}{4\pi\varepsilon}\,\frac{1}{\sqrt{(x - x_0)^2 + (y + y_0)^2 + (z - z_0)^2}}.\end{aligned}$$

Hierin ist der zweite Summand, beachtet man $\boldsymbol{r}_0' = f(\boldsymbol{r}_0)$,

$$\psi(\boldsymbol{r}, \boldsymbol{r}_0') = -\frac{1}{4\pi\varepsilon\,|\boldsymbol{r} - \boldsymbol{r}_0'|}$$

im Innern des interessierenden rechten Halbraums harmonisch:

$$\Delta\psi(\boldsymbol{r}, \boldsymbol{r}_0') = 0$$

für alle $\boldsymbol{r}$ mit $y > 0$.

Man überlegt leicht, daß jede Greensche Funktion die allgemeine Form

$$G(\boldsymbol{r}, \boldsymbol{r}_0) = \frac{1}{4\pi\varepsilon\,|\boldsymbol{r} - \boldsymbol{r}_0|} + \psi(\boldsymbol{r}, \boldsymbol{r}_0) \tag{4.56a}$$

mit

$$\begin{aligned} \Delta\psi(\boldsymbol{r}, \boldsymbol{r}_0) &= 0 \\ \Delta G(\boldsymbol{r}, \boldsymbol{r}_0) &= -\frac{\delta(\boldsymbol{r} - \boldsymbol{r}_0)}{\varepsilon} \end{aligned} \tag{4.56b}$$

haben muß, da das Feld einer Punktladung nach der allgemeinen Lösung der Poissonschen Gleichung und unter Berücksichtigung von (4.12) immer die Form

$$\varphi(\boldsymbol{r}) = \frac{Q(\boldsymbol{r}_0)}{4\pi\varepsilon\,|\boldsymbol{r} - \boldsymbol{r}_0|} + \varphi_{\mathrm{H}}(\boldsymbol{r})$$

hat. $\varphi_{\mathrm{H}}(\boldsymbol{r})$ kann so bestimmt werden (und zwar eindeutig), daß $\varphi(\boldsymbol{r})$ auf dem Bereichsrand verschwindet. Natürlich hängt $\varphi_{\mathrm{H}}(\boldsymbol{r})$ – außer von der Berandung – noch vom Ort der Punktladung Q, also von $\boldsymbol{r}_0$, ab:

$$\varphi_{\mathrm{H}}(\boldsymbol{r}) = \varphi_{\mathrm{H}'}(\boldsymbol{r}, \boldsymbol{r}_0).$$

Damit gilt dann

$$G(\boldsymbol{r}, \boldsymbol{r}_0) = \frac{\varphi(\boldsymbol{r})}{Q(\boldsymbol{r}_0)} = \frac{1}{4\pi\varepsilon\,|\boldsymbol{r} - \boldsymbol{r}_0|} + \frac{\varphi_{\mathrm{H}'}(\boldsymbol{r}, \boldsymbol{r}_0)}{Q(\boldsymbol{r}_0)},$$

also der Ausdruck (4.56a), wenn noch

$$\frac{\varphi_{\mathrm{H}'}(\boldsymbol{r}, \boldsymbol{r}_0)}{Q(\boldsymbol{r}_0)} = \psi(\boldsymbol{r}, \boldsymbol{r}_0)$$

gesetzt wird.

Die zweite Gleichung von (4.56b) folgt aus (4.56a), wenn (2.70) berücksichtigt wird.

Bemerkung: (4.55) erhält man auch unmittelbar aus dem speziellen 4. Integralsatz (3.55) von *Green*, wenn man ihn nach der gesuchten Funktion $G(\boldsymbol{r}, \boldsymbol{r}_0)$ auflöst. Für elektrostatische Felder ($U \triangleq (-)\,\varphi$, $\omega \triangleq \varrho$, $\sigma \triangleq \varepsilon$) lautet er:

$$\varphi(\boldsymbol{r}) = \int_{(V)} G(\boldsymbol{r}, \boldsymbol{r}_0)\,\varrho(\boldsymbol{r}_0)\,\mathrm{d}V_0 - \varepsilon \int_{(A)} \varphi(\boldsymbol{r}_0)\,\mathrm{grad}_0\,G(\boldsymbol{r}, \boldsymbol{r}_0)\,\mathrm{d}\boldsymbol{A}_0.$$

Soll aus dieser Beziehung $G(\boldsymbol{r}, \boldsymbol{r}_0)$ berechnet werden, so erreicht man dies, indem im Flächenintegral das Randpotential $\varphi(\boldsymbol{r}_0) = \varphi_{\mathrm{A}} = 0$ gesetzt und im Volumenintegral für die Raumladungsdichte $\varrho(\boldsymbol{r}_0) = Q\delta(\boldsymbol{r}_0 - \boldsymbol{r}_Q)$ *(Punktladung* Q an der Stelle $\boldsymbol{r}_Q$) eingeführt wird (s. (4.6b)). Mit (2.69) folgt dann für vorstehende Beziehung

$$\varphi(\boldsymbol{r}) = \int_{(V)} G(\boldsymbol{r}, \boldsymbol{r}_0)\,Q\delta(\boldsymbol{r}_0 - \boldsymbol{r}_Q)\,\mathrm{d}V_0 = QG(\boldsymbol{r}, \boldsymbol{r}_Q) = QG(\boldsymbol{r}, \boldsymbol{r}_0),$$

wenn die Umbenennung $\boldsymbol{r}_Q = \boldsymbol{r}_0$ wieder vorgenommen wird. Auflösung nach $G(\boldsymbol{r}, \boldsymbol{r}_0)$ führt schließlich auf (4.55), was gezeigt werden sollte.

Felddarstellung mittels $G(\boldsymbol{r}, \boldsymbol{r}_0)$. Ist die Greensche Funktion $G(\boldsymbol{r}, \boldsymbol{r}_0)$ eines Bereiches B bekannt, so kann das Potential $\varphi(\boldsymbol{r})$ einer beliebigen Raumladung berechnet werden, wenn auf dem Bereichsrand von B verschwindendes Potential gefordert wird (Raumladung bei Anwesenheit geerdeter Leiter, vgl. Abschn. 4.3.2.).

Ist $\mathrm{d}V$ ein kleiner (kugelförmiger) räumlicher Bereich im Innern der Raumladung mit der Dichte $\varrho(\boldsymbol{r})$, so ist nach (4.55) mit $\mathrm{d}Q = \varrho(\boldsymbol{r}_0)\,\mathrm{d}V_0$

$$\mathrm{d}\varphi = G(\boldsymbol{r}, \boldsymbol{r}_0)\,\varrho(\boldsymbol{r}_0)\,\mathrm{d}V_0$$

das zugehörige Potential, erzeugt von der (punktförmigen) Ladung $\mathrm{d}Q = \varrho\,\mathrm{d}V$. Die gesamte Raumladung erzeugt deshalb das Gesamtpotential

$$\varphi(\boldsymbol{r}) = \int_{(V)} G\,(\boldsymbol{r}, \boldsymbol{r}_0)\,\varrho(\boldsymbol{r}_0)\,\mathrm{d}V_0. \tag{4.57}$$

Hierin ist per Definition (vgl. auch Abschn. 4.3.2. und S. 173)

$$G\,(\boldsymbol{r}, \boldsymbol{r}_0) = 0$$

für alle auf dem Rand liegenden $\boldsymbol{r}$ und für alle $\boldsymbol{r}_0$ des Lösungsbereichs, also $\varphi(\boldsymbol{r}) = 0$ auf dem Bereichsrand, und außerdem mit (4.56) bzw. (2.70)

$$\begin{aligned}\Delta\varphi\,(\boldsymbol{r}) &= \int \Delta G\,(\boldsymbol{r}, \boldsymbol{r}_0)\,\varrho(\boldsymbol{r}_0)\,\mathrm{d}V_0\\ &= -\int \frac{1}{\varepsilon}\,\delta\,(\boldsymbol{r} - \boldsymbol{r}_0)\,\varrho(\boldsymbol{r}_0)\,\mathrm{d}V_0\\ &= -\frac{\varrho(\boldsymbol{r})}{\varepsilon}.\end{aligned}$$

Berechnung von $G\,(\boldsymbol{r}, \boldsymbol{r}_0)$*. Zur Berechnung von $G\,(\boldsymbol{r}, \boldsymbol{r}_0)$ werden verschiedene Methoden verwendet. Am Beispiel der Greenschen Funktion für den Quader (Bild 4.34) zeigen wir die Anwendung einer Methode, die direkt von der Differentialgleichung für $G\,(\boldsymbol{r}, \boldsymbol{r}_0)$, also von

$$\Delta G\,(\boldsymbol{r}, \boldsymbol{r}_0) = -\frac{\delta\,(\boldsymbol{r} - \boldsymbol{r}_0)}{\varepsilon} \tag{4.58}$$

bzw. von (4.55), ausgeht.

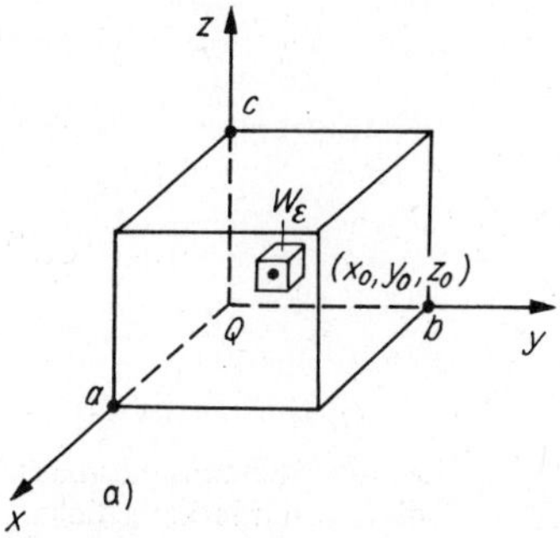

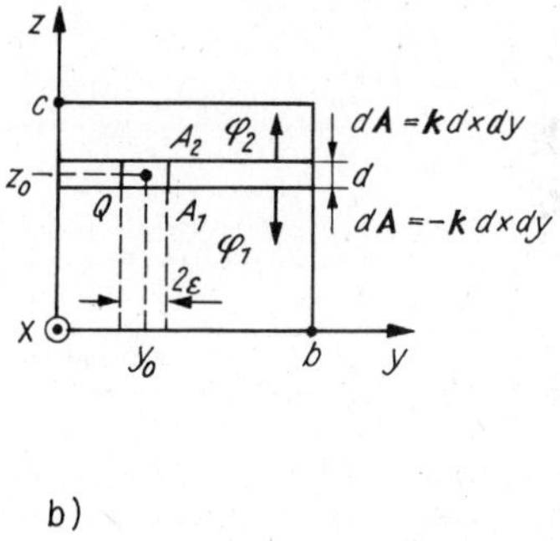

Bild 4.34. Zur Greenschen Funktion
a) würfelförmiger Bereich
b) zur Feldberechnung

Wir rechnen in kartesischen Koordinaten. Da das von Q erzeugte Potential überall im Quader – außer in (x_0, y_0, z_0), dem Ladungsort – harmonisch ist, setzen wir für $z < z_0$

$$\varphi_1\,(x, y, z) = \sum_{m=1}^{\infty}\sum_{n=1}^{\infty} A'_{mn} \sin\frac{m\pi x}{a}\sin\frac{n\pi y}{b}\sinh a_{mn}z. \tag{4.59}$$

Dann ist $\varphi_1 = 0$ auf der Grundfläche und auf den Seitenflächen unterhalb $z = z_0$ und im Innern ($0 < x < a$, $0 < y < b$, $0 < z < z_0$) harmonisch (vgl. Abschn. 3.2.5.). Entsprechendes gilt für

$$\varphi_2\,(x, y, z) = \sum_{m=1}^{\infty}\sum_{n=1}^{\infty} A''_{mn} \sin\frac{m\pi x}{a}\sin\frac{n\pi y}{b}\sinh a_{mn}\,(c - z). \tag{4.60a}$$

Es ist – wie erforderlich – $\varphi_1(x, y, z_0) = \varphi_2(x, y, z_0)$ für $x \neq x_0$, $y \neq y_0$, wenn wir z. B. setzen (hinreichende Bedingung):

$$A'_{mn} = \frac{A_{mn}}{\sinh a_{mn} z_0} \tag{4.60b}$$

$$A''_{mn} = \frac{A_{mn}}{\sinh a_{mn}(c - z_0)}. \tag{4.60c}$$

In (4.59) bzw. (4.60) ist ferner (s. Abschn. 3.2.5.)

$$a_{mn} = \pi \sqrt{\left(\frac{m}{a}\right)^2 + \left(\frac{n}{b}\right)^2}. \tag{4.61}$$

Die allgemeine Beziehung

$$\oint \boldsymbol{D} \cdot \mathrm{d}\boldsymbol{A} = -\varepsilon \oint \operatorname{grad} \varphi \cdot \mathrm{d}\boldsymbol{A} = Q,$$

auf vorliegendes Problem angewandt, ergibt (Bild 4.34)

$$\oint_{(A_1)} \operatorname{grad} \varphi_1 \cdot \mathrm{d}\boldsymbol{A} + \oint_{(A_2)} \operatorname{grad} \varphi_2 \cdot \mathrm{d}\boldsymbol{A} = \oint_{(W_\varepsilon)} \operatorname{grad} \varphi \cdot \mathrm{d}\boldsymbol{A}$$

$$\int_{x=0}^{a} \int_{y=0}^{b} \left(-\frac{\partial \varphi_1}{\partial z} + \frac{\partial \varphi_2}{\partial z}\right) \mathrm{d}x\, \mathrm{d}y = \int_{x_0-\varepsilon}^{x_0+\varepsilon} \int_{y_0-\varepsilon}^{y_0+\varepsilon} \left(-\frac{\partial \varphi_1}{\partial z} + \frac{\partial \varphi_2}{\partial z}\right) \mathrm{d}x\, \mathrm{d}y = -\frac{Q}{\varepsilon}, \tag{4.62}$$

wenn der Flächenabstand d zwischen A_1 und A_2 gegen Null strebt. Mit Vorstehendem folgt

$$\sum_{m=1}^{\infty} \sum_{n=1}^{\infty} A_{mn} a_{mn} [\cosh a_{mn} z_0 + \cosh a_{mn}(c - z_0)] \sin \frac{m\pi x}{a} \sin \frac{n\pi y}{b} = \frac{\partial \varphi_1}{\partial z} - \frac{\partial \varphi_2}{\partial z}.$$

Wird diese Beziehung mit $\sin p\pi x/a \sin q\pi y/b$ (p, q natürliche Zahlen) multipliziert, so findet man mit

$$\coth a_{mn} z_0 + \coth a_{mn}(c - z_0) = \frac{\sinh a_{mn} c}{\sinh a_{mn} z_0 \sinh a_{mn}(c - z_0)}$$

und Integration über x und y (vgl. auch (4.61))

$$A_{pq} a_{pq} \frac{\sinh a_{pq} c}{\sinh a_{pq} z_0 \cdot \sinh a_{pq}(c - z_0)} \int_0^a \sin^2 \frac{p\pi x}{a} \mathrm{d}x \int_0^b \sin^2 \frac{q\pi y}{b} \mathrm{d}y$$

$$= \int_{x=0}^{a} \int_{y=0}^{b} \left(\frac{\partial \varphi_1}{\partial z} - \frac{\partial \varphi_2}{\partial z}\right) \sin \frac{p\pi x}{a} \sin \frac{q\pi y}{b} \mathrm{d}x\, \mathrm{d}y$$

$$= \int_{x_0-\varepsilon}^{x_0+\varepsilon} \int_{y_0-\varepsilon}^{y_0+\varepsilon} \left(\frac{\partial \varphi_1}{\partial z} - \frac{\partial \varphi_2}{\partial z}\right) \sin \frac{p\pi x}{a} \sin \frac{q\pi y}{b} \mathrm{d}x\, \mathrm{d}y$$

$$= \sin \frac{p\pi x_0}{a} \sin \frac{q\pi y_0}{b} \int_{x_0-\varepsilon}^{x_0+\varepsilon} \int_{y_0-\varepsilon}^{y_0+\varepsilon} \left(\frac{\partial \varphi_1}{\partial z} - \frac{\partial \varphi_2}{\partial z}\right) \mathrm{d}x\, \mathrm{d}y$$

$$= \sin \frac{p\pi x_0}{a} \sin \frac{q\pi y_0}{b} \frac{Q}{\varepsilon}.$$

Daraus folgt für

$$A_{mn} = \frac{4Q}{\varepsilon a_{mn} ab} \cdot \frac{\sinh a_{mn} z_0 \sinh a_{mn}(c - z_0)}{\sinh a_{mn} c} \sin \frac{m\pi x_0}{a} \sin \frac{n\pi y_0}{b} \tag{4.63}$$

und schließlich für

$$G(x, y, z; x_0, y_0, z_0) = \begin{cases} \varphi_1/Q & \text{für} \quad z < z_0 \\ \varphi_0/Q & \text{für} \quad z > z_0. \end{cases}$$

Analog kann $G(\boldsymbol{r}, \boldsymbol{r}_0)$ in anderen Koordinaten berechnet werden.

Zusammenfassung. Wichtiges Verfahren zur Lösung von Randwertaufgaben mit konstanten Randpotentialen (1. Randwertproblem) ist die Spiegelungsmethode sowie die Berechnung mit der Greenschen Funktion.

Die Spiegelungsmethode führt die Lösung von Randwertaufgaben auf die Berechnung von

Elementarfeldern (Felder ohne Randbedingungen) zurück. Sie ist nur für einfache Ladungsanordnungen und geometrische Strukturen anwendbar.
Die Greensche Funktion $G(\boldsymbol{r}, \boldsymbol{r}_0)$ führt auf eine partikuläre Lösung der Poissonschen Gleichung speziell für das 1. Randwertproblem. Sie ist eine nur von der Geometrie der Anordnung abhängige Ortsfunktion in den Variablen $\boldsymbol{r}$ und $\boldsymbol{r}_0$ und Lösung der Poissonschen Gleichung mit der Störfunktion $-4\pi\delta(\boldsymbol{r}-\boldsymbol{r}_0)$ für verschwindende Randwerte. Die Lösung erfolgt i. allg. durch einen unendlichen Reihenansatz. $G(\boldsymbol{r}, \boldsymbol{r}_0)$ kann aus physikalischen Größen (φ, Q) bestimmt werden, was die Kenntnis der Lösung voraussetzt.

Aufgaben zum Abschnitt 4.2.

4.2.–1 Eine Punktladung Q befindet sich im Abstand h über einer unendlich ausgedehnten, geerdeten und leitenden Ebene (Koordinatenfläche A_z für $z = 0$).
Berechne
a) das Potential- und Feldstärkefeld im oberen Halbraum
b) die influenzierte Ladungsdichte über der Ebene sowie die gesamte Influenzladung auf der Ebene
c) die Greensche Funktion der Anordnung!

4.2.–2 Eine Metallkugel (Radius R), die
1. geerdet ist
2. auf dem Potential φ_k liegt,
wird an der Stelle $\boldsymbol{r} = 0$ in ein ursprünglich homogenes Feld der Feldstärke $\boldsymbol{E}_0 = \boldsymbol{k}E_0$ gebracht.
Für beide Fälle berechne
a) Potential- und Feldstärkefeld der Anordnung
b) die Ladung der Kugelelektrode
c) den Ort maximaler Feldstärke und die maximale Feldstärke
d) die Greensche Funktion der Anordnung!

4.2.–3 Berechne die Greensche Funktion $G(\boldsymbol{r}, \boldsymbol{r}_0)$ des Innenraums zweier unendlich ausgedehnter, planparalleler Ebenen im Abstand d!

4.2.–4 Für die im Bild 4.29a und b angegebene Elektrodenanordnung berechne das Potential- und Feldstärkefeld sowie die Greensche Funktion!

4.3. Harmonische Potentiale

4.3.1. Raumladungsfreie Felder

Allgemeines Grundproblem. Bisher ist von gegebenen Ladungsverteilungen $\varrho(\boldsymbol{r})$ ausgegangen und das von ϱ erzeugte elektrische Potential $\varphi(\boldsymbol{r})$ gesucht worden. Im einfachsten Fall gibt es keine das Feld störende Inhomogenitäten des Feldträgers (ε = konst. im ganzen Raum, s. Abschn. 4.1.); im allgemeineren Fall kann das Feld durch Leiter gestört sein ($\varphi = \varphi_A = 0$ auf dem Rand des Nichtleiters, s. Abschn. 4.2.).
In einem noch allgemeineren Fall ist in einem räumlichen Bereich eine Raumladung mit der Dichte ϱ gegeben, und auf dem Bereichsrand ist $\varphi_A(\boldsymbol{r})$ beliebig, insbesonders (bei leitenden, nichtzusammenhängenden Randabschnitten) abschnittsweise konstant vorgegeben (Bild 4.35). Sind $\varphi_{A1}, \varphi_{A2}, \ldots, \varphi_{An}$ die konstanten Randpotentiale der voneinander getrennten

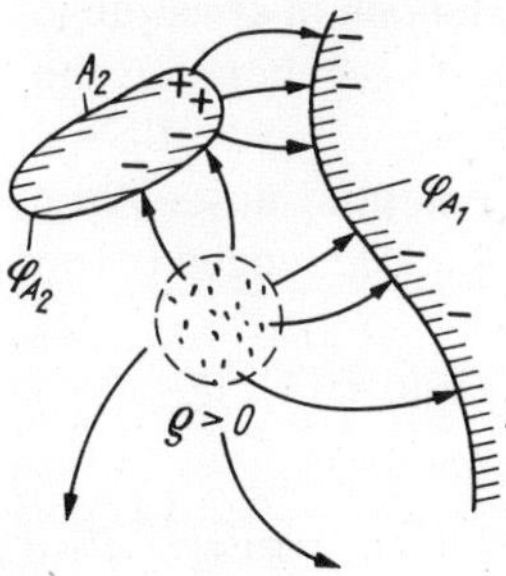

Bild 4.35
Zur Feldberechnung des ersten Randwertproblems

Ränder $A_1, A_2, \dots, A_n$ und ist $\varphi_{A\nu} \neq \varphi_{A\mu}$, so bildet sich zwischen den Berandungsflächen auch schon dann ein Feld $\varphi(\boldsymbol{r})$ aus, wenn die Raumladung ϱ verschwindet ($\varrho(\boldsymbol{r}) \equiv 0$)). Das Gesamtfeld $\varphi(\boldsymbol{r})$ besteht also aus einer Überlagerung zweier Felder, nämlich dem Raumladungsfeld $\varphi_Q(\boldsymbol{r})$ und dem (harmonischen) „Berandungsflächenfeld" $\varphi_H(\boldsymbol{r})$.
Das Gesamtfeld $\varphi(\boldsymbol{r})$ kann dementsprechend wie folgt dargestellt werden:

$$1. \quad \varphi(\boldsymbol{r}) = \frac{1}{4\pi\varepsilon} \int_{(V)} \frac{\varrho \, \mathrm{d}V_0}{|\boldsymbol{r} - \boldsymbol{r}_0|} + \varphi_{H_1}(\boldsymbol{r})$$

$$2. \quad \varphi(\boldsymbol{r}) = \int_{(V)} G(\boldsymbol{r}, \boldsymbol{r}_0) \, \varrho \, \mathrm{d}V_0 + \varphi_{H_2}(\boldsymbol{r}). \tag{4.64}$$

Im ersten Fall wird das Raumladungsfeld zunächst ohne Beachtung der Randbedingungen berechnet. Danach wird $\varphi_{H_1}(\boldsymbol{r})$ so bestimmt, daß das Gesamtfeld $\varphi(\boldsymbol{r})$ die vorgegebenen Randwerte $\varphi_{A\nu}$ annimmt. Die Werte von

$$\varphi_Q(\boldsymbol{r}) = \frac{1}{4\pi\varepsilon} \int_{(V)} \frac{\varrho \, \mathrm{d}V_0}{|\boldsymbol{r} - \boldsymbol{r}_0|}$$

auf dem Bereichsrand zusammen mit den Randwerten von φ_{H_1} müssen also $\varphi_{A\nu}$ ergeben.
Im zweiten Fall nimmt

$$\varphi_G = \int_{(V)} G(\boldsymbol{r}, \boldsymbol{r}_0) \, \varrho \, \mathrm{d}V_0$$

auf dem Bereichsrand verschwindende Werte an, so daß $\varphi_{H_2}(\boldsymbol{r})$ für die Randwerte $\varphi_{A\nu}$ zu berechnen ist.
Im allgemeinen ist die Berechnung des Gesamtfelds nach der zweiten Methode einfacher, und da die Berechnung von φ_G entsprechend (4.57) bereits in den Abschnitten 4.1. und 4.2. behandelt worden ist, bleibt noch die Bestimmung von $\varphi_{H_2}(\boldsymbol{r})$, also die Berechnung einer harmonischen Funktion φ_H mit vorgegebenen (hier bereichsweise konstanten) Randwerten *(1. Randwertaufgabe der Potentialtheorie)*.
Diese Aufgabe kann nach drei Methoden gelöst werden:

1. Zurückführung auf ein Feldproblem ohne Randbedingungen (Abschnitte 4.1. und 4.2., Beispiel im Abschn. 4.3.1.)
2. Berechnung von φ_{H_1} für vorgegebene Randwerte (Lösung des ersten Randwertproblems der Potentialtheorie, Beispiel im Abschn. 4.3.1., S. 179, 180 und 181)
3. Berechnung von φ_{H_2} aus der Greenschen Funktion (dargelegt im Abschn. 4.3.1.).

Kugel im homogenen Feld. Mit der in den vorstehenden Abschnitten dargelegten Spiegelung kann das Potential eines Systems von Punktladungen berechnet werden, wenn es durch geerdete Leiter mit kugelförmigen oder ebenen Oberflächen gestört wird. Grundlage dieser Methode ist das bekannte Feldbild einfacher singulärer Ladungsverteilungen.
Das Studium der Felder einfacher singulärer Ladungen kann aber auch noch in etwas abgewandelter Weise zur Berechnung von (raumladungsfreien) Feldern mit vorgegebenen Randpotentialen genutzt werden. Bei dieser Methode denkt man sich bestimmte Niveauflächen einer Ladungsverteilung als leitende Randflächen mit konstantem Potential ausgebildet. Dann ist $\varphi(\boldsymbol{r})$ in dem zwischen diesen Potentialflächen liegenden (von Punktladungen freien) Gebiet das gesuchte (harmonische) Potential.
Als Beispiel betrachten wir das im Abschn. 4.1.3. berechnete Feld (vgl. Bild 4.14)

$$\varphi(\boldsymbol{r}) = \frac{1}{4\pi\varepsilon} \left(\frac{\boldsymbol{r} \cdot \boldsymbol{P}}{|\boldsymbol{r}|^3} - \frac{\boldsymbol{r} \cdot \boldsymbol{P}}{R^3} \right). \tag{4.65a}$$

Es entsteht durch Überlagerung eines (in kartesischen Koordinaten) eindimensionalen Potentialfelds (homogenes elektrisches Feld) mit einem Dipolfeld. Außerhalb der Kugel mit dem Radius R ist dieses Feld identisch mit dem Feld, das entsteht, wenn eine ungeladene Metallkugel mit dem Radius R in ein vorher homogenes elektrisches Feld eingeführt wird, und zwar so, daß der Mittelpunkt dieser Kugel auf die Niveaufläche $\varphi = 0$ des homogenen E-Feldes zu liegen kommt. Das ergibt sich sofort, wenn man beachtet, daß außerhalb der Kugel natürlich $\Delta\varphi = 0$ gilt und außerdem die richtigen Randwerte eingehalten werden, nämlich auf der Kugeloberfläche $\varphi = 0$ und für große r

$$\varphi \approx -\frac{1}{4\pi\varepsilon}\frac{\boldsymbol{r}\cdot\boldsymbol{P}}{R^3}$$

(ungestörtes Feld in großer Entfernung von der Kugel).
Wird in das homogene E-Feld eine Kugel mit dem Potential $\varphi = \varphi_k \neq 0$ eingeführt, so erhält man das Potential für $|\boldsymbol{r}| \geqq R$ offenbar durch Hinzunahme des Feldes einer weiteren Punktladung Q im Kugelmittelpunkt:

$$\varphi = \frac{1}{4\pi\varepsilon}\left(\frac{\boldsymbol{r}\cdot\boldsymbol{P}}{|\boldsymbol{r}|^3} - \frac{\boldsymbol{r}\cdot\boldsymbol{P}}{R^3} + \frac{R\varphi_k 4\pi\varepsilon}{|\boldsymbol{r}|}\right) \quad (\varphi_k R\, 4\pi\varepsilon = Q). \tag{4.65b}$$

Die gleiche Methode ist anwendbar, wenn zwischen den Grenzflächen konstanten Potentials Punkt- oder Dipolladungen auftreten.

Randwertaufgabe. Gegeben seien zwei voneinander isolierte Halbkugeln (Bild 4.36) mit den Potentialen $\varphi = \varphi_1$ und $\varphi = 0$, die von einer geerdeten ($\varphi = 0$) Kugel eingeschlossen werden. Gesucht ist das harmonische Potential $\varphi(\boldsymbol{r})$ im Raum $R_1 < |\boldsymbol{r}| < R_2$.

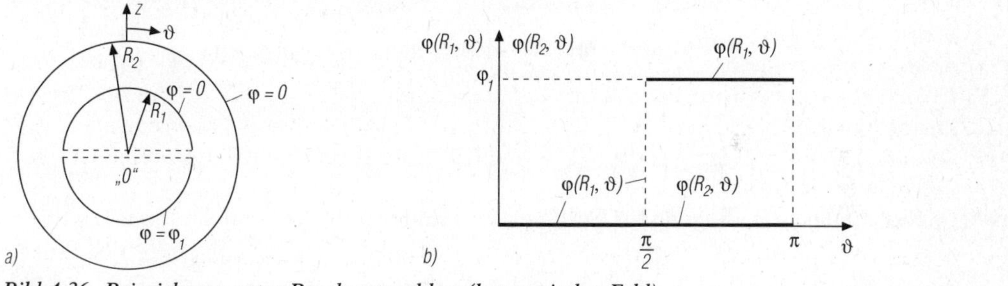

Bild 4.36. Beispiel zum ersten Randwertproblem (harmonisches Feld)
a) Elektrodenanordnung
b) Randwertverlauf

Dieses Beispiel wollen wir etwas ausführlicher behandeln, um einige Grundgedanken zur systematischen Lösung solcher Randwertaufgaben darzulegen.
Dem Problem angepaßt sind Kugelkoordinaten (r, ϑ, α), wobei der Koordinatenursprung zweckmäßig in den Mittelpunkt der Anordnung gelegt wird. Wird zusätzlich die z-Achse senkrecht zur Trennfläche der Halbkugeln gelegt, so wird das Potential $\varphi\,(r, \vartheta, \alpha)$ unabhängig von α. Mit der ersten Festlegung sind die Ränder des Bereiches mit den Koordinatenflächen A_r für $r = R_1$ und $r = R_2$ identisch, und die Separationsmethode (s. Abschn. 3.2.6.) kann zu Lösung des Problems herangezogen werden. Da ein einfacher Produktansatz der Grundlösungen (3.90) nicht ausreichend ist, wird die unendliche Reihe

$$\varphi\,(r, \vartheta, \alpha) = \sum_{n=0}^{\infty} (A_n r^n + \overline{A}_n r^{-(n+1)})\,(B_n P_n^m(\mu) + \overline{B}_n Q_n^m(\mu))\,(C_n \sin m\alpha + \overline{C}_n \cos m\alpha) \tag{4.66a}$$

mit $\mu = \cos\vartheta$ als Lösungsfunktion angesetzt. Zu bestimmen sind nun die Integrations- (A_n, $\overline{A}_n$, B_n, $\overline{B}_n$, C_n, $\overline{C}_n$) sowie Separationskonstanten (hier nur noch m), die teilweise durch freie

Wahl aus der Ortskoordinatenabhängigkeit, Symmetrieeigenschaft sowie Stetigkeitsbedingung und Beschränktheit des Feldes folgen, während die verbleibenden unbekannten Größen durch die Randbedingungen des Problems festliegen.
Im vorliegenden Fall tritt keine Abhängigkeit von α auf. Somit muß im Ansatz (4.66a) der letzte Faktor eine Konstante sein (für jedes n), wobei diese gleich eins gewählt wird: $(C_n \sin m\alpha + \overline{C}_n \cos m\alpha) = 1$. Diese Forderung ist erfüllbar mit $m = 0$, $C_n =$ beliebig und $\overline{C}_n = 1$. Beachtet man weiterhin, daß $\varphi(r, \vartheta)$ für alle Werte von r und ϑ im Feldgebiet beschränkt bleiben muß, ist $\overline{B}_n = 0$ zu setzen, da $Q_n(\mu)$ an den Intervallgrenzen $\mu = \pm 1$ singuläres Verhalten aufweist (s. Bild 3.10b).
Mithin lautet der Lösungsansatz dieses speziellen Randwertproblems:

$$\varphi(r, \vartheta) = \sum_{n=0}^{\infty} (A_n r^n + \overline{A}_n r^{-(n+1)})\, B_n P_n(\mu) \tag{4.66b}$$

mit $P_n^0(\mu) = P_n(\mu)$ (Legendresche Polynome (3.92a)).
Die verbleibenden Größen A_n, $\overline{A}_n$ und B_n sind nun aus den Randbedingungen zu bestimmen. Gelingt es, den Ausdruck an die gegebenen Randwerte anzupassen, ist die (einzige) Lösung (erstes Randwertproblem) des gestellten Problems gefunden. Andernfalls muß mit einem erweiterten Lösungsansatz die Anpassung an die Randwerte erneut versucht werden.
Die Randwerte lauten (s. Bild 4.36b):

1. Innenelektrode

$$\varphi(R_1, \vartheta) = \begin{cases} 0 & \text{für } 0 \leqq \vartheta < \dfrac{\pi}{2} \quad (+1 \geqq \mu > 0) \\ \varphi_1 = \text{konst.} & \text{für } \dfrac{\pi}{2} < \vartheta \leqq \pi \quad (0 > \mu \geqq -1) \end{cases} \tag{4.67a}$$

2. Außenelektrode

$$\varphi(R_2, \vartheta) = 0 \quad \text{für} \quad 0 \leqq \vartheta \leqq \pi \quad (+1 \geqq \mu \geqq -1). \tag{4.67b}$$

Mit (4.66b) lautet die Bedingung zur Erfüllung des Randwerts (4.67a) auf der Innenelektrode

$$\varphi(R_1, \mu) = \sum_{n=0}^{\infty} (A_n R_1^n + \overline{A}_n R_1^{-(n+1)})\, B_n P_n(\mu) = \begin{cases} 0 & \text{für } +1 \geqq \mu > 0 \\ \varphi_1 & \text{für } 0 > \mu \geqq -1. \end{cases} \tag{4.68}$$

Setzt man erneut aus Gründen der Rechenvereinfachung (Ausnützung evtl. noch vorhandener Freiheitsgrade) in (4.68)

$$A_n R_1^n + \overline{A}_n R_1^{-(n+1)} = 1, \tag{4.69a}$$

so geht (4.68) über in

$$\varphi(R_1, \mu) = \sum_{n=0}^{\infty} B_n P_n(\mu). \tag{4.69b}$$

Diese Bedingung ist aber erfüllbar, da das Funktionensystem $\{P_n(\mu)\}$ der Legendreschen Polynome im Intervall $I = [-1, +1]$ ein orthogonales Funktionensystem bildet, d. h., es gilt

$$\int_{-1}^{+1} P_n(\mu)\, P_m(\mu)\, \mathrm{d}\mu = \begin{cases} 0 & \text{für } m \neq n \\ N_n = \dfrac{2}{2n+1} & \text{für } m = n \end{cases} \tag{4.69c}$$

($m \in Z$, $N_n =$ Norm des Funktionensystems $\{P_n(\mu)\}$).

Multiplizieren wir (4.69b) mit $P_m(\mu)$, so folgt nach Integration über μ und unter Beachtung von (4.69c)

$$\int_{-1}^{+1} \varphi(R_1, \mu)\, P_m(\mu)\, d\mu = \sum_{n=0}^{\infty} B_n \int_{-1}^{+1} P_n(\mu)\, P_m(\mu)\, d\mu = B_m \frac{2}{2m+1}. \tag{4.69d}$$

Bezeichnet man m wieder mit n, löst die vorstehende Gleichung nach B_n auf und beachtet $\varphi(R_1, \mu)$ nach (4.67a), so ergibt sich der (Fourier-) Koeffizient B_n der (unendlichen) Reihe in (4.69b):

$$B_n = \frac{2n+1}{2} \int_{-1}^{+1} \varphi(R_1, \mu)\, P_n(\mu)\, d\mu = \varphi_1 \frac{2n+1}{2} \int_{-1}^{0} P_n(\mu)\, d\mu. \tag{4.69e}$$

Die ersten Koeffizienten lauten mit $P_n(\mu)$ nach (3.92b):

$$n = 0: \quad B_0 = \frac{1}{2} \varphi_1 \int_{-1}^{0} d\mu = \frac{1}{2} \varphi_1$$

$$n = 1: \quad B_1 = \frac{3}{2} \varphi_1 \int_{-1}^{0} \mu\, d\mu = -\frac{3}{4} \varphi_1$$

$$n = 2: \quad B_2 = \frac{5}{2} \cdot \frac{1}{2} \varphi_1 \int_{-1}^{0} (3\mu^2 - 1)\, d\mu = 0$$

$$n = 3: \quad B_3 = \frac{7}{2} \cdot \frac{1}{2} \varphi_1 \int_{-1}^{0} (5\mu^3 - 3\mu)\, d\mu = \frac{7}{16} \varphi_1.$$

Damit ist die Integrationskonstante B_n für alle n eindeutig bestimmt.
Mit Hilfe des Randwerts $\varphi(R_2, \mu)$ auf der Außenelektrode sind nun noch A_n und $\bar{A}_n$ zu berechnen. Die zu erfüllende Bedingung lautet mit (4.66b) und (4.67b):

$$\varphi(R_2, \mu) = \sum_{n=0}^{\infty} (A_n R_2^n + \bar{A}_n R_2^{-(n+1)})\, B_n P_n(\mu) = 0, \tag{4.70a}$$

was für beliebiges $\mu \in [-1, +1]$ nur durch die Bedingung

$$A_n R_2^n + \bar{A}_n R_2^{-(n+1)} = 0 \tag{4.70b}$$

erfüllt werden kann. Mit (4.69a) und (4.70b) stehen zwei Gleichungen zur Bestimmung der zwei Unbekannten A_n und $\bar{A}_n$ zur Verfügung, die aufgelöst ergeben:

$$A_n = -\frac{R_1^{n+1}}{R_2^{2n+1} - R_1^{2n+1}}, \qquad \bar{A}_n = \frac{R_1^{n+1} R_2^{2n+1}}{R_2^{2n+1} - R_1^{2n+1}}. \tag{4.70c}$$

Die Lösung ist widerspruchsfrei. Damit sind alle Unbekannten in (4.66b) bekannt, und es lauten die ersten Glieder der Reihenentwicklung

$$\varphi(r, \mu) = \left(\frac{R_1 R_2}{R_2 - R_1} \frac{1}{r} - \frac{R_1}{R_2 - R_1} \right) \frac{1}{2} P_0(\mu)\, \varphi_1$$
$$- \left(\frac{R_1^2 R_2^3}{R_2^3 - R_1^3} \frac{1}{r^2} - \frac{R_1^2}{R_2^3 - R_1^3} r \right) \frac{3}{4} P_1(\mu)\, \varphi_1 + \ldots \tag{4.71}$$

Da der in (4.71) angegebene Ausdruck einerseits ein harmonisches Potentialfeld darstellt und andererseits die gegebenen Randwerte annimmt, ist das gesuchte Feld gefunden (vgl. Abschn. 3.2.2.).

Im gegebenen Beispiel sind die Randwerte auf Kugelflächen vorgegeben worden. In ähnlicher Weise berechnet man die harmonischen Felder, wenn die Randwerte auf andersgestalteten Randflächen vorgeschrieben werden, sofern diese Randflächen einem System orthogonaler Koordinatenflächen entsprechen, in dem die Laplacesche Gleichung separierbar ist. Nähere Darlegungen hierzu findet man in leichtverständlicher Form in [4] und in sehr ausführlicher und handbuchartiger Form in [1].

Lösung mit Greenscher Funktion.* Mit den Beziehungen und Betrachtungen im Abschn. 3.2.2. lautet die Lösung von

$$\Delta\varphi\,(\boldsymbol{r}) = -\,\frac{\varrho(r)}{\varepsilon} \tag{4.72}$$

allgemein (Bild 4.37)

$$\varphi(\boldsymbol{r}) = \int_{(V)} G\,(\boldsymbol{r}, \boldsymbol{r}_0)\,\varrho(\boldsymbol{r}_0)\,\mathrm{d}V_0 - \varepsilon \sum_{\nu=1}^{n} \varphi_\nu \oint_{(A_\nu)} \mathrm{grad}_0\, G\,(\boldsymbol{r}, \boldsymbol{r}_0) \cdot \mathrm{d}\boldsymbol{A}_0. \tag{4.73}$$

Darin ist $G\,(\boldsymbol{r}, \boldsymbol{r}_0)$ die Greensche Funktion des von den n Leitern begrenzten Bereiches, deren Oberflächen mit A_ν bezeichnet werden ($\nu = 1, 2, \dots, n$). Nach (4.56a) ist definitionsgemäß $G\,(\boldsymbol{r}, \boldsymbol{r}_0)$ eine Funktion der Form

$$G\,(\boldsymbol{r}, \boldsymbol{r}_0) = \frac{1}{4\pi\varepsilon\,|\boldsymbol{r} - \boldsymbol{r}_0|} + \psi_\mathrm{H}\,(\boldsymbol{r}, \boldsymbol{r}_0), \tag{4.74}$$

die bei Annäherungen von $\boldsymbol{r}_0$ an die Leiteroberflächen A_ν für beliebige $\boldsymbol{r}$ verschwindet, was durch geeignete Wahl der im Bereich zwischen den Leitern für alle $\boldsymbol{r}$ bezüglich $\boldsymbol{r}_0$ harmonischen Funktion $\psi_2\,(\boldsymbol{r}, \boldsymbol{r}_0)$ erreicht werden kann (vgl. Abschn. 4.3.2.).

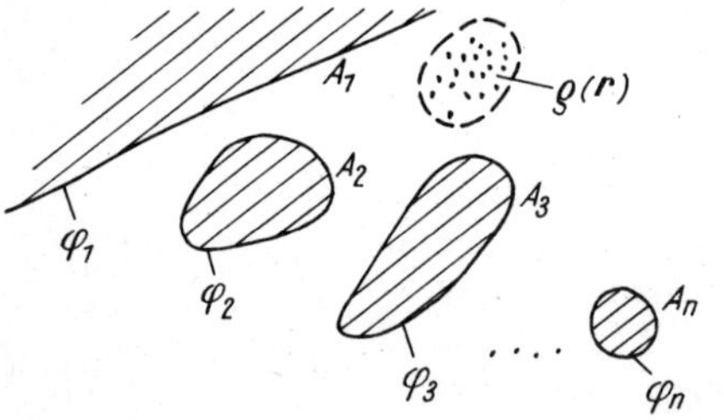

Bild 4.37. Zur Felddarstellung mit Hilfe der Greenschen Funktion

Gibt es zwischen den n Leitern keine Raumladungen, so gilt nach (4.73)

$$\varphi(\boldsymbol{r}) = -\varepsilon \sum_{\nu=1}^{n} \varphi_\nu \oint_{(A_\nu)} \mathrm{grad}_0\, G\,(\boldsymbol{r}, \boldsymbol{r}_0) \cdot \mathrm{d}\boldsymbol{A}_0. \tag{4.75}$$

Ist die Greensche Funktion eines Bereiches bekannt, so kann mit ihrer Hilfe auch das von Randpotentialen (Leiterpotentialen) erzeugte Feld $\varphi(\boldsymbol{r})$ berechnet werden. Zu beachten ist, daß das Leiterpotential φ_ν des ν-ten Leiters von der Gesamtladung Q_ν dieses Leiters nicht unabhängig ist; vielmehr gilt

$$Q_\nu = \int_{(A_\nu)} \boldsymbol{D}_\nu\,\mathrm{d}\boldsymbol{A} = -\varepsilon \int_{(A_\nu)} \mathrm{grad}\,\varphi \cdot \mathrm{d}\boldsymbol{A}. \tag{4.76}$$

4.3.2. Ergänzungen*

Feld bei vorgegebenen Raumladungen und Randwerten. (4.73) ist eine Rechenvorschrift, mit der das Potential beliebiger Ladungsverteilungen bei Anwesenheit willkürlich gestalteter Leitergrenzflächen grundsätzlich berechnet werden kann, sofern die Greensche Funktion $G\,(\boldsymbol{r}, \boldsymbol{r}_0)$ des ladungsfreien Bereichs bekannt ist.

Wenn für diese Leiter das Potential φ_ν vorgegeben ist, kann (4.73) unmittelbar angewendet werden. Ist dagegen die Gesamtladung Q_ν der einzelnen Leiter vorgeschrieben, so behandelt man die Potentiale φ_ν in (4.73) als Unbekannte, die nach Anwendung von (4.76) auf $\varphi(\boldsymbol{r})$ in (4.73) nachträglich so bestimmt werden, daß die Q_ν die verlangten Werte erhalten.

Ist – noch allgemeiner – auch φ auf dem Rand des Bereichs beliebig vorgegeben, so ist das Oberflächenintegral in (4.73) durch

$$-\varepsilon \sum_{\nu=1}^{n} \oint_{(A_\nu)} \varphi(\boldsymbol{r}_0)\, \operatorname{grad}_0 G(\boldsymbol{r}_0, \boldsymbol{r}) \cdot \mathrm{d}\boldsymbol{A}_0 \tag{4.77}$$

zu ersetzen.

Zur Greenschen Funktion. Die Greensche Funktion $G(\boldsymbol{r}, \boldsymbol{r}_0)$ ist in den Ortsvariablen $\boldsymbol{r}$ und $\boldsymbol{r}_0$ symmetrisch:

$$G(\boldsymbol{r}, \boldsymbol{r}_0) = G(\boldsymbol{r}_0, \boldsymbol{r}). \tag{4.78}$$

Aus dem 3. Greenschen Satz (2.78) folgt unter Beachtung von (2.80) und der Differentialgleichung für $G(\boldsymbol{r}, \boldsymbol{r}_0)$ (s. Abschn. 3.2.3. c und Bild 4.38)

$$\int_{(V)} [G(\boldsymbol{r}_1, \boldsymbol{r}_0)\, \Delta G(\boldsymbol{r}_2, \boldsymbol{r}_0) - \Delta G(\boldsymbol{r}_1, \boldsymbol{r}_0)\, G(\boldsymbol{r}_2, \boldsymbol{r}_0)]\, \mathrm{d}V_0$$

$$= \oint_{(A)} [G(\boldsymbol{r}_1, \boldsymbol{r}_0) \operatorname{grad} G(\boldsymbol{r}_2, \boldsymbol{r}_0) - G(\boldsymbol{r}_2, \boldsymbol{r}_0) \operatorname{grad} G(\boldsymbol{r}_1, \boldsymbol{r}_0)]\, \mathrm{d}\boldsymbol{A}_0$$

für das Volumenintegral

$$-\frac{1}{\varepsilon} \int_{(V)} G(\boldsymbol{r}_1, \boldsymbol{r}_0)\, \delta(\boldsymbol{r}_2 - \boldsymbol{r}_0)\, \mathrm{d}V_0 + \frac{1}{\varepsilon} \int_{(V)} G(\boldsymbol{r}_2, \boldsymbol{r}_0)\, \delta(\boldsymbol{r}_1 - \boldsymbol{r}_0)\, \mathrm{d}V_0$$

$$= -\frac{1}{\varepsilon} G(\boldsymbol{r}_1, \boldsymbol{r}_2) + \frac{1}{\varepsilon} G(\boldsymbol{r}_2, \boldsymbol{r}_1) = 0$$

wegen (4.56) und $G(\boldsymbol{r}, \boldsymbol{r}_0) = 0$ für alle auf A liegenden $\boldsymbol{r}_0$.
Für jeden Bereich gibt es auch nur eine Greensche Funktion: gäbe es zwei Funktionen. $G_1(\boldsymbol{r}, \boldsymbol{r}_0)$ und $G_2(\boldsymbol{r}, \boldsymbol{r}_0)$, so wäre

$$D(\boldsymbol{r}, \boldsymbol{r}_0) = G_1(\boldsymbol{r}, \boldsymbol{r}_0) - G_2(\boldsymbol{r}, \boldsymbol{r}_0)$$

im Bereichsinnern harmonisch und auf dem Rand eine verschwindende Funktion, also nach Abschn. 3.2.2. $D(\boldsymbol{r}, \boldsymbol{r}_0) = 0$ im ganzen Bereich.

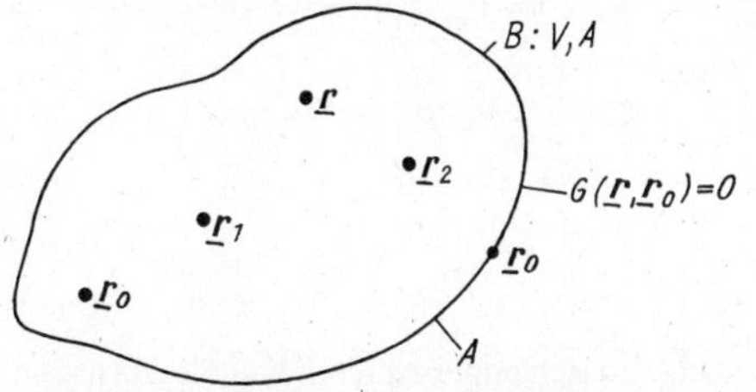

Bild 4.38. Zur Greenschen Formel

Zusammenfassung. Ein elektrostatisches Feld wird i. allg. durch eine Raumladungsverteilung $\varrho(\boldsymbol{r}_0)$ und eine (beliebige) Potentialverteilung $\varphi_A(\boldsymbol{r}_0)$ auf dem Rand hervorgerufen. Das Gesamtfeld ist die Überlagerung beider Teilfelder. Das Raumladungsfeld wird über die partikuläre Lösung (Newton-Potential, Greensche Funktion) der Poissonschen Gleichung ermittelt (ohne Rücksicht auf Randwerte), während zur Erfüllung der Randwerte die Berechnung der homogenen Lösung der Poissonschen Gleichung (harmonisches Potential) mit nachfolgender Randwertanpassung erforderlich ist.
Die Berechnung der partikulären Lösung ist eine reine Integrationsaufgabe, die durch die Randwerte nicht beeinflußt wird. Damit besteht die Hauptaufgabe bei der Lösung eines Randwertproblems in der Bestimmung einer harmonischen Funktion, d. h. Lösung der Laplaceschen Gleichung unter vorgegebenen Randwerten.

Wichtige Lösungsmethoden sind

1. Rückführung auf Feldprobleme ohne Randbedingungen
2. Berechnung eines harmonischen Potentials als Lösung der Laplaceschen Gleichung
3. Berechnung eines harmonischen Potentials mit Hilfe der Greenschen Funktion.

Eine der wichtigsten und leistungsfähigsten Methode zur Lösung der Laplaceschen Gleichung ist die Separation der Variablen in einem dem Problem angepaßten krummlinigen Koordinatensystem. Sie führt i. allg. auf einen unendlichen Reihenansatz, wobei die Anpassung an die Randwerte die Entwicklung der Randwerte nach einem orthogonalen Funktionensystem erforderlich macht.

Aufgaben zum Abschnitt 4.3.

4.3.–1 Gegeben ist eine Elektrodenanordnung in Form eines dünnwandigen Hohlleiters mit konstantem Rechteckquerschnitt (Seitenlängen a und b, Länge $L \gg a, b$) mit den Randwerten $\varphi_1 = \varphi_2 = \varphi_3 = 0$ und $\varphi_4 = U =$ konst.
Berechne das Potential- und Feldstärkefeld im Inneren des raumladungsfreien Hohlleiters!

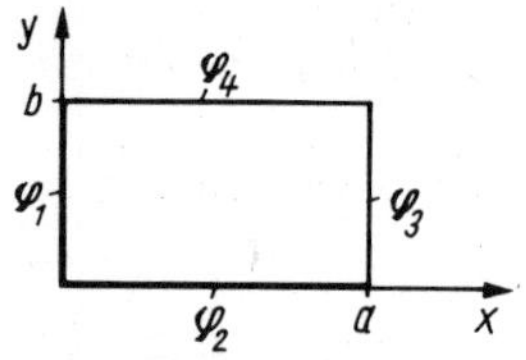

4.3.–2 Gegeben ist ein zylinderförmiger, raumladungsfreier Hohlraum (Radius R, Höhe $2h$), dessen Mantelelektrode auf dem Potential $\varphi_0 = 0$ und dessen Boden- bzw. Deckelelektrode auf dem Potential $\varphi_b = -U_0$ bzw. $\varphi_d = +U_0$ ($U_0 =$ konst.) liegen.
Berechne das Potentialfeld im Inneren der Anordnung!

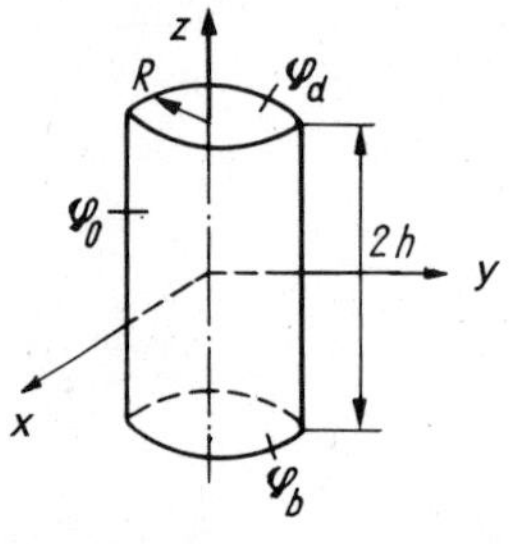

4.3.–3 Gegeben ist eine Elektrodenanordnung, die aus zwei konzentrisch angeordneten Kugelelektroden (Innenradius r_i, Außenradius r_a) besteht. Die Innenelektrode liegt auf dem Potential $\varphi_i = U =$ konst., während die Außenelektrode geerdet ist ($\varphi_a = 0$).
Berechne

a) durch direkte Lösung der Laplaceschen Gleichung die Potentialverteilung im raumladungsfreien Gebiet zwischen den Elektroden.
b) den Feldstärkeverlauf!
c) Stelle die Verläufe grafisch dar!

4.3.–4 Gegeben ist eine Hohlkugelelektrode (Radius R), die durch die Koordinatenfläche A_z für $z = 0$ in zwei Halbkugelelektroden geteilt wird. Die obere Elektrode liegt auf dem Potential $\varphi_0 = U =$ konst., die untere ist geerdet ($\varphi_u = 0$).
Berechne das Potentialfeld im Inneren der raumladungsfreien Anordnung!

4.3.–5 Der Zwischenbereich der Elektrodenanordnung der Aufgabe 4.3.–3 ist mit einer Raumladung der konstanten Dichte ϱ_0 ausgefüllt.
Berechne das Potentialfeld zwischen den Elektroden

a) durch direkte Integration der Poissonschen Gleichung
b) über das Newton-Potential!

4.4. Ebene Felder

4.4.1. Komplexes Potential der Ebene

Allgemeines. Von ebenen Feldern spricht man, wenn $\varphi(\boldsymbol{r})$ durch die Ortskoordinaten einer Ebene vollständig bestimmt ist, d. h. bei Ortsänderungen senkrecht zu dieser Ebene keine Änderung erfährt. Es gilt dann
in kartesischen Koordinaten

$$\varphi(\boldsymbol{r}) = \varphi\,(x, y, z) = \varphi\,(x, y)$$

in Zylinderkoordinaten

$$\varphi(\boldsymbol{r}) = \varphi\,(\varrho, \alpha, z) = \varphi\,(\varrho, \alpha),$$

wenn die z-Achse des Koordinatensystems senkrecht zur betrachteten Ebene gelegt wird.

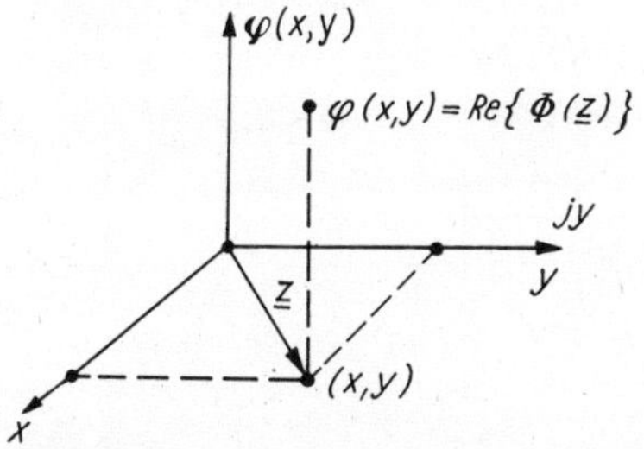

Bild 4.39
Ebenes Feld – komplexes Potential

Ist insbesondere $\varphi = \varphi\,(x, y)$ in einem Bereich (der Ebene) harmonisch ($\Delta\varphi = 0$), so kann $\varphi\,(x, y)$ auch als Realteil $\mathrm{Re}\{\Phi(\underline{z})\}$ einer regulären Funktion $\Phi(\underline{z})$ der *komplexen Ortsvariablen* $\underline{z} = x + \mathrm{j}y$ aufgefaßt werden (Bild 4.39). $\Phi(\underline{z})$ wird als (reguläres) *komplexes Potential* der Ebene bezeichnet. Beispielsweise ist

$$\varphi\,(x, y) = x^2 - y^2$$

ein harmonisches Potential der Ebene (wie leicht nachzurechnen ist) und

$$\Phi(\underline{z}) = \underline{z}^2$$

das entsprechende reguläre komplexe Potential; denn

$$\mathrm{Re}\,\{\underline{z}^2\} = x^2 - y^2.$$

Auch wenn alle für den dreidimensionalen Raum geltenden Methoden selbstverständlich genauso im zweidimensionalen Raum angewendet werden können, führt die Einführung des komplexen Potentials $\Phi(\underline{z})$ in der Regel zu einfacheren Rechnungen.

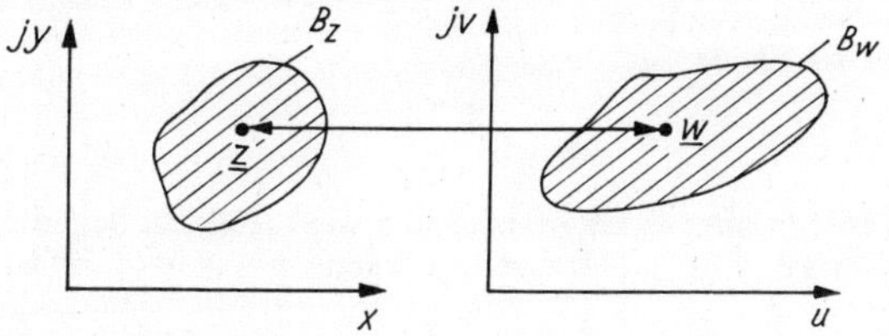

Bild 4.40
Abbildung in der Gaußschen Zahlenebene

Für Feldberechnungen läßt sich hier besonders die Tatsache ausnutzen, daß mit $\Phi(\underline{z})$ in B auch (Bild 4.40)

$$\Phi\,[h(\underline{w})] = \Phi_1(\underline{w}), \qquad \underline{z} = h(\underline{w})$$

ein reguläres komplexes Potential in B_w ist, sofern die Variablentransformation

$$\underline{z} = h(\underline{w}), \qquad \underline{w} = u + \mathrm{j}v$$

regulär ist und $h'(\underline{w}) \neq 0$ im betrachteten Bereich B_w gilt. Man beachte, daß es hierzu kein Analogon im Dreidimensionalen gibt (von der sehr speziellen Kelvin-Transformation abgesehen).

Nachstehend wird an einigen Beispielen die Nützlichkeit des komplexen Potentials deutlich gemacht. Indem wir das zweidimensionale Feld als Grenzfall des dreidimensionalen auffassen, wird der Begriff des komplexen Potentials in natürlicher Weise auch auf nichtharmonische zweidimensionale Felder ausgedehnt (s. Abschn. 4.4.1., S. 187 und 188).

Zylinder- und Linienladung. Wir nehmen an, daß $\varrho(x, y, z)$ keine Funktion von z ist. Dann ist $\varrho(x, y, z) = \varrho(x, y, 0)$ für alle z (einschließlich $z \to \pm\infty$), und wir erhalten mit (4.6a) bzw. (4.14) in der Koordinatenfläche A_z für $z = 0$ in kartesischen Koordinaten unter Beachtung, daß die Integration über z_0 ausgeführt werden kann;

$$\begin{aligned}
\varphi(x, y, z) = \varphi(x, y) &= \frac{1}{4\pi\varepsilon} \int_{(V)} \frac{\varrho(x_0, y_0)}{|\boldsymbol{r} - \boldsymbol{r}_0|} \, \mathrm{d}V_0 \\
&= \frac{1}{4\pi\varepsilon} \int_{(x)} \int_{(y)} \varrho(x_0, y_0) \, \mathrm{d}x_0 \, \mathrm{d}y_0 \int_{-a}^{a} \frac{\mathrm{d}z_0}{|\boldsymbol{r} - \boldsymbol{r}_0|} \bigg|_{z=0} \\
&= \frac{1}{4\pi\varepsilon} \int_{(x)} \int_{(y)} \varrho(x_0, y_0) \, \mathrm{d}x_0 \, \mathrm{d}y_0 \\
&\quad \times \int_{-a}^{+a} \frac{\mathrm{d}z_0}{\sqrt{(x - x_0)^2 + (y - y_0)^2 + z_0^2}} \\
&= \frac{1}{4\pi\varepsilon} \int_{(x)} \int_{(y)} \varrho(x_0, y_0) \cdot \ln \frac{\sqrt{\bar{r}^2 + a^2} + a}{\sqrt{\bar{r}^2 + a^2} - a} \, \mathrm{d}x_0 \, \mathrm{d}y_0,
\end{aligned} \tag{4.79}$$

wenn noch (Bild 4.41)

$$(x - x_0)^2 + (y - y_0)^2 = \bar{r}^2 \tag{4.80}$$

gesetzt wird.

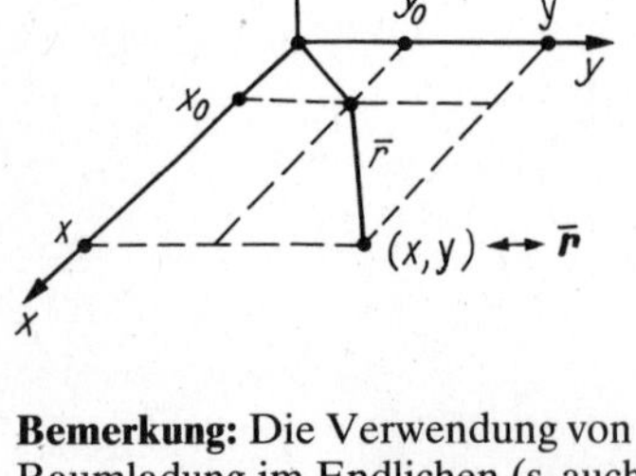

Bild 4.41
Koordinaten in der Ebene

Bemerkung: Die Verwendung von (4.6a) bzw. (4.14) verlangt $\varphi_{\mathrm{H}}(\boldsymbol{r}) = 0$ in (4.5c), was erfüllt ist, liegt die Raumladung im Endlichen (s. auch Voraussetzungen zu (4.6a)). Der Grenzübergang $a \to \infty$ in (4.79) ist deshalb genauer im Sinne $\bar{r} \ll a$ zu verstehen.

Mit der Reihenentwicklung

$$\sqrt{1 + \left(\frac{\bar{r}}{a}\right)^2} = 1 + \frac{1}{2}\left(\frac{\bar{r}}{a}\right)^2 - \frac{1}{8}\left(\frac{\bar{r}}{a}\right)^4 + \ldots$$

erhalten wir für den zweiten Faktor des Integranden von (4.79)

$$\ln \frac{\sqrt{\bar{r}^2 + a^2} + a}{\sqrt{\bar{r}^2 + a^2} - a} = \ln \frac{\sqrt{1 + \left(\frac{\bar{r}}{a}\right)^2} + 1}{\sqrt{1 + \left(\frac{\bar{r}}{a}\right)^2} - 1}$$

$$= \ln \frac{2 + \frac{1}{2}\left(\frac{\bar{r}}{a}\right)^2 - \frac{1}{8}\left(\frac{\bar{r}}{a}\right)^4 + \ldots}{\frac{1}{2}\left(\frac{\bar{r}}{a}\right)^2 - \frac{1}{8}\left(\frac{\bar{r}}{a}\right)^4 + \ldots}$$

$$= \ln \left[\frac{4a^2}{\bar{r}^2}(1 + \eta)\right] \qquad (\eta \to 0 \text{ für } a \to \infty)$$

$$= 2 \ln \frac{2a}{\bar{r}} + \ln (1 + \eta) \tag{4.81}$$

und damit aus (4.79) mit $2a = l$

$$\varphi(x, y, 0) = \frac{1}{4\pi\varepsilon} \int_{(x)} \int_{(y)} \varrho(x_0, y_0, 0) \left[2 \ln \frac{l}{\bar{r}} + \ln (1 + \eta)\right] \mathrm{d}x_0 \, \mathrm{d}y_0$$

$$= \frac{1}{2\pi\varepsilon} \int_{(x)} \int_{(y)} \varrho \ln \frac{l}{\bar{r}} \, \mathrm{d}x_0 \, \mathrm{d}y_0$$

$$+ \frac{1}{4\pi\varepsilon} \int_{(x)} \int_{(y)} \varrho \ln (1 + \eta) \, \mathrm{d}x_0 \, \mathrm{d}y_0 .$$

Wir wollen von der Tatsache Gebrauch machen, daß das Potential bis auf eine (beliebige) Konstante bestimmt ist, und setzen $2a = l = r_B$. Analog zum dreidimensionalen Feld soll formal r_B wieder als Bezugspunkt bezeichnet werden, der geeignet gewählt werden kann.
Das zweite Integral in der letzten Summe strebt für $a \to \infty$ gegen Null, und somit gilt

$$\varphi(x, y, 0) \to \frac{1}{2\pi\varepsilon} \int_{(x)} \int_{(y)} \varrho \ln \frac{r_B}{\bar{r}} \, \mathrm{d}x_0 \, \mathrm{d}y_0 \quad \text{für} \quad a \to \infty .$$

Man definiert daher (Bild 4.42)

$$\varphi(x, y, 0) = \varphi(x, y)$$

$$= \frac{1}{2\pi\varepsilon} \int_{(x)} \int_{(y)} \varrho(x_0, y_0) \ln \frac{r_B}{\sqrt{(x - x_0)^2 + (y - y_0)^2}} \, \mathrm{d}x_0 \, \mathrm{d}y_0 \tag{4.82a}$$

als *Potential einer ebenen Ladungsverteilung* (Zylinderladung).

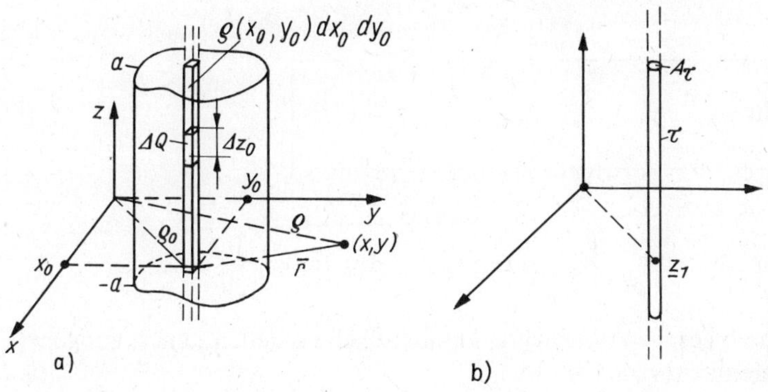

Bild 4.42
Zum ebenen Feld
a) Zylinderladung
b) Linienladung

Allgemeiner kann man (4.82a) notieren in der Form (Vektorschreibweise)

$$\boxed{\varphi(\vec{r}) = \frac{1}{2\pi\varepsilon} \int_{(A)} \varrho(\vec{r}_0) \ln \frac{r_B}{|\vec{r} - \vec{r}_0|} \, dA_0 .} \tag{4.82b}$$

Komplexes Potential der Ebene. Speziell für ebene Felder ergeben sich einige Besonderheiten, auf die nun eingegangen werden soll (s. Abschn. 4.1.1.).

Die Berechnung des Integrals (4.82) ist i. allg. leichter durchzuführen, wenn man beachtet, daß die im Integranden auftretende ln-Funktion als Realteil einer Funktion der komplexen Veränderlichen $\underline{z} = x + jy$ aufgefaßt werden kann:

$$\ln \frac{r_B}{|\vec{r} - \vec{r}_0|} = \ln \frac{r_B}{|\underline{z} - \underline{z}_0|} = \mathrm{Re} \left\{ \ln \frac{r_B}{\underline{z} - \underline{z}_0} \right\}, \tag{4.83}$$

d. h., die (x,y)-Ebene des kartesischen Koordinatensystems wird durch die komplexe $\underline{z}$-Ebene und damit $\vec{r}$ durch $\underline{z}$ und $\vec{r}_0$ durch $\underline{z}_0$ ersetzt.

Es darf daher statt (4.82)

$$\varphi(x, y) = \mathrm{Re} \left\{ \frac{1}{2\pi\varepsilon} \int_{(x)} \int_{(y)} \varrho(x_0, y_0) \ln \frac{r_B}{\underline{z} - \underline{z}_0} \, dx_0 \, dy_0 \right\} \tag{4.84}$$

geschrieben werden, da die Bildung des Realteils mit der Integration vertauschbar ist.

Dieser Sachverhalt legt es nahe, ein *komplexes Potential der Ebene* durch den Integralausdruck

$$\boxed{\Phi(\underline{z}) = \frac{1}{2\pi\varepsilon} \int_{(x)} \int_{(y)} \varrho(\underline{z}_0) \ln \frac{r_B}{\underline{z} - \underline{z}_0} \, dA_0} \tag{4.85}$$

einzuführen ($dA_0 = dx_0 \, dy_0$). Dann ist natürlich

$$\boxed{\varphi(x, y) = \mathrm{Re}\{\Phi(\underline{z})\}.} \tag{4.86}$$

Für die Linienladung des Raums (Punktladung der Ebene) ist mit (Bild 4.42)

$$\frac{1}{\underline{z} - \underline{z}_0} = \frac{1}{\underline{z} - \underline{z}_1} + \varepsilon(\underline{z}_0) \qquad (\varepsilon \to 0 \text{ für } A_\tau \to 0)$$

$$\Phi(\underline{z}) = \frac{1}{2\pi\varepsilon} \ln \frac{r_B}{\underline{z} - \underline{z}_1} \iint_{(A)} \varrho(x_0, y_0) \, dx_0 \, dy_0$$

oder

$$\boxed{\Phi_0(\underline{z}) = \frac{\tau}{2\pi\varepsilon} \ln \frac{r_B}{\underline{z} - \underline{z}_1}, \qquad \varphi_0(x, y) = \mathrm{Re}\{\Phi_0(\underline{z})\}} \tag{4.87}$$

wenn

$$\iint_{(A)} \varrho(x_0, y_0) \, dx_0 \, dy_0 = \frac{1}{\Delta l} \iint_{(A)} \varrho(x_0, y_0) \, \Delta l \, dx_0 \, dy_0 = \frac{\Delta Q}{\Delta l} = \tau$$

gesetzt wird. τ ist physikalisch gesehen die Dichte der unendlich ausgedehnten, homogenen, geraden Linienladung (Linienladungsdichte).

Das (reelle) Potential hat nach (4.86) den Wert

$$\varphi_0(x, y) = \frac{\tau}{2\pi\varepsilon} \operatorname{Re}\left\{\ln \frac{r_B}{\underline{z} - \underline{z}_1}\right\}$$

$$= \frac{\tau}{2\pi\varepsilon} \ln \frac{r_B}{|\underline{z} - \underline{z}_1|}$$

$$= \frac{\tau}{2\pi\varepsilon} \ln \frac{r_B}{\sqrt{(x - x_1)^2 + (y - y_1)^2}}. \tag{4.88}$$

Die Niveauflächen (bzw. -linien) sind offenbar Kreise:

$$\varphi_0(x, y) = \text{konst.} \leftrightarrow |\underline{z} - \underline{z}_1| = \text{konst.}$$

Feldüberlagerung. Das einfachste ebene Feld ist bereits im Abschn. 4.4.1., (4.87), notiert worden. Die Niveaulinien (Zylinderflächen des dreidimensionalen Raumes) der ebenen Punktladung sind – wie schon erwähnt – Kreise. Zwei Punktladungen, die zueinander den Abstand 2a haben, erzeugen das komplexe Potential

$$\Phi(\underline{z}) = \frac{1}{2\pi\varepsilon}\left(\tau_1 \ln \frac{r_B}{\underline{z}_1} + \tau_2 \ln \frac{r_B}{\underline{z}_2}\right) \qquad \begin{matrix}(\underline{z}_1 = \underline{z} + a)\\ (\underline{z}_2 = \underline{z} - a),\end{matrix} \tag{4.89}$$

wenn man sie entsprechend der Erklärung im Bild 4.43 anordnet. Im Sonderfall $|\tau_1| = |\tau_2| = \tau$ erhält man die im Bild 4.44 angegebenen Niveaulinienbilder für $\varphi(x, y) = \operatorname{Re}\{\Phi(\underline{z})\}$. Insbesondere für $-\tau_1 = \tau_2 = \tau$ sind alle Niveaulinien (Bild 4.44b) exzentrisch angeordnete Kreise;

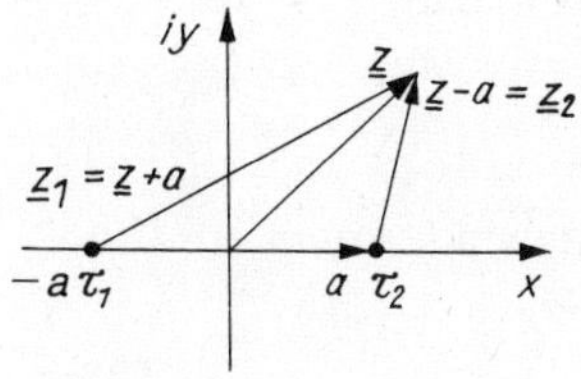

Bild 4.43. Zur Feldberechnung zweier Punktladungen in der Ebene

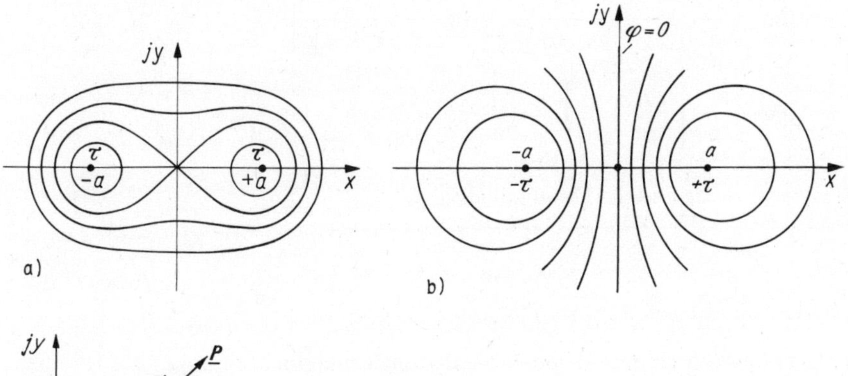

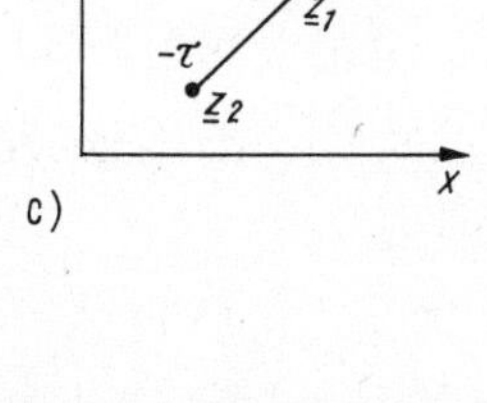

Bild 4.44. Feld zweier Punktladungen der Ebene
a) gleichnamige Ladungen
b) ungleichnamige Ladungen
c) Punktdipol

denn in diesem Sonderfall ist mit (4.89)

$$\varphi(x, y) = \operatorname{Re}\{\Phi(\underline{z})\} = \operatorname{Re}\left\{\frac{1}{2\pi\varepsilon}\tau \ln \frac{\underline{z}_1}{\underline{z}_2}\right\}$$

$$= \frac{1}{2\pi\varepsilon}\tau \ln \frac{|\underline{z}_1|}{|\underline{z}_2|} = \frac{1}{2\pi\varepsilon}\tau \ln \frac{|\underline{z}+a|}{|\underline{z}-a|}. \qquad (4.90\,\mathrm{a})$$

Aus $\varphi(x, y) = \text{konst.}$ folgt aber

$$\frac{|\underline{z}_1|}{|\underline{z}_2|} = \text{konst.}, \qquad (4.90\,\mathrm{b})$$

woraus nach einem bereits im Abschn. 4.1.3. b verwendeten elementaren geometrischen Satz (Apollonischer Kreis) die Behauptung folgt. Bezüglich der Lage und der Radien dieser Kreise gilt dasselbe wie im Fall räumlicher Punktladungen.
Im anderen Fall ($\tau_1 = \tau_2 = \tau$, Bild 4.44a) erhält man

$$\varphi(x, y) = \frac{\tau}{2\pi\varepsilon} \ln \frac{r_B^2}{|\underline{z}_1|\,|\underline{z}_2|} \qquad (4.91\,\mathrm{a})$$

und hieraus als Bedingung für die Niveauflächen

$$|\underline{z}_1|\,|\underline{z}_2| = \text{konst.} \qquad (4.91\,\mathrm{b})$$

Wie im Fall zweier Punktladungen kommt es zur Ausbildung eines Doppelpunktes im Koordinatenursprung und einer Symmetrieebene mit der Eigenschaft $\partial\varphi/\partial n = 0$ bzw. $\varphi = 0$ im Fall b. Läßt man in (4.90a) a gegen Null und gleichzeitig τ so gegen ∞ streben, daß

$$\lim_{\substack{a\to 0\\ \tau\to\infty}} 2a\tau = P$$

konstant bleibt, so gilt mit (4.89) und $-\tau_1 = \tau_2 = \tau$ für das dabei entstehende *komplexe Dipolpotential*

$$\Phi_D(\underline{z}) = \lim_{\substack{a\to 0\\ \tau\to\infty}} \frac{\tau}{2\pi\varepsilon}\left[\ln\frac{r_B}{\underline{z}-a} - \ln\frac{r_B}{\underline{z}+a}\right]$$

$$= \lim_{\substack{a\to 0\\ \tau\to\infty}} \frac{\tau}{2\pi\varepsilon}\left[\ln\frac{r_B}{\underline{z}}\,\frac{1}{1-a/\underline{z}} - \ln\frac{r_B}{\underline{z}}\,\frac{1}{1+a/\underline{z}}\right]$$

$$= \lim_{\substack{a\to 0\\ \tau\to\infty}} \frac{\tau}{2\pi\varepsilon}\left[\frac{2a}{\underline{z}} + \dots\right] = \frac{P}{2\pi\varepsilon\underline{z}}.$$

Allgemeiner ist $\underline{z}_1$ der Ort des Dipols. Dann gilt (Bild 4.44)

$$\boxed{\Phi_D(\underline{z}) = \frac{\underline{P}}{2\pi\varepsilon}\,\frac{1}{\underline{z}-\underline{z}_1}, \qquad \underline{P} = \lim_{\substack{|\underline{z}_1-\underline{z}_2|\to 0\\ \tau\to\infty}} \tau(\underline{z}_1-\underline{z}_2)} \qquad (4.92)$$

Der ebene Dipol ist physikalisch eine Doppellinienladung (unendlicher Länge) des Raumes. In ähnlicher Weise kann man auch das komplexe Potential mehrerer Punktladungen der Ebene betrachten. Sind n gleiche Ladungen τ in den Punkten $\underline{z}_1, \underline{z}_2, \underline{z}_3, \dots, \underline{z}_n$ gegeben, so gilt

$$\Phi(\underline{z}) = \frac{\tau}{2\pi\varepsilon}\sum_{\nu=1}^{n} \ln\frac{r_B}{\underline{z}-\underline{z}_\nu} = \frac{\tau}{2\pi\varepsilon}\ln\prod_{\nu=1}^{n}\frac{r_B}{\underline{z}-\underline{z}_\nu}.$$

Beispielsweise erhält man für eine äquidistant mit dem Abstand d auf der x-Achse angeordnete Ladungsfolge (Bild 4.45) von $2N+1$ Ladungen ($r_B = 1$ gesetzt)

$$\begin{aligned}\Phi_N(\underline{z}) &= \frac{\tau}{2\pi\varepsilon} \sum_{n=-N}^{N} \ln \frac{1}{\underline{z} - nd} \\ &= -\frac{\tau}{2\pi\varepsilon} \ln \prod_{n=-N}^{N} (\underline{z} - nd) \\ &= -\frac{\tau}{2\pi\varepsilon} \left[\ln \underline{z} + \ln \prod_{n=1}^{N} (\underline{z}^2 - n^2 d^2)\right] \\ &= -\frac{\tau}{2\pi\varepsilon} \left[\ln \left(\underline{z} \prod_{n=1}^{N} \left(1 - \frac{\underline{z}^2}{n^2 d^2}\right)\right) + \ln \prod_{n=1}^{N} (-n^2 d^2)\right].\end{aligned}$$

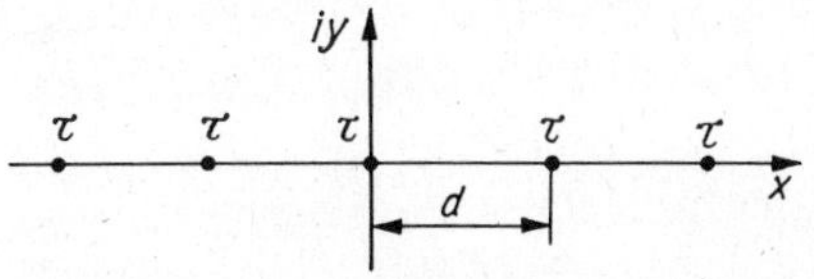

Bild 4.45. Äquidistante Punktladungsfolge der Ebene

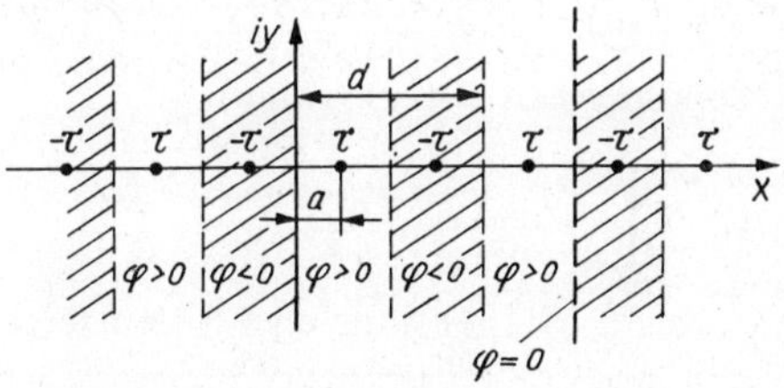

Bild 4.46. Äquidistante, alternierende Punktladungsfolge der Ebene

Für die alternierende Ladungsfolge (Bild 4.46) erhält man daraus z. B.

$$\begin{aligned}\Phi_\tau(\underline{z}) &= \Phi_N(\underline{z} - a) - \Phi_N(\underline{z} + a) \\ &= -\frac{\tau}{2\pi\varepsilon} \ln \frac{\underline{z} \prod\limits_{n=1}^{N} \left(1 - \dfrac{(\underline{z} - a)^2}{n^2 d^2}\right)}{\underline{z} \prod\limits_{n=1}^{N} \left(1 - \dfrac{(\underline{z} + a)^2}{n^2 d^2}\right)}\end{aligned} \tag{4.93}$$

und für $N \to \infty$ sogar den geschlossenen Ausdruck

$$\Phi(\underline{z}) = \lim_{N \to \infty} \Phi_\tau(\underline{z}) = -\frac{\tau}{2\pi\varepsilon} \ln \frac{\sin (\underline{z} - a) \dfrac{\pi}{d}}{\sin (\underline{z} + a) \dfrac{\pi}{d}}, \tag{4.94}$$

da die Produktdarstellung

$$\sin \underline{z} = \underline{z} \prod_{n=1}^{\infty} \left(1 - \frac{\underline{z}^2}{n^2 \pi^2}\right)$$

besteht. Das (reelle) einfachperiodische Potential dieser alternierenden Ladungsverteilung

$$\varphi = \operatorname{Re}\{\Phi\} = \frac{\tau}{2\pi\varepsilon} \ln \frac{\left|\sin \left[(\underline{z} + a) \dfrac{\pi}{d}\right]\right|}{\left|\sin \left[(\underline{z} - a) \dfrac{\pi}{d}\right]\right|} \tag{4.95}$$

ist im Bild 4.46 veranschaulicht.

Reihenentwicklung. Wir betrachten noch einmal (4.85). Mit der Reihenentwicklung *(Taylor-Reihe)*

$$\ln \frac{r_B}{\underline{z} - \underline{z}_0} = \ln \frac{r_B}{\underline{z}} + \sum_{n=1}^{\infty} \frac{1}{n} \left(\frac{\underline{z}_0}{\underline{z}}\right)^n \qquad \left(\left|\frac{\underline{z}_0}{\underline{z}}\right| < 1\right)$$

findet man analog zu (4.43) aus (4.85)

$$\Phi(\underline{z}) = \sum_{n=0}^{\infty} \Phi_n(\underline{z}) \tag{4.96a}$$

mit

$$\Phi_0(\underline{z}) = \frac{1}{2\pi\varepsilon} \ln \frac{r_B}{\underline{z}} \int_{(A)} \varrho(\underline{z}_0)\, dA_0 \qquad (n = 0) \tag{4.96b}$$

$$\Phi_n(\underline{z}) = \frac{1}{2\pi\varepsilon \underline{z}^n n} \int_{(A)} \varrho(\underline{z}_0)\, \underline{z}_0^n\, dA_0 = \frac{\underline{P}_n}{2\pi\varepsilon n \underline{z}^n} \qquad (n \geqq 1)$$

und dem Dipolmoment n-ter Ordnung

$$\underline{P}_n = \int_{(A)} \varrho(\underline{z}_0)\, \underline{z}_0^n\, dA_0 \,.$$

Ähnlich wie bei dreidimensionalen Feldern zeigt sich, daß

$$\Phi_0(\underline{z}) = \frac{\tau}{2\pi\varepsilon} \ln \frac{r_B}{\underline{z}}, \qquad \tau = \int_{(A)} \varrho(\underline{z}_0)\, dA_0 \tag{4.97a}$$

das komplexe Potential einer *Punktladung der Ebene* (unendliche ausgedehnte und geradlinige homogene Linienladung des Raumes) und

$$\Phi_1(\underline{z}) = \frac{\underline{P}_1}{2\pi\varepsilon \underline{z}}, \qquad \underline{P}_1 = \int_{(A)} \varrho(\underline{z}_0)\, \underline{z}_0\, dA_0 \tag{4.97b}$$

das komplexe Potential eines *Dipols* der Ebene im Koordinatenursprung (Doppellinienladung des Raumes) ist.

Als Beispiel betrachten wir die durch Bild 4.47 definierte Verteilung von Ladungen in Form eines Halbhohlzylinders. Mit $\varrho(\underline{z}_0) = \bar{\varrho}_0 = $ konst. ist mit (4.97) in Zylinderkoordinaten (um eine Verwechslung der Ortskoordinate ϱ mit der Raumladungsdichte ϱ zu vermeiden, wird letztere überstrichen):

$$\tau = \bar{\varrho}_0 \int_{(A)} dA_0 = \bar{\varrho}_0 \int_{(\varrho)} \int_{(\alpha)} \varrho_0\, d\varrho_0\, d\alpha_0 = \bar{\varrho}_0 \int_{R_1}^{R_2} \varrho_0\, d\varrho_0 \int_0^{\pi} d\alpha_0$$

$$= \frac{\bar{\varrho}_0 \pi}{2} (R_2^2 - R_1^2)$$

$$\underline{P}_n = \bar{\varrho}_0 \int_{(\varrho)} \int_{(\alpha)} \varrho_0^n\, e^{jn\alpha_0}\, \varrho_0\, d\varrho_0\, d\alpha_0$$

$$= \bar{\varrho}_0 \int_{R_1}^{R_2} \varrho_0^{n+1}\, d\varrho_0 \int_0^{\pi} e^{jn\alpha_0}\, d\alpha_0$$

$$= \frac{\bar{\varrho}_0}{n+2} (R_2^{n+2} - R_1^{n+2}) \frac{e^{jn\pi} - 1}{jn}.$$

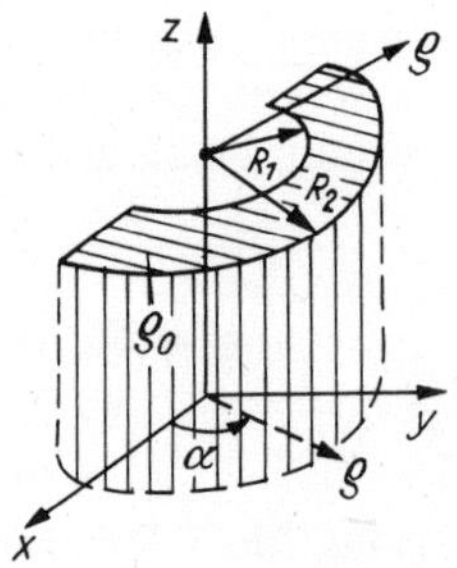

Bild 4.47. Beispiel zur Ladungsverteilung in der Ebene

Daraus folgt (in Zylinderkoordinaten $r_B = 1$, $\underline{z} = \varrho\, e^{j\alpha}$)

$$\varphi_0 = \mathrm{Re}\left\{\frac{\tau}{2\pi\varepsilon}\ln\frac{1}{\underline{z}}\right\} = \mathrm{Re}\left\{\frac{\bar{\varrho}_0}{4\varepsilon}(R_2^2 - R_1^2)\ln\frac{1}{\underline{z}}\right\}$$

$$= \frac{\bar{\varrho}_0}{4\varepsilon}(R_2^2 - R_1^2)\ln\frac{1}{\varrho} = \varphi_0(\varrho, \alpha)$$

$$\varphi_n = \mathrm{Re}\left\{\frac{\underline{P}_n}{2\pi\varepsilon n \underline{z}^n}\right\} = \frac{1}{2\pi\varepsilon n}\mathrm{Re}\left\{\frac{\underline{P}_n}{\underline{z}_n}\right\}$$

$$= \frac{\bar{\varrho}_0}{2\pi\varepsilon n^2 (n+2)\varrho^n}(R_2^{n+2} - R_1^{n+2})\,\mathrm{Re}\left\{\frac{e^{jn\pi} - 1}{je^{jn\alpha}}\right\}$$

$$= -\frac{\bar{\varrho}_0}{\pi\varepsilon n^2 (n+2)\varrho^n}(R_2^{n+2} - R_1^{n+2})\cos\left(n\alpha + \frac{\pi}{2}\right) = \varphi_n(\varrho, \alpha).$$

Damit ist

$$\varphi = \varphi(\varrho, \alpha) = \sum_{n=0}^{\infty}\varphi_n(\varrho, \alpha)$$

mit den eben errechneten φ_n.

Spiegelung in der Ebene. Mit der Methode der Ladungsspiegelung können auch bei ebenen Feldern einfachere Probleme gelöst werden. Das Potential einer Punktladung vor einer Geraden mit dem vorgeschriebenen Potential $\varphi = 0$ zu bestimmen ist nach Abschn. 4.4.1. ganz elementar (Bild 4.48). Man erhält, wenn diese Gerade in die x-Achse gelegt wird,

$$\Phi(\underline{z}) = \frac{\tau}{2\pi\varepsilon}\ln\frac{\underline{z} - \underline{z}_0^*}{\underline{z} - \underline{z}_0} \tag{4.98}$$

und

$$\Phi(x, y) = \frac{\tau}{2\pi\varepsilon}\ln\frac{|\underline{z} - \underline{z}_0^*|}{|\underline{z} - \underline{z}_0|} \qquad (y \geqq 0).$$

Für $\underline{z} = x$ wird der Randwert $\varphi(x, y = 0) = 0$ erfüllt.

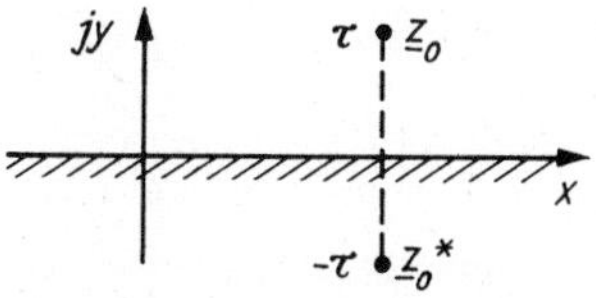

Bild 4.48. Spiegelung in der Ebene an einer Geraden

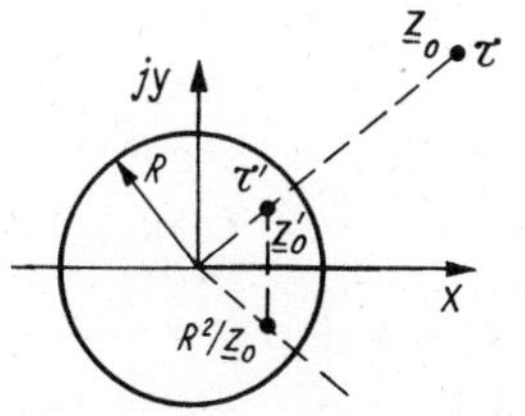

Bild 4.49. Spiegelung in der Ebene am Kreis

Wir wollen nun die Aufgabe betrachten, das von einer *Flächenpunktladung* (unendliche Linienladung im Raum) erzeugte Potential $\varphi(\boldsymbol{r})$ unter der Bedingung zu bestimmen, daß $\varphi(\boldsymbol{r})$ durch einen Kreis (Zylinderfläche im Raum, Radius R) mit dem erzwungenen Potential $\varphi = 0$ gestört wird (Bild 4.49).

Liegt der Koordinatenursprung im Kreismittelpunkt, so ist nach Bild 4.49 mit $\tau' = -\tau$

$$\Phi_\tau(\underline{z}) = \frac{\tau}{2\pi\varepsilon}\ln\frac{\underline{z} - \underline{z}_0'}{\underline{z} - \underline{z}_0}, \qquad \underline{z}_0' = \frac{R^2}{\underline{z}_0^*} \tag{4.99}$$

das von der Punktladung τ in $\underline{z}_0$ und ihrer Spiegelladung $\tau' = -\tau$ in $\underline{z}_0' = r^2/\underline{z}_0^*$ erzeugte komplexe Potential Φ_τ (Bild 4.49). Gegenüber der Spiegelung im Raum besteht hier folgender Unterschied: Zum einen ändert die Ladung τ bei der Spiegelung nur ihr Vorzeichen, nicht aber ihren Betrag; zum anderen ist das Potential Re $\{\Phi_\tau\}$ in (4.99) auf den Punkten $\underline{z} = R\,\mathrm{e}^{\mathrm{j}\alpha}$ des Kreises mit dem Radius R zwar konstant, aber nicht gleich Null. Vielmehr gilt dort mit $\underline{z}_0 = R_0\,\mathrm{e}^{\mathrm{j}\alpha_0}$ nach (4.99)

$$\varphi_R = \frac{\tau}{2\pi\varepsilon} \ln \left| \frac{R\,\mathrm{e}^{\mathrm{j}\alpha} - \frac{R^2}{R_0}\,\mathrm{e}^{+\mathrm{j}\alpha_0}}{R\,\mathrm{e}^{\mathrm{j}\alpha} - R_0\,\mathrm{e}^{\mathrm{j}\alpha_0}} \right| = \frac{\tau}{2\pi\varepsilon} \ln \frac{R}{|\underline{z}_0^*|}. \tag{4.100}$$

Auf dem vorgegebenen Kreis entsteht ein Nullpotential, wenn

$$\Phi_R = \frac{\tau}{2\pi\varepsilon} \ln \frac{R}{\underline{z}_0^*}$$

von Φ_τ (4.99) subtrahiert wird. Die Rechnung ergibt

$$\Phi = \Phi_\tau - \Phi_R = \frac{\tau}{2\pi\varepsilon} \ln \frac{\underline{z}\underline{z}_0^* - R^2}{(\underline{z} - \underline{z}_0)\,R} \qquad (|\underline{z}| \geqq R). \tag{4.101}$$

Das gesuchte Potential φ ist dann durch $\varphi = \mathrm{Re}\,\{\Phi\}$ gegeben.

Komplexe Feldstärke $\underline{E}$.* Es ist möglich, $\boldsymbol{E}$ direkt aus Φ zu berechnen. In der Ebene ist

$$\boldsymbol{E} = -\mathrm{grad}\,\varphi = -\boldsymbol{i}\frac{\partial\varphi}{\partial x} - \boldsymbol{j}\frac{\partial\varphi}{\partial y},$$

also im Regularitätsbereich von Φ

$$E_x = -\frac{\partial\varphi}{\partial x} = -\mathrm{Re}\left\{\frac{\partial\Phi}{\partial x}\right\} = -\mathrm{Re}\left\{\frac{\mathrm{d}\Phi}{\mathrm{d}\underline{z}}\right\}$$

$$E_y = -\frac{\partial\varphi}{\partial y} = -\mathrm{Re}\left\{\frac{\partial\Phi}{\partial y}\right\} = -\mathrm{Re}\left\{\mathrm{j}\frac{\mathrm{d}\Phi}{\mathrm{d}\underline{z}}\right\} = \mathrm{Im}\left\{\frac{\mathrm{d}\Phi}{\mathrm{d}\underline{z}}\right\}$$

und damit

$$E_x + \mathrm{j}E_y = -Re\left\{\frac{\mathrm{d}\Phi}{\mathrm{d}\underline{z}}\right\} + \mathrm{j}\,\mathrm{Im}\left\{\frac{\mathrm{d}\Phi}{\mathrm{d}\underline{z}}\right\} = -\left(\frac{\mathrm{d}\Phi}{\mathrm{d}\underline{z}}\right)^*.$$

Definiert man also eine komplexe Feldstärke $\underline{E}$ durch

$$\underline{E} = E_x + \mathrm{j}E_y, \tag{4.102a}$$

so gilt

$$\underline{E} = -\left(\frac{\mathrm{d}\Phi}{\mathrm{d}\underline{z}}\right)^*. \tag{4.102b}$$

Vgl. hierzu auch Abschn. 3.2.7.

4.4.2. Reguläre Potentiale

Berechnung durch Ladungsspiegelung. Reguläre (komplexe) Potentiale, für die $\Delta\Phi = 0$ ($\Delta\,\mathrm{Re}\,\{\Phi\} = 0$ bzw. $\Delta\,\mathrm{Im}\,\{\Phi\} = 0$) für alle $\underline{z}$ eines Bereiches gilt, können in einfachen Fällen durch Ladungsspiegelung berechnet werden.

Als Beispiel wird das Potential φ ($\Delta\varphi = 0$) zwischen Ebene und Zylinder berechnet (φ = konst. auf dem Bereichsrand, Bild 4.50). Wir gehen von zwei Linienladungen τ und $-\tau$ aus. Nach Abschn. 4.4.1. ist (zwischen den Flächen $\varphi = \varphi_\mathrm{k} \neq 0$ und $\varphi = 0$)

$$\varphi = \frac{\tau}{2\pi\varepsilon} \ln \frac{|\underline{z} + \mathrm{j}y_0|}{|\underline{z} - \mathrm{j}y_0|}. \tag{4.103}$$

Für die Niveauflächen $\varphi_k = \text{konst.}$ gilt daher

$$\frac{|\underline{z} + \mathrm{j}y_0|^2}{|\underline{z} - \mathrm{j}y_0|^2} = k^2 \qquad (k > 1 \text{ für } \varphi_k > 0)$$

oder mit $\underline{z} = x + \mathrm{j}y$

$$x^2 + (y - y_m)^2 = y_m^2 - y_0^2, \qquad y_m = y_0 \frac{k^2 + 1}{k^2 - 1}.$$

Das ist für $k > 1$ die Gleichung eines Kreises mit dem Radius

$$R = \sqrt{y_m^2 - y_0^2}$$

und dem Mittelpunkt $\underline{z} = \mathrm{j}y_m$ (für $k = 1$ gilt $x = 0$, Bild 4.50).

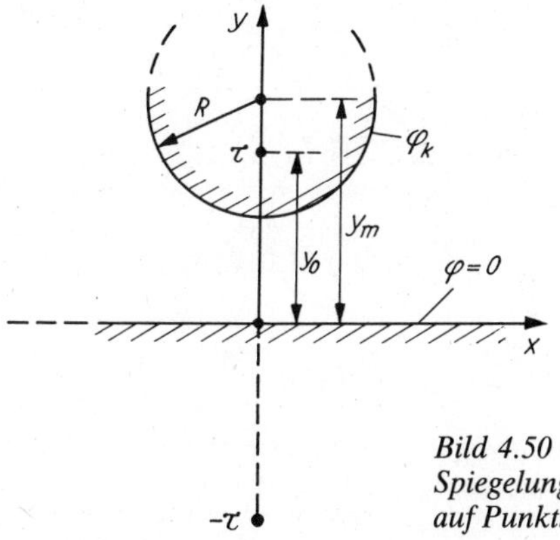

Bild 4.50
Spiegelung in der Ebene – Rückführung eines Randwertproblems auf Punktladungen der Ebene

Für gegebene y_m, R und φ_k ist mit Vorstehendem

$$y_0 = \sqrt{y_m^2 - R^2}$$

$$\tau = \frac{\varphi_k 2\pi\varepsilon}{\ln k}, \qquad k = \frac{y_m}{R} + \sqrt{\left(\frac{y_m}{R}\right)^2 - 1}. \tag{4.104}$$

Aus (4.103) folgt damit für φ zwischen Zylinder und Ebene

$$\varphi = \frac{\varphi_k}{\ln k} \ln \frac{|\underline{z} + \mathrm{j}\sqrt{y_m^2 - R^2}|}{|\underline{z} - \mathrm{j}\sqrt{y_m^2 - R^2}|} \qquad \left(\tau = \frac{k}{\ln k} 2\pi\varepsilon\right). \tag{4.105}$$

$\varphi = \varphi_k > 0$ ist das Zylinderpotential, $\varphi = 0$ das Ebenenpotential.

Konforme Abbildung. Das gegebene Beispiel kann auch noch von einem anderen Gesichtspunkt aus betrachtet werden. Das zu φ in (4.103) gehörende komplexe Potential lautet

$$\Phi(\underline{z}) = \frac{\tau}{2\pi\varepsilon} \ln \frac{\underline{z} + \mathrm{j}y_0}{\underline{z} - \mathrm{j}y_0}. \tag{4.106}$$

$\Phi(\underline{z})$ ist, von $\underline{z} = \pm \mathrm{j}y_0$ abgesehen, eine reguläre Funktion der komplexen Variablen $\underline{z}$. Damit ist $\mathrm{Re}\,\{\Phi(\underline{z})\} = \varphi\,(x, y)$ ein harmonisches Skalarfeld ($\Delta\varphi = 0$) in der ganzen (x, y)-Ebene mit Ausnahme der Punkte $(0, \pm y_0)$ (vgl. Abschn. 2.2.1.).
Entsprechendes gilt für jede in einem Bereich B reguläre Funktion bzw. für jedes reguläre komplexe Potential. So ist beispielsweise

$$\Phi(\underline{z}) = a\underline{z}^2 \tag{4.107}$$

überall regulär und daher ein harmonisches komplexes Potential. Für das Potential φ selbst erhält man

$$\varphi\,(x,\,y) = \mathrm{Re}\,\{\Phi\} = a\,(x^2 - y^2). \tag{4.108a}$$

Das Potential $\varphi = \varphi_A$ wird auf der Hyperbel

$$y = \sqrt{x^2 - \frac{\varphi_A}{a}} \tag{4.108b}$$

angenommen; für $\varphi_A = 0$ erhält man Geraden (Asymptoten der Hyperbel, Bild 4.51). φ in (4.108a) ist damit das Potential zwischen den ebenen Flächen $\varphi = 0$ und der hyperbelförmig gebogenen Fläche mit dem Potential $\varphi = \varphi_A$ (wenn x und y im Bereich zwischen den Flächen variieren).

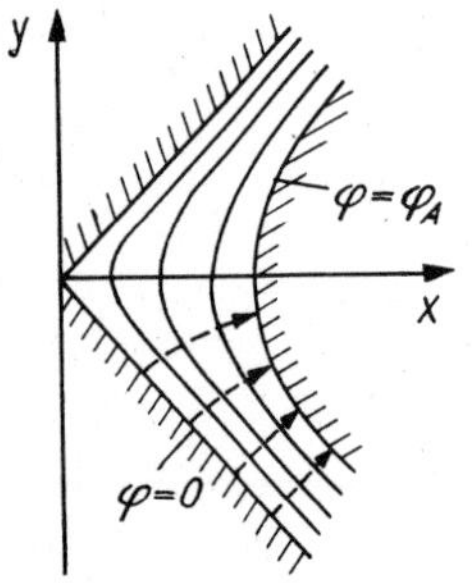

Bild 4.51. Konforme Abbildung und Randwertproblem

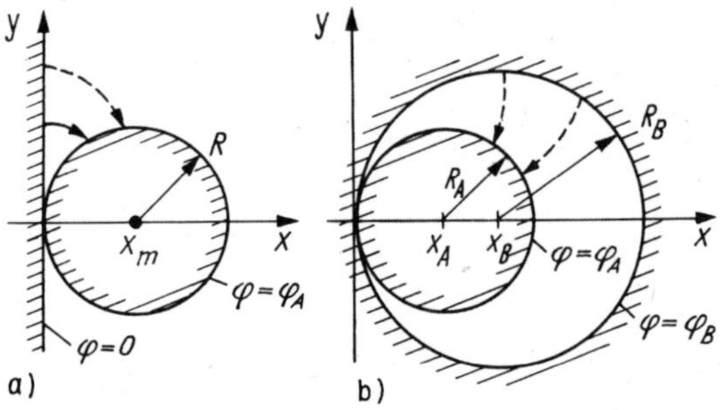

Bild 4.52. Zur Berechnung ebener Felder – Randwertproblem
a) Elektrodenanordnung: Ebene – Zylinderelektrode
b) Elektrodenanordnung: zwei konzentrische Zylinderelektroden

Ein anderes Beispiel ist

$$\Phi(\underline{z}) = \frac{a}{\underline{z}} \tag{4.109a}$$

mit

$$\varphi\,(x,\,y) = \mathrm{Re}\,\{\Phi(\underline{z})\} = \frac{ax}{x^2 + y^2}. \tag{4.109b}$$

Die Gleichung der Niveaulinien $\varphi = \varphi_A$ ist durch

$$\left(x - \frac{a}{2\varphi_A}\right)^2 + y^2 = \left(\frac{a}{2\varphi_A}\right)^2 \tag{4.110}$$

gegeben. Alle Linien $\varphi =$ konst. sind hiernach Kreise (Bild 4.52). φ in (4.109b) stellt damit das Feld zwischen Ebene und Zylinder (Bild 4.52a) bzw. zwischen zwei exzentrisch angeordneten Zylinderelektroden der Radien R_A und R_B auf dem Potential φ_A bzw. φ_B sowie dem Mittelpunkt

$$x_{m1} = \frac{a}{2\varphi_A} \quad \left(x_{m2} = \frac{a}{2\varphi_B}\right) \qquad (x_{m1} = x_A,\, x_{m2} = x_B)$$

auf der x-Achse und dem Radius $R_1 = a/(2\varphi_A)$ ($R_2 = a/(2\varphi_B)$) (Bild 4.52b) dar. Wegen $x_m = R$ für alle Elektrodenpotentiale ist der Koordinatenursprung Berührungspunkt aller Niveaulinien.

Weitere Beispiele zu dieser Methode werden im Abschn. 5. gegeben.

Beliebige Randwerte.* Die zuletzt genannten Methoden eignen sich nur für Feldprobleme der Ebene mit konstanten Randwerten $\varphi = \varphi_A$. Auch ist, da von einer regulären Funktion $\Phi(\underline{z})$ ausgegangen wird, nicht von vornherein erkennbar, welches Randwertproblem $\Phi(\underline{z})$ zu lösen gestattet.

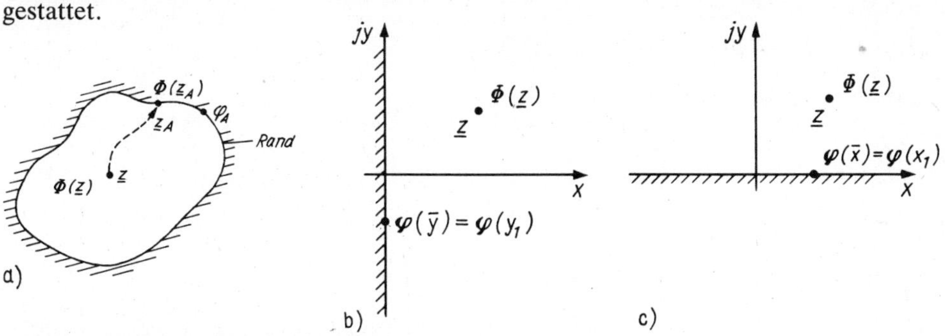

Bild 4.53. Zum Randwertproblem in der Ebene
a) allgemeines Randwertproblem
b) Randwertproblem für die rechte $\underline{z}$-Halbebene
c) Randwertproblem für die obere $\underline{z}$-Halbebene

Im allgemeinsten Fall ist sowohl die Geometrie des Randes als auch die Werteverteilung von φ auf dem Bereichsrand vorgegeben und $\Phi(\underline{z})$ im Bereichsinnern gesucht – genauer: Gesucht ist die reguläre Funktion $\Phi(\underline{z})$, deren Realteil auf dem Rand ($\underline{z} = \underline{z}_A$) die vorgegebenen Werte φ_A annimmt (Bild 4.53):

$$\lim_{\underline{z} \to \underline{z}_A} \operatorname{Re} \{\Phi(\underline{z})\} = \varphi_A. \tag{4.111}$$

Für eine Halbebene ist dieses Problem durch einen geschlossenen Ausdruck lösbar. Man erhält z. B. für die rechte $\underline{z}$-Halbebene (Bild 4.53b) nach der Theorie der regulären Funktionen einer komplexen Veränderlichen (s. *Wunsch*: Systemanalyse, Band 1, Abschn. 1.2.4.)

$$\boxed{\Phi(\underline{z}) = \frac{1}{\pi} \int_{-\infty}^{+\infty} \frac{\varphi(\bar{y})}{\underline{z} - \mathrm{j}\bar{y}}\, \mathrm{d}\bar{y}} \qquad (\operatorname{Re}\{\underline{z}\} > 0), \tag{4.112}$$

worin $\varphi(\bar{y})$ die auf der y-Achse (Rand der rechten Halbebene) gewünschten (stetigen) Randwerte bezeichnet. Für das nach (4.112) bestimmte $\Phi(\underline{z})$ gilt dann wie verlangt

$$\lim_{\substack{x \to 0 \\ y \to y_1}} \operatorname{Re} \{\Phi(\underline{z})\} = \lim_{\substack{x \to 0 \\ y \to y_1}} \varphi\,(x, y) = \varphi\,(0, y_1) = \varphi(y_1). \tag{4.113}$$

Analog findet man für die obere $\underline{z}$-Halbebene (Bild 4.53c)

$$\boxed{\Phi(\underline{z}) = \frac{1}{\pi \mathrm{j}} \int_{-\infty}^{+\infty} \frac{\varphi(\bar{x})}{\bar{x} - \underline{z}}\, \mathrm{d}\bar{x}} \qquad (\operatorname{Im}\{\underline{z}\} > 0). \tag{4.114}$$

Wieder nimmt der Realteil von $\Phi(\underline{z})$ auf dem Rand der oberen $\underline{z}$-Halbebene (x-Achse) die Werte $\varphi(x_1)$ an.

Das Integral (4.114) – und entsprechend (4.112) – kann noch auf eine für manche Rechnungen nützlichere Form gebracht werden. Nach den Regeln der Laplace-Transformation ist (s. *Wunsch*: Systemanalyse, Band 1)

$$\int_0^\infty \mathrm{e}^{\mathrm{j}(\underline{z} - \bar{x})\lambda}\, \mathrm{d}\lambda = \frac{1}{-\mathrm{j}\,(\underline{z} - \bar{x})}. \tag{4.115}$$

Das ergibt sich sofort, wenn man $\mathrm{j}(\underline{z} - \bar{x}) = -\underline{p}$ setzt. Mit (4.114) gilt also auch

$$\Phi(\underline{z}) = \frac{1}{\pi}\int_{-\infty}^{+\infty} \varphi(\bar{x}) \left(\int_0^{\infty} \mathrm{e}^{\mathrm{j}(\underline{z}-\bar{x})\lambda}\,\mathrm{d}\lambda\right) \mathrm{d}\bar{x}$$

$$= \int_0^{\infty} \mathrm{e}^{\mathrm{j}\underline{z}\lambda} \left(\frac{1}{\lambda}\int_{-\infty}^{+\infty} \varphi(\bar{x})\,\mathrm{e}^{-\mathrm{j}\bar{x}\lambda}\,\mathrm{d}\bar{x}\right) \mathrm{d}\lambda,$$

wenn man noch formal die Integrationsreihenfolge vertauscht.
Zur besseren Übersicht setzen wir (s. *Wunsch*: Systemanalyse, Band 1)

$$F(\lambda) = \frac{1}{\pi}\int_{-\infty}^{+\infty} \varphi(\bar{x})\,\mathrm{e}^{-\mathrm{j}\lambda\bar{x}}\,\mathrm{d}\bar{x} = \frac{1}{\pi}\,\mathrm{F}\,\{\varphi(x)\}. \tag{4.116a}$$

Damit ergibt sich

$$\Phi_1(\underline{p}) = \Phi(\underline{z}) = \int_0^{\infty} F(\lambda)\,\mathrm{e}^{-\underline{p}\lambda}\,\mathrm{d}\lambda = \mathrm{L}\,\{F(\lambda)\} \qquad (\mathrm{j}\underline{z} \triangleq -\underline{p}). \tag{4.116b}$$

Das interessierende komplexe Potential $\Phi(\underline{z})$ kann also durch Anwendung von zwei Funktionaltransformationen (Fourier- und Laplace-Transformation) auf die gegebenen Randwerte gefunden werden.
Nun ist aber mit $\Phi(\underline{z})$ auch

$$\psi(\underline{w}) = \Phi\,[g(\underline{w})] \tag{4.117}$$

ein harmonisches komplexes Potential (eine reguläre Funktion von $\underline{w}$), wenn

$$\underline{z} = g(\underline{w}) = g_1(u, v) + \mathrm{j}g_2(u, v) \tag{4.118}$$

mit $\underline{z} = x + \mathrm{j}y$ und $\underline{w} = u + \mathrm{j}v$ eine reguläre Funktion von $\underline{w}$ ist (s. Abschn. 3.2.7. und [3]).

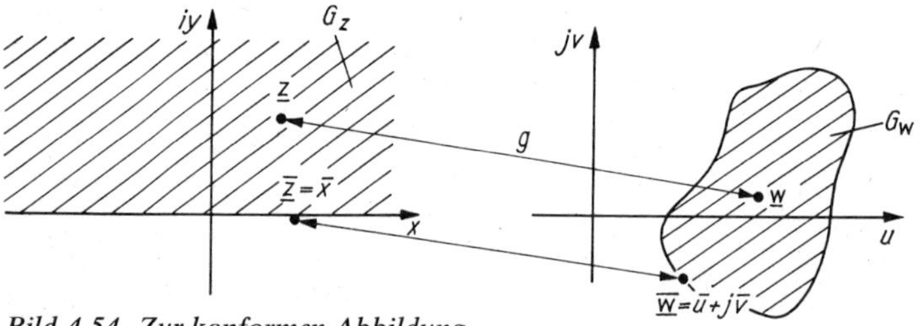

Bild 4.54. Zur konformen Abbildung

Im Bild 4.54 ist die (konforme) Abbildung (4.117) veranschaulicht. Den Punkten $\underline{z}$ aus der oberen $\underline{z}$-Halbebene (G_z-Ebene) entsprechen die Punkte $\underline{w}$ eines i. allg. krummlinig begrenzten G_w-Gebietes. Dabei werden die Randpunkte $\bar{\underline{z}} = \bar{x}$ der oberen $\underline{z}$-Halbebene auf die Randpunkte $\bar{\underline{w}}$ des Gebietes G_w abgebildet:

$$g(\bar{\underline{w}}) = \bar{x}. \tag{4.119}$$

Für die Randwerte gilt dann mit (4.117)

$$\psi(\bar{\underline{w}}) = \Phi(\bar{x}) \qquad (\bar{\underline{w}} = \bar{u} + \mathrm{j}\bar{v}) \tag{4.120}$$

oder nach Zerlegung in Real- und Imaginärteil

$$\psi\,(\bar{u}, \bar{v}) + \mathrm{j}\psi_2\,(\bar{u}, \bar{v}) = \varphi(\bar{x}) + \mathrm{j}\overline{\varphi_2\,(x)} \tag{4.121}$$

Bei gegebener Funktion g sind entsprechend (4.118) x und y gegebene Funktionen von u und v bzw. u und v gegebene Funktionen von x und y:

$$\begin{aligned} \underline{z} &= g(\underline{w}), & \underline{w} &= h(\underline{z}) \\ x &= g_1\,(u, v), & u &= h_1\,(x, y) \\ y &= g_2\,(u, v), & v &= h_2\,(x, y). \end{aligned} \tag{4.122a}$$

Speziell auf dem Rand gilt

$$\begin{aligned} \bar{x} &= g_1(\bar{u}, \bar{v}), & \bar{u} &= h_1(\bar{x}, 0) = h_1(\bar{x}) \\ \bar{y} &= 0, & \bar{v} &= h_2(\bar{x}, 0) = h_2(\bar{x}). \end{aligned} \tag{4.122b}$$

Diese Zusammenhänge können nun wie folgt für die Berechnung komplexer harmonischer Potentiale genutzt werden:
Gesucht ist das harmonische Potential $\psi(\underline{w})$ im Gebiet G_w, dessen Realteil $\psi(u, v)$ auf dem Rand von G_w die Werte $\psi(\bar{u}, \bar{v})$ annimmt. Man bestimme eine reguläre Funktion

$$\underline{z} = g(\underline{w}),$$

die das Gebiet G_w auf die obere z-Halbebene abbildet (Bild 4.54). Mit den dann durch $g(\underline{w})$ entsprechend (4.122b) definierten Abbildungen $\bar{u} = h_1(\bar{x})$ und $\bar{v} = h_2(\bar{x})$ bilde man für die obere Halbebene mit (4.116b) das harmonische Potential $\Phi(\underline{z})$ mit den Randwerten

$$\psi[h_1(\bar{x}), h_2(\bar{x})] = \varphi(\bar{x}). \tag{4.123}$$

Dann ist

$$\Phi[g(\underline{w})] = \psi(\underline{w}) \tag{4.124}$$

das gesuchte komplexe harmonische Potential im Gebiet G_w.
Zur Erläuterung sei noch folgendes Beispiel angeführt.

Gesucht ist das komplexe harmonische Potential $\psi(\underline{w})$, das im I. Quadranten der $\underline{w}$-Ebene (Bild 4.55) folgende Randwerte annimmt:
u-Achse ($u > 0$)

$$\psi(\bar{u}, \bar{v}) = \frac{1}{1 + \bar{u}^4} \tag{4.125}$$

v-Achse ($v > 0$)

$$\psi(\bar{u}, \bar{v}) = \frac{1}{1 + \bar{v}^4}.$$

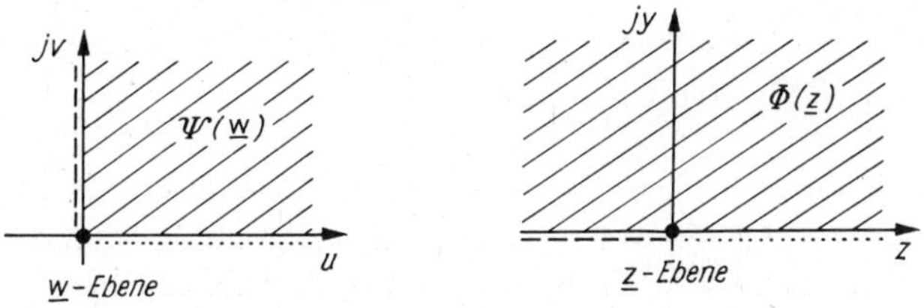

Bild 4.55. Abbildung der Halbebene in eine Viertelebene

Durch die Abbildung

$$\underline{z} = \underline{w}^2 \quad (r_z\, e^{j\varphi_z} = r_w^2\, e^{j2\varphi_w}) \tag{4.126a}$$

wird der I. Quadrant der $\underline{w}$-Ebene auf die obere $\underline{z}$-Halbebene abgebildet (Bild 4.55). In Real- und Imaginärteil zerlegt, erhält man aus (4.123) mit

$$x + jy = (u + jv)^2 = u^2 - v^2 + j2uv$$

gleichwertig mit (4.122a)

$$\begin{aligned} x &= u^2 - v^2 \\ y &= 2uv. \end{aligned} \tag{4.126b}$$

Auf dem Rand des I. Quadranten der $\underline{w}$-Ebene gilt dann

$$\begin{aligned} u &\geqq 0, & v &= 0: & \bar{x} &= \bar{u}^2, & \bar{y} &= 0 \\ u &= 0, & v &\geqq 0: & \bar{x} &= -\bar{v}^2, & \bar{y} &= 0. \end{aligned}$$

Aus (4.125) und (4.123) erhält man

$$\varphi(\bar{x}) = \psi\,[h_1(\bar{x}),\, h_2(\bar{x})] = \frac{1}{1+\bar{x}^2}$$

und daraus (nach den Regeln des Residuensatzes)

$$\Phi(\underline{z}) = \frac{1}{\pi \mathrm{j}} \int_{-\infty}^{+\infty} \frac{1}{(1+\bar{x}^2)(\bar{x}-\underline{z})}\,\mathrm{d}\bar{x} = \frac{1}{\pi \mathrm{j}} \oint \frac{1}{(1+\bar{\underline{z}}^2)(\bar{\underline{z}}-\underline{z})}\,\mathrm{d}\bar{\underline{z}}$$

$$= \frac{1}{\pi \mathrm{j}}\left[2\pi \mathrm{j} \sum \mathrm{Res}\left\{\frac{1}{(\bar{\underline{z}}-\mathrm{j})(\bar{\underline{z}}+\mathrm{j})(\bar{\underline{z}}-\underline{z})}\right\}\right]$$

$$= \frac{1}{\mathrm{j}\,(\mathrm{j}-\underline{z})} + \frac{2}{\underline{z}^2+1} = \frac{1}{1-\mathrm{j}\underline{z}}.$$

Schließlich ergibt sich mit (4.126a) und (4.124) für das gesuchte komplexe Potential

$$\psi(\underline{w}) = \frac{1}{1-\mathrm{j}\underline{w}^2}.$$

Das ebene (reelle) Potentialfeld nimmt damit den durch

$$\psi\,(u,v) = \mathrm{Re}\,\{\psi\,(u+\mathrm{j}v)\} = \mathrm{Re}\left\{\frac{1}{1-\mathrm{j}\,(u+\mathrm{j}v)^2}\right\}$$

$$= \frac{1+2uv}{(1+2uv)^2+(u^2-v^2)^2}$$

gegebenen Verlauf an. ψ ist als Realteil einer im I. Quadranten regulären Funktion $\psi(\underline{w})$ (die Pole von ψ liegen im II. und IV. Quadranten) jedenfalls ein harmonisches Skalarfeld. Außerdem werden die geforderten Randwerte angenommen:

$$\psi\,(u,0) = \frac{1}{1+u^4}$$

$$\psi\,(0,v) = \frac{1}{1+v^4}.$$

Schwarz–Christoffelsche Formel.* Die Probleme der Elektrostatik in der Ebene sind prinzipiell immer lösbar, wenn eine konforme Abbildung des interessierenden Gebietes auf die obere Halbebene der Gaußschen Zahlenebene gefunden werden kann (s. Bild 4.54).

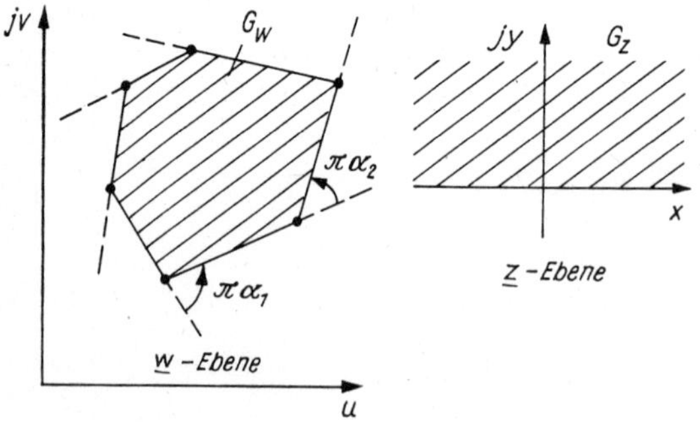

Bild 4.56. Zur Schwarz-Christoffelschen Abbildungsformel

Der Riemannsche Abbildungssatz besagt nun, daß eine Abbildung eines beliebigen Gebietes G_w auf eine Halbebene stets existiert, und es gibt in der *Theorie der konformen Abbildungen* verschiedene Methoden, die auch darlegen, wie solche vorgegebenen Abbildungen ermittelt werden können, worauf hier aber nicht weiter eingegangen werden kann. Lediglich zur *Schwarz-Christoffelschen Abbildungsformel*, die eine Abbildung – allerdings in der Form $\underline{w} = h(\underline{z})$ – beliebiger, durch Geradenstücke begrenzter Gebiete (n-Eck mit den Eckpunkten $\underline{w}_\nu$; $\nu = 1, 2, \ldots, n$ nach Bild 4.56) der $\underline{w}$-Ebene auf die obere $\underline{z}$-Halbebene vermittelt, seien noch ein paar Bemerkungen gemacht.

Wir betrachten die spezielle, durch ein Integral in der oberen $\underline{z}$-Halbebene dargestellte Funktion (Bild 4.56):

$$\underline{w} = h(\underline{z}) = C \int_{\underline{z}_0}^{\underline{z}} \frac{\mathrm{d}\underline{z}}{(\underline{z} - x_1)^{\alpha_1} (\underline{z} - x_2)^{\alpha_2} \dots (\underline{z} - x_n)^{\alpha_n}} \qquad (4.127)$$

mit den Einschränkungen

$$C = \text{konst.}, \qquad \sum_{\nu=1}^{n} \alpha_\nu = 2, \qquad 0 < \alpha_\nu < 1 \qquad (\nu = 1, 2, \dots, n).$$

Durch (4.127) wird der Polygonzug der $\underline{w}$-Ebene auf die reelle x-Achse der $\underline{z}$-Ebene abgebildet. In der Gleichung sind die singulären Stellen x_ν $(\nu = 1, 2, \dots, n)$ die Abbildungspunkte der Polygonecken $\underline{w}_\nu$ und α_ν die in Einheiten von π angegebenen Außenwinkel der beiden $\underline{w}_\nu$ bildenden Polygonseiten im mathematisch positiven Sinne (Bild 4.56).
$h(\underline{z})$ ist im Innern der oberen $\underline{z}$-Halbebene regulär, und es ist ($h'(\underline{z})$ = Ableitung nach $\underline{z}$)

$$h'(\underline{z}) = \frac{C}{(\underline{z} - x_1)^{\alpha_1} \dots (\underline{z} - x_n)^{\alpha_n}} = \frac{C}{|\underline{z} - x_1|^{\alpha_1} \mathrm{e}^{\mathrm{j}\alpha_1 \arg(\underline{z} - x_1)} \dots}$$

$$(0 < \arg(\underline{z} - x_\nu) < \pi, \ \nu = 1, 2, \dots, n).$$

Im folgenden wollen wir die Abbildung der x-Achse der $\underline{z}$-Ebene in die $\underline{w}$-Ebene etwas genauer untersuchen:
Ein Streckenelement Δx der x-Achse wird wegen $\Delta \underline{w} = h'(\underline{z}) \Delta x$ auf

$$\Delta \underline{w}_\nu = \frac{C \Delta x'}{(x - x_1)^{\alpha_1} \dots (x - x_n)^{\alpha_n}}$$

$$= \frac{C \Delta x'}{|x - x_1|^{\alpha_1} \dots |x - x_{\nu-1}|^{\alpha_{\nu-1}} |x - x_\nu|^{\alpha_\nu} \mathrm{e}^{\mathrm{j}\pi\alpha_\nu} \dots |x - x_n|^{\alpha_n} \mathrm{e}^{\mathrm{j}\pi\alpha_n}}$$

abgebildet, wenn x links von x_ν liegt. Springt x auf einen Punkt der reellen Achse rechts von x_ν, so gilt

$$\Delta \underline{w}_{\nu+1} = \frac{C \Delta x''}{|x - x_1|^{\alpha_1} \dots |x - x_\nu|^{\alpha_\nu} |x - x_{\nu+1}|^{\alpha_{\nu+1}} \mathrm{e}^{\mathrm{j}\pi\alpha_{\nu+1}} \dots |x - x_n|^{\alpha_n} \mathrm{e}^{\mathrm{j}\pi\alpha_n}} \qquad (4.128)$$

und daher für sehr nahe bei x_ν liegende x

$$\frac{\Delta \underline{w}_{\nu+1}}{\Delta \underline{w}_\nu} = \mathrm{e}^{\mathrm{j}\pi\alpha_\nu}. \qquad (4.129)$$

Damit haben wir folgendes Ergebnis:

Zwischen zwei Punkten $x = x_\nu$ und $x = x_{\nu+1}$ auf der x-Achse ist wegen (4.128) die Richtung (das Argument) von $\Delta \underline{w}$ unverändert, d.h., die Geradenstücken $(x_\nu, x_{\nu+1})$ der $\underline{z}$-Ebene werden auf Geradenstücken $(h(x_\nu), h(x_{\nu+1}))$ der $\underline{w}$-Ebene abgebildet. Die Bilder $\Delta \underline{w}$ der Streckenelemente $\Delta \underline{w}$ unmittelbar links und rechts von der singulären Stelle $x = x_\nu$ schließen gemäß (4.129) einen Winkel der Größe $\alpha_\nu \pi$ ein. Die Abbildungsfunktion (4.127) hat damit die durch Bild 4.57 noch anschaulich wiedergegebenen Eigenschaften, d.h., $\underline{w} = h(\underline{z})$ in (4.127) bildet die obere $\underline{z}$-Halbebene auf das Innere eines geschlossenen Polygons der $\underline{w}$-Ebene ab.

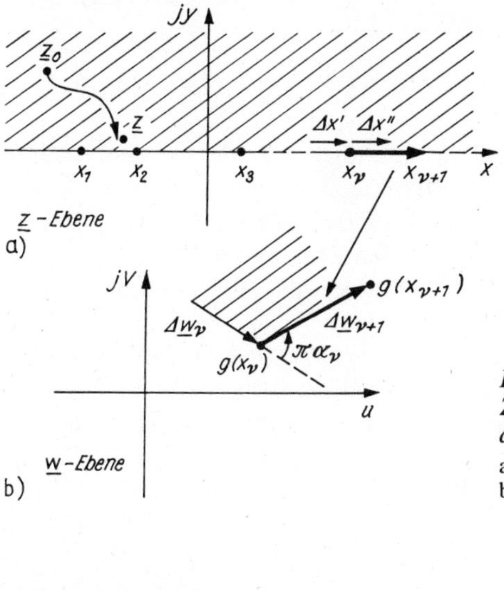

Bild 4.57
Zur Abbildung des Randes durch die Schwarz-Christoffelsche Formel
a) $\underline{z}$-Ebene
b) $\underline{w}$-Ebene

Beispiel. Wir betrachten die Abbildung der oberen $\underline{z}$-Halbebene auf ein Rechteck der $\underline{w}$-Ebene (Bild 4.58).
Aus (4.127) folgt mit $\alpha_\nu = 1/2$ ($\nu = 1, 2, 3, 4$) und $n = 4$

$$\underline{w} = h(\underline{z}) = C \int_0^{\underline{z}} \frac{\mathrm{d}\underline{z}}{\sqrt{(\underline{z} - x_2)(\underline{z} - x_1)(\underline{z} + x_1)(\underline{z} + x_2)}} \qquad (4.130)$$

$$= C \int_0^{\underline{z}} \frac{\mathrm{d}\underline{z}}{\sqrt{(\underline{z}^2 - x_1^2)(\underline{z}^2 - x_2^2)}},$$

wenn noch $z_0 = 0$ gesetzt wird. Der Punkt $\underline{z} = 0$ wird offensichtlich auf $\underline{w} = 0$ abgebildet. Ferner ist (Bild 4.58)

$$h(x_2) = C \int_0^{x_1} \frac{\mathrm{d}x}{\sqrt{(x_1^2 - x^2)(x_2^2 - x^2)}} = -h(-x_1)$$

und

$$h(x_2) = h(x_1) + C \int_{x_1}^{x_2} \frac{\mathrm{d}x}{\sqrt{-(x^2 - x_1^2)(x_2^2 - x^2)}}$$

$$= h(x_1) - \mathrm{j}C \int_{x_1}^{x_2} \frac{\mathrm{d}x}{\sqrt{(x^2 - x_1^2)(x_2^2 - x^2)}} = -h^*(-x_2).$$

Zur Umkehrung von $\underline{w} = h(\underline{z})$ schreiben wir (4.130) in der Form

$$\underline{w} = h(\underline{z}) = \frac{C}{x_2} \int_0^{\underline{z}'} \frac{\mathrm{d}\underline{z}'}{\sqrt{(1 - \underline{z}'^2)(1 - k^2\underline{z}'^2)}} = \frac{C}{x_2} F(\underline{z}', k)$$

mit $\underline{z}' = \underline{z}/x_1$ und $k = x_1/x_2 < 1$. Darin ist $\underline{w}' = F(\underline{z}', k)$ das *elliptische Integral 1. Gattung*, dessen Umkehrung als *Jakobische elliptische Funktion*

$$\underline{z}' = \mathrm{sn}(\underline{w}', k) = \underline{w}' - (1 + k^2)\frac{\underline{w}'^3}{3!} + (1 + 14k^2 + k^4)\frac{\underline{w}'^5}{5!} - \ldots$$

bezeichnet wird. Die Umkehrung von $\underline{w} = h(\underline{z})$ in (4.130) lautet damit

$$\underline{z} = x_1 \,\mathrm{sn}\left(\frac{\underline{w}x_2}{C}\right). \qquad (4.131)$$

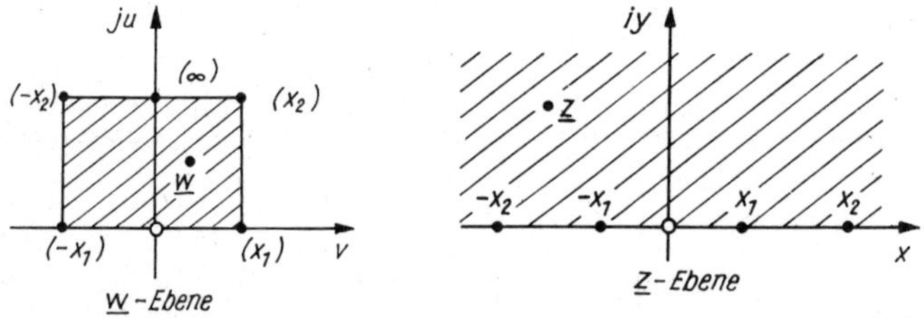

Bild 4.58. Beispiel zur Schwarz-Christoffelschen Formel

Zusammenfassung. Ebene Felder sind ein Sonderfall der räumlichen Felder. Es sind theoretisch in einer Koordinatenrichtung unendlich lang ausgestreckte Zylinderprobleme, bei denen in Achsrichtung keine Abhängigkeit der Erregergrößen sowie des Querschnitts auftritt. Das Randwertproblem reduziert sich zu einem zweidimensionalen Problem, d.h. auf eine Feldberechnung in der Ebene (Koordinatenfläche A_z für $z = 0$, wenn die Achsrichtung mit der z-Achse des Koordinatensystems übereinstimmt).
Alle Lösungsmethoden für räumliche Probleme sind einsetzbar. Zusätzlich sind Methoden der Funktionentheorie (konforme Abbildung, Abbildungsgesetze) anwendbar sowie die Einführung komplexer Größen (komplexes Potential, komplexe Feldstärke) möglich, die zu Rechenvereinfachungen führen.
Typisch für ebene Probleme ist die logarithmische Abhängigkeit des Potentials.

Aufgaben zum Abschnitt 4.4.

4.4.–1 Auf der reellen Achse der Gaußschen Zahlenebene sind in den Punkten $\underline{z}_{01} = -a$ und $\underline{z}_{02} = a$ zwei Punktladungen (der Ebene) angeordnet.
a) Berechne allgemein das komplexe Potential $\Phi(\underline{z})$ und das Potential $\varphi(x, y)$!
b) Bestimme aus a) $\Phi(\underline{z})$ und $\varphi(x, y)$ für die Sonderfälle
1. $\tau_1 = \tau_2 = \tau$
2. $\tau_1 = -\tau, \tau_2 = \tau$!
c) Zeichne für den ersten Sonderfall qualitativ das Potential- und Feldstärkefeld!
d) Berechne für den zweiten Sonderfall die „Niveau- und Feldstärkelinien“!

4.4.–2 Gegeben ist ein unendlich langer, gerader Raumladungsstreifen (Breite $2a$, Höhe b, $b \ll a$) der konstanten Raumladungsdichte ϱ_0.
a) Berechne über das komplexe Potential $\Phi(\underline{z})$ das Potential $\varphi(x, y)$ und die Feldstärke $\boldsymbol{E}(x, y)$ außerhalb des Raumladungsgebietes!
b) Berechne das Potential $\varphi(x, y)$ durch Reihenentwicklung nach Teilpotentialen!

4.4.–3 Diskutiere die konformen Abbildungen
a) $\underline{w} = a\underline{z}$
b) $\underline{w} = a/\underline{z}$
c) $\underline{w} = \ln \underline{z} + a/\underline{z} - a \quad (a = \text{konst., reell})$!
Welche Elektrodenanordnungen (Randwertaufgaben) können durch diese Abbildungen erfaßt werden?

4.4.–4 Gegeben ist die konforme Abbildung

$$\underline{w} = f(\underline{z}) = \frac{\underline{z} - a}{\underline{z} + a}.$$

a) Bestätige, daß durch $f(\underline{z})$ die rechte Halbebene der $\underline{z}$-Ebene in das Innere des Einheitskreises der $\underline{w}$-Ebene abgebildet wird!
b) Bestimme unter Benutzung dieser Abbildung das Potentialfeld nebenstehender Anordnung (unendlich ausgedehnte, geerdete Metallplatte und unendlich lange, gerade Linienladung im Abstand a der Linienladungsdichte τ)!

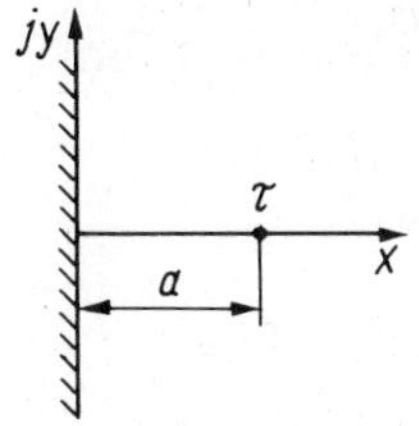

4.4.–5 Gegeben ist die im Bild 4.4.–5 gezeigte (zweidimensionale) Elektrodenanordnung mit den Randwerten $\varphi_1 = U$ und $\varphi_2 = 0$. Berechne mit Hilfe der Formel von *Schwarz–Christoffel* das Potentialfeld!

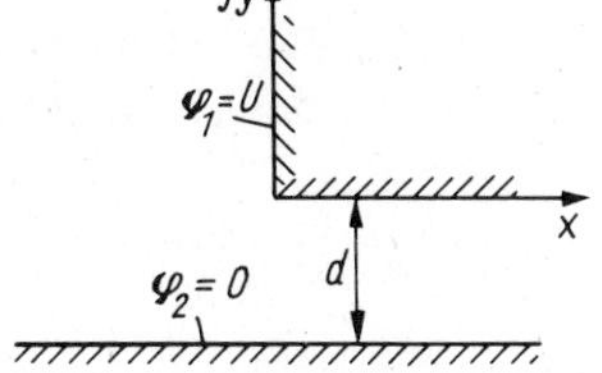

4.5. Felder bei nichtleitenden Grenzflächen

4.5.1. Einfache Grenzflächen

Ebene Grenzfläche. Bei allen bisher untersuchten Feldern lag die Grenzfläche A des Gebietes mit konstantem ε entweder im Unendlichen (s. Abschn. 4.1.) oder als Unstetigkeitsfläche zwischen Leiter und Nichtleiter im Endlichen (s. Abschn. 4.2). Es bleibt noch der Fall zu betrachten, in dem die Grenzfläche A eine Unstetigkeitsfläche zwischen zwei Nichtleitern bildet. Diese Probleme sind i. allg. wesentlich schwieriger zu lösen und nur in einfachen Sonderfällen durch elementare Ansätze – ähnlich wie in den vorhergehenden Abschnitten – zu erfassen.

Den einfachsten Fall bildet das elektrische Feld einer Punktladung vor einer ebenen Grenzfläche (Bild 4.59), die den unendlichen Raum in den unteren Halbraum mit dem Dielektrikum ε_1 und den oberen Halbraum mit dem Dielektrikum ε_2 trennt.

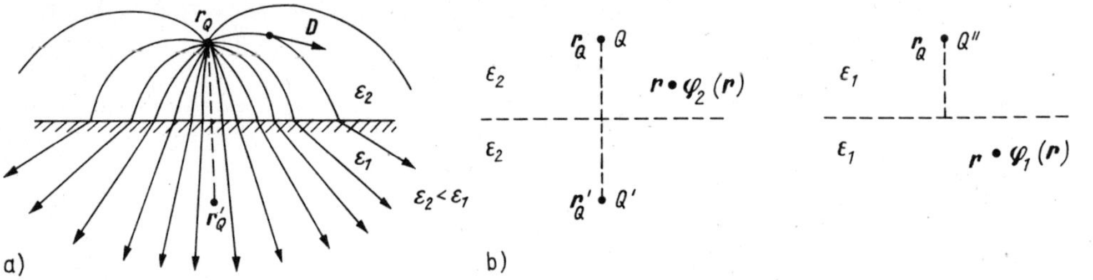

Bild 4.59. Ebene Grenzfläche

a) Punktladung im inhomogenen Feldgebiet

b) Modell zur Feldberechnung

Physikalische Überlegungen lassen die Vermutung zu, daß das entstehende Feld – ähnlich wie im Fall leitender Grenzflächen – durch eine (modifizierte) Spiegelung gefunden werden kann. Unter der Annahme, daß in der Grenzschicht keine Flächenladungen vorhanden sind, machen wir den Ansatz (s. Bild 4.59b)

$$\varphi(\boldsymbol{r}) = \begin{cases} \varphi_2(\boldsymbol{r}) = \dfrac{1}{4\pi\varepsilon_2}\dfrac{Q}{|\boldsymbol{r}-\boldsymbol{r}_Q|} + \dfrac{1}{4\pi\varepsilon_2}\dfrac{Q'}{|\boldsymbol{r}-\boldsymbol{r}'_Q|} & \text{(Feld im Dielektrikum } \varepsilon_2\text{)} \\ \varphi_1(\boldsymbol{r}) = \dfrac{1}{4\pi\varepsilon_1}\dfrac{Q''}{|\boldsymbol{r}-\boldsymbol{r}_Q|} & \text{(Feld im Dielektrikum } \varepsilon_1\text{)}. \end{cases} \tag{4.132}$$

Wenn es möglich ist, die Ladungen Q' und Q'' so zu bestimmen, daß die Grenzbedingungen (3.18) und (3.20) ($\boldsymbol{t}$ Tangentenvektor, $\boldsymbol{n}$ Normalenvektor)

$$\begin{aligned} \boldsymbol{t}\cdot\operatorname{grad}\varphi_1(\boldsymbol{r}) &= \boldsymbol{t}\cdot\operatorname{grad}\varphi_2(\boldsymbol{r}) \\ \boldsymbol{n}\cdot\varepsilon_1\operatorname{grad}\varphi_1(\boldsymbol{r}) &= \boldsymbol{n}\cdot\varepsilon_2\operatorname{grad}\varphi_2(\boldsymbol{r}) \end{aligned} \quad \text{bzw.} \quad \begin{aligned} \boldsymbol{t}\cdot\boldsymbol{E}_1 &= \boldsymbol{t}\cdot\boldsymbol{E}_2 \\ \boldsymbol{n}\cdot\boldsymbol{D}_1 &= \boldsymbol{n}\cdot\boldsymbol{D}_2 \end{aligned} \tag{4.133}$$

auf den Grenzflächen erfüllt sind, ist die Lösung des Problems bereits gefunden, da die zweite Bedingung (φ muß Lösung von $\Delta\varphi = 0$ sein) schon durch die Form des Lösungsansatzes befriedigt wird (φ_1 bzw. φ_2 bezeichnet das Feld von Punktladungen).

Aus den beiden Bedingungsgleichungen (4.133) zusammen mit (4.132) berechnen sich

$$Q' = Q\,\frac{\varepsilon_2 - \varepsilon_1}{\varepsilon_2 + \varepsilon_1}, \qquad Q'' = Q\,\frac{2\varepsilon_1}{\varepsilon_1 + \varepsilon_2}. \tag{4.134}$$

Danach sind Q' und Q'' (physikalisch) reale Lösungen und das Grenzflächenproblem ist eindeutig gelöst.

Bild 4.59a zeigt das Feld der Verschiebungsdichte $\boldsymbol{D}$ des Grenzflächenproblems.

Kugelförmige Grenzfläche. Als Beispiel sei das Feld zu berechnen, das durch Eintauchen einer Kugel (Radius R) mit der Dielektrizitätskonstanten ε_1 in ein homogenes elektrisches Feld $\boldsymbol{E}$ entsteht.

1. Physikalische Überlegungen führen zu dem Schluß, daß das homogene äußere Feld $\boldsymbol{E}$ die Kugel homogen polarisiert, so daß das Feld $\boldsymbol{E}$ im Innern homogen bleibt. Die Kugel wird

somit zu einer kugelförmigen Dipolladung, deren Feld im Außenbereich mit $\varepsilon = \varepsilon_2$ wie das Feld eines diskreten Dipols im Kugelmittelpunkt wirkt. Folgende Ansätze können damit zu einer Lösung des Problems führen (Bild 4.60).
Innengebiet der Kugel (homogenes Feld):

$$\varphi_i = \boldsymbol{a} \cdot \boldsymbol{r}. \tag{4.135a}$$

Außengebiet der Kugel (Überlagerung homogenes und Dipolfeld):

$$\varphi_a = \frac{\boldsymbol{b} \cdot \boldsymbol{r}}{|\boldsymbol{r}|^3} + \boldsymbol{c} \cdot \boldsymbol{r}. \tag{4.135b}$$

Hierbei ist $\varphi = \boldsymbol{c} \cdot \boldsymbol{r}$ das Potential des äußeren homogenen $\boldsymbol{E}$-Feldes (s. auch Abschn. 4.1.2. d). Die Bedingungen (3.18) und (3.20) für $\operatorname{div} \boldsymbol{D} = \varrho = 0$ $(\sigma = 0)$ lauten in der Grenzfläche ($\boldsymbol{t}$ Tangentialvektor, $\boldsymbol{n}$ Normalvektor):

$$\boldsymbol{t} \cdot \operatorname{grad} \varphi_i = \boldsymbol{t} \cdot \operatorname{grad} \varphi_a$$

$$\varepsilon_1 \boldsymbol{n} \cdot \operatorname{grad} \varphi_i = \varepsilon_2 \boldsymbol{n} \cdot \operatorname{grad} \varphi_a \qquad (|\boldsymbol{r}| = R).$$

Es ist mit $\operatorname{grad} (\boldsymbol{a} \cdot \boldsymbol{r}) = \boldsymbol{a}$ für $\boldsymbol{a} = \text{konst}$.

$$\operatorname{grad} \varphi_1 = \boldsymbol{a}$$

$$\operatorname{grad} \varphi_a = -(\boldsymbol{b} \cdot \boldsymbol{r}) \frac{3\boldsymbol{r}}{|\boldsymbol{r}|^5} + \frac{\boldsymbol{b}}{|\boldsymbol{r}|^3} + \boldsymbol{c}$$

und somit $(\boldsymbol{t} \cdot \boldsymbol{r} = 0, \boldsymbol{n} \cdot \boldsymbol{r} = |\boldsymbol{r}|)$

$$\boldsymbol{t} \cdot \boldsymbol{a} = \frac{\boldsymbol{t} \cdot \boldsymbol{b}}{|\boldsymbol{r}|^3} + \boldsymbol{t} \cdot \boldsymbol{c}$$

$$\varepsilon_1 \boldsymbol{n} \cdot \boldsymbol{a} = -\varepsilon_2 (\boldsymbol{b} \cdot \boldsymbol{r}) \frac{3}{|\boldsymbol{r}|^4} + \varepsilon_2 \frac{\boldsymbol{n} \cdot \boldsymbol{b}}{|\boldsymbol{r}|^3} + \varepsilon_2 \boldsymbol{n} \cdot \boldsymbol{c}$$

oder mit $|\boldsymbol{r}| = R$

$$\begin{aligned} &\boldsymbol{t} \left(\boldsymbol{a} - \frac{\boldsymbol{b}}{R^3} - \boldsymbol{c} \right) = 0 \\ &\boldsymbol{n} \left(\varepsilon_1 \boldsymbol{a} + \varepsilon_2 \frac{2\boldsymbol{b}}{R^3} - \varepsilon_2 \boldsymbol{c} \right) = 0. \end{aligned} \tag{4.136a}$$

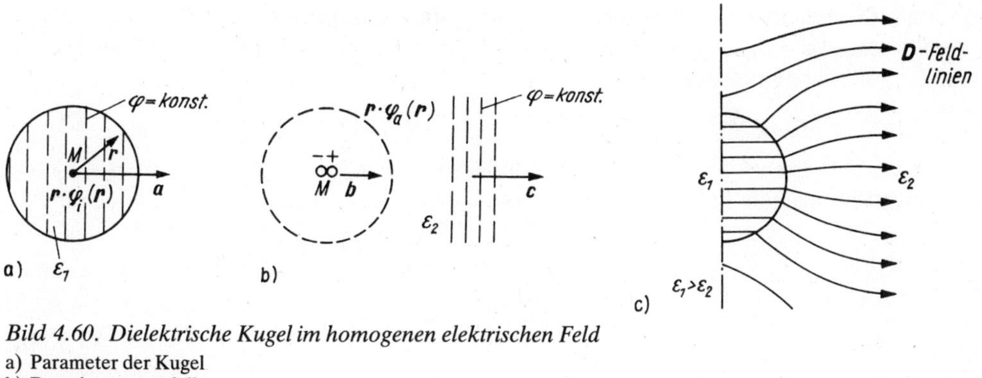

Bild 4.60. Dielektrische Kugel im homogenen elektrischen Feld
a) Parameter der Kugel
b) Berechnungsmodell
c) Feldlinienverlauf

Diese Gleichungen können nur für alle $\boldsymbol{t}$ und $\boldsymbol{n}$ bestehen, wenn die eingeklammerten Ausdrücke selbst verschwinden. Die Auflösung des so entstehenden Gleichungssystems lautet:

$$\boldsymbol{a} = \boldsymbol{c}\,\frac{3\varepsilon_2}{\varepsilon_1 + 2\varepsilon_2}$$
$$\boldsymbol{b} = \boldsymbol{c}\,\frac{R^3\,(\varepsilon_2 - \varepsilon_1)}{\varepsilon_1 + 2\varepsilon_2} \tag{4.136b}$$

und führt auf reale Werte für $\boldsymbol{a}$ und $\boldsymbol{b}$.
Für große Entfernungen vom Kugelmittelpunkt ist grad $\varphi_a = \boldsymbol{c}$. Es ist also $\boldsymbol{c} = -\boldsymbol{E}$ die Feldstärke des äußeren homogenen Feldes. Zusammen mit (4.132) folgt daher

$$\varphi_i = -\boldsymbol{E}\cdot\boldsymbol{r}\,\frac{3\varepsilon_2}{\varepsilon_1 + 2\varepsilon_2}$$
$$\varphi_a = -\boldsymbol{E}\cdot\boldsymbol{r}\left(\frac{1}{|\boldsymbol{r}|^3}\,\frac{R^3\,(\varepsilon_2 - \varepsilon_1)}{\varepsilon_1 + 2\varepsilon_2} + 1\right). \tag{4.137a}$$

Da mit den Potentialen die Randbedingungen bzw. Grenzflächenbedingungen erfüllt werden können, ist (4.137a) die gesuchte Lösung.
Für die Feldstärken ergibt sich noch

$$\boldsymbol{E}_i = -\text{grad}\,\varphi_i = \boldsymbol{E}\,\frac{3\varepsilon_2}{\varepsilon_1 + 2\varepsilon_2}$$
$$\boldsymbol{E}_a = -\text{grad}\,\varphi_a \tag{4.137b}$$
$$= 3\,(\boldsymbol{r}\cdot\boldsymbol{E})\,\frac{\boldsymbol{r}}{|\boldsymbol{r}|^5}\,\frac{R^3\,(\varepsilon_2 - \varepsilon_1)}{\varepsilon_1 + 2\varepsilon_2} - \boldsymbol{E}\left[\frac{R^3}{|\boldsymbol{r}|^3}\,\frac{(\varepsilon_2 - \varepsilon_1)}{\varepsilon_1 + 2\varepsilon_2} - 1\right].$$

Der Verlauf der $\boldsymbol{D}$-Linien ist im Bild 4.60c anschaulich wiedergegeben. Wegen div $\boldsymbol{D} = 0$ können die $\boldsymbol{D}$-Feldlinien an der Grenzfläche keine Unterbrechung erfahren. Entsprechend (4.138) ergibt sich für das Feldstärkenverhältnis von $|\boldsymbol{E}_i|$ zu $|\boldsymbol{E}|$ bzw. $|\boldsymbol{D}_i|$ zu $|\boldsymbol{D}|$

$$\frac{|\boldsymbol{E}_i|}{|\boldsymbol{E}|} = \frac{3\varepsilon_2}{\varepsilon_1 + 2\varepsilon_2} = \frac{3}{\varepsilon_1/\varepsilon_2 + 2}, \qquad \frac{|\boldsymbol{D}_i|}{|\boldsymbol{D}|} = \frac{\varepsilon_1}{\varepsilon_2}\,\frac{3\varepsilon_2}{\varepsilon_1 + 2\varepsilon_2} = \frac{3}{1 + 2\varepsilon_2/\varepsilon_1}.$$

Ist z.B. $\varepsilon_1 > \varepsilon_2$, so ist $|\boldsymbol{D}_i| > |\boldsymbol{D}|$ und $|\boldsymbol{E}_i| < |\boldsymbol{E}|$. Je nachdem, ob ε_1 größer oder kleiner als ε_2 ist, werden die $\boldsymbol{D}$-Linien in die Kugel hereingezogen oder herausgedrückt.

2. Die gleiche Lösung kann auch durch Rechnung in Koordinaten durch Produktansatz gefunden werden.
Hat das Grundfeld $\boldsymbol{E}$ die Richtung der z-Achse und ist die Ebene $z = 0$ Niveaufläche mit dem Potential $\varphi = 0$, so gilt bei Abwesenheit der nichtleitenden Kugel in Kugelkoordinaten für das äußere homogene Feld

$$\varphi = -Er\cos\vartheta. \tag{4.138a}$$

Liegt der Mittelpunkt der Kugel im Koordinatenursprung, so ist $\varphi = \varphi\,(r, \vartheta, \alpha)$ unabhängig von α. Wir machen daher den Ansatz (s. Abschn. 3.2.6., s. auch das Beispiel im Abschnitt 4.3.1.)
Außenfeld:

$$\varphi_a\,(r, \vartheta) = \sum_{n=0}^{\infty} (A_n r^n + B_n r^{-(n+1)})\,P_n\,(\cos\vartheta)$$

Innenfeld: (4.138b)

$$\varphi_i\,(r, \vartheta) = \sum_{n=0}^{\infty} (\overline{A}_n r^n + \overline{B}_n r^{-(n+1)})\,P_n\,(\cos\vartheta).$$

Zunächst gelten die Grenzbedingungen (vgl. mit (4.138)):

$$r \to \infty: \quad \varphi_a \to A_1 r \cos\vartheta \qquad \text{(durch Vergleich mit (4.138a))}$$

$$r \to 0: \quad \varphi_i \text{ endlich } (\varphi\,(0, \vartheta) = 0).$$

Aus der ersten folgt

$$A_0 = 0, \qquad A_2, A_3 \ldots, = 0, \qquad A_1 = -E$$

und aus der zweiten

$$\bar{A}_0 = 0, \qquad \bar{B}_n = 0 \qquad (n = 0, 1, 2, \ldots).$$

Weiter muß gelten (Stetigkeit des Potential, Grenzflächenbedingungen für $\boldsymbol{E}$):

$$\varphi_a\,(R, \vartheta) = \varphi_i\,(R, \vartheta)$$

$$\varepsilon_2 \frac{\partial \varphi_a}{\partial r} = \varepsilon_1 \frac{\partial \varphi_i}{\partial r} \qquad \text{an der Stelle} \qquad r = R.$$

Daraus folgt für vorstehende Bedingungen

$$A_1 R P_1 (\cos\vartheta) + \sum_{n=0}^{\infty} B_n R^{-(n+1)} P_n (\cos\vartheta) = \sum_{n=1}^{\infty} \bar{A}_n R^n P_n (\cos\vartheta)$$

und

$$\varepsilon_2 A_1 P_1 (\cos\vartheta) - \varepsilon_2 \sum_{n=0}^{\infty} B_n (n+1) R^{-(n+2)} P_n (\cos\vartheta) = \varepsilon_1 \sum_{n=1}^{\infty} \bar{A}_n n R^{n-1} P_n (\cos\vartheta).$$

Aus den letzten beiden Gleichungssystemen ergibt sich für

$$n = 0: \quad B_0 R^{-1} = 0, \qquad -\varepsilon_2 \frac{B_0}{R^2} = 0, \quad \text{also} \quad B_0 = 0$$

$$n = 1: \quad A_1 R + B_1 R^{-2} = \bar{A}_1 R, \qquad \varepsilon_2 A_1 - \varepsilon_2 B_1 2 R^{-3} = \varepsilon_1 \bar{A}_1$$

$$n \geqq 2: \quad B_n R^{-(n+1)} = \bar{A}_n R^n, \qquad -\varepsilon_2 B_n (n+1) R^{-(n+2)} = \varepsilon_1 \bar{A}_n n R^{n-1}.$$

Aus der zweiten Bedingung ($n = 1$) folgt

$$B_1 = R^3 A_1 \frac{\varepsilon_2 - \varepsilon_1}{2\varepsilon_2 + \varepsilon_1}, \qquad \bar{A}_1 = A_1 \frac{3\varepsilon_2}{2\varepsilon_2 + \varepsilon_1}.$$

Die dritte Bedingung (für $n \geqq 2$) ist nur für

$$\bar{A}_n = B_n = 0 \qquad (n \geqq 2)$$

erfüllbar. Also gilt in Übereinstimmung mit (4.137a)

$$\begin{aligned} \varphi_i &= -E \frac{3\varepsilon_2}{2\varepsilon_2 + \varepsilon_1} r \cos\vartheta \\ \varphi_a &= -E r \cos\vartheta + E \frac{\varepsilon_1 - \varepsilon_2}{\varepsilon_1 + 2\varepsilon_2} \frac{R^3}{r^2} \cos\vartheta. \end{aligned} \tag{4.139}$$

4.5.2. Beliebige Grenzflächen*

Grundgleichungen. Während die Leitergrenzflächen aufgrund ihrer physikalischen Eigenschaften als Grenzflächen mit vorgegebenen (konstanten) Randwerten in die Rechnung eingehen, ist es bei den Grenzflächen zwischen Nichtleitern grundsätzlich anders. Das Potential

an diesen Grenzflächen ist ebenso unbekannt wie das Potential in den an die Flächen grenzenden räumlichen Bereichen; es muß aus den gegebenen Ladungsverteilungen und Randwerten (z. B. auf gewissen Leiterbegrenzungen) berechnet werden.
Im einfachsten Fall sind im Endlichen keine Randwerte vorgeschrieben, und eine einzige Grenzfläche teilt den Raum in zwei (homogene) Bereiche mit unterschiedlichem ε (Bild 4.61).

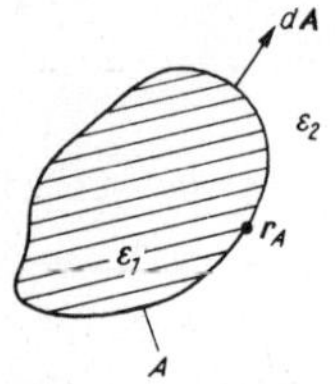

Bild 4.61
Nichtleiter mit sprunghafter Inhomogenität

Da ε nun eine (an der Grenzfläche unstetige) Funktion des Ortes ist, gilt für φ die Differentialgleichung (4.5a):

$$\Delta\,(\varepsilon, \varphi) = -\varrho. \tag{4.140}$$

Hierin ist ϱ wieder die gegebene Raumladung $\varrho = \varrho(\boldsymbol{r})$. Für die allgemeine Lösung von (4.140) kann die von Abschn. 3.2.3. an entwickelte Lösungstheorie nicht mehr angewendet werden, da die wesentliche Voraussetzung ε = konst. nicht mehr erfüllt ist.
Es ist erforderlich, auf die allgemeine 4. Greensche Formel (2.82a) zurückzugehen. Nach Umschreibung der Formelsymbole ($U \to -\varphi$, $\sigma \to \varepsilon$) und der (willkürlich wählbaren) harmonischen Funktion $\psi_2 = 0$ erhält man mit (4.140)

$$\varphi(\boldsymbol{r}) = \frac{1}{4\pi\varepsilon(\boldsymbol{r})} \int_{(V)} \left[\frac{\varrho(\boldsymbol{r}_0)}{|\boldsymbol{r}-\boldsymbol{r}_0|} + \varphi(\boldsymbol{r}_0)\,\mathrm{grad}\,\varepsilon(\boldsymbol{r}_0)\cdot\mathrm{grad}_0\frac{1}{|\boldsymbol{r}-\boldsymbol{r}_0|}\right]\mathrm{d}V_0$$
$$+ \frac{1}{4\pi\varepsilon(\boldsymbol{r})} \oint_{(A)} \varepsilon(\boldsymbol{r}_0)\left[\frac{\mathrm{grad}\,\varphi(\boldsymbol{r}_0)}{|\boldsymbol{r}-\boldsymbol{r}_0|} - \varphi(\boldsymbol{r}_0)\,\mathrm{grad}_0\frac{1}{|\boldsymbol{r}-\boldsymbol{r}_0|}\right]\mathrm{d}\boldsymbol{A}_0. \tag{4.141}$$

Liegen die Raumladung und die Grenzfläche ganz im Endlichen, so kann man den Radius $R = R_0$ einer Kugelfläche so groß wählen, daß im Raum außerhalb dieser Kugel sowohl $\varrho(\boldsymbol{r})$ als auch grad $\varepsilon(\boldsymbol{r})$ identisch verschwinden. Für kugelförmige Räume mit hinreichend großen Radien $R \geqq R_0$ wird also das erste Integral in (4.141) unabhängig von R. Das gleiche muß dann auch für das zweite Integral in (4.141) gelten. Offensichtlich ist aber dieses zweite Integral für $R \to \infty$ ($|\boldsymbol{r}| \ll |\boldsymbol{r}_0|$) außerdem auch unabhängig von $|\boldsymbol{r}|$. Da (4.141) für alle geschlossenen Flächen (also auch für Kugelflächen mit beliebig großem Radius) gültig ist, ist das zweite Integral in (4.141) für alle hinreichend großen Radien $R \geqq R_0$ gleich einer Konstanten, d.h., unter den genannten Voraussetzungen ist

$$\varphi(\boldsymbol{r}) = \frac{1}{4\pi\varepsilon(\boldsymbol{r})} \int_{(V)} \frac{\varrho(\boldsymbol{r}_0)\,\mathrm{d}V_0}{|\boldsymbol{r}-\boldsymbol{r}_0|}$$
$$+ \frac{1}{4\pi\varepsilon(\boldsymbol{r})} \int_{(V)} \varphi(\boldsymbol{r}_0)\,\mathrm{grad}\,\varepsilon(\boldsymbol{r}_0)\,\mathrm{grad}_0\frac{1}{|\boldsymbol{r}-\boldsymbol{r}_0|}\,\mathrm{d}V_0 + K. \tag{4.142}$$

Wenn noch – was wir festlegen wollen – $\varphi(\boldsymbol{r})$ im Unendlichen verschwinden soll, ist $K = 0$. Im zweiten Integral in (4.142) ist grad $\varepsilon(\boldsymbol{r}) = 0$ bis auf die Werte von $\boldsymbol{r}$ auf der Grenzfläche. Um den hier geltenden Integranden zu finden, nehmen wir zunächst einen im Bereich der Grenz-

Bild 4.62
Übergangsverhalten von ε an einer Grenzfläche

fläche stetigen Übergang von ε_1 auf ε_2 an (Bild 4.62). Bei linearem Übergang von ε_1 auf ε_2 in einem flächenhaften Bereich mit der Dicke d ist dann

$$\operatorname{grad} \varepsilon(\boldsymbol{r}) \, \mathrm{d}V = \boldsymbol{n} \frac{\partial \varepsilon}{\partial n} \, \mathrm{d}V = \boldsymbol{n} \frac{\varepsilon_2 - \varepsilon_1}{d} \, \mathrm{d}A \cdot d = \boldsymbol{n} \cdot \mathrm{d}A \, (\varepsilon_2 - \varepsilon_1)$$

und gemäß (4.142) somit (für beliebige kleine d)

$$\boxed{\varphi(\boldsymbol{r}) = \frac{1}{4\pi\varepsilon(\boldsymbol{r})} \int_{(V)} \frac{\varrho(\boldsymbol{r}_0) \, \mathrm{d}V_0}{|\boldsymbol{r} - \boldsymbol{r}_0|} + \frac{\varepsilon_2 - \varepsilon_1}{4\pi\varepsilon(\boldsymbol{r})} \oint_{(A)} \varphi(\boldsymbol{r}_0) \operatorname{grad}_0 \frac{1}{|\boldsymbol{r} - \boldsymbol{r}_0|} \cdot \mathrm{d}\boldsymbol{A}_0.} \tag{4.143}$$

Integralgleichung. Liegt der Aufpunkt $\boldsymbol{r}$ im Bereich mit der Dielektrizitätskonstanten ε_1, so ist in obiger Formel $\varepsilon(\boldsymbol{r}) = \varepsilon_1$ zu setzen, andernfalls $\varepsilon(\boldsymbol{r}) = \varepsilon_2$.

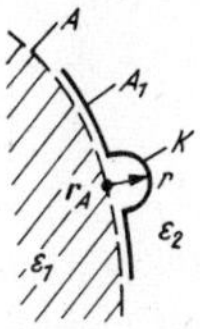

Bild 4.63
Zur Potentialbestimmung in der Grenzfläche

Da $\varphi(\boldsymbol{r})$ beim Durchgang durch die Grenzfläche stetig bleiben muß, sind die von Punkten auf verschiedenen Seiten der Grenzfläche aus gebildeten Grenzwerte identisch. Ist $\boldsymbol{r} = \boldsymbol{r}_\mathrm{A}$ ein Punkt der Grenzfläche, so ist das Potential in der Grenzfläche (Bild 4.63)

$$\varphi(\boldsymbol{r}_\mathrm{A}) = \frac{1}{4\pi\varepsilon_1} \int_{(V)} \frac{\varrho(\boldsymbol{r}_0) \, \mathrm{d}V_0}{|\boldsymbol{r} - \boldsymbol{r}_0|} + \frac{\varepsilon_2 - \varepsilon_1}{4\pi\varepsilon_1} \oint_{(A_1)} \varphi(\boldsymbol{r}_0) \operatorname{grad}_0 \frac{1}{|\boldsymbol{r}_\mathrm{A} - \boldsymbol{r}_0|} \cdot \mathrm{d}\boldsymbol{A}_0.$$

Nun ist aber (Bild 4.63)

$$\begin{aligned}
\oint_{(A_1)} (\ldots) \cdot \mathrm{d}\boldsymbol{A}_0 &= \oint_{(A)} (\ldots) \cdot \mathrm{d}\boldsymbol{A}_0 + \oint_{(K)} [\varphi(\boldsymbol{r}_\mathrm{A}) + \delta] \operatorname{grad}_0 \frac{1}{|\boldsymbol{r}_\mathrm{A} - \boldsymbol{r}_0|} \, \mathrm{d}\boldsymbol{A}_0 \\
&= \oint_{(A)} (\ldots) \cdot \mathrm{d}\boldsymbol{A}_0 + \varphi(\boldsymbol{r}_\mathrm{A}) \oint_{(A)} \operatorname{grad}_0 \frac{1}{|\boldsymbol{r}_\mathrm{A} - \boldsymbol{r}_0|} \, \mathrm{d}\boldsymbol{A}_0 + \delta_1 \\
&= \oint_{(A)} (\ldots) \cdot \mathrm{d}\boldsymbol{A}_0 + \varphi(\boldsymbol{r}_\mathrm{A}) \int_{(2\pi)} \frac{\boldsymbol{r}_\mathrm{A} - \boldsymbol{r}_0}{|\boldsymbol{r}_\mathrm{A} - \boldsymbol{r}_0|^3} (\boldsymbol{r}_0 - \boldsymbol{r}_\mathrm{A}) \, |\boldsymbol{r}_0 - \boldsymbol{r}_\mathrm{A}| \, \mathrm{d}\Omega + \delta_1 \\
&= \oint_{(A)} (\ldots) \cdot \mathrm{d}\boldsymbol{A}_0 - \varphi(\boldsymbol{r}_\mathrm{A}) \, 2\pi + \delta_1
\end{aligned}$$

mit $\delta_1 \to 0$ für $\boldsymbol{r} \to 0$. Auf der Grenzfläche $\boldsymbol{r} = \boldsymbol{r}_\mathrm{A}$ gilt daher mit diesem eben erhaltenen Ergebnis

$$\begin{aligned}
\varphi(\boldsymbol{r}_\mathrm{A}) = {} & \frac{1}{2\pi(\varepsilon_1 + \varepsilon_2)} \int_{(V)} \frac{\varrho(\boldsymbol{r}_0) \, \mathrm{d}V_0}{|\boldsymbol{r}_\mathrm{A} - \boldsymbol{r}_0|} \\
& + \frac{\varepsilon_2 - \varepsilon_1}{2\pi(\varepsilon_1 + \varepsilon_2)} \oint_{(A)} \varphi(\boldsymbol{r}_0) \operatorname{grad}_0 \frac{1}{|\boldsymbol{r} - \boldsymbol{r}_0|} \cdot \mathrm{d}\boldsymbol{A}_0.
\end{aligned} \tag{4.144}$$

Dies ist eine Bestimmungsgleichung für das noch unbestimmte Grenzflächenpotential auf A. Zur besseren Übersicht setzen wir

$$\begin{aligned}
g(\boldsymbol{r}_\mathrm{A}) &= \frac{1}{2\pi(\varepsilon_1 + \varepsilon_2)} \int \frac{\varrho(\boldsymbol{r}_0) \, \mathrm{d}V_0}{|\boldsymbol{r}_\mathrm{A} - \boldsymbol{r}_0|} \\
\operatorname{grad}_0 \frac{1}{|\boldsymbol{r}_\mathrm{A} - \boldsymbol{r}_0|} &= \frac{\boldsymbol{r}_\mathrm{A} - \boldsymbol{r}_0}{|\boldsymbol{r}_\mathrm{A} - \boldsymbol{r}_0|^3} = \boldsymbol{K}(\boldsymbol{r}_\mathrm{A}, \boldsymbol{r}_0) \\
\frac{\varepsilon_2 - \varepsilon_1}{2\pi(\varepsilon_1 + \varepsilon_2)} &= \lambda
\end{aligned} \tag{4.145}$$

und erhalten die Integralgleichung *(inhomogene Fredholmsche Integralgleichung 2. Art)*

$$\varphi(\boldsymbol{r}_A) = g(\boldsymbol{r}_A) + \lambda \oint_{(A)} \varphi(\boldsymbol{r}_A)\, \boldsymbol{K}(\boldsymbol{r}_0, \boldsymbol{r}_0) \cdot \mathrm{d}\boldsymbol{A}_0 \tag{4.146}$$

zur Bestimmung von $\varphi(\boldsymbol{r})$ auf A bzw. für $\boldsymbol{r} = \boldsymbol{r}_A$. Nach Einsetzen der Lösung $\varphi(\boldsymbol{r}_A)$ dieser Gleichung in das Flächenintegral in (4.143) kann $\varphi(\boldsymbol{r})$ für alle Punkte $\boldsymbol{r}$ des Raums berechnet werden. Damit ist die Lösung des gestellten Feldproblems auf die Lösung einer bekannten mathematischen Grundaufgabe zurückgeführt.

Zusammenfassung. Grenzflächen sind Raumflächen, an denen eine sprunghafte Änderung der Materialeigenschaften auftritt. In einfachen Fällen (Ebene, Kugel) können Grenzflächenprobleme mit Hilfe der Spiegelungsmethode gelöst bzw. auf die Feldberechnung von Elementarfeldern zurückgeführt werden. Aus den Grenzflächenbedingungen der Feldgrößen ermitteln sich Spiegelungs- und Kenngrößen der Elementarfelder. Das Grenzflächenproblem wird dadurch auf die Berechnung von Feldern ohne Randbedingungen zurückgeführt.
In komplizierteren Fällen führt die Potentialberechnung auf Integralgleichungen.

Aufgaben zum Abschnitt 4.5.

4.5.–1 Gegeben ist das Grenzflächenproblem nach Bild 4.59 des Abschnitts 4.5.1.
Berechne aus dem Potentialansatz (4.132) und den Grenzflächenbedingungen (4.133) die Ladungen Q' und Q''!

4.5.–2 Gegeben ist ein Leiter mit einem kugelförmigen Hohlraum, in dem sich eine Punktladung befindet.
Man berechne das Potential im Kugelraum!

4.5.–3 In einem unendlich ausgedehnten Dielektrikum ($\varepsilon = \varepsilon_1$) sei eine nichtleitende Kugel ($\varepsilon = \varepsilon_2$) eingebettet. Außerhalb der Kugel befinde sich eine Punktladung.
Man berechne das elektrische Potential!

4.6. Kapazität, Energie und Kraft

4.6.1. Kapazität

Teilkapazität. Nach der allgemeinen Relation (4.75) gilt für das Potential zwischen den Leitern, wenn die Flächennormale in das Innere des Nichtleiters weist,

$$\varphi(\boldsymbol{r}) = \varepsilon \sum_{\nu=1}^{n} \varphi_\nu \oint_{(A_\nu)} \operatorname{grad} G(\boldsymbol{r}, \boldsymbol{r}_0) \cdot \mathrm{d}\boldsymbol{A}_0. \tag{4.147}$$

Hierbei ist φ_ν das Oberflächenpotential des ν-ten Leiters und $G(\boldsymbol{r}, \boldsymbol{r}_0)$ die Greensche Funktion des räumlichen Bereiches zwischen den Leitern (Bild 4.64). Der ν-te Summand in (4.147) ist ein Integral über die geschlossene ν-te Oberfläche A_ν des Leitersystems.
Entsprechend der Herleitung der Beziehung (4.75) wäre zunächst auch das Unendliche – aufgefaßt als Kugelfläche mit einem gegen Unendlich wachsenden Radius – als $(n+1)$-Be-

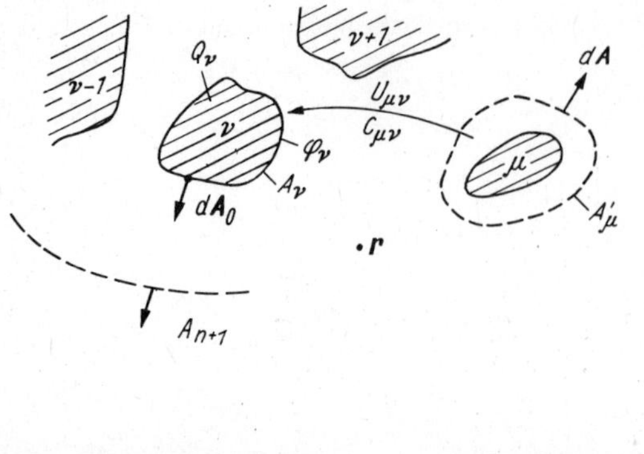

Bild 4.64
Zum Kapazitätsbegriff

grenzung des Bereiches anzusehen. Wenn aber im Unendlichen $\varphi = \varphi_{n+1} = 0$ vorgegeben wird (φ ist bis auf eine Konstante willkürlich), entfällt gemäß (4.147) der hierzu gehörende Summand.
Die n Integrale in (4.147) sind nur Funktionen des Feldpunktes $\boldsymbol{r}$, d. h., $\varphi(\boldsymbol{r})$ hat die Form

$$\varphi(\boldsymbol{r}) = \sum_{\nu=1}^{n} \varphi_\nu f_\nu(\boldsymbol{r}), \qquad f_\nu(\boldsymbol{r}) = \varepsilon \oint_{(A_\nu)} \operatorname{grad} G(\boldsymbol{r}, \boldsymbol{r}_0) \cdot \mathrm{d}\boldsymbol{A}_0. \tag{4.148}$$

Daraus folgt durch Gradientenbildung und Multiplikation mit

$$\varepsilon \operatorname{grad} \varphi = \varepsilon \sum_{\nu=1}^{n} \varphi_\nu \operatorname{grad} f_\nu(\boldsymbol{r})$$

und nach Integration über eine nur den μ-ten Leiter enthaltende Hüllfläche A_μ' (das Integral ist von der Form der den μ-ten Leiter umfassenden Hüllfläche unabhängig, Flächennormale ins Gebietsinnere gerichtet)

$$\varepsilon \oint_{(A_\mu')} \operatorname{grad} \varphi \cdot \mathrm{d}\boldsymbol{A} = \varepsilon \sum_{\nu=1}^{n} \varphi_\nu \oint_{(A_\mu')} \operatorname{grad} f_\nu(\boldsymbol{r}) \cdot \mathrm{d}\boldsymbol{A}.$$

Setzen wir noch die rechte Gleichungsseite

$$\varepsilon \oint_{(A_\mu')} \operatorname{grad} f_\nu(\boldsymbol{r}) \cdot \mathrm{d}\boldsymbol{A} = g_{\mu\nu} \tag{4.149}$$

und berücksichtigen wir weiter, daß $\varepsilon \operatorname{grad} \varphi = -\varepsilon \boldsymbol{E} = -\boldsymbol{D}$ und $\boldsymbol{D}$ die von der μ-ten Elektrode ausgehende Verschiebungsdichte ist, so folgt für die linke Gleichungsseite

$$\varepsilon \oint_{(A_\mu')} \operatorname{grad} \varphi \cdot \mathrm{d}\boldsymbol{A} = -\oint_{(A_\mu')} \boldsymbol{D} \cdot \mathrm{d}\boldsymbol{A} = -Q_\mu,$$

wobei Q_μ die Ladung des μ-ten Leiters bezeichnet, so gilt schließlich

$$\boxed{Q_\mu = -\sum_{\nu=1}^{n} \varphi_\nu g_{\mu\nu}} \qquad (\mu = 1, 2, \ldots, n) \tag{4.150}$$

mit

$$\boxed{g_{\mu\nu} = \varepsilon^2 \oint_{(A_\mu)} \mathrm{d}\boldsymbol{A} \operatorname{grad} \oint_{(A_\nu)} \operatorname{grad}_0 G(\boldsymbol{r}, \boldsymbol{r}_0) \cdot \mathrm{d}\boldsymbol{A}_0.} \tag{4.151}$$

Die Koeffizienten des Gleichungssystems (4.150) sind entsprechend (4.151) allein durch die geometrische Form der n Leiter und ihrer Lage zueinander bestimmt. (Die Greensche Funktion ist eine allein durch die Form der Feldberandung bestimmte Größe.)
Aus (4.150) folgt der
Satz: Bei n in einem konstanten Nichtleiter isoliert zueinander angeordneten Leitern (n-Leiter-System) ist die Ladung jedes Leiters eine lineare Funktion aller Leiterpotentiale.
Das negative Zeichen in (4.150) sagt aus, daß auf der μ-ten Elektrode eine Ladung entgegengesetzter Polarität influenziert wird.
In das Gleichungssystem wollen wir anstelle des Potentials φ_ν die Spannung $U_{\mu\nu} = \varphi_\mu - \varphi_\nu$ zwischen der μ-ten und ν-ten Elektrode einführen. Hierzu wird der Ausdruck in (4.150) um

$$\sum_{\nu=1}^{n} \varphi_\mu g_{\mu\nu} - \sum_{\nu=1}^{n} \varphi_\mu g_{\mu\nu}$$

ergänzt, und man erhält

$$Q_\mu = -\sum_{\nu=1}^{n} \varphi_\nu g_{\mu\nu} + \sum_{\nu=1}^{n} \varphi_\mu g_{\mu\nu} - \sum_{\nu=1}^{n} \varphi_\mu g_{\mu\nu} = \sum_{\nu=1}^{n} g_{\mu\nu} U_{\mu\nu} + \varphi_\mu \sum_{\nu=1}^{n} - g_{\mu\nu},$$

wenn die ersten zwei Summen zusammengefaßt werden und in der dritten Summe beachtet wird, daß sich die Summation über ν erstreckt. Da rechts in der ersten Summe $U_{\mu\mu}$ verschwindet, können beide Summen zu

$$\boxed{Q_\mu = \sum_{\nu=1}^{n} C_{\mu\nu} U_{\mu\nu}} \qquad (\mu = 1, 2, \ldots, n) \tag{4.152a}$$

vereinigt werden, wenn folgende Symbolbedeutungen vereinbart werden:

$$C_{\mu\nu} = \begin{cases} g_{\mu\nu} = c_{\mu\nu} & \text{für } \nu \neq \mu \\ \sum\limits_{\nu=1}^{n} - g_{\mu\nu} = \sum\limits_{\nu=1}^{n} - c_{\mu\nu} & \text{für } \nu = \mu \end{cases}$$

$$U_{\mu\mu} = \varphi_\mu = U_{\mu\infty}.$$

Die sogenannten Kapazitätskonstanten $g_{\mu\nu} = c_{\mu\nu} = C_{\mu\nu}$ des Gleichungssystems (4.150) werden für $\nu \neq \mu$ als *Teilkapazitäten* des n-Leiter-Systems bezeichnet. Die $g_{\mu\nu} = c_{\mu\nu} = C_{\mu\nu}$ für $\mu \neq \nu$ heißen auch *gegenseitige Kapazitäten*, die $g_{\mu\mu} = c_{\mu\mu} = C_{\mu\infty}$ für $\nu = \mu$ *Eigenkapazitäten* des Systems. Aus (4.151) folgt noch

$$g_{\mu\nu} = g_{\nu\mu} \quad \text{bzw.} \quad c_{\mu\nu} = c_{\nu\mu} \quad \text{und} \quad C_{\mu\nu} = C_{\nu\mu}. \tag{4.152c}$$

(4.152a) stellt ein quadratisches Gleichungssystem dar. Die zugehörige Koeffizientenmatrix der Kapazitäten $C_{\mu\nu}$ in (4.152c) ist bezüglich der Hauptdiagonalen symmetrisch.

Physikalische Deutung. Die Beziehung (4.152a) erlaubt eine direkte Bestimmung der Teilkapazitäten, da mit ihrer Hilfe eine rein elektrische Definition der $C_{\mu\nu}$ wie folgt gegeben werden kann (Bild 4.65):

Werden alle Leiter des Systems bis auf den r-ten untereinander leitend verbunden und geerdet, so gilt für die Ladung des s-ten Leiters nach (4.152a)

$$Q_s = C_{sr} U_{sr}. \tag{4.153a}$$

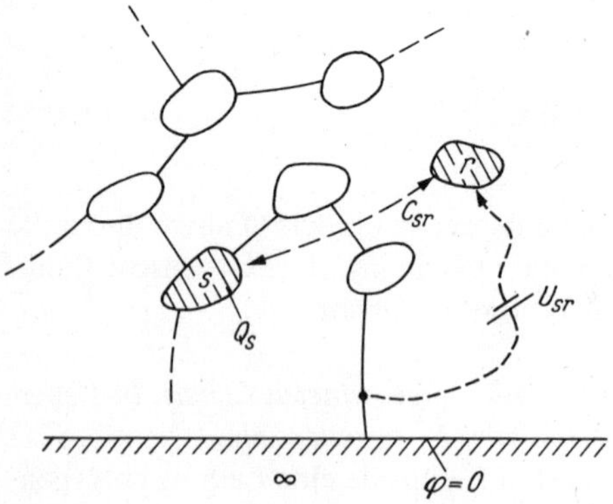

Bild 4.65. Zur Teilkapazität

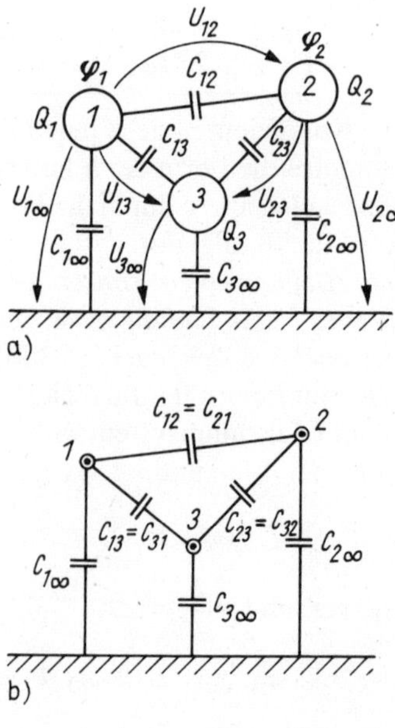

Bild 4.66. 3-Elektroden-Anordnung

a) Elektrodenanordnung mit eingezeichneten Kenngrößen und Bezeichnungen
b) kapazitive Ersatzschaltung

Für $r = s$ erhält man (Bild 4.65)

$$Q_s = C_{ss} U_{ss} = C_{s\infty} U_{s\infty}. \tag{4.153b}$$

Meßtechnisch ist zur Bestimmung der Teilkapazitäten $C_{sr}\,(s \neq r)$ die r-te Elektrode an das Potential $\varphi_r = -U_{rs}$ zu legen (s-te Elektrode ist geerdet) und Q_s zu messen (Bild 4.65), während zur Bestimmung der Eigenkapazität $C_{ss} = C_{s\infty}$ die s-te Elektrode an das Potential $\varphi_s = U_{ss} = U_{s\infty}$ gelegt wird und bei Erdung alle restlichen Elektroden die Ladung Q_s dieser Elektrode gemessen wird (Bild 4.65). Werden also die n Leiter in geeigneter Weise verbunden, so können durch n^2 Messungen von Ladung und Spannung die Teilkapazitäten $C_{sr}\,(s \neq r)$ und die Eigenkapazitäten $(s = r)$ bestimmt werden.

Teil- und Eigenkapazitäten können im n-Elektroden-System anschaulich dargestellt werden. Bild 4.66 zeigt dies für ein 3-Leiter-System. Die Teilkapazitäten $C_{\mu\nu}$ sind ein Maß für den Anteil des Gesamtverschiebungsflusses der μ-ten Elektrode, der auf die ν-te Elektrode gelangt, und wird durch die Kapazität $C_{\mu\nu}$ zwischen diesen beiden Elektroden dargestellt. Die Kapazität $C_{\mu\mu}$ ist hingegen ein Maß für das sich ausbildende Feld zwischen der μ-ten Elektrode und den übrigen (geerdeten) Elektroden.

Reziprozitätstheorem. Es seien $Q_1, Q_2, \ldots, Q_n$ eine Ladungsverteilung und $\varphi_1, \varphi_2, \ldots, \varphi_n$ die zugehörige Potentialverteilung des n-Leiter-Systems. (Q_ν ist die Ladung und φ_ν das Potential des ν-ten Leiters.)

Entsprechendes gelte für $Q_1', \ldots, Q_n'$ bzw. $\varphi_1', \ldots, \varphi_n'$. Der 2. Greensche Satz liefert dann

$$\sum_\nu \oint_{(A_\nu)} \varphi \operatorname{grad} \varphi' \cdot \mathrm{d}\boldsymbol{A} = \sum_\nu \oint_{(A_\nu)} \varphi' \operatorname{grad} \varphi \cdot \mathrm{d}\boldsymbol{A}.$$

Mit

$$\operatorname{grad} \varphi' = -\frac{\boldsymbol{D}'}{\varepsilon} \quad \text{bzw.} \quad \operatorname{grad} \varphi = -\frac{\boldsymbol{D}}{\varepsilon}$$

erhält man daraus

$$\sum_\nu \varphi_\nu \frac{Q_\nu'}{\varepsilon} = \sum_\nu \varphi_\nu' \frac{Q_\nu}{\varepsilon}$$

oder

$$\boxed{\sum_\nu \varphi_\nu Q_\nu' = \sum_\nu \varphi_\nu' Q_\nu} \quad \text{(Reziprozitätstheorem)}. \tag{4.154}$$

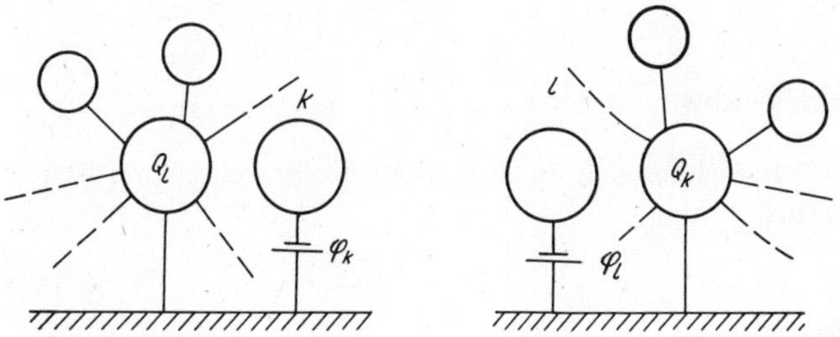

Bild 4.67
Zum Reziprozitätstheorem

Bei der ersten Verteilung (Q_ν, φ_ν) sei nur $\varphi_k \neq 0$, bei der zweiten nur $\varphi_l' \neq 0$ (Bild 4.67). Dann gilt mit (4.154)

$$\varphi_k Q_k' = \varphi_l' Q_l \quad \text{oder} \quad \frac{\varphi_k}{Q_l} = \frac{\varphi_l'}{Q_k'} = \frac{\varphi_l}{Q_k}. \tag{4.155}$$

Die Beziehung (4.154) bzw. (4.155) wird als Reziprozitätstheorem bezeichnet.

Mit (4.150) ist dann (Bild 4.66)

$$-\frac{1}{g_{lk}} = -\frac{1}{g_{kl}} \quad \text{oder} \quad \boxed{C_{kl} = C_{lk}.} \tag{4.156}$$

Dieses Ergebnis folgt auch direkt aus der Symmetrie von (4.151).

Beispiel. Wir berechnen die Kapazität eines einzelnen geradlinigen Leiters mit kreisförmigem Querschnitt gegenüber einer geerdeten Ebene ($n = 1$) (Bild 4.68 a).

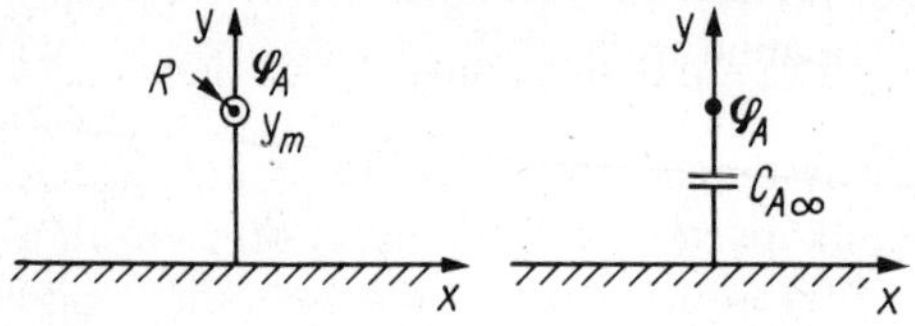

Bild 4.68
Beispiel: Kapazität der Anordnung Leiter–Ebene

Nach (4.105) erhält man für das Potential auf der Leiteroberfläche (s. Bild 4.50), z. B. im Punkt $\underline{z} = \mathrm{j}\,(y_\mathrm{m} + R)$,

$$\varphi_\mathrm{A} = \frac{1}{2\pi\varepsilon}\,\frac{Q_\mathrm{A}}{l}\,\ln\frac{y_\mathrm{m} + R - \sqrt{y_\mathrm{m}^2 - R^2}}{y_\mathrm{m} + R + \sqrt{y_\mathrm{m}^2 - R^2}}. \tag{4.157}$$

Hierbei ist

$$\tau = \frac{Q_\mathrm{A}}{l} = \frac{\varphi_\mathrm{k}}{lnk}\,2\pi\varepsilon$$

die Oberflächenladung Q_A eines Leiterstücks bezogen auf seine Länge l. Gemäß (4.150) ist $-Q_1/\varphi_1 = g_{11}$ oder mit den Bezeichnungen in (4.105)

$$\frac{Q_\mathrm{A}}{\varphi_\mathrm{A}} = \frac{2\pi\varepsilon l}{\ln\dfrac{y_\mathrm{m} + R - \sqrt{y_\mathrm{m}^2 - R^2}}{y_\mathrm{m} + R + \sqrt{y_\mathrm{m}^2 - R^2}}} = g_\mathrm{AA} = -C_{\mathrm{A}\infty}.$$

Daraus folgt

$$C_{\mathrm{A}\infty} = C = \frac{2\pi\varepsilon l}{\ln\dfrac{y_\mathrm{m} + R - \sqrt{y_\mathrm{m}^2 - R^2}}{y_\mathrm{m} - R + \sqrt{y_\mathrm{m}^2 - R^2}}} = \frac{2\pi\varepsilon l}{\ln\left[\dfrac{y_\mathrm{m}}{R} + \sqrt{\left(\dfrac{y_\mathrm{m}}{R}\right)^2 - 1}\right]}. \tag{4.158}$$

Ist der Radius R sehr klein gegen den Abstand y_m, so ist die Kapazität

$$C \approx \frac{2\pi\varepsilon l}{\ln\dfrac{2y_\mathrm{m}}{R}}.$$

4.6.2. Energie des elektrischen Feldes

Energie und Potential. Nach (3.27) berechnet sich die Energiedichte des elektrostatischen Feldes in Stoffen mit konstantem ε aus

$$w_\mathrm{E} = \frac{1}{2}\boldsymbol{D}\boldsymbol{E} = \frac{\varepsilon}{2}\boldsymbol{E}^2 \tag{4.159}$$

Ein räumlicher Bereich mit dem Volumen V enthält dann die Energie

$$W = \int_{(V)} w_E\,\mathrm{d}V = \frac{1}{2}\int_{(V)} \boldsymbol{D}\cdot\boldsymbol{E}\,\mathrm{d}V = -\frac{1}{2}\int_{(V)} \boldsymbol{D}\cdot\operatorname{grad}\varphi\,\mathrm{d}V, \tag{4.160a}$$

wenn noch $\boldsymbol{E} = -\operatorname{grad}\varphi$ gesetzt wird. Nun ist

$$\operatorname{div}(\varphi\boldsymbol{D}) = \boldsymbol{D}\operatorname{grad}\varphi + \varphi\operatorname{div}\boldsymbol{D} \quad \text{bzw.} \quad \boldsymbol{D}\cdot\operatorname{grad}\varphi = \operatorname{div}(\varphi\boldsymbol{D}) - \varphi\operatorname{div}\boldsymbol{D}$$

und somit wegen (4.160a)

$$W = -\frac{1}{2}\oint_{(A)} \varphi \boldsymbol{D}\, \mathrm{d}\boldsymbol{A} + \frac{1}{2}\int_{(V)} \varphi\varrho\, \mathrm{d}V, \tag{4.160b}$$

wenn der Gaußsche Satz und die Beziehung div $\boldsymbol{D} = \varrho$ berücksichtigt werden. A ist hierbei die Oberfläche des Volumens V. Liegen alle Ladungen im Endlichen und ist der Raum nicht begrenzt, so strebt $\varphi(r)$ für $|\boldsymbol{r}| \to \infty$ wie $1/|\boldsymbol{r}|$ und daher $\boldsymbol{D} = -\varepsilon \operatorname{grad} \varphi$ dem Betrag nach wie $1/|\boldsymbol{r}|^2$ gegen Null (s. Abschn. 4.1.1.). Für eine Kugelfläche mit dem Radius R gilt daher

$$W = \lim_{R\to\infty} -\frac{1}{2}\int_{(\Omega)} \frac{a}{R}\frac{1}{R^2} R^2\, \mathrm{d}\Omega + \frac{1}{2}\int_{(V)} \varphi\varrho\, \mathrm{d}V$$

$$W = \frac{1}{2}\int_{(V)} \varphi\varrho\, \mathrm{d}V. \tag{4.161}$$

Mit dieser Formel wird die Energie des von einer Raumladung erzeugten elektrischen Feldes durch die Ladungsdichte $\varrho(\boldsymbol{r})$ und das Potential $\varphi(\boldsymbol{r})$ ausgedrückt, die im Endlichen des unendlich ausgedehnten Raumes angeordnet ist.

Energie und Kapazität. Zwischen den Teilkapazitäten eines n-Leiter-Systems und der von dem System gespeicherten Energie besteht ein einfacher Zusammenhang, der nun abgeleitet werden soll.

Da es im Innern eines Leiters, der sich in einem elektrostatischen Feld befindet, keine Ladungen gibt (s. Abschn. 4.1.1.), sitzen alle Ladungen als Flächenladung auf den Leiteroberflächen. Für ein n-Leiter-System ist dann (4.161) sinngemäß in

$$W = \frac{1}{2}\int_{(A)} \varphi(\boldsymbol{r})\, \sigma(\boldsymbol{r})\, \mathrm{d}A \qquad (\mathrm{d}Q = \sigma\, \mathrm{d}A) \tag{4.162}$$

umzuschreiben. Dieses Integral ist über alle n Leiteroberflächen zu erstrecken. Da auf der ν-ten Leiteroberfläche A_ν das konstante Potential φ_ν herrscht, geht (4.162) in

$$W = \frac{1}{2}\sum_{\mu=1}^{n} \varphi_\mu \int_{(A_\mu)} \sigma(\boldsymbol{r})\, \mathrm{d}A = \frac{1}{2}\sum_{\mu=1}^{n} \varphi_\mu Q_\mu \tag{4.163}$$

über.

$$Q_\mu = \int_{(A_\mu)} \sigma\, \mathrm{d}A$$

ist hierbei die Gesamtladung des μ-ten Leiters. Andererseits gilt nach (4.150)

$$Q_\mu = -\sum_{\nu=1}^{n} \varphi_\mu g_{\mu\nu}$$

und mit (4.163) zusammen daher

$$W = -\frac{1}{2}\sum_{\mu=1}^{n}\sum_{\nu=1}^{n} \varphi_\mu \varphi_\nu g_{\mu\nu}. \tag{4.164a}$$

Der Zusammenhang der Koeffizienten $g_{\mu\nu}$ mit den Kapazitäten $C_{\mu\nu}$ ist hierbei durch (4.152b) gegeben.

Ohne Beweis notieren wir noch die Beziehung

$$W = \frac{1}{2} \sum_{\mu=1}^{n} \sum_{\nu=\mu}^{n} C_{\mu\nu} U_{\mu\nu}^2. \tag{4.164b}$$

Die Energie eines n-Leiter-Systems wird nach den letzten Beziehungen durch eine quadratische Form der Leiterpotentiale bestimmt. Differenziert man nach den Leiterpotentialen, so erhält man

$$\frac{\partial^2 W}{\partial \varphi_\nu \partial \varphi_\mu} = -g_{\mu\nu}. \tag{4.165}$$

Durch partielle Ableitung der Energie nach den Leiterpotentialen erhält man die Koeffizienten $g_{\mu\nu}$, die für $\nu \neq \mu$ mit den Teilkapazitäten $C_{\mu\nu}$ übereinstimmen.
Wir spezialisieren die vorstehenden Beziehungen noch für den Sonderfall des 2-Leiter-Systems (Bild 4.69). Man erhält mit $\varphi_1 - \varphi_2 = U_{12}$ und (4.152b) aus (4.164)

$$W = -\frac{1}{2} [\varphi_1^2 g_{11} + 2\varphi_1\varphi_2 g_{12} + \varphi_2^2 g_{22}]$$

$$= -\frac{1}{2} [\varphi_1^2 (-c_{11} - C_{12}) + 2\varphi_1\varphi_2 C_{12} + \varphi_2^2 (-C_{21} - c_{22})]$$

$$= \frac{1}{2} [C_{11} U_{11}^2 + C_{12} U_{12}^2 + C_{22} U_{22}^2] \tag{4.166a}$$

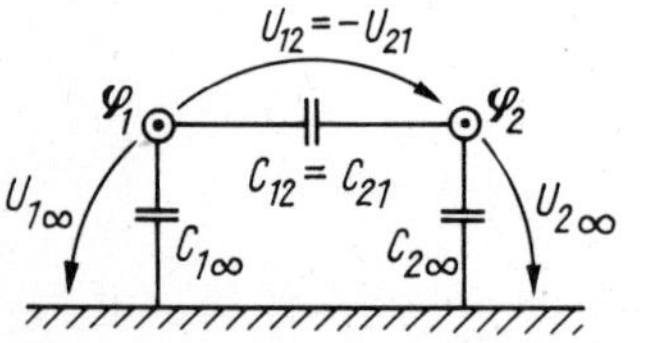

Bild 4.69. Zur Energiebilanz des 2-Elektroden-Systems

Nur wenn die Eigenkapazitäten $C_{1\infty}$ und $C_{2\infty}$ genügend klein sind – was z. B. bei einem engen Plattenkondensator der Fall ist –, gilt die bekannte Energiebeziehung

$$W = \frac{C_{12} U_{12}^2}{2} = \frac{CU^2}{2}. \tag{4.166b}$$

Für die Kapazitätsberechnung zwischen zwei Kugeln müssen dagegen in der Regel die Eigenkapazitäten bereits berücksichtigt werden. Aus (4.166a) folgt noch

$$\frac{\partial W}{\partial \varphi_1} = -\frac{1}{2} [2\varphi_1 g_{11} + 2\varphi_2 g_{12}]$$

und

$$\frac{\partial^2 W}{\partial \varphi_1 \partial \varphi_2} = -g_{12} = -C_{12} = -C_{21}.$$

4.6.3. Kraft im elektrostatischen Feld

Kraftdichte. Im elektrostatischen Feld werden nicht nur auf Ladungen, sondern auch auf leitende und nichtleitende Stoffe Kräfte ausgeübt. Bei der Berechnung der Größe dieser Kräfte nehmen wir zur Vereinfachung der physikalischen Vorstellung an, daß ein fester nichtleitender isotroper und linearer Körper K in einem (flüssigen oder gasförmigen) Medium mit konstantem ε (konstanter Stoff) eine kleine Ortsverschiebung um $-\Delta \boldsymbol{r}$ erfährt (Bild 4.70). Der Körper K kann ein inhomogenes Dielektrikum $\varepsilon = \varepsilon(\boldsymbol{r})$ haben, und in oder auf K soll eine (mit K fest verbundene) Ladung mit der Dichte $\varrho = \varrho(\boldsymbol{r})$ vorhanden sein.

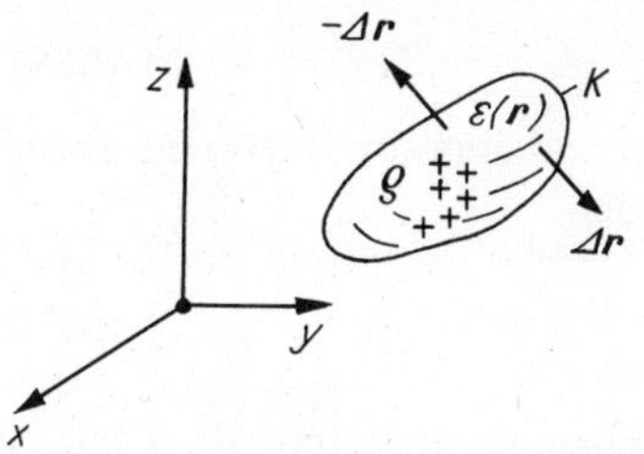

Bild 4.70
Zur Berechnung der Kraftwirkung im elektrischen Feld

Bei der Verschiebung des Körpers K um $-\Delta \boldsymbol{r}$ geht die Ortsfunktion $\varepsilon(\boldsymbol{r})$ in $\varepsilon(\boldsymbol{r} + \Delta \boldsymbol{r}) = \varepsilon'(\boldsymbol{r})$ über. Analog wird dabei die ursprüngliche Raumladungsdichte $\varrho(\boldsymbol{r})$ in $\varrho(\boldsymbol{r} + \Delta \boldsymbol{r}) = \varrho'(\boldsymbol{r})$ übergeführt. Ist $\boldsymbol{D} = \boldsymbol{D}(\boldsymbol{r})$ das den ganzen Raum erfüllende Vektorfeld der Verschiebungsdichte – erzeugt von irgendeiner festen Ladungsverteilung –, so wird es durch die Verschiebung von K verzerrt und geht in $\boldsymbol{D}'(\boldsymbol{r}) = \boldsymbol{D}(\boldsymbol{r}) + \Delta \boldsymbol{D}(\boldsymbol{r})$ über ($\Delta \boldsymbol{D} \to 0$ für $\Delta \boldsymbol{r} \to 0$). Ist $W(\boldsymbol{r})$ die Energie des Feldes vor der Verschiebung von K, so bezeichnen wir analog mit $W'(\boldsymbol{r}) = W(\boldsymbol{r}) + \Delta W(\boldsymbol{r})$ die i. allg. von $W(\boldsymbol{r})$ verschiedene Energie nach der Verschiebung. Somit gilt nach einer Ortsänderung von K um $-\Delta \boldsymbol{r}$

$$W' = W + \Delta W = \frac{1}{2} \int_{(V)} \frac{\boldsymbol{D}'^2}{\varepsilon'} \, \mathrm{d}V = \frac{1}{2} \int_{(V)} \frac{(\boldsymbol{D} + \Delta \boldsymbol{D})^2}{\varepsilon + \Delta \varepsilon} \, \mathrm{d}V. \tag{4.167a}$$

Hierbei ist

$$(\boldsymbol{D} + \Delta \boldsymbol{D})^2 = \boldsymbol{D}^2 + 2\boldsymbol{D} \cdot \Delta \boldsymbol{D} + (\Delta \boldsymbol{D})^2$$

und durch Reihenentwicklung

$$\frac{1}{\varepsilon + \Delta \varepsilon} = \frac{1}{\varepsilon \left(1 + \frac{\Delta \varepsilon}{\varepsilon}\right)} = \frac{1}{\varepsilon} \left(1 - \frac{\Delta \varepsilon}{\varepsilon} + \ldots\right).$$

Für den Integranden von (4.167a) folgt somit

$$\frac{1}{\varepsilon} \frac{(\boldsymbol{D} + \Delta \boldsymbol{D})^2}{\left(1 + \frac{\Delta \varepsilon}{\varepsilon}\right)} = \frac{1}{\varepsilon} [\boldsymbol{D}^2 + 2\boldsymbol{D} \cdot \Delta \boldsymbol{D} + (\Delta \boldsymbol{D})^2] \left[1 - \frac{\Delta \varepsilon}{\varepsilon} \pm \ldots\right]$$

$$= \frac{1}{\varepsilon} \left[\boldsymbol{D}^2 + 2\boldsymbol{D} \cdot \Delta \boldsymbol{D} - \boldsymbol{D}^2 \frac{\Delta \varepsilon}{\varepsilon} \pm \ldots\right],$$

wenn kleine Größen höherer Ordnung unberücksichtigt bleiben. Letztere Gleichung in (4.167a) eingesetzt, läßt folgen

$$W' = W + \Delta W = \frac{1}{2} \int_{(V)} \frac{1}{\varepsilon} \left[\boldsymbol{D}^2 + 2\boldsymbol{D} \cdot \Delta \boldsymbol{D} - \boldsymbol{D}^2 \frac{\Delta \varepsilon}{\varepsilon} \pm \ldots\right] \mathrm{d}V.$$

Das erste Integral führt auf die Energie W des ungestörten Feldes, und die weiteren Glieder ergeben die Energieänderung

$$\Delta W = \int_{(V)} \left[\frac{1}{\varepsilon} \boldsymbol{D} \cdot \Delta \boldsymbol{D} - \frac{1}{2} \frac{\boldsymbol{D}^2}{\varepsilon^2} \Delta \varepsilon \pm \ldots\right] \mathrm{d}V. \tag{4.167b}$$

Das erste Integral von (4.167b) läßt sich mit $\boldsymbol{D} = \varepsilon\boldsymbol{E} = -\varepsilon \operatorname{grad}\varphi$ und mit der Beziehung (2.61–2) $\operatorname{div}(\varphi\Delta\boldsymbol{D}) = \Delta\boldsymbol{D}\cdot\operatorname{grad}\varphi + \varphi\operatorname{div}\Delta\boldsymbol{D}$ $(\operatorname{div}\Delta\boldsymbol{D} = \Delta\varrho)$ wie folgt schreiben:

$$\int_{(V)} \frac{1}{\varepsilon}\boldsymbol{D}\cdot\Delta\boldsymbol{D}\,\mathrm{d}V = -\int_{(V)} \operatorname{grad}\varphi\cdot\Delta\boldsymbol{D}\,\mathrm{d}V = -\int_{(V)} [\operatorname{div}(\varphi\Delta\boldsymbol{D}) - \varphi\Delta\varrho]\,\mathrm{d}V. \tag{4.168a}$$

Mit Hilfe des 2. Integralsatzes von *Gauß* kann das Volumenintegral über $\operatorname{div}(\varphi\Delta\boldsymbol{D})$ der rechten Seite von (4.168a) in ein Hüllenintegral umgewandelt werden:

$$\int_{(V)} \operatorname{div}(\varphi\Delta\boldsymbol{D})\,\mathrm{d}V = \oint_{(A)} \varphi\Delta\boldsymbol{D}\,\mathrm{d}\boldsymbol{A}. \tag{4.168b}$$

Entsprechend den Überlegungen im Abschn. 4.6.2. beim Übergang von (4.160b) zu (4.161) strebt der Wert des Hüllenintegrals gegen Null, wenn über ein genügend großes Volumen integriert wird.

Das zweite Integral rechts von (4.168a) läßt sich mit $\Delta\varrho = \operatorname{grad}\varrho\cdot\Delta\boldsymbol{r} + \delta_1$ $(\delta_1\to 0$ für $\Delta\boldsymbol{r}\to 0)$ und mit der Beziehung (2.61–1) $\operatorname{grad}(\varphi\varrho) = \varphi\operatorname{grad}\varrho + \varrho\operatorname{grad}\varphi$ umformen in

$$\int_{(V)} \varphi\Delta\varrho\,\mathrm{d}V = \Delta\boldsymbol{r}\cdot\int_{(V)} \varphi\operatorname{grad}\varrho\,\mathrm{d}V + \delta' = \Delta\boldsymbol{r}\cdot\int_{(V)} [\operatorname{grad}(\varphi\varrho) - \varrho\operatorname{grad}\varphi]\,\mathrm{d}V + \delta_1' \tag{4.168c}$$

$(\delta_1'\to 0$ für $\Delta\boldsymbol{r}\to 0)$, wobei wiederum das erste Integral der rechten Seite nun mit dem ersten Integralsatz von *Gauß* in

$$\int_{(V)} \operatorname{grad}(\varphi\varrho)\,\mathrm{d}V = \oint_{(A)} \varphi\varrho\,\mathrm{d}\boldsymbol{A} \to 0 \tag{4.168d}$$

umgeschrieben werden kann. Aus den gleichen im Abschn. 4.6.2. genannten Gründen strebt dieser Integralwert ebenfalls gegen Null. Mit (4.168b, c, d) ergibt sich schließlich für (4.168a)

$$\int_{(V)} \frac{1}{\varepsilon}\boldsymbol{D}\cdot\Delta\boldsymbol{D}\,\mathrm{d}V = -\Delta\boldsymbol{r}\cdot\int_{(V)} \varrho\operatorname{grad}\varphi\,\mathrm{d}V + \delta' = \Delta\boldsymbol{r}\cdot\int_{(V)} \varrho\boldsymbol{E}\,\mathrm{d}V + \delta'. \tag{4.168e}$$

Mit $\boldsymbol{D}^2/\varepsilon^2 = \boldsymbol{E}^2$ und $\Delta\varepsilon = \operatorname{grad}\varepsilon\cdot\Delta\boldsymbol{r} + \delta_2$ $(\delta_2\to 0$ für $\Delta\boldsymbol{r}\to 0)$ folgt für das zweite Integral in (4.167b)

$$\int_{(V)} \frac{1}{2}\frac{\boldsymbol{D}^2}{\varepsilon^2}\Delta\varepsilon\,\mathrm{d}V + \delta_2' = \Delta\boldsymbol{r}\cdot\frac{1}{2}\int_{(V)} \boldsymbol{E}^2\operatorname{grad}\varepsilon\,\mathrm{d}V + \delta_2' \tag{4.168f}$$

und zusammen mit (4.168e) für die gesuchte Energieänderung (4.167b)

$$\Delta W = \Delta\boldsymbol{r}\cdot\left\{\int_{(V)}\left[\varrho\boldsymbol{E} - \frac{1}{2}\boldsymbol{E}^2\operatorname{grad}\varepsilon\right]\mathrm{d}V + \delta\right\} \qquad (\delta\to 0 \text{ für } \Delta\boldsymbol{r}\to 0).$$

Diese Energie ΔW kann nur durch mechanische Arbeit $\Delta W'$ an K in einem Kraftfeld $\boldsymbol{F}$ gemäß

$$\Delta W' = \boldsymbol{F}\cdot\Delta\boldsymbol{r} + \dots$$

entstanden sein. Wegen $\Delta W = \Delta W'$ ist damit die gesamte auf K ausgeübte Kraft

$$\boldsymbol{F} = \int_{(V)}\left(\varrho\boldsymbol{E} - \frac{1}{2}\boldsymbol{E}^2\operatorname{grad}\varepsilon\right)\mathrm{d}V, \tag{1.169a}$$

wobei der Integrand als Kraftdichte

$$\boxed{f = \frac{\mathrm{d}\boldsymbol{F}}{\mathrm{d}V} = \varrho \boldsymbol{E} - \frac{1}{2}\boldsymbol{E}^2 \operatorname{grad} \varepsilon} \tag{1.169b}$$

gedeutet werden kann.
Mit (1.168) ist dann

$$\boxed{\boldsymbol{F} = \int_{(V)} \boldsymbol{f} \cdot \mathrm{d}V.} \tag{1.170}$$

Nach (1.169b) entstehen also überall dort Kräfte, wo $\varrho(\boldsymbol{r})$ von Null verschieden oder/und $\varepsilon(\boldsymbol{r})$ eine Funktion des Ortes ist.
Wir bemerken noch, daß die eingangs gemachten Annahmen über die physikalische Beschaffenheit des Körpers K und seiner Umgebung unwesentlich sind. Die angegebenen Beziehungen gelten auch für beliebige Ortsfunktionen $\varrho(\boldsymbol{r})$ und $\varepsilon(\boldsymbol{r})$.

Kraft auf Grenzflächen. Von besonderer Wichtigkeit ist die Beziehung (4.169b) für den Spezialfall, in dem sich der räumliche Bereich mit inhomogenem ε auf eine (geschlossene) Grenzfläche reduziert (Einbettung eines Körpers mit konstantem ε_1 in einen Stoff mit konstantem $\varepsilon_2 \neq \varepsilon_1$ (Bild 4.71)).
Zur Herleitung der entsprechend spezialisierten Kraftgleichung nehmen wir zunächst einen linearen Übergang von ε_1 auf ε_2 in einem flächenartigen Bereich der Dicke d an (Bild 4.72). Für einen zylinderförmigen Bereich ΔV mit der Grundfläche ΔA und der beliebig kleinen Höhe d gilt dann (für $\varrho = 0$ auf ΔA, Bild (4.73a)

$$\begin{aligned}
\Delta \boldsymbol{F} &= \int_{(\Delta V)} \boldsymbol{f}\,\mathrm{d}V = \Delta A \int_{r_1}^{r_2} \boldsymbol{f}\,\mathrm{d}\boldsymbol{r} \\
&= \Delta A \left[\int_{r_1}^{r_2} \varrho \boldsymbol{E}\,\mathrm{d}\boldsymbol{r} - \frac{1}{2}\int_{r_1}^{r_2} |\boldsymbol{E}|^2 \operatorname{grad} \varepsilon\,\mathrm{d}\boldsymbol{r}\right] \\
&= \delta - \frac{\Delta A}{2}\int_{r_1}^{r_2} \boldsymbol{E}^2 \frac{\mathrm{d}\varepsilon}{\mathrm{d}r}\boldsymbol{n}_{12}\,\mathrm{d}r \\
&= \delta - \frac{\Delta \boldsymbol{A}}{2}\int_{\varepsilon_1}^{\varepsilon_2} \boldsymbol{E}^2\,\mathrm{d}\varepsilon \qquad (\Delta A \boldsymbol{n}_{12} = \Delta \boldsymbol{A}) \\
&= \delta - \frac{\Delta \boldsymbol{A}}{2}\int_{\varepsilon_1}^{\varepsilon_2} \left(\frac{D_\mathrm{n}^2}{\varepsilon^2} + E_\mathrm{t}^2\right)\mathrm{d}\varepsilon.
\end{aligned}$$

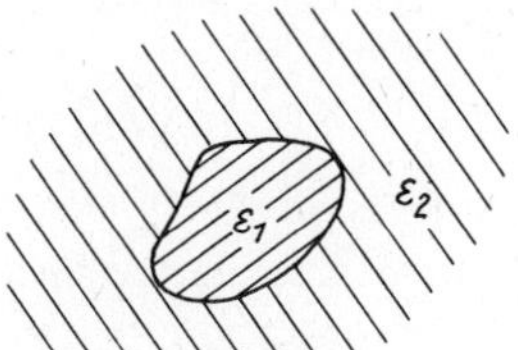

Bild 4.71
Nichtleiter mit sprunghafter Inhomogenität

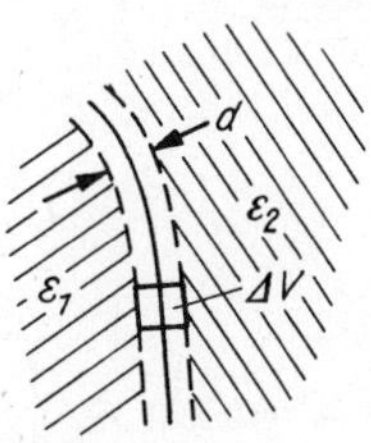

Bild 4.72
Kraft auf Grenzflächen – Übergangsverhalten von ε

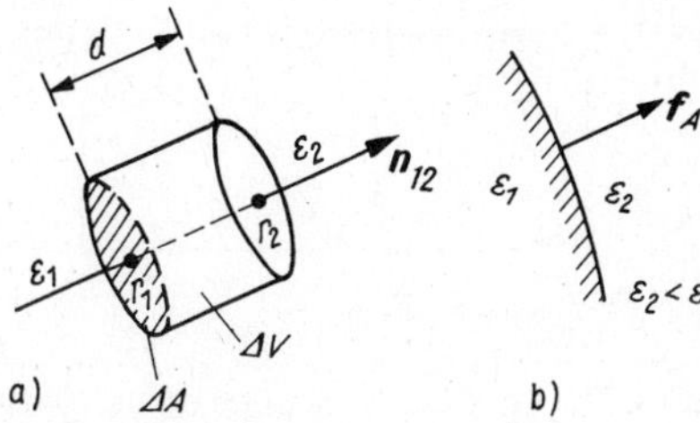

Bild 4.73. Kraft auf Grenzflächen
a) räumlicher Bereich
b) Grenzfläche

Da an einer Grenzfläche die Normalkomponente D_n und die Tangentialkomponente E_t stetig (von r_1 bis r_2 konstant) bleiben, gilt weiter ($\delta \to 0$ für $d \to 0$)

$$\Delta \boldsymbol{F} = -\frac{\Delta \boldsymbol{A}}{2}\left[D_n^2 \int_{\varepsilon_1}^{\varepsilon_2} \frac{d\varepsilon}{\varepsilon^2} + E_t^2 \int_{\varepsilon_1}^{\varepsilon_2} d\varepsilon\right]$$

$$= -\frac{\Delta \boldsymbol{A}}{2}\left[-D_n^2\left(\frac{1}{\varepsilon_2} - \frac{1}{\varepsilon_1}\right) + E_t^2(\varepsilon_2 - \varepsilon_1)\right].$$

Die Kraft wirkt hiernach stets senkrecht zur Grenzfläche. Für den auf die Fläche bezogenen Betrag der Kraft *(Kraftdichte der Fläche)* gilt

$$\boldsymbol{f}_A = \frac{\Delta \boldsymbol{F}}{\Delta A} = \frac{1}{2}\left[D_n^2\left(\frac{1}{\varepsilon_2} - \frac{1}{\varepsilon_1}\right) - E_t^2(\varepsilon_2 - \varepsilon_1)\right]\boldsymbol{n}_{12}, \tag{4.171 a}$$

und die gesamte auf die Fläche A wirkende Kraft ist

$$\boldsymbol{F} = \int_{(A)} \boldsymbol{f}_A \, dA. \tag{4.171 b}$$

Der Vektor $\boldsymbol{f}_A$ weist entsprechend der obigen Herleitung in die Richtung des Stoffes mit dem kleineren ε.
Mithin wird das Dielektrikum mit dem kleineren ε auf Druck und das mit dem größeren ε auf Zug beansprucht. Ein Isolator im Vakuum z. B. wird zum Vakuum hingezogen.
Die bisherigen Überlegungen gelten für Grenzflächen zwischen Nichtleitern. Die entsprechende Beziehung für die Kraftwirkung auf eine Grenzfläche vom Leiter zum Nichtleiter ist als Sonderfall in (4.171 a) enthalten, und zwar als Grenzfall $\varepsilon_1 \to \infty$, wenn der vom Nichtleiter mit der Dielektrizitätskonstanten ε_1 eingenommene räumliche Bereich nun durch einen Leiter ersetzt wird. Das ergibt sich aus dem Ansatz (4.167 a).
Da im Leiterinneren kein elektrisches Feld auftritt und damit auch keine elektrische Feldenergie, ist das Integral in (4.167 a) nur noch über den Raum außerhalb der Leiter zu bilden. Das erreicht man formal auch dadurch, daß man ε bzw. ε' (bei endlichen $\boldsymbol{D}$) im Leiterinnern gegen Unendlich streben läßt.
Schreiben wir in (4.171 a) noch D_{1t}^2/ε_1^2 statt E_t^2, so ergibt der Grenzübergang $\varepsilon_1 \to \infty$

$$|\boldsymbol{f}_A| = \frac{1}{2}\frac{D_n^2}{\varepsilon_2} = \frac{1}{2}E_n D_n = \frac{1}{2}\boldsymbol{E}\boldsymbol{D}, \tag{4.172}$$

wobei $\boldsymbol{E}$ und $\boldsymbol{D}$ entsprechend der Herleitung die Feldgrößen auf der Leiteroberfläche zum Nichtleiter bedeuten.

Kraft und Energie. Die in (4.169 a) angegebene Beziehung führt noch auf einen sehr einfachen Zusammenhang zwischen Energie und Kraft im elektrischen Feld:

$$\boldsymbol{F} = -\int_{(V)} \operatorname{grad} w_E \, dV. \tag{4.173}$$

Der Beweis ist einfach:

$$\operatorname{grad} w_E = \frac{1}{2}\operatorname{grad} \varepsilon \boldsymbol{E}^2 = \frac{1}{2}(\varepsilon \operatorname{grad} \boldsymbol{E}^2 + \boldsymbol{E}^2 \operatorname{grad} \varepsilon).$$

Mit rot $\boldsymbol{E} = 0$ (vgl. Abschn. 2.2.2.) gilt

$$\operatorname{grad} \boldsymbol{E}^2 = 2(\boldsymbol{E} \cdot \operatorname{grad})\boldsymbol{E}$$

und deshalb

$$\operatorname{grad} w_{\mathrm{E}} = (\boldsymbol{D} \cdot \operatorname{grad})\, \boldsymbol{E} + \frac{1}{2}\, \boldsymbol{E}^2 \operatorname{grad} \varepsilon .$$

Mit dem für im Unendlichen verschwindende Felder leicht zu bestätigenden Integralsatz

$$\int_{(V)} (\boldsymbol{D} \cdot \operatorname{grad})\, \boldsymbol{E}\, \mathrm{d}V = -\int_{(V)} \boldsymbol{E} \operatorname{div} \boldsymbol{D}\, \mathrm{d}V,$$

wobei die Integration über den unendlichen Raum zu erfolgen hat, folgt schließlich mit (4.169a)

$$-\int_{(V)} \operatorname{grad} w_{\mathrm{E}}\, \mathrm{d}V = \int_{(V)} \left(\boldsymbol{E}\varrho - \frac{1}{2}\, \boldsymbol{E}^2 \operatorname{grad} \varepsilon \right) \mathrm{d}V = \boldsymbol{F},$$

was zu zeigen war. Ähnliche Beziehungen gelten für die Kräfte auf ein n-Leiter-System.

Zusammenfassung. Teil- und Eigenkapazitäten beschreiben die Ladungsverteilung und die Verschiebungsflußverkopplung eines n-Elektroden-Systems bei vorgegebener Potentialverteilung der Elektroden. Die Kapazitäten sind Kenngrößen der elektrostatischen Felder der Anordnung und nur von der Geometrie des Elektrodensystems und den Eigenschaften des Dielektrikums abhängig. Über die Greensche Funktion sind sie berechenbar. Andererseits sind sie aus Ladung und Potential bestimmbar.

Die Energie ist im (elektrostatischen) Feld gespeichert. Die in einem abgeschlossenen (endlichen) räumlichen Bereich B gespeicherte Energie ist von der Raumladungsdichte- und Potentialverteilung in B sowie von dem Randpotential und der Randverschiebungsdichte von B abhängig. Für den unendlich ausgedehnten Raum ($B = B_\infty$) entfällt der Einfluß des Randes.

In einem n-Elektroden-System kann die Feldenergie durch die Teil- und Eigenkapazitäten und dem Potential bzw. der Spannung zwischen den Elektroden ausgedrückt werden. Umgekehrt lassen sich aus der Feldenergie durch partielle Differentiation die Teil- und Eigenkapazitäten ermitteln.

Im elektrostatischen Feld treten Kraftwirkungen auf ruhende Ladungen und Raumgebiete mit inhomogenen Materialeigenschaften auf. Die Beschreibung der Kraftwirkung erfolgt durch eine Feldgröße als Kraftdichte (Kraft bezogen auf Volumen), die an Grenzflächen zu einer Flächenkraftdichte entartet. In inhomogenen Bereichen wirkt die Kraft in Richtung zum niedrigeren Wert der Dielektrizitätskonstanten.

Aufgaben zum Abschnitt 4.6.

4.6.–1 Gegeben ist eine unendlich lange, gerade Eindrahtfreileitung, die im Abstand h parallel zur Erdoberfläche verläuft.
Berechne die längenbezogene Kapazität der Anordnung, wenn ein Runddraht mit dem Radius $r \ll h$ verwendet wird!

4.6.–2 Für eine Doppelleitung (Runddraht) nach Bild 4.6.–2 sind die längenbezogenen Teil- und Eigenkapazitäten zu berechnen.
Die Erdoberfläche werde als ideal leitend vorausgesetzt.
Außerdem gelte $r_1, r_2 \ll h_1, h_2, d$.

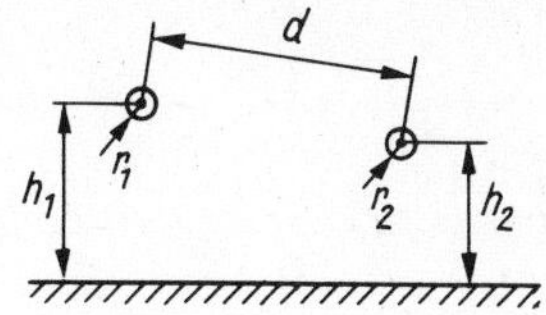

Bild 4.6.–2

4.6.–3 Berechne mit Hilfe der Abbildungsfunktion

$$\underline{w} = f(\underline{z}) = \ln \frac{\underline{z} + a}{\underline{z} - a}$$

die längenbezogene Kapazität der Anordnungen nach Bild 4.6.–3a und b!

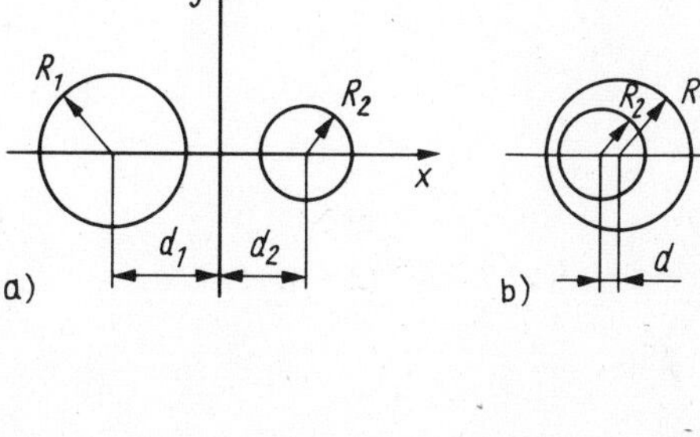

Bild 4.6.–3a und b

4.6.–4 Eine Ladung Q ist gleichmäßig
a) im Volumen
b) auf der Oberfläche
einer Kugel vom Radius R verteilt, die im unendlich ausgedehnten Raum angeordnet ist.
Berechne für beide Fälle die gesamte Feldenergie!

4.6.–5 Eine kugelförmige Raumladung (Radius R, konstante Raumladungsdichte ϱ_0) wird konzentrisch von einer Kugelelektrode (Radius $R_0 > R$) auf dem Potential φ_0 eingeschlossen.
Berechne die Feldenergie der Anordnung!

4.6.–6 Ein Quadrat (Seitenlänge a) trägt an jeder seiner Ecken eine Punktladung Q (s. Bild 4.6.–6).
a) Berechne den Verlauf der potentiellen Energie und die Kraft für eine Punktladung q auf der z-Achse!
b) Welche Energie ist erforderlich, um q vom Schnittpunkt der Quadratdiagonalen in den Mittelpunkt A einer Quadratseite zu bringen?

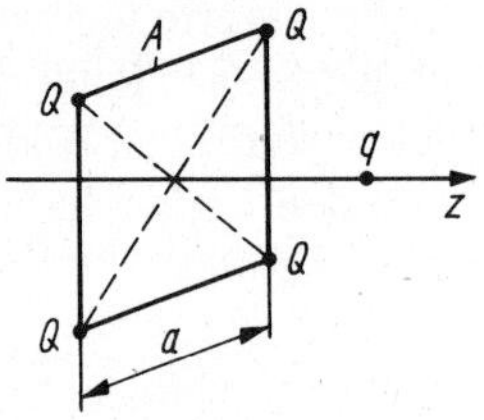

Bild 4.6–6

4.6.–7 Ein Plattenkondensator besitze ein geschichtetes Dielektrikum mit den Angaben nach Bild 4.6.–7.
Er liegt an der Spannung U.
Wie groß sind die Kräfte in den Grenzflächen?

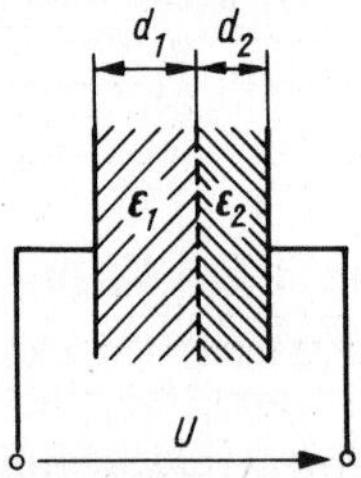

Bild 4.6.–7

4.6.–8 Ein Plattenkondensator – Plattenabstand d, Dielektrikum $\varepsilon_1 = \varepsilon_0$ (Luft) –, der an eine Spannungsquelle U angeschlossen ist, wird senkrecht zu den Platten in eine Flüssigkeit (Dielektrizitätskonstante $\varepsilon_2 > \varepsilon_1$, Dichte ϱ) getaucht.
Wie verschiebt sich der Flüssigkeitsspiegel zwischen den Platten gegenüber dem äußeren Flüssigkeitsniveau?

5. Wirbelfelder

Kapitel 5 behandelt die Lösungstheorie der Maxwellschen Gleichungen durch Einführung elektromagnetischer Feldpotentiale. Diesem Abschnitt wird die Theorie des quellenfreien Feldes vorangestellt, die zusammen mit der Theorie der wirbelfreien Felder allgemeine Wirbelfelder zu berechnen ermöglicht. Es folgt die Definition der elektromagnetischen Feldpotentiale, die Aufstellung ihrer Bestimmungsgleichung sowie die Einschränkung ihrer Lösungsmannigfaltigkeiten durch geeignete Feldeichung.

5.1. Feldpotentiale

5.1.1. Quellenfreie Felder

Vektorpotential. Von den statischen Feldern abgesehen, sind die elektromagnetischen Felder i. allg. nicht wirbelfrei. Immerhin aber ist das Induktionsfeld $\boldsymbol{B}$ stets quellenfrei (div $\boldsymbol{B} = 0$). Neben der Theorie der wirbelfreien Felder benötigen wir zur Analyse allgemeinerer elektromagnetischer Felder daher auch einige grundlegende Einsichten in die Struktur der quellenfreien Felder.

Wir beschäftigen uns zunächst ganz allgemein mit quellenfreien Feldern $\boldsymbol{U} = \boldsymbol{U}(\boldsymbol{r})$, also mit Feldern des Typs

$$\operatorname{div} \boldsymbol{U} = 0. \tag{5.1}$$

Fundamental für die Theorie quellenfreier Felder ist nun folgender

*Satz: Jedes im (räumlichen Bereich) B quellenfreie Vektorfeld **U** läßt sich in der Form*

$$\boxed{\boldsymbol{U} = \operatorname{rot} \boldsymbol{V}} \tag{5.2}$$

darstellen. Das heißt: Zu jedem (in B) quellenfreien Vektorfeld $\boldsymbol{U}$ kann ein zweites Vektorfeld $\boldsymbol{V}$ (in B) so hinzubestimmt werden, daß (5.2) gilt.

$\boldsymbol{V}$ heißt *Vektorpotential* des quellenfreien Vektorfelds $\boldsymbol{U}$. Der betrachtete Sachverhalt wird kurz so ausgedrückt: Jedes im Bereich B quellenfreie Vektorfeld $\boldsymbol{U}$ hat dort ein Vektorpotential $\boldsymbol{V}$.

Beweis: Wir führen den Beweis in kartesischen Koordinaten. Zu zeigen ist, daß ($\boldsymbol{U}$ gegeben, $\boldsymbol{V}$ gesucht)

$$\operatorname{rot} \boldsymbol{V} = \boldsymbol{U}$$

oder

$$\begin{aligned} \frac{\partial V_z}{\partial y} - \frac{\partial V_y}{\partial z} &= U_x \\ \frac{\partial V_x}{\partial z} - \frac{\partial V_z}{\partial x} &= U_y \\ \frac{\partial V_y}{\partial x} - \frac{\partial V_x}{\partial y} &= U_z, \end{aligned} \tag{5.3a}$$

als Gleichung aufgefaßt, stets (mindestens) eine Lösung

$$\boldsymbol{V} = \boldsymbol{i}V_x + \boldsymbol{j}V_y + \boldsymbol{k}V_z$$

hat, falls die gegebene rechte Seite die Bedingung

$$\operatorname{div} \boldsymbol{U} = 0$$

erfüllt.

Wir behaupten: Es gibt stets eine Lösung $\boldsymbol{V} = \boldsymbol{V}_0$ mit verschwindender Vektorkoordinate V_z.

Der Nachweis ist geführt, wenn gezeigt werden kann, daß (5.3a) für $V_z = 0$, d.h., daß

$$-\frac{\partial V_y}{\partial z} = U_x$$

$$\frac{\partial V_x}{\partial z} = U_y \tag{5.3b}$$

$$\frac{\partial V_y}{\partial x} - \frac{\partial V_x}{\partial y} = U_z$$

gelöst werden können. Das aber ist der Fall.
Offenbar ist

$$V_y = -\int_{z_0}^{z} U_x \,\mathrm{d}z + \psi(x, y) \qquad (\psi(x, y) = 0)$$

$$V_x = \int_{z_0}^{z} U_y \,\mathrm{d}z + \varphi(x, y) \tag{5.4}$$

eine (partikuläre) Lösung der ersten beiden Gleichungen in (5.3b). Dabei ist $\varphi(x, y)$ eine beliebige Funktion von x und y sowie z eine (Orts-)Variable und z_0 eine feste Koordinate (Bild 5.1).

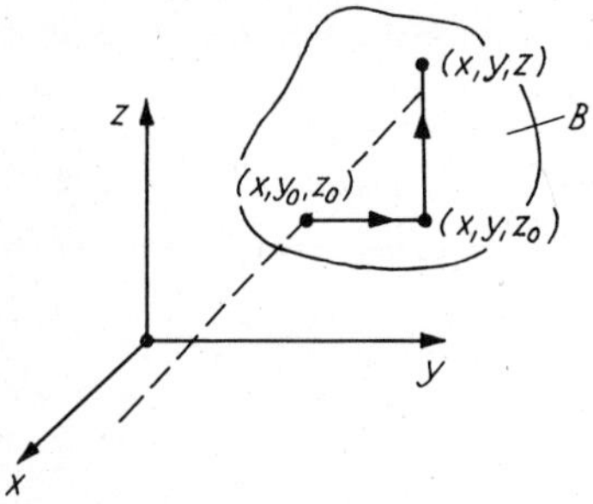

Bild 5.1. Zum Vektorpotential

Natürlich kann auch die rechte Seite von V_y durch eine beliebige Funktion $\psi(x, y)$ additiv ergänzt werden. Da es uns aber nur um irgendeine Lösung und nicht um die Gesamtheit aller Lösungen geht, kann $\psi = 0$ gesetzt werden.
Die dritte Gleichung in (5.3b) kann ebenfalls erfüllt werden. Mit (5.4) ist

$$U_z(x, y, z) = \frac{\partial V_y}{\partial x} - \frac{\partial V_x}{\partial y} = -\int_{z_0}^{z}\left(\frac{\partial U_x}{\partial x} + \frac{\partial U_y}{\partial y}\right)\mathrm{d}z - \frac{\partial \varphi}{\partial y}$$

$$= \int_{z_0}^{z} \frac{\partial U_z}{\partial z}\,\mathrm{d}z - \frac{\partial \varphi}{\partial y}$$

$$= U_z(x, y, z) - U_z(x, y, z_0) - \frac{\partial \varphi}{\partial y},$$

wenn die Voraussetzung

$$\operatorname{div} U = \frac{\partial U_x}{\partial x} + \frac{\partial U_y}{\partial y} + \frac{\partial U_z}{\partial z} = 0$$

berücksichtigt wird. Die dritte Gleichung in (5.3b) ist also befriedigt, wenn $\varphi(x, y)$ so gewählt wird, daß

$$U_z(x, y, z_0) + \frac{\partial \varphi}{\partial y} = 0$$

gilt. Das ist der Fall für

$$\varphi = \varphi(x, y) = -\int_{y_0}^{y} U_z(x, y, z_0)\,\mathrm{d}y,$$

worin y_0 eine feste Koordinate aus B ist (Bild 5.1).

Damit ist gezeigt, daß es immer eine Lösung von (5.3a) gibt, und zwar

$$\boxed{\boldsymbol{V} = \boldsymbol{V}_0 = \boldsymbol{i}V_x^0 + \boldsymbol{j}V_y^0}$$

mit

$$\boxed{\begin{aligned} V_x^0 &= \int_{z_0}^{z} U_y\,(x, y, z)\,\mathrm{d}z - \int_{y_0}^{y} U_z\,(x, y, z_0)\,\mathrm{d}y \\ V_y^0 &= -\int_{z_0}^{z} U_x\,(x, y, z)\,\mathrm{d}z \\ V_z^0 &= 0. \end{aligned}} \tag{5.5}$$

Diese Lösung $\boldsymbol{V}_0$ ist eindeutig durch $\boldsymbol{U}$ bestimmt, wenn man annimmt, daß der Koordinatenursprung im Innern des Bereiches B liegt und $z_0 = y_0 = 0$ gewählt wird. Das folgt direkt aus (5.5).

Jedes in B quellenfreie Vektorfeld $\boldsymbol{U}$ hat also (mindestens) ein Vektorpotential $\boldsymbol{V}$ (nämlich mindestens immer das Vektorpotential $\boldsymbol{V} = \boldsymbol{V}_0$).

Wir zeigen noch durch direkte Rechnung, daß

$$\operatorname{rot} \boldsymbol{V}_0 = \boldsymbol{U}$$

ist. Aus (5.5) und (5.3a) folgt

$$\begin{aligned} \operatorname{rot} \boldsymbol{V}_0 &= -\boldsymbol{i}\frac{\partial V_y^0}{\partial z} + \boldsymbol{j}\frac{\partial V_x^0}{\partial z} + \boldsymbol{k}\left(\frac{\partial V_y^0}{\partial x} - \frac{\partial V_x^0}{\partial y}\right) \\ &= \boldsymbol{i}U_x\,(x, y, z) + \boldsymbol{j}U_y\,(x, y, z) - \boldsymbol{k}\left[\int_{z_0}^{z} \frac{\partial U_x\,(x, y, z)}{\partial x}\,\mathrm{d}z \right. \\ &\quad \left. + \int_{z_0}^{z} \frac{\partial U_y\,(x, y, z)}{\partial y}\,\mathrm{d}z - U_z\,(x, y, z_0)\right] \\ &= \boldsymbol{i}U_x + \boldsymbol{j}U_y + \boldsymbol{k}\left[\int_{z_0}^{z} \frac{\partial U_z}{\partial z}\,\mathrm{d}z + U_z\,(x, y, z_0)\right] \\ &= \boldsymbol{j}U_x + \boldsymbol{j}U_y + \boldsymbol{k}U_z. \end{aligned} \tag{5.6}$$

Beispiel. Gegeben sei

$$\boldsymbol{U} = \boldsymbol{i}x + \boldsymbol{j}y - \boldsymbol{k}2z.$$

Es ist

$$\operatorname{div} \boldsymbol{U} = 1 + 1 - 2 = 0,$$

also $\boldsymbol{U}$ überall im Raum quellenfrei. Das zugehörige Vektorpotential $\boldsymbol{V}_0$ lautet:

$$V_x^0 = \int_0^z y\,\mathrm{d}z = yz \qquad (U_z\,(x, y, z_0) = U_z\,(x, y, 0) = 0)$$

$$V_y^0 = -\int_0^z x\,\mathrm{d}z = -xz.$$

Zum Vektor zusammengefaßt gilt

$$\boldsymbol{V}_0 = \boldsymbol{i}V_x^0 + \boldsymbol{j}V_y^0 = \boldsymbol{i}yz - \boldsymbol{j}xz.$$

Daraus folgt wieder $\operatorname{rot} \boldsymbol{V}_0 = \boldsymbol{U}$; denn nach (5.6) ist

$$\operatorname{rot} \boldsymbol{V}_0 = \boldsymbol{i}x + \boldsymbol{j}y + \boldsymbol{k}\,(-z - z).$$

Eindeutigkeit des Vektorpotentials. Ist $\boldsymbol{U}$ quellenfrei gegeben, so ist $\boldsymbol{V}_0$ in (5.5) zwar ein Feld mit der Eigenschaft $\operatorname{rot} \boldsymbol{V}_0 = \boldsymbol{U}$, aber nicht das einzige Feld mit dieser Eigenschaft. Außer $\boldsymbol{V}_0$ hat also $\boldsymbol{U}$ noch andere Vektorpotentiale.

Beispielsweise ist für das zuletzt betrachtete Feld

$$\boldsymbol{U} = \boldsymbol{i}x + \boldsymbol{j}y - \boldsymbol{k}2z$$

außer

$$\boldsymbol{V}_0 = \boldsymbol{i}yz - \boldsymbol{j}xz$$

auch

$$\boldsymbol{V} = \boldsymbol{i}\,(x + y) + \boldsymbol{j}\,(x + y) - \boldsymbol{k}2z$$

ein Vektorpotential (wie leicht nachzurechnen) und allgemeiner mit $\boldsymbol{V}_0$ auch $\boldsymbol{V} = \boldsymbol{V}_0 + \boldsymbol{W}$, wenn $\boldsymbol{W}$ ein beliebiges wirbelfreies Feld (rot $\boldsymbol{W} = 0$) bezeichnet:

$$\text{rot}\ \boldsymbol{V} = \text{rot}\ (\boldsymbol{V}_0 + \boldsymbol{W}) = \text{rot}\ \boldsymbol{V}_0 + \text{rot}\ \boldsymbol{W} = \text{rot}\ \boldsymbol{V}_0.$$

Wir beweisen in diesem Zusammenhang den

Satz: Ist $\boldsymbol{V}_0$ ein beliebiges (aber bestimmtes) Vektorpotential des quellenfreien Vektorfelds $\boldsymbol{U}$ z. B. das Vektorpotential $\boldsymbol{V}_0$ in (5.5), so hat jedes weitere Vektorpotential $\boldsymbol{V}$ die Form

$$\boxed{\boldsymbol{V} = \boldsymbol{V}_0 + \text{grad}\ \varphi,} \tag{5.7}$$

worin φ ein beliebiges Skalarfeld bezeichnet.

Beweis: Es seien $\boldsymbol{V}$ und $\boldsymbol{V}_0$ Vektorpotentiale von $\boldsymbol{U}$:

$$\text{rot}\ \boldsymbol{V} = \boldsymbol{U}, \qquad \text{rot}\ \boldsymbol{V}_0 = \boldsymbol{U}.$$

Dann ist rot $(\boldsymbol{V} - \boldsymbol{V}_0) = 0$ und damit [$(\boldsymbol{V} - \boldsymbol{V}_0)$ ist wirbelfrei]

$$\boldsymbol{V} - \boldsymbol{V}_0 = \text{grad}\ \varphi,$$

was zu zeigen war.

Die Menge $\{\boldsymbol{V}\}$ aller Vektorpotentiale $\boldsymbol{V}$ hat also die Eigenschaft, daß die Differenz je zwei ihrer Elemente den Gradienten eines Skalarfelds φ ergibt. Zu jedem quellenfreien Vektorfeld $\boldsymbol{U}$ existieren also unendlich viele Vektorpotentiale $\boldsymbol{V}$, die man erhält, indem man zu $\boldsymbol{V}_0$ in (5.5) die Gradienten aller möglichen Skalarfelder $\varphi(\boldsymbol{r})$ addiert.

Vektorpotential mit vorgegebenen Quellen. Die Menge $\{\boldsymbol{V}\}$ aller Vektorpotentiale von $\boldsymbol{U}$ kann durch zusätzliche Bedingungen für $\boldsymbol{V}$ eingeschränkt werden, z. B. dadurch, daß man die Divergenz von $\boldsymbol{V}$ vorschreibt (sofern das nicht zu Widersprüchen führt).

Es gilt der

Satz: Jedes quellenfreie Vektorfeld $\boldsymbol{U}$ hat Vektorpotentiale $\boldsymbol{V}$ mit vorgeschriebener Divergenz div $\boldsymbol{V} = \sigma$.

Beweis: Jedes Vektorpotential $\boldsymbol{V}$ von $\boldsymbol{U}$ hat die Form

$$\boldsymbol{V} = \boldsymbol{V}_0 + \text{grad}\ \varphi.$$

Soll div $\boldsymbol{V} = \sigma$ gelten, so braucht man wegen (der aus (5.7) folgenden Beziehung)

$$\text{div}\ \boldsymbol{V} = \text{div}\ \boldsymbol{V}_0 + \Delta\varphi = \sigma \tag{5.8}$$

φ nur so zu wählen, daß (5.8) Gültigkeit hat, d. h., nach Abschn. 3.2.3. ist φ unter den Lösungen der Poissonschen Gleichung

$$\Delta\varphi = \sigma - \text{div}\ \boldsymbol{V}_0 \tag{5.9}$$

auszuwählen, z. B.

$$\varphi = \varphi_{\text{N}} = -\frac{1}{4\pi}\int_{(V)} \frac{\sigma(\boldsymbol{r}_0) - \text{div}\ \boldsymbol{V}_0(\boldsymbol{r}_0)}{|\boldsymbol{r} - \boldsymbol{r}_0|}\,\mathrm{d}V_0.$$

$\boldsymbol{V}$ darf quellenfrei vorgegeben werden (div $\boldsymbol{V} = \sigma = 0$).

Bemerkt sei noch, daß die Vorgabe der Quellenverteilung div $\boldsymbol{V} = \sigma$ die Menge der möglichen Vektorpotentiale $\boldsymbol{V}$ zwar weiter einschränkt, aber noch keineswegs zur Eindeutigkeit führt. Das ergibt sich sofort daraus, daß mit φ_{N} auch $\varphi_{\text{N}} + \varphi_{\text{H}}$ (φ_{H} harmonisch) eine Lösung der

Poissonschen Gleichung (5.9) ist und damit neben $\boldsymbol{V} = \boldsymbol{V}_0 + \operatorname{grad} \varphi_N$ auch $\boldsymbol{V} = \boldsymbol{V}_0 + \operatorname{grad} \varphi_N + \operatorname{grad} \varphi_H$ die vorgegebene Quellenverteilung σ aufweist. Durch die Quellenvorgabe wird also $\boldsymbol{V}$ bis auf den Gradienten eines beliebigen harmonischen Skalarfelds φ_H eindeutig bestimmt.

Differentialgleichung des quellenfreien Vektorpotentials. Wir wollen nun annehmen, daß die Wirbel $\boldsymbol{w}$ eines quellenfreien Vektorfelds $\boldsymbol{U}$ bekannt sind. Dann genügt also $\boldsymbol{U}$ den Gleichungen

$$\boxed{\operatorname{rot} \boldsymbol{U} = \boldsymbol{w}, \qquad \operatorname{div} \boldsymbol{U} = 0.} \tag{5.10a}$$

Wir dürfen voraussetzen, daß $\boldsymbol{w} \neq 0$ in dem betrachteten Bereich B ist, da andernfalls die einfachere Theorie des wirbelfreien Feldes herangezogen werden könnte.

Wir fragen nach der Menge aller quellenfreien Felder $\boldsymbol{U}$, deren Rotation rot $\boldsymbol{U}$ das vorgegebene Vektorfeld $\boldsymbol{w}$ ergibt. Anders ausgedrückt: Gesucht sind alle Vektorfelder $\boldsymbol{U}$, die Lösung von (5.10a) sind.

Das System (5.10a) braucht keine Lösung zu haben. Ist nämlich $\boldsymbol{U}$ eine Lösung von (5.10a), so muß offenbar div rot $\boldsymbol{U}$ = div $\boldsymbol{w} = 0$ gelten, d. h., $\boldsymbol{w}$ muß notwendig quellenfrei vorgegeben werden, andernfalls kann es sicher keine Lösung geben.

Wir nehmen im weiteren an, daß $\boldsymbol{w}$ für den interessierenden Lösungsbereich quellenfrei, aber sonst beliebig vorgegeben wird:

$$\operatorname{div} \boldsymbol{w} = 0. \tag{5.10b}$$

Ist dann $\boldsymbol{U}$ eine Lösung von (5.10) im Bereich B, so gibt es nach Abschn. 5.1.1. und der zweiten Gleichung in (5.10a) ein Vektorpotential $\boldsymbol{V}$, also ein Vektorfeld $\boldsymbol{V}$ mit

$$\boxed{\boldsymbol{U} = \operatorname{rot} \boldsymbol{V},} \tag{5.11}$$

wobei nach Abschn. 5.1.1. div $\boldsymbol{V} = 0$ angenommen werden kann. Wegen (5.10) ist dann

$$\operatorname{rot} \boldsymbol{U} = \boldsymbol{w}$$

$$\operatorname{rot} \operatorname{rot} \boldsymbol{V} = \boldsymbol{w}$$

oder mit (2.51b)

$$\operatorname{grad} \operatorname{div} \boldsymbol{V} - \Delta \boldsymbol{V} = \boldsymbol{w}.$$

Dieses quellenfreie $\boldsymbol{V}$ muß also der Bedingung

$$\boxed{\Delta \boldsymbol{V} = -\boldsymbol{w}} \quad (\operatorname{div} \boldsymbol{V} = 0) \tag{5.12}$$

genügen, damit Lösung der *Poissonschen Vektordifferentialgleichung* (5.12) sein. Diese Bedingung ist aber nicht nur notwendig, sondern offenbar auch hinreichend; denn ist $\boldsymbol{V}$ ein Vektorfeld, das den Bedingungen $\Delta \boldsymbol{V} = -\boldsymbol{w}$ und div $\boldsymbol{V} = 0$ genügt, so folgt wieder

$$\operatorname{rot} \operatorname{rot} \boldsymbol{V} = \boldsymbol{w},$$

also mit (5.11)

$$\operatorname{rot} \boldsymbol{U} = \boldsymbol{w}$$

und

$$\operatorname{div} \boldsymbol{U} = \operatorname{div} \operatorname{rot} \boldsymbol{V} = 0.$$

Jede quellenfreie Lösung von (5.12) führt damit über (5.11) zu einer Lösung von (5.10), und außer den so gefundenen Feldern $\boldsymbol{U}$ kann es weiter keine Lösungen von (5.10) geben. Anders ausgedrückt: Die quellenfreien Vektorpotentiale $\boldsymbol{V}$ aller Lösungen $\boldsymbol{U}$ von (5.10) sind die quellenfreien Lösungen von (5.12).

5.1.2. Poissonsche Vektorgleichung

Lösungen der Differentialgleichung $\Delta \boldsymbol{V} = -\boldsymbol{w}$. Die Lösungen (ohne Berücksichtigung der Bedingung div $\boldsymbol{V} = 0$) von (5.12) können leicht angegeben werden.
In kartesischen Koordinaten ist $\Delta \boldsymbol{V} = \boldsymbol{i}\,\Delta V_x + \boldsymbol{j}\,\Delta V_y + \boldsymbol{k}\,\Delta V_z$ (s. (2.53b)), wobei Δ den (skalaren) Laplaceschen Operator bezeichnet. Die Poissonsche Gleichung (5.12) lautet also in kartesischen Koordinaten

$$\Delta \boldsymbol{V} = \boldsymbol{i}\,\Delta V_x + \boldsymbol{j}\,\Delta V_y + \boldsymbol{k}\,\Delta V_z = -\boldsymbol{i}w_x - \boldsymbol{j}w_y - \boldsymbol{k}w_z. \tag{5.13}$$

Diese Beziehung ist gleichwertig dem Gleichungssystem

$$\begin{aligned} \Delta V_x &= -w_x \\ \Delta V_y &= -w_y \\ \Delta V_z &= -w_z. \end{aligned} \tag{5.14}$$

Nach Abschn. 3.2.2. hat beispielsweise die erste Gleichung die Lösung

$$V_x = \frac{1}{4\pi} \int_{(V)} \frac{w_x(\boldsymbol{r}_0)\,\mathrm{d}V_0}{|\boldsymbol{r} - \boldsymbol{r}_0|} + V_{xH}, \tag{5.15}$$

worin V_{xH} ein harmonisches Skalarpotential bezeichnet.
Für V_y und V_z gelten entsprechende Integraldarstellungen der Lösung.
Bildet man nun mit (5.15) und den entsprechenden Ausdrücken für V_y und V_z

$$\boldsymbol{V} = \boldsymbol{i}V_x + \boldsymbol{j}V_y + \boldsymbol{k}V_z,$$

so erhält man als allgemeine Lösung von (5.12)

$$\boxed{\boldsymbol{V} = \boldsymbol{V}_\mathrm{N} + \boldsymbol{V}_\mathrm{H}, \qquad \boldsymbol{V}_\mathrm{N} = \frac{1}{4\pi} \int_{(V)} \frac{\boldsymbol{w}(\boldsymbol{r}_0)\,\mathrm{d}V_0}{|\boldsymbol{r} - \boldsymbol{r}_0|}, \qquad \Delta \boldsymbol{V}_\mathrm{H} = 0,} \tag{5.16}$$

wenn man noch beachtet, daß z. B.

$$\boldsymbol{i}V_x = \frac{1}{4\pi} \int_{(V)} \frac{\boldsymbol{i}w_x\,\mathrm{d}V_0}{|\boldsymbol{r} - \boldsymbol{r}_0|} + \boldsymbol{i}V_{xH}$$

ist (Entsprechendes gilt für $\boldsymbol{j}V_y$ und $\boldsymbol{k}V_z$.) und daß

$$\boldsymbol{V}_\mathrm{H} = \boldsymbol{i}V_{xH} + \boldsymbol{j}V_{yH} + \boldsymbol{k}V_{zH} \tag{5.17}$$

mit Beachtung von (5.13) ein harmonisches Vektorfeld darstellt:

$$\Delta \boldsymbol{V}_\mathrm{H} = 0. \tag{5.18}$$

Quellenfreie Lösungen von $\Delta \boldsymbol{V} = -\boldsymbol{w}$. Diese Lösungen (5.16) brauchen natürlich nicht sämtlich quellenfrei zu sein, es braucht also nicht von selbst auch div $\boldsymbol{V} = 0$ zu gelten; vielmehr ist

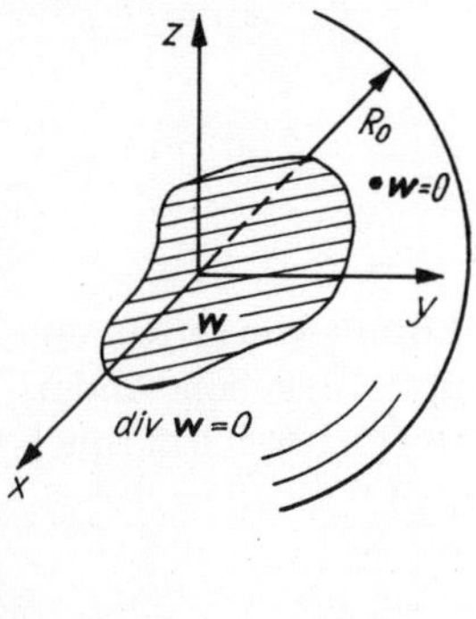

Bild 5.2
Zur Quellenfreiheit des Vektorpotentials

nach (5.1b) $\operatorname{div} \boldsymbol{V} = 0$ offenbar genau dann, wenn

$$\operatorname{div} \boldsymbol{V}_\mathrm{N} = -\operatorname{div} \boldsymbol{V}_\mathrm{H} \tag{5.19}$$

ist. Nun ist aber (vgl. (2.61–2))

$$\begin{aligned}
\operatorname{div} \boldsymbol{V}_\mathrm{N} &= \frac{1}{4\pi} \int_{(V)} \operatorname{div} \frac{\boldsymbol{w}(\boldsymbol{r}_0)}{|\boldsymbol{r} - \boldsymbol{r}_0|} \, \mathrm{d}V_0 \\
&= \frac{1}{4\pi} \int_{(V)} \boldsymbol{w}(\boldsymbol{r}_0) \operatorname{grad} \frac{1}{|\boldsymbol{r} - \boldsymbol{r}_0|} \, \mathrm{d}V_0 \\
&= -\frac{1}{4\pi} \int_{(V)} \boldsymbol{w}(\boldsymbol{r}_0) \operatorname{grad}_0 \frac{1}{|\boldsymbol{r} - \boldsymbol{r}_0|} \, \mathrm{d}V_0 \qquad (5.20) \\
&= -\frac{1}{4\pi} \int_{(V)} \operatorname{div}_0 \frac{\boldsymbol{w}(\boldsymbol{r}_0)}{|\boldsymbol{r} - \boldsymbol{r}_0|} \, \mathrm{d}V_0 \\
&= -\frac{1}{4\pi} \oint_{(A)} \frac{\boldsymbol{w}(\boldsymbol{r}_0)}{|\boldsymbol{r} - \boldsymbol{r}_0|} \, \mathrm{d}\boldsymbol{A}_0 = -\frac{1}{4\pi} \oint_{(A)} \frac{\boldsymbol{w}(\boldsymbol{r}_0) \cdot \boldsymbol{n}}{|\boldsymbol{r} - \boldsymbol{r}_0|} \, \mathrm{d}A_0,
\end{aligned}$$

wenn (5.10b) und der 2. Gaußsche Satz berücksichtigt werden. In den einfachsten, aber auch wichtigsten Anwendungen ist auf dem Rand des Lösungsbereichs B $\boldsymbol{w}(\boldsymbol{r}) = 0$, zumindest aber $\boldsymbol{n} \cdot \boldsymbol{w}(\boldsymbol{r}) = 0$. Nach (5.20) ist in diesem wichtigen Sonderfall $\operatorname{div} \boldsymbol{V}_\mathrm{N} = 0$. Insbesondere gilt also der

Satz: Liegen die Wirbel $\boldsymbol{w}$ von $\boldsymbol{U}$ ganz im Endlichen (ist $\boldsymbol{w}(\boldsymbol{r}) = 0$ für $|\boldsymbol{r}| \geqq R_0$), so ist $\boldsymbol{V}_\mathrm{N}$ (im Innern der Kugel mit dem Radius R_0) quellenfrei (Bild 5.2).

Unter der Voraussetzung des Satzes ist dann mit (5.19) $\boldsymbol{V}$ genau dann quellenfrei, wenn $\operatorname{div} \boldsymbol{V}_\mathrm{H} = 0$ oder $\operatorname{rot}\operatorname{rot} \boldsymbol{V}_\mathrm{H} = 0$ bzw.

$$\operatorname{rot} \boldsymbol{V}_\mathrm{H} = \operatorname{grad} \varphi_\mathrm{H} \tag{5.21}$$

ist (vgl. (2.51b)). (5.21) ergibt sich aus der Wirbelfreiheit von $\operatorname{rot} \boldsymbol{V}_\mathrm{H}$ und aus (2.62).
Unter Berücksichtigung von (5.11), (5.16) und (5.21) fassen wir die gefundenen Ergebnisse noch zusammen in dem

Satz: Liegen alle (quellenfreien) Wirbel $\boldsymbol{w}$ von $\boldsymbol{U}$ im Endlichen, so ist

$$\boxed{\boldsymbol{U} = \operatorname{rot} \boldsymbol{V} = \operatorname{rot} \boldsymbol{V}_\mathrm{N} + \operatorname{grad} \varphi_\mathrm{H}} \qquad (\operatorname{div} \boldsymbol{V} = 0) \tag{5.22}$$

die allgemeine Lösung von (5.10a). $\boldsymbol{V}_\mathrm{N}$ ist hierin durch (5.16) gegeben. φ_H ist ein beliebiges harmonisches Skalarpotential.

Der Inhalt dieses Satzes läßt sich auch wie folgt ausdrücken: Die Gesamtheit aller quellenfreien Vektorfelder $\boldsymbol{U}$ mit im Endlichen gelegenen und dort (quellenfrei) vorgeschriebenen Wirbeln $\boldsymbol{w}$ läßt sich darstellen in der Form (5.22), worin $\boldsymbol{V}_\mathrm{N}$ durch (5.16) gegeben ist.

Eindeutigkeit. Das System (5.10a) ist nach den vorherigen Ausführungen ohne zusätzliche (Rand-) Bedingungen nicht eindeutig lösbar.
Aus (5.22) folgt aber sofort, daß es unter der Nebenbedingung

$$\boldsymbol{n} \cdot \boldsymbol{U}(\boldsymbol{r}_\mathrm{A}) = \lambda(\boldsymbol{r}_\mathrm{A}) \quad \text{bzw.} \quad \lambda - \boldsymbol{n} \cdot \operatorname{rot} \boldsymbol{V}_\mathrm{N} = \boldsymbol{n} \cdot \operatorname{grad} \varphi_\mathrm{H} \tag{5.23}$$

($\boldsymbol{r}_\mathrm{A}$ ist ein Punkt des Bereichsrands) nur eine Lösung $\boldsymbol{U}$ geben kann (s. Abschn. 3.2.2.).
Dieses Ergebnis läßt sich sogar auf beliebige Felder verallgemeinern (s. Abschn. 3.2.).

Weitere Eindeutigkeitsbedingungen ergeben sich aus dem folgenden (Greenschen Integral-) Satz für Vektorfelder:

$$\oint_{(A)} (\boldsymbol{V} \times \operatorname{rot} \boldsymbol{V}) \cdot d\boldsymbol{A} = \int_{(V)} [(\operatorname{rot} \boldsymbol{V})^2 - \boldsymbol{V} \operatorname{rot} \operatorname{rot} \boldsymbol{V}] \, dV. \tag{5.24}$$

Man erhält diesen Satz aus dem Gaußschen Satz für Vektorfelder des Typs $\boldsymbol{U} = \boldsymbol{V} \times \operatorname{rot} \boldsymbol{V}$.
Sind nun $\boldsymbol{V}_1$ und $\boldsymbol{V}_2$ Lösungen der Poissonschen Vektorgleichung

$$\Delta \boldsymbol{V} = -\boldsymbol{w} \qquad (\operatorname{div} \boldsymbol{V} = 0),$$

so gilt

$$\Delta (\boldsymbol{V}_1 - \boldsymbol{V}_2) = 0, \qquad \operatorname{div} (\boldsymbol{V}_1 - \boldsymbol{V}_2) = 0. \tag{5.25a}$$

Es ist dann

$$\boldsymbol{V}_1 - \boldsymbol{V}_2 = \boldsymbol{V}_H, \qquad \operatorname{div} \boldsymbol{V}_H = 0, \qquad \operatorname{rot} \operatorname{rot} \boldsymbol{V}_H = 0. \tag{5.25b}$$

Zwei Lösungen der Poissonschen Vektorgleichung können sich also höchstens um ein quellenfreies harmonisches Vektorfeld $\boldsymbol{V}_H$ unterscheiden.
Aus (5.24) folgt für die Differenz zweier Lösungen unter Beachtung von (5.25b)

$$\oint_{(A)} [(\boldsymbol{V}_1 - \boldsymbol{V}_2) \times \operatorname{rot} (\boldsymbol{V}_1 - \boldsymbol{V}_2)] \cdot d\boldsymbol{A} = \int_{(V)} [\operatorname{rot} (\boldsymbol{V}_1 - \boldsymbol{V}_2)]^2 \, dV. \tag{5.26}$$

Ist nun auf dem Rand des Lösungsbereichs

$$\begin{aligned} &1. \quad \boldsymbol{n} \times \boldsymbol{V}_1 = \boldsymbol{n} \times \boldsymbol{V}_2 \\ &2. \quad \boldsymbol{n} \times \operatorname{rot} \boldsymbol{V}_1 = \boldsymbol{n} \times \operatorname{rot} \boldsymbol{V}_2 \qquad (\boldsymbol{n} \times \boldsymbol{U}_1 = \boldsymbol{n} \times \boldsymbol{U}_2), \end{aligned} \tag{5.27}$$

so ist in (5.26) die linke Seite gleich Null, und es muß im ganzen Lösungsbereich $\operatorname{rot} \boldsymbol{V}_1 = \operatorname{rot} \boldsymbol{V}_2$ sein (vgl. die entsprechenden Überlegungen für Skalarfelder im Abschn. 3.2.2.).
Daraus folgt für alle Punkte des Bereiches B

$$\boldsymbol{V}_1 - \boldsymbol{V}_2 = \operatorname{grad} \varphi_H \qquad (\operatorname{div} \boldsymbol{V}_1 = \operatorname{div} \boldsymbol{V}_2 = 0)$$

und wegen (5.27)

$$\varphi_H = \text{konst.}$$

auf dem Bereichsrand und damit auch im Innern.
Die erste Randbedingung in (5.27) führt damit auf

$$\boldsymbol{V}_1 = \boldsymbol{V}_2,$$

also auf die Eindeutigkeit der Lösung. Die zweite Randbedingung in (5.27) ergibt

$$\operatorname{rot} \boldsymbol{V}_1 = \operatorname{rot} \boldsymbol{V}_2$$

und damit die Wirbelgleichheit zweier Lösungen $\boldsymbol{V}_1$ und $\boldsymbol{V}_2$.

Zusammenfassung. Jedes quellenfreie Feld $\boldsymbol{U}$ kann durch die Rotation eines Vektorfelds $\boldsymbol{V}$ beschrieben werden: $\boldsymbol{U} = \operatorname{rot} \boldsymbol{V}$. $\boldsymbol{V}$ heißt das Vektorpotential des quellenfreien Vektorfeldes $\boldsymbol{U}$.
Das Vektorpotential $\boldsymbol{V}$ eines quellenfreien Feldes $\boldsymbol{U}$ ist bis auf den Gradienten eines beliebigen Skalarfeldes φ bestimmt:

$$\boldsymbol{V} = \boldsymbol{V}_0 + \operatorname{grad} \varphi.$$

Jedes quellenfreie Vektorfeld $\boldsymbol{U}$ hat Vektorpotentiale $\boldsymbol{V}$ mit vorgeschriebener Quellendichte ω: $\operatorname{div} \boldsymbol{V} = \omega$. Das Vektorpotential $\boldsymbol{V}$ kann insbesondere quellenfrei vorgegeben werden (durch geeignete Wahl von φ).
Das Vektorpotential $\boldsymbol{V}$ ist Lösung der vektoriellen Poissonschen Gleichung: $\Delta \boldsymbol{V} = -\boldsymbol{w}$. Zwei Lösungen dieser Gleichung unterscheiden sich höchstens durch ein harmonisches Vektorpotential $\boldsymbol{V}_H$: $\boldsymbol{V} = \boldsymbol{V}_0 + \boldsymbol{V}_H$.
Eine wichtige partikuläre Lösung ist das vektorielle Newton-Potential $\boldsymbol{V}_N$. Das Vektorpotential $\boldsymbol{V}_N$ ist quellenfrei ($\operatorname{div} \boldsymbol{V}_N = 0$), wenn erfüllt ist:

1. Auf dem Rand des Bereiches sind die Wirbel des Feldes gleich Null.

2. Auf dem Rand des Wirbelgebietes ist die Normalkomponente $\boldsymbol{n} \cdot \boldsymbol{w} = 0$.
3. Das Wirbelgebiet liegt im Endlichen des unendlich ausgedehnten Raumes.

Liegen alle Wirbel von $\boldsymbol{U}$ im Innern des Lösungsbereichs B, so ist $\boldsymbol{U}$ darstellbar in der Form

$$\boldsymbol{U} = \text{rot } \boldsymbol{V}_\text{N} + \text{grad } \varphi_\text{H}.$$

Aufgaben zum Abschnitt 5.1.

5.1.–1 Man zeige: Jedes (in einem Bereich B gegebene) Vektorfeld $\boldsymbol{U}$ kann dort dargestellt werden in der Form $\boldsymbol{U} = \text{grad } V + \text{rot } \boldsymbol{V}$.

5.1.–2 Zu beweisen ist: Vektorfelder $\boldsymbol{U}$ mit gleicher Rotation und Divergenz sind identisch, wenn sie auf dem Rand gleiche Normalkomponenten besitzen.

5.1.–3 Man zeige: div $\boldsymbol{V}_\text{H} = 0$ ist mit $\boldsymbol{V}_\text{H} = \text{rot } \boldsymbol{W}_\text{H}$ gleichbedeutend.

5.1.–4 Unter welchen Bedingungen gilt grad $\varphi_\text{H} = \text{rot } \boldsymbol{V}$?

5.2. Elektromagnetische Potentiale

5.2.1. Maxwellsche Gleichungen

Skalar- und Vektorpotential. Wir kommen nun zur Behandlung des vollständigen Systems der Maxwellschen Gleichungen, allerdings unter der Voraussetzung, daß ε und μ im betrachteten Lösungsbereich B konstant sind, also isotrop, linear und homogen (s. Abschn. 3.1.). Die Leitfähigkeit $\varkappa$ braucht für die folgenden Betrachtungen in B zunächst nicht homogen zu sein, lediglich isotrop und linear.

Unter diesen Voraussetzungen lauten die Maxwellschen Gleichungen ($\boldsymbol{D}$ und $\boldsymbol{H}$ eliminiert):

$$\begin{aligned} &1.\quad \text{rot } \boldsymbol{E} = -\frac{\partial \boldsymbol{B}}{\partial t} &&3.\quad \varepsilon \text{ div } \boldsymbol{E} = \varrho \\ &2.\quad \frac{1}{\mu} \text{rot } \boldsymbol{B} = \varepsilon \frac{\partial \boldsymbol{E}}{\partial t} + \boldsymbol{S} &&4.\quad \text{div } \boldsymbol{B} = 0. \end{aligned} \tag{5.28}$$

Damit sie wenigstens eine Lösung haben können, muß die Kontinuitätsgleichung

$$\frac{\partial \varrho}{\partial t} + \text{div } \boldsymbol{S} = 0, \tag{5.29}$$

die sich durch Divergenzbildung aus der 2. Maxwellschen Gleichung ergibt, erfüllt sein (vgl. (3.11 a)).

Wir nehmen an, daß ϱ und $\boldsymbol{S}$ bei Einhaltung der Kontinuitätsgleichung, sonst aber beliebig in B vorgegeben und daß die Felder $\boldsymbol{E}$ und $\boldsymbol{B}$ Lösungen von (5.28) sind.

Aus der vierten Gleichung in (5.28) folgt dann (s. Abschn. 5.1.)

$$\boxed{\boldsymbol{B} = \text{rot } \boldsymbol{V},} \tag{5.30}$$

d.h., es gibt ein Vektorfeld $\boldsymbol{V}$ *(Vektorpotential des quellenfreien Induktionsfelds* $\boldsymbol{B}$*)*, dessen Rotation $\boldsymbol{B}$ ergibt. Für dieses Vektorpotential $\boldsymbol{V}$ muß dann nach den ersten beiden Gleichungen in (5.28) gelten (die Operationen rot und $\partial/\partial t$ sind vertauschbar):

$$\begin{aligned} &1.\quad \text{rot } \boldsymbol{E} = -\text{rot } \frac{\partial \boldsymbol{V}}{\partial t} \\ &2.\quad \frac{1}{\mu} \text{rot rot } \boldsymbol{V} = \varepsilon \frac{\partial \boldsymbol{E}}{\partial t} + \boldsymbol{S}. \end{aligned} \tag{5.31}$$

Wegen der ersten Gleichung in (5.31) ist die Summe der Felder $\boldsymbol{E}$ und $\partial \boldsymbol{V}/\partial t$ wirbelfrei:

$$\operatorname{rot}\left(\boldsymbol{E} + \frac{\partial \boldsymbol{V}}{\partial t}\right) = 0.$$

Es gibt also ein Skalarfeld (Skalarpotential) V, so daß (s. Abschn. 3.2.)

$$\boldsymbol{E} + \frac{\partial \boldsymbol{V}}{\partial t} = -\operatorname{grad} V \tag{5.32a}$$

oder

$$\boxed{\boldsymbol{E} = -\frac{\partial \boldsymbol{V}}{\partial t} - \operatorname{grad} V} \tag{5.32b}$$

ist. Die beiden Feldpotentiale $\boldsymbol{V}$ und V werden genauer als das *elektromagnetische Vektor- und Skalarpotential* bezeichnet. Es sind reine mathematische Hilfsgrößen ohne physikalische Bedeutung und Aussage. Eine Ausnahme wird sich im Fall der stationären Felder für das elektromagnetische Skalarpotential V ergeben.
Kommen wir zu den Bestimmungsgleichungen beider Potentiale.
Die zweite Gleichung in (5.31) ergibt mit (5.32) die Bedingung

$$\frac{1}{\mu} \operatorname{rot} \operatorname{rot} \boldsymbol{V} = -\varepsilon \frac{\partial^2 \boldsymbol{V}}{\partial t^2} - \varepsilon \operatorname{grad} \frac{\partial V}{\partial t} + \boldsymbol{S}, \tag{5.33a}$$

die sich unter Berücksichtigung der Vektorrelation (2.51 b)

$$\operatorname{rot} \operatorname{rot} \boldsymbol{V} = \operatorname{grad} \operatorname{div} \boldsymbol{V} - \boldsymbol{\Delta V}$$

(s. Abschn. 2.2.) auf die Form

$$\boxed{\boldsymbol{\Delta V} - \mu\varepsilon \frac{\partial^2 \boldsymbol{V}}{\partial t^2} = -\mu \boldsymbol{S} + \operatorname{grad}\left(\operatorname{div} \boldsymbol{V} + \mu\varepsilon \frac{\partial V}{\partial t}\right)} \tag{5.33b}$$

bringen läßt. Die noch zu berücksichtigende dritte Gleichung aus (5.28) lautet mit (5.33 b)

$$\boxed{\Delta V + \operatorname{div} \frac{\partial \boldsymbol{V}}{\partial t} = -\frac{\varrho}{\varepsilon}.} \tag{5.34}$$

(5.33 b) und (5.34) treten zunächst an die Stelle der Maxwellschen Gleichungen (5.28); sie können aber noch wesentlich vereinfacht werden, wenn man aus der Menge $\{\boldsymbol{V} = \boldsymbol{V}_0 + \operatorname{grad} \varphi\}$ aller zu $\boldsymbol{B}$ gehörenden Vektorpotentiale (s. Abschn .5.1.) nur solche zuläßt, für die (s. Argument des Gradienten in (5.33 b))

$$\boxed{\operatorname{div} \boldsymbol{V} + \mu\varepsilon \frac{\partial V}{\partial t} = 0} \tag{5.35}$$

ist – vorausgesetzt natürlich, daß es überhaupt solche Vektorpotentiale $\boldsymbol{V}$ gibt, was noch zu zeigen wäre. Wir wollen (5.35) als Nebenbedingung bezeichnen und ist als Lorentz-Eichung bekannt. Mit (5.35) gilt dann für (5.33) und (5.34) einfacher

$$\boxed{\begin{aligned} \boldsymbol{\Delta V} - \mu\varepsilon \frac{\partial^2 \boldsymbol{V}}{\partial t^2} &= -\mu \boldsymbol{S} \\ \Delta V - \mu\varepsilon \frac{\partial^2 V}{\partial t^2} &= -\frac{\varrho}{\varepsilon} \end{aligned}} \quad (\mu,\ \varepsilon \text{ Konstanten}). \tag{5.36}$$

Die zweite Gleichung erhält man durch Einsetzen der Nebenbedingung (5.35) – nach der Zeit differenziert – in (5.34). Entsprechend der Herleitung dürfen aus (5.36) nur solche Lösungen $\boldsymbol{V}$ und V ausgewählt werden, die der Nebenbedingung (5.35) genügen.
Wenn es also die Lösungen $\boldsymbol{B}$ und $\boldsymbol{E}$ gibt, so gibt es auch ein Vektorpotential $\boldsymbol{V}$ und ein Skalarpotential V mit den Eigenschaften (5.35) und (5.36). Die Bedingungen für die Gültigkeit von (5.35) sind noch nachzuweisen. Dabei bestehen zwischen $\boldsymbol{B}$, $\boldsymbol{E}$, $\boldsymbol{V}$ und V die Zusammenhänge (5.30) und (5.32b). Sind umgekehrt $\boldsymbol{V}$ und V Lösungen von (5.36), die die Nebenbedingungen (5.35) erfüllen, so sind die über die genannten Verknüpfungsgleichungen (5.30) und (5.32b) ermittelten Felder $\boldsymbol{B}$ und $\boldsymbol{E}$ Lösungen von (5.28).
Dies wollen wir zeigen:
Sind $\boldsymbol{V}$ und V Lösungen von (5.35) und (5.36), so gilt nach der ersten Beziehung in (5.36) mit $\Delta \boldsymbol{V}$ nach (2.51b)

$$\operatorname{grad} \operatorname{div} \boldsymbol{V} - \operatorname{rot} \operatorname{rot} \boldsymbol{V} - \mu\varepsilon \frac{\partial^2 \boldsymbol{V}}{\partial t^2} = -\mu \boldsymbol{S}.$$

Setzt man hier (5.30) und (5.32b)

$$\boldsymbol{B} = \operatorname{rot} \boldsymbol{V} \quad \text{und} \quad \boldsymbol{E} = -\frac{\partial \boldsymbol{V}}{\partial t} - \operatorname{grad} V,$$

ein, so folgt mit (5.35)

$$\begin{aligned} -\operatorname{rot} \boldsymbol{B} &= -\mu \boldsymbol{S} + \mu\varepsilon \frac{\partial^2 \boldsymbol{V}}{\partial t^2} + \mu\varepsilon \operatorname{grad} \frac{\partial V}{\partial t} \\ &= -\mu \boldsymbol{S} + \mu\varepsilon \frac{\partial}{\partial t}\left(\frac{\partial \boldsymbol{V}}{\partial t} + \operatorname{grad} V\right) \\ &= -\mu \boldsymbol{S} - \mu\varepsilon \frac{\partial \boldsymbol{E}}{\partial t}, \end{aligned}$$

also (5.28–2).
Ferner folgt aus (5.32b) sofort ($\operatorname{rot} \operatorname{grad} V = 0$)

$$\operatorname{rot} \boldsymbol{E} = -\frac{\partial}{\partial t} \operatorname{rot} \boldsymbol{V} = -\frac{\partial \boldsymbol{B}}{\partial t}.$$

(5.28–1) und (5.28–3) folgen aus (5.32b) durch Divergenzbildung zusammen mit (5.35) und (5.36)

$$\begin{aligned} \operatorname{div} \boldsymbol{E} &= -\frac{\partial}{\partial t} \operatorname{div} \boldsymbol{V} - \Delta V \\ &= \mu\varepsilon \frac{\partial^2 V}{\partial t^2} - \Delta V = \frac{\varrho}{\varepsilon}. \end{aligned}$$

Die vierte Beziehung in (5.28) ist natürlich ebenfalls erfüllt. Somit führen alle Lösungen von (5.35) und (5.36) auch zu Lösungen der Maxwellschen Gleichungen (sofern $\boldsymbol{S}$ und ϱ die Kontinuitätsgleichung erfüllen) und umgekehrt.
Damit ist das Lösungsproblem der Maxwellschen Gleichungen auf die Lösung von (5.36) unter Beachtung der Nebenbedingungen (5.35) zurückgeführt.
Wir bemerken, daß dem Gleichungssystem (5.35) und (5.36) fünf skalare Gleichungen entsprechen, den Maxwellschen Gleichungen (5.28) aber acht. Die wesentlichste Vereinfachung des Problems liegt aber in der übersichtlichen Lösungstheorie von Gleichungen des Typs (5.36).

Nebenbedingung. Das in (5.30) notierte Vektorpotential $\boldsymbol{V}$ ist durch die Lösung $\boldsymbol{B}$ nicht eindeutig bestimmt. Ist $\boldsymbol{V} = \boldsymbol{V}_0$ irgendein, aber für die weiteren Überlegungen festes Vektorpotential zu $\boldsymbol{B}$ (z.B. das im Abschn. 5.1.1. berechnete), so ist neben $\boldsymbol{V}_0$ auch jedes Feld $\boldsymbol{V}_0 + \operatorname{grad} \varphi$ ein zu $\boldsymbol{B}$ gehörendes Vektorpotential, wobei φ ein beliebiges Skalarfeld bezeichnet (s. Abschn. 5.1.). Die Beziehung (5.32a) kann daher mit

$$\boldsymbol{V} = \boldsymbol{V}_0 + \operatorname{grad} \varphi \tag{5.37a}$$

in der Form

$$\boldsymbol{E} + \frac{\partial\,(\boldsymbol{V}_0 + \operatorname{grad} \varphi)}{\partial t} = -\operatorname{grad} V \tag{5.37b}$$

notiert werden. Ist $\boldsymbol{E}$ eine Lösung von (5.28) und $\boldsymbol{V}_0$ ein Vektorpotential zu $\boldsymbol{B}$, so gehört zu jedem Skalarfeld φ ein (bis auf ein konstantes Feld eindeutig bestimmtes) Skalarpotential V ($V = V_0 + \text{konst.}$). Dabei ist, wenn V_0 das zu $\boldsymbol{V}_0$ (zu $\varphi = 0$) gehörende Skalarpotential bezeichnet,

$$V = V_0 - \frac{\partial \varphi}{\partial t}; \tag{5.38}$$

denn nach (5.37) gilt

$$\boldsymbol{E} + \frac{\partial \boldsymbol{V}_0}{\partial t} + \operatorname{grad} \frac{\partial \varphi}{\partial t} = -\operatorname{grad} V$$

oder umgeformt

$$\boldsymbol{E} + \frac{\partial \boldsymbol{V}_0}{\partial t} = -\operatorname{grad} \left(V + \frac{\partial \varphi}{\partial t} \right) = -\operatorname{grad} V_0, \tag{5.39}$$

d.h.,

$$V + \frac{\partial \varphi}{\partial t} = V_0 + \text{konst.}$$

wie behauptet. (Die Konstante kann gleich Null gesetzt werden, weil sie in die Berechnung der elektrischen Felder nicht eingeht.)
Zu jeder Lösung ($\boldsymbol{E}$, $\boldsymbol{B}$) der Maxwellschen Gleichungen gehört also eine Menge

$$M = \{(\boldsymbol{V}, V)\}$$

von Potentialpaaren ($\boldsymbol{V}$, V) mit

$$\boxed{\begin{aligned} \boldsymbol{V} &= \boldsymbol{V}_0 + \operatorname{grad} \varphi \\ V &= V_0 - \frac{\partial \varphi}{\partial t}, \end{aligned}} \tag{5.40a}$$

und es bleibt zu zeigen, daß es unter diesen Paaren solche gibt, die (5.35) erfüllen. Es gilt

$$\begin{aligned} \operatorname{div} \boldsymbol{V} + \mu\varepsilon \frac{\partial V}{\partial t} &= \operatorname{div} (\boldsymbol{V}_0 + \operatorname{grad} \varphi) + \mu\varepsilon \frac{\partial}{\partial t} \left(V_0 - \frac{\partial \varphi}{\partial t} \right) \\ &= \operatorname{div} \boldsymbol{V}_0 + \mu\varepsilon \frac{\partial V_0}{\partial t} + \Delta\varphi - \mu\varepsilon \frac{\partial^2 \varphi}{\partial t^2}. \end{aligned} \tag{5.40b}$$

Der Ausdruck auf der linken Seite verschwindet, wenn φ so bestimmt wird, daß die rechte Seite verschwindet, also für alle φ, die die Gleichung erfüllen:

$$\Delta\varphi - \mu\varepsilon \frac{\partial^2 \varphi}{\partial t^2} = -\operatorname{div} \boldsymbol{V}_0 - \mu\varepsilon \frac{\partial V_0}{\partial t}. \tag{5.41}$$

Ist die rechte Seite gleich Null, so kann $\varphi = 0$ ($\boldsymbol{V} = \boldsymbol{V}_0$) gewählt werden. Andernfalls läßt sich in $\boldsymbol{V} = \boldsymbol{V}_0 + \operatorname{grad} \varphi$ das Skalarfeld φ aus der Lösungsmenge von (5.41) so wählen, daß (5.35) gilt, was zu zeigen war.

Die Festlegung von $\boldsymbol{V}$ durch bestimmte Bedingungen bezeichnet man als *Eichung*. Der Übergang zu einem anderen Vektorpotential, bedingt durch die Freiheit in der Wahl von φ in (5.37a), heißt auch Umeichung oder *Eichtransformation*.

Potentialgleichungen für Leiter (Form I). In den auf S. 232 abgeleiteten Gleichungen sind keine Voraussetzungen über die Art des durch $\boldsymbol{S}$ charakterisierten elektrischen Stromes gemacht worden. Bei $\boldsymbol{S}$ kann es sich z. B. um die Stromdichte eines Konvektionsstroms oder eines Leitungsstroms handeln.

Gilt im gesamten Lösungsbereich aber $\boldsymbol{S} = \varkappa \boldsymbol{E}$, so kann eine andere Form der Potentialgleichungen zweckmäßiger sein. Mit

$$\boldsymbol{S} = \varkappa \boldsymbol{E} \tag{5.42a}$$

und (5.32b) ist

$$\boldsymbol{S} = -\varkappa \frac{\partial \boldsymbol{V}}{\partial t} - \varkappa \operatorname{grad} V. \tag{5.42b}$$

Damit erhält man anstelle von (5.36) nun

$$\boxed{\begin{aligned} &\Delta \boldsymbol{V} - \mu\varepsilon \frac{\partial^2 \boldsymbol{V}}{\partial t^2} - \mu\varkappa \frac{\partial \boldsymbol{V}}{\partial t} = \mu\varkappa \operatorname{grad} V \\ &\Delta V - \mu\varepsilon \frac{\partial^2 V}{\partial t^2} = -\frac{\varrho}{\varepsilon}. \end{aligned}} \tag{5.43}$$

Ist speziell $\varkappa = \text{konst.}$ ($\neq 0$), so kann $\varrho = 0$ gesetzt werden, da die Kontinuitätsgleichung für diesen Fall in

$$\frac{\partial \varrho}{\partial t} + \frac{\varkappa}{\varepsilon} \varrho = 0 \tag{5.44a}$$

mit der allgemeinen Lösung

$$\varrho = \varrho\,(\boldsymbol{r}, 0)\, \mathrm{e}^{-(\varkappa/\varepsilon)t} \tag{5.44b}$$

übergeht (s. Abschn. 3.1.2., (3.13)). Es kann also $\varrho = 0$ gesetzt werden, wenn man voraussetzt, daß zur Zeit $t = 0$

$$\varrho\,(\boldsymbol{r}, t) = \varrho\,(\boldsymbol{r}, 0) = 0$$

ist. Zu (5.43) ist wieder (5.35) hinzuzunehmen:

$$\boxed{\operatorname{div} \boldsymbol{V} + \mu\varepsilon \frac{\partial V}{\partial t} = 0.} \tag{5.45}$$

Potentialgleichung für Leiter (Form II). Ein in der Form symmetrisches System von Gleichungen für $\boldsymbol{V}$ und V erhält man, wenn für die Wahl eines Potentialpaars ($\boldsymbol{V}$, V) eine andere Bedingung als (5.35) gewählt wird, nämlich

$$\boxed{\operatorname{div} \boldsymbol{V} + \mu\varepsilon \frac{\partial V}{\partial t} + \mu\varkappa V = 0.} \tag{5.46}$$

Hierbei wird aber im ganzen Lösungsbereich $\varkappa$ = konst. vorausgesetzt. Genauso wie auf S. 234 zeigt man, daß es solche Paare ($\boldsymbol{V}$, V) gibt.
Anstelle von (5.33b) erhält man dann unter dieser Nebenbedingung mit (5.46)

$$\Delta \boldsymbol{V} - \mu\varepsilon \frac{\partial^2 \boldsymbol{V}}{\partial t^2} = -\mu \boldsymbol{S} - \text{grad}\,(\mu\varkappa V) = \mu\varkappa \frac{\partial \boldsymbol{V}}{\partial t}$$

und anstelle von (5.34)

$$-\mu\varepsilon \frac{\partial^2 V}{\partial t^2} - \mu\varkappa \frac{\partial V}{\partial t} + \Delta V = 0.$$

Nach geeigneter Umordnung der Summanden findet man

$$\boxed{\begin{aligned} \Delta \boldsymbol{V} - \mu\varepsilon \frac{\partial^2 \boldsymbol{V}}{\partial t^2} - \mu\varkappa \frac{\partial \boldsymbol{V}}{\partial t} &= 0 \\ \Delta V - \mu\varepsilon \frac{\partial^2 V}{\partial t^2} - \mu\varkappa \frac{\partial V}{\partial t} &= 0, \end{aligned}} \tag{5.47}$$

wenn noch (5.44b) berücksichtigt wird.
Ebenso wie auf S. 233 zeigt man, daß jede Lösung von (5.47), die die Nebenbedingung (5.46) erfüllt, über die Beziehungen (5.30) und (5.32b) zu einer Lösung der Maxwellschen Gleichungen führt.

Zusammenfassung. Das Feld der Induktion $\boldsymbol{B}$ ist quellenfrei und kann als Rotation eines Vektorfeldes $\boldsymbol{V}$ dargestellt werden: div $\boldsymbol{B} = 0 \Leftrightarrow \boldsymbol{B} = \text{rot}\,\boldsymbol{V}$.
Das Feld $\boldsymbol{E} + \partial \boldsymbol{V}/\partial t$ ist wirbelfrei und kann als Gradient eines Skalarfeldes V dargestellt werden:

$$\text{rot}\left(\boldsymbol{E} + \frac{\partial \boldsymbol{V}}{\partial t}\right) = 0 \Leftrightarrow \boldsymbol{E} + \frac{\partial \boldsymbol{V}}{\partial t} = -\text{grad}\,V.$$

Die Feldgrößen $\boldsymbol{V}$ und V heißen elektromagnetisches Vektor- und elektromagnetisches Skalarpotential. Es sind mathematische Hilfsgrößen ohne physikalische Bedeutung (Ausnahme für V bei stationären Feldern).
Durch die elektromagnetischen Feldpotentiale wird die Lösung der Maxwellschen Gleichungen auf die Lösungstheorie der wirbel- und quellenfreien Felder zurückgeführt.
Die Bestimmungsgleichungen sind partielle Differentialgleichungen 2. Ordnung (allgemeine Wellengleichung). Ihre Lösung kann unter Vorgabe von Nebenbedingungen vorgenommen werden.
Es gilt:

1. Sind $\boldsymbol{E}$ und $\boldsymbol{B}$ Lösungen der Maxwellschen Gleichungen, so gibt es stets ein Paar von Feldpotentialen $\boldsymbol{V}$ und V, die Lösungen der Differentialgleichungen von $\boldsymbol{V}$ und V sind.
2. Sind $\boldsymbol{V}$ und V Lösungen der Differentialgleichungen von $\boldsymbol{V}$ und V, so sind die Feldgrößen $\boldsymbol{E} = -\partial \boldsymbol{V}/\partial t - \text{grad}\,V$ und $\boldsymbol{B} = \text{rot}\,\boldsymbol{V}$ Lösungen der Maxwellschen Gleichungen.

Durch die Mehrdeutigkeit des Vektorpotentials $\boldsymbol{V} = \boldsymbol{V}_0 + \text{grad}\,\varphi$ kann durch die Wahl von φ eine Eichung bzw. Eichtransformation des Vektorpotentials vorgenommen werden.

Aufgaben zum Abschnitt 5.2.

5.2.–1 Wie lauten die Potentialgleichungen (Form II) für den Fall des Nichtleiters?
5.2.–2 Notiere die Potentialgleichungen (Form II) für sinusförmige Vorgänge!
5.2.–3 Man zeige: Für den Nichtleiter gelten die Gleichungen

$$\Delta \boldsymbol{B} - \mu\varepsilon \frac{\partial^2 \boldsymbol{B}}{\partial t^2} = 0; \qquad \Delta \boldsymbol{E} - \mu\varepsilon \frac{\partial^2 \boldsymbol{E}}{\partial t^2} = 0.$$

Beachte dabei: rot $(\boldsymbol{\Delta V}) = \boldsymbol{\Delta}\,(\text{rot}\,\boldsymbol{V})$!

6. Stationäre Felder

Als die einfachsten Wirbelfelder werden in diesem Kapitel das stationäre Strömungs- und Magnetfeld untersucht. Anwendung finden je nach Randwertproblem Berechnungsmethoden der Elektrostatik, die u. U. modifiziert auch die Berechnung stationärer Felder ermöglichen. Gemeinsame Grundgleichungen der Feldberechnung führen auf Analogieaussagen, auf die besonders hingewiesen wird. Analog zur Elektrostatik werden zweidimensionale Felder und typische Kenngrößen des Strömungsfeldes (n-Polparameter) sowie des Magnetfeldes (Induktivität) behandelt.
Das Kapitel schließt mit der Berechnung der Energie und Kräfte im Magnetfeld ab.

6.1. Strömungsfelder

6.1.1. Strömung im Leiter

Grundgleichungen stationärer Felder. Nach (5.30) und (5.32b) sind $\boldsymbol{B}$ und $\boldsymbol{E}$ im allgemeinen Funktionen der Zeit, wenn $\boldsymbol{V}$ und V von t abhängen. Für stationäre Felder muß also in (5.36) speziell gelten

$$\frac{\partial \boldsymbol{V}}{\partial t} = 0, \qquad \frac{\partial V}{\partial t} = 0 \tag{6.1}$$

und damit

$$\Delta \boldsymbol{V} = -\mu \boldsymbol{S}, \qquad \Delta V = -\frac{\varrho}{\varepsilon}. \tag{6.2}$$

Ein Vergleich von (6.2) mit der Poissonschen Gleichung (4.56) der Elektrostatik zeigt, daß für stationäre Felder das elektromagnetische Skalarpotential V mit dem elektrischen Potential φ identisch ist: $V = \varphi$. Im weiteren Verlauf der Betrachtungen soll mit dem Potential φ weiter gearbeitet werden.
$\boldsymbol{S}$ und ϱ sind hier natürlich ebenfalls von der Zeit unabhängig.
Die Bedingungen (5.29) und (5.35) vereinfachen sich mit (6.1) und $\partial\varrho/\partial t = 0$ ebenfalls:

$$\operatorname{div} \boldsymbol{S} = 0, \qquad \operatorname{div} \boldsymbol{V} = 0. \tag{6.3}$$

Die Lösungen von (6.2) können unter Berücksichtigung von (6.3) mit den Ergebnissen aus Abschn. 3.2.2., 3.2.3. und 5.1. sofort (nach Änderung der Symbole: $\boldsymbol{U} = \boldsymbol{B}$, $\boldsymbol{w} = \mu \boldsymbol{S}$, $\boldsymbol{V} = \boldsymbol{V}$, $V = \varphi$, $\omega = \varrho/\varepsilon$) angegeben werden:

(5.16): $$\boldsymbol{V} = \boldsymbol{V}_{\mathrm{N}} + \boldsymbol{V}_{\mathrm{H}}, \qquad \boldsymbol{V}_{\mathrm{N}} = \frac{\mu}{4\pi} \int_{(v)} \frac{\boldsymbol{S}\,\mathrm{d}V_0}{|\boldsymbol{r} - \boldsymbol{r}_0|} \qquad (\boldsymbol{n} \cdot \boldsymbol{S} = 0) \tag{6.4a}$$

(4.5c): $$\varphi = \varphi_{\mathrm{N}} + \varphi_{\mathrm{H}}, \qquad \varphi_{\mathrm{N}} = \frac{1}{4\pi\varepsilon} \int_{(v)} \frac{\varrho\,\mathrm{d}V_0}{|\boldsymbol{r} - \boldsymbol{r}_0|}. \tag{6.4b}$$

$\boldsymbol{V}_{\mathrm{H}}$ und φ_{H} sind hierbei beliebige harmonische Potentiale. Es soll aber im Lösungsbereich B vorausgesetzt werden, daß $\boldsymbol{n} \cdot \boldsymbol{S}$ an den Begrenzungsflächen (Bereichsrand) verschwindet (s. Abschn. 5.1.1.).
Die Berechnung von $\boldsymbol{B}$ (5.30) und $\boldsymbol{E}$ (5.32b) erfolgt nun nach den ebenfalls vereinfachten Beziehungen (V ersetzt durch φ)

$$\boldsymbol{B} = \operatorname{rot} \boldsymbol{V}, \qquad \boldsymbol{E} = -\operatorname{grad} \varphi, \tag{6.5}$$

die sich aus (5.30) und (5.32b) ergeben. Man erhält mit (6.4) und (5.22), wobei $\varphi_H =: \psi_H$ gesetzt wird,

$$\begin{aligned} \boldsymbol{B} &= \text{rot } \boldsymbol{V} = \text{rot } \boldsymbol{V}_N + \text{grad } \psi_H \\ \boldsymbol{E} &= -\text{grad } \varphi = -\text{grad } \varphi_N - \text{grad } \varphi_H . \end{aligned} \tag{6.6}$$

Wir bemerken, daß das magnetische Feld $\boldsymbol{B}$ – bis auf den Gradienten eines harmonischen Feldes ψ_H – allein aus dem (quellenfreien) Vektorpotential $\boldsymbol{V}_N$ abgeleitet werden kann, während das elektrische Feld $\boldsymbol{E}$ allein durch das Skalarpotential φ_N – wieder bis auf den Gradienten eines harmonischen Feldes φ_H – bestimmt ist.

Stationäre Felder im Leiter. Speziell für Leiter können die Beziehungen (6.2) eine geeignetere Form erhalten. Nach (5.43) und (6.1) gilt für die Potentiale $\boldsymbol{V}$ und $V = \varphi$

$$\boxed{\begin{aligned} \Delta \boldsymbol{V} &= \mu\varkappa \text{ grad } \varphi \\ \Delta\varphi &= 0 \end{aligned}} \quad (\varkappa = \text{konst.}). \tag{6.7}$$

Die Kontinuitätsgleichung $\text{div } \boldsymbol{S} = -\varkappa \text{ div grad } \varphi = -\varkappa\Delta\varphi = 0$ in (6.3) ist nun von selbst erfüllt; der Bedingung $\text{div } \boldsymbol{V} = 0$ muß natürlich auch jetzt Genüge getan werden.
Analog (6.4) lauten die Lösungen:

$$\boxed{\begin{aligned} &\boldsymbol{V} = \boldsymbol{V}_N + \boldsymbol{V}_H, \qquad \boldsymbol{V}_N = -\frac{\mu}{4\pi} \int_{(v)} \frac{\varkappa \text{ grad } \varphi}{|\boldsymbol{r} - \boldsymbol{r}_0|} \, dV_0 \\ &\varphi = \varphi_H \end{aligned}} \tag{6.8}$$

mit der Randwerteigenschaft

$$\boldsymbol{n} \cdot \text{grad } \varphi = 0$$

an einer nichtleitenden Grenzfläche.
Das elektromagnetische Feld berechnet sich wieder aus (6.6)

$$\boxed{\begin{aligned} \boldsymbol{B} &= \text{rot } \boldsymbol{V}_N + \text{grad } \psi_H \\ \boldsymbol{E} &= -\text{grad } \varphi_H . \end{aligned}} \tag{6.9}$$

Da das elektrische Feld im Nichtleiter, dessen Grundgleichung durch die zweite Gleichung in (6.2) gegeben ist, bereits ausführlich behandelt worden ist, bleiben noch zu untersuchen

a) das elektrische Feld im Leiter (zweite Gleichung in (6.7))
b) das magnetische Feld (erste Gleichung in (6.2) bzw. (6.7)).

Wir betrachten zunächst das elektrische Feld $\boldsymbol{E}$ bzw. das Strömungsfeld $\boldsymbol{S}$ im Leiter. Da dieses Feld nach (6.7) immer durch den Gradienten eines harmonischen Skalarfelds φ_H dargestellt wird, können wir im weiteren in den meisten Fällen auf die Ergebnisse und Methoden der Elektrostatik zurückgreifen. Die raumladungsfreien Bereiche der Elektrostatik werden ja ebenfalls durch die Laplacesche Gleichung $\Delta\varphi = 0$ beschrieben.

Grundaufgabe für Strömungsfelder. Wir betrachten eine beliebige räumliche Strömung in einem Bereich B mit konstantem $\varkappa$, der teilweise von Nichtleitern begrenzt wird (Bild 6.1). Im Innern der Strömung $\boldsymbol{S}$ ($\varkappa \neq 0$) gilt

$$\boldsymbol{E} = -\text{grad } \varphi_H \tag{6.10}$$

und an den Grenzflächen zwischen Leiter und Nichtleiter

$$\boldsymbol{n} \cdot \boldsymbol{E} = E_n = -\boldsymbol{n} \cdot \text{grad } \varphi_H = -\frac{\partial \varphi_H}{\partial n} = 0. \tag{6.11}$$

Auf den Flächenabschnitten, die vom Strom durchflossen werden (Ein- und Ausströmungsflächen), ist $\boldsymbol{n} \cdot \operatorname{grad} \varphi_{\mathrm{H}}$, φ_{H} oder

$$I = \int_{(A)} \boldsymbol{s} \cdot \mathrm{d}\boldsymbol{A} = -\varkappa \int \operatorname{grad} \varphi_{\mathrm{H}} \cdot \mathrm{d}\boldsymbol{A} \tag{6.12}$$

von Null verschieden.

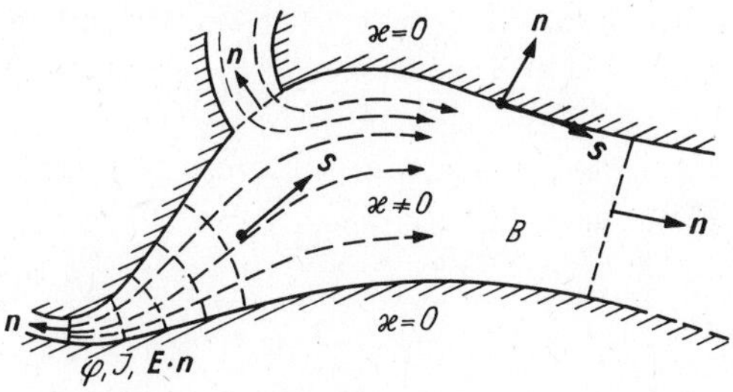

Bild 6.1
Zur Berechnung des Strömungsfeldes

φ_{H} im Innern der Strömung ist eindeutig bestimmt, wenn auf dem Bereichsrand

$$\boldsymbol{n} \cdot \operatorname{grad} \varphi_{\mathrm{H}} = -\boldsymbol{n} \cdot \boldsymbol{E}$$

gegeben (2. Randwertaufgabe der Potentialtheorie), d. h., wenn auf den Ein- bzw. Ausströmungsflächen die Normalkomponente von $\boldsymbol{E}$ bzw. $\boldsymbol{S}$ gegeben ist.
Die Probleme des stationären elektrischen Strömungsfelds (elektrisches Feld im Leiter) lassen sich also immer auf die 2. Randwertaufgabe der Potentialtheorie zurückführen (natürlich unter den hier genannten Einschränkungen), also auf das Grundproblem: Gesucht ist das harmonische Skalarpotential φ_{H}, das auf dem Rand des Bereiches B die vorgegebenen Randwerte $\boldsymbol{n} \cdot \operatorname{grad} \varphi_{\mathrm{H}} = \lambda(\boldsymbol{r}_{\mathrm{A}})$ annimmt. Mit der Lösung dieser Aufgabe werden wir uns unter besonderer Berücksichtigung der für Strömungsfelder geltenden Bedingungen in diesem Abschnitt noch etwas genauer beschäftigen.

6.1.2. Räumliche Felder

Punktquellen. Im einfachsten Fall liegt eine punktförmige Einströmung in den unendlichen homogenen Raum vor. Die Einströmungsfläche ist kugelförmig mit sehr kleinem Radius r_0; die Ausströmung soll im Unendlichen erfolgen (Bild 6.2.). Für den Bereichsrand (Oberfläche der Kugel mit dem Radius r_0 bzw. R_0 mit $R_0 \to \infty$) werden folgende Randwerte vorgegeben:

$$\begin{aligned} \boldsymbol{n} \cdot \operatorname{grad} \varphi|_{r=r_0} &= \lambda = \text{konst.} \\ \boldsymbol{n} \cdot \operatorname{grad} \varphi|_{r\to\infty} &= 0. \end{aligned} \tag{6.13}$$

Das einzige harmonische Potential $\varphi(r)$ – dargestellt in Kugelkoordinaten mit dem Ursprung im Kugelmittelpunkt –, das die obigen Randbedingungen erfüllt, hat die Form

$$\varphi(\boldsymbol{r}) = \frac{\lambda r_0^2}{r}; \tag{6.14}$$

denn es ist

$$\boldsymbol{n} \cdot \operatorname{grad} \varphi|_{r=r_0} = -\boldsymbol{e}_r \cdot \operatorname{grad} \varphi|_{r=r_0} = -\left.\frac{\partial \varphi}{\partial r}\right|_{r=r_0} = \left.\frac{\lambda r_0^2}{r^2}\right|_{r=r_0} = \lambda$$

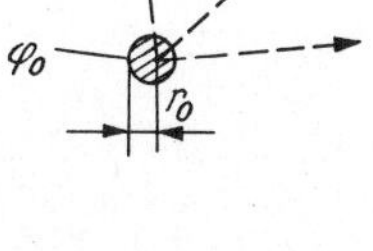

Bild 6.2
Punktförmige Quelle

und $\boldsymbol{n} \cdot \operatorname{grad} \varphi \rightarrow 0$ für $r \rightarrow \infty$. Daraus folgt

$$\boldsymbol{E} = -\operatorname{grad} \varphi = -\boldsymbol{e}_r \frac{\partial \varphi}{\partial r} = \boldsymbol{e}_r \frac{\lambda r_0^2}{r^2} \tag{6.15a}$$

$$\boldsymbol{S} = \varkappa \boldsymbol{E} = \boldsymbol{e}_r \frac{\varkappa \lambda r_0^2}{r^2}. \tag{6.15b}$$

Der Gesamtstrom hat den Wert

$$I = \oint_{(A)} \boldsymbol{S} \cdot \mathrm{d}\boldsymbol{A} = \oint_{(A)} |\boldsymbol{S}|\,|\mathrm{d}\boldsymbol{A}| = |\boldsymbol{S}|\, 4\pi r^2 = 4\pi\varkappa\lambda r_0^2.$$

Statt (6.15a) kann man also mit $\lambda = I/(4\pi\varkappa r_0^2)$ setzen

$$\boldsymbol{E} = \boldsymbol{e}_r \frac{I}{4\pi\varkappa r^2} \tag{6.16}$$

und anstelle von (6.14)

$$\varphi = \frac{I}{4\pi\varkappa r}. \tag{6.17}$$

Da (6.17) in das Punktladungspotential (Elektrostatik) übergeht, wenn man die Konstante $I/\varkappa$ durch Q/ε ersetzt, ist ohne weitere Rechnung klar, daß eine in $\boldsymbol{r} = \boldsymbol{r}_0$ angebrachte punktförmige Stromquelle (in Vektorschreibweise) das Potential

$$\varphi = \frac{I}{4\pi\varkappa\,|\boldsymbol{r} - \boldsymbol{r}_0|} \tag{6.18}$$

erzeugt. Sind mehrere punktförmige Stromquellen $I_1, I_2, \ldots$ mit den Quellenpunkten $\boldsymbol{r}_1, \boldsymbol{r}_2, \ldots$ gegeben, so gelten offenbar (Bild 6.3)

$$\varphi = \sum_{\nu=1}^{n} \varphi_\nu = \frac{1}{4\pi\varkappa} \sum_{\nu=1}^{n} \frac{I_\nu}{|\boldsymbol{r} - \boldsymbol{r}_\nu|} \tag{6.19a}$$

und

$$\boldsymbol{E} = -\operatorname{grad} \varphi = \frac{1}{4\pi\varkappa} \sum_{\nu=1}^{n} I_\nu = \frac{\boldsymbol{r} - \boldsymbol{r}_\nu}{|\boldsymbol{r} - \boldsymbol{r}_\nu|^3}. \tag{6.19b}$$

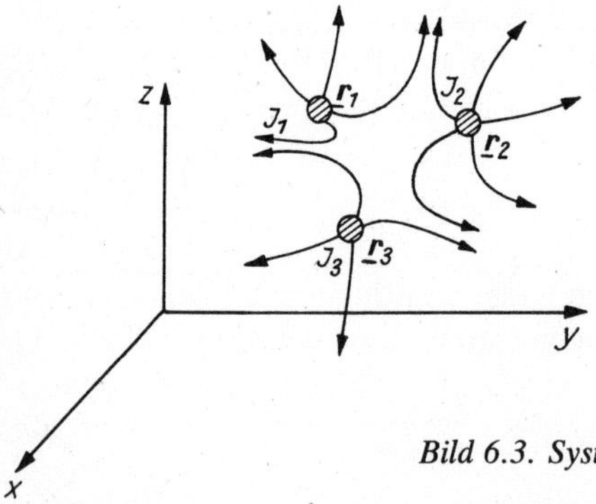

Bild 6.3. System punktförmiger Quellen

Spiegelungsmethode. Einfache Randwertaufgaben lassen sich wieder durch Spiegelung von Punktquellen lösen. Als Beispiel betrachten wir den unteren Halbraum, wo in $\boldsymbol{r}_0$ die Punktquelle I angeordnet ist (Bild 6.4). An der ebenen Grenzfläche dieses Raumes (Ebene $z = 0$) ist die Bedingung

$$\boldsymbol{n} \cdot \operatorname{grad} \varphi = \frac{\partial \varphi}{\partial z} = 0$$

zu erfüllen.

Das kann dadurch geschehen, daß man spiegelbildlich zur Ebene $z = 0$ eine gleich starke Punktquelle $I' = I$ anbringt, wobei der ganze Raum nun die gleiche Leitfähigkeit $\varkappa$ erhält. Schon aus der Anschauung entnimmt man, daß die Ebene $z = 0$ zur Strömungsfläche wird, für die $\partial\varphi/\partial z = 0$ ist. Das Potential φ im unteren Halbraum hat also den Wert

$$\varphi = \frac{I}{4\pi\varkappa}\left(\frac{1}{|\boldsymbol{r} - \boldsymbol{r}_0|} + \frac{1}{|\boldsymbol{r} - \boldsymbol{r}_0'|}\right) = \varphi\,(\boldsymbol{r}, \boldsymbol{r}_0) \qquad (z \leqq 0)\,. \tag{6.20}$$

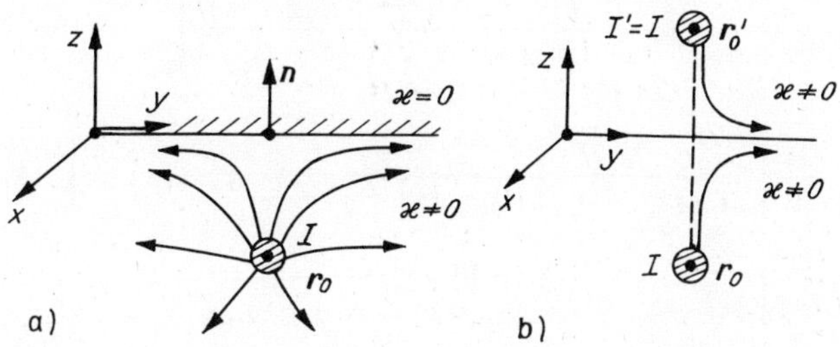

Bild 6.4
Strömungsfeld mit Grenzflächen
a) Strömungsanordnung
b) Erfüllung der Grenzflächenbedingung durch Spiegelung

In der Tat ist im unteren Halbraum ($z < 0$) außerhalb der Kugel ($\boldsymbol{r} \neq \boldsymbol{r}_0$) $\Delta\varphi = 0$. Ebenso ergibt eine direkte Nachrechnung (z. B. in kartesischen Koordinaten), daß für alle Punkte $z = 0$

$$\frac{\partial\varphi}{\partial z} = \boldsymbol{n} \cdot \operatorname{grad}\,\varphi = 0$$

ist. Ein weiteres Beispiel zur Spiegelungsmethode ist durch Bild 6.5 a gegeben (Strömungsfeld im Viertelraum).

Durch Spiegelung von I_0 an den Grenzflächen $z = 0$ und $y = 0$ kann durch die Spiegelungsströme $I_\nu = I_0$ ($\nu = 1, 2, 3$) der Randwert $\boldsymbol{n} \cdot \boldsymbol{E} = 0$ an den nichtleitenden Grenzflächen erfüllt werden. Dadurch wird das Randwertproblem auf die Feldberechnung eines Systems von Punkteinströmungen (Feld ohne Randbedingungen) zurückgeführt.

In kartesischen Koordinaten erhält man

$$\begin{aligned}\varphi = \frac{I}{4\pi\varkappa}\Bigg(&\frac{1}{\sqrt{(x - x_0)^2 + (y - y_0)^2 + (z - z_0)^2}}\\ &+ \frac{1}{\sqrt{(x - x_0)^2 + (y + y_0)^2 + (z - z_0)^2}}\\ &+ \frac{1}{\sqrt{(x - x_0)^2 + (y + y_0)^2 + (z + z_0)^2}}\\ &+ \frac{1}{\sqrt{(x - x_0)^2 + (y - y_0)^2 + (z + z_0)^2}}\Bigg) \qquad (y, z \geqq 0).\end{aligned} \tag{6.21a}$$

Hierbei ist (x_0, y_0, z_0) der Ort der Punktquelle.

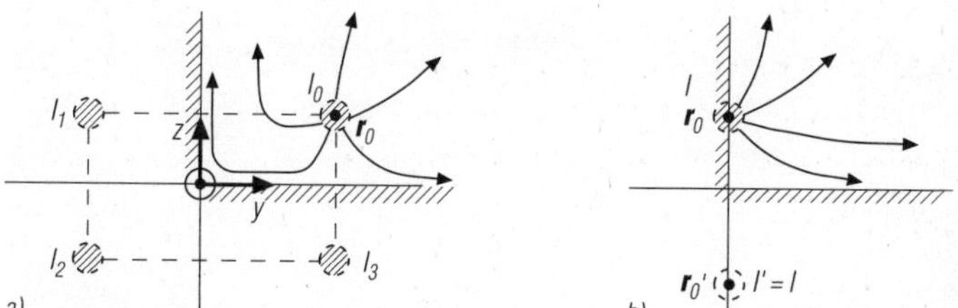

Bild 6.5
Beispiele für Strömungsfelder punktförmiger Stromquellen
a) Quelle außerhalb der Grenzfläche
b) Quelle in der Grenzfläche

Für $y_0 \to 0$ erhält man das Potential der durch Bild 6.5b erklärten Randeinströmung in den Viertelraum:

$$\varphi = \frac{2I}{4\pi\varkappa}\left[\frac{1}{\sqrt{(x-x_0)^2+y^2+(z-z_0)^2}} + \frac{1}{\sqrt{(x-x_0)^2+y^2+(z+z_0)^2}}\right]. \qquad (6.21\text{b})$$

Es ist

$$\boldsymbol{E} = -\text{grad}\ \varphi = -\left(\boldsymbol{i}\frac{\partial\varphi}{\partial x} + \boldsymbol{j}\frac{\partial\varphi}{\partial y} + \boldsymbol{k}\frac{\partial\varphi}{\partial z}\right),$$

also

$$\boldsymbol{E} = \frac{2I}{4\pi\varkappa}\left[\frac{\boldsymbol{i}(x-x_0)+\boldsymbol{j}y+\boldsymbol{k}(z-z_0)}{[(x-x_0)^2+y^2+(z-z_0)^2]^{3/2}} + \frac{\boldsymbol{i}(x-x_0)+\boldsymbol{j}y+\boldsymbol{k}(z+z_0)}{[(x-x_0)^2+y^2+(z+z_0)^2]^{3/2}}\right] \qquad (6.22)$$

und auf den Bereichsrändern

$$-\boldsymbol{k}\cdot\boldsymbol{E} = \boldsymbol{n}\cdot\text{grad}\ \varphi|_{z=0} = -\left.\frac{\partial\varphi}{\partial z}\right|_{z=0} = -\frac{2I}{4\pi\varkappa}\left[\frac{z_0}{[(x-x_0)^2+y^2+z_0^2]^{3/2}} - \frac{z_0}{[\ldots]^{3/2}}\right] = 0$$

$$-\boldsymbol{j}\cdot\boldsymbol{E} = \boldsymbol{n}\cdot\text{grad}\ \varphi|_{y=0} = -\left.\frac{\partial\varphi}{\partial y}\right|_{y=0} = -\frac{2I}{4\pi\varkappa}[0+0] = 0,$$

wie durch die anschauliche Betrachtung bereits ermittelt worden ist.

Neumannsche Funktion. Das Analogon zur Greenschen Funktion der Elektrostatik ist die *Neumannsche Funktion* $N(\boldsymbol{r}, \boldsymbol{r}_0)$ (vgl. Abschn. 3.2.2.). Man versteht darunter – physikalisch interpretiert – das Potential $\varphi(\boldsymbol{r}, \boldsymbol{r}_0)$ einer in $\boldsymbol{r}_0$ befindlichen punktförmigen Einströmung bei nichtleitendem Bereichsrand bezogen auf den Gesamtstrom der Quelle (Bild 6.6):

$$N(\boldsymbol{r}, \boldsymbol{r}_0) = \frac{\varphi(\boldsymbol{r}, \boldsymbol{r}_0)}{I(\boldsymbol{r}_0)}. \qquad (6.23)$$

Beispielsweise ist nach (6.18)

$$\frac{\varphi}{I} = \frac{1}{4\pi\varkappa|\boldsymbol{r}-\boldsymbol{r}_0|} = N(\boldsymbol{r}, \boldsymbol{r}_0)$$

die Neumannsche Funktion des unendlichen Raumes und nach (6.21)

$$\frac{\varphi}{I} = \frac{1}{4\pi\varkappa}\left[\frac{1}{|\boldsymbol{r}-\boldsymbol{r}_0|} + \frac{1}{|\boldsymbol{r}-\boldsymbol{r}_0'|}\right] = N(\boldsymbol{r}, \boldsymbol{r}_0)$$

die Neumannsche Funktion des unteren Halbraums $z < 0$.

Definitionsgemäß gilt für jede Neumannsche Funktion auf dem Bereichsrand

$$\boldsymbol{n}\cdot\text{grad}\ N(\boldsymbol{r}, \boldsymbol{r}_0) = \frac{\partial N}{\partial n} = 0. \qquad (6.24)$$

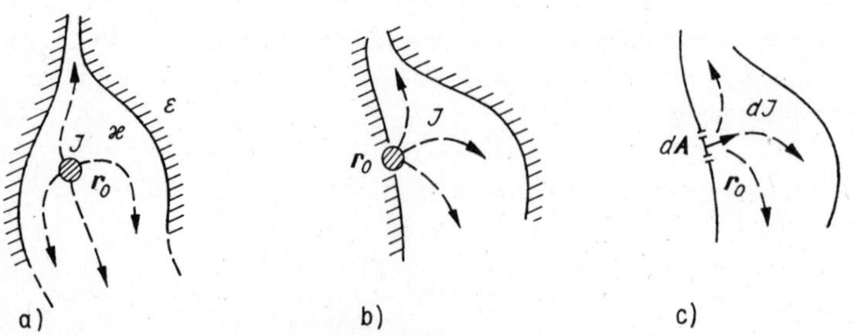

Bild 6.6. Zur Neumannschen Funktion

a) Punkteinströmung im Bereichsinneren
b) Punkteinströmung auf Bereichsrand
c) beliebige Bereichsrandeinströmung

Die punktförmige Einströmung darf als Grenzfall auch auf dem Bereichsrand selbst liegen (Bild 6.6b). Setzen wir dann für den punktförmigen Teilstrom $\mathrm{d}I$ des Flächenelements $\mathrm{d}\boldsymbol{A}$ (Bild 6.6c)

$$\mathrm{d}I = \boldsymbol{S} \cdot \mathrm{d}\boldsymbol{A},$$

so gilt mit (6.23)

$$N(\boldsymbol{r}, \boldsymbol{r}_0) = \frac{\mathrm{d}\varphi}{\boldsymbol{S} \cdot \mathrm{d}\boldsymbol{A}}$$

$$\mathrm{d}\varphi = N(\boldsymbol{r}, \boldsymbol{r}_0)\, \boldsymbol{S} \cdot \mathrm{d}\boldsymbol{A}.$$

Ist allgemein $\boldsymbol{S} = \boldsymbol{S}(\boldsymbol{r}_0)$ eine gegebene Funktion auf der Bereichsberandung, so folgt – wenn $\boldsymbol{n}$ wie üblich die nach außen gerichtete Flächennormale ist ($\mathrm{d}\boldsymbol{A} = -\boldsymbol{n} \cdot \mathrm{d}A_0 = -\mathrm{d}\boldsymbol{A}_0$) –

$$\boxed{\varphi = -\oint_{(A)} N(\boldsymbol{r}, \boldsymbol{r}_0)\, \boldsymbol{S}(\boldsymbol{r}_0) \cdot \mathrm{d}\boldsymbol{A}_0,} \tag{6.25a}$$

wobei in (6.25a) $N(\boldsymbol{r}, \boldsymbol{r}_0)$ durch $1/4\pi\varkappa \cdot N(\boldsymbol{r}, \boldsymbol{r}_0)$ ersetzt wurde. Dadurch wird die Neumannsche Funktion eine reine Ortsfunktion, unabhängig von elektrischen Größen.
(6.23) ist zu ersetzen durch

$$N(\boldsymbol{r}, \boldsymbol{r}_0) = \frac{4\pi\varkappa\varphi(\boldsymbol{r}, \boldsymbol{r}_0)}{I}.$$

Wegen

$$\boldsymbol{S} = \varkappa\boldsymbol{E} = -\varkappa \operatorname{grad} \varphi$$

kann man auch schreiben

$$\varphi(\boldsymbol{r}) = \varkappa \oint_{(A)} N(\boldsymbol{r}, \boldsymbol{r}_0) \operatorname{grad} \varphi(\boldsymbol{r}_0) \cdot \mathrm{d}\boldsymbol{A}_0 \tag{6.25b}$$

(vgl. auch (3.56)).
Durch (6.25) wird die Berechnung des Potentials einer räumlichen Strömung im Bereich B mit beliebiger Randeinströmung auf die Berechnung der Neumannschen Funktion $N(\boldsymbol{r}, \boldsymbol{r}_0)$ für B, also auf ein Randwertproblem für punktförmige Einströmungen zurückgeführt.

Reihenentwicklung. Die Berechnung der Neumannschen Funktion durch Spiegelung von Punktquellen gelingt nur in einfachen Fällen. In allgemeineren Fällen muß $N(\boldsymbol{r}, \boldsymbol{r}_0)$ durch Lösung der Poissonschen Gleichung unter gegebenen Randbedingungen (bei punktförmiger Einströmung) gefunden werden, beispielsweise nach einer ähnlichen Methode, wie sie im Abschn. 4.2.2. für die Berechnung der Greenschen Funktion $G(\boldsymbol{r}, \boldsymbol{r}_0)$ dargelegt worden ist (s. auch Abschn. 3.2.3.). Näher kann hierauf aber nicht mehr eingegangen werden. Wir zeigen lediglich noch an einem Beispiel, wie das Potential einer räumlichen Strömung durch Lösung der Laplaceschen Gleichung gefunden werden kann.
Das Potential $\varphi = \varphi(\varrho, \alpha, z)$ – dargestellt in Zylinderkoordinaten – in dem im Bild 6.7 angegebenen zylinderförmigen Leiter kann aus Symmetriegründen nicht von α abhängen:

$$\varphi = \varphi(\varrho, z).$$

Nach den Betrachtungen im Abschn. 3.2.6. ist jedenfalls nach der Methode Separation der Variablen ähnlich dem Beispiel im Abschn. 4.3.1.

$$\varphi(\varrho, z) = \sum_{n=0}^{\infty} A_n J_0(\varkappa_n \varrho) \sinh \varkappa_n z \tag{6.26}$$

ein harmonisches Potential (das an der Ebene $z = 0$ verschwindet, Festlegung aus Symmetriegründen). A_n und $\varkappa_n$ sind hierin zunächst noch freie Parameter (Integrations-, Separationskonstanten), die wir zur Erfüllung der Randbedingungen ausnutzen wollen.

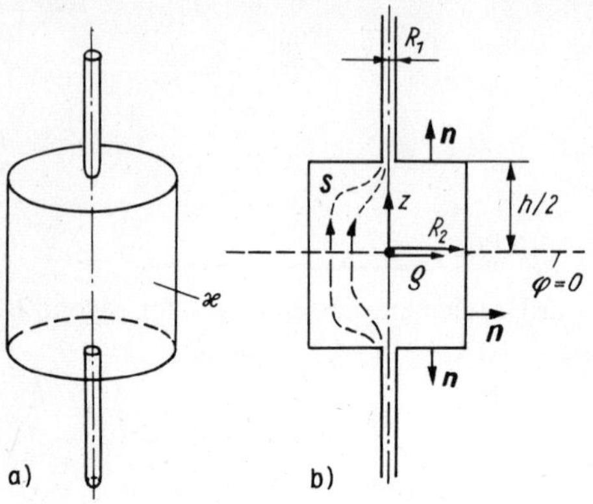

Bild 6.7
Strömung durch einen Zylinder

Überall auf der Zylinderoberfläche – von den kreisförmigen Ein- und Ausströmungsflächen mit dem Radius R_1 abgesehen – muß der Randwert

$$\boldsymbol{n} \cdot \operatorname{grad} \varphi = \frac{\partial \varphi}{\partial n} = 0$$

sein. Auf der Mantelfläche ($\varrho = R_2$, $-h/2 < z < +h/2$) gilt

$$\boldsymbol{n} \cdot \operatorname{grad} \varphi|_{\varrho = R_2} = 0 \quad (\boldsymbol{n} = \boldsymbol{e}_\varrho),$$

also

$$\begin{aligned} \boldsymbol{n} \cdot \operatorname{grad} \varphi &= \boldsymbol{e}_\varrho \cdot \operatorname{grad} \varphi = \left.\frac{\partial \varphi}{\partial \varrho}\right|_{\varrho = R_2} \\ &= \sum_{n=0}^{\infty} A_n \varkappa_n J_0' (\varkappa_n R_2) \sinh \varkappa_n z = 0 \end{aligned} \tag{6.27}$$

und auf der Grund- und Deckfläche ($0 < \varrho < R_2$, $z = \pm h/2$) mit $\boldsymbol{n} = \pm \boldsymbol{e}_z$

$$\begin{aligned} \boldsymbol{n} \cdot \operatorname{grad} \varphi &= \pm \boldsymbol{e}_z \cdot \operatorname{grad} \varphi = \pm \left.\frac{\partial \varphi}{\partial z}\right|_{z = \pm h/2} \\ &= \pm \sum_{n=0}^{\infty} A_n \varkappa_n J_0 (\varkappa_n \varrho) \cosh \varkappa_n \frac{h}{2} \\ &= \lambda(\varrho) = \begin{cases} 0 & (R_1 \leqq \varrho \leqq R_2) \\ \pm E_0(\varrho) & (0 < \varrho < R_1). \end{cases} \end{aligned} \tag{6.28}$$

Dabei ist $E_0(\varrho)$ eine beliebig, insbesondere konstant vorgebbare Funktion, wenn $R_1 \ll R_2$ erfüllt ist. Die Bedingung (6.27) kann dadurch erfüllt werden, daß man die $\varkappa_n$ ($n = 1, 2, \ldots$) so wählt, daß

$$J_0' (\varkappa_n R_2) = -J_1 (\varkappa_n R_2) = 0 \tag{6.29a}$$

gilt. Da die Besselsche Funktion $J_1(x)$ ($x \geqq 0$) abzählbar unendlich viele Nullstellen x_n hat (zu entnehmen aus entsprechenden Tabellen), kann (6.29) für alle z mit $|z| < h/2$ immer befriedigt werden:

$$\varkappa_n = \frac{x_n}{R_2} \quad (n = 0, 1, 2, \ldots). \tag{6.29b}$$

Die Separationskonstante $\varkappa_n$ ist damit bekannt.

Mit den entsprechend (6.29b) berechneten $\varkappa_n$, setzen wir in (6.28)

$$A_n\varkappa_n \cosh \varkappa_n \frac{h}{2} = B_n, \tag{6.30}$$

womit (6.28) in die Bedingung übergeht:

$$\sum_{n=0}^{\infty} B_n J_0 (\varkappa_n \varrho) = \lambda(\varrho). \tag{6.31}$$

Nun bilden aber die Bessel-Funktionen $J_0 (\varkappa_n \varrho)$ mit den $\varkappa_n$ aus (6.29b) ein Orthogonalsystem auf dem Intervall $[0, R_2]$ (mit dem Gewicht ϱ):

$$\int_0^{R_2} \varrho J_0 (\varkappa_m \varrho) J_0 (\varkappa_n \varrho) \, d\varrho = \begin{cases} 0 & \text{für} \quad m \neq n \\ \dfrac{R_2^2}{2} [J_0 (\varkappa_m R_2)]^2 & \text{für} \quad m = n \end{cases}$$

$$(m, n = 0, 1, 2, \ldots). \tag{6.32}$$

Multipliziert man (6.31) mit $\varrho J_0 (\varkappa_m \varrho)$ und integriert von 0 bis R_2, so ist mit (6.32)

$$B_m \int_0^{R_2} \varrho \, [J_0 (\varkappa_m \varrho)]^2 \, d\varrho = \int_0^{R_2} \lambda(\varrho) \, \varrho J_0 (\varkappa_m \varrho) \, d\varrho = B_m \frac{R_2^2}{2} [J_1 (\varkappa_m R_2)]^2 .$$

Daraus folgen wegen (6.28) ($m = n$ gesetzt)

$$B_n = \frac{2}{R_2^2 [J_0 (\varkappa_n R_2)]^2} \int_0^{R_1} E(\varrho) \, \varrho J_0 (\varkappa_n \varrho) \, d\varrho = \pm \frac{2E_0}{R_2^2 [J_0 (\varkappa_n R_2)]^2} \frac{R_1}{\varkappa_n} J_1 (\varkappa_n R_1) \tag{6.33a}$$

und entsprechend (6.30)

$$A_n = \frac{B_n}{\varkappa_n \cosh \varkappa_n \dfrac{h}{2}}, \tag{6.33b}$$

wenn berücksichtigt wird, daß für $R_1 < \varrho < R_2$ $E(\varrho) = \lambda(\varrho) = 0$ ist.

Wählt man in (6.26) die Entwicklungskoeffizienten A_n entsprechend (6.33b), so werden auch die Grenzbedingungen auf den Zylinderflächen $z = \pm h/2$ erfüllt.

Man erhält also für das gesuchte Potential

$$\varphi (\varrho, z) = \sum_{n=0}^{\infty} B_n J_0 (\varkappa_n \varrho) \frac{\sinh \varkappa_n z}{\varkappa_n \cosh \varkappa_n \dfrac{h}{2}}, \tag{6.34}$$

worin die $\varkappa_n$ durch (6.29b) und die B_n durch (6.33a) gegeben sind.

6.1.3. Ebene Felder

Punktquellen. Wir betrachten eine zur z-Achse parallele linienhafte Stromquelle des Raumes (Bild 6.8). Ein Abschnitt von der Länge Δz_0 an der Stelle $\boldsymbol{r}_0$ erzeugt nach (6.18) mit $\Delta I = \tau \cdot \Delta z_0$ (τ = konst.) das Teilpotential

$$d\varphi (\boldsymbol{r}) = \frac{\tau \cdot dz_0}{4\pi\varkappa \, |\boldsymbol{r} - \boldsymbol{r}_0|}. \tag{6.35}$$

Das von der Linienströmung erzeugte Potential hat somit den Wert (vgl. (6.19a))

$$\varphi = \frac{\tau}{4\pi\varkappa} \int_{z_1}^{z_2} \frac{dz_0}{|\boldsymbol{r} - \boldsymbol{r}_0|}. \tag{6.36}$$

$\tau = \Delta I / \Delta z$ ist hierbei „Liniendichte" des Stromes (Strom je Längeneinheit). Für $z_1 \to -\infty$, $z_2 \to +\infty$ folgt hieraus wieder analog Abschn. 4.4.1.

$$\varphi = \frac{\tau}{4\pi\varkappa} \ln \frac{r_B}{\sqrt{(x - x_1)^2 + (y - y_1)^2}}$$

$$= \frac{\tau}{2\pi\varkappa} \operatorname{Re}\left\{\ln \frac{r_B}{\underline{z} - \underline{z}_0}\right\}, \tag{6.37a}$$

wenn die komplexen Ortskoordinaten $\underline{z} = x + jy$ ($\underline{z}_0 = x_0 + jy_0$) eingeführt werden. Der Ausdruck

$$\Phi(\underline{z}) = \frac{\tau}{2\pi\varkappa} \ln \frac{r_B}{\underline{z} - \underline{z}_0} \tag{6.37b}$$

wird wieder als *komplexes Potential* der ebenen Punktquelle (der räumlichen Linienquelle) bezeichnet (Bild 6.9).

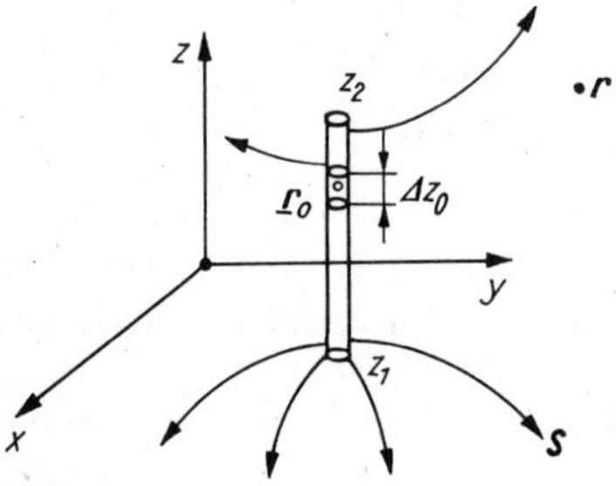

Bild 6.8. Linienquelle

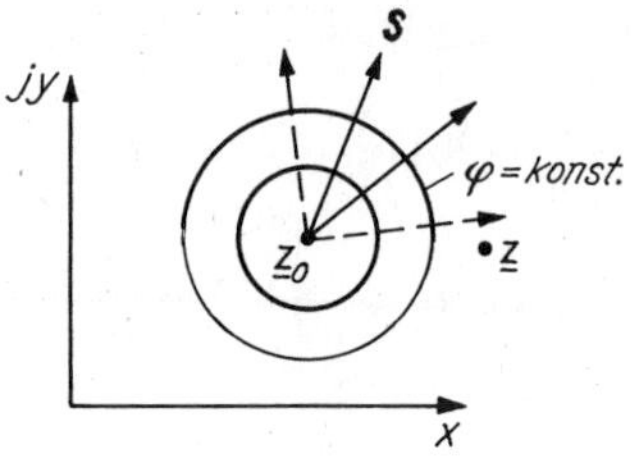

Bild 6.9. Niveauflächen der Linienquelle

r_B ist wiederum ein frei wählbarer Bezugspunkt, wodurch die Mehrdeutigkeit des Potentials zum Ausdruck kommt.

Sind mehrere Punktquellen τ_ν in den Punkten $\underline{z} = \underline{z}_\nu$ gegeben, so gilt ebenfalls

$$\Phi(\underline{z}) = \frac{1}{2\pi\varkappa} \sum_\nu \tau_\nu \ln \frac{r_B}{\underline{z} - \underline{z}_\nu} \tag{6.37c}$$

oder

$$\Phi(\underline{z}) = \frac{1}{2\pi\varkappa} \int_{(A)} \tau(\underline{z}_0) \ln \frac{r_B}{\underline{z} - \underline{z}_0} \, dA_0, \tag{6.37d}$$

wenn τ eine Funktion des Ortes z_0 auf A (unendlich dicht gepacktes Bündel von Linienquellen des Raumes), und durch

$$\tau(x_0, y_0) = \lim_{\Delta V \to 0} \frac{\Delta I}{\Delta V} \tag{6.37e}$$

gegeben ist.

Die Analogie zu den entsprechenden Betrachtungen in der Elektrostatik ist so offensichtlich, daß auch ohne weitere Erläuterungen klar ist, daß alle in der Elektrostatik diskutierten Methoden (Spiegelungsmethode, Reihenentwicklung des Integranden von (6.37d) usw.) hier übernommen werden können. Nur zur Methode der konformen Abbildung seien noch ein paar Ergänzungen gemacht.

Harmonische Felder. Das Feld (6.37b) ist für $\underline{z} \neq \underline{z}_0$ regulär. Allgemein stellt jede reguläre Funktion $\Phi(\underline{z})$ der komplexen Veränderlichen $\underline{z}$ das komplexe Potential einer räumlichen

Strömung dar. Ist

$$\underline{w} = \Phi(\underline{z}) = \Phi\,(x + \mathrm{j}y) = \varphi\,(x, y) + \mathrm{j}\psi\,(x, y) = u + \mathrm{j}v,$$

so beschreibt (u_1, v_1 Konstanten)

$$u = \varphi\,(x, y) = u_1 \tag{6.38a}$$

für jedes reelle u_1 eine Niveaulinie und

$$v = \psi\,(x, y) = v_1 \tag{6.38b}$$

für jedes reelle v_1 eine Stromlinie (oder umgekehrt) (Bild 6.10).

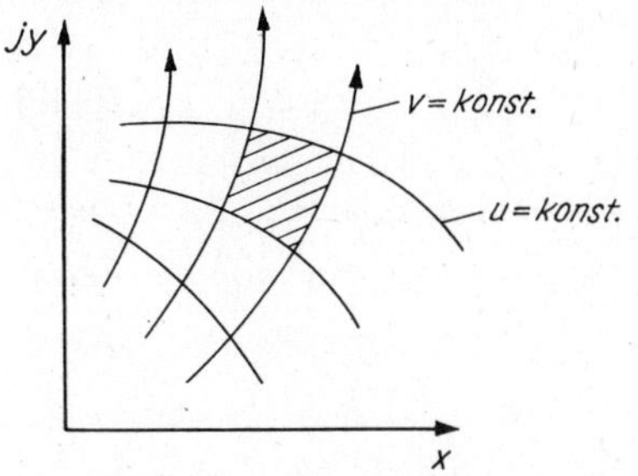

Bild 6.10. Niveau- und Strömungslinien eines ebenen, harmonischen Feldes

Als Beispiel betrachten wir die Funktion

$$\begin{aligned} w = \Phi(\underline{z}) &= \underline{z} + \frac{1}{\underline{z}} \\ &= \varphi\,(x, y) + \mathrm{j}\psi\,(x, y) \quad \text{(normierte Darstellung)} \\ &= x + \frac{x}{x^2 + y^2} + \mathrm{j}\left(y - \frac{y}{x^2 + y^2}\right). \end{aligned} \tag{6.39}$$

Die Stromlinien haben die Gleichung

$$\psi\,(x, y) = y - \frac{y}{x^2 + y^2} = y\left[1 - \frac{1}{x^2 + y^2}\right] = \varrho \sin\alpha \left(1 - \frac{1}{\varrho^2}\right) = v_1.$$

Für große $v_1 > 0$ gilt

$$y \approx v_1$$

und für $v_1 = 0$

$$x^2 + y^2 = 1 \quad \text{oder} \quad y = 0.$$

Das zugehörige Strömungsfeld ist im Bild 6.11 dargestellt. Offenbar beschreibt Bild 6.11 die ebene Umströmung eines nichtleitenden Kreiszylinders der Ebene.

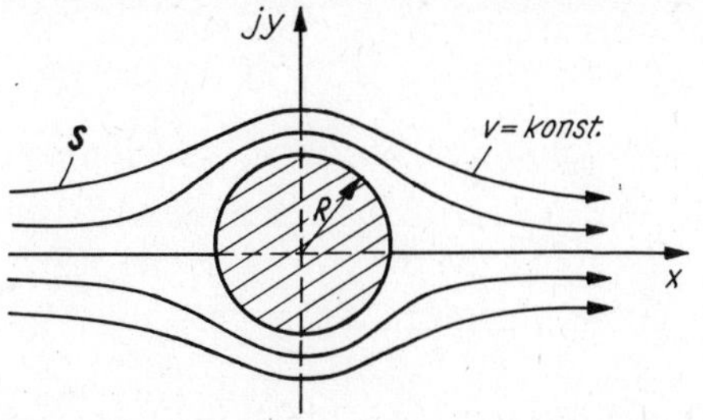

Bild 6.11. Umströmung eines nichtleitenden Zylinders

Für die elektrische Feldstärke erhält man

$$\begin{aligned} \boldsymbol{E} &= -\operatorname{grad} \varphi = -\boldsymbol{i}\frac{\partial \varphi}{\partial x} - \boldsymbol{j}\frac{\partial \varphi}{\partial y} \\ &= \boldsymbol{i}\left[-1 + \frac{x^2 - y^2}{(x^2 + y^2)^2}\right] + \boldsymbol{j}\left[\frac{2xy}{(x^2 + y^2)^2}\right] \\ &= \boldsymbol{i}E_x + \boldsymbol{j}E_y, \end{aligned}$$

also

$$\begin{aligned} E_x &= -\frac{\partial \varphi}{\partial x} = \frac{x^2 - y^2}{(x^2 + y^2)^2} - 1 \\ E_y &= -\frac{\partial \varphi}{\partial y} = \frac{2xy}{(x^2 + y^2)^2} \end{aligned} \tag{6.40}$$

Komplexe Feldstärke. Dem komplexen Potential $\Phi(\underline{z})$ läßt sich wie folgt eine *komplexe elektrische Feldstärke* $\underline{E}$ zuordnen. Nach (6.40) ist (s. auch Abschn. 4.4.1.)

$$E_x = -\frac{\partial \varphi}{\partial x} = -\mathrm{Re}\left\{\frac{\partial \Phi}{\partial x}\right\} = -\mathrm{Re}\left\{\frac{\mathrm{d}\Phi}{\mathrm{d}\underline{z}}\right\}$$

$$\begin{aligned} E_y &= -\frac{\partial \varphi}{\partial y} = -\mathrm{Re}\left\{\frac{\partial \Phi}{\partial y}\right\} = -\mathrm{Re}\left\{\mathrm{j}\frac{\partial \Phi}{\partial\, \mathrm{j}y}\right\} \\ &= -\mathrm{Re}\left\{\mathrm{j}\frac{\mathrm{d}\Phi}{\mathrm{d}\underline{z}}\right\} = \mathrm{Im}\left\{\frac{\mathrm{d}\Phi}{\mathrm{d}\underline{z}}\right\}. \end{aligned}$$

Daraus folgt

$$\underline{E} = E_x + \mathrm{j}E_y = -\mathrm{Re}\left\{\frac{\mathrm{d}\Phi}{\mathrm{d}\underline{z}}\right\} + \mathrm{j}\,\mathrm{Im}\left\{\frac{\mathrm{d}\Phi}{\mathrm{d}\underline{z}}\right\} = -\left\{\frac{\mathrm{d}\Phi}{\mathrm{d}\underline{z}}\right\}^*. \tag{6.41}$$

Die komplexe elektrische Feldstärke ist so definiert, daß Re $\{\underline{E}\}$ die x-Koordinate und Im $\{\underline{E}\}$ die y-Koordinate des Feldvektors $\boldsymbol{E}$ im üblichen Sinn darstellt. Die rechte Seite von (6.41) ist die konjugiert komplex genommene Ableitung des komplexen Potentials.

Mit Hilfe von (6.41) kann die Feldstärke bzw. Stromdichte oft einfacher und direkter aus Φ berechnet werden. Im obigen Beispiel ist

$$\begin{aligned} \frac{\mathrm{d}\Phi}{\mathrm{d}\underline{z}} &= 1 - \frac{1}{\underline{z}^2} = 1 - \frac{1}{x^2 - y^2 + \mathrm{j}\,2xy} \\ &= 1 - \frac{x^2 - y^2 - \mathrm{j}\,2xy}{(x^2 - y^2)^2 + 4x^2y^2} \\ &= 1 - \frac{x^2 - y^2 - \mathrm{j}\,2xy}{(x^2 + y^2)^2} \end{aligned}$$

und damit

$$\underline{E} = E_x + \mathrm{j}E_y = -\left(\frac{\mathrm{d}\Phi}{\mathrm{d}z}\right)^* = -1 + \frac{x^2 - y^2}{(x^2 + y^2)^2} + \mathrm{j}\frac{2xy}{(x^2 + y^2)^2},$$

also in Übereinstimmung mit (6.40)

$$E_x = \frac{x^2 - y^2}{(x^2 + y^2)^2} - 1$$

$$E_y = \frac{2xy}{(x^2 + y^2)^2}.$$

6.1.4. Räumliche *n*-Pole

Übertragungswiderstände. Wir betrachten einen in einen Nichtleiter eingebetteten und beliebig berandeten Leiter mit der Leitfähigkeit $\varkappa$, der von n linienförmigen Zuführungen mit Strom gespeist wird (Bild 6.12).

Für das innere elektrische Potential $\varphi(\boldsymbol{r})$ dieses räumlichen n-Pols gilt nach Abschn. 6.1.2.

$$\varphi(\boldsymbol{r}) = -\frac{1}{4\pi\varkappa} \oint_{(A)} N(\boldsymbol{r}, \boldsymbol{r}_0)\, \boldsymbol{S}(\boldsymbol{r}_0) \cdot \mathrm{d}\boldsymbol{A}_0.$$

Da $\boldsymbol{S} \cdot \mathrm{d}\boldsymbol{A}_0$ nur an den n Einströmungsstellen $\boldsymbol{r} = \boldsymbol{r}_\nu$ mit den Querschnitten A_ν von Null verschieden ist, erhalten wir weiter

$$\varphi(\boldsymbol{r}) = -\frac{1}{4\pi\varkappa} \sum_{\nu=1}^{n} \int_{(A_\nu)} N(\boldsymbol{r}, \boldsymbol{r}_0)\, \boldsymbol{S}(\boldsymbol{r}_0) \cdot \mathrm{d}\boldsymbol{A}_0.$$

Nun ist aber offenbar

$$\int_{A_\nu} N(\boldsymbol{r}, \boldsymbol{r}_0)\, \boldsymbol{S}(\boldsymbol{r}_0) \cdot \mathrm{d}\boldsymbol{A}_0 = N(\boldsymbol{r}, \boldsymbol{r}_\nu)\, I_\nu + \varepsilon_\nu$$

mit $\varepsilon_\nu \to 0$ für $A_\nu \to 0$; denn $\boldsymbol{S}(\boldsymbol{r}_0) \cdot \mathrm{d}\boldsymbol{A}_0$ ist der Strom I_ν der ν-ten linienhaften Zuleitung, und in $N(\boldsymbol{r}, \boldsymbol{r}_0)$ ist $\boldsymbol{r}_0$ um so weniger von $\boldsymbol{r}_\nu$ verschieden, je kleiner A_ν ist (Bild 6.12).

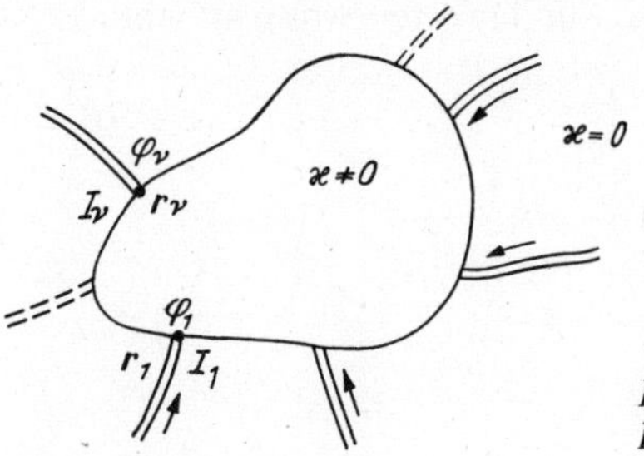

Bild 6.12
Räumlicher n-Pol

Daraus folgt also für n-Pole

$$\varphi(\boldsymbol{r}) = -\frac{1}{4\pi\varkappa} \sum_{\nu=1}^{n} N(\boldsymbol{r}, \boldsymbol{r}_\nu)\, I_\nu$$

und speziell für $\boldsymbol{r} = \boldsymbol{r}_\mu$

$$\varphi(\boldsymbol{r}_\mu) = -\frac{1}{4\pi\varkappa} \sum_{\nu=1}^{n} N(\boldsymbol{r}_\mu, \boldsymbol{r}_\nu)\, I_\nu$$

oder

$$\varphi(\boldsymbol{r}_\mu) = \sum_{\nu=1}^{n} Z_{\mu\nu} I_\nu \quad (\mu = 1, 2, \ldots, n) \qquad (6.42\,\mathrm{a})$$

mit

$$Z_{\mu\nu} = -\frac{1}{4\pi\varkappa} N(\boldsymbol{r}_\mu, \boldsymbol{r}_\nu). \tag{6.42b}$$

Nach (6.42) sind die n Zuleitungspotentiale $\varphi_\mu = \varphi(\boldsymbol{r}_\mu)$ lineare Funktionen aller Einströmungen I_ν. In Matrizenschreibweise erhält man

$$\begin{pmatrix} \varphi_1 \\ \varphi_2 \\ \vdots \\ \varphi_n \end{pmatrix} = \begin{pmatrix} Z'_{11} & Z'_{12} \dots & Z'_{1n} \\ Z'_{21} & \dots & \\ \vdots & & \vdots \\ Z'_{n1} & \dots & Z'_{nn} \end{pmatrix} \begin{pmatrix} I_1 \\ I_2 \\ \vdots \\ I_n \end{pmatrix} \tag{6.43a}$$

oder kurz

$$(\varphi) = (Z')(I). \tag{6.43b}$$

Nehmen wir an, daß $\varphi_n = 0$ ist, so kann statt (6.43a) bei Einführung der *Knotenspannungen* $U_1, U_2, \dots, U_{n-1}$ auch (Bild 6.13)

$$\begin{pmatrix} U_1 \\ \vdots \\ U_{n-1} \end{pmatrix} = \begin{pmatrix} Z_{11} & \dots Z_{1,n-1} \\ \vdots & \\ Z_{n-1,1} & \dots Z_{n-1,n-1} \end{pmatrix} \begin{pmatrix} I_1 \\ \vdots \\ I_{n-1} \end{pmatrix} \tag{6.44a}$$

oder

$$(U) = (Z)(I) \tag{6.44b}$$

gesetzt werden mit

$$Z_{\mu\nu} = Z'_{\mu\nu} - Z'_{n\nu}. \tag{6.44c}$$

Die Umkehrung von (6.44) lautet:

$$(I) = (Z)^{-1}(U) = (Y)(U). \tag{6.45}$$

(Z) ist die Widerstands- und (Y) die *Leitwertmatrix* des n-Pols im Bild 6.12. Die $Z_{\mu\nu}$ bzw. $Y_{\mu\nu}$ sind die *Übertragungswiderstände* bzw. *-leitwerte* des n-Pols. Für den n-ten Strom gilt natürlich

$$-I_n = \sum_{\nu=1}^{n-1} I_\nu. \tag{6.46}$$

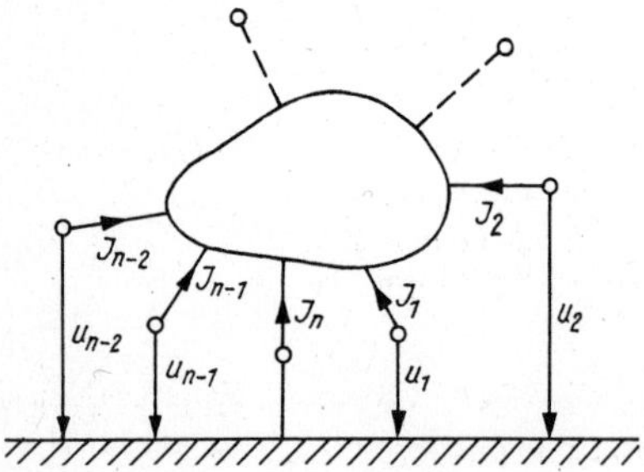

Bild 6.13
Zum Klemmenverhalten des räumlichen n-Pols

Messung der n-Pol-Parameter. Die einen räumlichen n-Pol charakterisierenden $(n-1)^2$ Parameter $Z_{\mu\nu}$ bzw. $Y_{\mu\nu}$ können durch Messung ermittelt werden.
Setzt man bis auf I_ν alle Ströme (durch Auftrennung der Zuleitung) gleich Null, so gilt mit (6.44a)

$$U_\mu = Z_{\mu\nu} I_\nu, \tag{6.47}$$

worin U_μ und I_ν nach Bild 6.14 durch Messung bestimmbar sind.

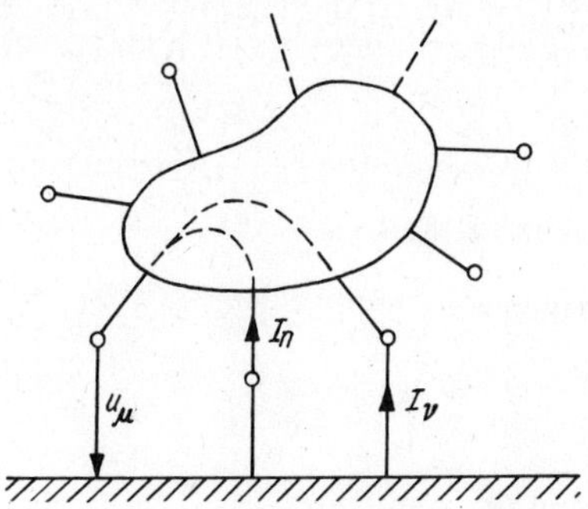

Bild 6.14
*Zur Messung der Übertragungswiderstände des n-*Pols

Zu jedem räumlichen n-Pol (n-Pol mit *verteilten Parametern*) kann eine *Ersatzschaltung* mit *konzentrierten Parametern* angegeben werden.
Für den wichtigen Fall $n = 3$ gilt beispielsweise (Bild 6.15)

$$\begin{pmatrix} U_1 \\ U_2 \end{pmatrix} = \begin{pmatrix} Z_{11} & Z_{12} \\ Z_{21} & Z_{22} \end{pmatrix} \begin{pmatrix} I_1 \\ I_2 \end{pmatrix}$$

und daher

$$U_1 = Z_{11} I_1 \quad (I_2 = 0) \qquad U_1 = Z_{12} I_2 \quad (I_1 = 0)$$
$$U_2 = Z_{21} I_1 \quad (I_2 = 0) \qquad U_2 = Z_{22} I_2 \quad (I_1 = 0).$$

In der Ersatzschaltung (Bild 6.15b) ist daher zu wählen

$$R_1 + R_2 = Z_{11} \qquad R_2 = Z_{12}$$
$$R_2 = Z_{21} \qquad R_2 + R_3 = Z_{22}$$

also

$$\begin{aligned} R_1 &= Z_{11} - Z_{21} \\ R_2 &= Z_{21} = Z_{12} \\ R_3 &= Z_{22} - Z_{12}. \end{aligned} \tag{6.48}$$

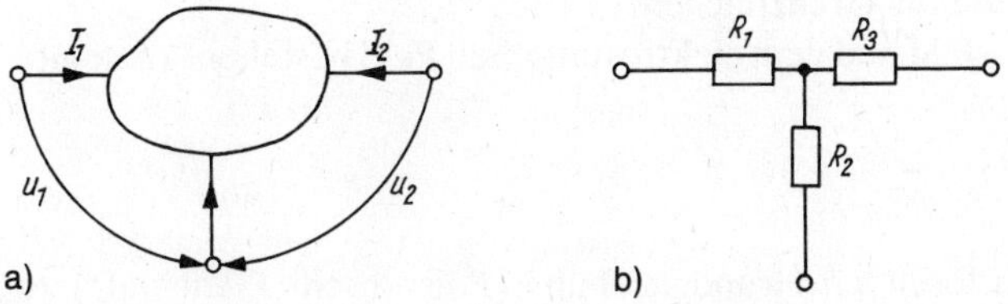

Bild 6.15
Dreipol
a) räumlicher Dreipol
b) Ersatzschaltung

Die zweite Bedingung in (6.48) ist nur zu erfüllen, wenn für räumliche Dreipole die Beziehung $Z_{12} = Z_{21}$ gilt. Wir zeigen, daß allgemein für jeden räumlichen n-Pol

$$\boxed{Z_{\mu\nu} = Z_{\nu\mu}} \tag{6.49}$$

gilt, die Matrix (Z) in (6.44b) also symmetrisch ist (*Reziprozitätsgesetz für Strömungsfelder*, vgl. Abschn. 4.6.1.).

Die Eigenschaft $Z_{\mu\nu} = Z_{\nu\mu}$ folgt aus der Eigenschaft

$$N(\boldsymbol{r}_\mu, \boldsymbol{r}_\nu) = N(\boldsymbol{r}_\nu, \boldsymbol{r}_\mu),$$

der Neumannschen Funktion.

Nach den Greenschen Sätzen (s. Abschn. 2.2.3.) gilt

$$\int_{(V)} [N(\boldsymbol{r}_1, \boldsymbol{r}_0)\,\Delta N(\boldsymbol{r}_2, \boldsymbol{r}_0) - N(\boldsymbol{r}_2, \boldsymbol{r}_0)\,\Delta N(\boldsymbol{r}_1, \boldsymbol{r}_0)]\,\mathrm{d}V_0$$

$$= \oint_{(A)} [N(\boldsymbol{r}_1, \boldsymbol{r}_0)\,\mathrm{grad}\,N(\boldsymbol{r}_2, \boldsymbol{r}_0) - N(\boldsymbol{r}_2, \boldsymbol{r}_0)\,\mathrm{grad}\,N(\boldsymbol{r}_1, \boldsymbol{r}_0)]\,\mathrm{d}\boldsymbol{A}_0.$$

Für das Integral über das Volumen des betrachteten Bereiches erhalten wir

$$\int_{(V)} [N(\boldsymbol{r}_1, \boldsymbol{r}_0) \ldots - \ldots \Delta N(\boldsymbol{r}_1, \boldsymbol{r}_0)]\,\mathrm{d}V_0$$

$$= \oint_{(A)} \{N(\boldsymbol{r}_1, \boldsymbol{r}_0)\,[-4\pi\delta(\boldsymbol{r}_2 - \boldsymbol{r}_0)] - N(\boldsymbol{r}_2, \boldsymbol{r}_0)\,[-4\pi\delta(\boldsymbol{r}_1 - \boldsymbol{r}_0)]\}\,\mathrm{d}V_0$$

$$= -4\pi N(\boldsymbol{r}_1, \boldsymbol{r}_2) + 4\pi N(\boldsymbol{r}_2, \boldsymbol{r}_1).$$

Das zweite Integral über die Bereichsoberfläche verschwindet, da dort

$$\boldsymbol{n} \cdot \mathrm{grad}\,N = 0$$

gilt. Somit ist

$$N(\boldsymbol{r}_1, \boldsymbol{r}_2) = N(\boldsymbol{r}_2, \boldsymbol{r}_1),$$

was zu zeigen war.

Zusammenfassung. Sind die Feldgrößen von der Zeit unabhängig, liegen stationäre Felder vor. Die stationären elektromagnetischen Felder unterteilen sich in das

- stationäre elektrische Felder
  - elektrisches Feld im Nichtleiter ($\boldsymbol{S} = 0$, elektrostatisches Feld)
  - elektrisches Feld im Leiter ($\boldsymbol{S} \neq 0$, stationäres Strömungsfeld)
- stationäres Magnetfeld.

Beide Felder sind über die elektrische Feldstärke $\boldsymbol{E}$ miteinander verknüpft, aber unabhängig voneinander berechenbar.

Das stationäre Strömungsfeld wird in leitfähigen Bereichen

mit $\varkappa \neq$ konst. durch die Poissonsche und

für $\varkappa =$ konst. durch die Laplacesche Gleichung, d. h. durch ein harmonisches Potential

beschrieben.

Die Lösung erfolgt unter der Bedingung des 1. oder 2. Randwertproblems für leitende bzw. des 2. Randwertproblems für nichtleitende Grenzflächen.

Zwischen dem stationären Strömungsfeld und dem elektrostatischen Feld bestehen Analogiebeziehungen. Analoge Größen sind

Elektrostatik: φ, $\boldsymbol{E}$, $\boldsymbol{D}$, q, ϱ, ε

Strömungsfeld: φ, $\boldsymbol{E}$, $\boldsymbol{S}$, I, ϱ, $\varkappa$.

Die Analogie ist in der gleichen zu lösenden Grundgleichung (Poissonsche Gleichung) zu suchen. Die Lösungsmethoden sind aus der Elektrostatik übernehmbar.

Eine partikuläre Lösung speziell für das 2. Randwertproblem kann mit Hilfe der Neumannschen Funktion $N(\boldsymbol{r}, \boldsymbol{r}_0)$ gebildet werden, die ähnliche Eigenschaften wie die Greensche Funktion aufweist.

Die Feldberechnung erfolgt wiederum nach dem Gesichtspunkt räumliche und ebene Felder. Analoge Verhältnisse bestehen ebenfalls zwischen dem räumlichen n-Pol und dem n-Elektroden-System der Elektrostatik.

Aufgaben zum Abschnitt 6.1.

6.1.–1 Im unendlich ausgedehnten leitfähigen Raum (Leitfähigkeit $\varkappa$) sind auf der z-Achse symmetrisch zum Koordinatenursprung im Abstand $2a$ zwei Punkteinströmungen der Ergiebigkeit I_1 und I_2 angeordnet.

Berechne
a) Potential- und Feldstärkefeld
b) Potential- und Feldstärkeverlauf entlang der z-Achse für $I_1 = -I$, $I_2 = I$ $(I > 0)$!

6.1.–2 Eine ideal leitende Kugel (Radius R) befindet sich im unendlich ausgedehnten leitfähigen Raum (Leitfähigkeit $\varkappa$). Ihr wird der Strom I zugeführt.
Über die Feldberechnung ermittle die im Medium in Wärme umgesetzte Leistung!

6.1.–3 Eine Metallkugel (Radius R) ist in der Tiefe $h \gg R$ in das Erdreich eingegraben (Kugelerder). Sie wird mit dem Strom I belastet.
Berechne
a) Potential- und Feldstärkefeld im Erdreich.
b) Potential- und Feldstärkeverlauf auf der Erdoberfläche.
c) Extremwerte der Feldstärke an der Erdoberfläche.
d) Ausbreitungswiderstand und Verlustleistung der Anordnung!

6.1.–4 Gegeben sind zwei Halbkugelerder (Radius R, Abstand $2a$, $a \gg R$) nach Bild 6.1.–4, die mit dem Strom I belastet sind.
Berechne
a) Potential- und Feldstärkefeld.
b) Erdungswiderstand R_E der Anordnung!

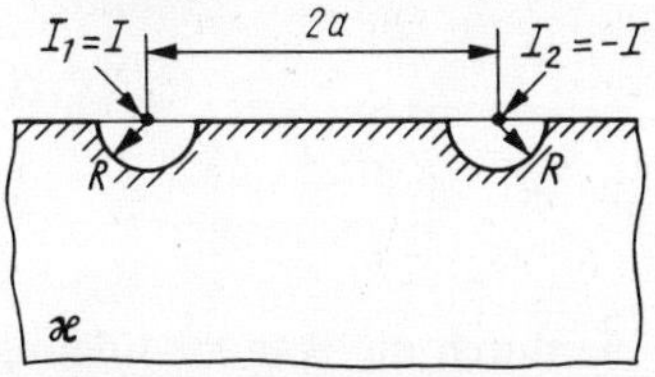

Bild 6.1.–4

6.1.–5 In einem leitenden Medium (Leitfähigkeit $\varkappa$) befindet sich über einer ideal leitenden, unendlich ausgedehnten Metallplatte im Abstand a eine Punkteinströmung der Ergiebigkeit I.
Berechne die Stromdichteverteilung auf der Platte und zeige, daß der von der Platte aufgenommene Gesamtstrom gleich I ist!

6.1.–6 Der unendlich ausgedehnte Viertelraum ist mit einem leitfähigen Stoff (Leitfähigkeit $\varkappa$) ausgefüllt und in einem nichtleitenden Medium eingebettet. Im Punkt $\boldsymbol{r}_0$ des Viertelraumes befindet sich eine punktförmige Stromeinspeisung der Ergiebigkeit I.
Berechne das Potentialfeld im Viertelraum!

6.1.–7 Gegeben ist ein flächenhafter Rechteckleiter (Länge $2b$, Breite $2a$, Dicke d, Bild 6.1.–7). Auf der Breitseite erfolgt über einen schmalen Leiter (Breite $2c$, $c \ll a$, Dicke d) die Zu- bzw. Abfuhr des Stromes I.
Berechne das Potentialfeld im Rechteckleiter!

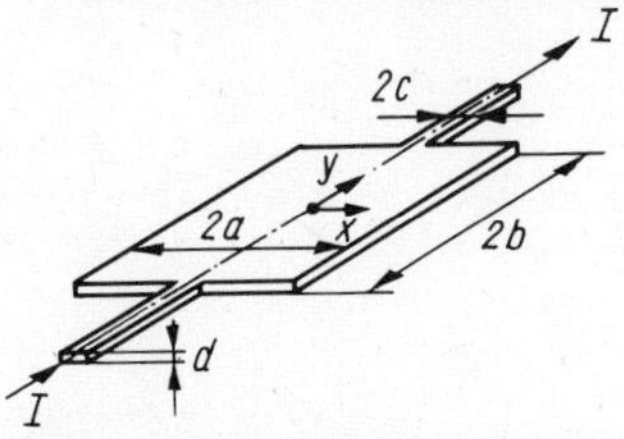

Bild 6.1.–7

6.1.–8 Das Volumen zwischen zwei konzentrisch angeordneten Zylinderelektroden (R_i, R_a Radius der Innen- bzw. Außenelektrode) der Länge L ist mit einem leitfähigen Stoff der Leitfähigkeit $\varkappa$ ausgefüllt.
Berechne
a) das Feld des Potentials, der Feldstärke und Stromdichte
b) die Verlustleistungsdichte und Verlustleistung
c) den Widerstand der Anordnung,
wenn an den Elektroden die Spannung U liegt!

6.2. Stationäre Magnetfelder

6.2.1. Felder ohne Randbedingungen

Grundgleichungen. Nach Abschn. 6.1.1. wird das magnetische Feld $\boldsymbol{B}$ in einem räumlichen Bereich B mit konstantem μ durch folgende Gleichungen beschrieben:

$$\Delta \boldsymbol{V} = \begin{cases} -\mu \boldsymbol{S} & (\operatorname{div} \boldsymbol{S} = 0,\ \operatorname{div} \boldsymbol{V} = 0) \\ \mu\varkappa \operatorname{grad} \varphi_{\mathrm{H}} & (\text{im Leiter: } \boldsymbol{S} = -\varkappa \operatorname{grad} \varphi_{\mathrm{H}}). \end{cases} \tag{6.50a}$$

Mit den Lösungen $\boldsymbol{V} = \boldsymbol{V}_{\mathrm{N}} + \boldsymbol{V}_{\mathrm{H}}$ ($\operatorname{div} \boldsymbol{V} = 0$) ist dann

$$\boldsymbol{B} = \operatorname{rot} \boldsymbol{V} = \operatorname{rot} \boldsymbol{V}_{\mathrm{N}} + \operatorname{grad} \psi_{\mathrm{H}} \tag{6.50b}$$

$$\boldsymbol{V}_{\mathrm{N}} = \begin{cases} \dfrac{\mu}{4\pi} \displaystyle\int_{(V)} \dfrac{\boldsymbol{S}\, \mathrm{d}V_0}{|\boldsymbol{r} - \boldsymbol{r}_0|} \\ \dfrac{-\mu}{4\pi} \displaystyle\int_{(V)} \dfrac{\varkappa \operatorname{grad} \varphi_{\mathrm{H}}}{|\boldsymbol{r} - \boldsymbol{r}_0|}\, \mathrm{d}V_0 & (\text{im Leiter: } \boldsymbol{S} = -\varkappa \operatorname{grad} \varphi_{\mathrm{H}}). \end{cases} \tag{6.50c}$$

φ_{H} und ψ_{H} sind hierbei harmonische Skalarpotentiale, die durch die Randbedingungen im Strömungsfeld (s. Abschn. 6.1.) bzw. Magnetfeld (s. Abschn. 6.2.2.) festgelegt werden. Betrachten wir nur räumliche Bereiche mit verschwindender Normalkomponente $\boldsymbol{n} \cdot \boldsymbol{S}$ von $\boldsymbol{S}$ (Bild 6.16), so ist in (6.50b) $\operatorname{div} \boldsymbol{V}_{\mathrm{N}} = 0$. Dann ist $\operatorname{div} \boldsymbol{V} = 0$ gleichbedeutend mit $\operatorname{div} \boldsymbol{V}_{\mathrm{H}} = 0$.

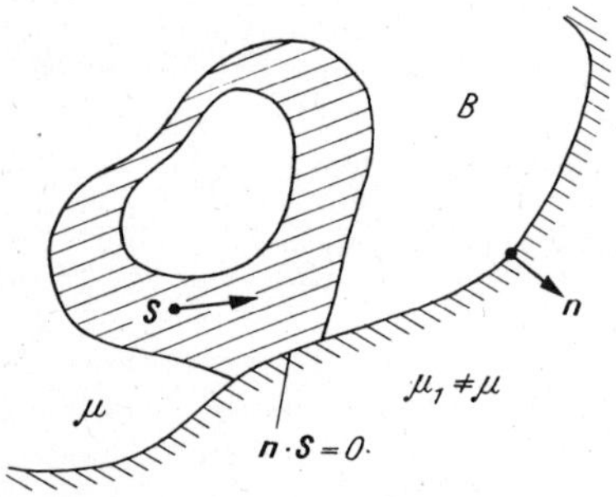

Bild 6.16. Räumliches Strömungsgebiet mit Grenzflächen

Daraus folgt aber (s. Abschn. 6.1.1.)

$$\operatorname{rot} \boldsymbol{V}_{\mathrm{H}} = \operatorname{grad} \psi_{\mathrm{H}}.$$

$\boldsymbol{V}$ ist das (elekro-)magnetische Vektorpotential des Feldes $\boldsymbol{B}$. Im einfachsten Fall ist $\mu =$ konst. im ganzen Raum (keine Grenzflächen mit unstetiger Änderung von μ).
Dann ist $\boldsymbol{B}$ allein durch $\boldsymbol{V}_{\mathrm{N}}$ gegeben:

$$\boldsymbol{B} = \operatorname{rot} \boldsymbol{V}, \qquad \boldsymbol{V} = \boldsymbol{V}_{\mathrm{N}}, \tag{6.51}$$

da

$$\boldsymbol{V}_{\mathrm{H}} = \boldsymbol{i} V_{x\mathrm{H}} + \boldsymbol{j} V_{y\mathrm{H}} + \boldsymbol{k} V_{z\mathrm{H}} \neq 0$$

bedeuten würde, daß $\boldsymbol{B}$ im Unendlichen nicht verschwindet (nicht einmal beschränkt bliebe), was aus physikalischen Gründen nicht möglich ist (s. Abschn. 6.2.2.). Analog zur Elektrostatik wollen wir diese Felder wiederum als Felder ohne Randbedingungen bezeichnen.

Die Berechnung von $\boldsymbol{V} = \boldsymbol{V}_N$ kann vereinfacht werden, wenn man – ähnlich wie beim Newton-Integral der Elektrostatik – beachtet, daß

a) das Integral (6.50 b) in Teilintegrale zerfällt, wenn die durch $\boldsymbol{S}$ charakterisierte Strömung in voneinander isolierte Teilströme zerfällt und daß

b) der Faktor $1/|\boldsymbol{r} - \boldsymbol{r}_0|$ des Integranden in (6.50 b) in eine Reihe nach Legendreschen Polynomen entwickelt werden kann.

Insbesondere kann entsprechend a) das Vektorpotential $\boldsymbol{V}$ als (vektorielle) Überlagerung von Teilpotentialen

$$\mathrm{d}\boldsymbol{V}(\boldsymbol{r}) = \frac{\mu}{4\pi} \frac{\boldsymbol{S}(\boldsymbol{r}_0)\,\mathrm{d}V_0}{|\boldsymbol{r} - \boldsymbol{r}_0|} \tag{6.52}$$

der „Stromelemente" $\boldsymbol{S}\,\mathrm{d}V$ aufgefaßt werden (Bild 6.17). Da nach (6.52) die Teilpotentiale $\mathrm{d}\boldsymbol{V}$ die gleiche Richtung wie die Stromelemente $\boldsymbol{S}\,\mathrm{d}V$ haben, kann bei einfachen räumlichen Strömen die Struktur des zugehörigen Vektorfeldes $\boldsymbol{V}$ ohne Rechnung qualitativ überblickt werden.

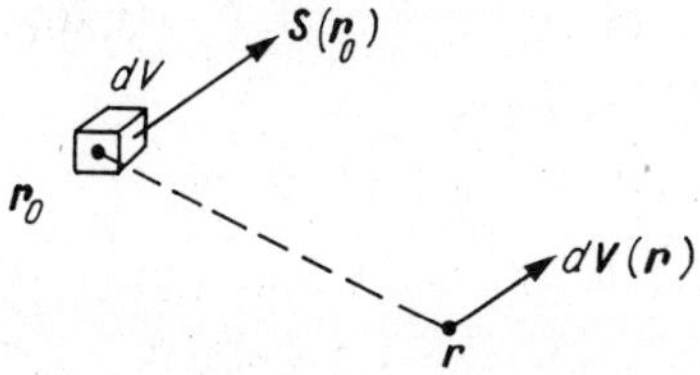

Bild 6.17. Zum Vektorpotential

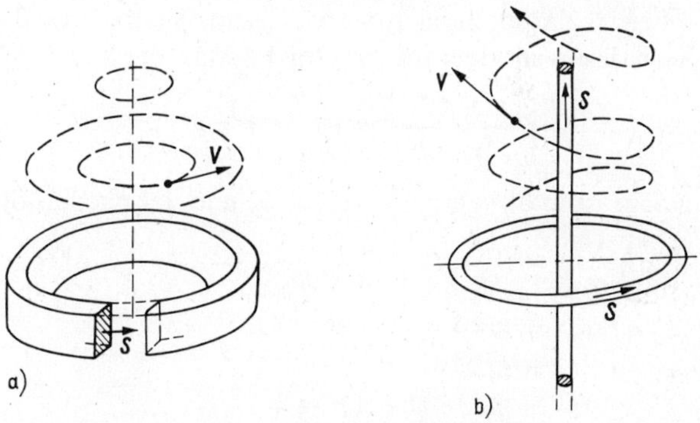

Bild 6.19. Vektorpotential einfacher Strömungen

a) Ringstrom

b) Ringstrom überlagert mit einem geradlinigen Strom

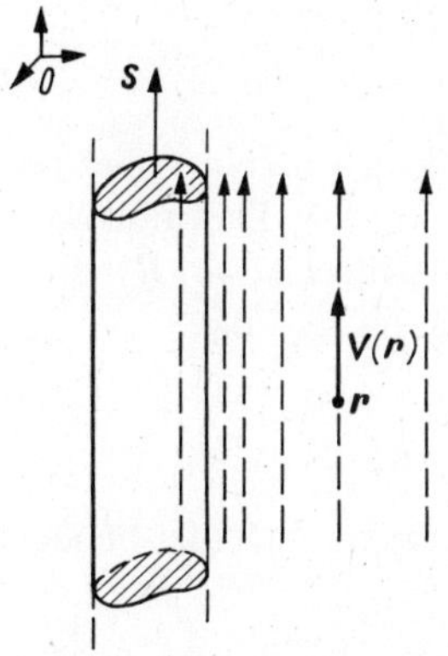

Bild 6.18. Vektorpotential einer geradlinigen Strömung

Nach (6.52) hat z. B. eine Strömung $\boldsymbol{S}$ mit geradlinigen Stromlinien (Feldlinien) ein Potentialfeld $\boldsymbol{V}$ der gleichen Form (Bild 6.18) mit zu $\boldsymbol{S}$ parallelen Feldlinien. Zwei weitere Beispiele sind im Bild 6.19 gegeben.

Man kann schließlich noch $\boldsymbol{B}$ direkt aus $\boldsymbol{S}$ berechnen. Mit (6.50) und (6.51) erhält man nach den Rechenregeln für Produktfelder

$$\boldsymbol{B} = \frac{\mu}{4\pi} \operatorname{rot} \int_{(V)} \frac{\boldsymbol{S}\,\mathrm{d}V_0}{|\boldsymbol{r} - \boldsymbol{r}_0|} = \frac{\mu}{4\pi} \int_{(V)} \operatorname{rot}\left(\frac{\boldsymbol{S}(\boldsymbol{r}_0)}{|\boldsymbol{r} - \boldsymbol{r}_0|}\right) \mathrm{d}V_0 \tag{6.53a}$$

oder

$$\boxed{\boldsymbol{B} = \frac{\mu}{4\pi} \int_{(V)} \boldsymbol{S}(\boldsymbol{r}_0) \times \operatorname{grad}_0 \frac{1}{|\boldsymbol{r} - \boldsymbol{r}_0|}\,\mathrm{d}V_0.} \tag{6.53b}$$

In (6.53) ist noch berücksichtigt worden, daß rot $\boldsymbol{S} = 0$ ist und

$$\operatorname{grad} \frac{1}{|\boldsymbol{r} - \boldsymbol{r}_0|} = -\operatorname{grad}_0 \frac{1}{|\boldsymbol{r} - \boldsymbol{r}_0|}.$$

Die Beziehung (6.53) kann als das (verallgemeinerte) *Biot-Savartsche Gesetz für räumliche Strömungen* bezeichnet werden, da das bekannte Gesetz von *Biot–Savart* für linienhafte Leiter als Sonderfall in (6.53) enthalten ist (s. S. 259).

Feld außerhalb der Strömung. Mit (6.50a) ist außerhalb der stromführenden Bereiche mit $\boldsymbol{S} = 0$ auch $\boldsymbol{\Delta V} = 0$, also $\boldsymbol{V}$ harmonisch. Somit muß es in den Bereichen mit $\boldsymbol{S} = 0$ ein harmonisches Skalarpotential V_{H} geben, so daß gilt ($\boldsymbol{\Delta V} = \operatorname{grad}\operatorname{div} \boldsymbol{V} - \operatorname{rotrot} \boldsymbol{V} = 0$)

$$\operatorname{rot} \boldsymbol{V}_{\mathrm{H}} = \operatorname{grad} V_{\mathrm{H}}$$

und damit nach (6.51)

$$\boxed{\boldsymbol{B} = \operatorname{grad} V} \quad (V = V_{\mathrm{H}}). \tag{6.54}$$

V wird als das *magnetische Skalarpotential* bezeichnet und ist nicht mit dem elektromagnetischen Skalarpotential zu verwechseln. Vielfach wird es auch mit ψ bezeichnet. (6.54) folgt auch direkt aus dem Integral für $\boldsymbol{V}_{\mathrm{N}}$, das für alle $\boldsymbol{r} \neq \boldsymbol{r}_0$ harmonisch ist:

$$\Delta \int_{(V)} \frac{\boldsymbol{S}\,\mathrm{d}V_0}{|\boldsymbol{r} - \boldsymbol{r}_0|} = 0 \quad (\boldsymbol{r} \neq \boldsymbol{r}_0).$$

Daher ist in diesem Fall mit (6.55) und der wiederholt benutzten Relation $\operatorname{rot} \boldsymbol{V}_{\mathrm{H}} = \operatorname{grad} \psi'_{\mathrm{H}}$ (s. Abschn. 6.1.1.)

$$\begin{aligned}\boldsymbol{B} &= \operatorname{rot} \boldsymbol{V}_{\mathrm{N}} + \operatorname{grad} \psi_{\mathrm{H}}\\ &= \operatorname{grad} \psi'_{\mathrm{H}} + \operatorname{grad} \psi_{\mathrm{H}}\\ &= \operatorname{grad} V,\\ V &= \psi'_{\mathrm{H}} + \psi_{\mathrm{H}} \quad (V = V_{\mathrm{H}}).\end{aligned}$$

Außerhalb der stromführenden Bereiche kann also das Induktionsfeld auch aus einem harmonischen Skalarpotential *(magnetisches Skalarpotential V)* abgeleitet werden. Das muß auch deshalb so sein, weil $\boldsymbol{B}$ wegen der 2. Maxwellschen Gleichung dort wirbelfrei ist: rot $\boldsymbol{B} = 0$. Aus (6.51), (6.54) und (6.53b) folgt daher die Gültigkeit einer Beziehung der Form

$$\operatorname{grad} V(\boldsymbol{r}) = \frac{\mu}{4\pi} \int_{(V)} \boldsymbol{S}(\boldsymbol{r}_0) \times \operatorname{grad}_0 \frac{1}{|\boldsymbol{r} - \boldsymbol{r}_0|}\,\mathrm{d}V_0$$

oder bei Integration über $\boldsymbol{r}$ von einem Festpunkt $\boldsymbol{r}_1$ bis zum Aufpunkt $\boldsymbol{r}$ entlang eines beliebigen Weges S, der ganz im wirbelfreien Gebiet von B liegt,

$$\begin{aligned}\int_{\boldsymbol{r}_1}^{\boldsymbol{r}} \operatorname{grad} V(\boldsymbol{r}')\,\mathrm{d}\boldsymbol{r}' &= V(\boldsymbol{r}) - V(\boldsymbol{r}_1)\\ &= \frac{\mu}{4\pi} \int_{\boldsymbol{r}_1}^{\boldsymbol{r}} \left(\int_{(V)} \boldsymbol{S}(\boldsymbol{r}_0) \times \operatorname{grad}_0 \frac{1}{|\boldsymbol{r}' - \boldsymbol{r}_0|}\,\mathrm{d}V_0 \right) \mathrm{d}\boldsymbol{r}'\\ &= \frac{\mu}{4\pi} \int_{(V)} \boldsymbol{S}(\boldsymbol{r}_0) \cdot \left[\int_{\boldsymbol{r}_1}^{\boldsymbol{r}} \operatorname{grad}_0 \frac{1}{|\boldsymbol{r}' - \boldsymbol{r}_0|} \times \mathrm{d}\boldsymbol{r}' \right] \mathrm{d}V_0\\ &= \frac{\mu}{4\pi} \int_{(V)} \boldsymbol{S}(\boldsymbol{r}_0) \cdot \left[\operatorname{rot}_0 \int_{\boldsymbol{r}_1}^{\boldsymbol{r}} \frac{\mathrm{d}\boldsymbol{r}'}{|\boldsymbol{r}' - \boldsymbol{r}_0|} \right] \mathrm{d}V_0\\ &= \frac{\mu}{4\pi} \int_{(V)} \boldsymbol{S}(\boldsymbol{r}_0) \cdot H(\boldsymbol{r}, \boldsymbol{r}_0)\,\mathrm{d}V_0,\end{aligned} \tag{6.55}$$

wobei von der Vertauschbarkeit der Integrationsfolge Gebrauch gemacht wurde und die Spatproduktregel sowie bei der letzten Umformung (2.36–4) mit $U = 1/|\boldsymbol{r} - \boldsymbol{r}_0|$ und $\boldsymbol{U} = \mathrm{d}\boldsymbol{r}'$ sowie $\operatorname{rot} \mathrm{d}\boldsymbol{r} = 0$ beachtet wurden.
Hierbei ist (bei festem $\boldsymbol{r}_1$)

$$H(\boldsymbol{r}, \boldsymbol{r}_0) = \operatorname{rot}_0 \int_{\boldsymbol{r}_1}^{\boldsymbol{r}} \frac{\mathrm{d}\boldsymbol{r}'}{|\boldsymbol{r}' - \boldsymbol{r}_0|}$$

nur eine (von $\boldsymbol{S}$ unabhängige) Funktion von $\boldsymbol{r}$ und $\boldsymbol{r}_0$.

Eigenschaft des magnetischen Skalarpotentials. Mit (6.55) kann das magnetische Skalarpotential V direkt aus der Strömung berechnet werden. Ein Zusammenhang mit der Induktion $\boldsymbol{B}$ bzw. dem Vektorpotential $\boldsymbol{V}$ ergibt sich aus (6.54). Ist $\boldsymbol{r}_0$ ein fester Ort des Raumes im strömungsfreien Gebiet, so gilt

$$V(\boldsymbol{r}) - V(\boldsymbol{r}_0) = \int_{\boldsymbol{r}_0}^{\boldsymbol{r}} \boldsymbol{B}(\boldsymbol{r}) \cdot \mathrm{d}\boldsymbol{r} = \int_{\boldsymbol{r}_0}^{\boldsymbol{r}} \operatorname{rot} \boldsymbol{V} \cdot \mathrm{d}\boldsymbol{r}\,. \tag{6.56}$$

Die Induktionslinien treten wieder senkrecht durch die Niveauflächen $V = \text{konst.}$ hindurch. Im Gegensatz zum elektrischen Skalarpotential φ des elektrostatischen Feldes ist aber i. allg. das Linienintegral über $\boldsymbol{B}$ nicht wegunabhängig. Allgemein gilt ja mit (6.51)

$$\oint_{(S)} \boldsymbol{B}(\boldsymbol{r}) \cdot \mathrm{d}\boldsymbol{r} = \oint_{(S)} \operatorname{rot} \boldsymbol{V} \cdot \mathrm{d}\boldsymbol{r} = \int_{(A)} \operatorname{rot} \operatorname{rot} \boldsymbol{V} \cdot \mathrm{d}\boldsymbol{A} = -\int_{(A)} \Delta \boldsymbol{V} \cdot \mathrm{d}\boldsymbol{A} = \mu \int_{(A)} \boldsymbol{S} \cdot \mathrm{d}\boldsymbol{A} \neq 0,$$

wenn die *Durchflutung*

$$\oint_{(A)} \boldsymbol{S} \cdot \mathrm{d}\boldsymbol{A} = I$$

der Fläche A von Null verschieden ist, d. h., es gilt das *Durchflutungsgesetz* (Bild 6.20):

$$\boxed{\oint_{(S)} \boldsymbol{B}(\boldsymbol{r}) \cdot \mathrm{d}\boldsymbol{r} = \mu I,} \tag{6.57}$$

wenn der Strom I einfach umschlungen wird.

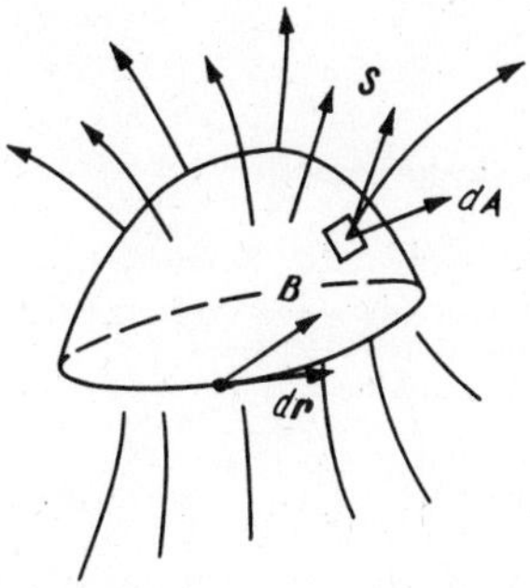

Bild 6.20
Veranschaulichung des Durchflutungsgesetzes

Man kann also auf verschiedenen Wegen mit gleichen Endpunkten (bei gleichen Anfangspunkten $\boldsymbol{r}_\mathrm{A}$) verschiedene Potentialwerte

$$V(\boldsymbol{r}) = \int_{\boldsymbol{r}_\mathrm{A}}^{\boldsymbol{r}} \boldsymbol{B}(\boldsymbol{r}) \cdot \mathrm{d}\boldsymbol{r}' + V(\boldsymbol{r}_\mathrm{A}) \tag{6.58}$$

berechnen, z. B. im Bild 6.21 auf dem Weg S_1 den Wert V_B und auf dem Weg S_2 den Wert $V_\mathrm{B} + \mu I$. In räumlichen Bereichen B aber, in denen es nicht möglich ist, die Strömung $\boldsymbol{S}$ umfassende (Integrations-) Wege zu konstruieren, ist $V(\boldsymbol{r})$ entsprechend (6.58) natürlich wieder eindeutig. Solche Bereiche B mit eindeutigem Skalarpotential kann man z.B. immer dadurch festlegen, daß man geeignete „Sperrflächen" anbringt, deren Ränder in der Strömung enden (Bild 6.21).

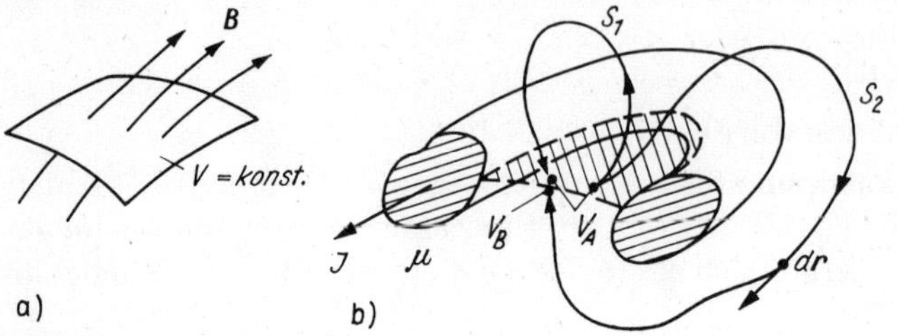

Bild 6.21. Magnetisches Skalarpotential
a) Magnetfluß und Niveaufläche
b) zur Mehrdeutigkeit des magnetischen Skalarpotentials

Linienhafte Leiter. Für den Spezialfall linienhafter Leiter ergeben sich einfachere Beziehungen, die durch Spezialisierung der entsprechenden Zusammenhänge für räumliche Strömungen gefunden werden können.
Schreiben wir das Volumenelement $\mathrm{d}V_0$ nun in der Form (Bild 6.22)

$$\mathrm{d}V_0 = \mathrm{d}\boldsymbol{A}_0 \cdot \mathrm{d}\boldsymbol{r}_0,$$

so erhält man zunächst für das Vektorpotential mit (6.50a)

$$\boldsymbol{V} = \boldsymbol{V}_\mathrm{N} = \frac{\mu}{4\pi} \int_{(V)} \frac{\boldsymbol{S}\,(\mathrm{d}\boldsymbol{A}_0 \cdot \mathrm{d}\boldsymbol{r}_0)}{|\boldsymbol{r} - \boldsymbol{r}_0|}$$

$$= \frac{\mu}{4\pi} \int_{(V)} \frac{\mathrm{d}\boldsymbol{r}_0\,(\mathrm{d}\boldsymbol{A}_0 \cdot \boldsymbol{S})}{|\boldsymbol{r} - \boldsymbol{r}_0|}.$$

Im vorstehenden Integral darf $\boldsymbol{S}$ mit $\mathrm{d}\boldsymbol{r}_0$ vertauscht werden, da beide Vektoren gleiche Richtung im Raum haben, und mit $\mathrm{d}\boldsymbol{A}_0 \cdot \boldsymbol{S} = I$ ist

$$\boxed{\boldsymbol{V}(\boldsymbol{r}) = \frac{\mu I}{4\pi} \int_{(S)} \frac{\mathrm{d}\boldsymbol{r}_0}{|\boldsymbol{r} - \boldsymbol{r}_0|}} \tag{6.59}$$

das Vektorpotential des linienhaften Leiters, der vom Strom I durchflossen wird.

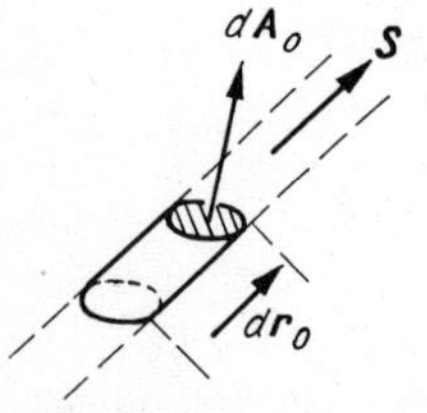

Bild 6.22. Linienhafte Strömung

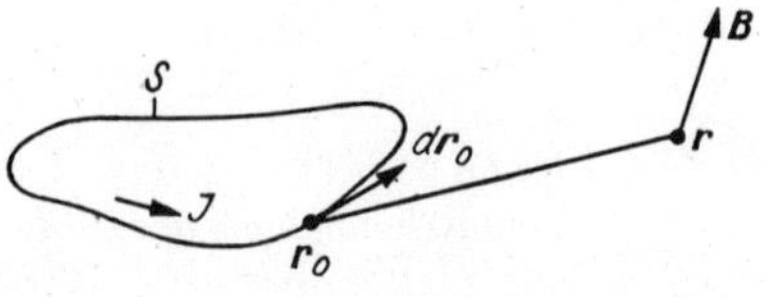

Bild 6.23. Zum Gesetz von Biot–Savart

Das Biot-Savartsche Gesetz lautet nun (Bild 6.23), wenn eine geschlossene Stromschleife vorliegt:

$$\boldsymbol{B} = \frac{\mu I}{4\pi} \oint_{(S)} \operatorname{grad} \frac{1}{|\boldsymbol{r} - \boldsymbol{r}_0|} \times \mathrm{d}\boldsymbol{r}_0 \tag{6.60a}$$

oder

$$\boxed{\boldsymbol{B} = -\frac{\mu I}{4\pi} \oint_{(S)} \frac{(\boldsymbol{r} - \boldsymbol{r}_0) \times \mathrm{d}\boldsymbol{r}_0}{|\boldsymbol{r} - \boldsymbol{r}_0|^3};} \tag{6.60b}$$

es ergibt sich aus (6.53b) durch eine (6.59) entsprechende Umformung.
Von besonderem Interesse ist noch das magnetische Skalarpotential, ausgedrückt durch den Leiterstrom *I*. Aus (6.55) – vorletzte Zeile – findet man wieder mit

$$\mathrm{d}V_0 = \mathrm{d}\boldsymbol{A}_0 \cdot \mathrm{d}\boldsymbol{r}_0 \quad \text{und} \quad \boldsymbol{S}(\boldsymbol{r}_0) \cdot \mathrm{d}\boldsymbol{A}_0 = I,$$

wobei die einzelnen Umformungsbeziehungen im Anschluß der Rechnung angeführt sind (s. auch Bild 6.24b),

$$\begin{aligned} V(\boldsymbol{r}) - V(\boldsymbol{r}_1) &= \frac{\mu I}{4\pi} \oint_{(S)} \mathrm{d}\boldsymbol{r}_0 \cdot \left(\mathrm{rot}_0 \int_{\boldsymbol{r}_1}^{\boldsymbol{r}} \frac{\mathrm{d}\boldsymbol{r}'}{|\boldsymbol{r}' - \boldsymbol{r}_0|}\right) \\ &= \frac{\mu I}{4\pi} \int_{(A)} \mathrm{d}\boldsymbol{A}_0 \cdot \left(\mathrm{rot}\,\mathrm{rot}_0 \int_{\boldsymbol{r}_1}^{\boldsymbol{r}} \frac{\mathrm{d}\boldsymbol{r}'}{|\boldsymbol{r}' - \boldsymbol{r}_0|}\right) \\ &= \frac{\mu I}{4\pi} \int_{(A)} \mathrm{d}\boldsymbol{A}_0 \cdot \left(\mathrm{grad}\,\mathrm{div}_0 \int_{\boldsymbol{r}_1}^{\boldsymbol{r}} \frac{\mathrm{d}\boldsymbol{r}'}{|\boldsymbol{r}' - \boldsymbol{r}_0|}\right) \\ &= \frac{\mu I}{4\pi} \int_{(A)} \mathrm{d}\boldsymbol{A}_0 \cdot \mathrm{grad}_0 \left(\int_{\boldsymbol{r}_1}^{\boldsymbol{r}} \mathrm{grad}_0 \frac{1}{|\boldsymbol{r}' - \boldsymbol{r}_0|} \cdot \mathrm{d}\boldsymbol{r}'\right) \\ &= \frac{\mu I}{4\pi} \int_{(A)} \mathrm{d}\boldsymbol{A}_0 \cdot \mathrm{grad}_0 \left(\frac{1}{|\boldsymbol{r}_1 - \boldsymbol{r}_0|} - \frac{1}{|\boldsymbol{r} - \boldsymbol{r}_0|}\right). \end{aligned}$$

Bei den einzelnen Umformungsschritten wurden folgende Beziehungen verwendet:

1. 2. Integralsatz von *Stokes*
2. (2.51b):

$$\Delta \boldsymbol{U} = \mathrm{grad}\,\mathrm{div}\,\boldsymbol{U} - \mathrm{rot}\,\mathrm{rot}\,\boldsymbol{U} \quad \text{mit} \quad \boldsymbol{U} = \int_{\boldsymbol{r}_1}^{\boldsymbol{r}} \frac{\mathrm{d}\boldsymbol{r}'}{|\boldsymbol{r}' - \boldsymbol{r}_0|}$$

   unter Beachtung von (2.70) und

$$\Delta_0 \int_{\boldsymbol{r}_1}^{\boldsymbol{r}} \frac{\mathrm{d}\boldsymbol{r}'}{|\boldsymbol{r}' - \boldsymbol{r}_0|} = \int_{\boldsymbol{r}_1}^{\boldsymbol{r}} \Delta \frac{1}{|\boldsymbol{r}' - \boldsymbol{r}_0|} \cdot \mathrm{d}\boldsymbol{r}' = 0 \quad \text{für} \quad \boldsymbol{r}' \neq \boldsymbol{r}_0$$

3. (2.63–2): $\mathrm{div}\,(U\boldsymbol{U}) = \boldsymbol{U} \cdot \mathrm{grad}\,U + U\,\mathrm{div}\,\boldsymbol{U}$ mit $\boldsymbol{U} = \mathrm{d}\boldsymbol{r}'$, $U = 1/|\boldsymbol{r}' - \boldsymbol{r}_0|$
4. (2.6): $\mathrm{d}U = \mathrm{grad}\,U \cdot \mathrm{d}\boldsymbol{r}$ mit U wie unter 3.

Für linienhafte Leiter folgt also

$$V(\boldsymbol{r}) - V(\boldsymbol{r}_1) = \frac{\mu I}{4\pi} \int_{(A)} \mathrm{grad}_0 \frac{1}{|\boldsymbol{r}_1 - \boldsymbol{r}_0|} \cdot \mathrm{d}\boldsymbol{A}_0 - \frac{\mu I}{4\pi} \int_{(A)} \mathrm{grad}_0 \frac{1}{|\boldsymbol{r} - \boldsymbol{r}_0|} \cdot \mathrm{d}\boldsymbol{A}_0.$$

Nach (1.84) bzw. (2.67) sind die Flächenintegrale aber die (negativen) Raumwinkel Ω zum einen vom Raumpunkt $\boldsymbol{r}_1$ und zum anderen vom Raumpunkt $\boldsymbol{r}$ aus gesehen. Der erste Ausdruck ist mithin identisch mit dem negativen Wert des magnetischen Skalarpotentials $-V(\boldsymbol{r}_1)$ in $\boldsymbol{r}_1$, so daß folgt

$$\boxed{V(\boldsymbol{r}) = \frac{\mu I}{4\pi}\,\Omega(\boldsymbol{r})} \tag{6.61a}$$

mit dem Raumwinkel (Bild 6.24)

$$\Omega(\boldsymbol{r}) = -\int_{(A)} \operatorname{grad}_0 \frac{1}{|\boldsymbol{r} - \boldsymbol{r}_0|} \cdot \mathrm{d}\boldsymbol{A}_0. \tag{6.61b}$$

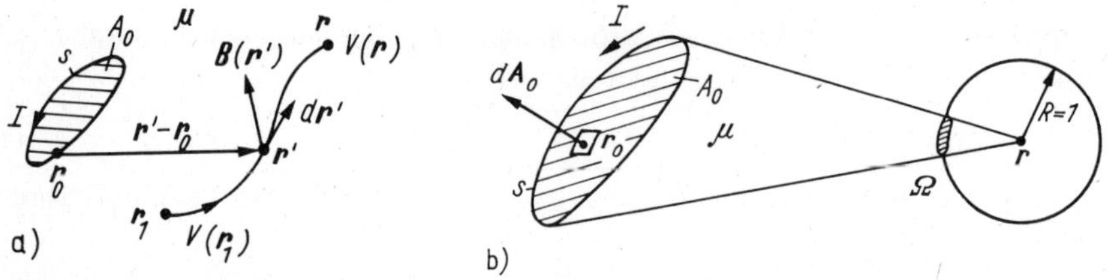

Bild 6.24. Geschlossene Leiterschleife

a) Bestimmung des magnetischen Skalarpotentials nach (6.55)

b) magnetisches Skalarpotential und Raumwinkel

Hiernach steht das Skalarpotential linienhafter Leiter im Punkt $\boldsymbol{r}$ in einem sehr engen Zusammenhang mit dem Raumwinkel, den eine in den stromführenden Leiter eingespannte Fläche A_0 durch Zentralprojektion auf die Einheitskugel mit dem Mittelpunkt in $\boldsymbol{r}$ erzeugt.
Zerfällt die linienhafte Strömung in voneinander isolierte Teilströme, so ergibt sich das Gesamtpotential V aus der Summe der einzelnen Teilpotentiale:

$$V = \sum_{\nu=1}^{n} V_\nu, \qquad V_\nu = \frac{\mu I_\nu}{4\pi} \Omega_\nu. \tag{6.62}$$

Beispiel. Wir betrachten einen ringförmigen Strom der Stärke I mit dem Radius R (Bild 6.25).
1. *Magnetfeld auf der z-Achse*. Da aus Symmetriegründen $\boldsymbol{B} = \boldsymbol{k}B_z$ ist, ist wegen

$$B_z = \operatorname{grad}_z V = \frac{\partial V}{\partial z} = \frac{\mu I}{4\pi} \frac{\partial \Omega}{\partial z} \tag{6.63}$$

$\Omega = \Omega(0, \alpha, z)$ auch nur als Funktion von z für $\varrho = 0$ zu ermitteln.
Hierzu ist die Flächenorientierung der in die Stromschleife eingebetteten Fläche A_0 vorzunehmen, die ihrerseits das Vorzeichen von Ω bestimmt. Es wird A_0 durch I (Orientierung des Randes von A_0) im Sinne einer Rechtsschraube bezüglich der positiven z-Achse (Achse der Kreisschleife) festgelegt, so daß $\mathrm{d}\boldsymbol{A}_0 = \boldsymbol{k}\,\mathrm{d}A_0$ und $\Omega\,(\boldsymbol{r} = \boldsymbol{k}z) < 0$ für $z > 0$ gilt.
Gemäß Bild 6.25 ist nach den Grundformeln der Stereometrie (A_k Kugelkappenfläche; h Kappenhöhe)

$$\Omega = -\frac{A_k}{r_1^2} = -\frac{2\pi r_1 h}{r_1^2} = -\frac{2\pi h}{r_1} = -2\pi\left(1 - \frac{z}{r_1}\right).$$

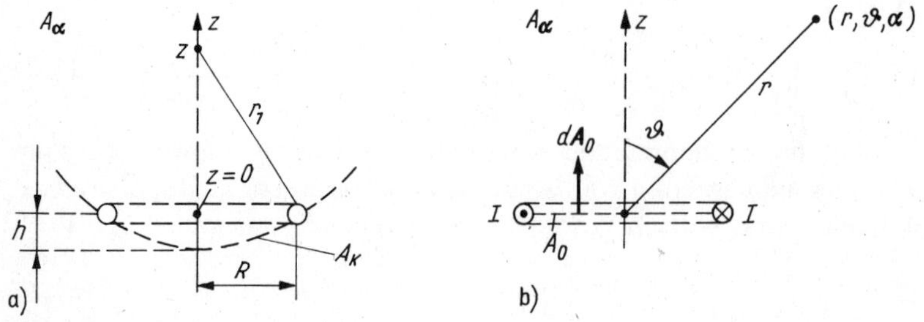

Bild 6.25. Ringstrom

a) geometrische Anordnung

b) Bestimmungsgrößen des Raumwinkels

Daraus folgt mit (6.61 a)

$$V = \frac{\mu I}{4\pi}\,\Omega = -\frac{\mu I}{2}\left(1 - \frac{z}{r_1}\right) \qquad (r_1^2 = z^2 + R^2)$$

und wegen (6.63)

$$B_z = \frac{\partial V}{\partial z} = \frac{\mu I}{2}\,\frac{R^2}{r_1^{3/2}}.$$

Damit gilt

$$B_z = \frac{\mu I}{2}\,\frac{R^2}{(z^2 + R^2)^{3/2}}.$$

2. *Magnetfeld im Feldpunkt* $\boldsymbol{r}$ *(Skalarpotential)*. Für einen beliebigen Feldpunkt gilt

$$\begin{aligned}\Omega(\boldsymbol{r}) &= \int_{(A)} \operatorname{grad}\frac{1}{|\boldsymbol{r} - \boldsymbol{r}_0|}\cdot \mathrm{d}\boldsymbol{A}_0 = \int_{(A)} \boldsymbol{k}\cdot\operatorname{grad}\frac{1}{|\boldsymbol{r} - \boldsymbol{r}_0|}\,\mathrm{d}A_0 \\ &= \int_{(A)} \frac{\partial}{\partial z}\,\frac{1}{|\boldsymbol{r} - \boldsymbol{r}_0|}\,\mathrm{d}A_0 \\ &= \frac{\partial}{\partial z}\int_{(A)} \frac{1}{|\boldsymbol{r} - \boldsymbol{r}_0|}\,\mathrm{d}A_0.\end{aligned}$$

Mit der Näherung (vgl. (4.41))

$$\frac{1}{|\boldsymbol{r} - \boldsymbol{r}_0|} \approx \frac{1}{|\boldsymbol{r}|} + \frac{\boldsymbol{r}\cdot\boldsymbol{r}_0}{|\boldsymbol{r}|^3}$$

für $|\boldsymbol{r}| \gg |\boldsymbol{r}_0|$ gilt demzufolge

$$\Omega(\boldsymbol{r}) \approx \frac{\partial}{\partial z}\,\frac{1}{|\boldsymbol{r}|}\int_{(A)} \mathrm{d}A_0 + \frac{\partial}{\partial z}\left\{\frac{\boldsymbol{r}}{|\boldsymbol{r}|^3}\cdot\int_{(A)} \boldsymbol{r}_0\,\mathrm{d}A_0\right\}$$

oder in Kugelkoordinaten

$$\Omega\,(r, \vartheta) \approx \frac{\partial}{\partial z}\,\frac{1}{|\boldsymbol{r}|}\,R^2\pi = -\frac{R^2\pi}{r^2}\cos\vartheta, \tag{6.64}$$

da $\int_{(A)} \boldsymbol{r}_0\,\mathrm{d}A_0$ verschwindet, wenn der Ursprung des Koordinatensystems in den Kreismittelpunkt gelegt wird.

Damit erhält man (Bild 6.25 b)

$$V \approx -R^2\,\frac{\mu I}{4r^2}\cos\vartheta$$

und

$$\begin{aligned}\boldsymbol{B} &= \operatorname{grad} V \approx \boldsymbol{e}_r\frac{\partial}{\partial r}V + \boldsymbol{e}_\vartheta\frac{1}{r}\,\frac{\partial}{\partial\vartheta}V \\ &= \frac{\mu I R^2}{4}\left(\boldsymbol{e}_r\,\frac{2\cos\vartheta}{r^3} + \boldsymbol{e}_\vartheta\,\frac{\sin\vartheta}{r^3}\right).\end{aligned}$$

3. *Magnetfeld im Feldpunkt* $\boldsymbol{r}$ *(Vektorpotential)*. Wir erläutern schließlich noch die Berechnung von $\boldsymbol{B}$ unter Benutzung des Vektorpotentials. In (6.59) ist (Bild 6.26)

$$\begin{aligned}|\boldsymbol{r} - \boldsymbol{r}_0|^2 &= a^2 + z^2 = R^2 + \varrho^2 + z^2 - 2R\varrho\cos\beta \\ \mathrm{d}\boldsymbol{r}_0 &= (\boldsymbol{e}_\varrho\cdot\mathrm{d}\boldsymbol{r}_0)\,\boldsymbol{e}_\varrho + (\boldsymbol{e}_\alpha\cdot\mathrm{d}\boldsymbol{r}_0)\,\boldsymbol{e}_\alpha \\ &= R\sin\beta\,\mathrm{d}\beta\,\boldsymbol{e}_\varrho + R\cos\beta\,\mathrm{d}\beta\,\boldsymbol{e}_\alpha.\end{aligned}$$

Somit erhält man (in Zylinderkoordinaten) nach (6.59)

$$\boldsymbol{V}(\boldsymbol{r}) = \frac{\mu I}{4\pi} \int_{(S)} \frac{\mathrm{d}\boldsymbol{r}_0}{|\boldsymbol{r} - \boldsymbol{r}_0|} = \boldsymbol{e}_\alpha \frac{\mu I}{4\pi} \int_0^{2\pi} \frac{R \cos\beta \, \mathrm{d}\beta}{\sqrt{R^2 + \varrho^2 + z^2 - 2R\varrho\cos\beta}} + \boldsymbol{e}_\varrho \frac{\mu I}{4\pi} \int_0^{2\pi} \ldots \mathrm{d}\beta .$$

Das zweite Integral verschwindet, da der Integrand im Integrationsintervall ungerade ist; das erste Integral kann mit

$$\sqrt{R^2 + \varrho^2 + z^2 - 2R\varrho\cos\beta} = \sqrt{(R + \varrho)^2 + z^2 - 2R\varrho\,(1 + \cos\beta)}$$

und

$$1 + \cos\beta = 2\sin^2\gamma \quad (\beta = \pi - 2\gamma)$$

auf die Normalform eines *elliptischen Integrals* gebracht werden. Man erhält

$$\boldsymbol{V} = \boldsymbol{e}_\alpha \frac{\mu I}{\pi k} \sqrt{\frac{R}{\varrho}} \left[\left(1 - \frac{k^2}{2}\right) K - E \right]; \qquad k^2 = \frac{4R\varrho}{(R + \varrho)^2 + z^2}$$

mit den *vollständigen elliptischen Integralen*

$$K = K(k^2) = \int_0^{\pi/2} \frac{\mathrm{d}\gamma}{\sqrt{1 - k^2 \sin^2\gamma}}$$

$$E = E(k^2) = \int_0^{\pi/2} \sqrt{1 - k^2 \sin^2\gamma}\, \mathrm{d}\gamma .$$

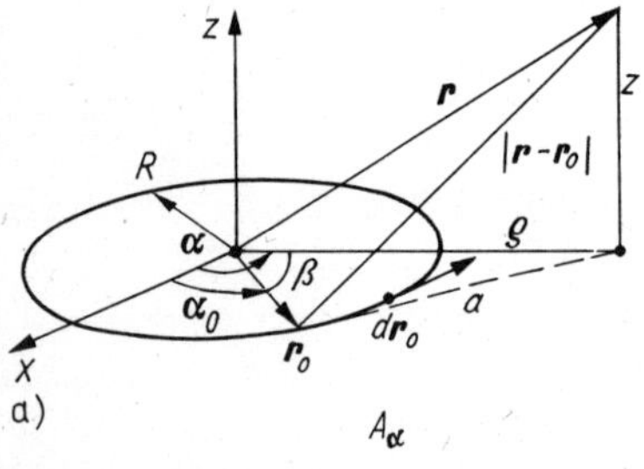

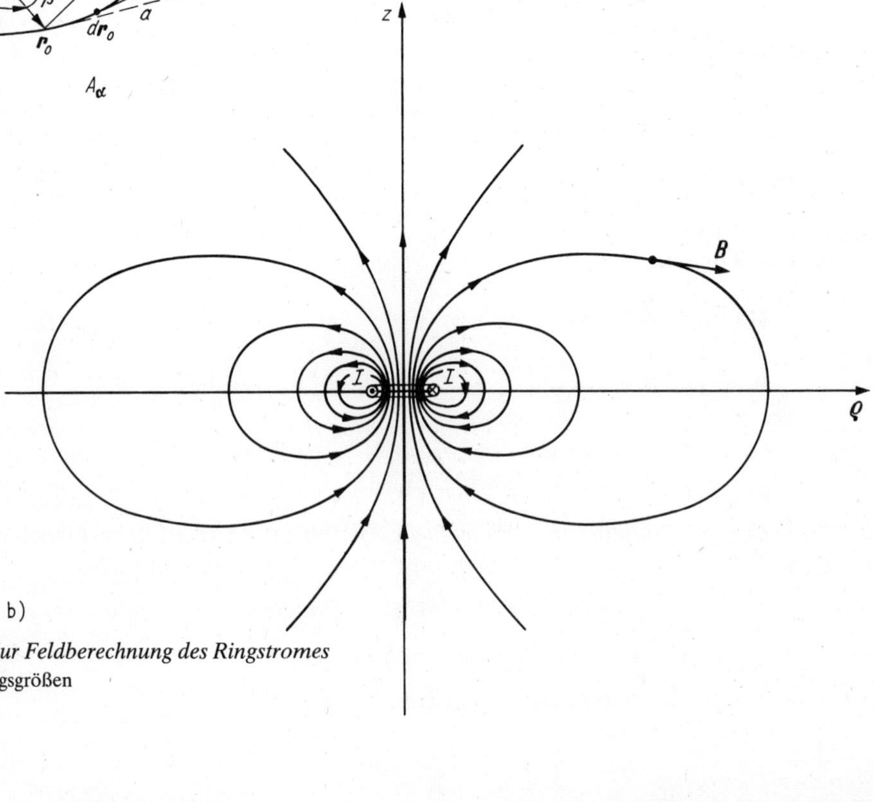

Bild 6.26. Zur Feldberechnung des Ringstromes
a) Berechnungsgrößen
b) Feldbild

Die Indudktion $\boldsymbol{B}$ hat damit den exakten Wert

$$\boldsymbol{B} = \text{rot } \boldsymbol{V} = -\boldsymbol{e}_\varrho \frac{\partial V_\alpha}{\partial z} + \boldsymbol{e}_z \frac{1}{\varrho} \frac{\partial}{\partial \varrho} (\varrho V_\alpha)$$

$$= \frac{\mu I}{4\pi} \frac{k}{\sqrt{R\varrho}} \left[\boldsymbol{e}_\varrho \frac{z}{\varrho} \left(-K + \frac{R^2 + \varrho^2 + z^2}{(R - \varrho)^2 + z^2} E \right) \right.$$

$$\left. + \boldsymbol{e}_z \left(K + \frac{R^2 - \varrho^2 - z^2}{(R - \varrho)^2 + z^2} E \right) \right].$$

6.2.2. Felder mit Randbedingungen

Bedingungen an der Grenzfläche. Nach (6.50) hat das Induktionsfeld $\boldsymbol{B}$ allgemein die Form

$$\boldsymbol{B} = \text{rot } \boldsymbol{V}_\text{N} + \text{grad } \psi_\text{H}, \tag{6.65}$$

und zwar in jedem räumlichen Bereich B mit konstanter Permeabilität μ (Bild 6.27). ψ_H ist ein beliebiges harmonisches Skalarfeld und $\boldsymbol{V}_\text{N}$ das von der Strömung $\boldsymbol{S}$ erzeugte Vektorpotential

$$\boldsymbol{V}_\text{N}(\boldsymbol{r}) = \frac{\mu_1}{4\pi} \int_{(V_1)} \frac{\boldsymbol{S}(\boldsymbol{r}_0)\, \mathrm{d}\boldsymbol{V}_0}{|\boldsymbol{r} - \boldsymbol{r}_0|}, \qquad \boldsymbol{S} = -\varkappa \text{ grad } \varphi_\text{H}. \tag{6.66}$$

Dabei wird angenommen, daß $\boldsymbol{S}$ nur im Innern des Bereiches mit der Permeabilität μ_1 von Null verschieden ist (keine Durchströmung der Grenzfläche).
Nach (6.65) ist $\boldsymbol{B}$ eindeutig bestimmt, wenn auf dem Bereichsrand von B entweder $\boldsymbol{n} \cdot \boldsymbol{B}$ oder $\boldsymbol{n} \times \boldsymbol{B}$ vorgegeben ist (s. Abschn. 5.1.). Da aber $\boldsymbol{V}_\text{N}(\boldsymbol{r})$ auf dem Bereichsrand eindeutig die durch $\boldsymbol{S}$ festgelegten Werte annimmt, ist die Vorgabe der Randwerte $\boldsymbol{n} \cdot \boldsymbol{B}$ bzw. $\boldsymbol{n} \times \boldsymbol{B}$ mit der Festlegung der Werte $\boldsymbol{n} \cdot \text{grad } \psi_\text{H}$ bzw. $\boldsymbol{n} \times \text{grad } \psi_\text{H}$ gleichbedeutend.
Die Forderung nach bestimmten Randwerten $\boldsymbol{n} \cdot \boldsymbol{B}$ bzw. $\boldsymbol{n} \cdot \text{grad } \psi_\text{H}$ führt auf das zweite Randwertproblem der Potentialtheorie (s. Abschn. 3.2.4.).
Ist $\boldsymbol{n} \times \boldsymbol{B}$ bzw. $\boldsymbol{n} \times \text{grad } \psi_\text{H}$ auf dem Bereichsrand vorgegeben, so führt die Lösung des Problems auf das erste Randwerproblem der Potentialtheorie.

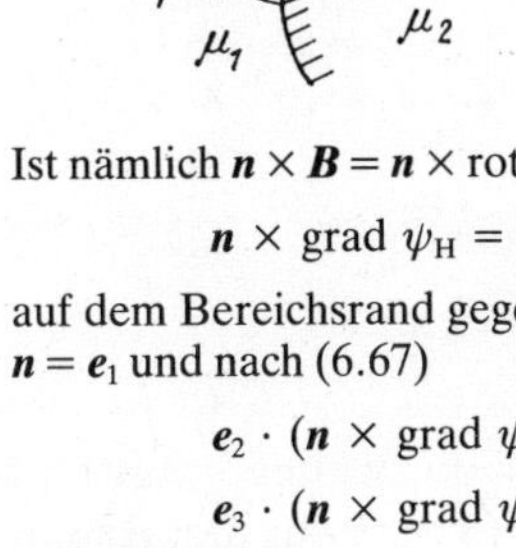

Bild 6.27
Stationäres Magnetfeld – Feldgebiet mit Grenzflächen

Ist nämlich $\boldsymbol{n} \times \boldsymbol{B} = \boldsymbol{n} \times \text{rot } \boldsymbol{V}_\text{N} + \boldsymbol{n} \times \text{grad } \psi_\text{H} = \boldsymbol{B}_\text{t}$, also

$$\boldsymbol{n} \times \text{grad } \psi_\text{H} = \boldsymbol{B}_\text{t} - \boldsymbol{n} \times \text{rot } \boldsymbol{V}_\text{N} = \boldsymbol{W}, \tag{6.67}$$

auf dem Bereichsrand gegeben und fällt dieser z. B. mit der (x_2, x_3)-Koordinatenfläche zusammen, so ist $\boldsymbol{n} = \boldsymbol{e}_1$ und nach (6.67)

$$\boldsymbol{e}_2 \cdot (\boldsymbol{n} \times \text{grad } \psi_\text{H}) = (\boldsymbol{e}_2 \boldsymbol{e}_1 \text{ grad } \psi_\text{H}) = \boldsymbol{e}_2 \cdot \boldsymbol{W} = W_2 = -\boldsymbol{e}_3 \cdot \text{grad } \psi_\text{H}$$

$$\boldsymbol{e}_3 \cdot (\boldsymbol{n} \times \text{grad } \psi_\text{H}) = (\boldsymbol{e}_3 \boldsymbol{e}_1 \text{ grad } \psi_\text{H}) = \boldsymbol{e}_3 \cdot \boldsymbol{W} = W_3 = \boldsymbol{e}_2 \cdot \text{grad } \psi_\text{H}.$$

Daraus folgt

$$\text{grad } \psi_\text{H} \cdot (\boldsymbol{e}_2 h_2 \, \mathrm{d}x_2 + \boldsymbol{e}_3 h_3 \, \mathrm{d}x_3) = W_3 h_2 \, \mathrm{d}x_2 - W_2 h_3 \, \mathrm{d}x_3 = \text{grad } \psi_\text{H} \cdot \mathrm{d}\boldsymbol{r}$$

und schließlich nach Integration über eine beliebige Kurve $\boldsymbol{r}(u)$ auf der Begrenzungsfläche

$$\begin{aligned}\psi_{\mathrm{H}}(\boldsymbol{r}) - \psi_{\mathrm{H}}(\boldsymbol{r}_0) &= \int_{(S)} (W_3 h_2 \, \mathrm{d}x_2 - W_2 h_3 \, \mathrm{d}x_3) \\ &= \int_{(u)} \left(W_3 h_2 \frac{\mathrm{d}x_2}{\mathrm{d}u} - W_2 h_3 \frac{\mathrm{d}x_3}{\mathrm{d}u} \right) \mathrm{d}u . \end{aligned} \tag{6.68}$$

Zu bestimmen ist also ein harmonisches Skalarfeld, daß die Randwerte (6.68) annimmt (1. Randwertproblem der Potentialtheorie).

Grenzfall $\mu \rightarrow \infty$ (Spiegelung). An der Grenzfläche werden die Feldlinien gebrochen. Der Winkel der Feldlinien mit der Normalkomponenten $\boldsymbol{n}$ sei α (Bild 6.28). Dann gilt (vgl. Abschn. 3.1.3.)

$$\tan \alpha_1 = \frac{B_{t1}}{B_{n1}} = \frac{\mu_1}{\mu_2} \frac{B_{t2}}{B_{n2}} = \frac{\mu_1}{\mu_2} \tan \alpha_2 . \tag{6.69}$$

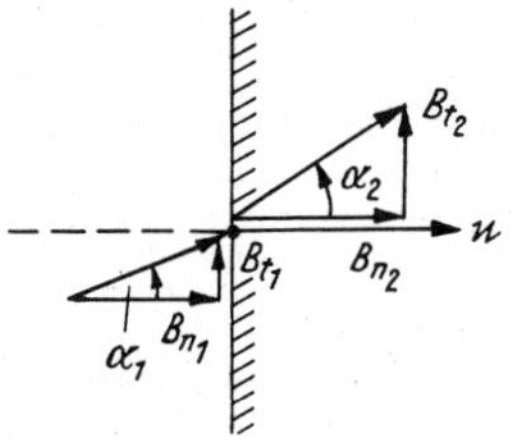

Bild 6.28. Berechnungswinkel der Feldlinien

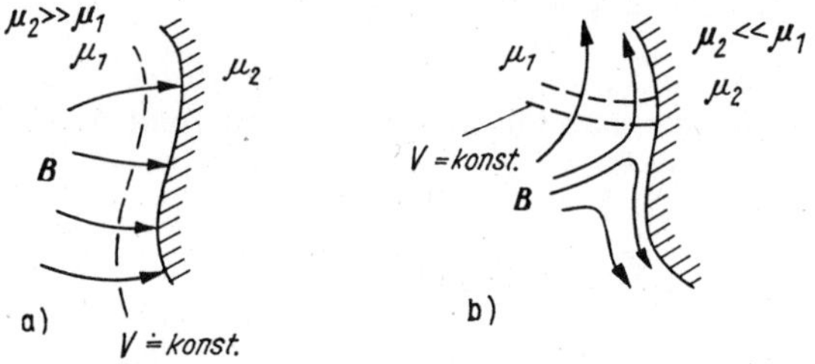

Bild 6.29. Grenzbedingungen im Magnetfeld

Ist $\mu_2 \gg \mu_1$, so ist für alle $\alpha_2 < \pm \pi/2$ und $\tan \alpha_1 \approx \alpha_1 \approx 0$, d.h., die $\boldsymbol{B}$-Linien treten praktisch senkrecht in die Grenzfläche ein (Bild 6.29a). Für $\mu_2 \ll \mu_1$ ist dagegen $\tan \alpha_1 \gg 1$, also $\alpha_1 \approx \pm \pi/2$ für alle $\alpha_2 \neq 0$. In diesem Grenzfall laufen die $\boldsymbol{B}$-Linien parallel zur Grenzfläche (Bild 6.29b). Die Randbedingungen lauten also in diesen einfachen Fällen

$$\begin{aligned} &1.\ \mu_2 \gg \mu_1: \quad \boldsymbol{n} \times \boldsymbol{B}_1 = \boldsymbol{n} \times \operatorname{rot} \boldsymbol{V}_1 = 0 \\ &2.\ \mu_2 \gg \mu_1: \quad \boldsymbol{n} \cdot \boldsymbol{B}_1 = \boldsymbol{n} \cdot \operatorname{rot} \boldsymbol{V}_1 = 0 . \end{aligned} \tag{6.70}$$

In den genannten Grenzfällen kann eine der Ladungspiegelung in der Elektrostatik analoge Methode zur Feldberechnung herangezogen werden.

Als Beispiel betrachten wir den Ringstrom im oberen Halbraum, dessen Feld durch eine ebene Grenzfläche mit $\mu_2 \gg \mu_1$ gestört wird (Bild 6.30).

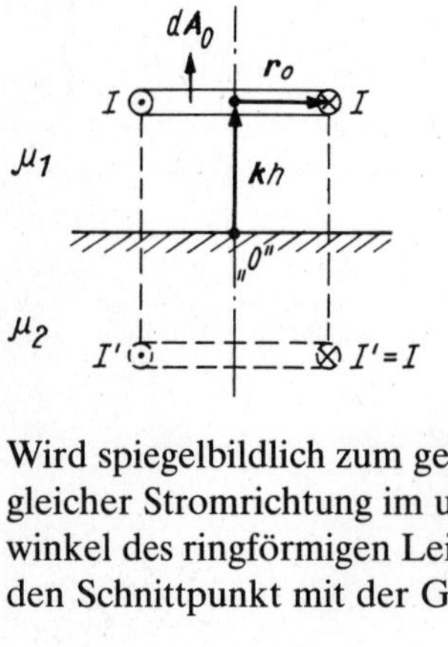

Bild 6.30
Ringstrom mit Grenzfläche ($\mu_2 \gg \mu_1$)

Wird spiegelbildlich zum gegebenen Ringstrom im oberen Halbraum ein zweiter Ringstrom gleicher Stromrichtung im unteren Halbraum angebracht, so gilt mit (6.61b) für den Raumwinkel des ringförmigen Leiters, wenn die Ringstromachse in die z-Achse gelegt wird und in den Schnittpunkt mit der Grenzfläche der Koordinatenursprung „0“ (Stromrichtung festgelegt im Sinne einer Rechtsschraube bezüglich der positiven z-Achse)

$$\Omega = \int_{(A)} \left(\text{grad} \frac{1}{|\boldsymbol{r} - (h\boldsymbol{k} + \boldsymbol{r}_0)|} + \text{grad} \frac{1}{|\boldsymbol{r} - (-\boldsymbol{k}h + \boldsymbol{r}_0)|} \right) \mathrm{d}\boldsymbol{A}_0 \tag{6.71}$$

und mit (6.64) näherungsweise ($|\boldsymbol{r}| \gg |\boldsymbol{k}h + \boldsymbol{r}_0|$)

$$\Omega \approx \Omega' = \text{grad} \left(\frac{1}{|\boldsymbol{r} - \boldsymbol{k}h|} + \frac{1}{|\boldsymbol{r} + \boldsymbol{k}h|} \right) \cdot \boldsymbol{A}_0 \qquad \begin{matrix} (A_0 = R^2\pi) \\ (R = |\boldsymbol{r}_0|). \end{matrix}$$

Daraus folgt

$$V = \frac{\mu I}{4\pi} \Omega \tag{6.72a}$$

und nach (6.54)

$$\begin{aligned} \boldsymbol{B} &= \frac{\mu I}{4\pi} \text{grad}\, \Omega \approx \frac{\mu I}{4\pi} \text{grad}\, \Omega' \\ &= \frac{\mu I}{4\pi} \text{grad} \left[\boldsymbol{A}_0 \cdot \text{grad} \left(\frac{1}{|\boldsymbol{r} - \boldsymbol{k}h|} + \frac{1}{|\boldsymbol{r} + \boldsymbol{k}h|} \right) \right] \\ &= -\frac{\mu I}{4\pi} \text{grad} \left[\boldsymbol{k} R^2\pi \left(\frac{\boldsymbol{r} - \boldsymbol{k}h}{|\boldsymbol{r} - \boldsymbol{k}h|^3} + \frac{\boldsymbol{r} + \boldsymbol{k}h}{|\boldsymbol{r} + \boldsymbol{k}h|^3} \right) \right] \\ &= -\frac{\mu I}{4\pi} \text{grad} \left[\frac{r \cos\vartheta - h}{|\boldsymbol{r} - \boldsymbol{k}h|^3} + \frac{r \cos\vartheta + h}{|\boldsymbol{r} + \boldsymbol{k}h|^3} \right]. \end{aligned} \tag{6.72b}$$

Man entnimmt bereits der Anschauung, daß $\boldsymbol{B}$ in (6.72b) die Lösung für den Fall $\mu_2 \gg \mu_1$ ist; denn $\boldsymbol{B}$ in (6.70) ist die Überlagerung zweier Ringstromfelder, also im oberen Halbraum jedenfalls die Rotation rot $\boldsymbol{V}$ einer quellenfreien Lösung von $\Delta\boldsymbol{V} = -\mu\boldsymbol{S}$, worin $\boldsymbol{S} = \boldsymbol{S}(\boldsymbol{r})$ die dem Ringstrom entsprechende Stromdichteverteilung im Raum angibt (vgl. Abschn. 2.2.2.). Außerdem ist auf dem Bereichsrand $\boldsymbol{n} \times \text{rot}\, \boldsymbol{V} = \boldsymbol{n} \times \boldsymbol{B} = 0$ und damit (6.72) die einzige Lösung des betrachteten Problems.

Liegt der Fall $\mu_2 \ll \mu_1$ vor, so erhält man in der gleichen Weise eine Lösung; nur ist jetzt die Stromrichtung des gespiegelten Ringstroms umzukehren. In ähnlicher Weise können durch Mehrfachspiegelung und andere Modifikationen nach dem Vorbild der Elektrostatik einfache Randwertprobleme für stationäre Magnetfelder gelöst werden.

Harmonische Felder. Im Lösungsbereich B sei $\boldsymbol{S} \equiv 0$, dann gilt nach (6.65) und (6.66)

$$\boldsymbol{B} = \text{grad}\, \psi, \qquad \Delta\psi = 0. \tag{6.73}$$

Die Induktion ist jetzt gleich dem Gradienten eines harmonischen Skalarpotentials ψ_H, das seinerseits allein durch die Randwerte des Lösungsbereichs gegeben ist (1. Randwertproblem der Potentialtheorie). Dieses Problem unterscheidet sich nicht von dem entsprechenden der Elektrostatik. Beispielsweise wird das durch eine Kugel mit großem μ gestörte homogene Magnetfeld genauso berechnet wie das durch eine leitende Kugel gestörte homogene elektrische Feld (s. Abschn. 4.3.1., S. 178). In allgemeineren Fällen müssen wieder dem Problem angepaßte Koordinaten eingeführt werden (s. Abschn. 4.3.1., S. 179).

6.2.3. Ebene Felder

Komplexes Potential. Die Probleme der Feldberechnung vereinfachen sich, wenn die Stromlinien des elektrischen Stroms geradlinig verlaufen. Legen wir die z-Achse in die Richtung der

Stromdichte $\boldsymbol{S}$, so gilt nach (6.66) mit $\boldsymbol{S} = \boldsymbol{k}S_z$ ($\boldsymbol{S}$ im Endlichen)

$$\boldsymbol{V} = \boldsymbol{V}_\mathrm{N} = \frac{\mu \boldsymbol{k}}{4\pi} \int_{(V)} \frac{S_z \,\mathrm{d}V_0}{|\boldsymbol{r} - \boldsymbol{r}_0|} = \boldsymbol{k} V_{\mathrm{N}z} \tag{6.74a}$$

oder

$$V = V_{\mathrm{N}z} = \frac{\mu}{4\pi} \int_{(V)} \frac{S_z \,\mathrm{d}V_0}{|\boldsymbol{r} - \boldsymbol{r}_0|}. \tag{6.74b}$$

In diesem wichtigen Sonderfall kann also $\boldsymbol{B}$ durch ein Skalarfeld V beschrieben werden. Analog dem entsprechenden Integral (4.6a) der Elektrostatik und den Überlegungen im Abschn. 4.4.1. erhält man hieraus durch Integration über z

$$V = \frac{\mu}{2\pi} \int_{(A)} S_z \ln \frac{r_\mathrm{B}}{|\bar{\boldsymbol{r}} - \bar{\boldsymbol{r}}_0|} \,\mathrm{d}A_0 \tag{6.75}$$

mit den Ortsvektoren $\bar{\boldsymbol{r}}$, $\bar{\boldsymbol{r}}_0$ in der Koordinatenfläche $z = 0$ oder

$$\boxed{V = \mathrm{Re}\,\{\Phi(\underline{z})\},} \tag{6.76a}$$

wenn das *komplexe* Potential ($S = S_z$)

$$\Phi(\underline{z}) = \frac{\mu}{2\pi} \int_{(A)} S \ln \frac{r_\mathrm{B}}{\underline{z} - \underline{z}_0} \,\mathrm{d}A_0 \tag{6.76b}$$

eingeführt wird (vgl. Abschn. 4.4.1.). Für die Induktion erhält man mit (2.61–4)

$$\boldsymbol{B} = \mathrm{rot}\ \boldsymbol{V} = \mathrm{rot}\ (\boldsymbol{k}V) = -\boldsymbol{k} \times \mathrm{grad}\ V \tag{6.77a}$$

oder einfacher, wenn $\mathrm{Im}\,\{\Phi(\underline{z})\}$ den Imaginärteil von Φ bezeichnet,

$$\boxed{\boldsymbol{B} = -\mathrm{grad}\ (\mathrm{Im}\ \Phi(\underline{z})\}).} \tag{6.77b}$$

Die Richtigkeit der letzten Beziehung ergibt sich aus folgender Umrechnung:
Zunächst ist nach (6.75) ($r_\mathrm{B} = 1$ gesetzt)

$$\mathrm{grad}\ V = \frac{\mu}{2\pi} \int_{(A)} S\ \mathrm{grad}\ \ln \frac{1}{|\bar{\boldsymbol{r}} - \bar{\boldsymbol{r}}_0|} \,\mathrm{d}A_0$$

$$= -\frac{\mu}{2\pi} \int_{(A)} S \frac{(\bar{\boldsymbol{r}} - \bar{\boldsymbol{r}}_0)}{|\bar{\boldsymbol{r}} - \bar{\boldsymbol{r}}_0|^2} \,\mathrm{d}A_0 \qquad \text{und damit nach (6.77a)}$$

$$\boldsymbol{B} = \frac{\mu}{2\pi} \int_{(A)} S \frac{\boldsymbol{k} \times (\bar{\boldsymbol{r}} - \bar{\boldsymbol{r}}_0)}{|\bar{\boldsymbol{r}} - \bar{\boldsymbol{r}}_0|^2} \,\mathrm{d}A_0 = \frac{\mu}{2\pi} \int_{(A)} S \frac{(\boldsymbol{i} \times \boldsymbol{j}) \times (\bar{\boldsymbol{r}} - \bar{\boldsymbol{r}}_0)}{|\bar{\boldsymbol{r}} - \bar{\boldsymbol{r}}_0|^2} \,\mathrm{d}A_0$$

$$= \frac{\mu}{2\pi} \int_{(A)} S \frac{\boldsymbol{j}\,[(\bar{\boldsymbol{r}} - \bar{\boldsymbol{r}}_0) \cdot \boldsymbol{i}] - \boldsymbol{i}\,[(\bar{\boldsymbol{r}} - \bar{\boldsymbol{r}}_0) \cdot \boldsymbol{j}]}{|\bar{\boldsymbol{r}} - \bar{\boldsymbol{r}}_0|^2} \,\mathrm{d}A_0$$

$$= \frac{\mu}{2\pi} \int_{(A)} S \frac{\boldsymbol{j} \cos\beta - \boldsymbol{i} \sin\beta}{|\bar{\boldsymbol{r}} - \bar{\boldsymbol{r}}_0|} \,\mathrm{d}A_0.$$

Nun ist (Bild 6.31)

$$\cos\beta = \frac{x - x_0}{|\bar{\boldsymbol{r}} - \bar{\boldsymbol{r}}_0|}, \qquad \sin\beta = \frac{y - y_0}{|\bar{\boldsymbol{r}} - \bar{\boldsymbol{r}}_0|}$$

und mit (2.61–1)

$$\mathrm{grad}\cos\beta = -\sin\beta\ \mathrm{grad}\ \beta = (x - x_0)\ \mathrm{grad}\ \frac{1}{|\bar{\boldsymbol{r}} - \bar{\boldsymbol{r}}_0|} + \frac{1}{|\bar{\boldsymbol{r}} - \bar{\boldsymbol{r}}_0|} \cdot \boldsymbol{i}$$

$$\mathrm{grad}\sin\beta = \cos\beta\ \mathrm{grad}\ \beta = (y - y_0)\ \mathrm{grad}\ \frac{1}{|\bar{\boldsymbol{r}} - \bar{\boldsymbol{r}}_0|} + \frac{1}{|\bar{\boldsymbol{r}} - \bar{\boldsymbol{r}}_0|} \cdot \boldsymbol{j}.$$

Daraus folgt nach Multiplikation mit $\sin\beta$ bzw. $\cos\beta$ und Addition beider Gleichungen

$$\operatorname{grad}\beta = \frac{\boldsymbol{j}\cos\beta - \boldsymbol{i}\sin\beta}{|\bar{\boldsymbol{r}} - \bar{\boldsymbol{r}}_0|}.$$

Nun ist aber in (6.76b)

$$\operatorname{Im}\left\{\ln\frac{1}{\underline{z} - \underline{z}_0}\right\} = -\arg(\underline{z} - \underline{z}_0) = -\arctan\frac{y - y_0}{x - x_0} = -\beta$$

und damit

$$\boldsymbol{B} = -\frac{\mu}{2\pi}\operatorname{grad}\int_{(A)} S\beta\,\mathrm{d}A_0 = -\frac{\mu}{2\pi}\operatorname{grad}\operatorname{Im}\left\{\int_{(A)} S\ln\frac{1}{\underline{z} - \underline{z}_0}\,\mathrm{d}A_0\right\} = -\operatorname{grad}\operatorname{Im}\{\Phi\},$$

was zu zeigen war.

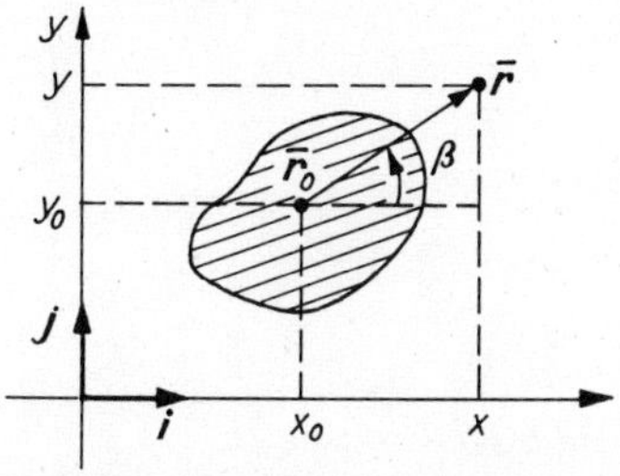

Bild 6.31
Ebenes Magnetfeld – Koordinatenbezeichnungen

Komplexe Induktion $\underline{B}$. Außerhalb der stromführenden Bereiche ist Φ eine reguläre Funktion der komplexen Ortsvariablen $\underline{z}$, und die Berechnung von $\boldsymbol{B}$ kann dort durch Einführung einer *komplexen Induktion* $\underline{B}$ vereinfacht werden.
Nach (6.77b) haben die x- und y-Koordinaten von $\boldsymbol{B}$ entsprechend den Regeln der Differentation im Komplexen die Werte

$$B_x = -\frac{\partial}{\partial x}\operatorname{Im}\{\Phi\} = -\operatorname{Im}\left\{\frac{\partial\Phi(\underline{z})}{\partial x}\right\} = -\operatorname{Im}\left\{\frac{\mathrm{d}\Phi(\underline{z})}{\mathrm{d}\underline{z}}\right\}$$

$$B_y = -\frac{\partial}{\partial y}\operatorname{Im}\{\Phi\} = -\operatorname{Im}\left\{\frac{\partial\Phi(\underline{z})}{\partial y}\right\} = -\operatorname{Re}\left\{\frac{\mathrm{d}\Phi(\underline{z})}{\mathrm{d}\underline{z}}\right\}.$$

Führt man dann durch

$$\underline{B} = B_x + \mathrm{j}B_y$$

eine komplexe Induktion $\underline{B}$ ein, so gilt

$$\underline{B} = B_x + \mathrm{j}B_y = -\mathrm{j}\left[\operatorname{Re}\left\{\frac{\mathrm{d}\Phi(\underline{z})}{\mathrm{d}\underline{z}}\right\} + \mathrm{j}\operatorname{Im}\left\{\frac{\mathrm{d}\Phi(\underline{z})}{\mathrm{d}\underline{z}}\right\}\right]^*$$

oder

$$\boxed{\underline{B} = -\mathrm{j}\left(\frac{\mathrm{d}\Phi(\underline{z})}{\mathrm{d}\underline{z}}\right)^*.} \qquad (6.78)$$

Diese Beziehung, direkt auf (6.76b) angewandt, ergibt noch das Gesetz

$$\boxed{\underline{B} = -\frac{\mu}{2\pi\mathrm{j}}\int_{(A)} S\,\frac{r_{\mathrm{B}}}{(\underline{z} - \underline{z}_0)^*}\,\mathrm{d}A_0,} \qquad (6.79)$$

das als „Gesetz von *Biot-Savart* im Komplexen" bezeichnet werden könnte.

Als Beispiel betrachten wir die flächenhafte Strömung (unendlich langer, gerader Flächenleiter) im Bild 6.32. Wird $b \ll 2a$ vorausgesetzt, so ist genügend genau $dA_0 = b\,dx_0$ und damit nach (6.76b)

$$\Phi(\underline{z}) = \frac{b\mu S_0}{2\pi} \int_{(A)} \ln \frac{r_B}{\underline{z} - x_0}\, dx_0,$$

wenn $S_z = S_0 =$ konst. angenommen wird. Man erhält nach den Regeln der unbestimmten Integration ($r_B = 1$)

$$\Phi(\underline{z}) = \frac{\mu S_0 b}{2\pi} \left\{ (\underline{z} - x_0)\,[\ln(\underline{z} - \underline{x}_0) - 1] \right\}_{-a}^{+a}$$

$$= \frac{\mu S_0 b}{2\pi} \left[z \ln \frac{\underline{z} - a}{\underline{z} + a} - a \ln(\underline{z}^2 - a^2) + 2a \right].$$

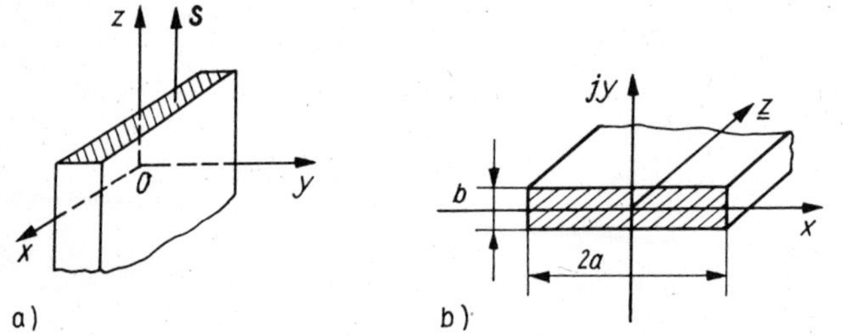

Bild 6.32
Magnetfeld eines Strömungsstreifens
a) räumliche Anordnung
b) Darstellung in der komplexen Ebene

Daraus folgt weiter

$$\frac{d\Phi(\underline{z})}{d\underline{z}} = \frac{\mu S_0 b}{2\pi} \ln \frac{\underline{z} - a}{z + a}$$

$$= \frac{\mu S_0 b}{2\pi} \left\{ \ln \left| \frac{\underline{z} - a}{\underline{z} + a} \right| + j\,[\arg(\underline{z} - a) - \arg(\underline{z} + a)] \right\}$$

und schließlich

$$\underline{B} = -j \left(\frac{d\Phi(\underline{z})}{d\underline{z}} \right)^* = \frac{\mu S_0 b}{2\pi} \left[-j \ln \left| \frac{\underline{z} - a}{\underline{z} + a} \right| - \arg(\underline{z} - a) + \arg(\underline{z} + a) \right],$$

also

$$B_x = -\frac{\mu S_0 b}{2\pi} \left(\arctan \frac{y}{x - a} - \arctan \frac{y}{x + a} \right)$$

$$B_y = -\frac{\mu S_0 b}{4\pi} \ln \frac{(x - a)^2 + y^2}{(x + a)^2 + y^2}.$$

Linienhafte Leiter. Ist der Strömungsquerschnitt einer geradlinigen Strömung sehr klein (gerade linienhafte Leiter), so erhält man aus (6.76b) mit

$$\ln \frac{r_B}{\underline{z} - \underline{z}_0} = \ln \frac{r_B}{\underline{z} - \underline{z}_1} + \varepsilon$$

$$\Phi(\underline{z}) = \frac{\mu}{2\pi} \ln \frac{r_B}{\underline{z} - \underline{z}_1} \int_{(A)} S\, dA_0 + \varepsilon',$$

wenn $\underline{z}_1$ die Koordinate des linienhaften Leiters bezeichnet. Für gegen Null gehende Leiterquerschnitte folgt dann

$$\boxed{\Phi(\underline{z}) = \frac{\mu I}{2\pi} \ln \frac{r_B}{\underline{z} - \underline{z}_1},} \tag{6.80a}$$

wenn

$$I = \int_{(A)} S_z \, dA_0$$

die Stromstärke des Leiters bezeichnet.

Für ein System von Leitern mit den Koordinaten $\underline{z}_\nu$ (Bild 6.33) gilt dann offenbar

$$\Phi = \sum_\nu \Phi_\nu = \frac{\mu}{2\pi} \sum_\nu I_\nu \ln \frac{r_B}{\underline{z} - \underline{z}_\nu}. \tag{6.80b}$$

Die komplexe Induktion findet man mit (6.78) aus

$$\underline{B} = -j \left(\frac{d\Phi(\underline{z})}{d\underline{z}} \right)^* = \frac{\mu j}{2\pi} \sum_\nu I_\nu \frac{1}{(\underline{z} - \underline{z}_y)^*}$$

$$= -\frac{\mu}{2\pi} \sum_\nu I_\nu \frac{(y - y_\nu) - j(x - x_\nu)}{(x - x_\nu)^2 + (y - y_\nu)^2}$$

und damit

$$B_x = -\frac{\mu}{2\pi} \sum_\nu I_\nu \frac{y - y_\nu}{\varrho_\nu^2}, \qquad B_y = \frac{\mu}{2\pi} \sum_\nu I_\nu \frac{x - x_\nu}{\varrho_\nu^2},$$

wenn

$$\varrho_\nu = \sqrt{(x - x_\nu)^2 + (y - y_\nu)^2}$$

gesetzt wird.

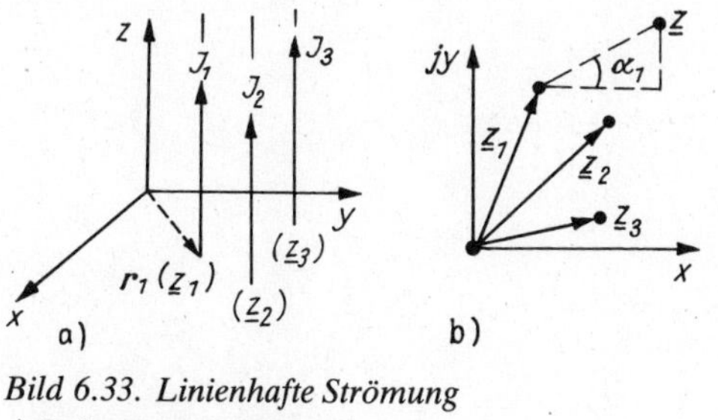

Bild 6.33. Linienhafte Strömung

a) Strömungsanordnung
b) Koordinaten der Strömung

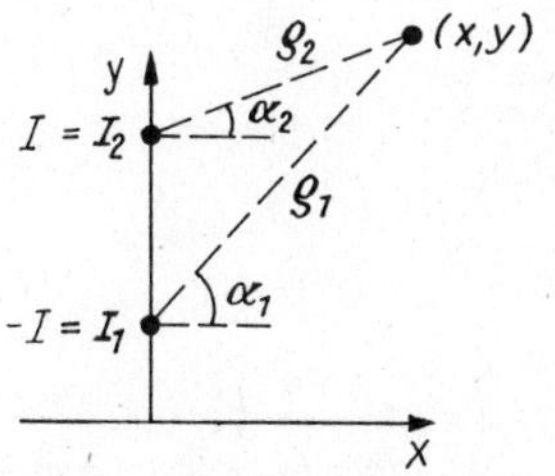

Bild 6.34. Doppelleitung

Für die Doppelleitung nach Bild 6.34 erhält man beispielsweise ($-I_1 = I_2 = I$)

$$B_x = \frac{\mu I}{2\pi} \left(\frac{y - y_1}{\varrho_1^2} - \frac{y - y_2}{\varrho_2^2} \right) = \frac{\mu I}{2\pi} \left(\frac{\sin \alpha_1}{\varrho_1} - \frac{\sin \alpha_2}{\varrho_2} \right)$$

$$B_y = -\frac{\mu I}{2\pi} \left(\frac{x}{\varrho_1^2} - \frac{x}{\varrho_2^2} \right) = -\frac{\mu I}{2\pi} \left(\frac{\cos \alpha_1}{\varrho_1} - \frac{\cos \alpha_2}{\varrho_2} \right). \tag{6.81}$$

Randbedingungen. Bisher ist vorausgesetzt worden, daß das Feld im Endlichen durch keine Unstetigkeiten von μ gestört wird. Ist das nicht der Fall, so muß auf die Beziehung (6.65) zurückgegangen werden.

Die Spezialisierung des ersten Summanden für ebene Felder ist bereits dargelegt worden. Der zweite Summand kann in der Form

$$\boldsymbol{B}_\mathrm{H} = \operatorname{grad} \psi_\mathrm{H} = \operatorname{grad} \operatorname{Re}\{\Phi_\mathrm{H}\}$$
$$= \boldsymbol{i}\frac{\partial}{\partial x}\operatorname{Re}\{\Phi_\mathrm{H}\} + \boldsymbol{j}\frac{\partial}{\partial y}\operatorname{Re}\{\Phi_\mathrm{H}\} \tag{6.82}$$

geschrieben werden, da jede harmonische Funktion ψ_H als Realteil einer regulären Funktion Φ_H der komplexen Variablen $\underline{z}$ aufgefaßt werden kann. Der Ausdruck (6.82) kann in

$$\operatorname{grad} \psi_\mathrm{H} = \boldsymbol{i}\operatorname{Re}\left\{\frac{\mathrm{d}\Phi_\mathrm{H}(\underline{z})}{\mathrm{d}\underline{z}}\right\} - \boldsymbol{j}\operatorname{Im}\left\{\frac{\mathrm{d}\Phi_\mathrm{H}(\underline{z})}{\mathrm{d}\underline{z}}\right\} \tag{6.83}$$

umgeformt werden. Es ist also

$$B_{\mathrm{H}x} = \operatorname{Re}\left\{\frac{\mathrm{d}\Phi_\mathrm{H}(\underline{z})}{\mathrm{d}\underline{z}}\right\}, \qquad B_{\mathrm{H}y} = -\operatorname{Im}\left\{\frac{\mathrm{d}\Phi_\mathrm{H}(\underline{z})}{\mathrm{d}\underline{z}}\right\}$$

und daher in

$$\underline{B}_\mathrm{H} = B_{\mathrm{H}x} + \mathrm{j}B_{\mathrm{H}y} = \operatorname{Re}\left\{\frac{\mathrm{d}\Phi}{\mathrm{d}\underline{z}}\right\} - \mathrm{j}\operatorname{Im}\left\{\frac{\mathrm{d}\Phi}{\mathrm{d}\underline{z}}\right\} = \left(\frac{\mathrm{d}\Phi_\mathrm{H}}{\mathrm{d}\underline{z}}\right)^*$$

Real- und Imaginärteil sind mit der x- bzw. y-Koordinaten von $\boldsymbol{B}$ identisch. Mit Φ_H ist aber $\underline{B}_\mathrm{H}$ eine reguläre Funktion von $\underline{z}$, so daß man statt (6.65) nun mit (6.78)

$$\underline{B} = -\mathrm{j}\left(\frac{\mathrm{d}\Phi}{\mathrm{d}\underline{z}}\right)^* + \left(\frac{\mathrm{d}\Phi_\mathrm{H}}{\mathrm{d}\underline{z}}\right)^* = \underline{B}_\mathrm{N} + \underline{B}_\mathrm{H} \tag{6.84}$$

schreiben kann. Darin ist Φ bzw. $\underline{B}_\mathrm{N}$ durch (6.76b) bzw. (6.79) gegeben. In einfachen Fällen kann wieder die Spiegelungsmethode zur Lösung führen.

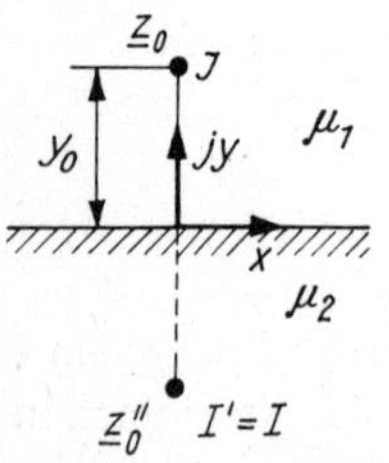

Bild 6.35. Linienhafter Leiter mit Grenzfläche ($\mu_2 \gg \mu_1$)

Als Beispiel betrachten wir den geraden linienhaften Leiter über einer ebenen Grenzfläche mit $\mu_2 \gg \mu_1$ (Bild 6.35). Das komplexe Potential Φ lautet mit (6.80):

$$\Phi(\underline{z}) = \frac{\mu I}{2\pi}\ln\left(\frac{r_\mathrm{B}}{\underline{z} - \mathrm{j}y_0}\cdot\frac{r_\mathrm{B}}{\underline{z} + \mathrm{j}y_0}\right) = \frac{\mu I}{2\pi}\ln\frac{r_\mathrm{B}^2}{\underline{z}^2 + y_0^2}.$$

Daraus folgt ($r_\mathrm{B} = 1$)

$$\frac{\mathrm{d}\Phi(\underline{z})}{\mathrm{d}\underline{z}} = -\frac{\mu I}{2\pi}\frac{2\underline{z}}{\underline{z}^2 + y_0^2}.$$

und

$$\underline{B} = -\mathrm{j}\left(\frac{\mathrm{d}\underline{\Phi}\,(\underline{z})}{\mathrm{d}\underline{z}}\right)^* = -\frac{\mu I}{2\pi}\,\frac{2\,(y+\mathrm{j}x)}{x^2 - y^2 + y_0^2 - 2\mathrm{j}\,xy}$$

$$= \frac{\mu I}{2\pi}\,\frac{2y\,(y_0^2 - y^2) - 2x^2 y}{(x^2 - y^2 + y_0^2)^2 + 4x^2y^2} + \mathrm{j}\,\frac{\mu I}{2\pi}\,\frac{2x\,(x^2 + y_0^2)}{(x^2 - y^2 - y_0^2)^2 + 4x^2y^2}.$$

Ist speziell das Bereichsinnere stromfrei, so ist mit (6.84)

$$\underline{B} = -\mathrm{j}\left(\frac{\mathrm{d}\underline{\Phi}_{\mathrm{H}}}{\mathrm{d}\underline{z}}\right)^*.$$

In diesem Fall ist eine in B reguläre Funktion $\underline{B}_{\mathrm{H}}$ zu bestimmen, deren Realteil auf dem Rand vorgegebene Werte annimmt. Dieses Problem ist bereits für elektrostatische Felder im Abschnitt 4.3. besprochen worden, so daß wir uns hier auf den Hinweis beschränken können.

Zusammenfassung. Es werden nur stationäre Magnetfelder betrachtet, die durch Gleichströme erzeugt werden. Die Berechnung erfolgt über das Vektorpotential, in einfachen Fällen durch Lösung über die Maxwellschen Gleichungen in Integralform oder durch direkte Berechnung der Induktion $\boldsymbol{B}$ mit Hilfe des allgemeinen Gesetzes von *Biot–Savart*.
Das Vektorpotential ist Lösung der vektoriellen Poissonschen Gleichung $\Delta \boldsymbol{V} = -\mu \boldsymbol{S}$ unter der Nebenbedingung div $\boldsymbol{V} = 0$. Nach der Theorie der quellenfreien Felder gilt

$$\begin{aligned}\boldsymbol{B} &= \operatorname{rot} \boldsymbol{V} = \operatorname{rot} \boldsymbol{V}_{\mathrm{P}} + \operatorname{rot} \boldsymbol{V}_{\mathrm{H}} && \text{für div } \boldsymbol{V} \text{ beliebig}\\ &= \operatorname{rot} \boldsymbol{V}_{\mathrm{N}} + \operatorname{grad} \psi_{\mathrm{H}} && \text{für div } \boldsymbol{V}_{\mathrm{N}} = \operatorname{div} \boldsymbol{V}_{\mathrm{H}} = 0 \quad (\boldsymbol{n} \cdot \boldsymbol{S} = 0)\\ &= \operatorname{rot} \boldsymbol{V}_{\mathrm{N}} && \text{für } \boldsymbol{S}\text{-Gebiet im Endlichen und } B = B_\infty\end{aligned}$$

mit

$$\boldsymbol{V}_{\mathrm{P}} = \boldsymbol{V}_{\mathrm{N}} = \frac{\mu}{4\pi}\int_{(V)} \frac{\boldsymbol{S}(\boldsymbol{r}_0)}{|\boldsymbol{r} - \boldsymbol{r}_0|}\,\mathrm{d}V_0,$$

dem vektoriellen Newton-Potential.
Das Newton-Potential ist die vollständige Lösung für Felder ohne Randbedingungen.
Die Berechnung des (wirbelfreien) $\boldsymbol{B}$-Feldes außerhalb der Strömungsfelder ($\boldsymbol{S} = 0$) kann mit Hilfe des magnetischen Skalarpotentials V erfolgen: $\boldsymbol{B} = \operatorname{grad} V$.
Für geschlossene linienhafte Leiteranordnungen ist das magnetische Skalarpotential dem Raumwinkel Ω proportional: $V = \mu I \Omega/(4\pi)$.
Bei der Lösung von Feldern mit Randbedingungen ist zusätzlich ein harmonisches Skalarpotential ψ_{H} zu bestimmen, über das die Anpassung an die Randwerte erfolgt. In einfachen Fällen ist die Spiegelungsmethode anwendbar.
Zur Berechnung ebener magnetischer Felder sind wiederum Mittel der Funktionentheorie einsetzbar. Analog zur Elektrostatik kann ein komplexes magnetisches Potential und eine komplexe Induktion zur Feldberechnung eingeführt werden.

Aufgaben zum Abschnitt 6.2.

6.2.–1 Berechne das Magnetfeld eines geraden, linienhaften Leiters der Länge L, der vom Strom I durchflossen wird, über das
a) Vektorpotential
b) Biot-Savartsche Gesetz!
c) Leite hieraus durch Grenzwertbildung $L \to \infty$ das Feld des unendlich langen Leiters ab und vergleiche das Ergebnis mit dem aus dem Durchflutungsgesetz gewonnenen Wert!

6.2.–2 Gegeben ist eine Kreisstromschleife (Radius R), die vom Strom I durchflossen wird.
Berechne die Induktion $\boldsymbol{B}$ auf der Schleifenachse über das
a) Vektorpotential
b) Biot-Savartsche Gesetz
c) skalare magnetische Potential!

6.2.–3 Gegeben ist eine unendlich lange, gerade Paralleldrahtleitung, die als Hin- und Rückleiter vom Strom I durchflossen wird (Bild 6.2–3).
Berechne über das
a) komplexe magnetische Potential
b) magnetische Skalarpotential das $\boldsymbol{B}$-Feld der Anordnung!
c) Ermittle speziell den Verlauf von $\boldsymbol{B}$ entlang der x-Achse und stelle den Verlauf grafisch dar!

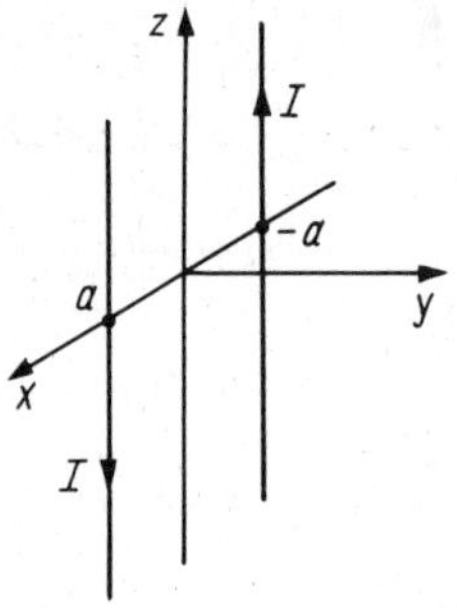

Bild 6.2–3

6.2.–4 Gegeben ist ein unendlich langer, gerader Leiterstreifen (Bild 6.2–4), der in z-Richtung vom Strom I mit der konstanten Stromdichte S_0 durchflossen wird.
Berechne über das komplexe magnetische Potential und die komplexe Induktion das Magnetfeld der Anordnung!

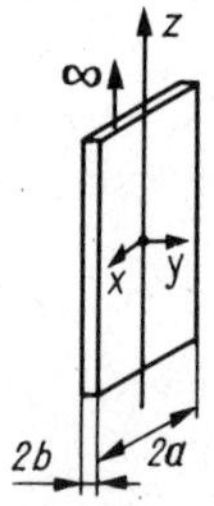

Bild 6.2–4

6.2.–5 Zwei unendlich ausgedehnte, parallele Ebenen im Abstand a werden von entgegengesetzt gerichteten, gleich großen Strömen durchflossen.
Berechne Vektorpotential und Magnetfeld im Raum zwischen den Platten!

6.2.–6 Die Koordinatenfläche A_z für $z = 0$ trennt den unendlichen Raum in zwei Halbräume mit unterschiedlicher Permeabilität (Bild 6.2.–6a). Im unteren Halbraum ist ein unendlich langer, gerader Leiter (Radius R) parallel zur Grenzfläche in der Tiefe a ($a \gg R$) angeordnet, der vom Strom I durchflossen wird.
a) In beiden Bereichen ist die Induktion zu berechnen.
Ansatz: Analog zum gleichgearteten Problem der Elektrostatik (s. Abschn. 4.5.1.) wird ein Ansatz nach der Spiegelungsmethode gemacht:
– Berechnung von $\boldsymbol{B}_2$ mit Hilfe der Ströme I und I' (s. Bild 6.2–6b)
– Berechnung von $\boldsymbol{B}_1$ mit Hilfe des Stromes I'' (s. Bild 6.2.–6c).
Aus den Grenzflächenbedingungen für $\boldsymbol{H}$ und $\boldsymbol{B}$ sind die Spiegelungsströme I' und I'' zu bestimmen!
b) Was ergibt sich für I' und I'' für die beiden Sonderfälle $\mu_1/\mu_2 \gg 1$ bzw. $\mu_1/\mu_2 \ll 1$?

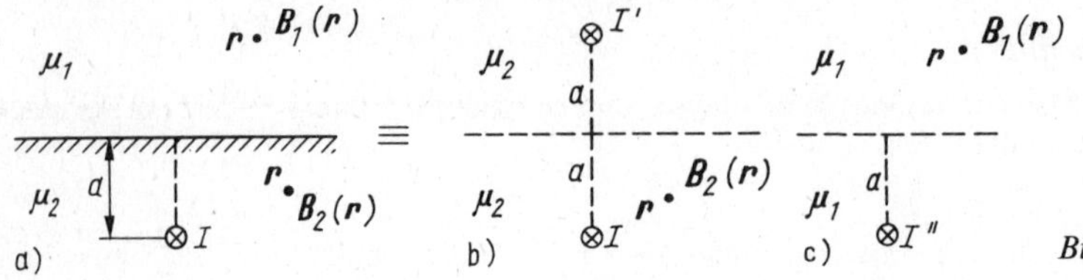

Bild 6.2–6

6.3. Induktivität, Energie und Kraft

6.3.1. Induktivität

2-Leiterschleifen-System. Wir betrachten das im Bild 6.36 dargestellte System von zwei linienhaften (geschlossenen) Leitern (l_1 und l_2). Führt (nur) der Leiter l_1 den Strom I_1, so entsteht ein Magnetfeld mit der Induktion $\boldsymbol{B}_1(\boldsymbol{r})$, und der Leiter l_2 wird von dem Magnetfluß (Windungsfluß)

$$\Psi_{21} = \int_{(A_2)} \boldsymbol{B}_1(\boldsymbol{r}) \cdot \mathrm{d}\boldsymbol{A}_2 \tag{6.85}$$

durchsetzt. Natürlich ist Ψ_{21} ein Teil des durch die Leiterschleife l_1 hindurchtretenden Flusses Ψ_1.

Nach dem Gesetz von *Biot–Savart* gilt für die Induktion von l_1

$$\boldsymbol{B}_1(\boldsymbol{r}) = \frac{\mu I_1}{4\pi} \oint_{(S_1)} \operatorname{grad} \frac{1}{|\boldsymbol{r} - \boldsymbol{r}_1|} \times \mathrm{d}\boldsymbol{r}_1 \tag{6.86}$$

und deshalb mit (6.85) für den Fluß

$$\begin{aligned} \Psi_{21} &= \frac{\mu I_1}{4\pi} \int_{(A_2)} \left(\oint_{(S_1)} \operatorname{grad} \frac{1}{|\boldsymbol{r} - \boldsymbol{r}_1|} \times \mathrm{d}\boldsymbol{r}_1 \right) \mathrm{d}\boldsymbol{A}_2 \\ &= \frac{\mu I_1}{4\pi} \oint_{(S_1)} \left(\int_{(A_2)} \mathrm{d}\boldsymbol{A}_2 \times \operatorname{grad} \frac{1}{|\boldsymbol{r} - \boldsymbol{r}_1|} \right) \mathrm{d}\boldsymbol{r}_1, \end{aligned} \tag{6.87}$$

wenn die Integrationsreihenfolge geändert wird.

Nach dem *1. Stokesschen Satz* (s. Abschn. 2.1.4.) folgt aus (6.87) weiter (Bild 6.36)

$$\Psi_{21} = \frac{\mu I_1}{4\pi} \oint_{(S_1)} \oint_{(S_2)} \frac{\mathrm{d}\boldsymbol{r}_1 \cdot \mathrm{d}\boldsymbol{r}_2}{|\boldsymbol{r}_1 - \boldsymbol{r}_2|}. \tag{6.88}$$

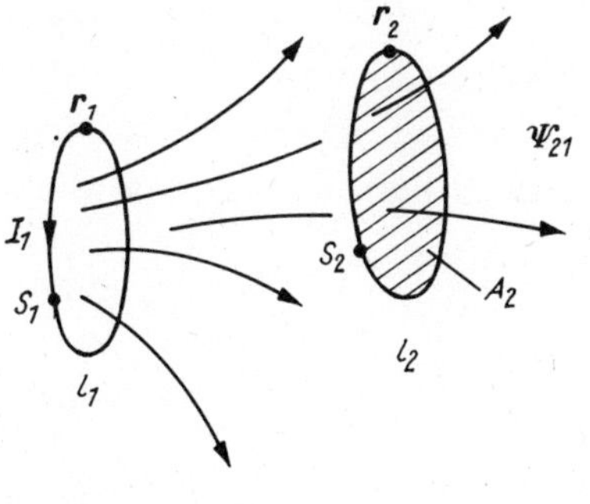

Bild 6.36
Zur Definition der Induktivität

Definitionsgemäß ist $\Psi_2/I_1 = L_{21}$ die *Gegeninduktivität* vom Leiter l_1 zum Leiter l_2. Mit (6.88) gilt also

$$L_{21} = \frac{\Psi_{21}}{I_1} = \frac{\mu}{4\pi} \oint_{(S_1)} \oint_{(S_2)} \frac{\mathrm{d}\boldsymbol{r}_1 \cdot \mathrm{d}\boldsymbol{r}_2}{|\boldsymbol{r}_1 - \boldsymbol{r}_2|}. \tag{6.89}$$

Für den vom Leiter l_2 mit dem Strom I_2 erzeugten und l_1 durchsetzenden Fluß Ψ_{12} gilt offenbar analog (Indexvertauschung in (6.89))

$$L_{12} = \frac{\Psi_{12}}{I_2} = \frac{\mu}{4\pi} \oint_{(S_2)} \oint_{(S_1)} \frac{\mathrm{d}\boldsymbol{r}_2 \cdot \mathrm{d}\boldsymbol{r}_1}{|\boldsymbol{r}_2 - \boldsymbol{r}_1|},$$

d. h., es ist

$$L_{12} = L_{21}. \tag{6.90}$$

Bei konstantem μ haben also zwei Leiter eine gemeinsame Gegeninduktivität $L_{12} = L_{21} = M$. Läßt man im Bild 6.36 die Leiterschleife l_1 und l_2 zusammenfallen, so erhält man aus (6.89) formal (Bild 6.37)

$$L_{11} = L_1 = \frac{\Psi_1}{I_1} = \frac{\mu}{4\pi} \oint_{(S_1)} \oint_{(S_1)} \frac{\mathrm{d}\boldsymbol{r}_1 \cdot \mathrm{d}\boldsymbol{r}_1'}{|\boldsymbol{r}_1 - \boldsymbol{r}_1'|} = \frac{\Psi}{I} = L \tag{6.91}$$

und damit eine Formel für die *Selbstinduktivität* – kurz Induktivität – einer Leiterschleife. Allerdings ist (6.91) nicht konvergent (der Nenner des Integranden kann verschwinden), so daß die beiden Integrationswege von l_1 und l_2 eigentlich nur beliebig angenähert werden können, nicht aber zusammenfallen dürfen. Der Grund liegt in den Eigenschaften des Biot–Savartschen Gesetzes für linienhafte Leiter (6.86), das nur für Feldpunkte außerhalb des Integrationswegs (Leiters) konvergiert (vgl. Abschn. 6.3.2.).

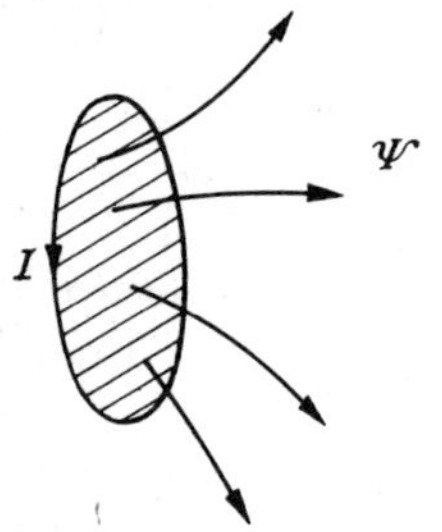

Bild 6.37. Zur Selbstinduktivität

Für die Induktionsflüsse durch die Leiterschleifen l_1 und l_2 gilt in dem Fall, daß beide Leiter einen Strom führen, offenbar

$$\begin{aligned} \Psi_1 &= L_{11}I_1 + L_{12}I_2 \\ \Psi_2 &= L_{21}I_1 + L_{22}I_2, \end{aligned} \tag{6.92}$$

wobei Ψ_1 bzw. Ψ_2 den gesamten Windungsfluß durch die Leiterschleife l_1 bzw. l_2 bezeichnen.

***n*-Leiterschleifen-System.** Die vorstehenden Betrachtungen sollen auf ein System von n Leiterschleifen übertragen werden.

Wie man leicht überlegt, gilt in Verallgemeinerung von (6.92)

$$\begin{aligned} \Psi_1 &= L_{11}I_1 + L_{12}I_2 + \ldots + L_{1n}I_n \\ \Psi_2 &= L_{21}I_1 + L_{22}I_2 + \ldots + L_{2n}I_n \\ &\cdot\ \cdot\ \cdot\ \cdot\ \cdot \\ \Psi_n &= L_{n1}I_1 + L_{n2}I_2 + \ldots + L_{nn}I_n \end{aligned} \tag{6.93a}$$

oder

$$\Psi_\mu = \sum_{\nu=1}^{n} L_{\mu\nu}I_\nu \quad (\mu = 1, 2, \ldots, n). \tag{6.93b}$$

Dabei ist analog zu (6.90)

$$\boxed{L_{\mu\nu} = \frac{\Psi_{\mu\nu}}{I_\nu} = \frac{\mu}{4\pi} \oint_{(S_\nu)} \oint_{(S_\mu)} \frac{\mathrm{d}\boldsymbol{r}_\nu \cdot \mathrm{d}\boldsymbol{r}_\mu}{|\boldsymbol{r}_\nu - \boldsymbol{r}_\mu|},} \tag{6.94a}$$

woraus

$$\boxed{L_{\mu\nu} = L_{\nu\mu}} \tag{6.94b}$$

folgt und $\Psi_{\mu\nu}$ der Fluß durch die Leiterschleife L_μ ist, für den Fall, daß nur die ν-te Schleife einen Strom I führt.
Die Matrix des Gleichungssystems (6.93) ist symmetrisch.
Nach (6.93) ist bei einem System von n stromführenden Leitern der mit jedem Leiter l_μ verknüpfte Gesamtfluß Ψ_μ eine lineare Funktion aller Leiterströme I_s $(s = 1, 2, \ldots, n)$.

6.3.2. Energie und Induktivität

Energie und Stromdichte. Nach Abschn. 3.1.4. ist die im magnetischen Feld gespeicherte Energie durch

$$W = \frac{1}{2} \int_{(V)} \boldsymbol{B} \cdot \boldsymbol{H} \, \mathrm{d}V$$

gegeben. Das Integral ist über den gesamten Raum zu erstrecken.
Nach Abschn. 6.2. gibt es ein Vektorpotential $\boldsymbol{V}$ mit rot $\boldsymbol{V} = \boldsymbol{B}$, so daß unter Beachtung von (2.61–3) gilt

$$W = \frac{1}{2} \int_{(V)} \boldsymbol{H} \cdot \operatorname{rot} \boldsymbol{V} \, \mathrm{d}V$$

$$= \frac{1}{2} \int_{(V)} [\boldsymbol{V} \cdot \operatorname{rot} \boldsymbol{H} - \operatorname{div} (\boldsymbol{H} \times \boldsymbol{V})] \, \mathrm{d}V$$

$$\boxed{W = \frac{1}{2} \int_{(V)} \boldsymbol{V} \cdot \operatorname{rot} \boldsymbol{H} \, \mathrm{d}V - \frac{1}{2} \oint_{(V)} (\boldsymbol{H} \times \boldsymbol{V}) \cdot \mathrm{d}\boldsymbol{A},} \tag{6.95}$$

wenn der 2. Gaußsche Satz angewendet wird.
Da $\boldsymbol{H}$ und $\boldsymbol{V}$ im unendlich ausgedehnten Raum $(B = B_\infty)$ für $|\boldsymbol{r}| \to \infty$ hinreichend schnell verschwinden, strebt das Integral

$$\oint_{(A)} (\boldsymbol{H} \times \boldsymbol{V}) \cdot \mathrm{d}\boldsymbol{A}$$

über die Kugeloberfläche A_R mit dem Radius R für $R \to \infty$ gegen Null. Somit ist

$$W = \frac{1}{2} \int_{(V)} \boldsymbol{V} \cdot \operatorname{rot} \boldsymbol{H} \, \mathrm{d}V$$

$$\boxed{W = \frac{1}{2} \int_{(V)} \boldsymbol{V} \cdot \boldsymbol{S} \, \mathrm{d}V} \tag{6.96a}$$

oder mit dem Vektorpotential $\boldsymbol{V} = \boldsymbol{V}_\mathrm{N}$ nach (6.50c)

$$\boxed{W = \frac{1}{2} \frac{\mu}{4\pi} \int_{(V)} \int_{(V)} \frac{\boldsymbol{S}(\boldsymbol{r}_1) \cdot \boldsymbol{S}(\boldsymbol{r}_2)}{|\boldsymbol{r}_1 - \boldsymbol{r}_2|} \, \mathrm{d}V_1 \, \mathrm{d}V_2.} \tag{6.96b}$$

Energie und Induktivität. Aus (6.96a) folgt für einen linienhaften Leiter mit (Bild 6.38)

$$\mathrm{d}V = \mathrm{d}\boldsymbol{A} \cdot \mathrm{d}\boldsymbol{r}$$

die Beziehung

$$W = \frac{1}{2} \int_{(V)} (\boldsymbol{V} \cdot \boldsymbol{S})\,(\mathrm{d}\boldsymbol{A}_0 \cdot \mathrm{d}\boldsymbol{r}_0) = \frac{1}{2} \int_{(V)} (\boldsymbol{V} \cdot \mathrm{d}\boldsymbol{r})\,(\mathrm{d}\boldsymbol{A}_0 \cdot \boldsymbol{S}_0), \tag{6.97}$$

also

$$\boxed{W = \frac{I}{2} \int_{(S)} \boldsymbol{V} \cdot \mathrm{d}\boldsymbol{r}_0} \qquad (\boldsymbol{V} = \boldsymbol{V}_\mathrm{N}),$$

wenn man berücksichtigt, daß $\mathrm{d}\boldsymbol{A}_0 \cdot \boldsymbol{S}_0$ der Strom I des linienhaften Leiters ist. Sind n linienhafte Leiter gegeben, so ist über den Energiebeitrag aller Schleifen zu summieren:

$$2W = \sum_{\mu=1}^{n} I_\mu \oint_{(S_\mu)} \boldsymbol{V} \cdot \mathrm{d}\boldsymbol{r}_\mu. \tag{6.98a}$$

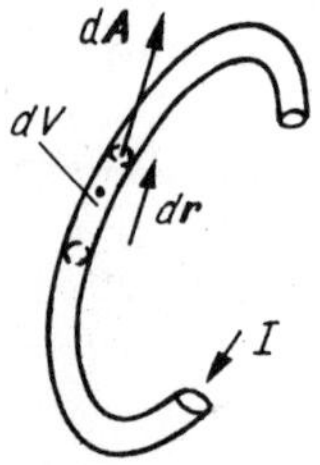

Bild 6.38. Linienhafte Strömung

Für das Integral erhält man unter Beachtung des 2. Integralsatzes von *Stokes* und der Grundbeziehung rot $\boldsymbol{V} = \boldsymbol{B}$

$$\oint_{(S_\mu)} \boldsymbol{V} \cdot \mathrm{d}\boldsymbol{r}_\mu = \int_{(A_\mu)} \operatorname{rot} \boldsymbol{V} \cdot \mathrm{d}\boldsymbol{A}_\mu = \int_{(A_\mu)} \boldsymbol{B} \cdot \mathrm{d}\boldsymbol{A}_\mu = \Psi_\mu,$$

also den gesamten Windungsfluß durch die μ-te Schleife, für den bereits (6.93b) ermittelt wurde. Diese Gleichung in (6.98a) eingesetzt, ergibt den gesuchten Zusammenhang zwischen der Energie und der Induktivität

$$\boxed{W = \frac{1}{2} \sum_{\mu=1}^{n} \sum_{\nu=1}^{n} L_{\mu\nu} I_\mu I_\nu.} \tag{6.98b}$$

Aus (6.97) folgt noch durch Differentiation

$$\boxed{L_{\nu\mu} = \frac{\partial^2 W}{\partial I_\nu\, \partial I_\mu} \quad (\nu \neq \mu), \qquad L_{\nu\nu} = L_\nu = \frac{\partial^2 W}{\partial I_\nu^2} \quad (\nu = \mu)} \tag{6.99}$$

und damit ein Zusammenhang zwischen der Feldenergie linienhafter Leiter und deren Gegen- bzw. Selbstinduktivitäten.

6.3.3. Kraft

Kraftdichte. Ausgehend von der Gesamtenergie

$$W = \frac{1}{2}\int_{(V)} \boldsymbol{B}\cdot\boldsymbol{H}\,\mathrm{d}V = \frac{1}{2}\int_{(V)} \frac{\boldsymbol{B}^2}{\mu}\,\mathrm{d}V, \tag{6.100}$$

erhalten wir analog Abschn. 4.4.3., S. 216 (**$\boldsymbol{B}$** statt **$\boldsymbol{D}$** und μ statt ε)

$$\Delta W = \int_{(V)} \frac{\boldsymbol{B}\cdot\Delta\boldsymbol{B}}{\mu}\,\mathrm{d}V - \frac{1}{2}\int_{(V)} \frac{\boldsymbol{B}^2\,\Delta\mu}{\mu^2}\,\mathrm{d}V + \ldots \tag{6.101}$$

ΔW bezeichnet wieder die Änderung der gesamten Feldenergie bei Verschiebung eines (inhomogenen) Körpers um $-\Delta\boldsymbol{r}$. Für das erste Integral in (6.101) dürfen wir setzen

$$\begin{aligned}\int_{(V)} \frac{\boldsymbol{B}\cdot\Delta\boldsymbol{B}}{\mu}\,\mathrm{d}V &= \int_{(V)} \frac{\operatorname{rot}\boldsymbol{V}\cdot\Delta\boldsymbol{B}}{\mu}\,\mathrm{d}V = \int_{(V)} \operatorname{rot}\boldsymbol{V}\cdot\Delta\boldsymbol{H}\,\mathrm{d}V\\ &= -\int_{(V)} (\operatorname{div}(\boldsymbol{V}\times\Delta\boldsymbol{H}) + \boldsymbol{V}\cdot\operatorname{rot}\Delta\boldsymbol{H})\,\mathrm{d}V\\ &= -\oint_{(A)} (\boldsymbol{V}\times\Delta\boldsymbol{H})\cdot\mathrm{d}\boldsymbol{A} + \int_{(V)} \boldsymbol{V}\cdot\Delta\boldsymbol{S}\,\mathrm{d}V,\end{aligned} \tag{6.102}$$

wenn man die Beziehung (2.61–3), den 2. Integralsatz von *Gauß* und die Beziehung $\operatorname{rot}\Delta\boldsymbol{H} = \Delta\boldsymbol{S}$ berücksichtigt.
Nun ist

$$\begin{aligned}\Delta\boldsymbol{S} &= \boldsymbol{i}\,\Delta S_x + \boldsymbol{j}\,\Delta S_y + \boldsymbol{k}\,\Delta S_z\\ &= \boldsymbol{i}\,(\operatorname{grad} S_x\cdot\Delta\boldsymbol{r}) + \boldsymbol{j}\,(\operatorname{grad} S_y\cdot\Delta\boldsymbol{r}) + \boldsymbol{k}\,(\operatorname{grad} S_z\cdot\Delta\boldsymbol{r})\end{aligned}$$

unter Verwendung von (2.6) ($\mathrm{d}U = \operatorname{grad} U\cdot\mathrm{d}\boldsymbol{r}$), und damit schreibt sich das zweite Integral von (6.102) wie folgt:

$$\begin{aligned}\int_{(V)} \boldsymbol{V}\cdot\Delta\boldsymbol{S}\,\mathrm{d}V &= \int_{(V)} [(\boldsymbol{V}\cdot\boldsymbol{i})(\operatorname{grad} S_x\cdot\Delta\boldsymbol{r}) + (\boldsymbol{V}\cdot\boldsymbol{j})(\operatorname{grad} S_y\cdot\Delta\boldsymbol{r}) + (\boldsymbol{V}\cdot\boldsymbol{k})(\operatorname{grad} S_z\cdot\Delta\boldsymbol{r})]\,\mathrm{d}V\\ &= \Delta\boldsymbol{r}\cdot\left[\oint_{(A)} (V_x S_x + V_y S_y + V_z S_z)\,\mathrm{d}\boldsymbol{A}\right]\\ &\quad - \Delta\boldsymbol{r}\cdot\left[\int_{(V)} (S_x \operatorname{grad} V_x + S_y \operatorname{grad} V_y + S_z \operatorname{grad} V_z)\,\mathrm{d}V\right]\\ &= \Delta\boldsymbol{r}\cdot\oint_{(A)} (\boldsymbol{V}\cdot\boldsymbol{S})\,\mathrm{d}\boldsymbol{A}\\ &\quad \Delta\boldsymbol{r}\cdot\int_{(V)} (S_x \operatorname{grad} V_x + S_y \operatorname{grad} V_y + S_z \operatorname{grad} V_z)\,\mathrm{d}V.\end{aligned} \tag{6.103}$$

Bei der vorstehenden Ableitung ist die wiederholt benutzte Integralumformung

$$\begin{aligned}\int U_1 \operatorname{grad} V_1\,\mathrm{d}V &= \int \operatorname{grad} U_1 V_1\,\mathrm{d}V - \int V_1 \operatorname{grad} U_1\,\mathrm{d}V\\ &= \int U_1 V_1\,\mathrm{d}A - \int V_1 \operatorname{grad} U_1\,\mathrm{d}V\end{aligned}$$

herangezogen worden. Nun ist

$$\begin{aligned}\boldsymbol{S} \times \operatorname{rot} \boldsymbol{V} &= \boldsymbol{S} \times \operatorname{rot} [\boldsymbol{i}V_x + \boldsymbol{j}V_y + \boldsymbol{k}V_z]\\ &= \boldsymbol{S} \times [\operatorname{grad} V_x \times \boldsymbol{i} + \operatorname{grad} V_y \times \boldsymbol{j} + \operatorname{grad} V_z \times \boldsymbol{k}]\\ &= \operatorname{grad} V_x (\boldsymbol{S} \cdot \boldsymbol{i}) + \operatorname{grad} V_y (\boldsymbol{S} \cdot \boldsymbol{j}) + \operatorname{grad} V_z (\boldsymbol{S} \cdot \boldsymbol{k})\\ &\quad -\boldsymbol{i} (\boldsymbol{S} \cdot \operatorname{grad} V_x) - \boldsymbol{j} (\boldsymbol{S} \cdot \operatorname{grad} V_y) - \boldsymbol{k} (\boldsymbol{S} \cdot \operatorname{grad} V_z)\\ &= S_x \operatorname{grad} V_x + S_y \cdot \operatorname{grad} V_y + S_z \cdot \operatorname{grad} V_z\\ &\quad -\boldsymbol{i} \operatorname{div} (\boldsymbol{S}V_x) - \boldsymbol{j} \operatorname{div} (\boldsymbol{S}V_y) - \boldsymbol{k} \operatorname{div} (\boldsymbol{S}V_z).\end{aligned}$$

Daraus folgt

$$\begin{aligned}\int \boldsymbol{S} \times \operatorname{rot} \boldsymbol{V} \, \mathrm{d}V &= \int (S_x \operatorname{grad} V_x + S_y \operatorname{grad} V_y + S_z \operatorname{grad} V_z) \, \mathrm{d}V\\ &\quad -\boldsymbol{i} \int \boldsymbol{S}V_x \cdot \mathrm{d}\boldsymbol{A} - \boldsymbol{j} \int \boldsymbol{S}V_y \, \mathrm{d}\boldsymbol{A} - \boldsymbol{k} \int \boldsymbol{S}V_z \, \mathrm{d}\boldsymbol{A}.\end{aligned} \tag{6.104}$$

Bei der Integration über die Oberfläche einer Kugel mit einem über alle Grenzen wachsenden Radius verschwindet $\boldsymbol{S} \cdot \boldsymbol{V}$ für große $|\boldsymbol{r}|$. Wir haben damit insgesamt wegen (6.103) und (6.104)

$$\int \boldsymbol{V} \cdot \Delta \boldsymbol{S} \, \mathrm{d}V = -\Delta \boldsymbol{r} \cdot \int \boldsymbol{S} \times \operatorname{rot} \boldsymbol{V} \, \mathrm{d}V. \tag{6.105}$$

Die Beziehung (6.101) ergibt zusammen mit (6.102)

$$\begin{aligned}\Delta W &= \int \boldsymbol{V} \cdot \Delta \boldsymbol{S} \, \mathrm{d}V - \frac{1}{2} \int \frac{\boldsymbol{B}^2 (\operatorname{grad} \mu \cdot \Delta \boldsymbol{r})}{\mu^2} \, \mathrm{d}V + \ldots\\ &= \Delta \boldsymbol{r} \cdot \int \left[\boldsymbol{S} \times \operatorname{rot} \boldsymbol{V} - \frac{1}{2} \boldsymbol{H}^2 \operatorname{grad} \mu\right] \mathrm{d}V + \ldots\\ &= \Delta \boldsymbol{r} \cdot \int \left[\boldsymbol{S} \times \boldsymbol{B} - \frac{1}{2} \boldsymbol{H}^2 \operatorname{grad} \mu\right] \mathrm{d}V + \ldots\end{aligned}$$

Hierbei ist wiederholt beachtet worden, daß das Flächenintegral über $\boldsymbol{V} \times \Delta \boldsymbol{H}$ verschwindet und daß $\boldsymbol{B} = \operatorname{rot} \boldsymbol{V}$ gilt.

Aus der letzten Beziehung folgt genauso wie im Fall des elektrischen Feldes (vgl. die entsprechenden Ausführungen im Abschn. 4.6.) für die Kraftdichte

$$\boxed{\boldsymbol{f} = \frac{\mathrm{d}\boldsymbol{F}}{\mathrm{d}V} = \boldsymbol{S} \times \boldsymbol{B} - \frac{1}{2} \boldsymbol{H}^2 \operatorname{grad} \mu.} \tag{6.106a}$$

Beachtet man die Beziehung

$$\boldsymbol{S} = \varrho \boldsymbol{v},$$

worin $\boldsymbol{v}$ die Geschwindigkeit der Ladungsträger angibt, so kann (6.106) auch in

$$\boxed{\boldsymbol{f} = \varrho (\boldsymbol{v} \times \boldsymbol{B}) - \frac{1}{2} \boldsymbol{H}^2 \operatorname{grad} \mu} \tag{6.106b}$$

umgeschrieben werden. Die Gesamtkraft ergibt sich wiederum durch Integration über das Volumen des Bereiches B

$$\boxed{\boldsymbol{F} = \int_{(V)} \boldsymbol{f} \, \mathrm{d}V.} \tag{6.107}$$

$\boldsymbol{f}$ ist wieder die Kraft bezogen auf das Volumen $\mathrm{d}V$; sie wirkt dort, wo Ladungsbewegungen oder Inhomogenitäten der Permeabilität auftreten.

Kraft auf Grenzflächen. Da Grenzflächen sprunghafte Unstetigkeiten der Permeabilität μ bedeuten, muß es dort nach (6.107) zur Ausbildung von Flächenkräften kommen. Die entsprechende Spezialisierung der allgemeinen Beziehung (6.106) kann genauso wie im Fall des elektrischen Feldes durchgeführt werden (s. Abschn. 4.4.3.). Man erhält für $\boldsymbol{S} = 0$ und $\boldsymbol{H}$ statt $\boldsymbol{E}$ und μ statt ε die analoge Beziehung

$$\boxed{f_A = \frac{\Delta \boldsymbol{F}}{\Delta A} = \frac{1}{2}\left[B_n^2\left(\frac{1}{\mu_2} - \frac{1}{\mu_1}\right) - H_t^2\,(\mu_2 - \mu_1)\right] \cdot \boldsymbol{n}_{12}.} \tag{6.108}$$

An einer Grenzfläche zwischen Eisen (μ_1) und Luft (μ_2) ist $\mu_1 \gg \mu_2$. Dann ist näherungsweise mit (6.108)

$$f_A \approx \frac{1}{2}\left[B_n^2 \frac{1}{\mu_2} + H_t^2 \mu_1\right] \approx \frac{1}{2}\left[\frac{B_n^2}{\mu_2} + \frac{B_t^2}{\mu_1}\right] \approx \frac{1}{2}\,\frac{B_n^2}{\mu_2} = \frac{B_n H_n}{2}.$$

Entsprechend der Ableitung ist hierbei

$$H_n = \frac{B_n}{\mu_2}$$

die magnetische Feldstärke in der Luft.

Zusammenfassung. Gegen- und Selbstinduktivität $L_{\mu\nu}$ beschreiben die magnetischen Flüsse und die Flußverkopplung eines n-Schleifen-Systems. Die Werte $L_{\mu\nu} = L_{\nu\mu}$ sind Kenngrößen des (stationären) Magnetfelds eines Schleifensystems; sie sind von der Geometrie abhängige Größen und aus den durch die Schleifen beschriebenen Raumkurven berechenbar.
Gegen- und Selbstinduktivität stehen in Analogie zu Teil- und Eigenkapazität eines n-Elektroden-Systems.
Die Energie ist im (magnetischen) Feld gespeichert. In einem endlich räumlichen Bereich kann die Energie aus der Stromdichte- und Vektorpotentialverteilung sowie den Werten der magnetischen Feldstärke und dem Vektorpotential auf dem Rand berechnet werden. Für den unendlich ausgedehnten Raum entfällt der Beitrag des Randes.
Für ein n-Schleifen-System kann die Ermittlung der Energie über die Gegen- und Selbstinduktivität erfolgen, und umgekehrt können aus der Feldenergie durch partielle Differentiation nach den Schleifenströmen die Induktivitäten berechnet werden.
Im magnetischen Feld treten Kraftwirkungen auf bewegte Ladungen und inhomogene Raumgebiete auf. Die Beschreibung der Kraftwirkung erfolgt durch die auf das Volumen bezogene Kraftdichte. An einer Grenzfläche geht sie in eine Flächendichte über.
Die Kraft wirkt in inhomogenen Bereichen stets in Richtung zu kleineren Werten der Permeabilität μ.

Aufgaben zum Abschnitt 6.3.

6.3.–1 Berechne die Gegeninduktivität der Anordnung einer unendlich langen, geraden Draht-Rechteckschleife (Seitenlängen a und b),
a) wenn beide in derselben Ebene liegen (Seitenlänge b parallel zum Draht im Abstand c)
b) wenn die Schleife um den Winkel α aus der Ebene herausgedreht wird!

6.3.–2 Berechne die längenbezogene Eigeninduktivität einer unendlich langen, linienhaften Paralleldrahtleitung (Leiterradius R, Leiterabstand a ($a \gg R$))!

6.3.–3 Berechne die längenbezogene Eigeninduktivität eines geraden Rundleiters (Radius R)!

6.3.–4 Gegeben ist ein konzentrisches Koaxialkabel der Länge l mit den im Bild 6.3–4 angegebenen Abmessungen.
Berechne
a) die im Magnetfeld gespeicherte Energie, wenn das Kabel vom Gleichstrom I durchflossen wird (Außenleiter ist Rückleiter).
b) die längenbezogene Induktivität des Kabels!

Bild 6.3–4

6.3.–5 Berechne die Gegeninduktivität zweier Kreisschleifen (Radius R_1 und R_2), die sich im Abstand a auf einer gemeinsamen Achse gegenüberstehen!
Welcher Näherungswert ergibt sich, wenn $R_2 \ll a$ erfüllt ist?

6.3.–6 Gegeben sind zwei kreisförmige Ströme (Radius R_1, R_2) in parallelen Ebenen mit gemeinsamer Achse im Abstand a ($a \gg R_1, R_2$).
Berechne die Kraft auf den Strompfad I_2.

6.3.–7 In der Anordnung nach Bild 6.3.–7 wird das waagerechte Leiterstück der Länge a durch die Federkraft $\boldsymbol{F}_\mathrm{F}$ auf die unendlich langen senkrechten Leiterteile (Abstand b) gepreßt.
Berechne den minimalen Strom, bei dem der obere Schenkel abgehoben wird.

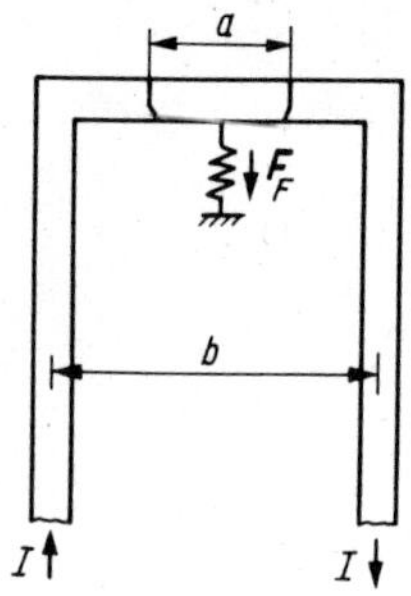

Bild 6.3–7

7. Nichtstationäre Felder

Das 7. Kapitel ist den nichtstationären Feldern vorbehalten. Aus der Vielzahl der Probleme werden zwei herausgegriffen und ausführlich behandelt. Diese sind zum ersten die quasistationären Vorgänge in einem leitfähigen Medium, gegeben durch die Feldverdrängung und Wirbelstromverluste und zweitens die Ausbreitung elektromagnetischer Wellen in den unendlich ausgedehnten Raum, erzeugt durch das einfachste Strahlungsgebilde dem Hertzschen Dipol. Die Feldberechnung erfolgt über den neu einzuführenden Hertzschen Vektor, wobei Nah- und Fernfeld getrennt untersucht werden.

7.1. Quasistationäre Felder

7.1.1. Grundgleichungen

Beliebige Zeitabhängigkeit. Im Leiter ist die Verschiebungsstromdichte $\partial\boldsymbol{D}/\partial t$ i. allg. klein gegenüber der Leitungsstromdichte $\boldsymbol{S}$, so daß sie praktisch vernachlässigt werden kann (s. Abschnitt 3.1.5.). Das bedeutet für die Ableitungen in (5.28), daß

$$\frac{\partial^2 \boldsymbol{V}}{\partial t^2} = 0, \qquad \frac{\partial^2 V}{\partial t^2} = 0$$

ist, was leicht nachgeprüft werden kann.
Die Grundgleichungen für quasistationäre Felder lauten damit nach (7.47) (im Leiter Form II) zunächst

$$\boxed{\Delta \boldsymbol{V} - \mu\varkappa \frac{\partial \boldsymbol{V}}{\partial t} = 0, \qquad \Delta V - \mu\varkappa \frac{\partial V}{\partial t} = 0} \qquad (7.1\,\text{a}, 7.1\,\text{b})$$

mit der Nebenbedingung (5.46), in der $\mu\varepsilon\partial V/\partial t$ vernachlässigt werden kann:

$$\boxed{\operatorname{div} \boldsymbol{V} + \mu\varkappa V = 0.} \qquad (7.1\,\text{c})$$

Gemäß (5.30) und (5.32b) gilt dann

$$\boxed{\boldsymbol{B} = \operatorname{rot} \boldsymbol{V}\,, \qquad \boldsymbol{E} = -\frac{\partial \boldsymbol{V}}{\partial t} - \operatorname{grad} V\,.} \qquad (7.2\text{a}, 7.2\text{b})$$

Wir nehmen an, daß $\boldsymbol{V}$ und V so berechnet worden sind, daß (7.1 a) und (7.1 c) erfüllt werden. Dann gilt mit (7.1 c), in (7.2 b) eingesetzt und (2.51 b) sowie (7.1 a) beachtet,

$$\begin{aligned}
\boldsymbol{E} &= -\frac{\partial \boldsymbol{V}}{\partial t} + \frac{1}{\mu\varkappa} \operatorname{grad} \operatorname{div} \boldsymbol{V} \\
&= -\frac{\partial \boldsymbol{V}}{\partial t} + \frac{1}{\mu\varkappa} (\Delta \boldsymbol{V} + \operatorname{rot} \operatorname{rot} \boldsymbol{V}) \\
&= -\frac{\partial \boldsymbol{V}}{\partial t} + \frac{1}{\mu\varkappa} \left(\mu\varkappa \frac{\partial \boldsymbol{V}}{\partial t} + \operatorname{rot} \operatorname{rot} \boldsymbol{V}\right)
\end{aligned}$$

$$\boxed{\boldsymbol{E} = \frac{1}{\mu\varkappa} \operatorname{rot} \operatorname{rot} \boldsymbol{V}.} \qquad (7.2\,\text{c})$$

Die Beziehung (7.1 b) ist dann von selbst erfüllt; denn aus (7.1 c) folgt

$$V = -\frac{1}{\mu\varkappa} \operatorname{div} \boldsymbol{V}$$

und daraus unter Anwendung des Laplace-Operators mit (7.1 a) und (7.1 c)

$$\Delta V = -\frac{1}{\mu\varkappa} \Delta \operatorname{div} \boldsymbol{V} = -\frac{1}{\mu\varkappa} \operatorname{div} \Delta\boldsymbol{V} = -\operatorname{div} \frac{\partial \boldsymbol{V}}{\partial t} = \mu\varkappa \frac{\partial V}{\partial t},$$

was auf (7.1 b) führt, wenn im letzten Schritt die nach der Zeit differenzierte Nebenbedingung (7.1 c) beachtet wird. Wird statt $\boldsymbol{V}$ der Feldvektor

$$\boldsymbol{W} = \frac{1}{\mu\varkappa} \boldsymbol{V} \tag{7.3a}$$

eingeführt, so können wir die neuen Grundbeziehungen (7.1 a), (7.2 a) und (7.2 c) wie folgt schreiben:

$$\begin{aligned} &\Delta\boldsymbol{W} - \mu\varkappa \frac{\partial \boldsymbol{W}}{\partial t} = 0 \\ &\boldsymbol{B} = \mu\varkappa \operatorname{rot} \boldsymbol{W} \\ &\boldsymbol{E} = \operatorname{rot} \operatorname{rot} \boldsymbol{W}. \end{aligned} \tag{7.3b}$$

Alle Lösungen von (7.3) sind Lösungen der Maxwellschen Gleichungen (5.28) und umgekehrt.
Bei quasistationären Feldern kann also auf das Skalarpotential V verzichtet werden; das elektromagnetische Feld läßt sich allein aus dem Vektorpotential $\boldsymbol{W}$ ableiten (vgl. Abschn. 7.2.).
Da es sich um homogenen Gleichungen handelt, erhält man aber auch direkt für die elektrischen und magnetischen Felder Gleichungen des vorstehenden Typs. Das folgt aus den Maxwellschen Gleichungen (5.28) durch einfaches Substituieren.
Sie lauten für quasistationäre Vorgänge:

$$\begin{aligned} \operatorname{rot} \boldsymbol{E} &= -\frac{\partial \boldsymbol{B}}{\partial t} \\ \operatorname{rot} \boldsymbol{B} &= \mu\varkappa\boldsymbol{E}. \end{aligned} \tag{7.4a}$$

Die Auflösung nach $\boldsymbol{B}$ erfolgt durch Rotationsbildung der zweiten Gleichung von (7.4 a), Beachtung von (2.51 b) und $\operatorname{div} \boldsymbol{B} = 0$ sowie Einsetzen der ersten Gleichung von (7.4 a):

$$\operatorname{rot} \operatorname{rot} \boldsymbol{B} = \mu\varkappa \operatorname{rot} \boldsymbol{E}$$

$$\operatorname{grad} \operatorname{div} \boldsymbol{B} - \Delta\boldsymbol{B} = -\mu\varkappa \frac{\partial \boldsymbol{B}}{\partial t}$$

$$\Delta\boldsymbol{B} - \mu\varkappa \frac{\partial \boldsymbol{B}}{\partial t} = 0.$$

Analog erfolgt die Auflösung nach $\boldsymbol{E}$ durch Rotationsbildung der ersten Gleichung von (7.4 a), Beachtung von (2.51 b) und $\operatorname{div} \boldsymbol{E} = 0$ ($\varkappa = \text{konst.}$) sowie Einsetzen der zweiten Gleichung von (7.4 a):

$$\operatorname{rot} \operatorname{rot} \boldsymbol{E} = -\frac{\partial}{\partial t} \operatorname{rot} \boldsymbol{B}$$

$$\text{grad div } \boldsymbol{E} - \Delta \boldsymbol{E} = -\mu\varkappa \frac{\partial \boldsymbol{E}}{\partial t}$$

$$\Delta \boldsymbol{E} - \mu\varkappa \frac{\partial \boldsymbol{E}}{\partial t} = 0.$$

Zu den gleichen Ergebnissen kommt man, wenn man (7.1 a) der rot-Operation unterwirft:

$$\text{rot } (\Delta \boldsymbol{V}) - \text{rot } \left(\mu\varkappa \frac{\partial \boldsymbol{V}}{\partial t}\right) = 0$$

$$\Delta \text{ rot } \boldsymbol{V} - \mu\varkappa \frac{\partial}{\partial t} \text{ rot } \boldsymbol{V} = 0$$

oder

$$\boxed{\Delta \boldsymbol{B} - \mu\varkappa \frac{\partial \boldsymbol{B}}{\partial t} = 0} \quad (\text{div } \boldsymbol{B} = 0). \tag{7.4b}$$

Die nochmalige Anwendung dieser Operation ergibt mit $\boldsymbol{B} = \mu \boldsymbol{H}$, rot $\boldsymbol{E} = \boldsymbol{S}$, $\boldsymbol{S} = \varkappa \boldsymbol{E}$

$$\boxed{\Delta \boldsymbol{E} - \varkappa\mu \frac{\partial \boldsymbol{E}}{\partial t} = 0} \quad (\text{div } \boldsymbol{E} = 0). \tag{7.4c}$$

Die Einführung besonderer Hilfsfelder (Vektorpotential, Skalarpotential) führt also bei der Untersuchung quasistationärer Felder im Leiter scheinbar zu keiner Vereinfachung des Problems. Man muß aber beachten, daß die Bedingungen (7.4) zwar notwendig, aber nicht hinreichend dafür sind, daß die Lösungen dieser Gleichungen Lösungen der Maxwellschen Gleichungen darstellen.

Ist z. B. (7.4 a) erfüllt, so gilt

$$\text{grad div } \boldsymbol{B} - \text{rot rot } \boldsymbol{B} - \varkappa\mu \frac{\partial \boldsymbol{B}}{\partial t} = 0,$$

d. h., div $\boldsymbol{B} = 0$ braucht nicht erfüllt zu sein. Nur wenn $\boldsymbol{B}$ eine quellenfreie Lösung von (7.4 a) ist und

$$\frac{1}{\varkappa\mu} \text{ rot } \boldsymbol{B} = \boldsymbol{E}$$

vereinbart wird, sind die ursprünglich gegebenen Maxwellschen Gleichungen ebenfalls erfüllt.

Sinusförmige Zeitabhängigkeit. Wir betrachten zunächst den Spezialfall sinusförmiger Zeitabhängigkeit und machen demzufolge für (7.3) den Lösungsansatz

$$\begin{aligned}
\boldsymbol{W}(\boldsymbol{r}, t) &= \boldsymbol{i}W_x(\boldsymbol{r}, t) + \boldsymbol{j}W_y(\boldsymbol{r}, t) + \boldsymbol{k}W_z(\boldsymbol{r}, t) \\
&= \boldsymbol{i}W_x(\boldsymbol{r}) \cos(\omega t + \varphi_x(\boldsymbol{r})) + \boldsymbol{j}W_y(\boldsymbol{r}) \cos(\omega t + \varphi_y(\boldsymbol{r})) \\
&\quad + \boldsymbol{k}W_z(\boldsymbol{r}) \cos(\omega t + \varphi_z(\boldsymbol{r})) \\
&= \boldsymbol{i} \text{ Re } \{W_x e^{j\varphi_x} e^{j\omega t}\} + \boldsymbol{j} \text{ Re } \{W_y e^{j\varphi_y} e^{j\omega t}\} + \boldsymbol{k} \text{ Re } \{W_z e^{j\varphi_z} e^{j\omega t}\} \\
&= \boldsymbol{i} \text{ Re } \{\underline{W}_x e^{j\omega t}\} + \boldsymbol{j} \text{ Re } \{\underline{W}_y e^{j\omega t}\} + \boldsymbol{k} \text{ Re } \{\underline{W}_z e^{j\omega t}\} \\
&= \text{Re } \{(\boldsymbol{i}\underline{W}_x + \boldsymbol{j}\underline{W}_y + \boldsymbol{k}\underline{W}_z) e^{j\omega t}\} \\
&= \text{Re } \{\underline{\boldsymbol{W}} e^{j\omega t}\},
\end{aligned} \tag{7.5}$$

worin noch das komplexe Feldpotential

$$\underline{\boldsymbol{W}}(\boldsymbol{r}) = \boldsymbol{i}\underline{W}_x(\boldsymbol{r}) + \boldsymbol{j}\underline{W}_y(\boldsymbol{r}) + \boldsymbol{k}\underline{W}_z(\boldsymbol{r})$$

mit

$$\underline{W}_x = W_x\,\mathrm{e}^{\mathrm{j}\varphi_x} \qquad \underline{W}_y = W_y\,\mathrm{e}^{\mathrm{j}\varphi_y} \qquad \underline{W}_z = W_z\,\mathrm{e}^{\mathrm{j}\varphi_z} \tag{7.6}$$

eingeführt worden ist. Mit (7.5) lautet die erste Gleichung in (7.3b)

$$\Delta\,\mathrm{Re}\,\{\underline{\boldsymbol{W}}\,\mathrm{e}^{\mathrm{j}\omega t}\} - \mu\varkappa\,\frac{\partial}{\partial t}\,\mathrm{Re}\,\{\underline{\boldsymbol{W}}\,\mathrm{e}^{\mathrm{j}\omega t}\} = 0$$

$$\mathrm{Re}\,\{\mathrm{e}^{\mathrm{j}\omega t}\,\Delta\underline{\boldsymbol{W}}\} - \mu\varkappa\,\mathrm{Re}\,\{\underline{\boldsymbol{W}}\,\mathrm{j}\omega\,\mathrm{e}^{\mathrm{j}\omega t}\} = 0.$$

Daraus folgt aber

$$\mathrm{Re}\,\{\mathrm{e}^{\mathrm{j}\omega t}\,[\Delta\underline{\boldsymbol{W}} - \mathrm{j}\omega\mu\varkappa\underline{\boldsymbol{W}}]\} = 0 \tag{7.7}$$

und damit

$$\boxed{\Delta\underline{\boldsymbol{W}} - \mathrm{j}\omega\mu\varkappa\underline{\boldsymbol{W}} = 0.} \tag{7.8}$$

Ist $\underline{\boldsymbol{W}}$ eine Lösung von (7.8), so ist

$$\boldsymbol{W}(\boldsymbol{r}, t) = \mathrm{Re}\,\{\underline{\boldsymbol{W}}\,\mathrm{e}^{\mathrm{j}\omega t}\}$$

eine Lösung von (7.3). Für rein sinusförmig von der Zeit abhängige Felder kann hiernach die Feldberechnung im wesentlichen auf die Lösung von (7.8) zurückgeführt werden. Es ist zweckmäßig, auch (7.3) entsprechend (7.8) abzuändern in

$$\boxed{\begin{aligned}\underline{\boldsymbol{B}} &= \mu\varkappa\,\mathrm{rot}\,\underline{\boldsymbol{W}}\\ \underline{\boldsymbol{E}} &= \mathrm{rot}\,\mathrm{rot}\,\underline{\boldsymbol{W}}.\end{aligned}} \tag{7.9}$$

Offensichtlich ist dann

$$\boxed{\boldsymbol{B} = \mathrm{Re}\,\{\underline{\boldsymbol{B}}\,\mathrm{e}^{\mathrm{j}\omega t}\}, \qquad \boldsymbol{E} = \mathrm{Re}\,\{\underline{\boldsymbol{E}}\,\mathrm{e}^{\mathrm{j}\omega t}\}.} \tag{7.10}$$

Im folgenden soll die Berechnung quasistationärer Felder an zwei Beispielen noch genauer erläutert werden.

7.1.2. Flächenhafte Leiter (Wirbelstrom)

Vektorpotential. Für den in z- und x-Richtung unendlich weit ausgedehnten flächenhaften Leiter der Dicke d im Bild 7.1 soll das elektromagnetische Feld ermittelt werden. Wir nehmen an, daß die Feldvektoren des Magnetfelds parallel zur x-Koordinatenlinie verlaufen.
Physikalisch gesehen läuft folgender Vorgang ab:
Das (eingeprägte) zeitlich veränderliche Magnetfeld $\boldsymbol{B}$ bildet nach der 1. Maxwellschen Hauptgleichung den Wirbel $\partial\boldsymbol{B}/\partial t$ eines (induzierten) elektrischen Feldes $\boldsymbol{E}_{\mathrm{ind}}$, das $\partial\boldsymbol{B}/\partial t$ im Sinne einer Linksschraube umwirbelt (Bild 7.1b). Im leitfähigen Bereich kommt es damit zum Aufbau eines Strömungsfeldes. Der entstehende Strom wird als Wirbelstrom bezeichnet. Das mit diesem Strom verknüpfte Stromdichtefeld erzeugt nach der 2. Maxwellschen Hauptgleichung seinerseits ein Magnetfeld, das das $\boldsymbol{S}$-Feld im Sinne einer Rechtsschraube umwirbelt (Bild 7.1b). Dadurch kommt es im randnahen Gebiet zur Verstärkung und im Inneren zur Schwächung des (eingeprägten) Magnetfelds; Magnet- und Strömungsfeld verteilen sich nicht mehr gleichmäßig über den Querschnitt. Dieser Vorgang wird als *Feld-* (Strom-) *Verdrängung* oder *Skineffekt* bezeichnet und hat mithin seine Ursache in der doppelten Wirbelverkopplung

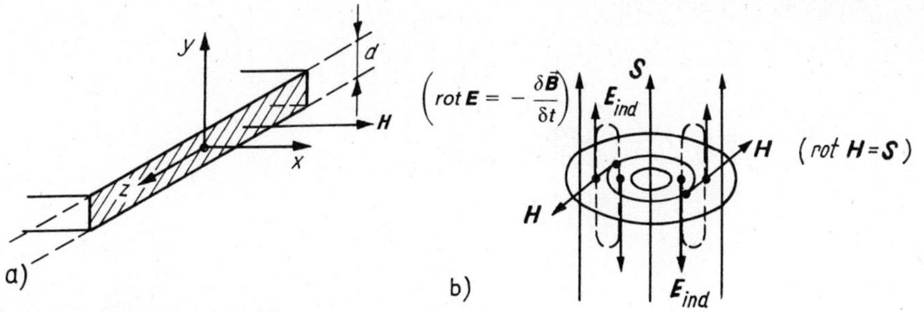

Bild 7.1. Magnetfeld im flächenhaften Leiter
a) Anordnung
b) Feldvorgänge im Leiterinneren

des elektrischen und magnetischen Feldes. Die mit dem Strömungsfeld verbundenen Wirbelstromverluste werden in Wärme umgesetzt und müssen durch Energiezufuhr über das Magnetfeld abgedeckt werden.
Kommen wir zur Berechnung der Feldverläufe im Inneren des flächenhaften Leiters.
Wegen der vorausgesetzten Unendlichkeit der Leiterausdehnung kann $\boldsymbol{H} = \boldsymbol{i}H_x$ als z und x unabhängig angesehen werden, so daß H_x nur von y und t abhängen kann:

$$\boldsymbol{H} = \boldsymbol{i}H_x\,(y, t) \quad \text{bzw.} \quad \underline{\boldsymbol{H}} = \boldsymbol{i}\underline{H}_x\,(y). \tag{7.11}$$

Nach (7.5) gibt es dann ein Vektorpotential $\boldsymbol{V}$ mit verschwindender x- und z-Koordinate:

$$\boldsymbol{V} = \boldsymbol{j}V_y = \boldsymbol{j}V_y^0 = -\boldsymbol{j}\mu H_x\,(y, t)\,(z - z_0) \tag{7.12a}$$

oder mit (7.9)

$$\underline{\boldsymbol{W}} = -\boldsymbol{j}\underline{H}_x\,(y\,)\,(z - z_0) = \boldsymbol{j}\underline{W}_y. \tag{7.12b}$$

Hiernach gibt es ein nur aus der y-Koordinate bestehendes komplexes Vektorpotential, das überdies im wesentlichen nur von y abhängt. Für dieses Vektorpotential gilt nach (7.8) und Abschn. 2.2.2.

$$\Delta\underline{W}_y - \mathrm{j}\omega\mu\varkappa\underline{W}_y = 0$$

oder

$$\frac{\partial^2\underline{W}_y}{\partial y^2} - \mathrm{j}\omega\mu\varkappa\underline{W}_y = 0, \tag{7.13}$$

da nach (7.12b)

$$\frac{\partial^2\underline{W}_y}{\partial x^2} = 0, \qquad \frac{\partial^2\underline{W}_y}{\partial z^2} = 0.$$

Feldberechnung. Die Lösung von (7.13) lautet:

$$\underline{W}_y = C_1(z)\,\mathrm{e}^{\lambda y} + C_2(z)\,\mathrm{e}^{-\lambda y}, \tag{7.14}$$

wobei

$$\lambda = \sqrt{\mathrm{j}\omega\mu\varkappa} = \frac{1 + \mathrm{j}}{\sqrt{2}}\sqrt{\omega\varkappa\mu} = (1 + \mathrm{j})\,\beta \tag{7.15}$$

mit

$$\beta = \sqrt{\pi\,\mathrm{f}\,\mu\varkappa} \quad (\omega = 2\pi\,\mathrm{f}) \tag{7.16}$$

gesetzt worden ist.

Für das Magnetfeld $\boldsymbol{B}$ erhält man nach (7.9), (7.12b) und (7.14)

$$\underline{\boldsymbol{B}} = \mu\varkappa \operatorname{rot} \underline{\boldsymbol{W}} = \mu\varkappa \operatorname{rot} \boldsymbol{j}\underline{W}_y = \mu\varkappa \begin{vmatrix} \boldsymbol{i} & \boldsymbol{j} & \boldsymbol{k} \\ \dfrac{\partial}{\partial x} & \dfrac{\partial}{\partial y} & \dfrac{\partial}{\partial z} \\ 0 & \underline{W}_y & 0 \end{vmatrix}$$

$$= -\boldsymbol{i}\mu\varkappa \frac{\partial \underline{W}_y}{\partial z} \tag{7.17}$$

$$= -\boldsymbol{i}\mu\varkappa \left(\frac{\partial C_1}{\partial z} \mathrm{e}^{\lambda y} + \frac{\partial C_2}{\partial z} \mathrm{e}^{-\lambda y} \right)$$

$$= \boldsymbol{i}\underline{B}_x$$

und für das elektrische Feld gemäß (7.9)

$$\underline{\boldsymbol{E}} = \operatorname{rot} \operatorname{rot} \underline{\boldsymbol{W}} = \frac{1}{\mu\varkappa} \operatorname{rot} \underline{\boldsymbol{B}} = \frac{1}{\mu\varkappa} \operatorname{rot} (\boldsymbol{i}\underline{B}_x)$$

$$= \frac{1}{\mu\varkappa} \left(\boldsymbol{j} \frac{\partial \underline{B}_x}{\partial z} - \boldsymbol{k} \frac{\partial \underline{B}_x}{\partial y} \right). \tag{7.18}$$

Nach Voraussetzung ist B_x von z und x unabhängig und damit

$$\mu\varkappa \frac{\partial C_1}{\partial z} = -A_1, \qquad \mu\varkappa \frac{\partial C_2}{\partial z} = -A_2 \quad (A_1, A_2 = \text{konst.})$$

sowie

$$\frac{\partial \underline{B}_x}{\partial z} = 0.$$

Mit Berücksichtigung dieser Bedingungen gilt also

$$\underline{B}_x(y) = (A_1 \mathrm{e}^{\lambda y} + A_2 \mathrm{e}^{-\lambda y})$$

$$\underline{E}_z(y) = -\frac{1}{\mu\varkappa} \frac{\partial \underline{B}_x}{\partial y} = -\frac{1}{\mu\varkappa} (A_1\lambda \mathrm{e}^{\lambda y} - A_2\lambda \mathrm{e}^{-\lambda y}).$$

Aus Symmetriegründen gilt folgende Bedingung:

$$\underline{B}_x\left(+\frac{d}{2}\right) = B_x\left(-\frac{d}{2}\right),$$

also damit

$$A_1 = A_2 = A$$

und deshalb

$$\underline{B}_x(y) = 2A \cosh \lambda y.$$

Weiter gilt

$$A = \frac{\underline{B}_x\left(\dfrac{d}{2}\right)}{2\cosh\left(\lambda \dfrac{d}{2}\right)} = \frac{\underline{B}_0}{2\cosh\left(\lambda \dfrac{d}{2}\right)}.$$

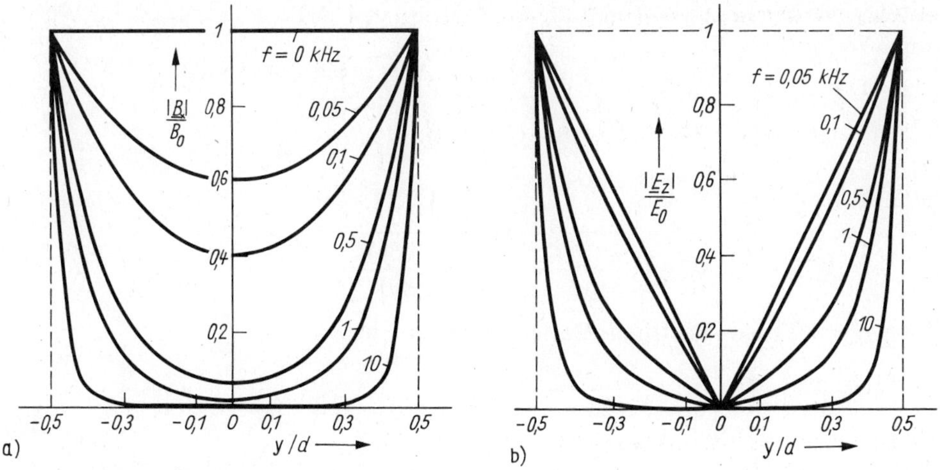

Bild 7.2. Feldverdrängung im flächenhaften Leiter
a) Verlauf der Induktion
b) Verlauf der elektrischen Feldstärke

wenn mit $\underline{B}_0$ die Induktion an der Leiteroberfläche bezeichnet wird. Damit erhält $\underline{B}_x$ schließlich die Form

$$\underline{B}_x = \frac{\underline{B}_0}{\cosh\left(\lambda \dfrac{d}{2}\right)} \cosh(\lambda y) = \underline{B}_0 \frac{\cosh[(1+\mathrm{j})\,\beta y]}{\cosh\left[(1+\mathrm{j})\,\beta \dfrac{d}{2}\right]}, \tag{7.19}$$

wenn (7.15) eingeführt wird. Ebenso findet man

$$\underline{E}_z = -\frac{1}{\mu\varkappa} A\lambda\, 2 \sinh(\lambda y) = -\frac{\lambda}{\mu\varkappa} \frac{\underline{B}_0 \sinh(\lambda y)}{\cosh\left(\lambda \dfrac{d}{2}\right)} = -\underline{B}_0 \frac{(1+\mathrm{j})\,\beta}{\mu\varkappa} \frac{\sinh[(1+\mathrm{j})\,\beta y]}{\cosh[(1+\mathrm{j})\,\beta d/2]}. \tag{7.20}$$

Die zeitlichen Verläufe von B_x und E_z ergeben sich aus (7.10):

$$B_x = \mathrm{Re}\,\{\underline{B}_x\, \mathrm{e}^{\mathrm{j}\omega t}\}, \qquad E_z = \mathrm{Re}\,\{\underline{E}_z\, \mathrm{e}^{\mathrm{j}\omega t}\}.$$

Für einen flächenhaften Leiter aus Kupfer ($\varkappa = 59 \cdot 10^6\,\mathrm{S \cdot m^{-1}}, \mu = \mu_0$) der Dicke $d = 2$ cm sind die Verläufe $|\underline{B}_x(y)|$ bzw. $|\underline{E}_z(y)|$ normiert auf B_0 bzw. $E_0 = \sqrt{2}\beta_0/(\mu\varkappa)$ über y/d mit der Frequenz f als Parameter im Bild 7.2a und b grafisch dargestellt (Auswertung von (7.19 und 7.20)). Bereits bei $f = 50$ Hz ist die Induktion $|\underline{B}_x|$ auf rund 0,6 B_0 abgesunken, während $|\underline{E}_z|$ annähernd geradlinig verläuft. Für hohe Frequenzen ($\beta \gg 1$) werden die Verläufe durch die e-Funktion bestimmt. Man erkennt, daß die Mitte des Leiterquerschnitts nahezu stromfrei ist und daß eine ***B***-Feldverdrängung von der Mitte zum Rand stattfindet.

Wirbelstromverluste. Nach (7.20) hat die Stromdichte des im Leiter auftretenden Wirbelstroms den Wert

$$\underline{S} = \underline{S}_z = \varkappa \underline{E}_z = -\frac{\underline{B}_0}{\mu} \frac{(1+\mathrm{j})\,\beta \sinh[(1+\mathrm{j})\,\beta y]}{\cosh\left[(1+\mathrm{j})\,\beta \frac{d}{2}\right]}$$

und damit die Amplitude $\hat{S}$

$$\hat{S} = |\underline{S}| = \frac{|\underline{B}_0|}{\mu} \sqrt{2}\beta \sqrt{\frac{\cosh(2\beta y) - \cos(2\beta y)}{\cosh(\beta d) + \cos(\beta d)}}, \tag{7.21 a}$$

wenn man folgende trigonometrische Beziehung heranzieht:

$$\left| \frac{\sinh \frac{x_1 + \mathrm{j}y_1}{2}}{\cosh \frac{x_2 + \mathrm{j}y_2}{2}} \right| = \sqrt{\frac{\cosh x_1 - \cos y_1}{\cosh x_2 + \cos y_2}}. \tag{7.21 b}$$

Mit (7.21) können die durch die Wirbelstromdichte $\boldsymbol{S}$ verursachten Wirbelstromverluste berechnet werden.
Nach (3.28b) hat die mittlere Verlustleistungsdichte p (einer Periode) den Wert

$$p = \frac{|\boldsymbol{S}|^2}{2\varkappa} = \frac{1}{2} \boldsymbol{S} \cdot \boldsymbol{E}. \tag{7.22}$$

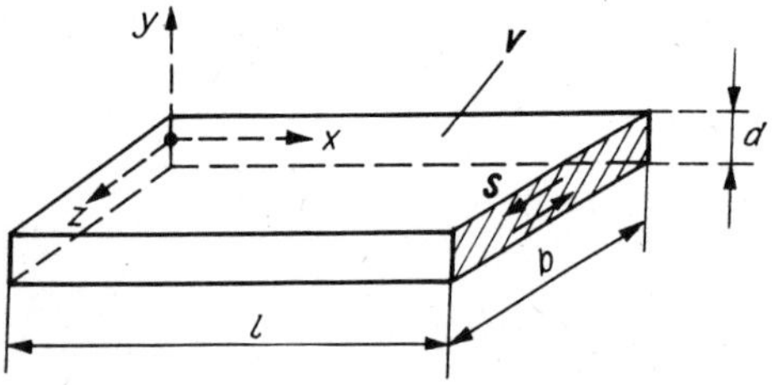

Bild 7.3
Wirbelstrom im flächenhaften Leiter

Für ein Leitervolumen V der Länge l und der Breite b betragen die Gesamtverluste mit $\mathrm{d}V = lb\,\mathrm{d}y$ und (7.21) (Bild 7.3)

$$\begin{aligned} P &= \int_{(V)} p\,\mathrm{d}V = lb \int_{-d/2}^{+d/2} p\,\mathrm{d}y \\ &= \frac{lb}{2\varkappa} \int_{-d/2}^{+d/2} |\underline{S}|^2\,\mathrm{d}y \\ &= \frac{lb}{\varkappa} \frac{|\underline{B}_0|^2\, 2\beta^2}{\mu^2 [\cosh(\beta d) + \cos(\beta d)]} \int_0^{d/2} [\cosh(2\beta y) - \cos(2\beta y)]\,\mathrm{d}y \\ &= \frac{V}{\varkappa d} \frac{|\underline{B}_0|^2 \beta}{\mu^2} \frac{\sinh(\beta d) - \sin(\beta d)}{\cosh(\beta d) + \cos(\beta d)}. \end{aligned} \tag{7.23}$$

In der letzten Zeile ist lb durch V/d ersetzt worden (Bild 7.3). In (7.23) kann die Oberflächeninduktion auch durch den Gesamtfluß

$$\underline{\Phi} = \int_{(A)} \underline{B}_x\,\mathrm{d}A_x = b \int_{-d/2}^{+d/2} \underline{B}_x\,\mathrm{d}y = 2b \int_0^{d/2} \underline{B}_x\,\mathrm{d}y \tag{7.24}$$

ausgedrückt werden. Man erhält mit (7.19)

$$\underline{\Phi} = 2b \frac{\underline{B}_0}{\cosh (1 + \mathrm{j})\, \beta \dfrac{d}{2}} \int_0^{d/2} \cosh (1 + \mathrm{j})\, \beta y \, \mathrm{d}y$$

$$= 2b \frac{\underline{B}_0}{(1 + \mathrm{j})\, \beta} \frac{\sinh (1 + \mathrm{j})\, \beta \dfrac{d}{2}}{\cosh (1 + \mathrm{j})\, \beta \dfrac{d}{2}}. \tag{7.25}$$

Mit (7.21b) ist dann wieder

$$|\underline{\Phi}|^2 = \frac{4b^2 \, |\underline{B}_0|^2}{2b^2} \frac{\cosh \beta d - \cos \beta d}{\cosh \beta d + \cos \beta d},$$

also

$$|\underline{B}_0|^2 = \frac{|\underline{\Phi}|^2 \, \beta^2}{2b^2} \frac{\cosh \beta d + \cos \beta d}{\cosh \beta d - \cos \beta d}. \tag{7.26}$$

Die Beziehung (7.23) kann damit auf die Form

$$P = \frac{V d^2}{24} \omega^2 \varkappa B_m^2 F(x)$$

mit

$$F(x) = \frac{3}{x} \frac{\sinh x - \sin x}{\cosh x - \cos x} \tag{7.27}$$

$$x = \beta d, \qquad \beta = \sqrt{\pi f \varkappa \mu}, \qquad B_m = \frac{|\underline{\Phi}|}{bd}$$

gebracht werden. Die Funktion $F(x)$ ist im Bild 7.4 angegeben.

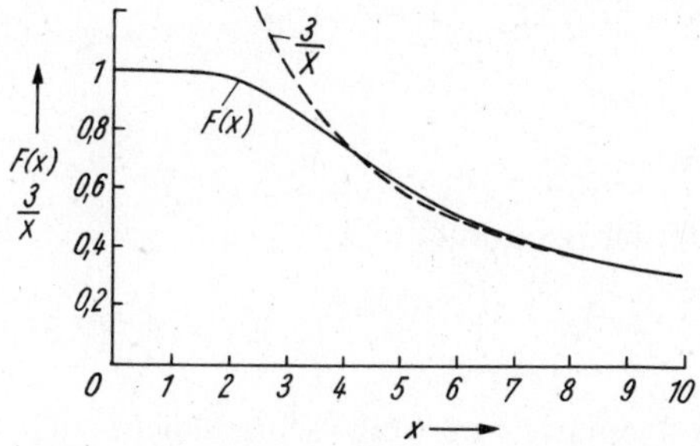

Bild 7.4
Wirbelstromverluste

$F(x)$ hat für kleine x $(x < 3)$ etwa den Wert 1; für große x $(x > 3)$ nähert sich $F(x)$ dem Wertverlauf von $3/x$. Somit ist näherungsweise

$$P \approx \frac{V d^2}{24} \omega^2 \varkappa B_m^2 \qquad (\beta d < 3)$$

$$P \approx \sqrt{2} \frac{V d}{8} B_m^2 \sqrt{\frac{\varkappa}{\mu}} \, \omega^{3/2} \qquad (\beta d > 3). \tag{7.28}$$

Im Bild 7.4 sind der Funktionsverlauf $F(x)$ und der Näherungsverlauf $3/x$ angegeben. Anschaulich vermittelt der Verlauf von $F(x)$ die Näherungsbereiche $x < 3$, $x > 3$ für die Beziehung (7.28).

Wechselstromwiderstand. Abschließend soll noch der Scheinwiderstand einer Drosselspule mit geschichtetem, ringförmigem Eisenblechkern berechnet werden (Bild 7.5).

Ist Φ der Fluß im Blech und $N = a/d$ die Anzahl der Bleche, so gilt nach den Regeln der Wechselstromlehre (w Windungszahl der Spule) für die Klemmenspannung

$$\underline{U} = \mathrm{j}\omega w \underline{\Phi} N$$

und mit $\underline{\Phi}$ nach (7.25)

$$\underline{U} = \frac{\mathrm{j}\omega w N \, 2bH_0\mu}{(1+\mathrm{j})\,\beta} \tanh\left[(1+\mathrm{j})\,\beta\,\frac{d}{2}\right], \tag{7.29}$$

sofern vorausgesetzt wird, daß die Blechdicke d klein ist gegenüber der Breite b und der mittleren Kernlänge $l = 2\pi R$ (Bild 7.5). In diesem Fall ist die Feldstörung, die durch die Endlichkeit der Abmessungen b und l hereingetragen wird, vernachlässigbar klein.

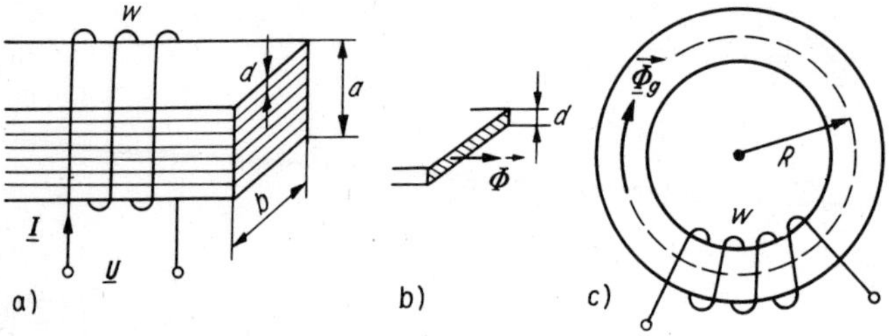

Bild 7.5
Ringkernspule – Scheinwiderstand
a) geschichteter Kern
b) Kernblech
c) Ringkernspule

Nach dem Durchflutungsgesetz ist nun

$$\oint_{(S)} \boldsymbol{H}\,\mathrm{d}\boldsymbol{r} = \underline{H}_0 l = \underline{I} w. \tag{7.30}$$

Um keine Wirbelströme zu umfassen, ist der Integrationsweg in die Oberfläche eines Leiterblechs gelegt worden. (7.29) lautet dann

$$\underline{U} = \frac{\mathrm{j}\omega w N \, 2b\underline{I}w\mu}{l\,(1+\mathrm{j})\,\beta} \tanh\,(1+\mathrm{j})\,\beta\,\frac{d}{2}.$$

Daraus folgt für den komplexen Scheinwiderstand der Drosselspule

$$\underline{Z} = \frac{\underline{U}}{\underline{I}} = \mathrm{j}\omega w^2 \frac{2b\mu a}{l\,(1+\mathrm{j})\,\beta d} \tanh\,(1+\mathrm{j})\,\beta\,\frac{d}{2}. \tag{7.31}$$

Wir geben noch die Zerlegung von $\underline{Z}$ in Real- und Imaginärteil an. Man rechnet leicht nach, daß gilt

$$\underline{Z} = R + \mathrm{j}\omega L \tag{7.32a}$$

mit

$$\begin{aligned} R &= \omega L_0 F_1\,(x), \qquad F_1(x) = \frac{1}{x}\,\frac{\sinh x - \sin x}{\cosh x + \cos x} \\ L &= L_0 F_2\,(x), \qquad F_2(x) = \frac{1}{x}\,\frac{\sinh x + \sin x}{\cosh x + \cosh x}, \end{aligned} \tag{7.32b}$$

wenn

$$x = \beta d, \qquad \beta = \sqrt{\pi f \varkappa \mu}, \qquad L_0 = \frac{\mu a b w^2}{l} \tag{7.32c}$$

gesetzt wird. Die Funktionen $F_1(x)$ und $F_2(x)$ sowie die Näherungsfunktion $1/x$ sind im Bild 7.6 dargestellt.

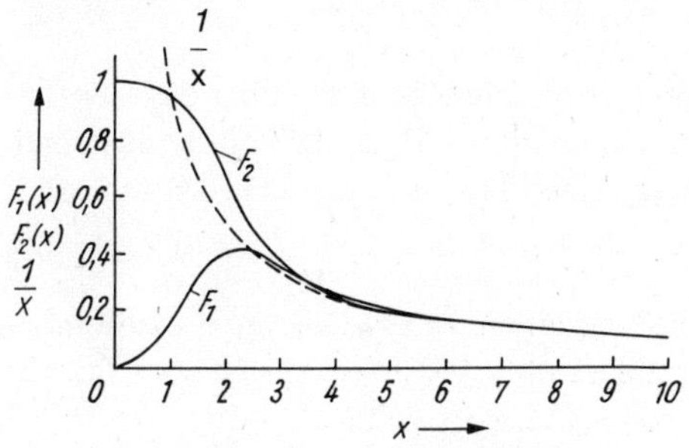

Bild 7.6
Feldberechnung in flächenhaften Leitern

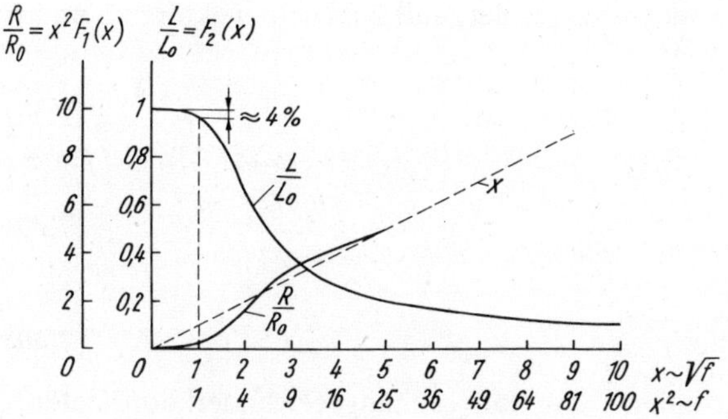

Bild 7.7
Verlustwiderstand, Induktivität und Grenzfrequenz der Ringkernspule

Für große x ($x > 3$) gilt näherungsweise

$$F_1(x) \approx F_2(x) \approx \frac{1}{x}$$

und damit für $\beta d > 3$

$$R \approx \frac{\omega L_0}{\beta d} = \frac{\sqrt{\omega} L_0 \sqrt{2}}{d \sqrt{\varkappa \mu}} = \sqrt{2} \frac{L_0}{d} \sqrt{\frac{\omega}{\varkappa \mu}} = R_0 x \tag{7.33}$$

$$L \approx \frac{L_0}{\beta d} = \sqrt{2} \frac{L_0}{d} \frac{1}{\sqrt{\omega \varkappa \mu}} = \frac{L_0}{x},$$

wenn

$$R_0 = \frac{2 L_0}{d^2 \varkappa \mu} \tag{7.34}$$

gesetzt wird. Im Bild 7.7 sind die Verläufe von R und L in Abhängigkeit von x grafisch dargestellt, wobei eine Normierung auf R_0 bzw. L_0 vorgenommen wurde. Infolge der Flußverdrängung nimmt die Induktivität für $x > 3$ etwa mit x ab und der ohmsche Widerstand (Realteil des Scheinwiderstands) mit x zu.

An der Stelle $x = 1$ hat L gegenüber der Gleichstrominduktivität L_0 etwa um 4% abgenommen. Die zugehörige Frequenz f heißt Grenzfrequenz des Kernblechs und hat nach (7.32c) den Wert

$$f_g = \frac{1}{d^2 \varkappa \mu \pi}. \tag{7.35}$$

7.1.3. Zylinderförmiger Leiter (Skineffekt)

Berechnung der Felder. Im vorangegangenen Beispiel wurde die Rechnung über das Vektorpotential ausgeführt. Wic bereits bemerkt worden ist, kann man z. B. $\boldsymbol{E}$ auch direkt aus einer Gleichung desselben Typs wie für $\boldsymbol{W}$, nämlich aus (7.4c), nach Transformation ins Komplexe

$$\Delta \underline{\boldsymbol{E}} - \mathrm{j}\omega\varkappa\mu \underline{\boldsymbol{E}} = 0 \tag{7.36}$$

berechnen, sofern die Bedingung

$$\operatorname{div} \underline{\boldsymbol{E}} = 0 \tag{7.37}$$

beachtet wird.

Im folgenden Beispiel soll dieser Weg gegangen werden. Für den zylinderförmigen, unendlich langen und geraden Leiter nach Bild 7.8 sei vorausgesetzt, daß die Dichtevektoren $\boldsymbol{S}$ und $\boldsymbol{E}$ parallel zur z-Achse gerichtet sind:

$$\underline{\boldsymbol{E}} = \boldsymbol{e}_z \underline{E}_z. \tag{7.38}$$

Dann gilt mit (vgl. (2.65))

$$\Delta \underline{\boldsymbol{E}} = \boldsymbol{e}_z \, \Delta \underline{E}_z \tag{7.39}$$

und (7.36) geht über in

$$\Delta \underline{E}_z - \mathrm{j}\omega\varkappa\mu \underline{E}_z = 0 \quad (\underline{E}_z = E_z \, \mathrm{e}^{\mathrm{j}\varphi}). \tag{7.40}$$

Beachten wir noch, daß aus Symmetriegründen E_z nur von ϱ abhängt (Zylinderkoordinaten), so ist mit

$$\Delta \underline{E}_z = \frac{\partial^2 \underline{E}_z}{\partial \varrho^2} + \frac{1}{\varrho} \frac{\underline{E}_z}{\partial \varrho} \tag{7.41}$$

und (7.40)

$$\frac{\partial^2 \underline{E}_z}{\partial \varrho^2} + \frac{1}{\varrho} \frac{\partial \underline{E}_z}{\partial \varrho} + \lambda^2 \underline{E}_z = 0, \tag{7.42}$$

wenn

$$\lambda^2 = -\mathrm{j}\omega\varkappa\mu \tag{7.43a}$$

gesetzt wird und damit

$$\lambda = \pm \sqrt{-\mathrm{j}} \sqrt{\omega\varkappa\mu} = \pm \mathrm{e}^{-\mathrm{j}(\pi/4)} \sqrt{\omega\varkappa\mu}. \tag{7.43b}$$

(7.42) ist die Besselsche Differentialgleichung (3.84a) für $m = 0$ und hat die allgemeine Lösung

$$\underline{E}_z = C_1 J_0 (\lambda\varrho) + C_2 N_0 (\lambda\varrho),$$

worin aber $C_2 = 0$ gesetzt werden muß, da sonst die Stromdichte $\varkappa \boldsymbol{E}$ für $\varrho = 0$ unendlich wird. ($N_0(x)$ ist für $x \to 0$ nicht beschränkt; s. Bild 3.9.) Somit ist

$$\underline{E}_z = C_1 J_0 (\lambda, \varrho), \qquad \underline{\boldsymbol{E}} = \boldsymbol{e}_z \underline{E}_z \tag{7.44}$$

und außerdem

$$\operatorname{div} \underline{\boldsymbol{E}} = \operatorname{div} e_z \underline{E}_z = \boldsymbol{e}_z \operatorname{grad} \underline{E}_z = \frac{\partial \underline{E}_z(\varrho)}{\partial z} = 0. \tag{7.45}$$

Die Lösung (7.44) ist also, wie erforderlich, quellenfrei. Für das magnetische Feld $\underline{\boldsymbol{B}}$ erhält man wegen

$$\begin{aligned}\underline{\boldsymbol{B}} &= -\frac{1}{\mathrm{j}\omega} \operatorname{rot} \underline{\boldsymbol{E}} \\ &= -\frac{1}{\mathrm{j}\omega} \operatorname{rot} (\boldsymbol{e}_z \underline{E}_z) \\ &= \frac{1}{\mathrm{j}\omega} \boldsymbol{e}_z \times \operatorname{grad} \underline{E}_z \\ &= \frac{1}{\mathrm{j}\omega} \left(\boldsymbol{e}_\alpha \frac{\partial \underline{E}_z}{\partial \varrho} - \boldsymbol{e}_\varrho \frac{1}{\varrho} \frac{\partial \underline{E}_z}{\partial \alpha} \right) \\ &= \frac{1}{\mathrm{j}\omega} \boldsymbol{e}_\alpha \frac{\partial \underline{E}_z}{\partial \varrho} = \boldsymbol{e}_\alpha B_\alpha \end{aligned} \tag{7.46}$$

und zusammen mit (7.44) und $J_0'(x) = -J_1(x)$

$$\underline{B}_\alpha = \frac{1}{\mathrm{j}\omega} C_1 \lambda J_0' (\lambda \varrho) = -\frac{C_1}{\mathrm{j}\omega} \lambda J_1 (\lambda \varrho) = \mu \underline{H}_\alpha. \tag{7.47}$$

Die freie Konstante C_1 ergibt sich aus folgender Überlegung:
Nach dem Durchflutungsgesetz ist (Bild 7.8)

$$\underline{\boldsymbol{H}}_\alpha(\varrho_1)\, 2\pi\varrho_1 = \underline{I}, \tag{7.48}$$

also mit (7.47)

$$\underline{H}_\alpha(\varrho_1) = \frac{\underline{I}}{2\pi\varrho_1} = -\frac{C_1 \lambda J_1 (\lambda \varrho_1)}{\mathrm{j}\omega\mu}. \tag{7.49}$$

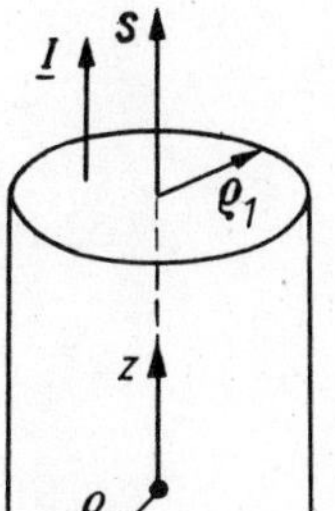

Bild 7.8
Zylinderförmiger Leiter

$\underline{I}$ bezeichnet die komplexe Amplitude des Gesamtstroms durch den Querschnitt $\varrho_1^2\pi$. Aus (7.49) findet man

$$C_1 = -\frac{\underline{I}\, \mathrm{j}\omega\mu}{2\pi\varrho_1 \lambda J_1 (\lambda \varrho_1)}. \tag{7.50}$$

Für (7.44) und (7.50) kann also gesetzt werden:

$$\underline{E}_z = -\frac{\underline{I}\, j\omega\mu}{2\pi\varrho_1\lambda} \frac{J_0(\lambda\varrho)}{J_1(\lambda\varrho_1)} \tag{7.51a}$$

$$\underline{H}_\alpha = \frac{\underline{I}}{2\pi\varrho_1} \frac{J_1(\lambda\varrho)}{J_1(\lambda\varrho_1)} \tag{7.51b}$$

mit λ nach (7.43b). Die Verläufe

$$J_0(\lambda\varrho) = J_0(\sqrt{-j}\,x), \qquad J_1(\lambda\varrho) = J_1(\sqrt{-j}\,x) \quad \text{mit} \quad x = \sqrt{\omega\mu\varkappa}\,\varrho = \sqrt{2}\beta\varrho$$

sind in Form einer Ortskurve in der Gaußschen Zahlenebene im Bild 7.9 dargestellt.

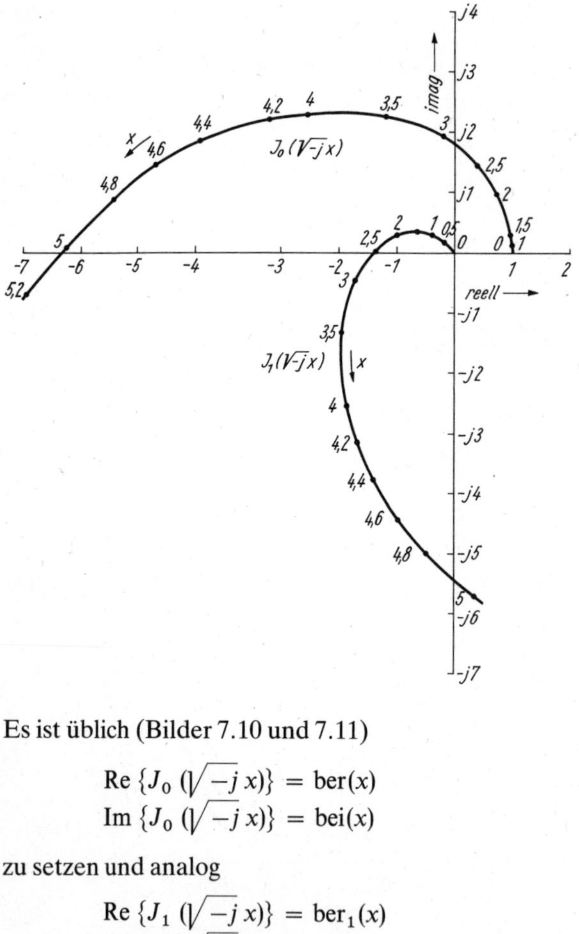

Bild 7.9 Bessel-Funktion $J_0(\sqrt{-j}\,x)$ und $J_1(\sqrt{-j}\,x)$

Es ist üblich (Bilder 7.10 und 7.11)

$$\begin{aligned} \operatorname{Re}\{J_0(\sqrt{-j}\,x)\} &= \operatorname{ber}(x) \\ \operatorname{Im}\{J_0(\sqrt{-j}\,x)\} &= \operatorname{bei}(x) \end{aligned} \tag{7.52a}$$

zu setzen und analog

$$\begin{aligned} \operatorname{Re}\{J_1(\sqrt{-j}\,x)\} &= \operatorname{ber}_1(x) \\ \operatorname{Im}\{J_1(\sqrt{-j}\,x)\} &= \operatorname{bei}_1(x)\,. \end{aligned} \tag{7.52b}$$

Die Verläufe von (7.52a und b) sind in den Bildern 7.10 und 7.11 dargestellt. Mit diesen Funktionen können $\boldsymbol{E}$ und $\boldsymbol{H}$ in (7.51) in Real- und Imaginärteil zerlegt werden.

Für einen Rundleiter aus Kupfer ($\varkappa = 59 \cdot 10^6\,\mathrm{S \cdot m^{-1}}$) mit einem Radius $\varrho_1 = 2$ cm sind die Verläufe $|\underline{E}_z(\varrho)|$ bzw. $|\underline{B}_\alpha(\varrho)|$ normiert auf $|\underline{E}_z(\varrho = \varrho_1)|$ bzw. $|\underline{B}_\alpha(\varrho = \varrho_1)|$ über ϱ/ϱ_1 mit der Frequenz f als Parameter im Bild 7.12 grafisch dargestellt (Auswertung von (7.51)).

Hiernach findet eine Strom- (Feld-) Verdrängung zur Leiteroberfläche hin statt (Skineffekt), die sich um so stärker ausbildet, je höher die Frequenz ist (bzw. die Leitfähigkeit $\varkappa$ oder die

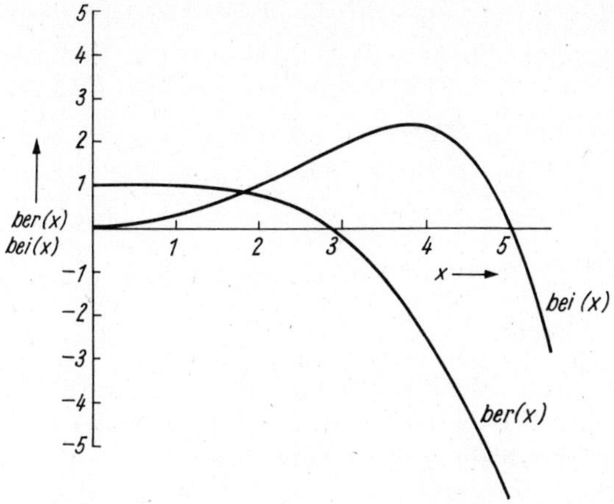

Bild 7.10
Bessel-Funktion ber(x) *und* bei(x)

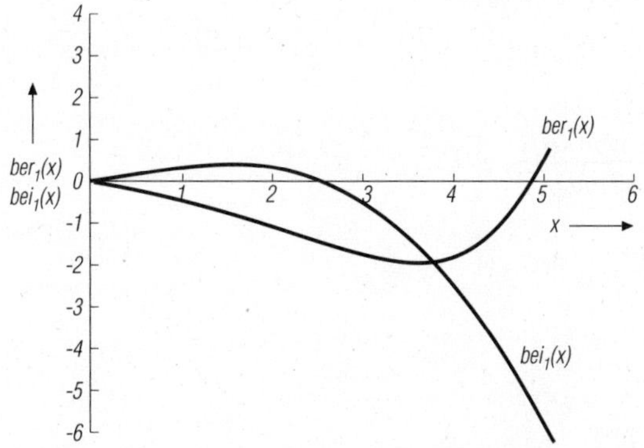

Bild 7.11
Bessel-Funktion ber$_1(x)$ *und* bei$_1(x)$

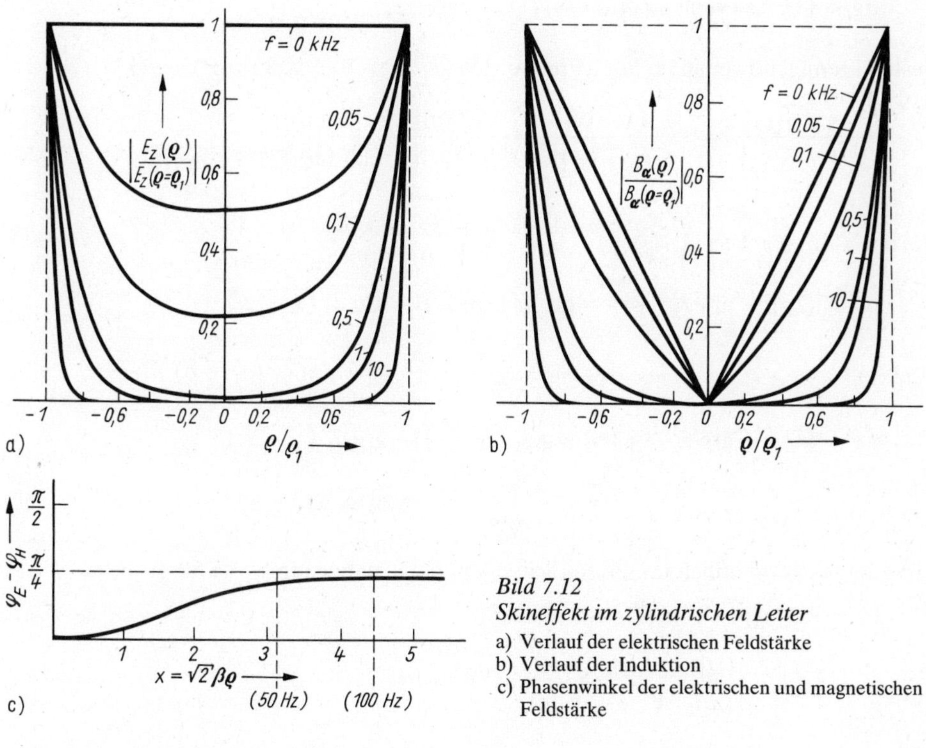

Bild 7.12
Skineffekt im zylindrischen Leiter

a) Verlauf der elektrischen Feldstärke
b) Verlauf der Induktion
c) Phasenwinkel der elektrischen und magnetischen Feldstärke

Permeabilität μ). Auch hier ist die elektrische Feldstärke in der Leitermitte bei 50 Hz auf das rund 0,5fache des Randwerts abgesunken. Für hohe Frequenzen ($\beta \gg 1$) werden die Verläufe wiederum durch die e-Funktion bestimmt.
Die Phasenwinkelbeziehungen lesen sich aus (7.51 a, b) ab zu

$$\begin{aligned} \varphi_\mathrm{E} &= \frac{3}{4}\pi + \arg J_0(\lambda\varrho) - \arg J_1(\lambda\varrho_1) \\ \varphi_\mathrm{H} &= \arg J_1(\lambda\varrho) - \arg J_1(\lambda\varrho_1) \\ \varphi_\mathrm{E} - \varphi_\mathrm{H} &= \frac{3}{4}\pi + \arg J_0(\lambda\varrho) - \arg J_1(\lambda\varrho_1). \end{aligned} \tag{7.53}$$

Wie aus Bild 7.12c ersichtlich, nähert sich der Verlauf der Phasenwinkeldifferenz $\varphi_\mathrm{E} - \varphi_\mathrm{H}$ zwischen dem elektrischen und dem magnetischen Feld bei Zunahme des Argumtentes x dem Wert $\pi/4$, d. h., die Felder weisen eine Phasenverschiebung von 45° auf.
Der Phasenwinkel des Stromes $\underline{I}$ wurde hierbei $\varphi_I = 0$ gesetzt.

Näherungslösungen. Für die Exponentialdarstellung $\underline{E}_z$ und $\underline{H}_\alpha$ (7.51) erhält man $\left(\arg(-\mathrm{j}) = -\pi/2,\ \arg\left(1/\sqrt{-\mathrm{j}}\right) = -3\pi/4,\ \arg \underline{I} = 0\right)$

$$\begin{aligned} \underline{E}_z &= |\underline{E}_z|\,\mathrm{e}^{\mathrm{j}\arg\underline{E}} = \frac{|\underline{I}|\,\omega\mu}{2\pi\varrho_1\sqrt{\omega\varkappa\mu}}\,\frac{|J_0(\lambda\varrho)|}{|J_1(\lambda\varrho_1)|}\,\mathrm{e}^{\mathrm{j}\,[3/4\pi + \arg J_0(\lambda\varrho) - \arg J_1(\lambda\varrho_1)]} \\ \underline{H}_\alpha &= |\underline{H}_\alpha|\,\mathrm{e}^{\mathrm{j}\arg\underline{H}} = \frac{|\underline{I}|}{2\pi\varrho_1}\,\frac{|J_1(\lambda\varrho)|}{|J_1(\lambda\varrho_1)|}\,\mathrm{e}^{\mathrm{j}\,[\arg J_1(\lambda\varrho) - \arg J_1(\lambda\varrho_1)]}. \end{aligned} \tag{7.54}$$

Für große x gilt näherungsweise

$$\begin{aligned} &\left|J_1\left(\sqrt{-\mathrm{j}}x\right)\right| \approx \left|J_0\left(\sqrt{-\mathrm{j}}x\right)\right| \approx \frac{1}{\sqrt{2\pi x}}\,\mathrm{e}^{x/\sqrt{2}} \\ &\arg J_1\left(\sqrt{-\mathrm{j}}x\right) \approx \arg J_0\left(\sqrt{-\mathrm{j}}x\right) + \frac{\pi}{2} \approx \frac{x}{\sqrt{2}}, \end{aligned} \tag{7.55}$$

und deshalb genügend genau für hohe Frequenzen $\left(x_1 = \varrho_1\sqrt{\omega\varkappa\mu},\ x = \varrho\sqrt{\omega\varkappa\mu}\right)$

$$\begin{aligned} \frac{\left|J_0\left(\sqrt{-\mathrm{j}}x\right)\right|}{\left|J_1\left(\sqrt{-\mathrm{j}}x_1\right)\right|} &= \frac{\left|J_1\left(\sqrt{-\mathrm{j}}x\right)\right|}{\left|J_1\left(\sqrt{-\mathrm{j}}x_1\right)\right|} = \frac{|J_0(\lambda\varrho)|}{|J_1(\lambda\varrho_1)|} = \frac{|J_1(\lambda\varrho)|}{|J_1(\lambda\varrho_1)|} \\ &= \sqrt{\frac{x_1}{x}}\,\mathrm{e}^{-(x_1 - x)/\sqrt{2}} = \sqrt{\frac{\varrho_1}{\varrho}}\,\mathrm{e}^{-\sqrt{\pi f\varkappa\mu}(\varrho_1 - \varrho)} \end{aligned} \tag{7.56}$$

$$\begin{aligned} \arg J_0(\lambda\varrho) - \arg J_1(\lambda\varrho_1) &= \arg J_0\left(\sqrt{-\mathrm{j}}x\right) - \arg J_1\left(\sqrt{-\mathrm{j}}x_1\right) \\ &= -\frac{x_1 - x}{\sqrt{2}} - \frac{\pi}{2} = -\sqrt{\pi f\varkappa\mu}\,(\varrho_1 - \varrho) - \frac{\pi}{2} \\ \arg J_1(\lambda\varrho) - \arg J_1(\lambda\varrho_1) &= \arg J_1\left(\sqrt{-\mathrm{j}}x\right) - \arg J_1\left(\sqrt{-\mathrm{j}}x_1\right) \\ &= -\frac{x_1 - x}{\sqrt{2}} = -\sqrt{\pi f\varkappa\mu}\,(\varrho_1 - \varrho). \end{aligned} \tag{7.57}$$

Damit findet man schließlich für die zeitlichen Vorgänge näherungsweise für große ω

$$E_z = \operatorname{Re}\{\underline{E}_z\,\mathrm{e}^{\mathrm{j}\omega t}\} = \hat{E}_z \cos(\omega t + \varphi_E)$$

$$\hat{E}_z = |\underline{E}_z| = \frac{|\underline{I}|}{2\pi\varrho_1}\sqrt{\frac{\omega\mu}{\varkappa}}\sqrt{\frac{\varrho_1}{\varrho}}\,\mathrm{e}^{-\sqrt{\pi f\varkappa\mu}(\varrho_1 - \varrho)} \tag{7.58a}$$

$$\varphi_E = -\sqrt{\pi f \varkappa \mu}\,(\varrho_1 - \varrho) + \frac{\pi}{4}$$

und entsprechend

$$H_\alpha = \text{Re}\,\{\underline{H}_\alpha\, e^{j\omega t}\} = \hat{H}_\alpha \cos(\omega t + \varphi_H)$$

$$\hat{H}_\alpha = |\underline{H}_\alpha| = \frac{|\underline{I}|}{2\pi\varrho_1}\sqrt{\frac{\varrho_1}{\varrho}}\, e^{-\sqrt{\pi f\varkappa\mu}(\varrho_1 - \varrho)} \tag{7.58b}$$

$$\varphi_H = -\sqrt{\pi f \varkappa \mu}\,(\varrho_1 - \varrho).$$

Für das Verhältnis $\hat{E}/\hat{H}$ findet man unabhängig von ϱ

$$\frac{|\underline{E}_z|}{|\underline{H}_\alpha|} = \sqrt{\frac{\omega\mu}{\varkappa}} \tag{7.59a}$$

und für die Differenz der Nullphasen von E_z und H_α

$$\varphi_E - \varphi_H = \frac{\pi}{4}. \tag{7.59b}$$

Zwischen den komplexen Amplituden von E_z und H_α besteht für große ω eine Phasenverschiebung von $\pi/4$ (s. auch Bild 7.12c).
Man beachte auch, daß die Nullphasenwinkel φ_E und φ_H selbst Funktionen des Ortes ϱ sind, d.h., daß z.B. die Stromdichtevektoren zu festen Zeiten t nicht überall im Leiter gleichgerichtet sind; in verschiedenen Bereichen des Leiters kann im gleichen Augenblick die Stromrichtung unterschiedlich sein.
Bildet man mit (7.58a) das Verhältnis $\hat{E}_z(\varrho)$ zu $\hat{E}_z\,(\varrho = \varrho_1)$, so folgt

$$\frac{\hat{E}_z(\varrho)}{\hat{E}_z\,(\varrho = \varrho_1)} = e^{-\beta(\varrho_1 - \varrho)}, \tag{7.60a}$$

wo es den Wert e^{-1} für $\beta\,(\varrho_1 - \varrho_\delta) = \beta\delta = 1$ annimmt.
Der Ausdruck $\delta = \varrho_1 - \varrho_\delta$ wird als *Eindringtiefe* bezeichnet

$$\delta = \frac{1}{\beta}. \tag{7.60b}$$

Wechselstromwiderstand. Die Spannung über einer Leiterlänge l beträgt

$$\underline{U} = l\underline{E}_z \approx l\underline{E}_z\,(\varrho_1), \tag{7.61}$$

wenn man berücksichtigt, daß sich der Strom bei hohen Frequenzen praktisch nur in den äußeren Leiterbereichen (unterhalb der Leiteroberfläche) ausbildet.
Aus (7.51a) folgt dann genügend genau

$$\underline{U} = -\frac{\underline{I}\, j\omega\mu l}{2\pi\varrho_1\lambda}\,\frac{J_0\,(\lambda\varrho_1)}{J_1\,(\lambda\varrho_1)}$$

und damit für den komplexen Scheinwiderstand eines Leiterstücks der Länge l

$$\underline{Z} = \frac{\underline{U}}{\underline{I}} = -\frac{j\omega\mu l}{2\pi\varrho_1\,\lambda}\,\frac{J_0\,(\lambda\varrho_1)}{J_1\,(\lambda\varrho_1)}. \tag{7.62}$$

Setzt man noch

$$\underline{Z} = R + j\omega L, \tag{7.63}$$

so können durch Zerlegung von $\underline{Z}$ in Real- und Imaginärteil Wirk- und Blindwiderstand des Leiters angegeben werden.

Die Rechnung ergibt näherungsweise

a) für kleine ω $(x<1)$

$$\frac{R}{R_=} \approx 1 + \frac{1}{3}x^4 \qquad R_= = \frac{l}{\varkappa \varrho_1^2 \pi}$$

$$\frac{\omega L}{R_=} \approx x^2\left(1 - \frac{x^4}{6}\right) \qquad x = \frac{\varrho_1}{2}\sqrt{\pi f \varkappa \mu} \tag{7.64a}$$

b) für große ω $(x>1)$

$$\frac{R}{R_=} \approx x + \frac{1}{4} + \frac{3}{64x}$$

$$\frac{\omega L}{R_=} \approx x - \frac{3}{64x} + \frac{3}{128x^2}, \tag{7.64b}$$

wobei $R_= = l/\pi\varrho_1^2\varkappa$ als Gleichstromwiderstand des Leiters der Länge l zur Normierung verwendet wurde.

Zusammenfassung. Quasistationäre Vorgänge sind durch die Vernachlässigung der Verschiebungsstromdichte gegenüber der Leitungsstromdichte gekennzeichnet. Für harmonische Vorgänge ist diese Forderung identisch mit der Bedingung $\omega \ll \varkappa/\varepsilon$. Eine Abstrahlung elektromagnetischer Energie tritt nicht auf, so daß quasistationäre Erscheinungen sich auf leitfähige räumliche Gebiete beschränken.

Elektrisches und magnetisches Feld sind miteinander verkoppelt (doppelte Wirbelverkopplung). Eine unabhängige Berechnung beider Felder ist nicht möglich.

Mit quasistationären Vorgängen sind verbunden das Auftreten von Wirbelströmen, Wirbelstromverlusten, die Feldverdrängung (Skineffekt) sowie die Änderung des Widerstandsverhaltens leitfähiger Bereiche.

Aufgaben zum Abschnitt 7.1.

7.1.–1 Gegeben ist der leitende Halbraum (Leitfähigkeit $\varkappa$, Permeabilität μ) (Bild 7.1–1), an dessen Oberfläche $(z=0)$ die elektrische Feldstärke $\boldsymbol{E}(z=0,t) = \boldsymbol{i}E_x(0,t) = \boldsymbol{i}E_0 \cos \omega t$ als Randwert auftritt.

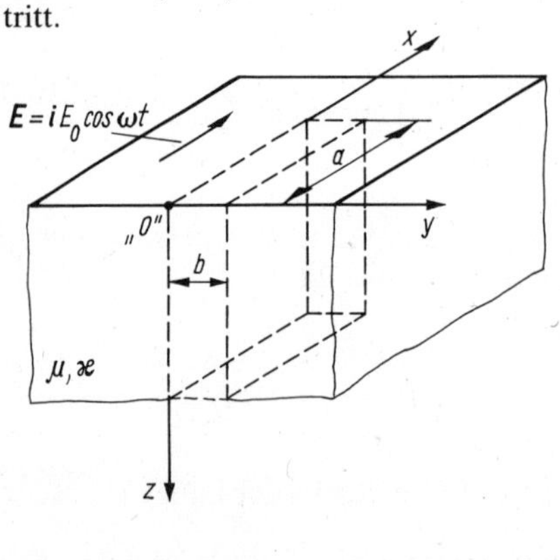

Bild 7.1.–1

Berechne bzw. ermittle im leitenden Halbraum

a) das elektrische und das magnetische Feld ($\boldsymbol{E}$, $\boldsymbol{H}$)

b) das Stromdichtefeld $\boldsymbol{S}$

c) die Leistungsdichte p

d) den Strom, der in einem Leiterabschnitt der Breite b fließt

e) die Wirbelstromverluste in einem Streifen der Breite b und Länge a

f) den Widerstand und die Induktivität eines Streifens der Breite b und Länge a

g) die Eindringtiefe!

h) Stelle die Amplituden- und Phasenverläufe von $\boldsymbol{E}$ und $\boldsymbol{H}$ und die Phasenlage von $\boldsymbol{E}$ und $\boldsymbol{H}$ grafisch dar!

i) Stelle die Verläufe von $\boldsymbol{E}$ mit der Zeit t als Parameter grafisch dar!

7.1.–2. In dem im Bild 7.1.–2 abgebildeten unendlich langen, geraden Leiter mit quadratischem Querschnitt (Seitenlänge $2a$) fließt ein cosinusförmig von der Zeit abhängiger Strom der Stromdichte $\boldsymbol{S} = \boldsymbol{k}S_z$ mit $S_z = S_z(x, y)\cos(\omega t + \varphi(\chi, y))$.

a) Wie lautet die Differentialgleichung zur Bestimmung von S_z und der komplexen Stromdichte $\underline{S}_z = \hat{S}_z \mathrm{e}^{\mathrm{j}\varphi}$ $(\underline{S}_z = \underline{S}_z(x, y))$?

b) Berechne die komplexe Stromdichte $\underline{S}_z$ für die Randbedingung $\underline{S}_z(0, a) = \underline{S}_0$.

Hinweis:

1. Lösungsansatz
$\underline{S} = (\underline{A}_1 \cosh(\alpha_1 x) + \underline{B}_1 \sinh(\alpha_1 x))(\underline{A}_2 \cosh(\alpha_2 y) + \underline{B}_2 \sinh \alpha_2 y))$.

2. Beachte Symmetrieeigenschaften des Randwertproblems.

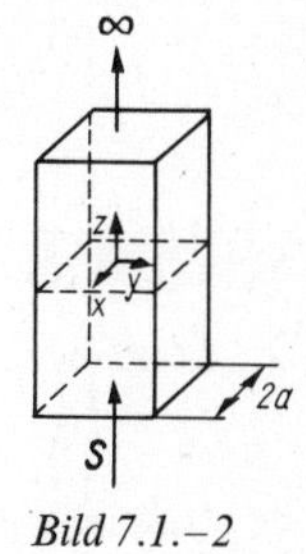

Bild 7.1.–2

7.1.–3 Ein unendlich langer, gerader Hohlzylinder (Innenradius R_i, Außenradius R_a, Leitfähigkeit $\varkappa$, Permeabilität μ) wird von einem zeitlich harmonisch verlaufenden Strom durchflossen.

a) Berechne das elektrische und magnetische Feld in der Wandung!

b) Gebe für starken Skineffekt (Wanddicke $d \ll R_\mathrm{i}$) eine Näherung für die Feldgrößen an und berechne damit den Scheinwiderstand eines Leiterstücks der Länge l!

Hinweis:

1. Es gilt

$$\frac{\mathrm{d}J_0(x)}{\mathrm{d}x} = -J_1(x), \qquad \frac{\mathrm{d}N_0(x)}{\mathrm{d}x} = -N_1(x).$$

2. Für große Werte des Arguments x gelten die Näherungen

$$J_0(x) \approx \sqrt{\frac{2}{\pi x}}\cos\left(x - \frac{\pi}{4}\right), \qquad J_1(x) \approx \sqrt{\frac{2}{\pi x}}\cos\left(x - \frac{3}{4}\pi\right)$$

$$N_0(x) \approx \sqrt{\frac{2}{\pi x}}\sin\left(x - \frac{\pi}{4}\right), \qquad N_1(x) \approx \sqrt{\frac{2}{\pi x}}\sin\left(x - \frac{3}{4}\pi\right).$$

7.2. Wellenfelder

7.2.1. Hertzscher Vektor

Grundgleichungen. Die Grundgleichungen des allgemeinsten elektromagnetischen Feldes sind bereits im Abschn. 5.2. angegeben worden. Sie lauten [(s. (5.35), (5.36)]

$$\begin{aligned} \Delta\boldsymbol{V} - \mu\varepsilon\frac{\partial^2\boldsymbol{V}}{\partial t^2} &= -\mu\boldsymbol{S} \\ \Delta V - \mu\varepsilon\frac{\partial^2 V}{\partial t^2} &= -\frac{\varrho}{\varepsilon} \end{aligned} \tag{7.65a}$$

mit der Nebenbedingung

$$\operatorname{div}\boldsymbol{V} + \mu\varepsilon\frac{\partial V}{\partial t} = 0 \tag{7.65b}$$

und der Verknüpfungsgleichung (Kontinuitätsgleichung)

$$\operatorname{div}\boldsymbol{S} + \frac{\partial\varrho}{\partial t} = 0. \tag{7.65c}$$

Sind $\boldsymbol{V}$ und V Lösungen von (7.65), so ist [s. (5.32b), (5.30)]

$$\boldsymbol{E} = -\frac{\partial\boldsymbol{V}}{\partial t} - \operatorname{grad} V, \qquad \boldsymbol{B} = \operatorname{rot}\boldsymbol{V} \qquad \text{(7.66a) und (7.66b)}$$

ein mögliches elektromagnetisches Feld.

Zur Lösung des Systems (7.65a) betrachten wir zunächst nur die zweite Gleichung in (7.65a). Durch *Fourier-Transformation* bezüglich t findet man zunächst

$$\Delta \underline{V} + \lambda^2 \underline{V} = -\frac{\varrho}{\varepsilon} \tag{7.67}$$

mit

$$\lambda^2 = \omega^2 \mu\varepsilon \qquad (\lambda = \omega\sqrt{\mu\varepsilon}),$$

wenn z. B. die Fourier-Transformierte des elektromagnetischen Skalarpotentials mit

$$\mathrm{F}\{V\} = \int_{-\infty}^{+\infty} V(\boldsymbol{r}, t)\,\mathrm{e}^{-\mathrm{j}\omega t}\,\mathrm{d}t = \underline{V}(\boldsymbol{r}, \omega) \tag{7.68}$$

bezeichnet wird.
Die Lösung von (7.67) für $\lambda = 0$ ist bereits gefunden worden (s. Abschn. 5.1.). Für $\lambda \neq 0$ ist

$$\boxed{\underline{V}(\boldsymbol{r}, \omega) = \frac{1}{4\pi\varepsilon}\int_{(V)} \frac{\mathrm{e}^{\mathrm{j}\lambda|\boldsymbol{r}-\boldsymbol{r}_0|}}{|\boldsymbol{r}-\boldsymbol{r}_0|}\,\underline{\varrho}(\boldsymbol{r}_0)\,\mathrm{d}V_0} \tag{7.69}$$

eine partikuläre Lösung von (7.67).
Für $\lambda = 0$ ist das offenbar richtig; für $\lambda \neq 0$ findet man aus der 3. Greenschen Formel (2.78) mit $\sigma = 1$

$$\int_{(V)} (U_1\,\Delta U_2 - U_2\,\Delta U_1)\,\mathrm{d}V_0 = \oint_{(A)} (U_1 \operatorname{grad} U_2 - U_2 \operatorname{grad} U_1)\,\mathrm{d}\boldsymbol{A}$$

mit

$$U_1 = \frac{\mathrm{e}^{\mathrm{j}\lambda|\boldsymbol{r}-\boldsymbol{r}_0|}}{|\boldsymbol{r}-\boldsymbol{r}_0|}, \qquad U_2 = \underline{V},$$

also mit

$$\Delta U_1 = -\lambda^2 \frac{\mathrm{e}^{\mathrm{j}\lambda|\boldsymbol{r}-\boldsymbol{r}_0|}}{|\boldsymbol{r}-\boldsymbol{r}_0|} \qquad (\boldsymbol{r} \neq \boldsymbol{r}_0)$$

$$\operatorname{grad} U_1 = -\frac{\mathrm{j}\lambda\,\mathrm{e}^{\mathrm{j}\lambda|\boldsymbol{r}-\boldsymbol{r}_0|}}{|\boldsymbol{r}-\boldsymbol{r}_0|^2}(\boldsymbol{r}-\boldsymbol{r}_0) + \frac{\mathrm{e}^{\mathrm{j}\lambda|\boldsymbol{r}-\boldsymbol{r}_0|}}{|\boldsymbol{r}-\boldsymbol{r}_0|^3}(\boldsymbol{r}-\boldsymbol{r}_0),$$

die Beziehung

$$\begin{aligned}
&\int_{(V-V_K)} \frac{\mathrm{e}^{\mathrm{j}\lambda|\boldsymbol{r}-\boldsymbol{r}_0|}}{|\boldsymbol{r}-\boldsymbol{r}_0|}(\Delta\underline{V} + \lambda^2\underline{V})\,\mathrm{d}V_0\\
&= \int_{(A)} \left[\frac{\mathrm{e}^{\mathrm{j}\lambda|\boldsymbol{r}-\boldsymbol{r}_0|}}{|\boldsymbol{r}-\boldsymbol{r}_0|}\operatorname{grad}\underline{V} - \underline{V}\,\mathrm{e}^{\mathrm{j}\lambda|\boldsymbol{r}-\boldsymbol{r}_0|}\left(\frac{\mathrm{j}\lambda}{|\boldsymbol{r}-\boldsymbol{r}_0|^2} - \frac{1}{|\boldsymbol{r}-\boldsymbol{r}_0|^3}\right)(\boldsymbol{r}-\boldsymbol{r}_0)\right]\mathrm{d}\boldsymbol{A}_0\\
&+ \int_{(K)} \left[\frac{\mathrm{e}^{\mathrm{j}\lambda|\boldsymbol{r}-\boldsymbol{r}_0|}}{|\boldsymbol{r}-\boldsymbol{r}_0|}\operatorname{grad}\underline{V} - \underline{V}\,\mathrm{e}^{\mathrm{j}\lambda|\boldsymbol{r}-\boldsymbol{r}_0|}\left(\frac{\mathrm{j}\lambda}{|\boldsymbol{r}-\boldsymbol{r}_0|^2} - \frac{1}{|\boldsymbol{r}-\boldsymbol{r}_0|^3}\right)(\boldsymbol{r}-\boldsymbol{r}_0)\right]\mathrm{d}\boldsymbol{A}_0.
\end{aligned} \tag{7.70}$$

Da der Integrand an der Stelle $\boldsymbol{r}_0 = \boldsymbol{r}$ nicht stetig ist, wird zunächst ein kugelförmiges Gebiet um $\boldsymbol{r}$ mit der Oberfläche K nicht zum Integrationsgebiet gezählt (Bild 7.13).
Der Integrand des Integrals über die Kugeloberfläche K hat auf K den Wert ($\mathrm{e}^{\mathrm{j}\lambda|\boldsymbol{r}-\boldsymbol{r}_0|} \approx 1$ für $|\boldsymbol{r}-\boldsymbol{r}_0| = R \to 0$)

$$\frac{1}{|\boldsymbol{r}-\boldsymbol{r}_0|}\operatorname{grad}\underline{V} - \underline{V}\left(\frac{\mathrm{j}\lambda}{|\boldsymbol{r}-\boldsymbol{r}_0|^2} - \frac{1}{|\boldsymbol{r}-\boldsymbol{r}_0|^3}\right)(\boldsymbol{r}-\boldsymbol{r}_0) + \varepsilon \quad (\varepsilon \to 0 \text{ für } R \to 0)$$

während das Flächenelement $\mathrm{d}\boldsymbol{A}_0$ durch (s. (1.84))

$$\mathrm{d}\boldsymbol{A}_0 = (\boldsymbol{r}-\boldsymbol{r}_0)\,|\boldsymbol{r}-\boldsymbol{r}_0|\,\mathrm{d}\Omega$$

gegeben ist. Damit gilt

$$\int_{(K)} \left[\frac{\operatorname{grad}\underline{V}}{|\boldsymbol{r}-\boldsymbol{r}_0|} - \underline{V}\left(\frac{\mathrm{j}\lambda}{|\boldsymbol{r}-\boldsymbol{r}_0|^2} - \frac{1}{|\boldsymbol{r}-\boldsymbol{r}_0|^3}\right)(\boldsymbol{r}-\boldsymbol{r}_0) + \varepsilon\right]\mathrm{d}\boldsymbol{A}_0 = \underline{V}\int_{(K)}\mathrm{d}\Omega + \varepsilon' = -4\pi\underline{V}(\boldsymbol{r}) + \varepsilon'$$

wiederum mit ε, $\varepsilon' \to 0$ für $R \to 0$. Somit geht (7.70) für $R \to 0$ und Beachtung von (7.67) über die

$$\int_{(V)} \frac{e^{j\lambda|\boldsymbol{r}-\boldsymbol{r}_0|}}{|\boldsymbol{r}-\boldsymbol{r}_0|} \frac{-\underline{\varrho}}{\varepsilon} \, dV_0 = \oint_{(A)} \left[\frac{\text{grad } \underline{V}}{|\boldsymbol{r}-\boldsymbol{r}_0|} - \underline{V} e^{j\lambda|\boldsymbol{r}-\boldsymbol{r}_0|} \left(\frac{j\lambda}{|\boldsymbol{r}-\boldsymbol{r}_0|^2} - \frac{1}{|\boldsymbol{r}-\boldsymbol{r}_0|^3} \right) (\boldsymbol{r}-\boldsymbol{r}_0) \right] d\boldsymbol{A}_0$$
$$- 4\pi \underline{V}(\boldsymbol{r}) \qquad (7.71)$$

Das Integral über A ist hierbei durch (7.70) gegeben.

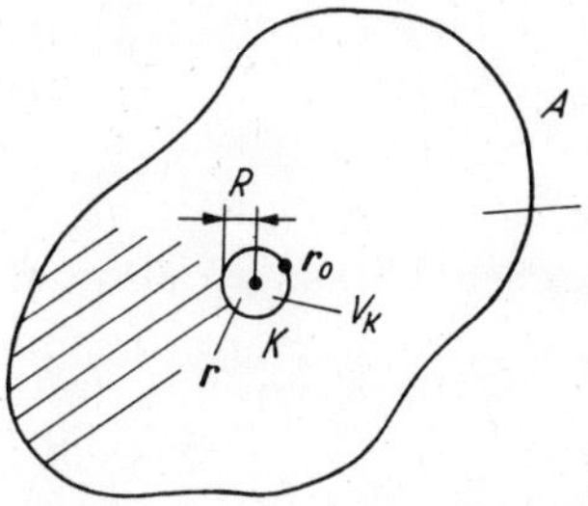

Bild 7.13
Zur Ableitung der Greenschen Formel

Es sei nun $\underline{V}$ eine Lösung von (7.67), die auf dem Bereichsrand A zusammen mit ihrer Normalenableitung verschwindet. Dann gilt mit (7.71) und (7.67)

$$\int_{(V)} \frac{e^{j\lambda|\boldsymbol{r}-\boldsymbol{r}_0|}}{|\boldsymbol{r}-\boldsymbol{r}_0|} \frac{\underline{\varrho}}{\varepsilon} \, dV_0 = 4\pi \underline{V}(\boldsymbol{r}),$$

was zu zeigen war. Läßt man den Bereichsrand A ins Unendliche wandern, so ist also (7.69) die einzige Lösung mit der Bedingung $\underline{V}(\infty, \omega)$, $\partial \underline{V}/\partial n = 0$ im Unendlichen.

Wir transformieren nun (7.69) in den Originalbereich (Zeitbereich) zurück und erhalten nach den Regeln der Fourier-Transformation

$$V(\boldsymbol{r}, t) = \frac{1}{4\pi\varepsilon} \int_{(V)} \frac{1}{|\boldsymbol{r}-\boldsymbol{r}_0|} F^{-1} \{ e^{j\omega\sqrt{\mu\varepsilon}|\boldsymbol{r}-\boldsymbol{r}_0|} \underline{\varrho}(\boldsymbol{r}_0) \} \, dV_0$$

oder

$$\boxed{V(\boldsymbol{r}, t) = \frac{1}{4\pi\varepsilon} \int_{(V)} \frac{\varrho_0(\boldsymbol{r}_0, t-t')}{|\boldsymbol{r}-\boldsymbol{r}_0|} \, dV_0,} \qquad (7.72)$$

wenn

$$\boxed{t' = \sqrt{\mu\varepsilon} \, |\boldsymbol{r}-\boldsymbol{r}_0|} \qquad (7.73)$$

gesetzt wird. $V(r, t)$ in (7.72) heißt *retardiertes Skalarpotential* des elektromagnetischen Feldes. Zur Berechnung von $V(\boldsymbol{r}, t)$ an der Stelle $\boldsymbol{r}$ zur Zeit t dient nicht die Ladungsverteilung an der Stelle $\boldsymbol{r}_0$ zur Zeit t, sondern die zu der um t' früheren Zeit $t - t'$. *t' ist abhängig vom Abstand* $|\boldsymbol{r}-\boldsymbol{r}_0|$ und von μ und ε.

Aus der Strukturgleichheit der Beziehungen in (7.65a) folgt dann sofort für das *retardierte Vektorpotential*

$$\boxed{\boldsymbol{V}(\boldsymbol{r}, t) = \frac{\mu}{4\pi} \int_{(V)} \frac{\boldsymbol{S}(\boldsymbol{r}_0, t-t')}{|\boldsymbol{r}-\boldsymbol{r}_0|} \, dV_0,} \qquad (7.74)$$

wenn wieder im Unendlichen verschwindes $\boldsymbol{V}$ und $\partial \boldsymbol{V}/\partial n$ verlangt wird.

Die mit der Änderung der Strom- oder Ladungsdichte im Bereich B_1 verbundenen Wirkungen können in einem davon entfernten Bereich B_2 nicht sofort, sondern nur mit einer Verzögerungszeit t' wahrgenommen werden (Bild 7.14). Die Geschwindigkeit v dieser Wirkungsausbreitung hat nach (7.73) den Wert

$$v = \frac{|\boldsymbol{r} - \boldsymbol{r}_0|}{t'} = \frac{1}{\sqrt{\mu\varepsilon}}. \tag{7.75}$$

Im Vakuum ($\mu = \mu_0$, $\varepsilon = \varepsilon_0$) ergibt

$$\frac{1}{\sqrt{\mu_0\varepsilon_0}} = c \tag{7.76}$$

die Lichtgeschwindigkeit; hier breiten sich die elektromagnetischen Wirkungen also mit $3 \cdot 10^5$ km/s aus.

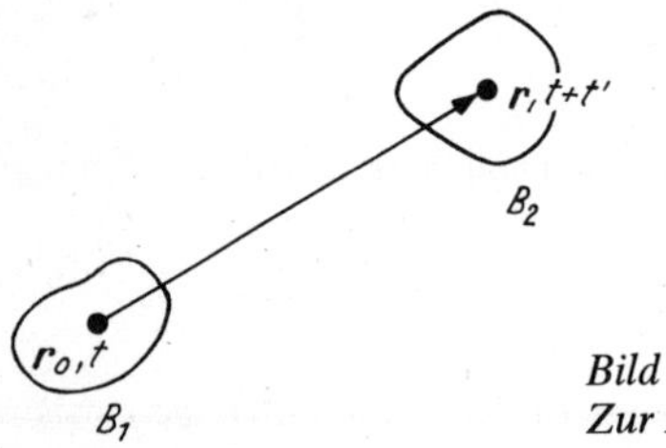

Bild 7.14
Zur Feldausbreitung

Hertzscher Vektor $\boldsymbol{\Pi}$. Die Grundgleichungen (7.65) lassen sich weiter vereinfachen, wenn man durch

$$\boldsymbol{\Pi} = \boldsymbol{\Pi}_0 + \frac{1}{\mu\varepsilon}\int_0^t \boldsymbol{V}\,\mathrm{d}t \tag{7.77a}$$

einen neuen Vektor, den *Hertzschen Vektor $\boldsymbol{\Pi}$*, einführt (vgl. (7.3)). Dabei soll der von t unabhängige Vektor $\boldsymbol{\Pi}_0$ so gewählt werden, daß

$$\operatorname{div} \boldsymbol{\Pi}_0 = -V(\boldsymbol{r}, 0) \tag{7.77b}$$

ist. Mit (7.77) gilt dann weiter

$$\mu\varepsilon \frac{\partial \boldsymbol{\Pi}(\boldsymbol{r}, t)}{\partial t} = \boldsymbol{V}(\boldsymbol{r}, t) \tag{7.78}$$

und mit (7.65b)

$$\operatorname{div} \boldsymbol{\Pi} = -V(\boldsymbol{r}, 0) + \frac{1}{\mu\varepsilon}\int_0^t \operatorname{div} \boldsymbol{V}\,\mathrm{d}\tau$$
$$= -V(\boldsymbol{r}, 0) + [V(\boldsymbol{r}, 0) - V(\boldsymbol{r}, t)] = -V(\boldsymbol{r}, t)$$

also

$$\operatorname{div} \boldsymbol{\Pi}(\boldsymbol{r}, t) = -V(\boldsymbol{r}, t) \tag{7.79}$$

sofern $\boldsymbol{V}$ und V Lösungen von (7.65) sind. Die erste Gleichung in (7.65a) lautet dann

$$\frac{\partial}{\partial t}\Delta\boldsymbol{\Pi} - \mu\varepsilon\frac{\partial}{\partial t}\frac{\partial^2\boldsymbol{\Pi}}{\partial t^2} = -\frac{\boldsymbol{S}}{\varepsilon}$$

oder

$$\Delta\boldsymbol{\Pi} - \mu\varepsilon\frac{\partial^2\boldsymbol{\Pi}}{\partial t^2} = -\frac{\boldsymbol{p}(\boldsymbol{r}, t)}{\varepsilon} \tag{7.80a}$$

mit

$$\boldsymbol{p}(\boldsymbol{r}, t) = \int_0^t \boldsymbol{S}(\boldsymbol{r}, \tau)\, d\tau + \boldsymbol{p}_0(\boldsymbol{r}, 0), \tag{7.80b}$$

worin

$$\operatorname{div} \boldsymbol{p}_0(\boldsymbol{r}, 0) = \varrho(\boldsymbol{r}, 0) \tag{7.80c}$$

ist.
Sind also $\boldsymbol{V}$ und V Lösungen von (7.65), so ist $\boldsymbol{\Pi}$ in (7.77) Lösung von (7.80). Wichtig ist nun die Umkehrung: Ist $\boldsymbol{\Pi}$ Lösung von (7.80), so sind $\boldsymbol{V}$ entsprechend (7.78) und V entsprechend (7.79) Lösungen von (7.65). Offenbar ist (7.78) Lösung der ersten Gleichung in (7.65a). Mit $V = -\operatorname{div} \boldsymbol{\Pi}$ [(7.79)] folgt aus (7.80a)

$$\operatorname{div}\left(\Delta\boldsymbol{\Pi} - \mu\varepsilon \frac{\partial^2 \boldsymbol{\Pi}}{\partial t^2}\right) = -\frac{\operatorname{div} \boldsymbol{p}}{\varepsilon}$$

$$\Delta \operatorname{div} \boldsymbol{V} - \mu\varepsilon \frac{\partial^2}{\partial t^2} \operatorname{div} \boldsymbol{V} = -\frac{\operatorname{div} \boldsymbol{p}}{\varepsilon}$$

$$-\Delta V + \mu\varepsilon \frac{\partial^2 V}{\partial t^2} = -\frac{\operatorname{div} \boldsymbol{p}}{\varepsilon} \tag{7.81}$$

und mit (7.80b, c)

$$-\Delta V + \mu\varepsilon \frac{\partial^2 V}{\partial t^2} = -\frac{1}{\varepsilon}\left[\int_0^t \operatorname{div} \boldsymbol{S}\, d\tau + \operatorname{div} \boldsymbol{p}_0\right]$$

$$= \frac{1}{\varepsilon}\int_0^t \frac{\partial \varrho}{\partial t}\, d\tau + \frac{1}{\varepsilon}\, \varrho(\boldsymbol{r}, 0)$$

[$\boldsymbol{p}_0 = \boldsymbol{p}(\boldsymbol{r}, 0)$] wird also auch die zweite Gleichung in (7.65) erfüllt. Wegen (7.78) und (7.81) ist schließlich noch

$$\operatorname{div} \boldsymbol{V} = \mu\varepsilon \frac{\partial}{\partial t} \operatorname{div} \boldsymbol{\Pi} = -\mu\varepsilon \frac{\partial V}{\partial t},$$

also auch (7.65b), erfüllt.
Die neuen Grundgleichungen lauten damit zusammengefaßt einfacher:

$$\Delta\boldsymbol{\Pi} - \mu\varepsilon \frac{\partial^2 \boldsymbol{\Pi}}{\partial t^2} = -\frac{\boldsymbol{p}}{\varepsilon}, \qquad \boldsymbol{p} = \int_0^t \boldsymbol{S}(\boldsymbol{r}, \tau)\, d\tau + \boldsymbol{p}_0(\boldsymbol{r}, 0)$$

$$\boldsymbol{E} = \operatorname{grad} \operatorname{div} \boldsymbol{\Pi} - \mu\varepsilon \frac{\partial^2 \boldsymbol{\Pi}}{\partial t^2} \tag{7.82}$$

$$\boldsymbol{B} = \mu\varepsilon \operatorname{rot} \frac{\partial \boldsymbol{\Pi}}{\partial t},$$

worin für $\mu\varepsilon = 1/v^2$ nach (7.75) eingeführt werden kann. Entsprechend (7.74) lautet die partikuläre Grundlösung mit im Unendlichen verschwindenden Werten wieder:

$$\boldsymbol{\Pi}(\boldsymbol{r}, t) = \frac{1}{4\pi\varepsilon} \int_{(V)} \frac{\boldsymbol{p}(\boldsymbol{r}_0, t - t')}{|\boldsymbol{r} - \boldsymbol{r}_0|}\, dV_0. \tag{7.83}$$

Feld im Leiter. Ähnlich wie (7.65) können die Potentialgleichungen im Leiter durch Einführung des Hertzschen Vektors $\boldsymbol{\Pi}$ vereinfacht werden. Man rechnet ohne Schwierigkeiten nach, daß anstelle von (5.47) die folgenden einfachen Grundgleichungen treten können:

$$\boxed{\begin{aligned} \boldsymbol{E} &= \operatorname{rot}\operatorname{rot}\boldsymbol{\Pi} \\ \boldsymbol{B} &= \mu \operatorname{rot}\left(\varepsilon \frac{\partial \boldsymbol{\Pi}}{\partial t} + \varkappa \boldsymbol{\Pi}\right) \end{aligned}} \tag{7.84a}$$

und

$$\boxed{\Delta \boldsymbol{\Pi} - \mu\varepsilon \frac{\partial^2 \boldsymbol{\Pi}}{\partial t^2} - \mu\varkappa \frac{\partial \boldsymbol{\Pi}}{\partial t} = 0.} \tag{7.84b}$$

Speziell für quasistationäre Vorgänge können hierin die Summanden mit dem Faktor ε gestrichen werden. Die dann entstehenden Gleichungen sind identisch mit den bereits gefundenen Gleichungen (7.3).

7.2.2. Hertzscher Dipol

Modell, Feldgleichungen. Gegeben ist ein linienhafter Leiter, der von einem schnellveränderlichen Strom – beschrieben durch die Stromdichte $\boldsymbol{S}(\boldsymbol{r}_0, \tau)$ – durchflossen wird (Bild 7.15a). Das durch diesen Leiter hervorgerufene elektromagnetische Feld soll durch den Hertzschen Vektor $\boldsymbol{\Pi}(\boldsymbol{r}, t)$ im Aufpunkt $\boldsymbol{r}$ erfaßt werden. Ein kleines Volumenelement $\mathrm{d}V_0$ (Querschnitt $\mathrm{d}\boldsymbol{A}_0$, Länge $\mathrm{d}\boldsymbol{r}_0$) trägt nach (7.83) den Anteil

$$\mathrm{d}\boldsymbol{\Pi}(\boldsymbol{r}, t) = \frac{1}{4\pi\varepsilon} \frac{\boldsymbol{p}(\boldsymbol{r}_0, t - t')}{|\boldsymbol{r} - \boldsymbol{r}_0|} \mathrm{d}V_0 = \frac{1}{4\pi\varepsilon} \frac{\mathrm{d}\boldsymbol{P}(\boldsymbol{r}_0, t - t')}{|\boldsymbol{r} - \boldsymbol{r}_0|} \tag{7.85}$$

zum Hertzschen Vektor $\boldsymbol{\Pi}(\boldsymbol{r}, t)$ bei, wenn gesetzt wird

$$\mathrm{d}\boldsymbol{P}(\boldsymbol{r}_0, t - t') = \boldsymbol{p}(\boldsymbol{r}_0, t - t')\, \mathrm{d}V_0. \tag{7.86a}$$

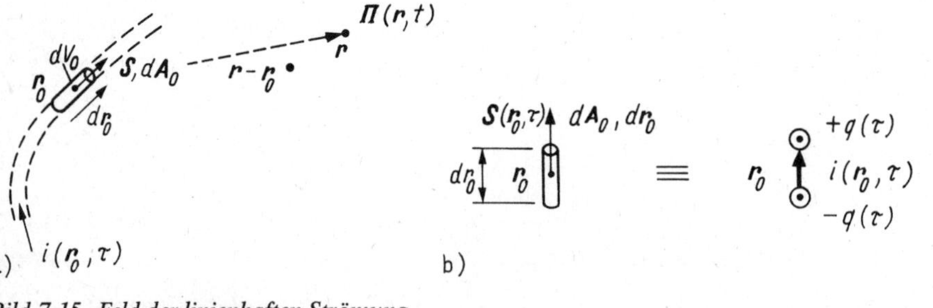

Bild 7.15. Feld der linienhaften Strömung
a) strahlendes Volumenelement b) Hertzscher Dipol – Modell des Dipols

Speziell für linienhafte Leiter ($\mathrm{d}V_0 = \mathrm{d}\boldsymbol{A}_0 \cdot \mathrm{d}\boldsymbol{r}_0$; $\mathrm{d}\boldsymbol{A}_0$, $\mathrm{d}\boldsymbol{r}_0$ und $\boldsymbol{p}(\boldsymbol{r}_0, t - t')$ bzw. $\boldsymbol{S}(\boldsymbol{r}_0, \tau)$ sind gleichgerichtete Vektoren) kann (7.86a) mit (7.80b) wie folgt umgeformt werden:

$$\begin{aligned} \mathrm{d}\boldsymbol{P}(\boldsymbol{r}_0, t - t') &= \boldsymbol{p}(\boldsymbol{r}_0, t - t') \cdot \mathrm{d}\boldsymbol{A}_0\, \mathrm{d}\boldsymbol{r}_0 \\ &= \left(\int_0^{t-t'} \boldsymbol{S}(\boldsymbol{r}_0, \tau)\, \mathrm{d}\boldsymbol{A}_0\, \mathrm{d}\tau\right) \mathrm{d}\boldsymbol{r}_0 + \boldsymbol{p}_0(\boldsymbol{r}_0, 0)\, \mathrm{d}V_0 \end{aligned}$$

$$\mathrm{d}\boldsymbol{P}(\boldsymbol{r}_0, t-t') = \left(\int_0^{t-t'} \boldsymbol{i}(\boldsymbol{r}_0, \tau)\,\mathrm{d}\tau\right)\mathrm{d}\boldsymbol{r}_0 + \boldsymbol{p}_0(\boldsymbol{r}_0, 0)\,\mathrm{d}V_0$$
$$= \boldsymbol{q}(\boldsymbol{r}_0, t-t')\,\mathrm{d}\boldsymbol{r}_0 + \boldsymbol{p}_0(\boldsymbol{r}_0, 0)\,\mathrm{d}V_0. \tag{7.86b}$$

Hierbei ist $\boldsymbol{S}(\boldsymbol{r}_0, \tau)\,\mathrm{d}\boldsymbol{A}_0 = i(\boldsymbol{r}_0, \tau)$ der Strom im (linienhaften) Leiter an der Stelle $\boldsymbol{r}_0$, das Zeitintegral über $i(\boldsymbol{r}_0, \tau)$ die Ladung, die in der Zeit $\mathrm{d}\tau$ durch den Leiterquerschnitt $\mathrm{d}\boldsymbol{A}_0$ an der Stelle $\boldsymbol{r}_0$ pulsiert, und damit das Produkt $q(\boldsymbol{r}_0, t-t')\,\mathrm{d}\boldsymbol{r}_0$ das „Dipolmoment" des Volumenelements $\mathrm{d}V_0$. Der Ausdruck $\boldsymbol{p}_0(\boldsymbol{r}_0, 0)\,\mathrm{d}V_0$ hat die Bedeutung eines Anfangswerts des Dipolmoments, das für die nachfolgenden Betrachtungen Null gesetzt werden kann.

Im weiteren soll die Wirkung des differentiell kleinen, stromdurchflossenen Leiterelements allein weiter betrachtet werden. Es wird als *Hertzscher Dipol* (Bild 7.15b) bezeichnet und ist das Grundelement jeder strahlenden Antenne. Sein Verhalten soll genauer untersucht werden.

Aus (7.86b) folgt ein Modell für den Hertzschen Dipol. Er läßt sich durch zwei Punktladungen $\pm q(\boldsymbol{r}_0, \tau)$ im Abstand $\mathrm{d}\boldsymbol{r}_0$ darstellen, die leitend miteinander verbunden sind. Der Ladungsaustausch erfolgt durch den Strom $i(\boldsymbol{r}_0, \tau)$, wie es im Bild 7.15b angedeutet ist.

Für die weiteren Betrachtungen wollen wir aus Gründen der Vereinfachung festlegen: Anordnung des Hertzschen Dipols in den Koordinatenursprung ($\boldsymbol{r}_0 = 0$) des Kugelkoordinatensystems und Orientierung des Dipolmoments (7.86b) in Richtung der positiven z-Achse.

In (7.85) ist mithin zu setzen:

$$\mathrm{d}\boldsymbol{P}(\boldsymbol{r}_0, t-t') = \boldsymbol{P}_0(t-t') = \boldsymbol{k}P_0(t-t')$$
$$\mathrm{d}\boldsymbol{\Pi}(\boldsymbol{r}, t) = \boldsymbol{\Pi}_0(\boldsymbol{r}, t)$$
$$|\boldsymbol{r} - \boldsymbol{r}_0| = |\boldsymbol{r}| = r, \tag{7.87a}$$

so daß sich der Hertzsche Vektor des Hertzschen Dipols im Aufpunkt $\boldsymbol{r}$ zu

$$\boldsymbol{\Pi}_0(\boldsymbol{r}, t) = \frac{1}{4\pi\varepsilon}\frac{\boldsymbol{P}_0(t-t')}{|\boldsymbol{r}|} \qquad \left(t' = \frac{|\boldsymbol{r}|}{v}\right) \tag{7.87b}$$

berechnet. Das zugehörige elektromagnetische Feld ist durch (7.82) gegeben. Mit (7.87b) erhält man für die einzelnen Glieder in (7.82), wenn $\boldsymbol{P}_0'$ die Ableitung nach $(t-t')$ bezeichnet:

$$\operatorname{div}\boldsymbol{\Pi}_0 = \frac{1}{4\pi\varepsilon}\left[\boldsymbol{P}_0 \operatorname{grad}\frac{1}{r} + \frac{1}{r}\operatorname{div}\boldsymbol{P}_0\right] = -\frac{1}{4\pi\varepsilon}\left[\frac{\boldsymbol{P}_0\cdot\boldsymbol{r}}{r^3} + \frac{\boldsymbol{P}_0'\cdot\boldsymbol{r}}{vr^2}\right]$$

$$\operatorname{grad}\operatorname{div}\boldsymbol{\Pi}_0 = -\frac{1}{4\pi\varepsilon}\left[(\boldsymbol{P}_0\cdot\boldsymbol{r})\operatorname{grad}\frac{1}{r^3} + \frac{1}{r^3}\operatorname{grad}(\boldsymbol{P}_0\cdot\boldsymbol{r}) + \frac{1}{vr^2}\operatorname{grad}(\boldsymbol{P}_0'\cdot\boldsymbol{r}) + \frac{\boldsymbol{P}_0'\cdot\boldsymbol{r}}{v}\operatorname{grad}\frac{1}{r^2}\right]$$

$$= -\frac{1}{4\pi\varepsilon}\left\{(\boldsymbol{P}_0\cdot\boldsymbol{r})\frac{-3\boldsymbol{r}}{r^5} + \frac{1}{r^3}\left[-\frac{\boldsymbol{r}P_0'}{v} + \boldsymbol{P}_0 + \frac{(\boldsymbol{r}\times\boldsymbol{P}_0')\times\boldsymbol{r}}{vr}\right] + \frac{1}{vr^2}\left[\frac{-\boldsymbol{r}P_0''}{v} + \boldsymbol{P}_0' + \frac{(\boldsymbol{r}\times\boldsymbol{P}_0'')\times\boldsymbol{r}}{vr}\right] - \frac{\boldsymbol{P}_0'\cdot\boldsymbol{r}}{v}\cdot\frac{2\boldsymbol{r}}{r^4}\right\}$$

$$= \frac{1}{4\pi\varepsilon r^2}\left[\frac{3\boldsymbol{r}(\boldsymbol{P}_0\cdot\boldsymbol{r})}{r^3} + \frac{3\boldsymbol{r}(\boldsymbol{P}_0'\cdot\boldsymbol{r})}{vr^3} - \frac{\boldsymbol{P}_0}{r} - \frac{\boldsymbol{P}_0'}{v} + \frac{\boldsymbol{r}}{v^2}P_0'' + \frac{\boldsymbol{r}\times(\boldsymbol{r}\times\boldsymbol{P}_0'')}{v^2 r}\right]$$

$$\frac{\partial\boldsymbol{\Pi}_0}{\partial t} = \frac{\boldsymbol{P}_0'}{4\pi\varepsilon r} \qquad \frac{\partial^2\boldsymbol{\Pi}_0}{\partial t^2} = \frac{\boldsymbol{P}_0''}{4\pi\varepsilon r}. \tag{7.88}$$

Dabei ist mit $\boldsymbol{P}_0 = \boldsymbol{k}\,|\boldsymbol{P}_0| = \boldsymbol{k}P_0$ folgende Rechenregel des Abschnitts 2.2.2. berücksichtigt worden:

$$\begin{aligned}
\operatorname{grad}(\boldsymbol{P}_0 \cdot \boldsymbol{r}) &= (\boldsymbol{P}_0 \cdot \operatorname{grad})\,\boldsymbol{r} + (\boldsymbol{r} \cdot \operatorname{grad})\,\boldsymbol{P}_0 + \boldsymbol{P}_0 \times \operatorname{rot}\boldsymbol{r} + \boldsymbol{r} \times \operatorname{rot}\boldsymbol{P}_0 \\
&= |\boldsymbol{P}_0|\,\frac{\partial}{\partial z}\,\boldsymbol{r} + r\,\frac{\partial}{\partial r}\,\boldsymbol{P}_0 + \boldsymbol{r} \times \operatorname{rot}\boldsymbol{k}\,|\boldsymbol{P}_0| \\
&= \boldsymbol{P}_0 - \frac{r\boldsymbol{P}'_0}{v} + \boldsymbol{r} \times \left(\boldsymbol{k}\,\frac{|\boldsymbol{P}'_0|}{v} \times \frac{\boldsymbol{r}}{r}\right) \\
&= \frac{\boldsymbol{r} \times (\boldsymbol{P}'_0 \times \boldsymbol{r})}{vr} + \boldsymbol{P}_0 - \frac{r\boldsymbol{P}'_0}{v}.
\end{aligned}$$

(7.88) in (7.82) eingesetzt, ergibt

$$\boldsymbol{E} = \frac{1}{4\pi\varepsilon r^2}\left[\frac{3\boldsymbol{r}\,(\boldsymbol{r}\cdot\boldsymbol{P}'_0)}{vr^2} + \frac{3\boldsymbol{r}\,(\boldsymbol{r}\cdot\boldsymbol{P}_0)}{r^3} - \frac{\boldsymbol{P}'_0}{v} - \frac{\boldsymbol{P}_0}{r}\right] + \frac{\boldsymbol{r}\times(\boldsymbol{r}\times\boldsymbol{P}''_0)}{4\pi\varepsilon v^2 r^3} \qquad (7.89\,\mathrm{a})$$

$$\boldsymbol{B} = \frac{1}{4\pi\varepsilon r^2 v^2}\left[\frac{\boldsymbol{P}''_0 \times \boldsymbol{r}}{v} + \frac{\boldsymbol{P}'_0 \times \boldsymbol{r}}{r}\right]. \qquad (7.89\,\mathrm{b})$$

Im Kugelkoordinatensystem wollen wir nun untersuchen, welche Feldkoordinaten existieren. Mit Hilfe der Beziehung zwischen den Basisvektoren (s. Tafel A. 3) erhalten wir für die vektoriellen Ausdrücke in (7.89) mit $\boldsymbol{P}_0 = \boldsymbol{k}P_0$

$$\boldsymbol{k} = \boldsymbol{e}_r \cos\vartheta - \boldsymbol{e}_\vartheta \sin\vartheta \qquad \boldsymbol{e}_r \times (\boldsymbol{e}_r \times \boldsymbol{k}) = \boldsymbol{e}_\vartheta \sin\vartheta$$

$$\boldsymbol{e}_r\,(\boldsymbol{e}_r \cdot \boldsymbol{k}) = \boldsymbol{e}_r \cos\vartheta \qquad \boldsymbol{e}_r \times \boldsymbol{k} = -\boldsymbol{e}_\alpha \sin\vartheta.$$

Ersichtlich treten von dem $\boldsymbol{E}$-Feld nur die Koordinaten E_r und E_ϑ und von dem $\boldsymbol{B}$-Feld nur die Koordinate B_α auf. Im einzelnen ergibt sich

$$\begin{aligned}
E_r &= \frac{2}{4\pi\varepsilon r^3}\left(P_0 + \frac{r}{v}\,P'_0\right)\cos\vartheta \\
E_\vartheta &= \frac{1}{4\pi\varepsilon r^3}\left(P_0 + \frac{r}{v}\,P'_0 + \left(\frac{r}{v}\right)^2 P''_0\right)\sin\vartheta \qquad (7.90\,\mathrm{a}) \\
E_\alpha &= 0 \\
B_r &= 0 \\
B_\vartheta &= 0 \\
B_\alpha &= \frac{1}{4\pi\varepsilon r^2 v^2}\left(P'_0 + \frac{r}{v}\,P''_0\right)\sin\vartheta. \qquad (7.90\,\mathrm{b})
\end{aligned}$$

Danach existieren die Feldlinien des elektrischen Feldes nur in der A_α- und die des magnetischen Feldes nur in der A_z-Koordinatenfläche. Das $\boldsymbol{E}$-Feld ist rotationssymmetrisch bezüglich der Dipolachse (z-Achse), während die Magnetfeldlinien konzentrische Kreise um die Dipolachse sind.

Im folgenden wollen wir weitere Eigenschaften des elektromagnetischen Feldes näher untersuchen.

Nah- und Fernfeld. Die angegebenen Beziehungen (s. (7.89) bzw. (7.90)) werden übersichtlicher, wenn man die Näherungen für große und kleine Entfernungen von der Dipolquelle gesondert aufschreibt. Für kleine Entfernungen können die Summanden mit den niedrigen Potenzen von $1/r$, für große Entfernungen von der Quelle die Potenzen mit den höchsten Potenzen von $1/r$ vernachlässigt werden. Somit kommen von (7.89) im ersteren Fall bei $\boldsymbol{E}$ das zweite und vierte Glied, bei $\boldsymbol{B}$ das zweite Glied und im zweiten Fall bei $\boldsymbol{E}$ das fünfte Glied und bei $\boldsymbol{B}$ das erste Glied in die Rechnung. Die Felder in diesen Bereichen heißen *Nah-* und *Fernfeld*, für die also gilt:

Nahfeld

$$\begin{aligned} \boldsymbol{E} \approx \boldsymbol{E}_{\mathrm{N}} &= \frac{1}{4\pi\varepsilon r^3}\left(\frac{3\boldsymbol{r}\,(\boldsymbol{r}\cdot\boldsymbol{P}_0)}{r^2} - \boldsymbol{P}_0\right) \\ \boldsymbol{B} \approx \boldsymbol{B}_{\mathrm{N}} &= \frac{1}{4\pi\varepsilon r^3 v^2}\,(\boldsymbol{P}'_0 \times \boldsymbol{r}) \end{aligned} \tag{7.91 a}$$

bzw.

$$\begin{aligned} E_r &= \frac{2P_0}{4\pi\varepsilon r^3}\cos\vartheta \\ E_\vartheta &= \frac{P_0}{4\pi\varepsilon r^3}\sin\vartheta \\ B_\alpha &= \frac{P'_0}{4\pi\varepsilon r^2 v^2}\sin\vartheta \end{aligned} \tag{7.91 b}$$

Fernfeld

$$\begin{aligned} \boldsymbol{E} \approx \boldsymbol{E}_{\mathrm{F}} &= \frac{1}{4\pi\varepsilon r^3 v^2}\,[\boldsymbol{r} \times (\boldsymbol{r} \times \boldsymbol{P}''_0)] \\ \boldsymbol{B} \approx \boldsymbol{B}_{\mathrm{F}} &= \frac{1}{4\pi\varepsilon r^2 v^3}\,(\boldsymbol{P}''_0 \times \boldsymbol{r}) \end{aligned} \tag{7.92 a}$$

bzw.

$$\begin{aligned} E_r &= 0 \\ E_\vartheta &= \frac{P''_0}{4\pi\varepsilon v^2 r}\sin\vartheta \\ B_\alpha &= \frac{P''_0}{4\pi\varepsilon v^3 r}\sin\vartheta . \end{aligned} \tag{7.92 b}$$

Hiernach nimmt das elektrische Feld mit wachsender Entfernung vom Dipol zunächst mit $1/r^3$ ab, dann nur noch mit $1/r$. Das magnetische Feld nimmt für kleine r wie $1/r^2$, für große r wie $1/r$ ab.
In (7.89 a) bestimmen mithin das erste und dritte Glied das Übergangsverhalten vom Nah- zum Fernfeld.

Periodische Erregung. Die weiteren Betrachtungen zum Verhalten des Hertzschen Dipols wollen wir unter der Voraussetzung harmonische Erregung und Einschränkung auf den eingeschwungenen Zustand durchführen. Dies ermöglicht, die Feldgleichungen in die komplexe Ebene zu transformieren. Für bestimmte Berechnungen erweist es sich dabei als notwendig, neben dem Dipolmoment den *Dipolstrom* einzuführen.
Die Transformation des Dipolmoments $\boldsymbol{P}_0\,(t-t') = \boldsymbol{k}P_0\,(t-t')$ ins Komplexe ergibt

$$P_0\,(t-t') = \mathrm{Re}\,\{\hat{P}_0\,\mathrm{e}^{\mathrm{j}\varphi_p}\,\mathrm{e}^{\mathrm{j}\omega(t-t')}\} = \mathrm{Re}\,\{\underline{P}_0\,\mathrm{e}^{\mathrm{j}\omega(t-t')}\},$$

also (7.93 a)

$$\underline{P}_0\,(t-t') = \underline{P}_0\,\mathrm{e}^{\mathrm{j}\omega(t-t')}, \qquad \underline{P}_0 = \hat{P}_0\,\mathrm{e}^{\mathrm{j}\varphi_p},$$

in der Schreibweise als rotierender Zeiger, woraus für die Ableitungen folgen

$$\underline{P}_0'(t-t') = \mathrm{j}\omega \underline{P}_0\, \mathrm{e}^{\mathrm{j}\omega(t-t')}, \qquad \underline{P}_0''(t-t') = -\omega^2 \underline{P}_0\, \mathrm{e}^{\mathrm{j}\omega(t-t')}. \tag{7.93b}$$

Der Dipolstrom ergibt sich aus (7.86b) (Anfangswert $\boldsymbol{p}_0(\boldsymbol{r}_0, 0)\,\mathrm{d}V_0 = 0$, $\mathrm{d}\boldsymbol{r}_0 = \boldsymbol{k}l$ (l = Dipollänge) gesetzt) unter Beachtung von (7.87a). Es folgt

$$P_0(t-t') = l \int_0^{t-t'} i(0, \tau)\, \mathrm{d}\tau$$

und nach Transformation

$$\underline{P}_0(t-t') = \frac{1}{\mathrm{j}\omega}\, \underline{I}_0(t-t')\, l \tag{7.94a}$$

oder aufgelöst nach dem Dipolstrom

$$\begin{aligned} \underline{I}_0(t-t') &= \mathrm{j}\omega \frac{1}{l}\, \underline{P}_0(t-t') \\ \underline{I}_0(t-t') &= \underline{I}_0\, \mathrm{e}^{\mathrm{j}\omega(t-t')}, \qquad \underline{I}_0 = \hat{I}_0\, \mathrm{e}^{\mathrm{j}\varphi_i}. \end{aligned} \tag{7.94b}$$

Die Gleichungen (7.90) nehmen damit folgende normierte Form der ruhenden Zeiger an:

$$\begin{aligned} \underline{E}_{rn} &= \frac{2}{x^3}(x - \mathrm{j}) \cos\vartheta\, \mathrm{e}^{-\mathrm{j}(x-\varphi_i)} \\ \underline{E}_{\vartheta n} &= \frac{1}{x^3}[x - \mathrm{j}(1 - x^2)] \sin\vartheta\, \mathrm{e}^{-\mathrm{j}(x-\varphi_i)} \\ \underline{B}_{\alpha n} &= \frac{1}{x^2}(1 + \mathrm{j}x) \sin\vartheta\, \mathrm{e}^{-\mathrm{j}(x-\varphi_i)}. \end{aligned} \tag{7.95}$$

Als Normierungsgrößen werden verwendet

Wellenzahl: $k_0 = \dfrac{\omega}{v} = \dfrac{2\pi}{\lambda}$ (λ Wellenlänge)

normierter Abstand: $x = k_0 r$ (7.96)

normierte Zeit: $\tau = \omega t = 2\pi \dfrac{t}{T}$,

wobei für $\underline{E}_r$ sowie $\underline{E}_\vartheta$ bzw. $\underline{B}_\alpha$ die Werte

$$\underline{E}_0 = \frac{\underline{I}_0 l}{4\pi\varepsilon\omega}\left(\frac{\omega}{v}\right)^3 \quad \text{bzw.} \quad \underline{B}_0 = \frac{\underline{I}_0 l}{4\pi\varepsilon\omega^2} \tag{7.97}$$

zur Normierung Verwendung finden.
Die Rücktransformation in den Zeitbereich führt auf ($\varphi_i = 0$)

$$\begin{aligned} E_{rn}(x, \tau) &= \frac{2}{x^3}[x \cos(\tau - x) + \sin(\tau - x)] \cos\vartheta \\ E_{\vartheta n}(x, \tau) &= \frac{1}{x^3}[x \cos(\tau - x) + (1 - x^2) \sin(\tau - x)] \sin\vartheta \\ B_{\alpha n}(x, \tau) &= \frac{1}{x^2}[\cos(\tau - x) - x \sin(\tau - x)] \sin\vartheta. \end{aligned} \tag{7.98}$$

Getrennt nach Nah- und Fernfeld ergeben sich aus (7.95) näherungsweise:
Nahfeld ($x \ll 1$)

$$\underline{E}_{rn} \approx -\mathrm{j}\,\frac{2}{x^3}\cos\vartheta\;\mathrm{e}^{-\mathrm{j}(x-\varphi_i)}$$

$$\underline{E}_{\vartheta n} \approx -\mathrm{j}\,\frac{1}{x^3}\sin\vartheta\;\mathrm{e}^{-\mathrm{j}(x-\varphi_i)} \tag{7.99a}$$

$$\underline{B}_{\alpha n} \approx \frac{1}{x^2}\sin\vartheta\;\mathrm{e}^{-\mathrm{j}(x-\varphi_i)}$$

Fernfeld ($x \gg 1$)

$$\underline{E}_{rn} \approx 0$$

$$\underline{E}_{\vartheta n} \approx \mathrm{j}\,\frac{1}{x}\sin\vartheta\;\mathrm{e}^{-\mathrm{j}(x-\varphi_i)} \tag{7.99b}$$

$$\underline{B}_{\alpha n} \approx \mathrm{j}\,\frac{1}{x}\sin\vartheta\;\mathrm{e}^{-\mathrm{j}(x-\varphi_i)}.$$

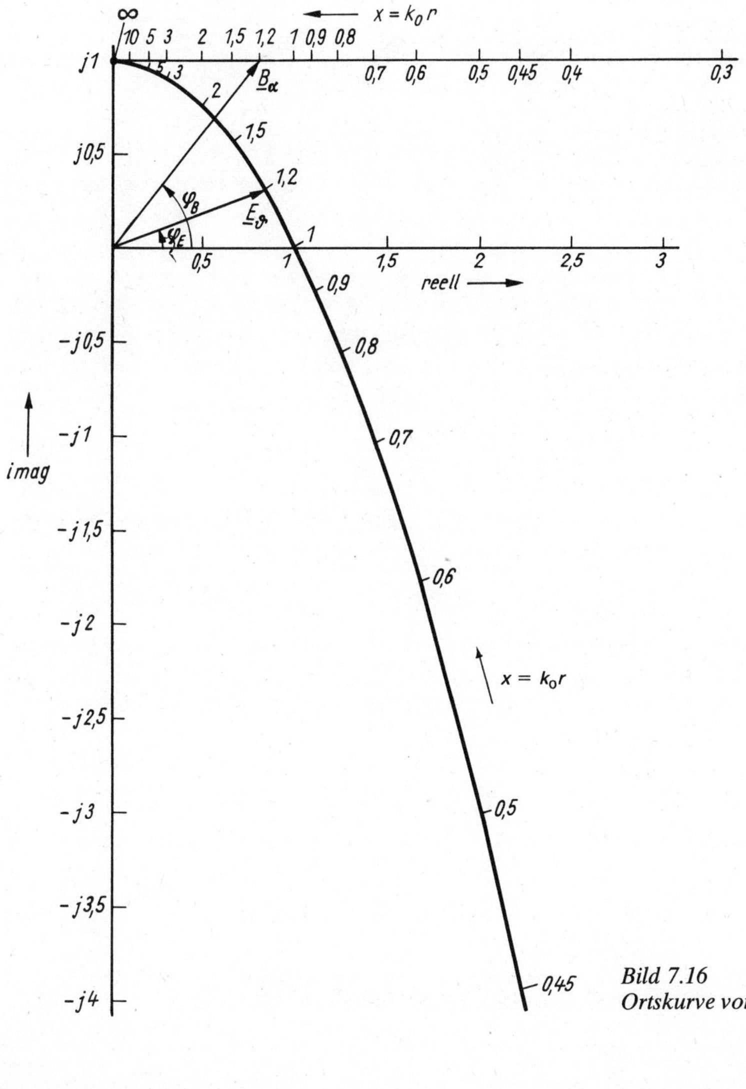

Bild 7.16
Ortskurve von $\underline{E}_\vartheta$ und $\underline{B}_\alpha$ für $\vartheta = \pi/2$

An dieser Stelle soll nur auf die Phasenverschiebung von $-\pi/2$ des $\boldsymbol{E}$-Feldes gegenüber dem $\boldsymbol{B}$-Feld im Nahfeld hingewiesen werden, die auf Null im Fernfeld abklingt. Einen anschaulichen Überblick über Amplituden- und Phasenwinkelverlauf ergibt sich aus der Ortskurvendarstellung der elektrischen und magnetischen Induktion nach (7.95) in Richtung senkrecht zur Dipolorientierung ($\vartheta = \pi/2$, $\underline{E}_{rn} = 0$), die im Bild 7.16 dargestellt ist.
Weitere Aussagen zum Feldverhalten, insbesondere des Fernfeldes, folgen später.

Feldlinienverläufe. *Magnetfeld.* In Auswertung von (7.89b) bzw. (7.90) wurde bereits festgestellt, daß die Feldlinien der Induktion $\boldsymbol{B}$ bzw. der magnetischen Feldstärke $\boldsymbol{H}$ konzentrische Kreise um die Dipolachse in der Koordinatenfläche A_z sind. Je nach zeitlich-räumlicher Orientierung des Dipolmoments (Dipolstroms) kommt es zur Ausbildung rechts- und linksorientierter „Wellenpakete", die sich mit der Geschwindigkeit v senkrecht zur Dipolachse in den Raum hinaus ausbreiten (Bild 7.17).

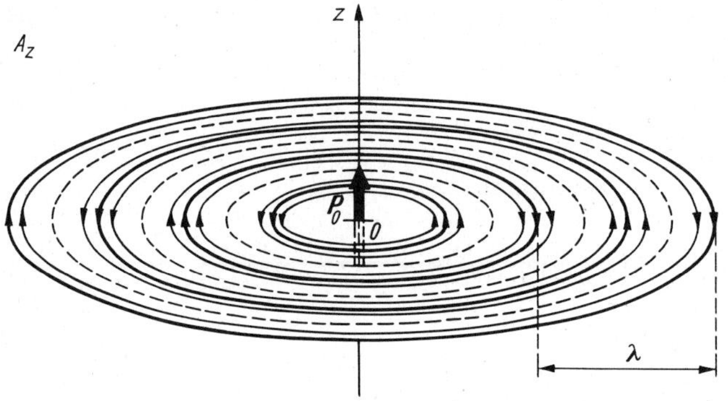

Bild 7.17
Feldlinien des Magnetfeldes des Hertzschen Dipols

Elektrisches Feld. Wesentlich komplizierter gestalten sich die Verhältnisse für das elektrische Feld. Nach (7.90a) existiert das $\boldsymbol{E}$-Feld nur in der Koordinatenfläche A_α mit den Komponenten E_r und E_ϑ. Die Differentialgleichung zur Bestimmung der Feldlinie ergibt sich aus der Ähnlichkeit der beiden Dreiecke im Bild 7.18. Danach folgt

$$\tan \gamma = \frac{E_r}{E_\vartheta} = \frac{\mathrm{d}r}{r\,\mathrm{d}\vartheta} \quad \text{bzw.} \quad \mathrm{d}\vartheta = \frac{E_\vartheta}{E_r}\frac{\mathrm{d}r}{r} = \frac{E_\vartheta}{E_r}\frac{\mathrm{d}x}{x}.$$

Setzt man E_ϑ und E_r nach (7.98) ein, so erhalten wir nach geringfügigen Umformungen die Differentialgleichung

$$\frac{\cos\vartheta}{\sin\vartheta}\,\mathrm{d}\vartheta = -\frac{1}{2}\,\frac{-\left[\dfrac{1}{x}\cos(\tau - x) + \left(\dfrac{1}{x^2} - 1\right)\sin(\tau - x)\right]}{\cos(\tau - x) + \dfrac{1}{x}\sin(\tau - x)}\,\mathrm{d}x. \tag{7.100a}$$

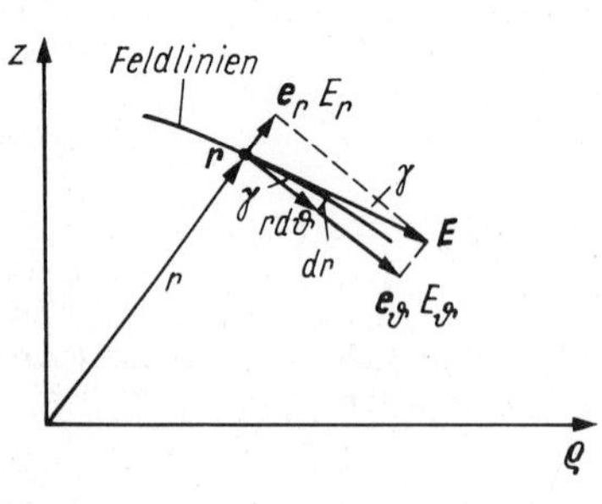

Bild 7.18
Zur Aufstellung der Differentialgleichung der Feldlinie des elektrischen Feldes des Hertzschen Dipols

Auf beiden Seiten von (7.100a) stehen im Zähler die Ableitungen des Nenners. Somit lautet die Lösung:

$$\left[\cos(\tau - x) + \frac{1}{x}\sin(\tau - x)\right]\cos^2\beta = C,$$

wobei C eine beliebige Integrationskonstante ist und ϑ durch $\beta = \pi/2 - \vartheta$ ersetzt wurde.
Die Funktion

$$f(x) = \cos(\tau - x) + \frac{1}{x}\sin(\tau - x) \tag{7.100b}$$

bestimmt den Charakter der Feldlinie. Ohne Beweisführung wollen wir die wichtigsten Merkmale zusammenfassen.

Die Feldlinien sind Raumkurven in der Koordinatenfläche α = konst. und laufen bezüglich der Koordinatenfläche A_z für $z = 0$ symmetrisch. Ihre Darstellung im I. Quadranten ist deshalb ausreichend.
Betrachten wir die unmittelbare Umgebung des Dipols: Wird für die Dipolladung $\pm q(\boldsymbol{r}_0, \tau)$ (s. Bild 7.15b) sinusförmiger Verlauf angenommen, so existiert für $\tau = 0$ keine Ladung und in unmittelbarer Umgebung des Dipols kein elektrisches Feld (Bild 7.19a). Mit zunehmender Zeit kommt es zur Anhäufung positiver (negativer) Ladungen am oberen (unteren) Dipolende, und es beginnt der Aufbau des elektrischen Feldes. Von $+q(\tau)$ gehen Feldlinien aus, die auf $-q(\tau)$ enden. Sie sind am Dipol gebunden und weisen eine keulen- bzw. tropfenförmige Gestalt auf (Bild 7.19b). Der Feldaufbau ist zur Zeit $t/T = 1/4$ ($\tau = \pi/2$) bedet, wobei sich das Ausdehnungsgebiet der Feldlinien bis $x \approx 3$ ($r/\lambda \approx 0{,}5$) erstreckt. Der Parameterwert C nimmt in Richtung von den äußeren zu den inneren Feldlinien zu. Im nachfolgenden Zeitbereich $1/4 \leqq t/T \leqq 3/8$ ($1{,}5708 \leqq \tau \leqq 2{,}3562$) beginnt der Feldabbau. Die inneren Feldlinien ziehen sich zusammen, während sich die äußeren Feldlinien erweitern. Im Feldlinienverlauf kommt es für $C < 1{,}1547$ (Bild 7.19c) zu einem Wendepunkt, dessen Lage unabhängig von C und β ist und der für alle C-Werte aus dem Intervall (0; 1,1547) gleichzeitig auftritt. Der geometrische Ort der C-Werte ist die Kugelfläche vom Radius $x_w = \sqrt{2}$. Die Wendetangente geht durch den Koordinatenursprung.
Im nachfolgenden Zeitablauf kommt es an dieser Stelle zur Einbuchtung der Feldlinien. An den aufsteigenden Ast der Feldlinien können zwei Leitstrahlen mit einem maximalen bzw. minimalen Neigungswinkel (β_{max}, β_{min}) (Bild 7.19d) gelegt werden. Feldlinien mit $C > 1{,}1547$ schrumpfen in Richtung zum Dipol zusammen. Die Einbuchtung erfolgt so lange, bis es auf der Mittelsenkrechten zur Dipolachse ($\beta = 0$) zur Berührung des oberen und unteren Feldlinienverlaufs (Bild 7.19e) an der Stelle x_{ab} kommt (Neutralpunkt, Doppelpunkt), in dem sich die Feldstärke aufhebt. Es kommt zur Abschnürung der Feldlinien, wodurch zwei Wellenpakete entstehen. Die am Dipol gebundenen Feldlinien laufen in den Dipol zurück. Die damit verbundene Energie wird in Energie des Magnetfeldes umgewandelt, das sich in diesem Zeitbereich im Aufbau befindet (Ursache der 90°-Phasenverschiebung im Nahfeld). Das zweite Wellenpaket wird durch die abgelösten Feldlinien gebildet. Unter weiterer nierenförmiger Verformung wandert es als selbständiges Wellenpaket in den freien Raum hinaus. In Verbindung mit dem zugehörigen Wellenpaket des Magnetfeldes bestimmt es die Strahlungsenergie des Fernfeldes.
Mit zunehmendem C verlagert sich der Abschnürpunkt immer weiter nach außen und der Abschnüraugenblick zu kleineren Zeiten. Für $0{,}1 \leqq C \leqq 1$ ergeben sich ungefähr die Intervalle $0{,}1 \leqq x_{ab} \leqq 1$ und $\pi \geqq \tau_{ab} \geqq 2{,}55$. Bild 7.19a zeigt das Feld nach vollendeter Abschnürung ($t/T = 1/2$, $\tau = \pi$). Gleichzeitig sind weitere abgeschnürte Wellenpakete eingezeichnet, die durch vorangegangene Halbperioden der Dipolerregung entstanden sind. Durch das Vorzeichen von C liegt die Feldlinienorientierung fest. Nach Abschluß jeder Halbperiode $\tau = n\pi$ ($n = 0, 1, 2, \ldots$) wird – bis auf die Feldlinienorientierung – jeweils der gleiche Feldzustand erreicht. Damit wollen wir die Untersuchungen zu den Einzelfeldern des Hertzschen Dipols abschließen.
Das Feld des Dipols ergibt sich nun aus der räumlich-zeitlichen Zusammensetzung des elektrischen und magnetischen Feldes. Im Bild 7.20a ist für das Fernfeld der räumliche Aufbau des resultierenden Feldes in den bereits vorher gewählten Schnittebenen als Momentanaufnahmen dargestellt. Bezüglich der Dipolachse besteht wiederum Rotationssymmetrie. Eingezeichnet ist die Orientierung der Feldlinien, wodurch gleichzeitig die Phasengleichheit beider Felder in diesem Gebiet und die Ausbreitung der Wellenpakete in den Raum hinaus zum Ausdruck gebracht wird.
Demgegenüber zeigt Bild 7.20b den Raum-Zeit-Verlauf des Fernfelds, dargestellt anhand des Verlaufs der elektrischen und magnetischen Feldstärke $\boldsymbol{E}$ und $\boldsymbol{H}$. Zur Kennzeichnung der Energieströmung ist gleichzeitig in den drei gezeichneten Wellenpaketen der Poyntingsche Vektor angedeutet. Beide Felder wechseln phasengleich ihre räumlich-physikalische Richtung, so daß $\boldsymbol{S}_p$ stets in Richtung des Ortsvektors $\boldsymbol{r}$ orientiert ist. Die Berechnung der abgestrahlten Energie werden wir im nachfolgenden Abschnitt durchführen.

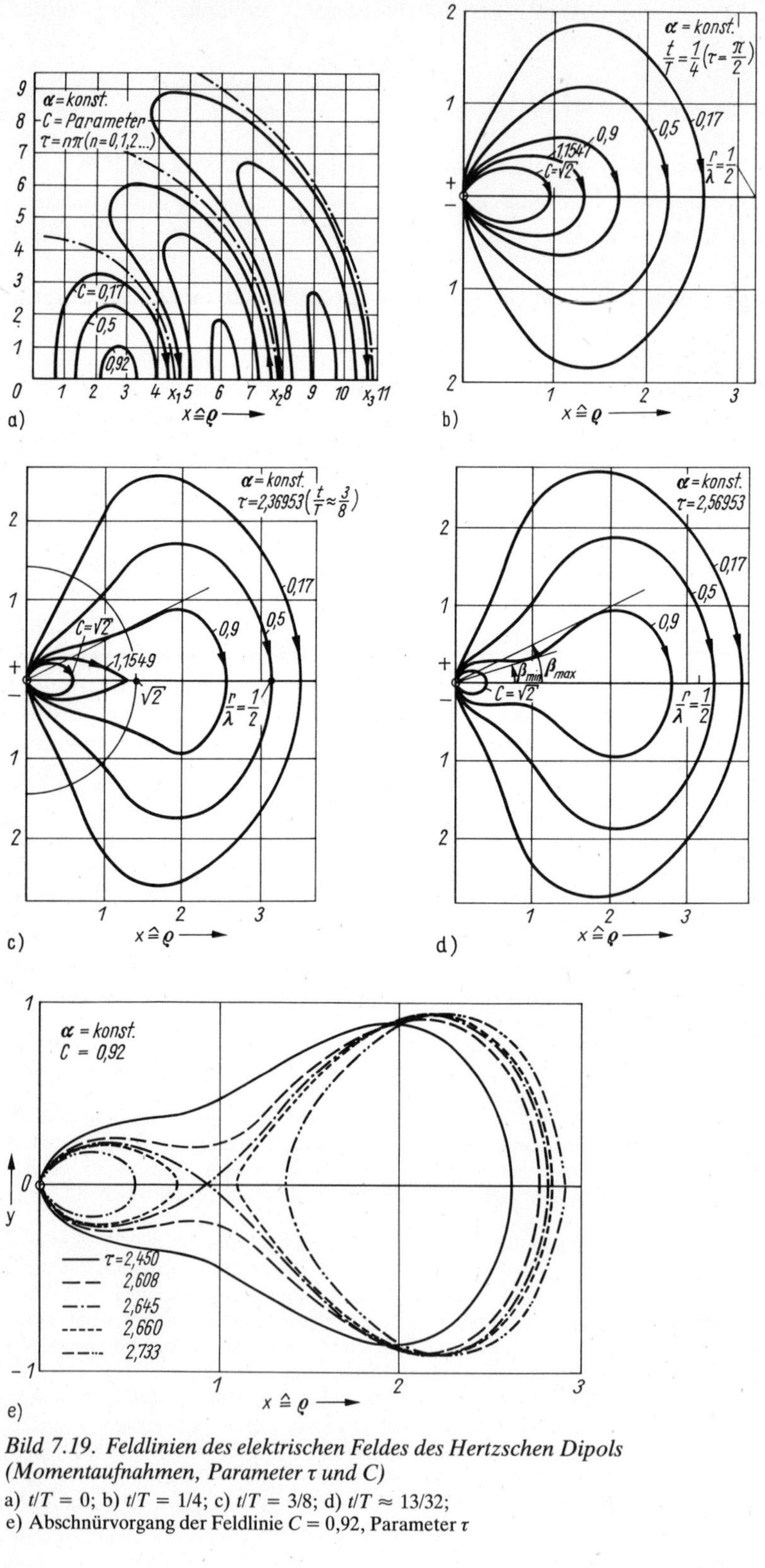

Bild 7.19. Feldlinien des elektrischen Feldes des Hertzschen Dipols (Momentaufnahmen, Parameter τ und C)

a) $t/T = 0$; b) $t/T = 1/4$; c) $t/T = 3/8$; d) $t/T \approx 13/32$;
e) Abschnürvorgang der Feldlinie $C = 0{,}92$, Parameter τ

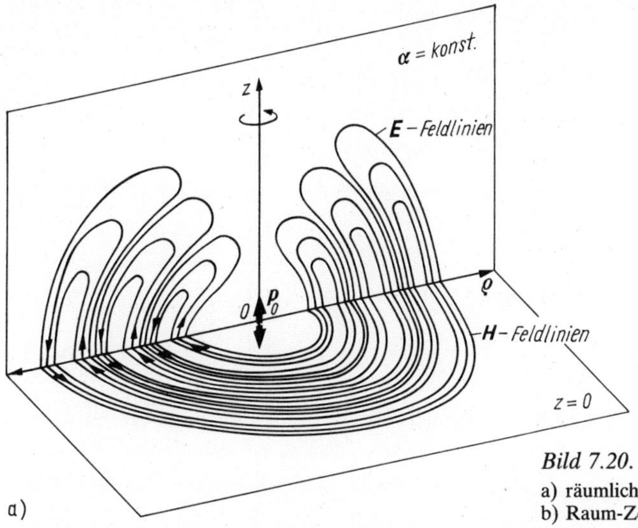

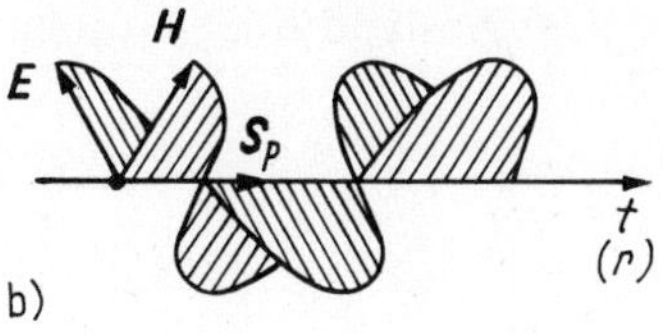

Bild 7.20. Fernfeld des Hertzschen Dipols
a) räumlicher Aufbau des elektromagnetischen Feldes
b) Raum-Zeit-Verlauf des elektromagnetischen Feldes

Fernfeld bei periodischer Erregung. Speziell für das Fernfeld wollen wir noch einige weitere Betrachtungen bei harmonischer Erregung durchführen. Hierzu greifen wir auf (7.92b) zurück und erhalten mit (7.93) im Komplexen

$$\begin{aligned} \underline{E}_\vartheta\, e^{j\omega t} &= -\frac{\omega^2 \underline{P}_0\, e^{-j\omega t'}}{4\pi\varepsilon v^2 r} \sin\vartheta\, e^{j\omega t} = -\frac{\omega^2 \hat{P}_0}{4\pi\varepsilon v^2 r} \sin\vartheta\, e^{j\omega(t-t')} \\ &= j\,\frac{\underline{I}_0 l\, e^{-j\omega t'}}{4\pi\varepsilon v^2 r} \sin\vartheta\, e^{j\omega t} = j\,\frac{\omega \hat{I}_0 l}{4\pi\varepsilon v^2 r} \sin\vartheta\, e^{j\omega(t-t')} \\ \underline{B}_\alpha\, e^{j\omega t} &= -\frac{\omega^2 \underline{P}_0\, e^{-j\omega t'}}{4\pi\varepsilon v^3 r} \sin\vartheta\, e^{j\omega t} = -\frac{\omega^2 \hat{P}_0}{4\pi\varepsilon v^3 r} \sin\vartheta\, e^{j\omega(t-t')} \\ &= j\,\frac{\omega \underline{I}_0 l\, e^{-j\omega t'}}{4\pi\varepsilon v^3 r} \sin\vartheta\, e^{j\omega t} = j\,\frac{\omega \hat{I}_0 l}{4\pi\varepsilon v^3 r} \sin\vartheta\, e^{j\omega(t-t')} \end{aligned} \tag{7.101}$$

bzw. im Zeitbereich

$$\begin{aligned} E_\vartheta(r, \vartheta, t) &= -\frac{\omega^2 \hat{P}_0}{4\pi\varepsilon v^2 r} \sin\vartheta \cos\omega(t - t') = \frac{\omega \hat{I}_0 l}{4\pi\varepsilon v^2 r} \sin\vartheta \sin\omega(t - t') \\ B_\alpha(r, \vartheta, t) &= -\frac{\omega^2 \hat{P}_0}{4\pi\varepsilon v^3 r} \sin\vartheta \cos\omega(t - t') = \frac{\omega \hat{I}_0 l}{4\pi\varepsilon v^3 r} \sin\vartheta \sin\omega(t - t') \end{aligned} \tag{7.102}$$

mit $t' = r/v$ nach (7.73).
Aus den Gleichungen folgt:

1. Beide Felder sind zeitlich in Phase.
2. Die Amplituden von $\boldsymbol{E}$ und $\boldsymbol{B}$ nehmen umgekehrt proportional der Entfernung r vom Dipol ab.
3. Die Nullstellen bzw. Amplituden der Felder haben die Ortskoordinaten

$$r_N = vt, \tag{7.103}$$

d. h., sie wandern mit der Geschwindigkeit

$$v = \frac{1}{\sqrt{\mu\varepsilon}} \tag{7.104}$$

durch den Raum.

Der Abstand zweier Amplituden ist gegeben durch

$$\omega\left(t - \frac{r_1}{v}\right) = \omega\left(t - \frac{r_2}{v}\right) + 2\pi$$

oder, nach $r_2 - r_1$ aufgelöst,

$$r_2 - r_1 = \frac{2\pi}{\omega} v = \frac{v}{f} = \lambda \tag{7.105}$$

gleich der Wellenlänge des Vorgangs.

4. Für das Verhältnis der Feldstärkeamplituden ergibt sich

$$\frac{\hat{E}_\vartheta}{\hat{H}_\alpha} = \mu v = \sqrt{\frac{\mu}{\varepsilon}} = Z, \tag{7.106a}$$

ein nur von den Stoffeigenschaften abhängiger konstanter Wert. Er wird als Wellenwiderstand Z bezeichnet.
Im Vakuum erhält man

$$Z_0 = \sqrt{\frac{\mu_0}{\varepsilon_0}} = 377\ \Omega. \tag{7.106b}$$

5. Wegen $\boldsymbol{E} = \boldsymbol{e}_\vartheta E_\vartheta$ und $\boldsymbol{H} = \boldsymbol{e}_\alpha H_\alpha$ erfolgt die Feldausbreitung in Form einer transversalen Welle.
6. Elektrisches Feld $\boldsymbol{E}$, magnetisches Feld $\boldsymbol{H}$ und der Ortsvektor $\boldsymbol{r}$ bilden in dieser Reihenfolge ein Rechtsdreibein (Bild 7.21). Nach (3.23) ist mithin der Poyntingsche Vektor $\boldsymbol{S}_\text{p} = \boldsymbol{E} \times \boldsymbol{H}$ in Richtung des Ortsvektors $\boldsymbol{r}$ orientiert, d.h., es erfolgt eine Energieabstrahlung in den Raum hinaus.

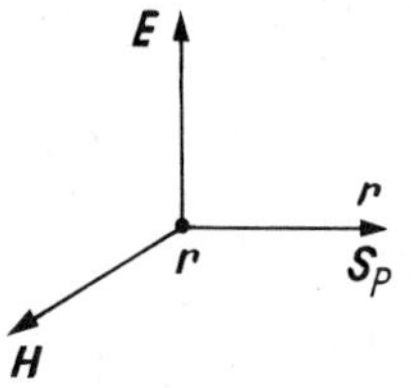

Bild 7.21
Richtungszuordnung der Wellenausbreitung im Fernfeld des Dipols

7.2.3. Energieabstrahlung des Hertzschen Dipols

Poyntingscher Vektor. Die Energieabstrahlung des Dipols wird durch das Fernfeld bestimmt. Mit (7.92a) erhält man für den Poyntingschen Vektor $\boldsymbol{S}_\text{p}$ (3.23), den Vektor für den Energietransport,

$$\boldsymbol{S}_p = \boldsymbol{E}_\text{F} \times \boldsymbol{H}_\text{F} = -\frac{1}{(4\pi\varepsilon)^2 \mu r^5 v^5} [\boldsymbol{r} \times (\boldsymbol{r} \times \boldsymbol{P}_0'')] \times [\boldsymbol{r} \times \boldsymbol{P}_0'']$$
$$= \frac{1}{16\pi^2 \varepsilon r^5 v^3} |\boldsymbol{r} \times \boldsymbol{P}_0''|^2 \boldsymbol{r} = \frac{r^2 |\boldsymbol{P}_0''|^2 \sin^2 \vartheta}{16\pi^2 \varepsilon r^5 v^3} \boldsymbol{r}, \tag{7.107}$$

beachtet man $\mu\varepsilon = v^{-2}$ und $(\boldsymbol{r} \times \boldsymbol{k}\,|\boldsymbol{P}_0''|) = (\boldsymbol{e}_r \times \boldsymbol{k})\, r\,|\boldsymbol{P}_0''| = -\boldsymbol{e}_\alpha r\,|\boldsymbol{P}_0''| \sin\vartheta$.
Wird der Dipol symmetrisch von einer Kugel mit dem Radius r_0 eingeschlossen (Flächenelement nach (1.93c): $\mathrm{d}\boldsymbol{A}_0 = \boldsymbol{e}_r r_0^2 \sin\vartheta_0\, \mathrm{d}\vartheta_0\, \mathrm{d}\alpha_0$ s. Bild 7.22), so ist die gesamte durch A_0 strömende elektromagnetische Leistung

$$P = \oint_{(A)} \boldsymbol{S}_p \cdot \mathrm{d}\boldsymbol{A}_0 = \frac{|\boldsymbol{P}_0''|^2}{16\pi^2 \varepsilon v^3} \int_0^\pi \sin^3 \vartheta_0\, \mathrm{d}\vartheta_0 \int_0^{2\pi} \mathrm{d}\alpha_0$$

$$P = \frac{|\boldsymbol{P}_2''|^2}{6\pi\varepsilon v^3} = \frac{\mu}{6\pi v}\left|\boldsymbol{P}_0''\left(t - \frac{r_0}{v}\right)\right|^2. \tag{7.108a}$$

Harmonische Erregung. In diesem Fall erhalten wir mit (7.93b) nach Realteilbildung von $\boldsymbol{P}_0(t - t')$

$$P = \frac{\mu\omega^4 \hat{P}_0^2}{6\pi v} \cos^2 \omega\left(t - \frac{r_0}{v}\right). \tag{7.108b}$$

Die mittlere Strahlungsleistung hat dann den Wert

$$P_m = \frac{1}{2\pi}\int_0^{2\pi} P(\omega t)\,\mathrm{d}(\omega t) = \frac{1}{2\pi}\,\frac{\mu\omega^4\hat{P}_0^2}{6\pi v}\int_0^{2\pi}\cos^2\omega\left(t - \frac{r_0}{v}\right)\mathrm{d}(\omega t)$$

$$= \frac{\mu\omega^4 \hat{P}_0^2}{12\pi v}, \tag{7.109a}$$

oder das Dipolmoment wird durch den Dipolstrom (7.94a) ersetzt:

$$P_m = \frac{\mu\omega^2 \hat{I}_0^2 l^2}{12\pi v}. \tag{7.109b}$$

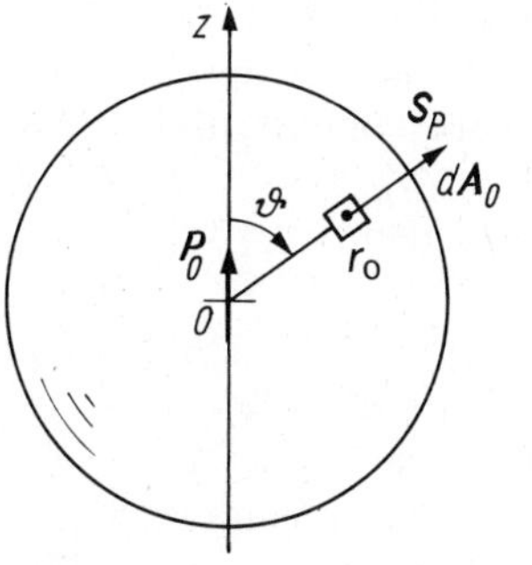

Bild 7.22. *Zur Berechnung der Energieabstrahlung des Dipols*

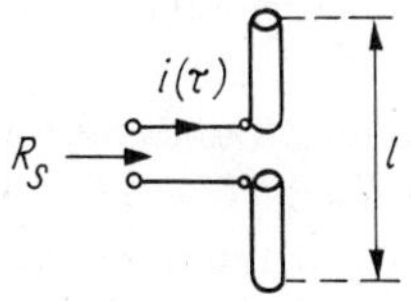

Bild 7.23. *Strahlungswiderstand des Dipols*

Diese abgestrahlte Leistung muß dem Dipol zugeführt und durch den Dipolstrom aufgebracht werden (Bild 7.23). Der Dipol wirkt damit wie ein Widerstand R_S, der als Strahlungswiderstand des Dipols bezeichnet wird.

Die aufgenommene Leistung beträgt mithin

$$P_m' = \frac{1}{2} R_S \hat{I}_0^2. \tag{7.110}$$

Aus $P_m = P_m'$ finden wir für den Strahlungswiderstand R_S des Dipols

$$R_S = \frac{\mu\omega^2 l^2}{6\pi v} \approx 790\left(\frac{l}{\lambda}\right)^2 \Omega. \tag{7.111}$$

Strahlungsdiagramm. Eine Aussage über die Richtwirkung einer Antenne gibt das sogenannte *Strahlungsdiagramm.* Es ist die Darstellung der elektrischen Feldstärke im (ebenen) Polarkoordinatensystem mit der Dipolachse als Bezugsachse. Für den Hertzschen Dipol ergeben sich zwei Kreise in der Koordinatenfläche A_α, deren Mittelpunkte auf der Linie $\vartheta = \pi/2$ liegen und den Nullpunkt berühren (Bild 7.24). Wiederum besteht bezüglich der Dipolachse Rotationssymmetrie. Hiernach tritt die größte Feldstärke in der Ebene senkrecht zur z-Achse auf, während in Richtung der Dipolachse das Feld verschwindet.

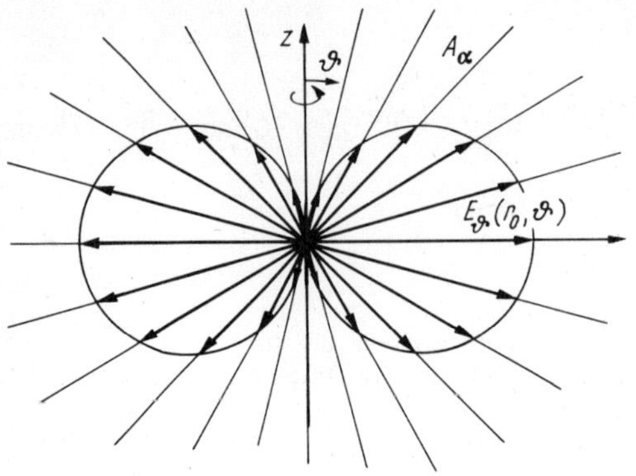

Bild 7.24. Strahlungsdiagramm des Dipols

Zusammenfassung. Für zeitlich schnellveränderliche elektromagnetische Feldgrößen sind die vollständigen Maxwellschen Gleichungen auszuwerten. Das zu lösende Differentialgleichungssystem der Feldpotentiale ist vom Typ der (inhomogenen) Wellengleichung. Lösungsfunktionen dieser Gleichung heißen Wellen, so daß die allgemeinen elektromagnetischen Vorgänge Wellencharakter aufweisen. Die elektromagnetischen Felder breiten sich im Raum wellenförmig aus. Im Vakuum erfolgt die Ausbreitung mit Lichtgeschwindigkeit.

Die Felder existieren auch außerhalb der Erregergebiete und sind somit nicht an die felderzeugenden Ladungen und Ströme gebunden. Die Ursache ist die Wirbelverkopplung des elektrischen und magnetischen Feldes.

Mit den Feldern ist eine Energieübertragung in den Raum hinaus verbunden, die durch Abstrahlung aus dem Quellgebiet erfolgt.

Mit den Wellenvorgängen verbundene Probleme sind: Wellenerzeugung, -abstrahlung und Wellenempfang und damit verknüpft Energiebilanzen sowie Fragen der Wellenbrechung, -reflexion, -beugung, -streuung, -polarisation und Laufzeiterscheinungen.

Ein wichtiger Sonderfall ist die Wellenausbreitung außerhalb des Erregergebietes im homogenen, verlust- und raumladungsfreien Dielektrikum (Vakuum) bei harmonischer Felderregung (Lösung der homogenen Wellengleichung). In diesem Fall sind charakteristische Größen des Wellenvorgangs: Ausbreitungsgeschwindigkeit, Verzögerungszeit und Wellenlänge.

Die Berechnung der elektromagnetischen Feldstärken erfolgt allgemein über die elektromagnetischen Feldpotentiale $\boldsymbol{V}$ und V.

Durch Einführung des Hertzschen Vektors $\boldsymbol{\Pi}$ wird die Feldberechnung auf ein Feldpotential zurückgeführt.

Für den unendlich ausgedehnten Raum ist das erweiterte skalare und vektorielle Newton-Potential allgemeine Lösung der Wellengleichung.

Der Hertzsche Dipol ist das einfachste strahlende Gebilde. Er wird durch ein kleines Leiterelement gebildet, das von einem zeitlich schnellveränderlichen Strom durchflossen wird. Elektrisches und magnetisches Feld werden in Form von Wellenpaketen gebildet und abgestrahlt, die mit Lichtgeschwindigkeit in den Raum hinauswandern. Für das elektrische Feld entstehen sie durch einen Abschnürvorgang, der die Entstehung von zwei Wellenpaketen zur Folge hat. Das am Dipol gebundene Wellenpaket läuft in diesen wieder zurück (wechselseitiger Aufbau des elektrischen und magnetischen Feldes).

Für die Energieabstrahlung maßgebend ist das Fernfeld. Elektrische und magnetische Feldstärke bilden mit dem Ortsvektor ein Rechtsdreibein. Der Poyntingsche Vektor weist mithin in Richtung von $\boldsymbol{r}$, d. h., die Energieströmung erfolgt in den Raum hinaus.

Durch das Strahlungsdiagramm wird die Richtwirkung einer Antenne charakterisiert.

Aufgaben zum Abschnitt 7.2

7.2.–1 a) Ermittle aus den Maxwellschen Gleichungen die Differentialgleichung zur direkten Berechnung der elektrischen und magnetischen Feldstärke $\boldsymbol{E}$ und $\boldsymbol{H}$ unter folgenden Bedingungen:
1. $\varkappa, \mu, \varepsilon$ konstant im ganzen Raum
2. raumladungsfreies Gebiet ($\varrho = 0$)
3. sinusförmige Zeitfunktion, eingeschwungener Zustand!

b) Löse die Wellengleichung für kartesische Koordinaten (durch einen Produktansatz)!

Hinweis:
1. Stelle die Differentialgleichung zur Berechnung von $\boldsymbol{E}$ und $\boldsymbol{H}$ für beliebige Zeitfunktionen auf und führe anschließend die Transformation in die komplexe Ebene durch! Betrachte hierbei auch den Sonderfall $\varkappa = 0$ und vergleiche die Differentialgleichungen mit denen des elektromagnetischen Feldpotentials $\boldsymbol{V}$ und V!
2. Führe in die transformierten Gleichungen die Wellenzahl $k = \omega\sqrt{\underline{\varepsilon}\mu}$ mit der komplexen Dielektrizitätskonstanten $\underline{\varepsilon} = \varepsilon - \mathrm{j}\,\varkappa/\omega$ ein!
3. Produktansatz z. B. $\underline{\boldsymbol{E}} = f(x)\,g(y)\,h(z)$. Bezeichnung der Separationskonstanten: k_x, k_y, k_z.

7.2.–2 Eine Antenne sehr kleiner Abmessungen ist im Ursprung des Kugelkoordinatensystem angeordnet. Ihr Fernfeld (elektrische und magnetische Feldstärke) wird durch die Abhängigkeiten

$$\boldsymbol{E} = \boldsymbol{e}_\vartheta U_0 \frac{1}{r} \sin\vartheta \cos\omega\left(t - \frac{r}{c}\right)$$

$$\boldsymbol{H} = \boldsymbol{e}_\vartheta I_0 \frac{1}{r} \sin\vartheta \cos\omega\left(t - \frac{r}{c}\right)$$

beschrieben (U_0, I_0 Konstanten; c Lichtgeschwindigkeit).

Berechne
a) Momentanwert des Poyntingschen Vektors
b) Momentanwert der abgestrahlten Leistung
c) Mittelwert der abgestrahlten Leistung
d) Wellenwiderstand!

7.2.–3 Die elektrische Feldstärke einer ebenen elektromagnetischen Welle beträgt

$$\boldsymbol{E} = \boldsymbol{j}\hat{E}_0 \sin\omega\left(t - \frac{x}{c}\right).$$

Berechne
a) die zugehörige magnetische Feldstärke $\boldsymbol{H}$
b) die Wellenlänge
c) den Augenblickswert des Poyntingschen Vektors
d) den Momentanwert der Leistung, die durch eine Rechteckfläche (Seitenlänge a und b) senkrecht zur Ausbreitungsrichtung der Welle strömt!

7.2.–4 Gegeben sind zwei ideal leitende planparallele Ebenen im Abstand a.
Berechne die Feldkomponenten zwischen den Ebenen unter den Voraussetzungen $E_z = 0$ und $H_z = 0$ sowie verschwindender Ableitung $\partial/(\partial y)$, keine Gleichfelder und harmonische Erregung!

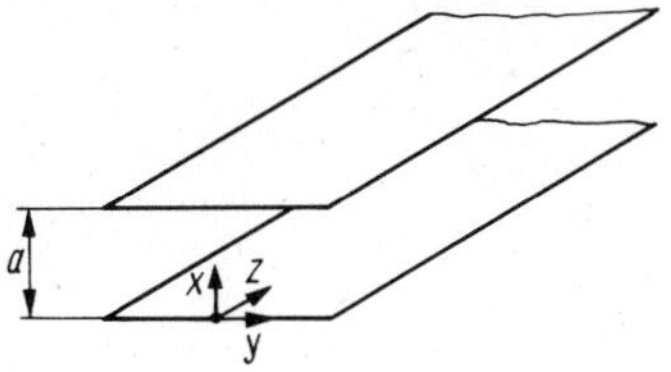

Bild 7.2.–4

Anhang

Tafel A.1. *Wichtige Koordinatensysteme*

Bezeichnung	Ortskoordinaten (x_1, x_2, x_3)	Wertebereich W_ν von $x_\nu \in W_\nu$	Ausnahme-punkt	Transformations-gleichungen	Metrische Koeffizienten $h_\nu = \sqrt{g_{\nu\nu}}$
Kartesisches Koordinatensystem	(x, y, z)	W_ν: $x_\nu \in \mathbb{R}$ $W_\nu = \{x_\nu \mid x_\nu \in \mathbb{R}\}$			$h_x = 1$ $h_y = 1$ $h_z = 1$
Kreiszylinder-koordinatensystem	(ϱ, α, z)	W_ϱ: $\varrho \geqq 0$ W_α: $0 \leqq \alpha < 2\pi$ W_z: $z \in \mathbb{R}$	$(0, \alpha, z)$	$x = \varrho \cos \alpha$ $y = \varrho \sin \alpha$ $z = z$	$h_\varrho = 1$ $h_\alpha = \varrho$ $h_z = 1$
Kugel-koordinatensystem	(r, ϑ, α)	W_r: $r \geqq 0$ W_ϑ: $0 \leqq \vartheta \leqq \pi$ W_α: $0 \leqq \alpha < 2\pi$	$(0, \vartheta, \alpha)$	$x = r \sin \vartheta \cos \alpha$ $y = r \sin \vartheta \sin \alpha$ $z = r \cos \vartheta$	$h_r = 1$ $h_\vartheta = r$ $h_\alpha = r \sin \vartheta$
Bizylinder-koordinatensystem	(u, v, z)	W_u: $u \in \mathbb{R}$ W_v: $0 \leqq v < 2\pi$ W_z: $z \in \mathbb{R}$	$(\pm\infty, v, z)$	$x = \dfrac{a \sin u}{\cosh u - \cos v}$ $y = \dfrac{a \sinh v}{\cosh u - \cos v}$ $z = z$	$h_u = \dfrac{a}{\cosh u - \cos v}$ $h_v = \dfrac{a}{\cosh u - \cos v}$ $h_z = 1$
Torus-koordinatensystem	(u, v, ψ)	W_u: $u \geqq 0$ W_v: $-\pi < v \leqq \pi$ W_ψ: $0 \leqq \psi < 2\pi$		$x = \dfrac{a \sinh u \cos \psi}{\cosh u - \cos v}$ $y = \dfrac{a \sinh u \sin \psi}{\cosh u - \cos v}$ $z = \dfrac{a \sin v}{\cosh u - \cos v}$	$h_u = h_v = \dfrac{a}{\cosh u - \cos v}$ $h_\psi = \dfrac{a \sinh u}{\cosh u - \cos v}$
Bisphärisches Koordinatensystem	(u, v, ψ)	W_u: $u \geqq 0$ W_v: $0 < v \leqq \pi$ W_ψ: $0 \leqq \psi < 2\pi$		$x = \dfrac{a \sin v \cos \psi}{\cosh u - \cos v}$ $y = \dfrac{a \sin v \sin \psi}{\cosh u - \cos v}$ $z = \dfrac{a \sinh u}{\cosh u - \cos v}$	$h_u = h_v = \dfrac{a}{\cosh u - \cos v}$ $h_\psi = \dfrac{a \sin v}{\cosh u - \cos v}$

Tafel A.2. Umrechnung der Ortskoordinaten für kartesische, Kreiszylinder- und Kugelkoordinaten

		Kartesische Koordinaten	Zylinderkoordinaten	Kugelkoordinaten
		(x, y, z)	(ϱ, α, z)	(r, ϑ, α)
Kartesische Koordinaten	$x =$	x	$\varrho \cos \alpha$	$r \sin \vartheta \cos \alpha$
	$y =$	y	$\varrho \sin \alpha$	$r \sin \vartheta \sin \alpha$
	$z =$	z	z	$r \cos \vartheta$
Zylinderkoordinaten	$\varrho =$	$\sqrt{x^2 + y^2}$	ϱ	$r \sin \vartheta$
	$\alpha =$	$\begin{cases} \arctan \frac{y}{x} & (x \geqq 0) \\ \pi + \arctan \frac{y}{x} & (x < 0) \end{cases}$	α	α
	$z =$	z	z	$r \cos \vartheta$
Kugelkoordinaten	$r =$	$\sqrt{x^2 + y^2 + z^2}$	$\sqrt{\varrho^2 + z^2}$	r
	$\vartheta =$	$\begin{cases} \arctan \frac{\sqrt{x^2 + y^2}}{z} & (z \geqq 0) \\ \pi + \arctan \frac{\sqrt{x^2 + y^2}}{z} & (z < 0) \end{cases}$	$\begin{cases} \arctan \frac{\varrho}{z} & (z \geqq 0) \\ \pi + \arctan \frac{\varrho}{z} & (z < 0) \end{cases}$	ϑ
	$\alpha =$	$\begin{cases} \arctan \frac{y}{x} & (x \geqq 0) \\ \pi + \arctan \frac{y}{x} & (x < 0) \end{cases}$	α	α

Tafel A.3. Umrechnung der Basisvektoren für kartesische, Kreiszylinder- und Kugelkoordinaten

		Kartesische Koordinaten $(\boldsymbol{i}, \boldsymbol{j}, \boldsymbol{k})$	Zylinderkoordinaten $(\boldsymbol{e}_\varrho, \boldsymbol{e}_\alpha, \boldsymbol{e}_z)$	Kugelkoordinaten $(\boldsymbol{e}_r, \boldsymbol{e}_\vartheta, \boldsymbol{e}_\alpha)$
Kartesische Koordinaten	$\boldsymbol{i} =$ $\boldsymbol{j} =$ $\boldsymbol{k} =$	$\boldsymbol{i}$ $\boldsymbol{j}$ $\boldsymbol{k}$	$\boldsymbol{e}_\varrho \cos\alpha - \boldsymbol{e}_\alpha \sin\alpha$ $\boldsymbol{e}_\varrho \sin\alpha + \boldsymbol{e}_\alpha \cos\alpha$ $\boldsymbol{e}_z$	$\boldsymbol{e}_r \sin\vartheta\cos\alpha + \boldsymbol{e}_\vartheta \cos\vartheta\cos\alpha - \boldsymbol{e}_\alpha \sin\alpha$ $\boldsymbol{e}_r \sin\vartheta\sin\alpha + \boldsymbol{e}_\vartheta \cos\vartheta\sin\alpha + \boldsymbol{e}_\alpha \cos\alpha$ $\boldsymbol{e}_r \cos\vartheta - \boldsymbol{e}_\vartheta \sin\vartheta$
Zylinderkoordinaten	$\boldsymbol{e}_\varrho =$ $\boldsymbol{e}_\alpha =$ $\boldsymbol{e}_z =$	$\boldsymbol{i}\cos\alpha + \boldsymbol{j}\sin\alpha$ $-\boldsymbol{i}\sin\alpha + \boldsymbol{j}\cos\alpha$ $\boldsymbol{k}$	$\boldsymbol{e}_\varrho$ $\boldsymbol{e}_\alpha$ $\boldsymbol{e}_z$	$\boldsymbol{e}_r \sin\vartheta + \boldsymbol{e}_\vartheta \cos\vartheta$ $\boldsymbol{e}_\alpha$ $\boldsymbol{e}_r \cos\vartheta - \boldsymbol{e}_\vartheta \sin\vartheta$
Kugelkoordinaten	$\boldsymbol{e}_r =$ $\boldsymbol{e}_\vartheta =$ $\boldsymbol{e}_\alpha =$	$\boldsymbol{i}\sin\vartheta\cos\alpha + \boldsymbol{j}\sin\vartheta\sin\alpha + \boldsymbol{k}\cos\vartheta$ $\boldsymbol{i}\cos\vartheta\cos\alpha + \boldsymbol{j}\cos\vartheta\sin\alpha - \boldsymbol{k}\sin\vartheta$ $-\boldsymbol{i}\sin\alpha + \boldsymbol{j}\cos\alpha$	$\boldsymbol{e}_\varrho \sin\vartheta + \boldsymbol{e}_z \cos\vartheta$ $\boldsymbol{e}_\varrho \cos\vartheta - \boldsymbol{e}_z \sin\vartheta$ $\boldsymbol{e}_\alpha$	$\boldsymbol{e}_r$ $\boldsymbol{e}_\vartheta$ $\boldsymbol{e}_\alpha$

Tafel A.4. Koordinatenelemente des kartesischen, Kreiszylinder- und Kugelkoordinatensystems

	Kartesische Koordinaten (x, y, z)	Zylinderkoordinaten (ϱ, α, z)	Kugelkoordinaten (r, ϑ, α)
Linienelement	$\mathrm{d}\boldsymbol{r}_x = \boldsymbol{i}\,\mathrm{d}x$ $\mathrm{d}\boldsymbol{r}_y = \boldsymbol{j}\,\mathrm{d}y$ $\mathrm{d}\boldsymbol{r}_z = \boldsymbol{k}\,\mathrm{d}z$	$\mathrm{d}\boldsymbol{r}_\varrho = \boldsymbol{e}_\varrho\,\mathrm{d}\varrho$ $\mathrm{d}\boldsymbol{r}_\alpha = \boldsymbol{e}_\alpha\varrho\,\mathrm{d}\alpha$ $\mathrm{d}\boldsymbol{r}_z = \boldsymbol{e}_z\,\mathrm{d}z$	$\mathrm{d}\boldsymbol{r}_r = \boldsymbol{e}_r\,dr$ $\mathrm{d}\boldsymbol{r}_\vartheta = \boldsymbol{e}_\vartheta r\,\mathrm{d}\vartheta$ $\mathrm{d}\boldsymbol{r}_\alpha = \boldsymbol{e}_\alpha r\sin\vartheta\,\mathrm{d}\alpha$
Flächenelement	$\mathrm{d}\boldsymbol{A}_x = \boldsymbol{i}\,\mathrm{d}y\,\mathrm{d}z$ $\mathrm{d}\boldsymbol{A}_y = \boldsymbol{j}\,\mathrm{d}x\,\mathrm{d}z$ $\mathrm{d}\boldsymbol{A}_z = \boldsymbol{k}\,\mathrm{d}x\,\mathrm{d}y$	$\mathrm{d}\boldsymbol{A}_\varrho = \boldsymbol{e}_\varrho\varrho\,\mathrm{d}\alpha\,\mathrm{d}z$ $\mathrm{d}\boldsymbol{A}_\alpha = \boldsymbol{e}_\alpha\,\mathrm{d}\varrho\,\mathrm{d}z$ $\mathrm{d}\boldsymbol{A}_z = \boldsymbol{e}_z\varrho\,\mathrm{d}\varrho\,\mathrm{d}\alpha$	$\mathrm{d}\boldsymbol{A}_r = \boldsymbol{e}_r r^2\sin\vartheta\,\mathrm{d}\vartheta\,\mathrm{d}\alpha$ $\mathrm{d}\boldsymbol{A}_\vartheta = \boldsymbol{e}_\vartheta r\sin\vartheta\,\mathrm{d}r\,\mathrm{d}\alpha$ $\mathrm{d}\boldsymbol{A}_\alpha = \boldsymbol{e}_\alpha r\,\mathrm{d}r\,\mathrm{d}\vartheta$
Volumenelement	$\mathrm{d}V = \mathrm{d}x\,\mathrm{d}y\,\mathrm{d}z$	$\mathrm{d}V = \varrho\,\mathrm{d}\varrho\,\mathrm{d}\alpha\,\mathrm{d}z$	$\mathrm{d}V = r^2\sin\vartheta\,\mathrm{d}r\,\mathrm{d}\vartheta\,\mathrm{d}\alpha$

Tafel A.5. Allgemeines Kurven-, Flächen- und Volumenelement

Linienelement

$$\mathrm{d}\boldsymbol{r} = \frac{\mathrm{d}\boldsymbol{r}}{\mathrm{d}u}\,\mathrm{d}u = \sum_{\nu=1}^{3} \boldsymbol{e}_\nu h_\nu \frac{\mathrm{d}x_\nu}{\mathrm{d}u}\,\mathrm{d}u$$

$$\mathrm{d}\boldsymbol{r} = \boldsymbol{t}\,\mathrm{d}r, \qquad \boldsymbol{t} = \left(\frac{\mathrm{d}\boldsymbol{r}}{\mathrm{d}u}\right)^0, \qquad \mathrm{d}r = \left|\frac{\mathrm{d}\boldsymbol{r}}{\mathrm{d}u}\right|\mathrm{d}u$$

Flächenelement

$$\mathrm{d}\boldsymbol{A} = \left(\frac{\partial \boldsymbol{r}}{\partial u} \times \frac{\partial \boldsymbol{r}}{\partial v}\right)\mathrm{d}u\,\mathrm{d}v = \begin{vmatrix} \boldsymbol{e}_1 & \boldsymbol{e}_2 & \boldsymbol{e}_3 \\ h_1 \dfrac{\partial x_1}{\partial u} & h_2 \dfrac{\partial x_2}{\partial u} & h_3 \dfrac{\partial x_3}{\partial u} \\ h_1 \dfrac{\partial x_1}{\partial v} & h_2 \dfrac{\partial x_2}{\partial v} & h_3 \dfrac{\partial x_3}{\partial v} \end{vmatrix}\mathrm{d}u\,\mathrm{d}v$$

$$\mathrm{d}\boldsymbol{A} = \boldsymbol{n}\,\mathrm{d}A, \qquad \boldsymbol{n} = \left(\frac{\partial \boldsymbol{r}}{\partial u} \times \frac{\partial \boldsymbol{r}}{\partial u}\right)^0 = \frac{\dfrac{\partial \boldsymbol{r}}{\partial u} \times \dfrac{\partial \boldsymbol{r}}{\partial v}}{\left|\dfrac{\partial \boldsymbol{r}}{\partial u} \times \dfrac{\partial \boldsymbol{r}}{\partial v}\right|}, \qquad \mathrm{d}A = \left|\frac{\partial \boldsymbol{r}}{\partial u} \times \frac{\partial \boldsymbol{r}}{\partial v}\right|\mathrm{d}u\,\mathrm{d}v$$

Volumenelement

$$\mathrm{d}V = \left(\frac{\partial \boldsymbol{r}}{\partial u}\,\frac{\partial \boldsymbol{r}}{\partial v}\,\frac{\partial \boldsymbol{r}}{\partial w}\right)\mathrm{d}u\,\mathrm{d}v\,\mathrm{d}w = \begin{vmatrix} h_1 \dfrac{\partial x_1}{\partial u} & h_2 \dfrac{\partial x_2}{\partial u} & h_3 \dfrac{\partial x_3}{\partial u} \\ h_1 \dfrac{\partial x_1}{\partial v} & h_2 \dfrac{\partial x_2}{\partial v} & h_3 \dfrac{\partial x_3}{\partial v} \\ h_1 \dfrac{\partial x_1}{\partial w} & h_2 \dfrac{\partial x_2}{\partial w} & h_3 \dfrac{\partial x_3}{\partial w} \end{vmatrix}\mathrm{d}u\,\mathrm{d}v\,\mathrm{d}w$$

$$\mathrm{d}V = \mathrm{d}\boldsymbol{A}_{(u,v)} \cdot \mathrm{d}\boldsymbol{r}_{(w)} = \mathrm{d}\boldsymbol{A}_{(v,w)} \cdot \mathrm{d}\boldsymbol{r}_{(u)} = \mathrm{d}\boldsymbol{A}_{(w,u)} \cdot \mathrm{d}\boldsymbol{r}_{(v)}$$

Tafel A.6. Differentialoperatoren Gradient, Divergenz, Rotation und Laplace-Operator

Definition und Koordinaten-schreibweise	$\left.\begin{matrix} \operatorname{grad} U \\ \operatorname{div} \boldsymbol{U} \\ \operatorname{rot} \boldsymbol{U} \end{matrix}\right\} = \lim\limits_{\Delta V \to 0} \frac{1}{\Delta V} \oint_{(\Delta A)} \mathrm{d}\boldsymbol{A} \left\{ \begin{matrix} U \\ \cdot\, \boldsymbol{U} \\ x \boldsymbol{U} \end{matrix} \right. = \frac{1}{h} \sum\limits_{\nu=1}^{3} \frac{\partial}{\partial x_\nu} \left(\frac{h}{h_\nu} \boldsymbol{e}_\nu \left\{ \begin{matrix} U \\ \cdot\, \boldsymbol{U} \\ x \boldsymbol{U} \end{matrix} \right. \right) = \sum\limits_{\nu=1}^{3} \frac{1}{h_\nu} \boldsymbol{e}_\nu \left\{ \begin{matrix} U \\ \cdot\, \boldsymbol{U} \\ x \boldsymbol{U} \end{matrix} \right.$

Differential-operator	Koordinatenschreibweise	Kartesische Koordinaten (x, y, z)
Gradient	$\operatorname{grad} U = \sum\limits_{\nu=1}^{3} \boldsymbol{e}_\nu \frac{1}{h_\nu} \frac{\partial U}{\partial x_\nu}$	$\operatorname{grad} U = \boldsymbol{i} \frac{\partial U}{\partial x} + \boldsymbol{j} \frac{\partial U}{\partial y} + \boldsymbol{k} \frac{\partial U}{\partial z}$
Divergenz	$\operatorname{div} \boldsymbol{U} = \frac{1}{h} \sum\limits_{\nu=1}^{3} \frac{\partial}{\partial x_\nu} \left(\frac{h}{h_\nu} U_\nu \right)$	$\operatorname{div} \boldsymbol{U} = \frac{\partial U_x}{\partial x} + \frac{\partial U_y}{\partial y} + \frac{\partial U_z}{\partial z}$
Rotation	$\operatorname{rot} \boldsymbol{U} = \frac{1}{h} \begin{vmatrix} \boldsymbol{e}_1 h_1 & \boldsymbol{e}_2 h_2 & \boldsymbol{e}_3 h_3 \\ \frac{\partial}{\partial x_1} & \frac{\partial}{\partial x_2} & \frac{\partial}{\partial x_3} \\ U_1 h_1 & U_2 h_2 & U_3 h_3 \end{vmatrix}$	$\operatorname{rot} \boldsymbol{U} = \begin{vmatrix} \boldsymbol{i} & \boldsymbol{j} & \boldsymbol{k} \\ \frac{\partial}{\partial x} & \frac{\partial}{\partial y} & \frac{\partial}{\partial z} \\ U_x & U_y & U_z \end{vmatrix}$
Laplace-Operator	$\Delta U = \frac{1}{h} \sum\limits_{\nu=1}^{3} \frac{\partial}{\partial x_\nu} \left(\frac{h}{h_\nu^2} \frac{\partial U}{\partial x_\nu} \right)$	$\Delta U = \frac{\partial^2 U}{\partial x^2} + \frac{\partial^2 U}{\partial y^2} + \frac{\partial^2 U}{\partial z^2}$ $\Delta \boldsymbol{U} = \boldsymbol{i}\, \Delta U_x + \boldsymbol{j}\, \Delta U_y + \boldsymbol{k}\, \Delta U_z$

$$\Delta U = \text{divgrad}\, U = \frac{1}{h}\sum_{\nu=1}^{3}\frac{\partial}{\partial x_\nu}\left(\frac{h}{h_\nu^2}\frac{\partial U}{\partial x_\nu}\right)$$

$$\boldsymbol{\Delta U} = \text{grad div}\,\boldsymbol{U} - \text{rot rot}\,\boldsymbol{U}$$

Zylinderkoordinaten (ϱ, α, z)	Kugelkoordinaten (r, ϑ, α)
$\text{grad}\, U = \boldsymbol{e}_\varrho \frac{\partial U}{\partial \varrho} + \boldsymbol{e}_\alpha \frac{1}{\varrho}\frac{\partial U}{\partial \alpha} + \boldsymbol{e}_z \frac{\partial U}{\partial z}$	$\text{grad}\, U = \boldsymbol{e}_r \frac{\partial U}{\partial r} + \boldsymbol{e}_\vartheta \frac{1}{r}\frac{\partial U}{\partial \vartheta} + \boldsymbol{e}_\alpha \frac{1}{r \sin\vartheta}\frac{\partial U}{\partial \alpha}$
$\text{div}\, \boldsymbol{U} = \frac{1}{\varrho}\frac{\partial(\varrho U_\varrho)}{\partial \varrho} + \frac{1}{\varrho}\frac{\partial U_\alpha}{\partial \alpha} + \frac{\partial U_z}{\partial z}$ $= \frac{U_\varrho}{\varrho} + \frac{\partial U_\varrho}{\partial \varrho} + \frac{1}{\varrho}\frac{U_\alpha}{\partial \alpha} + \frac{\partial U_z}{\partial z}$	$\text{div}\, \boldsymbol{U} = \frac{1}{r^2}\frac{\partial(r^2 U_r)}{\partial r} + \frac{1}{r \sin\vartheta}\frac{\partial(\sin\vartheta U_\vartheta)}{\partial \vartheta}$ $+ \frac{1}{r \sin\vartheta}\frac{\partial U_\alpha}{\partial \alpha}$ $= \frac{2}{r} U_r + \frac{\partial U_r}{\partial r} + \frac{1}{r \tan\vartheta} U_\vartheta$ $+ \frac{1}{r}\frac{\partial U_\vartheta}{\partial \vartheta} + \frac{1}{r \sin\vartheta}\frac{\partial U_\alpha}{\partial \alpha}$
$\text{rot}\, \boldsymbol{U} = \frac{1}{\varrho}\begin{vmatrix} \boldsymbol{e}_\varrho & \boldsymbol{e}_\alpha \varrho & \boldsymbol{e}_z \\ \frac{\partial}{\partial \varrho} & \frac{\partial}{\partial \alpha} & \frac{\partial}{\partial z} \\ U_\varrho & U_\alpha \varrho & U_z \end{vmatrix}$	$\text{rot}\, \boldsymbol{U} = \frac{1}{r^2 \sin\vartheta}\begin{vmatrix} \boldsymbol{e}_r & \boldsymbol{e}_\vartheta r & \boldsymbol{e}_\alpha r \sin\vartheta \\ \frac{\partial}{\partial r} & \frac{\partial}{\partial \vartheta} & \frac{\partial}{\partial \alpha} \\ U_r & U_\vartheta r & U_\alpha r \sin\vartheta \end{vmatrix}$
$\Delta U = \frac{1}{\varrho}\frac{\partial}{\partial \varrho}\left(\varrho \frac{\partial U}{\partial \varrho}\right) + \frac{1}{\varrho^2}\frac{\partial^2 U}{\partial \alpha^2} + \frac{\partial^2 U}{\partial z^2}$ $= \frac{1}{\varrho}\frac{\partial U}{\partial \varrho} + \frac{\partial^2 U}{\partial \varrho^2} + \frac{1}{\varrho^2}\frac{\partial^2 U}{\partial \alpha^2} + \frac{\partial^2 U}{\partial z^2}$	$\Delta U = \frac{1}{r^2}\frac{\partial}{\partial r}\left(r^2 \frac{\partial U}{\partial r}\right) + \frac{1}{r^2 \sin\vartheta}\frac{\partial}{\partial \vartheta}\left(\sin\vartheta \frac{\partial U}{\partial \vartheta}\right)$ $+ \frac{1}{(r \sin\vartheta)^2}\frac{\partial^2 U}{\partial \alpha^2}$ $= \frac{2}{r}\frac{\partial U}{\partial r} + \frac{\partial^2 U}{\partial r^2} + \frac{\cot\vartheta}{r^2}\frac{\partial U}{\partial \vartheta} + \frac{1}{r^2}\frac{\partial^2 U}{\partial \vartheta^2}$ $+ \frac{1}{(r \sin\vartheta)^2}\frac{\partial^2 U}{\partial \alpha^2}$

Tafel A.7. Integralsätze von Gauß und Stokes

Differentialoperatoren	Integralsätze von *Gauß*	*Stokes*
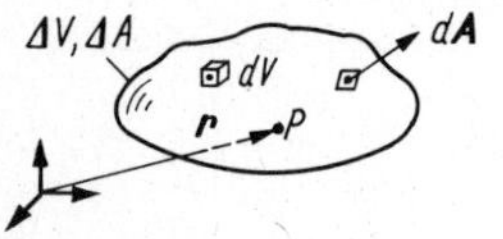 $\nearrow U(\boldsymbol{r}) \rightarrow \text{grad } U(\boldsymbol{r})$ $P \rightarrow \boldsymbol{U}(\boldsymbol{r}) \rightarrow \text{div } \boldsymbol{U}(\boldsymbol{r})$ $\searrow \boldsymbol{U}(\boldsymbol{r}) \rightarrow \text{rot } \boldsymbol{U}(\boldsymbol{r})$	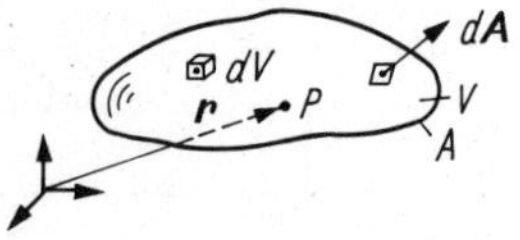 $\nearrow U(\boldsymbol{r})$ $P \rightarrow \boldsymbol{U}(\boldsymbol{r})$ $\searrow \boldsymbol{U}(\boldsymbol{r})$	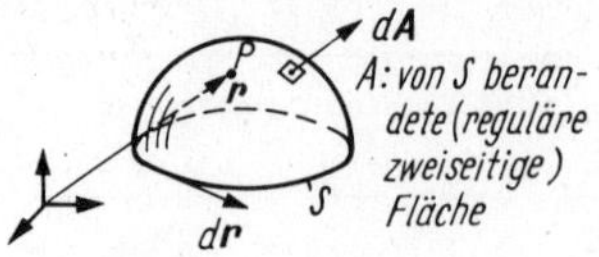 $\nearrow U(\boldsymbol{r})$ $P \rightarrow \boldsymbol{U}(\boldsymbol{r})$ $\searrow \boldsymbol{U}(\boldsymbol{r})$
$\text{grad}\, U = \lim\limits_{\Delta V \to 0} \frac{1}{\Delta V} \oint_{(\Delta A)} \mathrm{d}\boldsymbol{A} \cdot U$	1. $\oint_{(A)} \mathrm{d}\boldsymbol{A} \cdot U = \int_{(V)} \text{grad}\, U \,\mathrm{d}V$	1. $\oint_{(S)} \mathrm{d}\boldsymbol{r} \cdot U = \int_{(A)} \mathrm{d}\boldsymbol{A} \times \text{grad}\, U$
$\text{div}\, \boldsymbol{U} = \lim\limits_{\Delta V \to 0} \frac{1}{\Delta V} \oint_{(\Delta A)} \mathrm{d}\boldsymbol{A} \cdot \boldsymbol{U}$	2. $\oint_{(A)} \mathrm{d}\boldsymbol{A} \cdot \boldsymbol{U} = \int_{(V)} \text{div}\, \boldsymbol{U} \,\mathrm{d}V$	2. $\oint_{(S)} \mathrm{d}\boldsymbol{r} \cdot \boldsymbol{U} = \int_{(A)} \text{rot}\, \boldsymbol{U} \cdot \mathrm{d}\boldsymbol{A}$
$\text{rot}\, \boldsymbol{U} = \lim\limits_{\Delta V \to 0} \frac{1}{\Delta V} \oint_{(\Delta A)} \mathrm{d}\boldsymbol{A} \times \boldsymbol{U}$	3. $\oint_{(A)} \mathrm{d}\boldsymbol{A} \times \boldsymbol{U} = \int_{(V)} \text{rot}\, \boldsymbol{U} \,\mathrm{d}V$	3. $\oint_{(S)} \mathrm{d}\boldsymbol{r} \times \boldsymbol{U}$ $= \int_{(A)} (\text{grad}\, \boldsymbol{U} - \text{div}\, \boldsymbol{U}) \cdot \mathrm{d}\boldsymbol{A}$

Tafel A.8. Differentialoperatoren von Feldfunktionen

$$\operatorname{grad}(U + V) = \operatorname{grad} U + \operatorname{grad} V$$
$$\operatorname{grad}(aU) = a \operatorname{grad} U \qquad (a = \text{konst.})$$
$$\operatorname{grad}(UV) = U \operatorname{grad} V + V \operatorname{grad} U$$
$$\operatorname{grad}(f(U)) = \mathrm{d}f/\mathrm{d}U \operatorname{grad} U$$
$$\operatorname{grad}(\boldsymbol{U} \cdot \boldsymbol{V}) = (\boldsymbol{U} \cdot \operatorname{grad}) \boldsymbol{V} + (\boldsymbol{V} \cdot \operatorname{grad}) \boldsymbol{U} + \boldsymbol{U} \times \operatorname{rot} \boldsymbol{V} + \boldsymbol{V} \times \operatorname{rot} \boldsymbol{U}$$

$$\operatorname{div} \boldsymbol{a} = 0 \qquad (\boldsymbol{a} = \text{konst.})$$
$$\operatorname{div}(\boldsymbol{U} + \boldsymbol{V}) = \operatorname{div} \boldsymbol{U} + \operatorname{div} \boldsymbol{V}$$
$$\operatorname{div}(a\boldsymbol{U}) = a \operatorname{div} \boldsymbol{U} \qquad (a = \text{konst.})$$
$$\operatorname{div}(U\boldsymbol{V}) = U \operatorname{div} \boldsymbol{V} + \boldsymbol{V} \operatorname{grad} U$$
$$\operatorname{div}(\boldsymbol{U} \times \boldsymbol{V}) = \boldsymbol{V} \operatorname{rot} \boldsymbol{U} - \boldsymbol{U} \operatorname{rot} \boldsymbol{V}$$

$$\operatorname{rot} \boldsymbol{a} = 0 \qquad (\boldsymbol{a} = \text{konst.})$$
$$\operatorname{rot}(\boldsymbol{U} + \boldsymbol{V}) = \operatorname{rot} \boldsymbol{U} + \operatorname{rot} \boldsymbol{V}$$
$$\operatorname{rot}(a\boldsymbol{U}) = a \operatorname{rot} \boldsymbol{U} \qquad (a = \text{konst.})$$
$$\operatorname{rot}(U\boldsymbol{V}) = U \operatorname{rot} \boldsymbol{V} + (\operatorname{grad} U) \times \boldsymbol{V}$$
$$\operatorname{rot}(\boldsymbol{U} \times \boldsymbol{V}) = (\boldsymbol{V} \cdot \operatorname{grad}) \boldsymbol{U} - (\boldsymbol{U} \cdot \operatorname{grad}) \boldsymbol{V} + \boldsymbol{U} \operatorname{div} \boldsymbol{V} - \boldsymbol{V} \operatorname{div} \boldsymbol{U}$$

$$\operatorname{div} \operatorname{grad} U = \Delta U$$
$$\operatorname{div} \operatorname{rot} \boldsymbol{U} = 0$$
$$\operatorname{rot} \operatorname{grad} \boldsymbol{U} = 0$$
$$\operatorname{rotrot} \boldsymbol{U} = \operatorname{grad} \operatorname{div} \boldsymbol{U} - \Delta \boldsymbol{U}$$

$$\Delta U = \operatorname{div} \operatorname{grad} U$$
$$\Delta \boldsymbol{U} = \operatorname{grad} \operatorname{div} \boldsymbol{U} - \operatorname{rotrot} \boldsymbol{U} \quad (\mathrm{c}): \Delta \boldsymbol{U} = \boldsymbol{i} \Delta U_x + \boldsymbol{i} \Delta U_y + \boldsymbol{k} \Delta U_z$$

$$\Delta (UV) = U \Delta V + V \Delta U + 2 \operatorname{grad} U \operatorname{grad} V$$
$$\Delta (f(U)) = f'(U) \Delta U + f''(U) (\operatorname{grad} U)^2$$

$$(\boldsymbol{a} \cdot \operatorname{grad}) \boldsymbol{U} = (\boldsymbol{a} \cdot \operatorname{grad} U_x) \boldsymbol{i} + (\boldsymbol{a} \cdot \operatorname{grad} U_y) \boldsymbol{j} + (\boldsymbol{a} \cdot \operatorname{grad} U_z) \boldsymbol{k} \qquad (\boldsymbol{a} = \text{konst.})$$
$$(\boldsymbol{U} \cdot \operatorname{grad}) (U\boldsymbol{V}) = U (\boldsymbol{U} \cdot \operatorname{grad}) \boldsymbol{V} + \boldsymbol{V} (\boldsymbol{U} \cdot \operatorname{grad} U)$$

Tafel A.9. Differentialoperatoren von Ortsfunktionen

$$\operatorname{grad} r = \frac{\boldsymbol{r}}{r} = \boldsymbol{e}_r \qquad \operatorname{grad} |\boldsymbol{r} - \boldsymbol{r}_0| = \frac{\boldsymbol{r} - \boldsymbol{r}_0}{|\boldsymbol{r} - \boldsymbol{r}_0|} = |\boldsymbol{r} - \boldsymbol{r}_0|^0$$

$$\operatorname{grad} \frac{1}{r} = -\frac{\boldsymbol{r}}{r^3} = -\frac{1}{r^2}\,\boldsymbol{e}_r \qquad \operatorname{grad} \frac{1}{|\boldsymbol{r} - \boldsymbol{r}_0|} = -\frac{\boldsymbol{r} - \boldsymbol{r}_0}{|\boldsymbol{r} - \boldsymbol{r}_0|^3} \quad (\boldsymbol{r} \neq \boldsymbol{r}_0)$$

$$\operatorname{grad} (\ln r) = \frac{\boldsymbol{r}}{r^2} = \frac{1}{r}\,\boldsymbol{e}_r$$

$$\operatorname{grad} (f(r)) = f'(r)\,\boldsymbol{e}_r \qquad \operatorname{grad} f(|\boldsymbol{r} - \boldsymbol{r}_0|) = f'(|\boldsymbol{r} - \boldsymbol{r}_0|)\,(\boldsymbol{r} - \boldsymbol{r}_0)^0$$

$$\operatorname{grad} (\boldsymbol{a} \cdot \boldsymbol{r}) = \boldsymbol{a} \quad (\boldsymbol{a} = \text{konst.})$$

$$\operatorname{div} \boldsymbol{r} = 3$$

$$\operatorname{div} \boldsymbol{e}_r = \frac{2}{r}$$

$$\operatorname{div} (U(r)\,\boldsymbol{r}) = 3U(r) + rU'(r)$$

$$\operatorname{div} (\boldsymbol{a} \times \boldsymbol{r}) = 0 \quad (\boldsymbol{a} = \text{konst.})$$

$$\operatorname{rot} \boldsymbol{r} = 0$$

$$\operatorname{rot} (U(r)\,\boldsymbol{e}_r) = 0$$

$$\operatorname{rot} (U(r)\,\boldsymbol{a}) = U'(r)\,\frac{\boldsymbol{r}}{r} \times \boldsymbol{a} = U'(r)\,\boldsymbol{e}_r \times \boldsymbol{a} \quad (\boldsymbol{a} = \text{konst.})$$

$$\operatorname{rot} (\boldsymbol{a} \times \boldsymbol{r}) = 2\boldsymbol{a} \quad (\boldsymbol{a} = \text{konst.})$$

$$\Delta\, |\boldsymbol{r} - \boldsymbol{r}_0| = \frac{2}{|\boldsymbol{r} - \boldsymbol{r}_0|} \quad (\boldsymbol{r} \neq \boldsymbol{r}_0) \qquad \Delta f(r) = f''(r) + \frac{2}{r}\,f'(r)$$

$$\Delta \frac{1}{|\boldsymbol{r} - \boldsymbol{r}_0|} = -4\pi\delta\,(\boldsymbol{r} - \boldsymbol{r}_0)$$

$$(\boldsymbol{U} \cdot \operatorname{grad})\,\boldsymbol{e}_r = \frac{\boldsymbol{U}}{r} - \frac{U_r}{r}\,\boldsymbol{e}_r \qquad (\boldsymbol{U} \cdot \operatorname{grad})\,\boldsymbol{r} = \boldsymbol{U}$$

Tafel A.10. Lösung der Laplaceschen Gleichung durch Separation der Variablen

	Separationsgleichungen	Allgemeine Lösung	Separationskonstanten
Kartesische Koordinaten	Laplacesche Gl.: $\Delta U = \frac{\partial^2 U}{\partial x^2} + \frac{\partial^2 U}{\partial y^2} + \frac{\partial^2 U}{\partial z^2} = 0$		Lösungsansatz: $U(x, y, z) = F(x)\, G(y)\, H(z)$
	$\frac{d^2F}{dx^2} + \alpha^2 F = 0$ $\frac{d^2G}{dy^2} + \beta^2 G = 0$ $\frac{d^2H}{dz^2} - \gamma^2 H = 0$	$F = A \sin \alpha x + B \cos \alpha x$ $G = C \sin \beta y + D \cos \beta y$ $H = E \sinh \gamma z + K \cosh \gamma z$	α, β } beliebig (auch komplex) $\gamma^2 = \alpha^2 + \beta^2$ Wichtiger Sonderfall: $\alpha = m$, $\beta = n$ $(m, n = 0, 1, 2 \ldots)$
Zylinderkoordinaten	Laplacesche Gl.: $\Delta U = \frac{1}{\varrho} \frac{\partial}{\partial \varrho}\left(\varrho \frac{\partial U}{\partial \varrho}\right) + \frac{1}{\varrho^2} \frac{\partial^2 U}{\partial \alpha^2} + \frac{\partial^2 U}{\partial z^2}$		Lösungsansatz: $U(\varrho, a, z) = F(\varrho)\, G(\alpha)\, H(z)$
	$\frac{d^2F}{d\varrho^2} + \frac{1}{\varrho} \frac{dF}{d\varrho} + \left(\varkappa^2 - \frac{m^2}{\varrho^2}\right) F = 0$ Besselsche DGl. $\frac{d^2G}{d\alpha^2} + m^2 G = 0$ $\frac{d^2H}{dz^2} - \varkappa^2 H = 0$	$F = A J_m(\varkappa\varrho) + B N_m(\varkappa\varrho)$ $G = C \sin m\alpha + D \cos m\alpha$ $H = E \sinh \varkappa z + K \cosh \varkappa z$ $J_m(\varkappa\varrho)$ = Besselsche Funktion m-ter Ordnung $N_m(\varkappa\varrho)$ = Neumannsche Funktion m-ter Ordnung	$\varkappa$ beliebig (auch komplex) m reell Wichtiger Sonderfall: m reell, ganzzahlig positiv: $m = 0, 1, \ldots$
Kugelkoordinaten	Laplacesche Gl.: $\Delta U = \frac{1}{r^2} \frac{\partial}{\partial r}\left(r^2 \frac{\partial U}{\partial r}\right) + \frac{1}{r^2 \sin \vartheta}\left(\sin \vartheta \frac{\partial U}{\partial \vartheta}\right) + \frac{1}{r^2 \sin^2 \vartheta} \frac{\partial^2 U}{\partial \alpha^2} = 0$		Lösungsansatz: $U(r, \vartheta, \alpha) = F(r)\, G(\vartheta)\, H(\alpha)$
	$\frac{d^2F}{dr^2} + \frac{2}{r} \frac{dF}{dr} - \frac{n(n+1)}{r^2} F = 0$ $\frac{d^2G}{d\vartheta^2} + \cot \vartheta \frac{dG}{d\vartheta} + \left[n(n+1) - \frac{m^2}{\sin^2 \vartheta}\right] G = 0$ Legendresche DGl. $\frac{d^2H}{d\alpha^2} + m^2 H = 0$	$F = A r^n + B r^{-(n+1)}$ $G = C P_n^m(\cos \vartheta) + D Q_n^m(\cos \vartheta)$ $H = E \sin m\alpha + K \cos m\alpha$ P_n^m = zugeordnete Legendresche Funktion 1. Art, m-ter Ordnung Q_n^m = zugeordnete Legendresche Funktion 2. Art, m-ter Ordnung	n, m } reell, ganzzahlig positiv Wichtiger Sonderfall: $m = 0$

Literaturverzeichnis

[1] *Moon* und *Spencer:* Field Theory for Engineers. New York: D. Van Nostrand Comp. 1960
[2] *Moon* und *Spencer:* Field Theory Handbook, Berlin: Springer-Verlag 1961
[3] *Wunsch:* Systemanalyse. Berlin: VEB Verlag Technik 1973; Heidelberg: Dr. Alfred Hüthing Verlag 1973
[4] *Simonyi:* Theoretische Elektrotechnik. Berlin: VEB Deutscher Verlag der Wissenschaften 1956
[5] *Lautz:* Elektromagnetische Felder. Stuttgart: B. G. Teubner 1976
[6] *Batygin* und *Toptygin:* Aufgabensammlung zur Elektrodynamik. Berlin: VEB Deutscher Verlag der Wissenschaften 1965
[7] *Mierdel* und *Wagner:* Aufgaben zur theoretischen Elektrotechnik. Berlin: VEB Verlag Technik 1973. Heidelberg: Dr. Alfred Hüthig Verlag 1973
[8] *Schwank:* Randwertprobleme. Leipzig: B. G. Teubner Verlagsgesellschaft 1951

Literaturergänzung

Als theoretisch (mathematisch und physikalisch) weiterführende Literatur wird empfohlen

[9] *Thirring, W.:* Lehrbuch der mathematischen Physik. Bd. 2: Klassische Feldtheorie. Wien, New York: Springer-Verlag 1978
[10] *Meetz, K., und Engl, W. L.:* Elektromagnetische Felder. Berlin, Heidelberg, New York: Springer-Verlag 1980

Sachwörterverzeichnis